Beniamino Di Martino

Libertà e coronavirus

Riflessioni a caldo su temi sociali, economici, politici e teologici

Monolateral

Libertà e coronavirus. Riflessioni a caldo su temi sociali, economici, politici e teologici.

ISBN: 978-1-946374-21-9 (brossura)
ISBN: 978-1-946374-22-6 (Kindle)

Prima edizione: dicembre 2020 (revisionata: gennaio 2022)

Testo composto in carattere Adobe Caslon Pro

Monolateral™
Richardson, Texas (USA)
https://monolateral.com
editore@monolateral.com

Indice

Libertà e coronavirus

Riflessioni a caldo su temi sociali, economici, politici e teologici

Introduzione

La libertà in epoca di coronavirus

«Ecco, io faccio nuove tutte le cose» (libro dell'Apocalisse).

Dalla cronaca...

Da fine gennaio di questo anno 2020 dell'era cristiana quasi non si parla d'altro[1].

Era inevitabile. Ciò che, invece, non è inevitabile è sragionare o parlare con molta approssimazione.

Sragionare o discutere con approssimazione è imperdonabile sempre, ma per una pubblicazione dev'essere evitata anche un'altra abitudine: quella di ripetere cose già dette.

Caratteristica questa, che, oltre a valere per un libro, vale anche per i dibattiti in TV o sui rotocalchi (stampati o digitali che siano). Si avverte maggiormente il fastidio della ripetizione quanto più ci si allontana dalla calamità. E, infatti, quanto più trascorrevano le settimane successive al picco del contagio (*peak of infection*)[2] dell'inizio della primavera, tanto più avevo l'impressione che le analisi sull'emergenza coronavirus fossero

---

1 Questo 2020 sarà soprattutto ricordato come l'anno del coronavirus; non mi piace dare tale sorta di riconoscimento, ma *di fatto* sarà così.

2 Ovviamente mi riferisco al Covid-19, «quella indecifrabile palla grigia con le eleganti punte rosse coronate, un mix fra una presenza aliena e una decorazione natalizia che ha sconvolto il mondo» (Assuntina MORRESI, *Ora le parole maschio, femmina, vita e ventilazione forzata non ci fanno più schifo?*, https://loccidentale.it/ora-le-parole-maschio-femmina-vita-e-ventilazione-forzata-non-ci-fanno-piu-schifo-2/, 3.4.2020).

ormai ripetitive, apparendo repliche inutili e noiose. Anche frasi del tipo «ora si ha voglia di normalità», mi sembravano niente altro che conferme di quanto potevo percepire.

Ora (primissimi giorni di dicembre 2020), esattamente nel momento in cui sto per consegnare all'editore queste pagine (non si meravigli il lettore: l'Introduzione di un libro è sempre l'ultima parte ad essere elaborata), tanti aspetti che ci si avviava a trascurare, tornano – a causa della seconda ondata dell'epidemia – di vivo interesse e si avverte meno il peso della ripetitività di notizie e commenti. Ma questo peso che, inevitabilmente, la spinta e il richiamo dell'attualità attenua, si ripresenterà con il declinare – tutti preghiamo perché questo momento arrivi presto – dell'emergenza[3].

Ora l'emergenza torna di dirompente centralità all'attenzione di tutti, ma quando iniziai a scrivere, nel momento in cui, probabilmente, molti non volevano più sentir parlare di contagio e di pericoli, quasi ad esorcizzare il Covid, mi ponevo ancor più il problema di come giustificare le mie considerazioni: se e in che modo, cioé, avrebbero potuto avere uno spazio nell'interesse dei lettori. Ma anche ora che, a dispetto delle speranze, la diffusione del virus si rivela tutt'altro che passata e la questione del contagio si impone in ogni circostanza, un libro non può, comunque, permettersi di ripetere cose ovvie.

Se è vero che ogni nuova pubblicazione richiede una giustificazione e l'autore deve caricarsi del compito di motivare – anche se solo in modo implicito – la fatica compiuta e l'esistenza del libro, allora mi sembra doveroso offrire al lettore qualche utile indicazione. Per poter farlo, vorrei descrivere il modo con cui è nato questo libro.

Ho deciso tardivamente di cucire i tanti pensieri sopraggiunti nelle settimane del *lockdown*, durante la prima ondata dell'epidemia. Oltretutto la decisione di pubblicare un testo di considerazioni è stata spinta dal proposito di scrivere insieme ad un amico della redazione della rivista che dirigo[4]. Poi il mio compagno di cordata non si è potuto più impegnare ed io, che avevo già concepito qualche idea, mi avviai, ad inizio luglio, ad elaborare le riflessioni che subito raggruppai intorno a quattro poli: società, economia, ideologia e teologia.

---

3 Tutti, in estate, ci auguravamo che non si presentassero nuove ondate e che il contagio non riprendesse vigore; tutti speravamo che il coronavirus potesse iniziare ad essere considerato il soggetto di una pagina di storia da archiviare. Personalmente, ho celatamente supposto (*celatamente* perché "dal basso" delle mie incompetenze epidemiologiche nulla avrei potuto argomentare) che occorreva mettere in conto almeno una seconda ondata e che la questione riguardasse non il "se", ma il "quando" questa ondata sarebbe giunta.

4 Si tratta di «StoriaLibera. Rivista di scienze storiche e sociali» che pubblica esclusivamente *on line* (www.StoriaLibera.it).

La speranza di poter scrivere, per la prima volta, con un collega mi aveva rapidamente persuaso ad interrompere la stesura di due testi di critica ai cosiddetti diritti civili e sociali e mi aveva prontamente convinto a dedicarmi a questo nuovo lavoro.

Vi era un altro forte incentivo che mi induceva a cambiare programma: le riflessioni sulla pandemia mi avrebbero finalmente costretto a scrivere un libro diretto a tutti, non più specialistico[5], ma divulgativo ed esplicativo[6], la cui lettura non avrebbe richiesto alcuna precondizione. Era giunto il momento – purtroppo la pandemia aveva creato la circostanza – di scrivere un testo che potesse essere nelle mani di chiunque perché il tema coinvolgeva tutti. A differenza di quanto da me fatto sinora, infatti, questo testo non è diretto ad un selezionato gruppo di persone che coltivano interessi particolari, ma è offerto a chiunque, indipendentemente da ciò di cui ciascun lettore si occupa.

L'idea iniziale era quella di produrre un *instant book*, cioé un libro scritto di getto per un'occasione *particolare* e quasi *fuggevole*. In questo caso, se l'occasione era (e rimane) *particolare*, non può più essere propriamente considerata *fuggevole* o passeggera. L'intento era quello di offrire un'immediata serie di stimoli contribuendo alla reazione contro il pensiero unico, ciò che nelle pagine seguenti sarà più volte richiamato come "politicamente corretto", il pensiero dominante che rischia sempre più di ingabbiare l'uomo di oggi in *cliché* omologanti e apparentemente obbligati.

I propositi con cui il libro è stato concepito non sono stati abbandonati, ma l'elaborazione non è stata snella come avrebbe richiesto una frugale pubblicazione. Se, inizialmente, mi riproponevo di limitarmi a dare migliore forma e maggiore consistenza ai miei *post* sui *social*[7], la stesura ha immediatamente assecondato il desiderio di ampliare gli iniziali spunti e di estendere ampiamente le prime annotazioni. L'opportunità di queste divagazioni, che hanno causato un'estensione certo non programmata, è ora rimandata al giudizio del lettore.

---

5 Abituato per ragioni scientifiche a documentare le affermazioni, ho voluto fare lo stesso anche in questo caso. Ma trattandosi molto spesso di considerazioni mosse dalla cronaca o dalla più stretta attualità, mi sono trovato nella necessità di attingere non alla letteratura tradizionale bensì ad articoli di quotidiani presenti *on line*. Per questa ragione il lettore troverà nelle note più rinvii a link Internet che riferimenti a libri e monografie. Ciò costituirà sicuramente un vantaggio per i lettori che disporranno del testo digitale, ma rappresenterà una difficoltà per coloro che godranno del libro di carta.

6 Non mancano, però, le indicazioni bibliografiche ed alcune esplicazioni in nota che consentono un possibile duplice livello di lettura: uno più leggero e divulgativo, un altro più articolato ed impegnativo.

7 Mi riferisco alla pagina Facebook di «StoriaLibera»: https://www.facebook.com/storialibera/.

Un altro aspetto che rende questo libro simile ad un un *instant book* è l'assenza di confronto con altri autori che si sono cimentati in un'impresa simile sullo stesso tema. Ciò che dico non depone a mio favore perché il valore di un libro è molto spesso legato alla lunga comparazione tra le proprie intuizioni e ciò che è stato già proposto in materia. Devo confessare, purtroppo, di non aver potuto leggere i pensieri e le riflessioni contenuti negli altri libri apparsi, nel frattempo, sullo stesso tema. Chissà cosa sarebbe cambiato nelle mie considerazioni se ciò fosse avvenuto. Posso ipotizzare che, probabilmente, non avrei cambiato le mie opinioni, ma avrei almeno evitato di ripetere ciò che era già stato scritto altrove. Ammetto, quindi, di non aver potuto leggere quanto avrei voluto e dovuto per cogliere i giudizi di altri autori o i pareri di altri commentatori. Ho avuto necessità di scrivere in rapidità per rispettare i tempi concordati con l'editore, mi sono limitato a documentarmi solo per avere conferme relativamente alla fondatezza di ciò che scrivevo o su ciò che stavo per elaborare.

Programmato come testo istantaneo e veloce, contavo di completare già all'inizio dell'autunno. Le digressioni e gli approfondimenti hanno, invece, prolungato il lavoro che avrebbe dovuto impegnarmi per non più di quattro mesi. La stesura ha, invece, richiesto più tempo del previsto, tenendomi occupato per oltre cinque mesi.

Sarebbe stato necessario il lavoro di altre settimane per poter armonizzare le parti del libro e per poter perfezionare le considerazioni presenti in esso. Se ciò non è avvenuto non è per poco rispetto verso i lettori, ma unicamente per mancanza di tempo che, sempre scarso, mi costringe a tornare al più presto a quanto lasciato in sospeso. D'altro canto, la formula scelta – quella dell'*instant book* – se da un lato impone la rapidità con cui pubblicare, dall'altro giustifica l'incompiutezza, inevitabile effetto della fretta.

Effetto della fretta sono anche gli errori e i refusi che potrebbero essere numerosi in queste pagine; per questi chiedo la comprensione e la pazienza dei lettori[8]. La scelta di questa formula rapida mi ha impedito di procedere a successive riletture del testo – riletture sempre opportune anche quando non si tratta di testi accademici – per poter meglio organizzare il materiale e per poter meglio valutarne l'esposizione.

Ancor più, in ordine ai tempi che mi ero imposto per terminare, pesa la scelta di aver dovuto trascurare moltissimi punti: tanti sono, infatti,

---

8 Con una richiesta irrituale, conto sulla segnalazione di errori e refusi da parte dei lettori più generosi, magari scrivendomi a info@StoriaLibera.it. Esprimo sin da ora la mia gratitudine a quanti avranno la bontà di suggerirmi le dovute correzioni.

gli aspetti che ho dovuto sacrificare allo scopo di affrettare la consegna del manoscritto (sarebbe meglio dire "file", ma il termine "manoscritto" suona sempre elegante).

Il testo non può che risentire anche dei limiti della cronologia degli eventi e della successione imponderabile delle vicende. Se da un lato il richiamo alla cronaca ha reso la narrazione più vivace, dall'altro l'ha anche vincolata al contesto immediato. Da un lato, con tutti i limiti propri di un libro non programmato, dall'altro con la freschezza propria di un diario che si arricchisce con continue osservazioni direttamente tratte dalla realtà. Perciò va considerato anche il momento in cui le pagine sono state elaborate. Il terzo capitolo (quello sulla Cina e sulle considerazioni ideologiche) è stato scritto a luglio (ovviamente del 2020)[9]; il quarto capitolo (quello sulle considerazioni teologiche) è stato scritto ad agosto[10]; il primo capitolo (quello sulle considerazioni sociali) è stato scritto tra settembre e ottobre[11]; il secondo capitolo (quello sulle considerazioni economiche) è stato scritto in ultimo, a novembre[12].

L'accantonamento di tanti altri commenti, il ridimensionamento e la mortificazione di molte parti e lo snellimento di diversi elementi indurrebbero quasi a coltivare l'idea, dopo la chiusura di queste considerazioni "a caldo" (e, perciò, affrettate), di elaborare di una più ponderata ed ampia serie di considerazioni future "a freddo" (e, perciò, meglio organizzate). Si tratta, però, di un'ipotesi da non prendere neanche in considerazione a causa degli altri impegni già programmati.

Alla storia…

Questo testo, dicevo, è stato preparato allo scopo di dare un contributo all'interpretazione della vicenda della pandemia in molti dei suoi risvolti. Un testo ove le notizie che riguardano l'epidemia hanno costituito il

---

9 Molte prove della responsabilità della Cina comunista e dell'Organizzazione Mondiale della Sanità (OMS) sono sopraggiunte rispetto alla stesura.

10 Altre considerazioni di natura teologica si sarebbero potute aggiungere a seguito di nuove iniziative ecclesiali (ad esempio l'enciclica di papa Bergoglio).

11 Il capitolo, ovviamente, non tiene conto di ciò che stiamo vivendo con la seconda ondata.

12 Solo questo capitolo, godendo del beneficio di essere stato preparato per ultimo, è quasi contemporaneo ai provvedimenti governativi in materia economica ed è penalizzato non dalla distanza rispetto all'attualità, ma solo dall'accantonamento di molti altri possibili commenti.

punto da cui partire, per dar luogo a considerazioni che non vorrebbero spegnersi nella pura cronaca.

Un testo assai diverso rispetto a quelli a cui sono abituato, dicevo anche. Diverso perché, ad iniziare dal linguaggio utilizzato, ha un forte aggancio all'attualità. Per quanto tale carattere sia stato ricercato e voluto, tuttavia il libro non vorrebbe morire nel trascorrere della cronaca. È nella natura di questa, infatti, la rapida scomparsa di ciò di cui ci si è occupati, per far rapidamente posto a nuovi contenuti.

Come dire? L'epidemia ha fornito l'occasione e la spinta per affrontare una serie di questioni che, per il loro carattere generale, vanno al di là dell'immediato contesto e la cui trattazione rimane integralmente in piedi anche prescindendo dalla circostanza contingente. Tutti ci auguriamo che il virus scompaia presto e che del coronavirus si possa avere solo il ricordo. Ma le considerazioni presenti in queste pagine non sono destinate a scomparire con la fine dell'epidemia e possono sopravvivere ad essa perché se la diffusione del virus ha offerto il motivo contingente, i criteri di giudizio espressi hanno la pretesa di prescindere da ogni situazione immediata.

Il libro, quindi, come può essere assimilato ad un libro istantaneo per il richiamo alla cronaca e all'attualità, viceversa, per la prospettiva di fondo, se ne distingue perché i principi espressi non saranno accantonati con l'esaurimento del problema Covid. Difatti, l'epidemia mi ha indotto a tralasciare gli altri lavori non perché fossi improvvisamente divenuto esperto di virologia, ma solo perché nella vicenda epidemiologica la difesa delle libertà individuali ha assunto una portata ancora più urgente della pur estesa e grave ricaduta sanitaria. Il genere letterario che può far da riferimento, allora, non sarà solo l'*instant book*, per quanto già detto, ma anche quello dei "discorsi a tavola" – non solo di Lutero o di Engels, ma anche di de Maistre con il suo *Le serate di san Pietroburgo* – combinando insieme attualità del momento e ricerca di fondamenti perenni.

Dicevo anche che ogni nuova pubblicazione richiede una giustificazione. Come qualsiasi altro prodotto che cerchi il consenso del consumatore, anche un libro deve avere qualcosa che il consumatore-lettore non ha trovato altrove, in altri prodotti. Anche questo testo, quindi, deve presentare qualche buon motivo per poter competere con i suoi omologhi. Tanto più che non sono pochi gli autori e gli editori che si sono lanciati in avventure letterarie a tema Covid. Era ovvio che accadesse. Sono già tanti, infatti, i volumi in cui ci si imbatte e la bibliografia si è allungata a dismisura in poche settimane. Solo tra i miei amici, sono già tre i libri usciti sull'argomento. Stare dietro le novità non è stata un'impresa a me possibile, un'impresa a cui ho rinunciato sin dall'inizio. È la ragione per la quale, nel corso della trattazione, non si troverà citata letteratura a tema, con la sola eccezione dei titoli del vaticanista Aldo Maria Valli[13] e dello psichiatra Alessandro Meluzzi[14]. Il primo sarà richiamato esplicitamente, mentre per il secondo rimane un particolare interesse e il rammarico per non aver potuto aprire quelle pagine. Tra i tanti testi che già circolavano, ora c'è anche il presente a firma del sottoscritto. Un nuovo libro che dovrà competere con tanti altri. E cosa, quest'ultimo arrivato, potrà avere di differente rispetto ai numerosi suoi *competitors*?

Un primo elemento è già stato richiamato e riguarda l'intreccio tra attualità sfuggente e principi intramontabili, tra contesto immediato e criteri fondamentali. Si potrebbe anche dire: tra cronaca e storia.

Un secondo elemento è, al tempo stesso, un punto di forza ed un motivo di debolezza perché non potendo dire alcunché in campo infettivologico, virale, immunologico, epidemiologico e simili (e ciò costituisce il motivo di debolezza), non di meno si è voluto dire molto altro riguardo ciò che esulava dalle conoscenze propriamente mediche e biologiche. Competenze che io non possiedo hanno spinto altri a spiegare anche al pubblico non specialistico caratteristiche e peculiarità della malattia. Mentre il punto di forza di queste pagine è lo sguardo d'insieme attinente ai molteplici campi della vita umana, la sua debolezza è nel non essere sostenuto da competenze mediche; forza del testo nel non relegare la pandemia ad una esclusiva o anche solo prevalente dimensione sanitaria. Si potrebbe dire che se il virus ricade sotto le competenze mediche, l'analisi contenuta in questo testo si occupa di tutto ciò che è intorno allo stesso virus. Intorno ad esso vi è l'uomo e queste pagine si occupano di ciò che vi è tra il virus e l'uomo. Si potrebbe ancora dire che questo non è un libro sul virus, ma sull'uomo o, piuttosto, sull'uomo in rapporto al virus.

Da qui una serie di riflessioni raggruppate in base ad alcuni aspetti chiave. Ho, quindi, sviluppato considerazioni in ambito sociale, in ambito economico, in ambito politico e in ambito teologico. Mancano, come dicevo, quelle di taglio sanitario che pure hanno inevitabilmente catalizzato l'attenzione di tutti noi. Ma sui pensieri di natura medico-virale potevo permettermi di dire davvero poco ed è stato, quindi, opportuno tacere.

Riguardo le considerazioni sociali debbo subito dire che, se riconosco che il problema del contagio non va sottovalutato, tuttavia ritengo che la diffusione del coronavirus non possa paralizzare la società né, tanto meno,

---

13 Aldo Maria VALLI, *Virus e Leviatano*, Liberilibri, Macerata 2020.
14 Alessandro MELUZZI - Walter PASINI, *Contagio. Dalla peste al coronavirus*, Vallecchi, Firenze 2020.

legittimare l'iperattivismo governativo. In un contesto in cui il giudizio personale sempre più si nutre di luoghi comuni – da qui il titolo del primo capitolo: *Il virus del politicamente corretto* –, la società costituita da individui sempre meno liberi appare sempre più un puro prolungamento dell'apparato dello Stato.

È naturale che la prima preoccupazione sia rivolta alla salvaguardia della salute, ma se vengono chiuse le attività, se viene fermato lo sviluppo, se viene impedito il lavoro, come potrà essere sostenuta l'esistenza e come potranno essere sopportate le stesse spese sanitarie? Così le considerazioni in materia economica (espresse nel capitolo dal titolo *Si suicidarono per paura di morire*) mi portano a concludere che se la gravità dell'epidemia non deve essere ridimensionata, l'imposizione di una sospensione, di un blocco, rappresenta un rimedio peggiore del male. Ancora una volta il centralismo politico e l'interventismo statale producono più danni e più vittime di qualsiasi calamità, pandemia compresa. E presto l'emergenza economica farà più paura dell'emergenza sanitaria.

Uno spazio ampio ho inteso dedicare alle considerazioni politico-ideologiche quasi a voler compensare il misconoscimento delle responsabilità del sistema cinese che ripropone, nella sua interezza, la disumanità del comunismo. Dinanzi alla mancata reazione mondiale nei confronti del tirannico regime di Pechino, occorre più che mai riaffermare l'intrinseca e costitutiva malvagità dell'ideologia socialista attribuendo ad essa tutto il pesantissimo carico anche di quanto sta avvenendo nel mondo da un anno a questa parte, dai decessi[15] alla crisi economica. I silenzi circa l'origine del virus, che rimane ancora avvolta da sospetta oscurità, fa del coronavirus una rappresentazione del regime che induce sempre più a ritenere il Covid un "virus comunista" (è questo il motivo per cui il terzo capitolo prende il titolo *La Cina e il suo virus ideologico*).

Infine il lettore troverà alcune considerazioni di natura teologica e teologale. Il titolo del capitolo non è affatto celebrativo – *Chiudete le porte a Cristo* –, anzi suona come una sorta di monito funesto scaturito dalla singolare esperienza della chiusura delle chiese, quasi un lugubre presagio o, comunque, un'immagine questa volta affatto metaforica dell'epoca della scristianizzazione.

Un determinante elemento di giustificazione di questo testo è senz'altro contenuto nel rifiuto dei luoghi comuni, nei quali a volte si trova comodo rifugio. Le considerazioni presenti non cedono, ad esempio, al sensazionalismo o alla ricerca del lusinghiero plauso. Per quanto l'epidemia

---

15 Pare che, al momento (primi giorni di dicembre), i decessi abbiano superato il milione e mezzo.

determinerà una rovina duratura (e con questo allarme si rischia di appa-rire un profeta di sventura contro le iniezioni di facile ottimismo stata-lista), non mi sottometterei alla retorica corrente ripetendo che «niente più sarà come prima». Anzi, vorrei mettere a premessa di tutte le consi-derazioni che propongo la saggia consapevolezza condensata nella frase biblica *«nihil novum sub sole»*[16], «non v'è nulla di nuovo sotto il sole» e ciò non per scivolare verso il cinismo, ma per riconoscimento dell'unica Novità che ha cambiato la storia, l'unico Avvenimento che ha rinnovato la realtà dell'uomo: «ecco, io faccio nuove tutte le cose»[17].

Tra i due poli costituiti da questi richiami e attingendo alla verità in essi contenuta, le riflessioni che scaturiscono diventano una sorta di prontuario adattabile ad una miriade di problematiche sociali il cui nucleo diviene facilmente scomponibile ed investigabile.

Si può dire – l'ho appena scritto – che questo non è un libro sul virus, ma su ciò che è intorno ad esso. E dicendo «intorno ad esso» intendo ri-ferirmi all'uomo perché anche nella vicenda della pandemia l'unico vero tema è quello del destino dell'uomo. È questo il tema che fa da padrone ovunque. E ovunque e sempre si ripresenta l'ineludibile confronto con Dio, destino e significato della vita umana. È stato detto che «un libro che non abbia Dio, o l'assenza di Dio, come protagonista clandestino, è privo di interesse»[18]. Ne sono persuaso e mi sono anche convinto che per dare riconoscimento a questo «protagonista clandestino» il miglior modo è contribuire, in tutte le circostanze possibili, a salvaguardare la libertà di ciascun uomo affinché ogni individuo possa scorgere nella libertà che gli è donata, la verità a cui è chiamato.

«Non parlo di Dio per convertire qualcuno, ma perché è l'unico tema di cui valga la pena parlare»[19]. Anche questo aforisma introduce bene il contenuto di questo testo nelle cui pagine si compie un singolare itinerario: quello che da una grave vicenda umana risale sino al destino dell'uomo, scoprendo nel bene inestimabile della libertà la condizione stessa per non sfigurare il significato della vita di ciascun individuo. Un bene inestimabi-le, quello della libertà individuale che può essere ancor più compromesso dal modo con cui si può combattere un virus.

---

16 La frase è al capitolo 1, versetto 9, del libro sapienziale del *Qoelet* (chiamato anche *Ecclesiaste*).
17 Questa testimonianza dell'Agnello di Dio si trova nelle ultime pagine del Nuovo Testamento (libro dell'*Apocalisse*, capitolo 21, versetto 5).
18 Nicolás GÓMEZ DÁVILA, *In margine a un testo implicito*, Adelphi, Milano 2009, p. 148.
19 *Ibidem*, p. 63.

Il virus del politicamente corretto

Considerazioni sociali

> «Il volume di applausi non misura il valore di un'idea. La teoria dominante può essere una pomposa stupidaggine. Ma tale osservazione, invero ordinaria, di solito sfugge allo spettatore intimidito» (Nicolás Gómez Dávila).

1.1. L'umanità e le epidemie

TRE SONO LE GRANDI SCIAGURE contro le quali l'uomo ha sempre chiesto l'aiuto di Dio: la guerra, la fame e la peste. La peste era l'epidemia per eccellenza ed ogni forma di terribile malattia ignota nelle cause e dai rimedi sconosciuti. «*A bello, fame et peste, libera nos Domine!*» hanno implorato generazioni di uomini terrorizzati dall'esperienza di questi tre flagelli.

Una calamità simile si è abbattuta sul mondo sul finire dell'anno 2019 a partire da una provincia della Cina. Si tratta della diffusione di un virus che causa infezioni nell'apparato respiratorio, virus appartenente alla famiglia della Sindrome Respiratoria Acuta Grave (SARS). Per la caratteristica forma a coroncina visibile al microscopio, i virus che fanno parte di questa famiglia, sono stati chiamati "coronavirus".

Il contagio del coronavirus propagatosi dalla Cina ha, purtroppo, costituito solo l'ultima delle epidemie che – è il caso di dire – hanno piagato popolazioni ed hanno piegato civiltà[1]. Alcune di esse, le più catastrofiche,

---

1 Cfr. Andrea W. D'AGOSTINO, *Contagio. Sudore, lacrime e sangue in tempi di pestilenze*, Musumeci Editore, Aosta 1999.

si sono fissate nell'immaginario dei popoli e nella memoria della storia[2].

Il primo grande episodio ben documentato è quello dell'infezione che si diffuse ad Atene durante la Guerra del Peloponneso (intorno al 430 a.C). L'epidemia fu accuratamente descritta da Tucidide (460 circa - 404 a.C.) nella sua famosa opera sulla guerra che contrappose la Lega capeggiata da Atene a quella guidata da Sparta e che si concluse con la vittoria di quest'ultima. Il morbo (peste? febbre tifoidea?) contribuì fortemente alla sconfitta di Atene (morì anche Pericle) ed alla conseguente crisi dei suoi valori sociali.

In epoca romana, si ha notizia della cosiddetta peste antonina (dall'appellativo patronimico dell'imperatore) che colpì per diversi anni (dal 165 al 180 d.C.), l'impero di Marco Aurelio (121-180) e probabilmente uccise il co-reggente Lucio Vero (130-161). L'impressionante numero di morti venne riportato nella narrazione del medico Galeno. È incerta la natura della malattia (vaiolo? morbillo?) che dovette diffondersi attraverso le legioni di ritorno dalle campagne militari contro i Parti e che fu causa dell'incrinatura della capacità dell'esercito romano nel contrastare le pressioni barbariche.

Ancora maggiori effetti storici determinò la cosiddetta peste di Giustiniano che fiaccò l'impero bizantino del VI secolo proprio nel momento di massimo splendore non solo impedendo a Giustiniano (482.527-565) di portare a compimento la riconquista dell'Occidente, ma causando una crisi che indebolì Costantinopoli per decenni, rendendo l'impero incapace di fronteggiare l'espansione islamica. L'epidemia (tra il 541 e il 544), oltre a decimare la popolazione, si ripresentò, ad ondate successive, nei due secoli seguenti. La peste di Giustiniano potrebbe essere la prima grande epidemia provocata dal batterio che ha costituto una delle principali minacce sanitarie per l'uomo.

Appartiene ad un altro ciclo di epidemie la "peste nera" della metà del Trecento (dai primi segni del 1346 alla sua estinzione nel 1353) che rappresenta l'esperienza sanitaria più traumatica dell'intera epoca medioevale. Essa è stata rappresentata in tanti modi, dalla cultura letteraria alle raffigurazioni artistiche. Chi non collega al ricordo della pandemia il *Decameron* di Giovanni Boccaccio (1313-1375) o il *Trionfo della morte* di Pieter Bruegel (1525/1530 circa - 1569)? La peste giunse nel Vecchio Continente dall'Asia attraverso le rotte commerciali e si diffuse nell'intera Europa riducendo la popolazione almeno di un terzo. Oltre questa

---

2 Cfr. Carlo M. CIPOLLA, *Storia economica dell'Europa pre-industriale*, Il Mulino, Bologna 1974, p. 205-217; cfr. Daniele FAZIO, *"Peste nera": medicina, politica, economia, società e religione*, in «Cristianità», anno 48 (2020), n. 402 (marzo - aprile), p. 37-49.

pandemia universale, la storia ricorda molte altre vicende di contagio che, per quanto abbiano provocato un alto numero di vittime, sono state circoscritte all'ambito regionale.

Tra queste, ad esempio, uno dei più noti episodi epidemici è la peste del 1576-1577 detta "di san Carlo" (Carlo Borromeo, 1538-1584) a causa della carità del santo vescovo milanese che brillò ancor più nei frangenti dell'infezione che colpì il nord Italia e, in particolare, la Lombardia. Alessandro Manzoni richiamò la "peste di san Carlo" nel capitolo XXXI de *I Promessi Sposi* per introdurre quella, ancor più luttuosa, del 1630, epidemia che costituisce lo sfondo di quasi tutti i quadri narrativi dell'ultima parte del famoso romanzo. Infatti, in una delle tante fasi della sanguinosa Guerra dei Trent'anni (1618-1648), nel corso della Seconda guerra per il Monferrato, i famigerati lanzichenecchi, scendendo verso Mantova, nel 1629, portarono la peste nella pianura Padana. Come era avvenuto pochi decenni prima, a preoccuparsi della popolazione di Milano provvide il vescovo, il cardinal Federico Borromeo (1564-1631), cugino e successore di san Carlo, perché, anche in questo frangente, le autorità civili avevano abbandonato la città a se stessa. Altre grandi epidemie furono la pestilenza che imperversò in Inghilterra – la Grande Peste di Londra –, che tra il 1665 e il 1666 falcidiò la popolazione, e la pestilenza che scoppiò a Marsiglia, che, nel 1720, dimezzò il numero degli abitanti della città portuale. Altri rilevanti episodi si ebbero sino agli anni Venti del Novecento, ma già a partire dagli ultimi anni dell'Ottocento, la scoperta del bacillo della peste (ad opera del medico svizzero Alexandre Yersin e del medico giapponese Shibasaburo Kitasato[3]) consentì alla scienza di ridurre buona parte della sua letalità.

Accanto alle pestilenze non possono non essere ricordate le numerose epidemie di vaiolo, il cui virus è stato causa di un numero esorbitante di decessi nel corso dei secoli. Le massicce campagne di vaccinazioni hanno consentito la sconfitta della malattia che dal 1979 è definitivamente scomparsa (accanto al vaiolo, la peste bovina è l'altra malattia ad essere stata dichiarata ufficialmente debellata).

Un'altra piaga ha cronicamente afflitto l'umanità: il vibrione del colera. Nei tempi moderni si contano diverse pandemie di colera ad iniziare da quella che nel 1817 si diffuse a partire dalle rive del Gange, in India. Il contagio si propagò in Asia, dal Giappone penetrò in Russia e dalla Russia giunse nei paesi scandinavi, per poi passare in Inghilterra, Irlanda fino in America del Nord e in America del Sud. Negli anni Trenta, tutta

---

3 Cfr. Pratik CHAKRABARTI, *Medicine and Empire: 1600-1960*, Palgrave Macmillan, New York (N. Y.) 2013, p. 170.

l'Europa ne era pervasa[4]. Prima che la scienza identificasse i rimedi per il bacillo della peste, lo scienziato tedesco Robert Koch, tra il 1883 e il 1884, individuò il vibrione del colera e l'anno successivo venne approntato il primo vaccino grazie al medico catalano Jaime Ferran[5].

Giungiamo, così, agli anni della Grande Guerra che furono anche gli anni della cosiddetta febbre "spagnola". Finora, questa, è stata l'unica epidemia di cui ho avuto modo di occuparmi; ho dovuto farlo per i miei studi intorno alla Prima Guerra Mondiale[6]. Qui mi limito a due rapide considerazioni. Innanzitutto la pervasività. È noto che il conflitto bellico causò un numero altissimo di morti eppure le vittime della "influenza" furono in quantità addirittura – e di gran lunga – maggiore. La seconda considerazione porta ad attribuire al moderno statalismo, causa della guerra, la responsabilità della pandemia. Una responsabilità *indiretta* perché la malattia fu una conseguenza del conflitto e, in particolare dell'intervento militare americano avendo avuto origine in una contea del Texas. Di lì trovò facile possibilità di contagio tra le truppe statunitensi che portarono il virus in Europa e, successivamente, nel resto del mondo. Senza la guerra, l'influenza si sarebbe potuta circoscrivere ad alcune aree rurali del sud degli USA. Ma vi fu anche una responsabilità *diretta* dello statalismo perché la "grande febbre", come fu poi chiamata, venne tenuta a lungo nascosta dalla censura militare compromettendo le misure di prevenzione. La stessa definizione ("febbre spagnola") è dovuta al fatto che l'infezione venne ufficializzata in Spagna, paese non belligerante e, quindi, interessato non ad occultare l'epidemia, bensì a proteggere la popolazione dal contagio. La pandemia di influenza spagnola – esattamente di un secolo fa – va, quindi, considerata all'interno del quadro dei danni provocati dallo Stato all'umanità.

Tra le malattie che hanno continuato a mietere vittime anche nel XX secolo non può essere dimenticato il tifo nelle sue varie forme. Anche mio padre ne fu colpito in gioventù e rischiò la vita; vita che, invece, perse un mio zio, mai da me conosciuto, morto giovanissimo a causa delle complicazioni indotte dal tifo. La malattia si è tristemente affacciata come protagonista di famose campagne militari sin dal tardo medioevo al punto da essere ricordata come "febbre da accampamento".

Ciò di cui ho personale ricordo è l'epidemia di colera che paralizzò le

---

4 Cfr. Eugenia TOGNOTTI, *Il mostro asiatico. Storia del colera in Italia*, Laterza, Roma - Bari 2000.

5 Cfr. Andrew W. ARTENSTEIN, *Vaccines. A Biography*, Springer, New York (N. Y.) 2009, p. 89.

6 Cfr. Beniamino DI MARTINO, *La Grande Guerra (1914-1918). Stato onnipotente e catastrofe della civiltà*, Monolateral, Dallas (Texas, USA) 2018, p. 107.188.223.

attività nella zona di Napoli nel 1973. Tra la fine di agosto e la metà di ottobre il vibrione del colera – che già richiamavo quale una delle piaghe che ha cronicamente afflitto l'umanità – provocò 24 decessi e fu reso inoffensivo dalla vaccinazione (a cui i miei genitori sottoposero me e mio fratello), vaccinazione resa massiccia grazie anche agli aiuti della base navale USA a Napoli. Il rapporto tra il Mezzogiorno d'Italia e il colera non è stretto come si pensa e considerare questo tipo di epidemie come caratteristica storica del Sud è sbagliato. Se la situazione sanitaria è certamente peggiorata dopo l'unità d'Italia (probabilmente anche l'epidemia del 1973 sta a dimostrarlo), nel regno delle Due Sicilie – in rapporto agli standard dell'epoca – erano assicurati livelli sanitari davvero buoni[7].

Nel 1981 venne identificata la sindrome da immunodeficienza acquisita (Acquired Immune Deficiency Syndrome, da cui il noto e terrorizzante acronimo AIDS) causata dal virus dell'immunodeficienza umana (HIV: Human Immunodeficiency Virus). Dal momento in cui è stata diagnosticata la malattia che colpisce il sistema immunitario, i morti a causa di essa sono svariati milioni (si parla di una trentina di milioni) disseminati in ogni parte del mondo con una forte concentrazione nel continente africano.

Ebola è il nome di un altro virus (EVD, Ebolavirus Disease) che ha impaurito il mondo soprattutto negli ultimi anni sebbene la malattia corrispondente ad esso sia stata diagnosticata la prima volta già nel 1976 nei pressi del fiume Ebola nell'attuale Repubblica Democratica del Congo. Da allora la febbre emorragica Ebola (Ebola Haemorrhagic Fever - EHF) ha colpito le popolazioni dell'Africa equatoriale. Contagi più consistenti si sono verificati nel 2007 ed ancor più tra il 2014 e il 2016.

Prima del coronavirus, in anni recenti, il mondo ha conosciuto altre epidemie che possono essere assimilate a quella in atto. Mi riferisco all'influenza asiatica degli anni Cinquanta, all'influenza di Hong Kong sul finire degli anni Sessanta, all'influenza suina e all'influenza aviaria. Quest'ultima (nota anche come "peste aviaria") colpisce diverse specie di uccelli (da qui il nome della malattia) e si trasmette agli uomini. Era stata descritta più volte nel passato sin dalla fine del XIX secolo, ma in tempi recenti si è diffusa con una serie di epidemie che hanno coinvolto tutti i continenti. L'influenza suina colpisce i maiali, ma ci sono casi documentati di contagio degli esseri umani già prima di marzo del 2009, periodo a partire dal quale l'epidemia, originata in Messico, si estese in molti altri paesi. C'è stata, poi, la SARS (acronimo di Severe Acute Respiratory

---

7 Cfr. Rosamaria ALIBRANDI, *In salute e in malattia. Le leggi sanitarie borboniche fra Settecento e Ottocento*, prefazione di Alessandro Fontana, FrancoAngeli, Milano 2012.

Syndrome), la sindrome respiratoria acuta grave, segnalata nel novembre 2002 in Cina. La SARS è una forma atipica di polmonite causata dal virus SARS-CoV, un coronavirus identificato dal medico italiano Carlo Urbani che morì di esso, a Bangkok, nel marzo del 2003. Nei sei mesi di epidemia, il coronavirus provocò morti (774 decessi in gran parte concentrati in Cina) e danni in misura incomparabilmente inferiore a quanto è avvenuto tra il 2019 e il 2020. Anche in quel caso il governo cinese, con l'allora nuovo leader Hu Jintao, nascose sino a febbraio (2003) l'esistenza dell'epidemia causando, così facendo, gravi ritardi nel controllo del contagio. Ma i comunisti non cambiano e il loro comportamento si è, ora, ripetuto per il virus SARS-CoV-2[8].

Ancora oggi neanche sappiamo quanto c'è ancora da conoscere del Covid-19. Sappiamo che il nuovo coronavirus non è lo stesso virus della SARS, ma appartiene alla stessa famiglia della sindrome respiratoria acuta grave. Alla nuova malattia è stato dato nome "CoViD-19": "Co" sta per *corona*, "Vi" per *virus*, "D" per *disease* (malattia) e "19" indica l'anno in cui è apparsa. Anche la fonte di SARS-CoV-2, il coronavirus che provoca Covid-19, è ancora sconosciuta. Sappiamo però che, sebbene con tasso di mortalità relativamente basso, il virus è altamente trasmissibile (anche da pre-sintomatici) e si presenta spesso in modo poco-sintomatico (i malati "pauco-sintomatici") o addirittura asintomatico rendendone più difficile il contrasto.

Da martedì 11 febbraio (anno 2020), giorno in cui si è data la denominazione internazionale al virus[9], tutti capiamo a cosa ci si riferisce quando si parla di Covid e da mercoledì 11 marzo, giorno in cui è stata ufficialmente (e ipocritamente[10]) dichiarata la pandemia, tutti sappiamo cosa sia un'epidemia che investe l'intero pianeta.

Devo aver letto da qualche parte che quel che con enfasi viene definita la "comunità scientifica" (concetto pericoloso come tutti gli enti collettivi) aveva espresso più volte in tempi recenti la consapevolezza di una probabile pandemia di malattie respiratorie. È vero che dopo l'evento tutti si atteggiano a profeti incompresi ed inascoltati, ma è anche vero che non era comunque difficile sommare due elementi chiari non solo agli scienziati: da un lato le ricorrenti epidemie a cui l'umanità non è mai riuscita a sottrarsi e, dall'altro, la mobilità oggi forte come non mai. La combinazione di questi due elementi poteva far interrogare tanti non sul "se",

---

8 Più avanti, nel capitolo 3 di questo testo, mi occuperò delle gravissime responsabilità del regime cinese.

9 Cfr. https://covidreference.com/timeline_it.

10 Anche le responsabilità dell'Organizzazione Mondiale della Sanità sono assai pesanti. Me ne occuperò, più avanti, nel capitolo 3 (paragrafo 4).

ma sul "quando" sarebbe scoppiata un'epidemia globale.

A rendere plausibile la domanda concorreva e concorre anche la saggezza di chi sa pesare l'ineluttabilità delle sciagure naturali che si abbattono da sempre sull'umanità, inesorabilmente posta «in questa valle di lacrime», come ripete la preghiera cristiana.

E tuttavia non è, quindi, tanto la sorpresa che deve indurre a riflettere (perché non sono mancate né previsioni né simulazioni di scenari) quanto l'insufficienza di ogni dispositivo di prevenzione. Ciò non per invocare maggiori apparati pubblici o organizzazioni internazionali (e qui iniziamo ad entrare nella particolare "prospettiva" delle considerazioni che andrò proponendo), ma per giungere alla consapevolezza che, per un verso, i sinistri, piccoli o grandi che siano, sono inevitabilmente parte della condizione umana (e qui la riflessione non può che farsi teologica) e, dall'altro, per orientarsi una buona volta a percorrere la strada della responsabilità individuale dopo aver costatato il clamoroso insuccesso di ogni apparato statale e sovrastatale.

C'è da ritenere che anche i sistemi difensivi nazionali non sono certo sprovveduti perché almeno da un secolo addestrati e allertati a fronteggiare guerre batteriologiche e chimiche e a ricercare soluzioni ad epidemie indotte da potenze avverse o da forze terroristiche – eventualità, quest'ultima, molto temuta soprattutto negli scenari degli ultimi due decenni. D'altra parte e nonostante le dichiarazioni di collaborazione internazionale non bisogna certo dimenticare che, in generale, gli Stati hanno interessi strategici e geopolitici che inducono a non condividere tutte le informazioni in proprio possesso per cui questi stessi interessi diventano conflittuali con un'effettiva tutela della salute dei popoli, e, in particolare, trovandosi dinanzi ad un interlocutore comunista – anzi ad una super-potenza comunista –, sarebbe assai ingenuo immaginare scenari di sincero affratellamento planetario.

1.2. Il virus dell'ideologia

Se grandi sono stati i danni prodotti all'umanità dalle malattie infettive e da ogni genere di epidemie, vi è un virus massimamente nocivo le cui conseguenze sono addirittura peggiori rispetto alla perdita della pur preziosa salute corporale. Esso attacca le facoltà razionali – vera dote dell'essere umano e autentico patrimonio dell'uomo – rendendole utilizzabili solo in modo meramente strumentale ed indebolendole sino a paralizzare quasi del tutto l'esercizio del giudizio e del discernimento. Per quanto ancora non sia stato sufficientemente isolato, è sempre stato possibile accedere

– anche se non senza fatica, asperità e contrasti – al vaccino. Questo virus non si estinguerà mai e per quanto sempre presente in forma endemica – sin dal momento in cui l'uomo provò a rendersi pari a Dio impossessandosi delle chiavi «della conoscenza del bene e del male»[11] –, in alcuni periodi si è sviluppato con rivoluzionaria pervasività e con capacità di contagio davvero strabiliante ed impressionante. La carica tossica può raggiungere livelli di ineguagliabile velenosità, ed anche a causa delle ridotte difese immunitarie di cui l'uomo dispone, questo virus si presenta ad alta letalità. Sto parlando del virus dell'ideologia.

Per meglio spiegarmi circa il carattere fatale e l'esiziale pericolo costituito da questo "virus" che genera immani disastri e, nella sua forma più compiuta, coincide con il comunismo e i suoi derivati – la più grande "catastrofe antropologica" –, occorre chiarire cosa intendo per ideologia.

Di questa si son date molte definizioni. Quella che sembra più pertinente delinea l'ideologia in questo modo: una visione deformata della realtà, una concezione precostituita del mondo che costringe a piegare la realtà in base ad uno schema che non si deve mai mettere in discussione; anziché adeguare le proprie idee alla realtà, la realtà è sottomessa alle proprie opinioni. Il carattere inevitabilmente violento dell'ideologia è dato sia dalla disonestà nel non voler riconoscere una oggettiva ed immutabile natura dell'uomo sia dal volere trasformare questa natura ad ogni costo. Il vero nodo dell'ideologia è, infatti, il rifiuto della *natura* delle cose. I fatti danno inesorabilmente torto all'ideologia, ma l'ideologia persiste a dare torto alla realtà. Il disprezzo per il buonsenso si unisce, quindi, all'ostinazione nel giustificare le proprie opinioni.

Per provare a manipolare la realtà, oltre a negarne l'oggettività, l'ideologia deve anteporsi ai fatti. Se questi sono messaggeri che riconducono a dosi di realismo – Gómez Dávila scrive che «gli esempi concreti sono i carnefici delle idee astratte»[12] –, l'ideologia rifiuta la prova offerta dai fatti dichiarandosi superiore alla natura delle cose. Ma per quanto possa essere meticoloso, il programma di rivoluzionare la realtà è destinato ad infrangersi perché nessun tentativo di trasformare la natura dell'uomo è riuscito senza schiacciare lo stesso uomo che si voleva liberare. Il filosofo tedesco Eric Voegelin (1901-1985) scriveva che «la natura di una cosa

---

11 Il riferimento è, ovviamente, all'immagine del peccato originale così come descritto nel libro biblico della *Genesi* (al capitolo 3). Un aforisma icastico di un grande e ignorato pensatore: «gli uomini si dividono in due categorie: quelli che credono nel peccato originale e gli sciocchi» (Nicolás GÓMEZ DÁVILA, *In margine a un testo implicito*, Adelphi, Milano 2009, p. 85 - *Escolios a un texto implícito*, 1977.1986).
12 *Ibidem*, p. 110.

non può essere cambiata; chiunque tenta di "alterarla" distrugge la cosa»[13]. E il politologo americano Murray N. Rothbard (1926-1995) ribadiva l'impossibile successo dell'ideologia che «non potrebbe mai funzionare perché viola la stessa natura dell'uomo, soprattutto la sua unicità e la sua individualità, i suoi interessi e le sue capacità, e perché comporterebbe un declino drastico della produzione di ricchezza, a tal punto da condannare gran parte dell'umanità alla fame e all'estinzione»[14]. È vero che quando lo schema mentale degli ideologi vuole imporsi sulla natura, la conseguenza è sempre la miseria e la rovina.

Questa chiosa sull'ideologia rappresenta una premessa – che, ritenendola fondamentale, non avrei mai voluto far mancare – con una duplice finalità. Potrebbe apparire fuori luogo; penso, invece, che serva ad impostare al meglio l'approccio ai problemi che, nel caso dell'epidemia, significa, da una parte, sottrarsi ad ogni genere di pregiudizio nei confronti del problema epidemiologico in sé, dall'altra, rifuggire da ogni tentazione di affidare allo Stato le soluzioni, poggiando sulla fallace speranza che queste siano realmente in potere dell'autorità politica. L'esperienza dimostra, invece, che quanto maggiore è l'estensione della discrezionalità politica tanto maggiore è l'arbitrio e tanto minore è la possibilità per la società di risollevarsi dalle sciagure.

Se è vero che il pregiudizio può compromettere una valutazione realistica del pericolo costituito dal virus, è ancor più vero che il rischio maggiore è quello di concedere – magari perché soggiogati dalla paura – allo Stato prerogative salvifiche e risanatrici. Uno dei più famosi passi tratti dai discorsi del presidente Ronald Reagan (1911-2004) è quello relativo al rapporto tra Stato e problemi sociali. Ebbene, nel discorso inaugurale del suo mandato, Reagan affermò: «lo Stato non è la soluzione ai nostri problemi; lo Stato è il problema»[15]. È raro trovare situazioni in cui gli uomini politici non siano parte del problema; Reagan è stato uno tra i massimi esempi di queste eccezioni. Ordinariamente, invece, la politica e i politici non solo contribuiscono al problema, ma sono essi a costituire il problema maggiore (ed ovviamente dicendo "uomini politici" intendo

---

13　Eric VOEGELIN, *Il mito del mondo nuovo*, introduzione di Francesco Alberoni, Rusconi, Milano 1990, p. 116 (*Wort und Wahrheit*, 1960; *Wissenschaft, Politik und Gnosis*, 1959).
14　Murray N. ROTHBARD, *Per una nuova libertà. Il manifesto libertario*, introduzione di Luigi Marco Bassani, Liberilibri, Macerata 2004, p. 417 (*For a New Liberty. The Libertarian Manifesto*, 1973).
15　Cit. in Robert DALLEK, *Ronald Reagan. The Politics of Symbolism*, Harvard University Press, Cambridge (Massachusetts) 1999, p. 63-64. («Government is not the solution to our problem; government is the problem», discorso di insediamento, 20 gennaio 1981).

riferirmi a tutti coloro che traggono benefici dall'estensione del potere
dello Stato).

Occorre, a questo punto, soffermarsi su ciò che abbiamo già chiamato
in causa: lo Stato. Più che fornirne una definizione proveremo a riflettere
sugli aspetti essenziali e, per non incamminarci in altro tipo di trattazione, lo faremo in modo necessariamente sintetico. Tuttavia è necessario
mettere a fuoco alcune questioni circa la natura dello Stato, condizione
che ritengo indispensabile anche per poter leggere la vicenda dell'emergenza sanitaria.

È tutt'altro che univoco il significato da dare al concetto e i ricorrenti
fraintendimenti stanno a dimostrare quanto sia controversa la natura di
ciò che chiamiamo "Stato". Secondo il paradigma che facciamo nostro,
lo Stato non coincide né con il governo né con la mera autorità perché
se è vero che non vi è Stato senza queste due funzioni, è anche vero che
governo e autorità possono sussistere indipendentemente dallo Stato e,
anzi, anche contro lo Stato. Se è vero che ogni Stato è teso sempre al
governo, è anche vero che non ogni governo assume necessariamente la
forma di Stato. Per quanto controversa, la definizione di Stato che as-
sumiamo è quella che vede in esso non ogni forma di organizzazione
politica, ma quella nella quale il governo si ritiene eticamente autosuffi-
ciente ed auto-fondato rispetto sia ai postulati della sua autorità sia alla
produzione della legislazione. Si potrebbe dire che se non ogni governo
è Stato, lo Stato (autoritario o democratico che sia) è quel governo che
si considera assoluto.

Tanto meno lo Stato coincide con il popolo, con la società o con la nazione perché queste sono realtà originarie e naturali. Anzi, si deve ritenere
che l'apparato statale sia il vero nemico della società nei suoi ordinamenti
naturali e nei suoi dinamismi razionali: quanto più è forte ed esteso lo
Stato tanto più è infiacchita la vitalità dei soggetti sociali. Stato e società
non si compensano; si contrappongono. Più c'è dell'uno meno c'è dell'altra.
Tutt'altro che essere di sussidio, ogni intervento dello Stato produce, oltre
che un'allocazione irrazionale e dispersiva di risorse, anche un indebolimento delle capacità reattive della società, società che esiste unicamente
negli individui che naturalmente cooperano attraverso una moltitudine
di rapporti, scambi e relazioni. L'uomo trova naturale consociarsi con i
suoi simili per proteggersi e vivere meglio e ciò dà luogo al dinamismo
di una società libera, ai vari tipi di comunità originarie e spontanee. Ciò
che, invece, chiamiamo propriamente "Stato" è un'organizzazione politica,
almeno tendenzialmente, accentratrice e assimilante ogni realtà sociale. Lo
Stato, quindi, è essenzialmente una struttura che agisce con la coercizione

e con il monopolio, alterando la dimensione naturale della socialità: «lo Stato è essenzialmente un apparato di costrizione e coercizione»[16]. Esso è contro la natura dell'essere umano perché aspira costantemente a sostituirsi alla società e ai normali rapporti che legano gli uomini fra loro[17]. I rapporti sociali nascono per meglio difendere la libertà e la proprietà degli uomini e per sopperire alle necessità di ciascuno mediante lo scambio libero e volontario. Si può dire che se «il ruolo del governo è proteggere i nostri diritti, non intromettersi nelle nostre vite»[18], lo spazio che lo Stato pretende sovverte il motivo stesso per cui l'uomo vive in società perché l'attitudine dello Stato è espropriare libertà personali e risorse economiche intromettendosi nelle vite degli individui. Ciò che chiamiamo Stato è inseparabile, anzi è coincidente con la propensione a usurpare i diritti naturali degli individui e ad intervenire nelle scelte di questi. Quindi, è esattamente il rispetto del desiderio di libertà e il rispetto della proprietà a rappresentare il crinale che distingue il governo (o, meglio, l'autogoverno) dallo Stato (coercitivo), gli ordinamenti naturali da quelli imposti. Gli ordinamenti naturali sussistono per tutelare la vita, l'incolumità e i beni degli individui; gli ordinamenti coercitivi, invece, sono quelli dai quali gli uomini devono difendersi perché attentano alla vita, alla libertà e ai beni. Tra i primi possono annoverarsi il governo e l'autorità quando il governo è sinonimo di "autogoverno" e quando l'autorità è quella naturale (è il caso, innanzitutto, dell'autorità interna alla famiglia). Governo e autorità possono essere totalmente rispettosi delle libertà individuali e degli ordinamenti naturali (e, perciò, essere antitetici allo Stato). Lo Stato, al contrario, è alternativo tanto alla società quanto all'autogoverno perché, se queste istituzioni naturali consentono di tutelare al meglio la libertà e la proprietà di ciascuno, lo Stato è, invece, la più potente struttura atta a mettere in pericolo libertà individuale e proprietà privata.

Tanti errori nel considerare l'essenza dello Stato nascono poi dal confondere socialità e statalità: l'uomo ha bisogno dei suoi simili per poter vivere, tuttavia lo Stato non solo non garantisce la socialità umana, ma addirittura si pone come sostituto di questa e come il più formidabile eversore dei naturali vincoli sociali. Il potere politico legittima se stesso

---

16 Ludwig von MISES, *Lo Stato onnipotente. La nascita dello Stato totale e della guerra totale*, introduzione di Victor Zaslavsky, Rusconi, Milano 1995, p. 71.

17 «Lo Stato è essenzialmente un concetto di potere [...]: significa un gruppo nei suoi aspetti aggressivi» (Randolph BOURNE, *La guerra è la salute dello Stato*, in Nicola IANNELLO (a cura di), *La società senza Stato. I fondatori del pensiero libertario*, Rubbettino, Soveria Mannelli (Catanzaro) 2004, p. 177).

18 David BOAZ, *Libertarismo. Silloge*, Liberilibri, Macerata 2010, p. 135 (*Libertarianism. A Primer*, 1997).

mediante l'idea secondo cui senza lo Stato non vi sarebbe né ordine pubblico né civile convivenza. La storia rivela, invece, che la fioritura sociale si è resa possibile solo dove il potere politico è stato debole e imperfetto[19] mentre la storia recente dimostra che lo Stato non lascia spazio alla naturale socialità umana tendendo ad assorbire ogni dimensione della vita dell'uomo: «lo Stato, che assorbe tutte le libertà nella propria, è la forma antagonistica [...] di libertà irriducibili»[20]. Gli uomini si uniscono in società in modo naturale; lo Stato, invece, viene imposto per via di coercizione politica e non perdurerebbe se potesse essere liberamente scelto o se i suoi servizi venissero realmente offerti in regime di concorrenza[21].

Il principio dell'autogoverno[22] si basa fondamentalmente sulla possibilità reale di scegliere; è, questo, un principio avverso a quello su cui si fonda la sovranità dello Stato che impone obblighi politici irrevocabili[23]. Perciò un'organizzazione sociale essenzialmente basata sull'autogoverno è sostanzialmente differente da ciò che chiamiamo Stato. E se è vero che l'"autogoverno" è condizione di buon governo, lo Stato comporta sempre un "cattivo governo" perché restringendo le libertà individuali inibisce le migliori possibilità di sviluppo.

Non definiremmo sufficientemente lo Stato se non lo qualificassimo anche come governo illimitato. Se lo Stato è un governo senza limiti, può esservi, al contrario, un governo che non è "Stato" perché opera in modo limitato. Infatti se lo Stato è inevitabilmente e sempre un governo – una forma di governo –, non ogni governo diviene necessariamente "Stato".

---

19 Cfr. Jean BAECHLER, *Le origini del capitalismo*, prefazione di Luigi Marco Bassani e Alberto Mingardi, Istituto Bruno Leoni Libri, Torino 2015; cfr. Peter T. BAUER, *Dissent on Development. Essays in applied economics*, Harvard University Press, Cambridge (Massachusetts) 1972; cfr. Jacques ELLUL, *Storia delle istituzioni. Il Medioevo*, Mursia, Milano 1976; cfr. Ralph RAICO, *Decentramento e concorrenza hanno reso l'Europa prospera e libera*, a cura di Luca Fusari, in «StoriaLibera. Rivista di scienze storiche e sociali», anno 3 (2017), n. 6, p. 91-120.

20 GÓMEZ DÁVILA, *In margine a un testo implicito*, cit., p. 148.

21 Sosteneva Rothbard: «in una società autenticamente libera, una società nella quale vengono rispettati i diritti individuali della persona e della proprietà, lo Stato, quindi, cesserebbe necessariamente di esistere. La sua miriade di attività invasive e aggressive, le sue incursioni contro i diritti della persona e della proprietà, scomparirebbero. Allo stesso tempo, quegli autentici servizi che esso svolge così male verrebbero affidati alla libera concorrenza» (Murray N. ROTHBARD, *L'etica della libertà*, introduzione di Luigi Marco Bassani, Liberilibri, Macerata 2000, p. 279 - *The Ethics of Liberty*, 1982).

22 Cfr. Beniamino DI MARTINO, *"Conceived in liberty". La contro-rivoluzione americana del 1776*, Liamar Editions, Principality of Monaco 2016, p. 29-31.54.108.112-116.139.

23 In contrapposizione ad ogni forma di assolutismo politico si pone l'organizzazione sociale basata sull'autogoverno che si realizza quando l'elemento fondante dei rapporti è impostato sulla dimensione naturale ed è costituito da vincoli contrattuali privati.

Vi può essere, infatti, un governo che concepisce il proprio ruolo in modo limitato, in un modo, cioè, strettamente funzionale alla tutela del diritto alla vita, alla libertà ed alla difesa della proprietà. Diversa è, invece, l'attività dello Stato che concepisce il proprio potere tendenzialmente in modo assoluto e totale, non limitato neanche dalle leggi naturali ed anzi spesso in aperta contraddizione con queste.

Lo Stato, quindi, è quel particolare tipo di organizzazione politica che mantiene un monopolio (indicativamente stretto) sul maggior numero di ambiti; primo tra questi quello del diritto. Lo Stato, infatti, poggia sul diritto positivo, sul diritto che esso stesso genera (perciò lo Stato è "Stato etico" in quanto criterio di se stesso). La differenza essenziale tra lo Stato e le altre organizzazioni governative (ogni Stato è organizzazione politica, ma non ogni organizzazione politica è costituita come Stato) è data, quindi, dal rispettivo fondamento. Ciò che poggia sul diritto naturale non è Stato; lo Stato, al contrario, si fonda sulla legge da se stesso generata. Infatti, si può dire – come ha affermato il giurista spagnolo Juan Berchmans Vallet de Goytisolo (1917-2011) – che «oggi si pretende di ricavare questa giustificazione [cioè quella del potere dello Stato, *ndr*] nelle stesse norme stabilite nella Costituzione elaborata dallo Stato medesimo»[24].

Non è facile superare il grande equivoco che porta a vedere nello Stato e nella sua elefantiaca zavorra qualcosa di irrinunciabile, pur magari riconoscendone la penosità e la gravosità. D'altra parte queste caratteristiche sono troppo evidenti per essere sottaciute anche dai più convinti statalisti che le giustificano come effetti di cattivo funzionamento dell'apparato piuttosto che riconoscerle come intrinseche ed inseparabili dal sistema-Stato. Ed invece questi mali sono endogeni e rivelano l'essenza dello Stato che non è né una realtà naturale, né qualcosa di sempre esistito, né un ordinamento indispensabile alla sopravvivenza e alla convivenza. Al contrario, lo Stato è una realtà imposta ed innaturale, è qualcosa che le epoche di rigoglio non hanno sperimentato ed è il maggiore ostacolo alla pacifica e fruttuosa cooperazione sociale[25].

---

24 Juan Berchmans VALLET de GOYTISOLO, *Stato di diritto/1. Il moderno stato di diritto*, in «Cristianità», anno 20 (1992), n. 201-202 (gennaio - febbraio), p. 7.

25 Queste affermazioni possono apparire, secondo vari gradi di coscienza politica, ad alcuni insostenibili o inaccettabili, ad altri, più semplicemente, radicali o idealistiche. Dato che la sede non è sufficiente per offrire tutte le pur doverose spiegazioni, rinvio il lettore che avesse interesse a verificare la ragionevolezza di quanto affermato in merito alla natura dello Stato ai testi fondamentali del maggiore pensatore del libertarismo. Cfr. Murray N. ROTHBARD, *Per una nuova libertà. Il manifesto libertario*, introduzione di Luigi Marco Bassani, Liberilibri, Macerata 2004; cfr. Murray N. ROTHBARD, *L'etica della libertà*, introduzione di Luigi Marco Bassani, Liberilibri, Macerata 2000.

Intendendo, quindi, lo Stato quale struttura essenzialmente antagonista dello sviluppo dell'individuo e della società, si deve anche ritenere che se il comunismo è la forma compiuta di potere statalista, di sovranità dello Stato ("Stato", dunque, e non semplicemente "governo" o "autorità"), allora ogni modalità *attuativa di esautorazione delle libertà individuali* (i diritti di cui ciascun uomo gode in modo naturale) e di esproprio politico (di ciò che è proprio di ciascuno) *è, comunque, una forma di socialismo.* Questa duplice consapevolezza trova sintesi nella definizione che ha fornito con una chiarezza forse ineguagliabile l'economista spagnolo Jesús Huerta de Soto (1956-viv.) qualificando il socialismo come «ogni restrizione o aggressione istituzionale contro il libero esercizio dell'azione umana» che si suole giustificare «a livello popolare, politico e scientifico, come sistema capace di migliorare il funzionamento della società»[26]. Questa efficacissima definizione di socialismo permette di evitare l'errore di ritenere che questo sia operante solo attraverso la violenza militare o l'azione terrorizzante e sebbene queste modalità estreme siano state tristemente tante volte utilizzate nella storia recente, di certo non esauriscono la natura dell'ideologia.

Se ad apice ed esito, quindi, del processo ideologico si pone il social-comunismo, accanto alla più gravosa forma di ordine politico che si sintetizzerebbe nella sostituzione dell'individuo con la collettività e della libera scelta con lo Stato, l'ideologia si manifesta in modalità minori e, per così dire, "artigianali" ogni qual volta ci si lascia guidare dal pregiudizio. Si tratta di un'inclinazione quanto mai radicata nell'animo umano al punto da poter far coincidere quest'attitudine con ciò che teologicamente si chiamerebbe predisposizione al peccato. E se il maggiore peccato corrisponde alla presunzione di non peccare, «ritenere di non avere pregiudizi è il più comune dei pregiudizi»[27].

Certamente il pregiudizio ha avuto una parte rilevante in questa pandemia. La ha avuta sia nella direzione dell'allarmismo sia nella direzione opposta del negazionismo. Chi se ne è fatto carico – in ambedue le posizioni – ha, comunque, adottato toni apocalittici. So bene che il termine "apocalisse" è adoperato con una notevole leggerezza rispetto al suo originale in greco (che è il senso con cui è stato scritto l'ultimo libro del Nuovo Testamento). Ma nel significato proprio del linguaggio comune, l'immagine dell'apocalisse è stata evocata spesso[28]. Meno presente è stata

26 Jesús HUERTA de SOTO, *Socialismo, calcolo economico e imprenditorialità*, Edizioni Solfanelli, Chieti 2012, p. 87; cfr. p. 89.
27 GÓMEZ DÁVILA, *In margine a un testo implicito*, cit., p. 113.
28 Cfr. Domenico AIROMA, *"Fermo immagine". Per non dimenticare, dopo la pandemia*, in «Cristianità», anno 48 (2020), n. 403 (maggio - giugno), p. 6-7.

l'esplicitazione del vocabolo e se ne comprende il motivo: nonostante lo smarrimento (tra un istante lo attribuiremo ad entrambe le parti), nominare l'apocalisse genera sempre qualche forma di imbarazzo e di pudore.

Fui colpito dalle parole di una persona fortemente credente: «moriremo con le immagini dinanzi agli occhi di quei camion militari». La persona si riferiva alle immagini trasmesse dai telegiornali di tutto il mondo riprese furtivamente a Bergamo dove, a causa del gran numero di decessi, il cimitero cittadino non aveva potuto ospitare le bare che erano state, quindi, caricate su automezzi militari. Questi, incolonnati, trasferivano nottetempo i feretri verso destinazioni sconosciute, offrendo uno spettacolo quanto mai luttuoso. Ma nonostante scene come questa, nonostante i bollettini quotidiani delle autorità sanitarie che davano il numero dei morti in centinaia di unità, non si è ancora trattato di "apocalisse".

Tuttavia non c'è stata solo certa speculazione propria dell'apocalittica ambientalista. Infatti, tanto tra coloro che sono rimasti terrorizzati dal pericolo del contagio, quanto tra coloro che hanno gridato al complotto (complotto ordito o da chi, per mire politiche, avrebbe ispirato ad arte una sopravvalutazione del rischio o da parte di entità che criminalmente avrebbero tratto vantaggio dalla diffusione del pericoloso virus), molti sono rimasti prigionieri di uno schema che potremmo, appunto, definire "apocalittico". Da un lato la tendenza ad enfatizzare a tal punto la cautela da sottovalutare tutte le altre conseguenze provenienti dalla paralisi delle attività, dall'altro la tendenza o a sovrastimare le capacità di immunità o a minimizzare la carica virale del Covid. Due esagerazioni, quella del salutista e quella del negazionista: chi ha chiesto misure sempre più rigide perché sempre insoddisfatto di quelle decretate e chi, invece, ha giudicato l'emergenza un enorme raggiro, una farsa colossale. Due esagerazioni che, sotto l'aspetto psicologico, contrappongono chi è caduto in paranoia per timore del contagio e chi ha preferito non-sapere rifugiandosi in un'apparente tranquillità.

Abbiamo introdotto il tema del pregiudizio per poter capire se salutisti terrorizzati e negazionisti complottisti siano accomunati da fanatismo (i primi imponendo misure ultra-restrittive, i secondi rivendicando il diritto ad una totale autonomia). Un fanatismo che, sebbene su posizioni contrapposte, unisce massimalisti allarmisti in nome della sicurezza sanitaria e minimalisti riduttivisti in nome del timore di una cospirazione in danno delle libertà di movimento. Gli uni e gli altri, gli inetti acritici e gli ostinati ipercritici, associati nel condividere, ciascuno a modo proprio, scenari apocalittici tra devastazioni epidemiologiche o cospirazioni internazionali. Se ai primi va fatto presente che non si può andare oltre le raccomandazioni sanitarie per la necessaria cautela, ai secondi si dovrebbe chiedere di aprire gli occhi e ammettere l'esistenza di un pericolo reale.

Un criterio può dettare il modo con cui prendere le distanze dai due atteggiamenti estremi; si tratta di un concetto ben più profondo rispetto a come il termine viene quotidianamente utilizzato. Mi riferisco alla prudenza. Per spiegare a cosa alludo è necessario attingere a ciò che la vita cristiana chiama la virtù della prudenza. Il catechismo del passato ricordava le virtù cardinali proprie del cristiano (così chiamate perché costituiscono «il cardine e il fondamento delle virtù morali»); tra queste, la prima ad essere menzionata è la virtù della prudenza così definita: «la prudenza è la virtù che dirige ogni azione al debito fine, e però cerca i mezzi convenienti affinché l'opera riesca in tutto ben fatta, e quindi accetta al Signore»[29]. Con qualche parola in più, il nuovo catechismo precisa: «la prudenza è la virtù che dispone la ragione pratica a discernere in ogni circostanza il nostro vero bene e a scegliere i mezzi adeguati per compierlo. [...] La prudenza è la "retta norma dell'azione", scrive san Tommaso sulla scia di Aristotele. Essa non si confonde con la timidezza o la paura, né con la doppiezza o la dissimulazione. [...] È la prudenza che guida immediatamente il giudizio di coscienza. L'uomo prudente decide e ordina la propria condotta seguendo questo giudizio. Grazie alla virtù della prudenza applichiamo i principi morali ai casi particolari senza sbagliare e superiamo i dubbi sul bene da compiere e sul male da evitare»[30]. Citando san Tommaso, don Giussani, parlando ad un convegno politico, disse che «le caratteristiche di opere generate da una responsabilità autentica devono essere: realismo e prudenza. Il realismo è connesso con l'importanza del fatto che il fondamento della verità è l'adeguazione dell'intelletto alla realtà; mentre la prudenza [...] si misura sulla verità della cosa prima che sulla moralità»[31]. Non è un caso, quindi, che il grande pensatore americano Russell Amos Kirk (1918-1994) faceva ruotare intorno alla categoria della prudenza il corretto modo di pensare politicamente, identificando gli elementi basilari dell'ordine morale e dell'ordine sociale nel connettere costantemente la prudenza con il realismo[32].

«Il volume di applausi non misura il valore di un'idea. La teoria

---

29 PIO X (san), *Catechismo maggiore* (1905), Ares, Milano 1974, domanda n. 912 e 913.

30 *Catechismo della Chiesa Cattolica*, Libreria Editrice Vaticana, Città del Vaticano 1992, n. 1806.

31 Luigi GIUSSANI, *Un avvenimento di vita cioè una storia*, presentazione di Joseph Ratzinger, Editoriale Italiana - Il Sabato, Roma 1993, p. 117 (intervento al Convegno della DC lombarda, Assago, 6.2.1987).

32 Cfr. Russell KIRK, *La prudenza come criterio politico*, a cura di Pio Colonnello e Pasquale Giustiniani, Edizioni Scientifiche Italiane, Napoli 2002 (*The Politics of Prudence*, 1993).

dominante può essere una pomposa stupidaggine. Ma tale osservazione, invero ordinaria, di solito sfugge allo spettatore intimidito»[33]. Quest'altra affermazione di Nicolás Gómez Dávila (1913-1994) può ben introdurre il pensiero che emerge dinanzi allo scenario contrassegnato da massimalisti salutisti (acritici) e da ostinati negazionisti (ipercritici). Penso, infatti, che la questione dell'epidemia debba essere affrontata senza ideologia e senza preconcetti, ma con sano realismo, in buona misura coincidente con la richiamata virtù cristiana della prudenza.

Ebbene, innanzitutto occorre differenziare le posizioni perché nel fronte critico bisogna separare coloro che negano la stessa esistenza del virus ritenendo l'epidemia uno smisurato imbroglio e coloro che non dubitano della pericolosità del Covid e del conseguente rischio del contagio, ma contestano agli Stati la legittimità di ogni tipo di intervento coercitivo. È invero necessario, però, identificare un'ulteriore opinione che si distingue dalle prime due e che, in considerazione della minaccia costituita dalle svariate epidemie, ritiene non solo possibile, ma doverosi i provvedimenti che l'autorità assume per contenere le varie infezioni. Se il primo punto di vista si caratterizzerebbe come negazionista mettendo in discussione ogni reale emergenza per la salute dell'umanità, il secondo tipo di parere confuta la validità delle azioni politiche in quanto sempre scorrette nell'affrontare il problema sanitario, il terzo giudizio induce a discernere la giustificazione delle indicazioni pubbliche (anche quando possono essere accompagnate dall'imposizione) secondo un criterio di oggettività e di ragionevolezza. Alla base di questa visione si può richiamare la già menzionata differenza tra lo Stato e il governo. In breve, possiamo dire che lo Stato è quella forma di governo che tende a sostituirsi alla natura e, perciò, agisce in modo viziato dall'ideologia; un governo, invece, può agire in modo conforme alla natura e, perciò, adoperarsi come autorità legittima. Nel primo caso abbiamo, ad esempio, l'imposizione di tassazione, burocrazia, legislazione positiva arbitraria; in una parola: l'esercizio del potere al di sopra della giustizia naturale. Nel secondo caso abbiamo una funzione pubblica in relazione al rispetto della vita, della libertà e della proprietà di chiunque; in una parola: l'autorità come auto-governo nell'orizzonte naturale della giustizia.

Ribadita questa distinzione (a mio avviso davvero politicamente fondamentale) e tralasciando almeno momentaneamente il negazionismo (per il quale il virus semplicemente non c'è), si potrebbero anche differenziare le posizioni critiche in forza di come esse convergano sulla diagnosi (il virus esiste ed è un problema) e divergano sulla terapia o sulla prognosi

---

33 GÓMEZ DÁVILA, *In margine a un testo implicito*, cit., p. 15.

(a chi spetta adottare le misure di contenimento). Amante della libertà individuale e della responsabilizzazione personale potrei essere sbrigativamente accomunato all'atteggiamento negazionista o addirittura anarchico. Ma la questione non può essere liquidata in modo superficiale. La realtà è composita e solo chi segue l'ideologia si assume l'arbitrio di banalizzare, semplicisticamente, la complessità della vita umana.

Quanto ai negazionisti, non ne va trascurata la crescita numerica, probabilmente causata anche dagli errori di tanti impropri provvedimenti governativi. Se certamente è una propensione saggia quella di prendere con circospezione e cautela le informazioni quando queste appaiono scontate e incontrovertibili solo perché la loro linea, più che preponderante, appare unica, è anche vero che ciò che si contesta deve essere confutato con ragionamenti seri per non contrapporre a preconcetti di un tipo preconcetti di altro tipo.

E, così, abbiamo avuto notizia di manifestazioni in cui ai "no-virus" (i negazionisti di varia estrazione) e ai "no-mask" (i contrari all'uso della mascherina) si sono uniti i "no-vax" (i contrari alle vaccinazioni) in nome del contrasto alla dittatura sanitaria. Raduni non autorizzati a causa delle misure anti-contagio che hanno sorpreso, se non altro per il coraggio dell'iniziativa. Quelle europee – penso a quelle molto partecipate (e "animate", con arresti dei più facinorosi) di Berlino[34] e anche a quelle inaspettate di Roma[35] –, biasimate o derise dai canali ufficiali, mi sembra abbiano una intonazione molto differente rispetto alle manifestazioni americane: autenticamente libertarie quelle americane, "nostalgiche" e dietrologiche quelle europee.

A differenza dello spirito americano che reclama l'ordine naturale della società, le manifestazioni continentali nostrane hanno avuto un sapore sovversivo teso a rivendicare un diverso statalismo piuttosto che la dissoluzione dell'arbitrio dello Stato. Accanto e parallelamente alla distinzione tra governo e Stato, occorre ribadire la complementare differenza tra Stato e autorità: se il primo rappresenta un'autorità innaturale, non ogni autorità coincide con il concetto di Stato. Esistono, infatti, le autorità naturali

---

34 Manifestazione a Berlino del 1° (https://www.ilgiornale.it/news/mondo/coronavirus-berlino-manifestano-contro-misure-restrittive-1880979.html) e del 29 agosto (https://www.tgcom24.mediaset.it/mondo/foto/coronavirus-in-migliaia-a-berlino-per-corteo-contro-misure-restrittive_22385028-2020.shtml).

35 Manifestazione a Roma del 5 settembre (https://www.rainews.it/dl/rainews/articoli/Coronavirus-Manifestazione-No-Mask-a-Roma-negazionist-Covid-d6d-617df-4266-4639-8243-9a47483dcf47.html) e del 10 ottobre (https://www.tgcom24.mediaset.it/cronaca/covid-tensioni-al-sit-in-a-roma-fermato-manifestante-senza-mascherina_24025452-202002a.shtml).

– prima tra tutte quelle familiari, come già accennavo – che, non a caso, sono le prime vittime e i bersagli preferiti – perché ad esso direttamente concorrenziali – dello Stato.

Ebbene, avendo ben chiara la distinzione tra governo e Stato o tra autorità e Stato, possiamo ora interrogarci su una questione di grande rilevanza morale e politica: la liceità dell'imposizione di comportamenti tesi a limitare il contagio. Muovo da alcuni presupposti: il coronavirus esiste e l'epidemia è qualcosa di serio. Nel caso questi presupposti dovessero dimostrarsi falsi, le considerazioni che seguono possono essere valutate come di puro principio non adattandosi alla situazione contingente che abbiamo vissuto e che continuiamo a patire. Molto è stato affermato e scritto in termini di dubbi circa l'effettiva pericolosità o circa la percentuale dei decessi in rapporto alla maggiore letalità provocata da altre patologie[36]. Il punto è che se anche si fosse trattato di una sopravalutazione del virus, la prova potrà giungere solo nel futuro e, molto probabilmente, neanche tanto vicino. Una prima dimostrazione di onestà imporrebbe di non parlare di ciò che non si conosce e ogni realtà sconosciuta rappresenta sempre un pericolo almeno potenziale. Ebbene, ritengo che vi siano buoni motivi per agire con grande cautela e che il dubbio spinga a favore di comportamenti restrittivi. Le troppe zone d'ombra sul virus rendono opportuna la prudenza. Ancora troppe sono le domande che non hanno risposta. Provoca conseguenze a lungo termine? Persiste sulle superfici? Anche al di là di un relativamente basso indice di mortalità, chi si esporrebbe al rischio del contagio di un agente virale poco conosciuto e certamente pericoloso? Ed estremamente contagioso. Detto questo, anticipo ciò che più avanti sosterrò con altrettanta consapevolezza e cioè sia che l'azzeramento del rischio è un'illusione sia che un grado ragionevole di rischio è sempre connesso con le attività umane ed in particolare con quell'indispensabile attività umana che è il lavoro. Accanto a ciò, quel che è relativo alla crisi economica, distinguendo quanto è causato dall'epidemia e quanto è aggravato dai provvedimenti adottati dagli Stati allo scopo di lenire la depressione.

Tutto ciò per sostenere che, anche solo in presenza di ragionevoli dubbi circa il pericolo costituito dal contagio, un'autorità legittima – e cioè il personale che agisce come un governo legittimo e giusto piuttosto che come uno Stato arbitrario e totalitario – può e deve agire per salvaguardare responsabilmente la salute degli individui.

---

36 Rifiutando i dati relativi al numero dei decessi, spesso si è detto e scritto che morire con il Covid non significa morire di esso perché molti sono deceduti solo per le complicazioni indotte dal coronavirus. Non mi sembra un ragionamento tranquillizzante perché chi è deceduto semplicemente non sarebbe morto se non fosse stato attaccato dal virus.

La libertà non è in pericolo quando l'autorità decide giudiziosamente assumendo decisioni in ordine alle precauzioni del caso. Così faceva il governo veneziano quando decretava la quarantena per l'equipaggio di una nave proveniente da qualche località a rischio; anche il solo sospetto nei confronti di marinai contagiati rendeva moralmente lecito il loro isolamento coatto (un vero e proprio sequestro di persona) a salvaguardia della salute dei veneziani. Misure simili si sono ordinariamente (e fortunatamente) adottate sin dall'antichità e non solo nella liberale repubblica mercantile di san Marco. Anche la storia biblica non manca di raccomandazioni circa il trattamento da riservare a chi, come ad esempio i lebbrosi, è portatore di contagio. Nel vangelo è riportato un episodio in cui si scorge il modo con cui erano tenuti a comportarsi gli infetti[37]. Grazie ad una citazione posso essere più documentato nel richiamare il caso dei rigidi provvedimenti che papa Gregorio XVI (1831-1846) impose per fronteggiare la pandemia di colera partita dall'India nel 1817 e diffusasi in gran parte del mondo. Già prima che il vibrione giungesse a Roma, il governo pontificio varò, nel 1837, dure misure per fare «tutto quello che l'umana prudenza consiglia» e per «rendere meno dannosa l'invasione del morbo»[38] decretando, altresì, punizioni di estrema severità per le violazioni delle disposizioni con pene che prevedevano anche l'ergastolo per chi non avesse rispettato la quarantena e la morte per chi si fosse reso colpevole di contagio[39].

L'amore per la libertà individuale – anche quello più solido– non solo non è affatto in contrasto con la necessità di obbedire ad alcune indicazioni governative (non *statali*, ma *governative*) in materia di igiene e di profilassi, al pari di quelle che provengono dal capo-famiglia, dai genitori o dalle sagge convenzioni sociali, ma ne dimostra la sincerità e l'autenticità in quanto pienamente rispettoso della propria e dell'altrui integrità fisica.

Il criterio sociale (e politico) per eccellenza dev'essere ricercato nel cosiddetto principio di non aggressione che Murray N. Rothbard, mutuando da Ayn Rand (Alissa Zinovievna Rosenbaum, 1905-1982)[40], ha

---

37 Nel *Vangelo secondo Luca* (al capitolo 17, versetto 12) è scritto che i lebbrosi incontrati da Gesù si fermarono «a distanza».

38 Cit. in Roberto de MATTEI, *Gregorio XVI e l'epidemia del suo tempo*, 3.6.2020 (https://www.corrispondenzaromana.it/gregorio-xvi-e-lepidemia-del-suo-tempo/).

39 Cfr. Marcello TEODONIO - Francesco NEGRO, *Colera, omeopatia ed altre storie. Roma 1837*, Fratelli Palombi, Roma 1988, p. 38-39.

40 Scriveva la filosofa russa: «nessun uomo può *usare per primo* la forza fisica contro gli altri [...]. Gli uomini hanno il diritto di utilizzare la forza fisica *solo* come autodifesa e *solo* contro coloro i quali hanno dato inizio all'uso della violenza» (Ayn RAND, *La virtù*

teorizzato in modo semplice ed ineguagliato nella ricerca di verità politiche irrefutabili e permanentemente valide. L'assioma di non aggressione (*non-aggression axiom*) può essere brevemente presentato come il principio centrale del libertarismo, la "metanorma" libertaria: «nessuno può aggredire la persona o la proprietà altrui»[41]. Ed ancora, appena con qualche dettaglio in più: «il credo libertario può dunque essere riassunto come: 1) il diritto assoluto di ogni uomo a possedere il proprio corpo; 2) il diritto ugualmente assoluto di possedere e quindi controllare le risorse materiali che egli ha trovato e trasformato; e, di conseguenza, 3) il diritto assoluto di scambiare o donare il possesso di tali titoli di proprietà con chiunque desideri scambiarli o riceverli»[42].

Questo assioma fondamentale va considerato eticamente irrinunciabile per la costruzione di una società libera[43]. Ma con esso risulta compatibile una eventuale disposizione comunitaria di quarantena? E se sì, in che modo? Se il principio libertario prevede «che ciascuno dev'essere proprietario di se stesso e che nessuno ha il diritto di interferire con tale proprietà»[44] come si giustificherebbe un'interferenza per ragioni sanitarie?

Innanzitutto si può dire che se la quarantena o le vaccinazioni fossero in contrasto con la libertà secondo il detto principio, allora, per estremo, lo sarebbe anche la prescrizione del medico che mi obbliga – magari solo moralmente – a seguire cure, ricoverarmi in ospedale, sottopormi ad accertamenti, acquistare medicine, eseguire terapie, ecc. Si potrà dire che queste sono indicazioni che si accettano volontariamente; certamente, ma più spesso le si accettano (sovente ciecamente) perché ci si fida di chi ne sa di più.

Si potrebbe sostenere che tale ragionamento apre la strada alle pesanti ingerenze dello Stato nelle scelte individuali per ciò che attiene alla salute. È senz'altro un pericolo. Ma tra l'obbligo alla quarantena e lo "Stato terapeutico" vi è la stessa differenza che intercorre tra il governo legittimo e lo

---

dell'egoismo. Un concetto nuovo di egoismo, a cura di Nicola Iannello, Liberilibri, Macerata 2010, p. 44-45).

41 Murray N. ROTHBARD, *Per una nuova libertà. Il manifesto libertario*, introduzione di Luigi Marco Bassani, Liberilibri, Macerata 2004, p. 39 (*For a New Liberty. The Libertarian Manifesto*, 1973).

42 *Ibidem*, p. 99.

43 «Nessuno ha il *diritto* di impiegare la violenza nei confronti di qualunque altro a meno che questi non stia commettendo un palese atto di aggressione contro i diritti. Qualsiasi allentamento di questo criterio, fino alla coercizione contro "rischi remoti", significa sanzionare un'inammissibile aggressione contro i diritti altrui» (Murray N. ROTHBARD, *L'etica della libertà*, introduzione di Luigi Marco Bassani, Liberilibri, Macerata 2000, p. 372).

44 *Ibidem*, p. 106-107.

Stato totalitario. Che il primo sconfini nel secondo è un pericolo costante, ma che questo sconfinamento non avvenga è un diritto. Al pari di ciò che può essere chiesto ad un'autorità investita di una delimitata delega a prendersi cura della profilassi. Non dissimilmente da come può avvenire per altre funzioni. Qualcosa di analogo capita quando si sottoscrive un'assicurazione sanitaria che impone al cliente, quali condizioni contrattuali, determinati obblighi di comportamento da seguire o da evitare.

L'interruzione della circolazione può essere una lesione dei diritti di libertà – soprattutto quando ci si muove per ragioni di lavoro (ma il diritto vale integralmente anche quando ciò avviene per motivi ricreativi) –, ma può essere opportuna se viene imposta per l'insorgenza di un rischio (quindi anche solo cautelativamente). Parimenti non credo che sia un bell'esempio di equilibrio invocare l'esercizio della libertà quando non si osservano le indicazioni stradali. La volontà di trasgredire le regole stradali non ha nulla a che fare con l'esercizio della libertà. Ugualmente, non sottomettersi ad indicazioni sanitarie sensate e giudiziose accresce non il proprio anelito alla indipendenza, ma solo una autistica auto-stima.

Regole stradali e obblighi medici (come ad esempio i vaccini) possono essere indifferentemente disposti da un'autorità legittima o da un potere tirannico. Ciò che fa la differenza è il buon senso che dovrebbe caratterizzare l'opera di governo rispetto all'arbitrio tipico dell'azione dello Stato.

Si potrebbe invocare a legittimazione governativa l'analogia della carcerazione dei criminali pericolosi per la società. Come il buon governo si distingue dal sopruso dello Stato così l'ordine naturale che impone la repressione dei malvagi si distingue dall'azione innaturale dello Stato che può manifestarsi tanto nella indulgenza con cui vengono spesso trattati i delinquenti quanto nell'uso politico della carcerazione a cui altrettanto spesso si è ricorso.

Può una disposizione che obbliga alla vaccinazione o un provvedimento che impone l'uso della mascherina (o di altri "dispositivi di protezione individuale" come tecnicamente ora li si definisce) essere ritenuto una violazione della libertà individuale e una contravvenzione del principio di non aggressione? Ritengo di no perché se è vero che il rischio di spalancare la porta all'arbitrio politico è presente ora più che mai, è anche vero che non è attraverso la risposta a queste indicazioni che si misura il grado di libertà di un individuo[45]. Neanche la risposta a queste indicazioni – con accettazione oppure con insofferenza – sta a verificare complessivamente

---

45 Deliberatamente evito di inoltrarmi nelle questioni discusse in ambito libertario. Mi riferisco al dibattito circa la legittimità dell'imposizione della quarantena o di provvedimenti simili.

la tenuta o la flessione dell'amore alla libertà presente in una determinata società. Ritengo di no anche perché non può mai essere rivendicato in nome della libertà qualsiasi gesto o atto che metta in pericolo la propria integrità fisica o l'altrui salute. E ciò vale tanto per una guida automobilistica imprevidente quanto per comportamenti sconsiderati dinanzi ad un qualche rischio di contagio.

Troppo spesso si è confusa la libertà con l'anti-conformismo (che oggi sarebbe pieno conformismo). Ma come l'autentica libertà è molto distante dall'istinto a non rispettare le regole sociali, identicamente nulla ha a che fare con il desiderio di libertà il rifiuto della prudenza e delle cautele sanitarie. Un governo può legittimamente stabilire il confinamento della popolazione nelle abitazioni mentre una simile iniziativa compiuta con fini diversi o addirittura occulti o semplicemente assunta con leggerezza trasforma questa azione in qualcosa di tirannico posizionandola nell'ambito tipico dell'arbitrio statale. Ma le cose non hanno solo questo tipo di confine dato che se un governo può legittimamente decretare la quarantena, lo Stato può arbitrariamente misconoscere un reale pericolo epidemiologico (magari perché i suoi leader si lasciano accecare dall'esclusiva ricerca del consenso). Ciò per dire che l'ideologia può essere, sì, alla base del *lockdown*, ma può essere alla base anche della volontà di sottovalutare i rischi. Lo Stato cinese è il miglior esempio di questa volontà di negare capziosamente la virulenza del contagio. Tutto ciò significa che una qualsiasi forma di quarantena non è di per sé immorale per il fatto di essere imposta. Un tale provvedimento può essere assunto senza volontà di ledere la libertà individuale e, quindi, senza compromettere il principio di non aggressione. Ovviamente ciò non significa che si tratti di una misura ordinaria; per evitare il rischio di ledere la libertà con provvedimenti restrittivi devono ricorrere motivi estremi scrupolosamente valutati come tali.

Non è, quindi, l'imposizione della quarantena e neanche il *lockdown* a mettere in pericolo la libertà individuale. Non è l'obbligo della mascherina, ma gli interventi statali generosi e abbondanti, le promesse degli aiuti economici a tutti, finanche il potenziamento della sanità pubblica, della struttura ospedaliera e del vaccino gratuito. Sono interventi di questo tipo a costituire il reale attentato alla libertà perché ciò che davvero rappresenta l'aggressione all'individuo è l'invadenza dello Stato. Per riuscire a riconoscere questo esiziale pericolo occorre superare ideologia e pregiudizi, occorre acuire l'intelligenza, grande e supremo patrimonio dell'uomo e rifiutare le letture semplicistiche della cronaca, non da ultimo quella degli attuali giorni della pandemia nella consapevolezza che «il prezzo che l'intelligenza esige dai suoi eletti è la rassegnazione alla banalità quotidiana»[46].

Per comprendere appieno il reale danno che la libertà di ciascuno sta patendo e che ancor più patiranno le giovani generazioni sulle quali verranno scaricati gli errori di pianificazione, occorrerà completare queste riflessioni con le considerazioni propriamente economiche; sono esse, infatti, che offrono sempre un portentoso criterio di realtà contro cui naufraga ogni utopia ideologica ed ogni pregiudizio deformante. Più avanti proverò, appunto, a soffermarmi sulla fallacia dei rimedi politici al crollo economico[47] e come siano esattamente questi rimedi a rappresentare la negazione del principio di non aggressione, quella regola fondamentale di ogni uomo davvero libero, norma per la quale «nessuno ha il diritto di violare la *legittima* o *giusta* proprietà di un altro»[48].

1.3. Il morbo della paura, il virus dell'emergenza

Lo Stato e la paura

Dopo aver – per emarginare ogni possibile pregiudizio – ricercato e rintracciato ogni possibile attenuante per i governanti, ora – senza indebiti sconti e per evitare ogni rischio ideologico – è necessario elencare una lunga serie di critiche allo Stato.

Innanzitutto occorre far presente che quando lo Stato è chiamato ad organizzare qualsiasi cosa (dalle questioni più grandi alle più minute) non può non sbagliare[49] o perché i suoi movimenti sono troppo lenti e burocraticamente ingolfati o perché la pesante macchina centralistica non ha percezione diretta dei problemi o perché gli interessi politici si rivelano antitetici a quelli dei soggetti sociali direttamente interessati (ovviamente questi interessi possono coincidere quando ci si accorda in modo disonesto: il classico *pactum sceleris*[50], il patto scellerato tra qualcuno e apparati dello Stato a danno di tanti altri).

Il caso dell'epidemia non ha fatto eccezione. A molti sembrerà strano veder lo Stato presentato come il grande problema, abituati ormai come

---

46 Nicolás GÓMEZ DÁVILA, *In margine a un testo implicito*, Adelphi, Milano 2009, p. 88 (*Escolios a un texto implícito*, 1977.1986).

47 Cfr. il capitolo 3 di questo volumetto è dedicato ai temi economici.

48 ROTHBARD, *L'etica della libertà*, cit., p. 94.

49 Cfr. Anthony de JASAY, *Lo Stato*, appendici di Gustavo Cevolani e Alessandro Vitale, Istituto Bruno Leoni Libri, Torino 2017 (*The State*, 1998).

50 Cfr. Gonzague de REYNOLD, *L'Europe tragique. La Révolution moderne. La fin d'un monde*, Éditions Spes, Paris 1934, p. 73.

siamo – è questa una caratteristica dell'uomo moderno – a considerare lo Stato come l'ente indispensabile per tutti gli aspetti della vita (religiosi non esclusi). Per spiegarmi non potrò farlo se non prendendo un po' di spazio. E la vicenda della pandemia impone alcune fondamentali trattazioni per inquadrare propriamente la grande questione dello Stato, il "dio mortale" di Hobbes.

Dicevo: il caso dell'epidemia non ha fatto eccezione nel mostrare, ancora una volta, le incongruenze dello Stato. Si obietta: con problemi così grandi non sarebbe possibile agire senza coordinamento statale o addirittura internazionale. Ebbene, proprio la pandemia – un'epidemia su scala planetaria – sconfessa questa "fede", questa fiducia nei poteri centrali e nelle organizzazioni sovra-statali che funzionano non in modo alternativo agli Stati nazionali, ma in modo complementare ad essi quasi come anticamera ad un super-Stato globale.

Gli autentici disastri prodotti hanno nello Stato la loro causa; ancor più che al virus, essi sono imputabili allo Stato. Non vi è solo l'esempio del governo cinese responsabile di aver taciuto ciò che avrebbe dovuto essere immediatamente comunicato. Mi riferisco, anche, alla duplice tendenza che corrisponde alla duplice responsabilità in cui sono incorsi tanti Stati (quelle nazioni che non hanno commesso tali errori hanno dimostrato che i problemi si affrontano di gran lunga meglio senza mentalità statalista). Prima vi è stata una prevalente tendenza a sottovalutare il pericolo virale, tendenza, poi, invertita, con la caduta nell'altro errore, quello di paralizzare la vita perfino sovradimensionando il rischio. Davvero la gestione centralizzata delle emergenze non può non condurre a sbagliare sia nella direzione dell'improprio ridimensionamento sia nella direzione contraria dell'indebito ingigantimento. Due orientamenti – minimizzare o aggravare – antitetici alla esatta percezione della realtà. Una contraddizione con la realtà, tipica dell'ideologia.

Aver nascosto per giorni e aver sminuito per settimane ha avuto lo stesso effetto del successivo allarmismo: ingenerare nelle popolazioni un senso di insicurezza che produce la più pericolosa delle emozioni collettive: il panico. In preda al panico la gente assalta i supermercati per acquistare generi di necessità e per rifornirsi di quei beni di cui si teme l'imminente penuria. Anche da noi il fenomeno si è presentato per qualche ora all'avvio del *lockdown*. Fortunatamente la corsa agli scaffali si è arrestata e i rifornimenti non sono mai mancati.

Le scienze ci dicono che la paura è un'emozione salutare perché è un impulso che contribuisce, come il dolore, ad accrescere l'attenzione per meglio garantire l'incolumità. Ovviamente non è questo dato fisiologico ad interessarci; direttamente ci interessa quel grado della paura che arriva al panico o la paura stessa quando assume una dimensione sociale e quando ciò avviene – la paura nei suoi risvolti collettivi – essa è sempre patologica.

La paura merita di essere investigata ed analizzata come fenomeno politico. Troppo vaste sono, infatti, le implicazioni e troppo profonde le radici. Davvero la paura diviene uno strumento eletto per l'esercizio del potere[51] perché attraverso di essa si rende possibile un formidabile controllo politico delle masse. A partire dalle rivoluzioni, che sono già vittoriose quando i sovversivi riescono ad imporre un clima di paura e di intimidazione, la paura è stata sempre sfruttata al fine di orientare gli eventi nella maniera desiderata.

L'archetipo della paura come forza della sovversione politica è costituito dalla Rivoluzione francese, anticipazione di quella bolscevica: «la Rivoluzione senza nemici da annientare non potrebbe durare. La figura del nemico è essenziale alla sopravvivenza della Rivoluzione. È una delle sue grandi patologie che, al tempo stesso, ne costituisce la forza: l'ideologia vive della paura di accerchiamento, di nemici, di complotti, di sabotaggi. Senza questi spettri non potrebbe scaricare su altri i propri fallimenti e, nel contempo, l'incubo del nemico esterno compatta il fronte interno richiamando a raccolta le forze»[52]. È stato Georges Lefebvre (1874-1959), nel 1932, a consolidare una delle principali categorie storiografiche della vicenda rivoluzionaria con uno studio su ciò che avvenne nelle campagne francesi all'indomani della presa della Bastiglia: *la Grande Peur de 1789*[53]. Più tardi sarà l'italiano Guglielmo Ferrero (1871-1942) a concentrarsi ancora, nei suoi studi sulla rivoluzione giacobina, sulla categoria della paura[54].

Storicamente, la Sinistra (giacobina, rivoluzionaria, socialista, post-comunista, comunque statalista) ha sempre fatto leva sulla paura per ricompattare le fila e creare motivi per legittimare la propria azione. È la paranoia del nemico esterno e la fobia di quello interno. Senza escludere

---

51 Cfr. Roberto DI MOLFETTA, *La Paura come strumento del Potere. L'emozione più potente come strumento di controllo politico*, prefazione di Enrica Perucchietti, PubMe Edizioni, Martina Franca (Taranto) 2018; cfr. Roberto GIACOMELLI, *Il virus della paura. Spunti terapeutici per una ribellione spirituale*, Passaggio al Bosco, Firenze 2020.
52 Cfr. Beniamino DI MARTINO, *Rivoluzione del 1789. La cerniera della modernità politica e sociale*, Leonardo Facco Editore, Treviglio (Bergamo) 2015, p. 243.
53 Cfr. Georges LEFEBVRE, *La grande paura del 1789*, Einaudi, Torino 1973.
54 Cfr. Guglielmo FERRERO, *Le due Rivoluzioni francesi*, a cura e con introduzione di Alessandro Orsini, Rubbettino, Soveria Mannelli (Catanzaro) 2013, p. XI-XII.25.81.90.93.107.115.128.131.139.153; cfr. Luciano PELLICANI, *Dalla società chiusa alla società aperta*, Rubbettino, Soveria Mannelli (Catanzaro) 2002, p. 183-184.

che anche in politica possa valere lo stesso utile meccanismo fisiologico per il quale la paura rappresenta un salutare allarme dinanzi ad un pericolo, ciò che rende quest'ultima uno stato emotivo patologico – anche e soprattutto in politica – è il panico dinanzi ad un pericolo immaginario o indotto. E la paura può essere il miglior clima per disattivare ogni resistenza dinanzi al decisionismo statale nell'universale invocazione di azioni eccezionali e di poteri straordinari da concedere ai governanti.

Sotto questo aspetto la paura, in politica, ha lo stesso effetto dell'emergenza. Il ceto politico, esattamente al pari di quello sindacale, non potrebbe sopravvivere senza la greppia delle emergenze. Dinanzi alle emergenze lo Stato si presenta come indispensabile. Nicolás Gómez Dávila scriveva che «il politico ha bisogno di convincere il popolo che tutti i problemi sono "sociali" per poterlo asservire»[55]. Il politico giustifica spesso la stessa esistenza del problema adducendo l'assenza di mezzi o l'insufficienza di strumenti e, perciò, richiede maggiori poteri o maggiori risorse come condizioni indispensabili per risolvere le emergenze. Nella segreta speranza che ad un tipo di emergenza seguano emergenze di altro tipo. È nelle emergenze che la figura del politico-salvatore emerge in tutta la sua narcisistica visibilità.

In cima alle richieste per le necessità e per i bisogni vi è, dunque, l'emergenza. Se il *Welfare State*[56] è il grande illusionista che trasforma il popolo in una massa di questuanti e l'*élite* politica in un ceto di magnanimi elargitori, l'emergenza è l'altra grande occasione per spingere più in avanti la legittimazione del ruolo dello Stato e l'estensione delle sue competenze[57]. Con grande interesse delle classi che si avvantaggiano di questa legittimazione e di questa estensione.

---

55 GÓMEZ DÁVILA, *In margine a un testo implicito*, cit., p. 49.
56 Cfr. Tom G. PALMER (edited by), *After the Welfare State*, Atlas Economic Research Foundation, Washington DC 2012.
57 Non sono più giovane e ricordo molte di queste urgenze per le quali l'autorità pubblica non solo è intervenuta massicciamente, ma ha offerto della politica un'immagine salvifica (con termine più ricercato, si direbbe: "soteriologica"). Da meridionale ho assistito a non poche emergenze dinanzi a cui risposta dello Stato ha trasformato un problema in una piaga cronica da richiamare costantemente per la fortuna di generazioni di politici e dei loro sodali. Penso innanzitutto alla "questione meridionale" affrontata con una interminabile serie di interventi straordinari (divenuti subito ordinari). Penso alla ricostruzione dopo i terremoti (ricostruzioni che hanno anche sfigurato il volto del territorio), all'emergenza rifiuti (ciclicamente ripresentatasi), alle continue doglianze per l'insufficienza infrastrutturale, ecc., ecc. Tutte occasioni di ripetuti finanziamenti, di appalti infiniti, di complesse legislazioni, di interminabili pianificazioni che hanno avuto l'unico effetto di rovinare per sempre il Sud con la mentalità assistenzialistica, con la corruzione endemica, con l'infiltrazione pervasiva della criminalità, con le inevitabili collusioni politiche, con la squalificazione dell'imprenditoria. Da meridionale debbo attribuire questo sfacelo

Nella situazione che si determina con una guerra, paura ed emergenza offrono la maggiore spinta per ricorrere allo Stato e per affidarsi alla direzione politica. È questa la ragione per cui ho dedicato non poco tempo ad approfondire come la Prima Guerra Mondiale (1914-1918), che ha segnato l'inizio del triste Novecento, abbia costituito una formidabile accelerazione ai processi di statalizzazione già, purtroppo, in atto da lungo tempo[58]. Sarebbe troppo lungo sintetizzare questa sorta di recrudescenza dell'accentramento politico. Mi limito a ripetere due conclusioni: in primo luogo, non avremmo lo Stato omnicomprensivo che oggi conosciamo se non vi fosse stata la catastrofica Grande Guerra (la Seconda Guerra Mondiale, l'istaurazione del primo Stato comunista, l'espansione del bolscevismo, l'avvento del Social-fascismo e del Nazional-socialismo sarebbero stati impensabili senza il conflitto voluto dalle cancellerie europee nell'estate del 1914); in secondo luogo, lo Stato ha bisogno della guerra come sua necessità vitale e non solo perché all'origine di esso vi è sempre la guerra – per cui «la guerra fece lo Stato e lo Stato fece la guerra»[59] –, ma perché esiste un nesso originario tra Stato e guerra – per cui «la guerra è la salute dello Stato»[60]. Con la guerra, infatti, si consolida il potere politico in modo incontrovertibile perché in quell'emergenza per eccellenza tutto dev'essere diretto, controllato, pianificato dal governo in nome del bene supremo della patria. La prima conclusione mi è servita per sottolineare il carattere epocale e *attuale* di quel conflitto; la seconda per richiamare quanto siano funzionali alla crescita degli apparati dello Stato la paura collettiva e le emergenze delle catastrofi.

Tra le più gravi di queste non solo le guerre, ma anche le carestie e le epidemie: «*A bello, fame et peste, libera nos Domine!*». È stato spesso ripetuto in questi mesi di pandemia che il virus è come un nemico e la lotta

---

antropologico alla filosofia degli aiuti politici. In uno dei suoi memorabili discorsi, il presidente Reagan affermò: «nessun governo ha mai deciso volontariamente di auto-ridursi. E così, una volta varati, i programmi governativi non scompaiono mai più. Di fatto, non si è mai visto su questa terra qualcosa di più vicino alla vita eterna di un dipartimento governativo» (Cit. in Richard S. CONLEY, *Historical Dictionary of the Reagan-Bush Era*, Rowman & Littlefield, New York (N. Y.) 2017, p. 264).

58 Cfr. Beniamino DI MARTINO, *La Grande Guerra (1914-1918). Stato onnipotente e catastrofe della civiltà*, Monolateral, Dallas (Texas, USA) 2018; cfr. Beniamino DI MARTINO, *La Prima Guerra Mondiale come effetto dello "Stato totale". L'interpretazione della Scuola Austriaca di economia*, Leonardo Facco Editore, Treviglio (Bergamo) 2016.

59 Charles TILLY (a cura di), *La formazione degli Stati nazionali nell'Europa occidentale*, Bologna, Il Mulino 1984, p. 44.

60 Randolph BOURNE, *La guerra è la salute dello Stato*, in Nicola IANNELLO (a cura di), *La società senza Stato. I fondatori del pensiero libertario*, Rubbettino, Soveria Mannelli (Catanzaro) 2004, p. 178.180.

ad esso è come una guerra che bisogna vincere[61]. Per molti non si tratta solo di una metafora; altri, invece, mettono in guardia dal considerare la situazione una guerra per non aggravare lo stato psicologico già provato dall'emergenza. Sono d'accordo con questi ultimi e, in particolare con Jesús Huerta de Soto che ha scritto: «si dice, ad esempio, che ci troviamo a combattere "una guerra" e che quando la vinceremo, sarà necessario iniziare la "ricostruzione". Tuttavia non siamo né in guerra, né è necessario ricostruire nulla»[62]. Temo, però, che vi siano molte, troppe analogie con una situazione in cui si debbano subire le conseguenze proprie di una guerra nella quale l'interventismo statale si giustifica senza incontrare resistenze. Bene ha sostenuto il filosofo e giurista brasiliano José Pedro Galvao de Sousa (1912-1992): «dopo ogni guerra, dopo ogni rivoluzione [...] il potere dello Stato ne esce rafforzato e titolare di maggiori attribuzioni»[63].

Niente come le emergenze dilata il potere dello Stato ed accresce l'illusione che lo Stato costituisca l'indispensabile rimedio. È sotto questo aspetto che l'analogia tra epidemia e guerra ha una sua infausta plausibilità[64]. E come nelle situazioni di guerra, l'emergenza sanitaria ha dato un'ulteriore forte accelerazione al dirigismo statale le cui istanze, grazie alla paura generale indotta o spontanea che sia, hanno facilmente disarmato le poche critiche e le isolate obiezioni.

Spesso si accusa la Destra di fomentare le paure e di soffiare sul fuoco delle angosce. È stata, invece, caratteristica dei leader conservatori quella di essere talmente timorosi di generare panico da essere associati al fronte dei minimizzatori e da rischiare, politicamente, molto per questa loro determinazione, spesso anche in modo sfacciato, a ridimensionare il rischio. Così, contrariamente alla propaganda giornalistica che attribuisce alle forze politiche di Destra l'abilità di lucrare consenso grazie allo sgomento della gente e di istigare le masse solleticando l'emersione di fantasmi collettivi, la Destra è apparsa la bandiera dei minimalisti così come i salutisti (progressisti, ma spesso anche conservatori) si sono ritrovati a sostenere le tesi del governo forte ed autoritario.

Non volendo sminuire errori di valutazione e pregiudizi non giustificabili, i leader della Destra si sono dimostrati attenti alle libertà individuali, generalmente ridimensionando – non di rado anche in modo improprio

---

61 Così, ad esempio, Roberto BURIONI, *Virus, la grande sfida. Dal coronavirus alla peste: come la scienza può salvare l'umanità*, Rizzoli, Milano 2020, p. 196.
62 Jesús HUERTA de SOTO, *Lo Stato salvatore è solo un'illusione*, in «Il Giornale», 14.5.2020, p. 24.
63 José Pedro GALVAO de SOUSA, *La rappresentanza politica*, introduzione e cura di Giovanni Turco, Edizioni Scientifiche Italiane, Napoli 2009, p. 216.
64 Cfr. il paragrafo 6 (dal titolo *Il virus dello statalismo*) di questo stesso capitolo 1.

– i rischi mentre i leader di Sinistra, invece, secondo la loro cultura, sono stati inclini all'interventismo politico avendo, nella circostanza, molte parole da poter spendere a favore dell'ampliamento quasi senza limiti della struttura pubblica sanitaria ed organizzativa.

Il maggior esempio del tentativo di ridimensionare le ricadute sociali ed economiche dell'epidemia è quello rappresentato dall'orientamento e dai discorsi del presidente USA Donald Trump (1946-viv.). Dopo anni di successi economici dovuti non a spinte liberiste, ma a sostanziosi tagli fiscali, Trump ha provato a disinnescare la grave minaccia almeno con l'arma di una propaganda tranquillizzatrice. Ostile ad assumere iniziative restrittive della libertà di movimento, il presidente ha tentato il possibile per scongiurare il blocco dell'economia a stelle e strisce pagando il costo delle durissime critiche degli avversari democratici. Questa enorme grana è scoppiata proprio nell'anno delle elezioni presidenziali e sino a quando l'epidemia non ha iniziato a mietere vittime negli USA, la rielezione di Trump sembrava scontata anche ai commentatori a lui più avversi, ma ora è proprio la questione epidemiologica ad essere tra i grandi temi della campagna elettorale mettendo l'imbelle Biden in una comoda posizione di attacco. Nel momento in cui scrivo (è la mattina del 10 settembre), si dirama la notizia dell'ammissione, da parte del presidente, di aver taciuto la pericolosità del virus per evitare che gli americani venissero terrorizzati e che la società venisse paralizzata. Nel corso di un'intervista, Trump ha inteso ribadire la sua linea, preferendo ancora sminuire allo scopo di non creare panico[65].

Un rischio ancor superiore al coronavirus è quello costituito dall'eventuale elezione di un personaggio come Joe Biden (1942-viv.) alla guida del più importante paese del mondo. E se non è lecito tirare alcuna conclusione azzardata circa l'origine del virus, è possibile, però, interrogarsi su chi possa avvantaggiarsi, dentro e fuori gli USA, dall'utilizzazione delle tante vittime americane da far pesare sull'amministrazione Trump. Anche solo immaginare un progetto deliberato tendente a far perdere le elezioni all'unico leader in grado di contrastare il comunismo di Pechino significherebbe delineare uno scenario da film di fantasmagoriche e contorte trame internazionali. La Cina, però, ha già dimostrato di avere le capacità per destabilizzare, mediante la tecnologia, i suoi *competitors* e non ci meraviglieremmo se avesse provato a farlo deliberatamente o se si fosse anche solo limitata ad aggravare le difficoltà dell'Occidente per

---

65 «I still like playing it [the virus] down, because I don't want to create a panic» (https://www.foxnews.com/media/bob-woodward-dismisses-publishing-trump-coronavirus-remarks).

trarre diretto vantaggio dalla situazione venutasi a creare. Scenari inquietanti ma, purtroppo, non impossibili. Non dimenticherò mai ciò che avvenne in Spagna nel marzo 2004, alla vigilia delle elezioni nazionali. La data dell'11 marzo è ricordata per il più sanguinoso atto terroristico sul suolo europeo. Quel giorno, infatti, in diverse stazioni ferroviarie di Madrid, una serie di attentati provocò 192 morti e il ferimento di oltre 2000 persone. La Spagna, guidata dal Partito Popolare di José María Aznar (1953-viv.), proveniva da otto anni di successi che l'avevano proiettata tra le otto nazioni più ricche del mondo e i pronostici davano come ampiamente vincente il successore del premier in carica che intendeva proseguire sulla linea liberista e occidentalista di Aznar. Dieci zaini carichi di esplosivo ribaltarono in modo eclatante i pronostici perché la reazione popolare fece cadere sul filo-americanismo del governo di Centro Destra la causa dell'attentato di matrice islamica: tre giorni dopo, con una svolta storica, clamorosa ed inaspettata, i socialisti di José Zapatero (1960-viv.), contro ogni previsione, vinsero le elezioni rompendo l'asse Occidentale della lotta al terrorismo[66]. In un documento del gruppo saudita legato ad Al Qaeda, diffuso già alla fine del 2003 era stato tutto luciferinamente previsto: «per costringere il governo spagnolo a ritirarsi dall'Iraq, la resistenza deve infliggere dei pesanti colpi alle sue forze. Seguiti da una campagna propagandistica per illustrare la realtà della situazione in Iraq. Dobbiamo sfruttare al massimo la scadenza elettorale. Noi riteniamo – vaticinavano i terroristi – che il governo spagnolo non sopporterà che due o tre attacchi al massimo prima di essere costretto a ritirarsi sotto la pressione popolare. Se non lo dovesse fare, la vittoria del partito socialista sarà pressoché certa e il ritiro dall'Iraq sarà una delle sue priorità»[67]. Menti geniali e diaboliche con strategia chirurgica erano state in grado di modificare il panorama della politica estera europea in funzione anti-americana e filo-islamista. In nuovi contesti, analoghi micidiali scenari che possono tornare di inquietante attualità.

Come Trump, il premier conservatore inglese Boris Johnson (1964-viv.) – paladino della *Brexit* le cui ragioni erano uscite rafforzate dalle elezioni del dicembre 2019 che gli hanno concesso una storica vittoria – è stato un deciso oppositore della pratica del *lockdown*. Il Regno Unito

---

66 I primi provvedimenti dell'esecutivo guidato da Zapatero riguardarono il ritiro del contingente in Iraq, le trattative con l'esercito separatista basco, la legalizzazione dei matrimoni omosessuali e la regolarizzazione degli immigrati clandestini.
67 Cit. in Angelo PANEBIANCO, *L'Europa e il rischio di cedere ai terroristi. Madrid 2004 o Monaco 1938?*, in «Corriere della Sera», 16.3.2004. Il documento è stato esaminato da Magdi Allam sul «Corriere della Sera» del 15.3.2004: https://www.corriere.it/Primo_Piano/Esteri/2004/03_Marzo/15/spagna_magdi.shtml.

ha seguito, infatti, una linea diversa da quella di altri Stati europei, puntando sulla cosiddetta immunità di gregge. Tra le polemiche suscitate dagli orientamenti adottati, giunse la notizia della positività di Johnson. Il premier dall'auto-isolamento passò alla terapia intensiva e, nei primi giorni di aprile, si temette anche per la stessa vita a causa dell'aggravamento delle condizioni.

Su posizioni ancor più contrarie alle misure di confinamento si è dimostrato il neo-presidente brasiliano Jair Bolsonaro (1955-viv.). La giusta preoccupazione per il lavoro dei brasiliani che ha fatto di Bolsonaro uno dei principali leader alternativi al progressismo internazionale non ha, purtroppo, impedito al paese di essere tra quelli che hanno subito i più alti costi in vite umane dovuti all'epidemia. Sono convinto che a noi europei di questi leader giunge una immagine abbastanza grottesca e folkloristica che non corrisponde alla realtà e che ci impedisce di comprendere cosa davvero si muova nel resto del mondo e nelle aree culturali di fatto più intraprendenti rispetto alla "correttezza politica" dell'Europa appiattita nei palazzi della burocrazia di Bruxelles o nei palazzi del rancidume di Roma. Così è innanzitutto avvenuto nel 2016 con le elezioni di Trump che lasciarono i commentatori-sapientoni nostrani letteralmente impietriti ed incapaci di interpretare l'accaduto. Semplicemente l'intellighenzia fortemente ideologizzata è stata inabile ad accettare ciò che non rientrava nel suo schema mentale e nelle sue aspettative.

In questo contesto vanno anche ricordate alcune espressioni della Destra profonda, la cosiddetta Destra Alternativa – l'*Alternative Right*, l'*Alt-Right*, secondo la definizione del suo teorico Paul Gottfried (1941-viv.)[68]. Innanzitutto diciamo che essa è alternativa al progressismo dilagante non alla Destra tradizionale secondo quanto lo stesso Gottfried ha sempre ripetuto e cioè la Destra di sempre in un nuovo popolo, quello di oggi[69]. E per evitare equivoci, voglio precisare in che modo mi riferisco alla Destra quando richiamo questa posizione che prima di essere politica è culturale. Se è sempre bene premettere una *explicatio terminorum*, ancora più necessaria è la spiegazione dei termini del linguaggio politico soggetti ad essere travisati da chi detiene il potere del vocabolario. Definisco Destra

---

68 Cfr. Paul GOTTFRIED, *Conservatism in America. Making Sense of the American Right*, Palgrave-Macmillan, New York (N. Y.) 2007; cfr. Beniamino DI MARTINO, *Per un Libertarismo vincente. Strategie politiche e culturali*, Tramedoro Edizioni, Bologna 2019, p. 166.
69 Cfr. Hans-Hermann HOPPE, *A Realistic Libertarianism*, in «StoriaLibera. Rivista di scienze storiche e sociali», anno 6 (2020), n. 11 (gennaio), p. 10-44; cfr. Hans-Hermann HOPPE, *Libertarianism and the Alt-Right. In Search of a Libertarian Strategy for Social Change*, Speech delivered at the 12th annual meeting of the Property and Freedom Society in Bodrum, Turkey, September 17, 2017.

semplicemente ciò che è il contrario della Sinistra[70] e se le varie forme di Sinistra trovano la loro sintesi e la loro origine nel socialismo[71], allora *tout court* la Destra non è altro che il contrario del socialismo. Quindi, la Destra è tanto più autentica quanto più si oppone ad «ogni restrizione o aggressione istituzionale contro il libero esercizio dell'azione umana». Nulla, quindi, ha anche lontanamente in comune con fascismo o nazismo perché questi fenomeni (propriamente: "social-fascismo" e "nazional-socialismo") essendo *essenzialmente* collettivisti e statolatrici appartengono a pieno ed esclusivo titolo alla famiglia ideologica del socialismo. Occorre, quindi, sempre precisare la natura dell'autentica «Destra quale il contrario dello statalismo e non quale statalismo di altro colore»[72].

Credo che abbiano più legame con la Destra così delineata che con altre strane etichette appiccicate dall'informazione le manifestazioni popolari che si sono spontaneamente moltiplicate negli USA, soprattutto negli Stati in cui i governatori democratici propendevano per misure restrittive della libertà di movimento, costrizioni avvertite come incompatibili con lo spirito americano[73]. Proprio perché estremamente distanti dalle espressioni del normativismo costituzionale europeo stantio ed avariato, quelle manifestazioni americane riempivano di fierezza libertaria e producevano un salutare effetto incoraggiante per continuare a guardare l'America come la terra della libertà e il paese del coraggio: *The Land of the Free and the Home of the Brave*.

Che tristezza il confronto con il vecchio Continente, la vecchia (in tutti i sensi) Europa... Qui da noi, il massimo dei dubbi è stato espresso interrogando la Costituzione (non la natura dell'uomo o la insopprimibile realtà). Così che le (poche) critiche apparse sono stata avanzate sul piano formalistico, lo stesso delle formalistiche procedure degli atti del governo. È questa la radice della politica paludosa della vecchia Europa nella quale l'Italia eccelle per i suoi proverbiali bizantinismi. Molto lontana da

---

70 Cfr. DI MARTINO, *Per un Libertarismo vincente. Strategie politiche e culturali*, cit., p. 144-145.

71 Torno a riproporre la insuperabile qualificazione che ne dà Huerta de Soto: «ogni restrizione o aggressione istituzionale contro il libero esercizio dell'azione umana» che si suole giustificare «a livello popolare, politico e scientifico, come sistema capace di migliorare il funzionamento della società» (Jesús HUERTA de SOTO, *Socialismo, calcolo economico e imprenditorialità*, Edizioni Solfanelli, Chieti 2012, p. 87; cfr. p. 89).

72 DI MARTINO, *Per un Libertarismo vincente. Strategie politiche e culturali*, cit., p. 171-172.

73 Cfr. https://www.tgcom24.mediaset.it/mondo/foto/in-michigan-la-protesta-armata-contro-la-quarantena_17328310-2020.shtml; cfr. https://www.tgcom24.mediaset.it/mondo/coronavirus-trump-si-schiera-con-manifestanti-armati-in-michigan_17829650-202002a.shtml.

quei segnali di anelito alla libertà che in America ancora brillano. Così, da queste parti, non rimane che giudicare la conformità procedurale dei decreti del capo del Governo alle norme costituzionali. Ovviamente nei meccanismi infiniti della Repubblica si può tanto giustificarne la modalità (magari in forza della emergenza e dell'urgenza) quanto scorgerne l'abuso (magari in ordine ai dubbi di costituzionalità o all'uso eccessivo come hanno fatto alcuni soloni nostrani).

È stato così che la Costituzione antifascista e repubblicana per la quale ci si commuove in ogni occasione in cui la si nomina o la si tira in causa (pensiamo al tono ieratico con cui Mattarella non è da meno dei suoi predecessori) viene quasi sospesa quando è necessario (o solo comodo) farlo. Al di là delle incongruenze del formalismo legale alla Kelsen in cui si dibatte la scienza giuridica contemporanea, ciò che va richiamato sono le contraddizioni della democrazia: la democrazia (quella moderna, non la *politeia* aristotelica) ritenuta assoluta viene sospesa quando essa non torna funzionale in base alla scelta della nuova aristocrazia.

Virus patriottico

Precedentemente ho riproposto l'analogia tra guerra ed epidemia. Come non è corretto accettare passivamente lo "stato di guerra" che dà ogni giustificazione allo Stato, così è bene prendere atto che in nome della guerra al virus si realizza lo stesso dirigismo statale che si impone nei contesti bellici. C'è anche un altro elemento che assimila le due situazioni: il richiamo al dovere patriottico in nome del quale oscurare ogni critica, ogni opposizione politica, ogni dissenso. Come la guerra patriottica impone la totale subordinazione dell'individuo allo Stato in nome del bene comune e della superiore difesa della collettività, così il dovere patriottico impone la piena obbedienza al Governo, riconosciuto come l'ente salvatore e risolutore.

L'emergenza che genera il senso di insicurezza stimola anche il bisogno di affidamento ad un ente premuroso e solidale (che psicologicamente si sostituisce a Dio) che si lancia in ogni tipo di promesse e con le sue rassicurazioni intende sollevare tutti. E si sentono affermazioni del tipo: «lo Stato sarà presente», «non lasceremo indietro nessuno», «non faremo mancare l'aiuto a nessuno», «tutti potranno contare sullo Stato», «lo Stato c'è». Queste rassicurazioni producono una dipendenza che viene fatta passare come "patriottismo" e che, in realtà, è solo il prezzo da pagare in contraccambio al nuovo Dio-padre.

In queste pagine, al coronavirus farò assumere varie vesti. Tra quelle che gli farò indossare e quelle che gli farò dismettere, vi sarà la metafora di una serie di virus – secondo me – addirittura peggiori del Covid-19. Ho, così, iniziato a delineare il virus dell'ideologia, poi il morbo della paura e quello dell'emergenza. In ciascuna di queste vesti, apparentemente parlo del coronavirus, ma in realtà mi dilungo a delineare mali più temibili. Per meglio dire, il Covid-19 diviene quasi il pretesto per parlare di altre forme virali più aggressive e fatali, sebbene non propriamente biologiche.

Dal virus dell'ideologia passeremo a descrivere il virus statalista e poi anche quello comunista. Ma ora vorrei, seguendo un immaginario itinerario, esprimere qualcosa a proposito di una modalità con cui si manifesta l'agente patogeno dello Stato. Mi riferisco alla sollecitazione a sentirci tutti debitori dello Stato e quindi all'affratellamento nella gratitudine e nella riconoscenza ad un sommo padre che si chiama Stato. E come avviene in guerra, dove molti si lasciano condizionare dalla propaganda patriottica, così in occasione di cataclismi e di sciagure il sentimento nazionalistico viene particolarmente solleticato.

Può essere piacevole lo spot televisivo che descrive le ricchezze culturali, artistiche, paesaggistiche del Paese davvero più bello del mondo. Ma commuoversi sino alle lacrime dinanzi al tricolore o al canto dell'inno nazionale significa non avere consapevolezza di cosa abbia reso la Penisola, già centro culturale del mondo intero, una sorta di Repubblica delle Banane, fanalino di coda del Continente e motivo di ironia, di sberleffi e di satira da parte dell'intero mondo. Sotto accusa dovrebbe essere esattamente ciò che è rappresentato dai simboli che ora stimolano emozione e trasporto. Sì: lo Stato unitario risorgimentale[74], centralistico e autoritario, che ha messo fine al grande rigoglio nei tanti campi in cui primeggiavano i connazionali di Dante e di Colombo, di Giotto e di san Tommaso, di Spallanzani e di Genovesi, il cui genio non solo non fu penalizzato dalla grande pluralità istituzionale italica, ma proprio da questa fu favorito grazie alla vivace concorrenza campanilistica.

A questa fioritura storica – non esclusiva del Bel Paese, ma che nel Bel Paese ha avuto una concentrazione singolarissima[75] – è subentrata

---

74 Cfr. Giuseppe BRIENZA, *Unità senza identità. Come il Risorgimento ha schiacciato le differenze fra gli Stati italiani*, Solfanelli, Chieti 2009; cfr. Patrick Keyes O'CLERY, *La rivoluzione italiana. Come fu fatta l'unità nazionale*, Ares, Milano 2000; cfr. Massimo VIGLIONE, *L'identità ferita. Il Risorgimento come Rivoluzione e la Guerra Civile Italiana*, Ares, Milano 2006.
75 La ragione di questa peculiarità è da ricercare nella sorte che la Provvidenza ha riservato alla terra che ha ospitato la sede del Successore di Pietro. Il centro della Cristianità è stato anche il motore della civiltà che ha avuto nella Penisola il suo nucleo propulsore. Cosa sarebbe stata l'Italia, dalla fine della Roma classica, senza la presenza del Pontefice?

una forte frenata causata dalla massificazione propria dell'accentramento statale. Un processo che, per ciò che in particolare riguarda il patriottismo, ha avuto nell'esacerbamento nazionalistico un suo momento topico[76]. «Gli accresciuti poteri politici generano il nazionalismo, perché lo stesso interventismo statale ha bisogno della spinta nazionalistica e del calore patriottico. Lo Stato che vuole assorbire la vita sociale si candida a dimostrarsi coincidente con questa, dando prova di rappresentare adeguatamente la nazione. In questa operazione di politicizzazione della vita dell'uomo ([...] chiamata anche "nazionalizzazione delle masse") lo Stato ha bisogno dello spirito nazionale per assimilare la società»[77]. In questo modo la patria naturale si trasforma nella Nazione politica e ciò che rappresentava l'elemento identitario di un individuo viene ora trasferito nei nuovi orizzonti collettivi. La persona tende, così, a scomparire riducendosi alla sua appartenenza politica. «Quando lo Stato assorbe la nazione e la società, la originarietà di queste scompare e il popolo si trasforma in massa. Il patriottismo, così, diviene facile elemento compensatorio delle frustrazioni sociali e l'identificazione emotiva della massa con lo Stato nazionale dà luogo ad una nuova religione civica»[78]. Ben lontano dal genuino sentimento di naturale affezione per la terra in cui sono sepolti i padri (da qui la parola "patria")[79], il virus patriottico rappresenta l'avvelenamento ideologico che produce assolutizzazione e contrapposizione in nome della ricerca della supremazia nazionale. «Il cittadino getta via il suo disprezzo e la sua indifferenza nei confronti del Governo, si identifica con i suoi scopi, ravviva tutte le sue memorie e i suoi simboli militari, e lo Stato, una volta di più, cammina, augusta presenza, attraverso l'immaginario degli uomini. Il patriottismo diventa il sentimento dominante e produce immediatamente quella confusione intensa e disperata tra le relazioni che l'individuo ha e dovrebbe avere con la società di cui è parte»[80].

Il primo effetto di questo nazionalismo è il sostegno della popolazione al proprio governo. Nel nome dell'emergenza si impone l'abolizione di

---

È stato giustamente detto che sarebbe stata condannata ad essere estrema periferia del Continente e preda, da sud, delle scorrerie e delle mire espansionistiche dell'incontrastabile dominio dell'islam nel Mediterraneo.

76 Sul rapporto e sulla distinzione tra nazione e Stato e tra patria/nazione e patriottismo/nazionalismo, cfr. Beniamino DI MARTINO, *La Grande Guerra (1914-1918). Stato onnipotente e catastrofe della civiltà*, Monolateral, Dallas (Texas, USA) 2018, p. 39-44.

77 *Ibidem*, p. 42.

78 *Ibidem*, p. 44.

79 *Ibidem*, p. 39-40.

80 Randolph BOURNE, *La guerra è la salute dello Stato*, in Nicola IANNELLO (a cura di), *La società senza Stato. I fondatori del pensiero libertario*, Rubbettino, Soveria Mannelli (Catanzaro) 2004, p. 175.

ogni critica al personale dello Stato e il superamento dei contrasti politici tanto che ogni disapprovazione è considerata esempio di irresponsabilità, di mancanza di maturità sociale, di carenza di lealtà istituzionale, di scarso civismo. Come in guerra, anche il modo con cui lo Stato affronta l'epidemia genera una coesione paternalistica (organicistica) intorno al governo di turno. E come l'emergenza di guerra impone una unione patriottica che annulli le differenze di idee[81], così l'emergenza epidemica richiede l'unione intorno allo Stato e ai suoi rappresentanti.

Torna la retorica del sacrificio per la Patria e l'enfasi per l'ideale del superiore interesse generale, dell'astratto bene comune[82] che umilia ogni necessità individuale ed ogni rivendicazione particolare. Uno degli aspetti più discutibili dell'ondata di civismo causata da questo patriottismo statalista è la delazione, avvertita come dovere del cittadino. È la "delazione patriottica" che impone di segnalare alle autorità ogni possibile comportamento (ritenuto) scorretto. Un altro precedente pericoloso per inoculare l'abitudine a contrastare tutto ciò che le leggi dello Stato hanno definito anti-sociale (omofobia, evasione fiscale, ecc.). Una forma particolarmente odiosa di questa pratica è la delazione fiscale che soffia sull'invidia e mette formidabili strumenti di malevolenza nelle mani dei peggiori, nella quale il civismo ha l'effetto di coprire inconfessabili appagamenti al proprio rancore e di suscitare nuove e violente contrapposizioni di classe.

Sono stati anche ideati (fortunatamente per il bilancio pubblico non attuati) gli "assistenti civici" (una proposta escogitata dalla appannata mente del ministro Boccia) il cui compito sarebbe stato quello di additare e contrastare i comportamenti sanitari "scorretti" in strada. Gli squadroni del ministro (altri 60.000 intruppati nella funzione pubblica reclutati tra disoccupati, percettori del reddito di cittadinanza, cassintegrati) avrebbero dovuto svolgere il ruolo di controllori, di educatori dell'istituzionalità sanitaria anti-Covid.

Accanto alle bandiere che si sono moltiplicate alle finestre come nei giorni in cui la nazionale di calcio è impegnata nei campionati del mondo, si sono ripetuti alcuni ritornelli in realtà senza senso che però, facendo breccia nei sentimenti dei più piccoli, hanno avuto la capacità di offrire il volto perennemente adolescenziale dei dinamismi collettivi in cui cade la massa. E, così, le parole infantili – «andrà tutto bene» e «*never give up*» – si sono viste scritte ovunque, spesso accompagnate dall'immancabile

---

81 Cfr. DI MARTINO, *La Grande Guerra (1914-1918). Stato onnipotente e catastrofe della civiltà*, cit., p. 117.
82 Sulla ambigua nozione di "bene comune", cfr. Beniamino DI MARTINO, *La Dottrina Sociale della Chiesa. Principi fondamentali*, Nerbini, Firenze 2016, p. 159-180.

arcobaleno LGBT, oramai eretto a emblema di ogni causa dell'universalismo buonista.

Ma è andato davvero tutto bene? Davvero nessuno ci ha abbattuto? Mi chiedo, allora, cosa sarebbe dovuto accadere per giungere a conclusioni differenti[83].

Ed a proposito di parole lanciate con una certa leggerezza, come non richiamare le ricorrenti esclamazioni dei servizi giornalistici che, cogliendo ora un aspetto ora un altro, concludevano affermando: «nulla sarà più come prima». Complice il sensazionalismo – virus, non unico, di cui il giornalismo è infetto –, nei commenti non ci si rendeva conto, però, che emergeva una frequente contraddizione tanto nell'asserire che nulla sarebbe più stato come prima quanto, e spesso contemporaneamente, nel rinnovare il desiderio del ritorno più rapido possibile allo stato di normalità.

Il linguaggio ha espresso bene il clima plumbeo del pensiero unico – che non è stato certo instaurato con l'emergenza coronavirus, ma che l'emergenza ha ulteriormente radicato. Soprattutto quando questo pensiero unico, già virulento quando è un morbo che divora l'intelligenza popolare, viene sugellato da espressa volontà politica. Quando ciò avviene – direbbe Orwell che aveva descritto la "neolingua" come uno dei tre principi sui quali si basava il "socialismo inglese" descritto nel famoso romanzo distopico[84] – la tirannia culturale è completa.

Eppure, un governicchio come quello italiano – sempre con i favori delle tenebre che, anche in questo caso, si sono tradotti con la necessità indotta dall'emergenza – è giunto ad istituire un prodotto che sarebbe sembrato di fantapolitica sino a ieri e cioè una "Unità governativa di monitoraggio per il contrasto della diffusione delle *fake news*" (decreto del 4 aprile)[85]. E così, nel silenzio generale, assumendosi il compito morale di impedire le bugie, lo Stato passa nuovamente a controllare l'uso delle parole. Quasi la fine della libertà di pensiero e di parola (o, per meglio dire, di ciò che resta della libertà di pensiero e di parola, dopo le recenti leggi "anti-discriminazione). Dinanzi ad aberrazioni del genere c'è più il dubbio su quale sia il virus più letale? Ora, in nome della lotta alle *fake news*, tutti i commenti critici all'operato del governo sono potenzialmente a rischio di

---

83 Cfr. Eugenio SERRAVALLE - Roberto VOLPI, *Coronavirus Covid-19. No! Non è andato tutto bene*, Il Leone Verde, Torino 2020.

84 George ORWELL, *1984*, Mondadori, Milano 1981, p. 331-342 (*Nineteen Eighty-Four. A Novel*, 1949).

85 https://informazioneeditoria.gov.it/it/notizie/unita-di-monitoraggio-per-il-contrasto-della-diffusione-di-fake-news-relative-al-covid-19-sul-web-e-sui-social-network-adottato-il-4-aprile-il-decreto-di-istituzione-presso-il-dipartimento/.

subire censura[86]. E, ancora una volta, l'emergenza ha consentito allo Stato di accrescere i poteri contro le libertà individuali, magari nel silenzio generale. Ancora una volta, lo Stato, facendosi carico del "bene comune" interviene pesantemente nel ledere il bene individuale della libertà. Ma si sa che «i politici, in democrazia, sono i condensatori dell'imbecillità»[87].

Desta, poi, sbigottimento il fatto che questa prevaricazione non sia stata contrastata come meritava di esserlo, ma sia stata assecondata e, oltretutto, accolta proprio da chi di abusi politici ha ben fatto dolorosissima esperienza. Per quanto siamo ormai abituati alle scempiaggini, mi lasciò comunque sorpreso il modo in cui il presidente della Conferenza Episcopale Italiana, il cardinale Gualtiero Bassetti, dimostrava di avere in cima alle sue preoccupazioni di pastore quella di esortare alla responsabilità e alla «serietà, lasciando da parte, per il bene di tutti, *fake news*, negazionismi e 'cattiva informazione'»[88].

Al di là delle vaporosità di certe affermazioni, ciò che è in questione è qualcosa che rappresenta un vero problema per la stessa sopravvivenza della civiltà occidentale[89] e che assume le sembianze di un virus che dal linguaggio passa ad intaccare immediatamente il cervello. Parlo del virus del conformismo mentale altresì detto, con neologismo tratto dal lessico del giornalismo britannico, "politicamente corretto"[90] che già si configurava come "egemonia culturale" di gramsciana e rivoluzionaria memoria.

---

86 È un'ulteriore similitudine tra emergenza di guerra e emergenza sanitaria: il modello di informazione censurata imposta nel periodo bellico sembra avere trovato una sua triste eco.

87 Nicolás GÓMEZ DÁVILA, *In margine a un testo implicito*, Adelphi, Milano 2009, p. 125 (*Escolios a un texto implícito*, 1977.1986).

88 https://www.ansa.it/umbria/notizie/2020/08/05/card.-bassetti-occorre-tornare-a-vivere_f7755b2c-38b2-43d4-ba2a-a3fbf56ebb5a.html.

89 Cfr. Ettore GOTTI TEDESCHI - Enzo PENNETTA, *Contro il politicamente corretto. La deriva della civiltà occidentale*, Giubilei Regnani Editore, Roma 2019.

90 Cfr. Giorgio BIANCO, *Vietato parlare! Il "politicamente corretto" come minaccia per la libertà*, Leonardo Facco Editore, Treviglio (Bergamo) 2004; cfr. Raymond BOUDON, *Perché gli intellettuali non amano il liberalismo*, Rubbettino, Soveria Mannelli (Catanzaro) 2004, p. 46.75.80.81.104; cfr. Rino CAMMILLERI, *Antidoti. Contro i veleni della cultura contemporanea*, Lindau, Torino 2010; cfr. Eugenio CAPOZZI, *Politicamente corretto. Storia di un'ideologia*, Marsilio, Venezia 2018; cfr. Alessandro CATTO, *Radical chic. Conoscere e sconfiggere il pensiero unico globalista*, Edizioni La Vela, Viareggio (Lucca) 2017; cfr. Roberto DI MOLFETTA, *Il Pensiero Unico Occidentale. La mancanza apparente di una importante alternativa al pensiero unico dominante*, prefazione di Enrica Perucchietti, PubMe Edizioni, Martina Franca (Taranto) 2017; cfr. Jonathan FRIEDMAN, *Politicamente corretto. Il conformismo morale come regime*, a cura di Piero Zanini, Meltemi, Milano 2018; cfr. Robert HUGHES, *La cultura del piagnisteo. La saga del politicamente corretto*, Adelphi, Milano 2003; cfr. Giovanni SALLUSTI, *Politicamente corretto. La dittatura democratica*, Giubilei Regnani, Roma 2020; cfr. Carlo ZUCCHI (a cura di), *La gabbia delle*

La libertà è davvero a rischio quando regna il conformismo culturale[91], quando il pensiero unico diviene un muro di gomma, quando l'informazione rischia l'omologazione. Poi è facile che certa disinformazione trovi il suo paravento dietro il democratico ricorso al largo consenso e agli indici di gradimento. Affermava, però, icasticamente Gómez Dávila: «lo Stato moderno fabbrica le opinioni che poi raccoglie rispettosamente sotto il nome di opinione pubblica»[92].

Modello Cina, modello Italia

«La Cina ha il vantaggio della dittatura». Per uscire rapidamente dall'emergenza, imponendo anche le disposizioni sanitarie più rigide, qualche sapientone nostrano ha considerato un gran beneficio godere di un regime autoritario. Effettivamente, in Cina non hanno l'inutile dispendio del ragionare, dello scegliere, del giudicare. O, almeno, il governo comunista fa ancora il possibile per alleggerire il popolo da queste incombenze di retaggio borghese e capitalistico. Sino agli anni Novanta i cinesi erano perfino sollevati dal tremendo dilemma circa la scelta quotidiana dell'abbigliamento; anche in quel caso un Padre premuroso (il Partito) provvedeva a stabilire al posto di tutti i suoi amati figli risolvendo, con un'uniforme proletaria (una casacca unisex), un problema che avrebbe gravemente logorato le capacità intellettuali dell'intero popolo. A maggior ragione in epoca di emergenza sanitaria, i metodi sbrigativi di una dittatura farebbero risparmiare molto tempo e garantirebbero risultati rapidi. Con il soggiacente sillogismo per cui più è ferrea una tirannia maggiore efficienza assicura. Semplice no? Che ogni pagina della storia degli ultimi secoli abbia, poi, dimostrato che la mortificazione della libertà genera costantemente involuzione e regresso è uno di quei dettagli che l'intellighenzia ha sempre trascurato. Infatti, qualche intellettuale impenitente, senza giungere alla spudoratezza di raccomandare esplicitamente

---

idee. *Il grande inganno del politicamente corretto*, Associazione Il Dito nell'occhio - Capire Edizioni, Forlì 2019.

91 A proposito della *political correctness*, scrive il sociologo Ricolfi: «il meccanismo del politicamente corretto, a differenza dell'antica cultura civica descritta dai grandi sociologi americani e ancor viva nei primi decenni del dopoguerra, non viaggia dal basso verso l'alto, attraverso la rete delle associazioni, ma scende dall'alto verso il basso, attraverso la pedagogia di massa con cui i media e l'élite culturale cercano di spiegarci come dovremmo vivere, pensare, atteggiarci verso gli altri. Il politicamente corretto non è il segno della forza e della salute della cultura civica, ma è – tutto il contrario – la risposta delle società […] al declino della cultura civica stessa» (Luca RICOLFI, *La società signorile di massa*, La nave di Teseo, Milano 2019, p. 178).

92 GÓMEZ DÁVILA, *In margine a un testo implicito*, cit., p. 118.

l'importazione del comunismo cinese come strada per risolvere le nostre cancrenose difficoltà, non ha perso la singolare occasione per esaltare la rapidità degli interventi suggerendo (questo, sì, esplicitamente) di seguire l'esempio di Pechino. Evidentemente è facile dimenticare come il socialismo non sia e non sia stato solo immorale e criminale, ma sia stato anche inefficiente e improduttivo. È stato (ed è) insuperabile non solo nell'immoralità e nel delitto, ma anche nell'inefficienza.

Sotto queste sibilline esortazioni vi è la ripresentazione – in modo a volte consapevole a volte inconsapevole – del dilemma tra libertà ed efficienza. Più avanti mi soffermerò sull'altro dilemma, quello tra libertà e salute[93]. Ma posso subito dire che, per entrambi, si tratta di un falso dilemma. E, quanto al primo ingannevole bivio, bisogna dire che non occorre sacrificare la libertà per perseguire l'efficienza; anzi la strada migliore per compromettere questa è ridimensionare quella. Chi pensa che la scelta tra l'una e l'altra sia inderogabile finisce inesorabilmente col perderle entrambe. Parafrasando Rothbard, occorre ribadire che non è affatto necessario pagare il prezzo della libertà per godere dell'efficienza[94]. Anzi l'efficienza è il frutto della intraprendenza personale che solo la più ampia libertà riesce ad istaurare[95].

Sottilmente, invece, la dittatura è stata percepita come una qualità e un vantaggio per combattere l'epidemia; un segreto compiacimento per le soluzioni autoritarie si è fatto strada tra i progressisti non meno che tra i tradizionalisti e, così, un certo desiderio per la dittatura (o per l'accentramento decisionale che è la stessa cosa) ha serpeggiato anche tra i ben pensanti.

Il "modello cinese" del contrasto all'epidemia è stato oggetto di sperticate lodi nei primi momenti quando ancora non ci si rendeva conto di cosa avesse combinato la Cina[96]. Personalmente penso che il tempo è sempre rivelatore delle verità che immediatamente paiono nascoste. Ma se questa consapevolezza è confortante, non da meno è anche triste perché mette in conto molti cadaveri prima che una vicenda storica giunge a conclusione. Torna in mente un altro acuto aforisma di Gómez Dávila per il quale «il progressista trionfa sempre, il reazionario ha sempre ragione. In politica

---

93 Cfr. paragrafo 4 di questo stesso capitolo 1.

94 Cfr. Murray N. ROTHBARD, *L'etica della libertà*, introduzione di Luigi Marco Bassani, Liberilibri, Macerata 2000, p. 78.

95 Cfr. Ludwig von MISES, *Libertà e proprietà*, Rubbettino, Soveria Mannelli (Catanzaro) 2007, p. 19; cfr. Robert A. SIRICO, *A difesa del mercato. Le ragioni morali della libertà economica*, Cantagalli, Siena 2017, p. 77.

96 Nel capitolo 3 occorrerà soffermarsi sulle enormi responsabilità del governo comunista.

avere ragione non consiste nell'occupare la scena, ma nell'annunciare fin dal primo atto i cadaveri del quinto»[97].

«Verità che immediatamente paiono nascoste», dicevo. Per diverse settimane, il governo cinese è stato compatito come richiedeva la solidarietà nei confronti della vittima ed è stato considerato come l'artefice della risposta più coraggiosa all'epidemia, campione nel contenimento della diffusione del virus ed indiscutibile esempio di fermezza e decisione nella lotta alla malattia. Si è accreditata (complice la soggiogata dirigenza dell'Organizzazione Mondiale della Sanità[98]) l'immagine di un governo dedito al bene del proprio popolo che non poteva che essere non solo universalmente apprezzato, ma preso a modello di capacità e di organizzazione. E così ascoltavamo gli entusiasti servizi della neo-corrispondente della RAI da Pechino, Giovanna Botteri, che dopo aver fatto tutto il possibile per fare degli ascoltatori italiani dei sostenitori della Clinton, è stata promossa nel nuovo ruolo di educatrice degli italiani affinché questi possano comprendere quanto magnifiche siano le condizioni del Paese lasciato in eredità da Mao. A rompere un ossequio quasi dovuto fu il solito guastafeste Trump che, contravvenendo al pensiero unico, iniziò a parlare del "virus cinese". Tuttavia, quasi tutti i commentatori *mainstream* risultarono appiattiti nell'ossequio, almeno per diverse settimane.

Ma diamo un'occhiata a questo declamato "modello cinese", tanto applaudito perché riconosciuto così efficace nella lotta al contagio. Procedo ora in modo sintetico rimandando qualche considerazione in più ai successivi contesti[99]. Innanzitutto, quale merito potrebbe mai essere riconosciuto ad un governo che ha tenuto deliberatamente nascosta non una generica emergenza, ma l'esistenza di un virus estremamente contagioso e ad alta mortalità? E non solo ha volutamente occultato il problema, ma ha perseguitato i medici che avevano dato l'allarme ritenendo che la situazione andasse subito denunciata, ha fatto scomparire coloro che manifestavano critiche e ha controllato giornalisti e media perché nulla sfuggisse alla censura. Quali apprezzamenti potrebbero essere rivolti ad un regime che ha distrutto documenti scientifici e bloccato la condivisione internazionale delle informazioni? Quali complimenti potrebbero essere espressi ad autorità che hanno mistificato i numeri e hanno barato sui dati? È ridicolo pensare che su un miliardo e mezzo di cinesi le vittime siano state 3000 (in un periodo in cui ancora vi era impreparazione), mentre in Italia con una popolazione 25 volte inferiore di numero (e in

---

97 GÓMEZ DÁVILA, *In margine a un testo implicito*, cit., p. 72.
98 Cfr. il paragrafo 4 del capitolo 3.
99 Cfr. il paragrafo 3 del capitolo 3.

regime di *lockdown*) abbiamo avuto 35.000 morti. Abitudine comunista a fornire cifre di comodo atte a dimostrare inesistenti capacità di affrontare le situazioni. Quali rallegramenti debbono essere offerti ad un potere che ha corrotto e piegato ai propri voleri i responsabili dell'agenzia dell'ONU facendo dell'Organizzazione Mondiale della Sanità un mezzo di confusione e, perciò, utile a ritardare la reazione sanitaria piuttosto che a perfezionarla? Congratularsi con la Cina per come ha gestito l'epidemia sarebbe come farlo con l'Unione Sovietica per la responsabile gestione del disastro di Chernobyl. Cina e URSS non si sarebbero potute comportare diversamente perché entrambe unite dal peggiore dei virus che abbia colpito il mondo: quello del comunismo. A questa lunga serie di delitti, ora si aggiungono le prove di qualcosa di estremamente grave compiuto all'interno del laboratorio dell'Istituto di Virologia di Wuhan. Ancora non sappiamo cosa sia successo, ma ormai esistono prove che l'origine del Covid-19 (accidentale o programmata che possa essere) sia legata ai lavori compiuti segretamente in quel laboratorio creato per studiare gli agenti patogeni[100].

Non riesco a scorgere nel comportamento della dirigenza comunista cinese nulla altro che una serie di crimini contro l'umanità, colpe che hanno già, al momento, prodotto un milione di morti, estesissime sofferenze, enormi danni economici, dispendio incalcolabile di energie umane, paralisi sociale, impoverimento dei popoli (molto meno quello cinese). Se al fondo di questa vicenda si deve individuare una categoria chiave, questa può essere rintracciata nella prassi comunista della menzogna. Ma sotto questa consuetudine alla menzogna – indispensabile all'ideologia per sopravvivere –, il comunismo imploderà presto anche in Cina[101]. Chi si ostina a celebrare il regime di Pechino e il suo modello di gestione dell'epidemia può farlo solo condividendo con la nomenclatura tanto la stessa propensione a mistificare la realtà quanto la colpa per i crimini commessi.

Nonostante tutto, i coristi nostrani sono stati numerosissimi e, soprattutto nelle prime settimane di emergenza, la "sino-mania" sembrava dilagante. Almeno in Italia (non sono in grado di sapere cosa se ne pensasse

---

100 Cfr. il paragrafo 3 del capitolo 3. Cfr. Joseph TRITTO, *Cina Covid 19. La Chimera che ha cambiato il Mondo*, Cantagalli, Siena 2020. Cfr. anche Antoine IZAMBARD, *France-Chine. Les liaisons dangereuses*, Stock, Paris 2019). Ho trovato riccamente documentata la puntata del 14.9.2020 del programma di RAI3 «Presadiretta» dedicata ad un'ampia e dettagliata inchiesta dal titolo *SARS CoV-2, identikit di un killer* (https://www.raiplay.it/video/2020/09/Presa-Diretta---Sars-CoV-2-identikit-di-un-killer-466d5ae5-4f7c-4357-b124-aba6bb0d2c82.html). Successivamente sono giunte le dichiarazioni della virologa Li-Meng Yan, ora esule e sotto protezione negli USA.
101 Cfr., in particolare, il paragrafo 6 del capitolo 3.

altrove), commenti e informazioni erano quasi unanimi. In realtà, non sarebbe stato affatto difficile intuire già nei primi momenti che il "modello cinese" non solo non meritava alcun elogio, ma doveva essere svelato per quel che era e cioè un approccio coerente alle premesse del mostro[102] che lo aveva attuato, un modello le cui sembianze ripropongono, nella sua interezza criminale, l'orrore del comunismo. Per non essere ingenui (o sodali almeno sotto il profilo intellettuale) sarebbe bastato attingere alla lezione della storia per evitare di credere a coloro che appartengono a quell'ideologia che ha fatto della menzogna la propria arma preferita. Ad un comunista non si deve mai credere; tanto meno ad un governo comunista. I comunisti non possono non essere bugiardi e se non mentono non sono più comunisti; un comunista che dice la verità non è mai esistito o, se dice la verità, allora, non è più comunista. Ebbene, aver creduto al regime cinese significa essere condannati a ripetere la storia con la colpa di non aver imparato nulla da essa (come direbbe il filosofo americano George Santayana, 1863-1952).

Ma a queste ovvietà non potevano certamente arrivare i componenti dell'esecutivo italiano che per curiose ragioni di geopolitica (leggi: complesso di inferiorità) si è, sin dal suo insediamento, atteggiato ad ambire al ruolo di governo occidentale più filo-cinese. Si potrebbe scherzare sul fatto che il colore che contraddistingue il partito di maggior peso che sostiene l'esecutivo è il giallo (giallo è infatti il colore del Movimento 5 Stelle che ha sempre espresso interesse per un avvicinamento al gigante asiatico). Paradossalmente questo rapporto privilegiato (leggi: assoggettamento) è stato mal ripagato rendendo all'Italia il peggior regalo possibile: il Bel Paese è diventato subito l'epicentro della pandemia europea, con conseguenze pesantissime sulla nostra economia. Una nemesi, quasi che la simpatia del governo italiano per la Cina abbia comportato unire il nostro Paese a ciò che si era sprigionato nell'antico Regno di Mezzo asiatico. Si tratta, ovviamente, di un paradosso, ma al di là di questo, c'è da dire che il legame (leggi: sottomissione) che il governo italiano ha manifestato con il regime cinese si è espresso anche nel copiare o almeno nell'adattare alla situazione nostrana il "modello cinese" di contenimento dell'epidemia[103]. Se ciò è avvenuto certamente non è stato per compiacere il regime guidato da Xi Jinping, ma non può essere negata una certa

---

102 Cfr. Maria Giovanna MAGLIE, *Il mostro cinese. Le bugie di Pechino, gli errori di Roma. Cronaca di una pandemia che si poteva evitare*, Piemme, Casale Monferrato (Alessandria) 2020.
103 Cfr. https://it.insideover.com/politica/il-mistero-del-patto-sanitario-firmato-da-italia-e-cina-prima-della-pandemia.html.

subalternità a Pechino per quanto lì veniva dichiarato e per quanto lì risultava gradito[104].

Immediata preoccupazione del governo italiano fu di mostrare vicinanza e solidarietà alla Cina e di scongiurare che venisse (anche attraverso spot televisivi condotti da volti noti del piccolo schermo) evitato ogni possibile accostamento tra coronavirus e Repubblica Popolare. Ancora una volta si paventò lo spettro del razzismo verso chiunque avesse temuto di avere contatti con cinesi. E così partì la dimostrazione della solidarietà del governo italiano che inviò in Cina, gratuitamente, grandi quantità di mascherine e di attrezzature sanitarie, pur sapendo che si trattava di presidi che presto sarebbero potuti essere utili a noi. E quando l'emergenza scoppiò in Italia e il materiale necessario rapidamente si esaurì, l'Italia acquistò dalla Cina ciò che poche settimane prima alla Cina aveva donato. E fu così che «il Movimento 5 Stelle salutò la vendita all'Italia da parte della Cina di attrezzature sanitarie come prova della solida amicizia italo-cinese»[105].

La *partnership* italo-cinese ha raggiunto il momento forse più alto con i recenti accordi (marzo 2019) per l'attuazione della "nuova via della seta"[106] la grande strategia commerciale cinese che, nel nome delle antiche vie carovaniere, intende migliorare, mediante grandi infrastrutture, collegamenti e trasporti tra il Paese del Dragone e un'enorme area geopolitica che comprende l'Asia, l'Africa e, ovviamente, l'Europa. L'Italia è stata nobilitata a svolgere un ruolo di primo piano in questo imponente progetto non certo per i nostri illustri antesignani – è vero che possiamo vantare precursori quali Marco Polo (1254-1324) e il gesuita Matteo Ricci (1552-1610), ma in quei lontani contesti la Penisola aveva, *mutatis mutandis*, un ben diverso peso rispetto a come è ridotta oggi –, quanto per l'interesse che la sua debolezza suscita nella nuova super-potenza planetaria[107]. Esattamente l'anello debole della catena occidentale può essere considerato il partner più interessante nella riformulazione dell'intero panorama geopolitico[108]. Non a caso la grande strategia espansionistica del Dragone comunista è in cima ai pensieri della diplomazia USA che

---

104 Cfr. Francesco GALIETTI (a cura di), *Contagio rosso. Perché l'Italia è diventata il cavallo di Troia della Cina in Occidente*, Historica Edizioni, Roma 2020.

105 Carmelo PALMA, https://www.linkiesta.it/it/article/2020/03/13/coronavirus-sindrome-cinese-dittatura/45840/, 13.3.2020.

106 Cfr. Antonio SELVATICI, *La Cina e la Nuova Via della Seta. Progetto per un'invasione globale*, introduzione di Mario Caligiuri, Rubbettino, Soveria Mannelli (Catanzaro) 2018.

107 Cfr. il paragrafo 2 del capitolo 3.

108 Cfr. GALIETTI (a cura di), *Contagio rosso. Perché l'Italia è diventata il cavallo di Troia della Cina in Occidente*, cit.

già da tempo assiste al ben preoccupante ampliamento planetario dell'influenza cinese, un nuovo imperialismo reso più pervasivo dalla massiccia utilizzazione della tecnologia.

Il ruolo che la tecnologia sta giocando è, comprensibilmente, fondamentale e la Cina ha fatto ogni sforzo per poter, nel più breve tempo possibile, colmare o almeno ridurre la distanza che la separa dallo sviluppo raggiunto dagli altri Paesi avanzati e, ovviamente, primi tra tutti, gli USA. E così, mentre giungevano segnalazioni di diversi casi anche di peste nelle sconfinate province della Cina ("modello cinese" per la sanità?), si combatteva la guerra per l'acquisizione, il controllo e la gestione delle reti 5G[109] o per gli asset del nuovo social network Tik tok.

Quando ho dovuto sostituire il telefonino, un anno fa ho acquistato un prodotto Huawei.

Ora non lo farei. L'ho fatto per lasciare al mercato la grande facoltà – che il libero scambio possiede più che ogni apparato militare – di dissolvere anche il comunismo in Asia. Lasciate che ci spiino, lasciate pure che ci imitino... Non si deve aver paura della concorrenza. Infatti, nel momento in cui un popolo inizia ad uscire dall'atteggiamento passivo, inizia a trovare il gusto del lavoro, inizia a pensare, inizia ad assaporare libertà e prosperità, miglioramento e speranza per il futuro, il comunismo ha, a quel punto, ancora poco da vivere. Queste qualità umane (il gusto del lavoro, riflessione, desiderio di libertà, prosperità e miglioramento) sono incompatibili con il comunismo e sono cose di cui il comunismo ha spietata gelosia. Tuttavia – dicevo – ora, in forza della stessa libertà di scelta, non acquisterei alcun prodotto tecnologico *made in China*. Esercitando la stessa insuperabile leva del mercato, intendo e intenderò avvalermi della scelta per inviare un segnale di disapprovazione che è, generalmente, il segnale più efficace e convincente per ogni produttore, anche se il produttore è lo Stato, come è spesso in Cina. I grandi economisti della Scuola Austriaca hanno sempre sostenuto che l'unica vera democrazia è il mercato, democrazia esercitata in base all'effettivo potere posto nelle mani dei consumatori che stabiliscono a chi concedere la propria sovrana preferenza[110]. Nel mercato il consumatore è il vero protagonista, colui che

---

109 Cfr. Francesca BALESTRIERI - Luca BALESTRIERI, *Guerra digitale. Il 5G e lo scontro tra Stati Uniti e Cina per il dominio tecnologico*, LUISS University Press, Roma 2019; cfr. https://www.notiziegeopolitiche.net/pompeo-vede-conte-e-di-maio-rete-5g-attenti-ai-cinesi/.

110 Cfr. Ludwig von MISES, *L'azione umana. Trattato di economia*, prefazione di Lorenzo Infantino, Rubbettino, Soveria Mannelli (Catanzaro) 2016, p. 856 (*Human Action. A Treatise on Economics*, 1949); cfr. Murray N. ROTHBARD, *Potere e mercato. Lo Stato e l'economia*, a cura di Nicola Iannello, Istituto Bruno Leoni Libri, Torino 2017, p. 275

va accontentato e che può determinare l'affermazione o l'insuccesso di un produttore. Ed io, con il mio acquisto, come ho stimolato il produttore ad accontentare il mercato più che il partito, così revocherò la mia preferenza al produttore che è ligio al partito anziché obbediente al mercato e alle sue insuperabili ragioni[111].

Ragioni che in Italia hanno poca attenzione; ma se è possibile ignorarle, non è, tuttavia, possibile evitarne le conseguenze. Proverò ad analizzarne le principali nel prossimo capitolo. Ora, dopo qualche cenno al "modello Cina", soffermiamoci sul "modello Italia". Oltre ad essere stato molto apprezzato a Pechino, è stato anche lodato dall'americano professor Fauci, volto divenuto assai noto in qualità di consulente della Casa Bianca per l'emergenza virale. Ma, come ancora ripeterò, la visione del problema di uno scienziato è limitata ai soli aspetti epidemiologici senza tener conto delle conseguenze sociali né tantomeno di quelle economiche. Oltretutto gli elogi al "modello Italia" che sono giunti da oltreoceano sono pesantemente condizionati da esigenze politiche in vista delle prossime elezioni presidenziali in America[112].

In Italia, il governo a cui è toccata la mala sorte di dover gestire la situazione è stato quello di Giuseppe Conte (secondo governo Conte), sostenuto da una maggioranza parlamentare composta dal Movimento 5 Stelle, dal Partito Democratico, da Italia Viva (gli ex moderati del PD), da Liberi e Uguali (più a Sinistra del PD) e da altre formazioni minori.

L'esecutivo ha operato all'interno della Legislatura nata dalle elezioni di marzo 2018. In verità, quelle elezioni avevano dato un risultato di stallo, sebbene a favore della coalizione di Centro-Destra (con circa il 37% dei consensi). In questa coalizione, la Lega di Salvini superava (con il 17,5% dei voti) per la prima volta Forza Italia (che si fermò al 14%), ormai destinata ad un lento tramonto (alle europee del maggio 2019 il consenso scese all'8,8%). A fronte dei risultati di coalizione (da segnalare il pessimo riscontro della coalizione di Centro-Sinistra che si fermava al 23% con

(*Power and Market. Government and the Economy*, 1970); cfr. Jörg Guido HÜLSMANN, *L'etica della produzione di moneta*, a cura di Carmelo Ferlito, presentazione di Attilio Di Mattia, Solfanelli, Chieti 2011, p. 147 (*The Ethics of Money Production*, 2008).

111 Cfr. https://www.wsj.com/articles/u-s-can-destroy-huawei-11548806847; cfr. https://www.notiziegeopolitiche.net/canada-continuano-le-tensioni-con-la-cina-sul-caso-huawei/; cfr. https://www.notiziegeopolitiche.net/huawei-risponde-a-pompeo-non-andremo-via-dallitalia/.

112 Una delle voci più esposte in questa declamazione del "modello italiano" è il «New York Times», ma questa famosa testata è ormai da tempo uno tra gli strumenti mediatici a più forte spessore ideologico (cfr. https://www.tgcom24.mediaset.it/mondo/il-new-york-times-elogia-la-gestione-del-virus-in-italia-lamerica-pu-solo-invidiare-il-loro-successo_21111870-202002a.shtml)

il PD sotto la soglia del 20%), emergeva l'affermazione dei 5 Stelle che, in solitario, divenivano il primo partito (con il 32%). La situazione sembrava bloccata nell'impossibilità a governare perché né il Centro-Destra – la coalizione più votata (con il 37% dei consensi) – né i pentastellati – il partito più votato (con il 32%) – avrebbero avuto possibilità di governare. La soluzione (azzardata) venne trovata in un accordo tra Movimento 5 Stelle e Lega, accordo chiamato Contratto per il Governo del Cambiamento in cui le due forze stilavano un patto di convergenza basato su una serie di questioni formanti l'agenda del futuro esecutivo. L'esperimento era azzardato perché metteva insieme due posizioni molto distanti: da un lato un movimento (i 5 Stelle) che esprime istanze populiste, ma pur sempre con un'anima di Sinistra, dall'altro un partito (la Lega, ex movimento) che dà voce alla cultura della Destra anche se spesso in modalità non estranee al populismo. Un esperimento che suscitò l'attenzione di Steve Bannon (1953-viv.), ex capo stratega del presidente Trump e tra gli emergenti riferimenti della Destra conservatrice, che, dopo aver definito Matteo Salvini (1973-viv.) «uno dei protagonisti più importanti sul palcoscenico mondiale perché è un leader che non ha paura di andare contro il sistema e di criticare l'Unione Europea», spiegava l'esperimento italiano del 2018 come «tentativo unico al mondo che merita grande interesse»[113]. Si trattava, davvero, di «un tentativo unico» che nella sua caratteristica di affiancare una posizione di Sinistra ed una di Destra non poteva avere vita lunga, innanzitutto per incompatibilità "ideologica", ma anche per ragioni "esterne"[114] e per ragioni "interne".

L'elemento che fece esplodere le contraddizioni è stato l'uomo che doveva costituire la sintesi delle posizioni, il designato (e sconosciuto) Giuseppe Conte (1964-viv.), che, invece, si dimostrò insuperabile esempio di trasformismo politico[115]. E così, l'anonimo avvocato e docente di diritto privato, che si era trovato singolarmente catapultato a palazzo Chigi, con il classico salto della quaglia, unica vera capacità della politica nazionale, ha, con tutta disinvoltura, compiuto la giravolta riuscendo a sopravvivere a se stesso passando dal sostegno della Destra di Salvini a quello delle Sinistre. E così, dopo il governo "giallo-verde" (giallo è il colore del Movimento 5 Stelle; verde è il colore che la Lega di Salvini ha ereditato dalla

---

113 http://www.tg2.rai.it/dl/RaiTV/programmi/media/ContentItem-b086c10f-5ee0-4b62-b3f1-045d19491777-tg2.html#p=.
114 Cfr. Patrizio PERLINI - Alberto de SANCTIS, *La rivoluzione può attendere. Perché la stabilità europea ha prevalso sull'impeto sovranista*, prefazione di Vincenzo Amendola, introduzione di Claudio Velardi, Giubilei Regnani Editore, Roma 2019.
115 Cfr. Maurizio BELPIETRO - Antonio ROSSITTO, *Giuseppe Conte il Trasformista. I voltafaccia e i segreti di un premier per caso*, Piemme, Casale Monferrato (Alessandria) 2020.

Lega Nord), nacque il governo "giallo-rosso" (rosso è, ovviamente, il colore che le varie Sinistre hanno ereditato dal Partito Comunista). Senza alcun pudore, tutti i leader protagonisti della piroetta avevano assicurato che non avrebbero mai compiuto ciò che puntualmente realizzarono sul finire dell'estate dell'anno scorso (settembre 2019). Vogliamo essere più precisi? Iniziamo dall'allora capo politico dei grillini Luigi Di Maio (nonché vice Presidente del Consiglio dei Ministri) che, quasi all'inizio dell'estate, ravvisava «nel PD di Zingaretti un atteggiamento anche più subdolo del PD di Renzi, un PD che ha gli stessi comportamenti di sempre» e che con questo PD riaffermava di «non aver nulla a che vedere» assicurando di «non vedere alcun dialogo con quel partito che si occupa di privilegi, che è coinvolto in tutte le inchieste di corruzione, con i soldi degli italiani che finiscono in corruzione. Questo è il PD!»[116]. Non si contavano le accuse reciproche tra movimento di Grillo e Partito Democratico dal primo definito offensivamente "il partito di Bibbiano" per la tragica inchiesta giudiziaria che ha svelato il modo con cui in alcune amministrazioni rosse in Emilia, per poter orientare gli affidi, veniva gestita la sottrazione di bimbi mediante artefatte accuse alle famiglie di origine. E Di Maio sino a un mese prima della conclusione degli accordi con il PD andava giurando in tutte le sedi: «io con il partito di Bibbiano non voglio averci nulla a che fare. Con il partito che in Emilia Romagna toglieva con l'elettroshock i bambini alle famiglie, io non voglio avere nulla a che fare»[117]. Da qui una serie di denunce che la segreteria del PD mosse ai dirigenti pentastellati. E pochi mesi prima di quegli stessi accordi il segretario del PD, Nicola Zigaretti, ad un importante appuntamento del suo partito ripeteva con tono solenne e accorato: «io, e lo dico davanti a tutti e lo dirò per sempre, io mi sono perfino stancato e lo trovo umiliante, mi sono perfino stancato di dire che non intendo favorire alcuna alleanza o accordo con i 5 Stelle. Li ho sconfitti 2 volte e non governerò con loro! Imparassero a sconfiggerli chi mi accusa di questo! [...] Altro che accordi! Io non lo farò mai!»[118]. Toni simili erano frequenti e rimasero costanti sino alla nascita del nuovo governo 5 Stelle - PD. Il terzo protagonista non fu da meno. Conte, infatti, quando il governo con la Lega iniziò a vacillare, in alcune circostanze tenne a precisare che il suo ruolo si sarebbe esaurito con quella esperienza governativa: «io personalmente

---

116 Luigi Di Maio nel corso della puntata del 15.5.2019 del programma di RAI1 «Porta a Porta» https://www.youtube.com/watch?v=_vUexBneUXw.
117 Così Luigi Di Maio il 18.7.2019, https://www.youtube.com/watch?v=w1yYfo3IO-NI&ab_channel=VistaAgenziaTelevisivaNazionale.
118 Così Nicola Zigaretti il 3.2.2019, alla Convenzione Nazionale del PD, https://www.youtube.com/watch?v=Xbcy2WBrW-4&ab_channel=alanews.

– l'ho detto – non ho la prospettiva di lavorare per una nuova esperienza di governo. La mia esperienza di governo termina con questa»[119]. Dopo pochi mesi, l'avvocato Conte iniziava una nuova e differente esperienza di governo. Per completare il quadro dei personaggi più emblematici, la voce di Di Battista per i pentastellati e di Renzi per il PD offre un'ulteriore prova di specchiata coerenza. Alessandro Di Battista, a lungo considerato il leader emergente del Movimento, qualche anno fa, volendo sfatare ogni congettura su possibili accordi con la Sinistra, ai giornalisti che lo incalzavano, ripeté: «penso di aver risposto un milione di volte a questa domanda. Allora – per essere ancor più chiaro –, il giorno in cui il Movimento 5 Stelle – ma non accadrà mai – si dovesse alleare con i partiti responsabili della distruzione dell'Italia, io lascerei i 5 Stelle»[120]. Non risulta che Dibba (come viene chiamato tra i suoi sostenitori) abbia ancora manifestato l'intenzione di abbandonare il partito fondato dal comico Beppe Grillo. Matteo Renzi è stato "rottamatore" della vecchia dirigenza del PD, presidente del Consiglio dei Ministri e artefice della tentata riforma costituzionale il cui affossamento lo costrinse a lasciare palazzo Chigi. Di Renzi è il caso ricordare ora due dichiarazioni. La prima risale alla vigilia del referendum (dicembre 2016) che avrebbe dovuto ratificare la riforma. Renzi promise di dimettersi e di lasciare la politica nel caso in cui il responso popolare avesse bocciato la riforma[121]. Il Capo del Governo perse il referendum, il governo Renzi venne sostituito da un esecutivo sosia (il governo Gentiloni), tuttavia Renzi non solo non lasciò la politica, ma intese rafforzare il suo ruolo fondando un nuovo partito (Italia Viva) con la funzione di pungolare il PD. Non solo. Ma giustificandosi per la mancanza di alternative possibili, colui che non era stato da meno di Zingaretti nella critica al Movimento 5 Stelle entrò a far parte della compagine "giallo-rossa" associandosi non solo ai tanto odiati pentastellati[122], ma anche ai certo non amati esponenti della Sinistra più radicale di Liberi e Uguali. Ovviamente si potrebbe andare avanti a lungo per raccogliere elementi utili a giudicare la coerenza almeno intellettuale di queste figure-chiave del governo chiamato a fronteggiare la pandemia. E se questa parentesi politica può essere considerata estranea agli intendimenti della nostra trattazione, ho ritenuto, invece, utile una rassegna anche

---

119 Così Giuseppe Conte il 25.3.2019, https://www.lapresse.it/politica/conte_la_mia_esperienza_termina_con_questo_governo_-1281500/video/2019-03-24/.
120 Così Alessandro Di Battista nel novembre 2017 (forse), https://www.youtube.com/watch?v=CFZfKQd2CJ4&ab_channel=LaRepubblica.
121 Cfr. https://www.youtube.com/watch?v=dmdQxKuctCk&ab_channel=tommysnello.
122 Cfr. https://www.youtube.com/watch?v=xEibiPqDihk&ab_channel=La7Attualit%C3%A0.

solo di alcune dichiarazioni per valutare degli individui che hanno avuto il potere di stabilire quali dovessero essere i comportamenti di decine di milioni di persone. A proposito dello spessore umano e morale del personale dell'esecutivo Conte, è stato detto che questo «è un governicchio dalla mediocrità impressionante sostenuto solo da una truffa elettorale e dalla complicità di un finto arbitro»[123]. E se l'inconsistenza morale dei protagonisti governativi non può non gettare una pesante ombra circa la propensione ad abusare del potere, le disposizioni di questo esecutivo fanno sorgere non pochi interrogativi sulla possibilità che essi costituiscano dei precedenti davvero molto pericolosi e fa temere che «in futuro ben altri capetti [possano] approfittarne, e in maniera molto più grave»[124].

A questo punto s'imporrebbe un'analisi dei provvedimenti che hanno delineato l'ormai famoso "modello Italia", ma credo di essermi già dilungato troppo e penso che una domanda possa ricapitolare la questione in questo modo: è possibile che un governo composto da personaggi abbastanza squalificati possa aver prodotto un modello di contenimento epidemiologico da meritare un apprezzamento mondiale? C'è qualcosa che non va... Ad iniziare dall'alto numero dei decessi o dall'estensione del contagio[125] per finire agli altissimi costi o alle domande non risolte circa l'apposizione del segreto governativo (poi ci si è scusati dicendo che non era "segreto di Stato", ma solo rispetto della privacy) sulle riunioni del Comitato Tecnico-Scientifico[126]. Il governo Italiano dovrà sempre spiegare perché si è arrivati tardi a circoscrivere le zone rosse e, poi, si è fatta calare l'intera nazione nell'isolamento, un provvedimento radicale imposto anche su vaste aree del Paese che non pativano situazione di emergenza.

Ma non è esistito solo il "modello italiano" (come sottoprodotto del "modello cinese"). Altri governi, altre nazioni hanno adottato modalità diverse e queste altre modalità, certamente meno invasive, sembrano aver prodotto risultati di gran lunga migliori. Mi riferisco al caso della Germania e al caso della Svezia, Paesi che non hanno optato per un indiscriminato e totale *lockdown*. Ed anche ad analizzare i dati ufficiali, il caso più

---

123 Marco TOSATTI, https://www.marcotosatti.com/2020/03/30/formicola-chiese-chiuse-per-ordine-del-governo-un-precedente-rischioso/, 30.3.2020.
124 *Ibidem*.
125 Cfr. i dati ufficiali sul sito web del Dipartimento della Protezione Civile: http://opendatadpc.maps.arcgis.com/apps/opsdashboard/index.html#/dae18c330e8e4093b-b090ab0aa2b4892.
126 Cfr. http://www.protezionecivile.gov.it/attivita-rischi/rischio-sanitario/emergenze/coronavirus/verbali-comitato-tecnico-scientifico-coronavirus. http://opendatadpc.maps.arcgis.com/apps/opsdashboard/index.html#/dae18c330e8e4093bb090ab0aa2b4892.

criticato che è quello degli Stati Uniti non è peggiore del caso più lodato che è quello italiano. Facciamoci due calcoli elementari perché la risposta a chi suggeriva di applicare anche negli USA il metodo adottato in Italia (*lockdown* totale) è iscritta nel confronto tra i dati dei due Paesi. Ad oggi (metà settembre 2020), gli USA hanno patito circa 200mila decessi; l'Italia ne ha avuti 35mila. In rapporto alla popolazione (rispettivamente 333milioni e 60milioni) la percentuale dei morti per coronavirus è, sorprendentemente, la stessa: 0,059%. Il *lockdown* totale non ha ridotto il numero dei morti, ha solo prostrato l'Italia. La differenza tra i due Paesi, infatti, è nell'impoverimento estremo che il "modello Italia" del governo "giallo-rosso" lascia in eredità ai connazionali e, soprattutto, alle giovani generazioni. Ma di ciò occorrerà occuparsi nel prossimo capitolo. Al momento dobbiamo limitarci ad ammettere che aveva ragione Trump[127].

1.4.   Diritto alla salute?

Salute di Stato

Il ministro della Salute, Roberto Speranza, chissà quante volte, in questi mesi di fuoco, ha ripetuto che quella italiana è «la sanità migliore del mondo»[128]. Un uomo di Sinistra che è anche uomo di governo non potrebbe esprimersi diversamente. Comprendendo il preconcetto di fondo, si può addirittura convenire con le parole del ministro. Chiaramente dietro queste parole vi è l'*uomo di Sinistra* e per un tale uomo, semplicemente non può esservi che servizio sanitario di Stato. Quindi, non prendendo neanche in considerazione qualsivoglia alternativa possibile, va da sé che ciò che si ha nella testa sia il *non plus ultra* perché, semplicemente, manca di ogni confronto con la realtà. È l'accecamento ideologico, un accecamento che svanirebbe all'istante se ci si confrontasse onestamente con la realtà e si

---

127 Rompo gli indugi e scrivo alla Casa Bianca... Dear Mr. President Trump, I am a catholic priest from Italy and a convinced supporter of yours. I have made a very simple comparison between the impact of the lockdown in the US and Italy (the so called "Italian Model" which is so admired by Mr. Fauci). The result is as telling as surprisingly ignored by the media. To date (9/19/2020), the US has suffered approximately 200,000 deaths; Italy has 35,000. Proportionally, if we consider the American and the Italian population, 333 million and 60 million people, respectively, the percentage is exactly the same: 0.059%. This demonstrates that the draconian lockdown we suffered has not helped reduce the number of deaths. On the contrary, it has accelerated the economic collapse, generating a burden on us and on future generations. Mr. President, you were right. God Bless you and America.

128 https://www.liniziativa.net/sanita-ai-tempi-del-coronavirus-rimediare-oggi-dopo-10-anni-di-tagli/.

riconoscesse a questa il primato sull'opinione soggettiva. C'è poi un altro motivo. Le parole del ministro avranno suscitato, sicuramente, molta ironia (sarà il caso di dire qualcosa sulla «migliore sanità del mondo»), ma – è risaputo – l'*uomo di governo* ha il ruolo di difensore di ufficio dell'apparato dello Stato. In questo modo difende il proprio operato. Se la sanità italiana fosse riconosciuta come la peggiore dell'Occidente, il ministro sarebbe il primo a dover caricarsi di responsabilità. Il ministro Speranza, quindi, in quanto *uomo di Sinistra* non poteva che riaffermare il dogma della nazionalizzazione dei servizi ribadendo, implicitamente, che la sanità pubblica non può che essere l'unica possibile e, quindi, la migliore del mondo. E in quanto *uomo di governo* deve rassicurare circa la qualità dei servizi offerti. Se qualcosa non va è perché questi servizi hanno subito ingiustificati tagli di spese da parte degli avversari, *alias* coloro che si dimostrano insensibili ai poveri. Lo slogan del ministro – «la sanità italiana è la migliore sanità del mondo» –, quindi, contiene non solo un intento di vetera propaganda ideologica (sulla base dell'anti-realismo), ma anche un'affilata arma elettorale (con la colpevolizzazione di chi non permetterebbe alla Sanità di Stato di conservare il primato mondiale).

A fronte della insistente e tranquillizzante campagna del ministro, corsero in nostro aiuto i cinesi e i cubani. Si può capire che una equipe di sanitari cinesi avesse qualche esperienza da comunicare o che potessimo certamente avvalerci di un moderno ospedale da campo che una grande associazione cristiana degli Stati Uniti impiantò a Bergamo. Ma risulta difficile immaginare quale apporto abbia potuto dare il gruppo di personale sanitario giunto da Cuba dove il socialismo ha ridotto la Sanità in una condizione pessima (e come sarebbe potuto essere diversamente?)[129]. Cosa potevano portare i medici cubani dai loro ospedali di Stato dove anche i bisturi sono arrugginiti? È possibile non cogliere in questi "aiuti sanitari" (ostiniamoci a chiamarli così) provenienti dalle ultime fortezze comuniste l'ennesima operazione propagandistica di stampo stalinista? Eppure non poteva mancare da noialtri (ben ammaestrati a non distinguere l'ideologia dalla realtà) un rigurgito di passione proletaria in stile anni Settanta[130]. E, così, il coronavirus è stato ancora una volta arruolato

---

129 Cfr. Katherine HIRSCHFELD, *Health, Politics, and Revolution in Cuba since 1898*, Routledge, New York (N. Y.) 2017.

130 E, così, si è trovato scritto: «la solidarietà internazionale e umana è la cifra della Rivoluzione [con la "R" rigorosamente maiuscola, *ndr*] cubana. Oggi, più che mai, possiamo toccare con mano l'altruismo e la dedizione di Cuba nei confronti dell'umanità». Oppure: «anche il Venezuela [regime che ha rovinato uno dei Paesi più ricchi al mondo e, al momento, ha un'inflazione monetaria record del 10.000%; sì, avete letto bene ed è costretto ammetterlo anche «La Repubblica»: cfr. https://rep.repubblica.it/pwa/

per motivare le fila dei militanti della Sinistra. A pensarci, però, si può – coerentemente alle parole del nostro ministro della Salute – sostenere che anche la Sanità della Repubblica di Cuba è, in assoluto, la migliore dell'isola cubana e lì non teme di essere inferiore a nessun'altro sistema sanitario.

Ovviamente le parole del ministro potevano sortire qualche effetto mediatico – e certamente lo avranno sortito –, ma non potevano cambiare la realtà del Sistema Sanitario Nazionale. Sarebbe ora troppo facile ribaltare lo slogan «la sanità italiana è la migliore sanità del mondo». Salvo alcune eccezioni e salvo delle isole di attività privata – eccezioni ed isole sulle quali occorrerà dare qualche spiegazione[131] –, ordinariamente l'italiano ha a che fare con i labirinti delle ASL, le illogicità della burocrazia sanitaria, le lunghe liste di attesa, le strutture fatiscenti, l'avvilimento del personale, la cronica mancanza di materiale, i frequentissimi casi di malasanità, le emigrazioni ospedaliere, le assunzioni pilotate e le funzioni assegnate secondo criteri ben diversi da quelli del merito lavorativo o delle competenze scientifiche, nomine soprattutto dirigenziali (ma non solo) determinate dall'affiliazione politica, l'inevitabile constatazione di enormi sprechi, i sospetti tutt'altro che ingiustificati che calano su ogni gara pubblica e i ricorrenti casi giudiziari di malversazione, di peculato, di corruzione, di concussione. Sono aspetti talmente noti da rendere assuefatto e rassegnato ogni italiano (soprattutto quando questo si trasforma, suo malgrado, in paziente). Ma – ripeto – sarebbe fin troppo facile ridicolizzare lo slogan del ministro Roberto Speranza. Non mi sembra dignitoso infierire su un ministro che deve ripetere a se stesso e a chi ha dinanzi qualcosa che chiunque avverte immediatamente come un'affermazione grottesca e addirittura buffa. Per quante volte lo slogan sia stato riproposto, tanto più dimostra che aveva bisogno della forza dell'insistenza propagandistica per provare a coprire la realtà.

In verità, neanche troverei particolarmente interessante soffermarmi su come la sanità italiana abbia dimostrato di essere «la migliore del mondo» alla prova dell'emergenza epidemiologica[132]. Basta dire che essa è sempre

---

generale/2020/02/08/news/vivere_con_l_inflazione_al_diecimila_per_cento_venezuela_sempre_piu_schiacciato_dalla_corsa_dei_prezzi-247893106/, *ndr*], legato all'Avana da una forte amicizia e spirito di solidarietà, seguirà Cuba nel suo spirito missionario».
O ancora: «la Sanità e l'Università sono fra i risultati più gloriosi della Rivoluzione cubana, che ha messo la dignità, l'umanità come la chiamava Fidel [il sanguinario Fidel Castro, *ndr*], al primo posto».
131 Più avanti, proporrò, una mia interpretazione circa la notevole differenza di qualità dei servizi sanitari nel Nord Italia rispetto a quelli nel Sud.
132 A fine settembre giunge da parte dell'Organizzazione Mondiale della Sanità un plateale elogio all'Italia per come il governo ha saputo fronteggiare l'emergenza e per come il

stata considerata "in stato di emergenza" a causa delle universalmente note criticità e avrebbe dell'incredibile una metamorfosi dovuta al subentrato ed esteso pericolo che ha messo sotto un inaudito *stress* le nostre strutture ospedaliere e, con esse, l'intero Servizio Sanitario Nazionale (di Stato). Per capire cosa è davvero successo è sufficiente leggere qualche artico-letto-report a riguardo o aver avuto bisogno del medico di famiglia nei giorni della paura[133] o, peggio, essere stati costretti a ricorrere alle cure

---

Paese ha reagito di fronte all'epidemia (cfr. https://www.tgcom24.mediaset.it/cronaca/coronavirus-loms-omaggia-litalia-ha-reagito-con-forza-allemergenza_23334825-202002a. shtml). Sorge il sospetto che l'OMS abbia voluto attendere per far nuovamente sentire la sua voce ed abbia fatto trascorrere un po' di tempo allo scopo di far dimenticare tutto ciò di cui si è resa responsabile soprattutto nei primi mesi dell'anno (cfr. capitolo 3, paragrafo 4 di questo volume). Chi, invece, non dimentica trova questo omaggio dell'agenzia dell'ONU privo di ogni autorevolezza perché completamente screditato sotto il profilo scientifico e sotto quello morale. Un omaggio che, come le precedenti mosse e le precedenti prese di posizione dell'OMS, risponderà certamente a precisi intenti politici. Fin qui quanto avevo scritto in mattinata. A sera mi sono reso conto che i sospetti erano fondati perché la sviolinata dell'OMS ha preceduto di una manciata di ore l'intervento (a distanza) del capo del governo italiano all'Assemblea dell'ONU (cfr. https://www. rainews.it/dl/rainews/articoli/Conte-all-Onu-pandemia-opportunita-per-nuovo-inizio-da4a045d-6856-4971-9aa7-0f1ec7d2642c.html). Da quel palcoscenico mondiale, il premier Conte si è potuto far vanto dei successi riconosciuti al Paese dall'OMS. In realtà, il tutto sembra essere congegnato per rafforzare ulteriormente l'asse Cina-OMS-Italia nel reiterato tentativo di isolare l'America di Trump. A fine ottobre aggiungo: solo un mese dopo il plateale elogio ufficiale rivolto all'Italia, il Bel Paese è nuovamente in *lockdown*. Sbugiardata in modo sonoro l'OMS, ma nessuno si è permesso di ridicolizzare i funambolismi dell'agenzia dell'ONU.
133 Solo nei "giorni della paura"? Nient'affatto. Proprio oggi (23 settembre 2020), un'amica insegnante ha dovuto ricorrere alla prova sierologica senza la quale domani non avrebbe potuto presentarsi in aula (in Campania le scuole riaprono domani, giovedì 24). Ebbene? Ebbene, secondo protocollo, l'insegnante si sarebbe dovuta rivolgere al medico di base, per poi procedere all'effettuazione del test con anticipo per permettere di conoscere l'esito in tempo utile e la struttura scolastica avrebbe dovuto recepire il tutto. È invece avvenuto che il medico di base, preavvisato nelle settimane precedenti, si dicesse all'oscuro di ogni procedura del caso e da quel momento ha pensato bene di non rispondere più alle numerose chiamate dell'insegnante che aveva bisogno di indicazioni sempre più stringenti a causa dell'avvicinarsi della riapertura delle scuole. La ricerca di informazioni era stata esclusiva iniziativa della stessa insegnante alla quale, anche al momento dell'incarico ministeriale, nulla era stato comunicato. A quel punto, l'insegnante si è rivolta prima in Segreteria dell'Istituto a cui era stata destinata, poi in Direzione scolastica. Con la prima non è neanche riuscita a parlare, dalla seconda ha ricevuto una commiserevole raccomandazione a provvedere in ogni modo possibile alla prova anti-Covid. Alla fine, l'insegnante (di Stato) si è recata – per tranquillità della sua coscienza e per evitare ogni responsabilità (anche penale) – ad un centro privato implorando di poter conoscere l'esito dell'analisi entro la sera stessa per poter essere in aula al mattino del giorno dopo. La sanità privata ha risolto rapidamente e brillantemente il problema che, in un paio di settimane, né medico di base né struttura scolastica erano stati in grado anche solo di affrontare.

di un Pronto Soccorso. Per ridere si potrebbe divulgare la barzelletta che racconta come «la migliore sanità del mondo» abbia fatto ricorso all'aiuto degli ospedali... di Cuba!

Trovo, però, impietoso infierire sul sistema sanitario italiano o indurre il ministro a fare pace con la realtà suggerendogli, magari, di evitare divagazioni frenasteniche. Trovo ben più interessante soffermarmi su un altro tipo di considerazioni.

Prima di queste, vorrei ancora azzardare un'altra premessa. Una premessa, almeno in parte, controcorrente rispetto alle invettive giunte da parte di tutti coloro che hanno accusato il sistema sanitario di Stato di essere stato largamente inefficace, di non essere stato in grado di fronteggiare l'emergenza, non aver fatto abbastanza, di essere stato impreparato. Tutte queste critiche sono certamente pertinenti e corrette. Ma se è ridicolo esaltare la sanità italiana (un'esaltazione giunta al suo acme con un ministro visionario), è improprio anche pensare che con essa si sarebbe potuto fare diversamente rispetto a ciò che è stato fatto. Inefficienze, sprechi, ritardi, sono semplicemente endemici in ogni sistema statale. Ciò significa che non si può pretendere nulla di diverso da un sistema pubblico.

Come poteva essere comprensibile, l'emergenza Covid ha indotto i più a chiedere al governo maggiore potenziamento della sanità pubblica; anche le critiche provenienti dall'ambito liberale si affannano a invocare maggiore efficienza trascurando la natura dei servizi statali. Cosa intendo dire?

Ogni struttura pubblica – in senso proprio "statale"[134] – è guidata da interessi politici e, come ogni struttura pubblica, anche quella sanitaria non può essere migliorata mediante gli stessi criteri che la animano dal profondo. Il sistema pubblico non può che esprimere i criteri della politica

---

134 Alcuni distinguono tra ambito privato e ambito statale, piuttosto che tra il primo e l'ambito pubblico. Ritenendo che anche il servizio offerto da entità private (come istituzioni scolastiche o centri sanitari) svolga di per sé un ruolo pubblico, la distinzione richiamerebbe solo il soggetto produttore (privati o Stato), non la platea, l'utenza o il beneficiario che sarebbe sempre pubblico. Mi sembra che quest'argomentazione sia collaterale all'evocazione del principio di sussidiarietà (cfr. Beniamino DI MARTINO, *La Dottrina Sociale della Chiesa. Principi fondamentali*, Nerbini, Firenze 2016, p. 123-158) presente anche oltre la letteratura sociale di stretta ispirazione cattolica. Il ragionamento, però, non appare del tutto convincente perché può essere utile a *riabilitare* la eminente funzione sociale svolta dai servizi offerti da enti privati, non a *ribaltare* il luogo comune del primato del ruolo degli enti statali. Solo nella essenziale distinzione tra un servizio erogato da un ente privato e un servizio erogato da un ente pubblico è lasciata ai beneficiari una reale facoltà di scelta. Occorre, allora, *mostrare* che, dinanzi ad una vera concorrenza, l'utente sceglie sempre il servizio privato e disdegna il servizio pubblico. La distinzione più corretta, quindi, rimane quella invalsa nel linguaggio comune che fa coincidere ente statale ed ente pubblico e differenzia questi dall'ente privato.

che coincidono con ciò che la stessa politica riserva ai propri beneficiati. Su tutt'altro piano si pone, invece, il sistema privato animato da altri criteri, quelli del profitto a compenso della qualità offerta ai clienti. Ciò comporta un costante miglioramento dei servizi offerti dai privati e un progressivo deterioramento dei servizi pubblici offerti dalla politica. È questa la ragione per la quale il sistema statale non può essere affinato dall'interno. Le uniche condizioni con le quali può funzionare bene (e lì dove capita, avviene per questo motivo) sono "correttivi" privatistici e meritocratici. Si tratta, però, di "correttivi" che devono essere mutuati dal contesto sociale che conserva una mentalità ancora privatistica e meritocratica. Come è dimostrato in Italia con il Nord arretrato (soprattutto il Lombardo-Veneto) e il Sud progredito (senza particolari eccezioni).

Nord arretrato e Sud progredito? Sì, esattamente. Il Nord ancora abbastanza retrogrado perché *conservatore* e il Sud decisamente avanti nel processo di statalizzazione *progressista*. Non è una questione di razzismo (peccato, però, perché se questo libro potesse contenere un arcobalenato messaggio anti-razzista potrebbe anche sperare di avere, nel panorama editoriale, qualche apprezzamento che conti), non è una questione razzismo – dicevo – ma di dati di fatto[135]: il Nord esprime ancora una "arretrata" cultura conservatrice propria della gente che lavora duramente e che è allergica alle intromissioni del centralismo statalista mentre il Sud esprime una "evoluta" mentalità progressista tipica di gente dedita a rivendicare i propri diritti, come ad esempio quello al sussidio di disoccupazione, e che invoca il continuo intervento dello Stato per risolvere i problemi di chi si sente storicamente vittima della discriminazione[136].

---

135 Non potrei mai dire "grazie" al Covid, ma potrò dire "a causa" del Covid, questa è la prima volta che mi concedo di scrivere con una costante attinenza alla cronaca. Due giorni fa si sono concluse le operazioni di spoglio a seguito delle elezioni (un *election day*, in verità) per il rinnovo anche di alcuni Consigli Regionali. Tra questi anche quello della mia Campania e quello del laborioso Veneto. Due aree che possono bene essere portate ad esempio di ciò che sto provando a comunicare. Nel Veneto stravince la coalizione conservatrice di Centro Destra mentre in Campania stravince la coalizione progressista di Centro Sinistra. Due situazioni paradigmatiche: il Veneto arretrato e conservatore, il Sud avanzato e progressista.

136 Parlavo di gente che si sente storicamente vittima della discriminazione... Una mia cara e stretta parente nel raccontarmi – ormai qualche tempo fa – le ultime notizie delle figlie che avevano trovato ottima sistemazione professionale e abitativa a Milano (ciò che non era avvenuto a Napoli) esclamò quasi a mettere un sigillo interpretativo a questa complessiva vicenda familiare: «e tutto questo per colpa di Bossi!» (allora Bossi era ancora un simbolo demonizzato dai noialtri nostalgici della Cassa per il Mezzogiorno con cui siamo cresciuti e pasciuti). Rimasi basito ed incapace di ribattere, forse a causa del corto-circuito cerebrale che l'insensatezza aveva provocato. Poi capii che solo una mentalità da dipendenti pubblici poteva, con tutta sicurezza e disinvoltura, giungere ad attribuire

La ricaduta di una mentalità e di una cultura sociale laboriosa e attenta alla proprietà privata – come può essere quella della gente del Lombardo-Veneto o quella mercantile olandese o quella austera mitteleuropea in opposizione all'atteggiamento del meridionale parassitario e bramoso di aiuti pubblici[137] – investe anche il contesto sociale e condiziona anche i pubblici dipendenti che sono indotti ad essere più scrupolosi dei loro colleghi che, nel caso italiano, si trovano ad operare al Sud. Quando i miei conterranei vanno a curarsi al Nord riportano la immediata sensazione di una sanità che funzioni come mai essi avevano visto. E commettono l'errore di rivendicare anche per Napoli o per Cosenza o per Taranto finanziamenti per poter adeguare gli ospedali delle loro città al livello di quelli di Milano o di Treviso o di Varese.

Francamente non capisco cosa possa esservi di razzistico nel riconoscere il degrado culturale o la deriva sociale delle popolazioni meridionali. Oltretutto questa condizione va interpretata non come inettitudine congenita ed etnica, ma come il frutto di un processo politico che ha trasformato un popolo famoso per la sua storia e per le poliedriche manifestazioni della sua cultura in un esempio di pressapochismo e di parassitismo. Attribuisco ad alcune grandi cause storiche questa situazione: i ricorrenti saccheggi da parte della terrificante pirateria islamica che ha atrofizzato l'attività commerciale che andava, invece, sviluppandosi altrove[138]; la prima grande statalizzazione, burocratizzazione e centralizzazione europea che Federico II di Sassonia impiantò proprio nell'Italia meridionale[139];

---

ai lavoratori autonomi del Nord – grazie al cui salasso fiscale si erano, in passato, potute moltiplicare le assunzioni pubbliche (improduttive) al Mezzogiorno – le ragioni ultime della desertificazione economica meridionale e la conseguente perdurante disoccupazione. Non solo: ma solo quella stessa mentalità poteva attribuire la colpa agli imprenditori del Nord di aver continuato a lavorare, nonostante i continui espropri tributari, e di aver, in questo modo, continuato a rendere possibile assunzioni a chi nella propria terra (assistita a pioggia) non aveva possibilità di trovare lavoro. Il Nord, quindi, reo di resistere per evitare la fine del Sud. Da quel momento mi sono sentito esonerato dal continuare a regalarle i miei libri, cosa che avevo fatto, puntualmente, ad ogni nuova uscita.

137 Mi si conceda la semplificazione: si tratta certamente di approssimazioni, ma non di inesattezze.

138 Cfr. Bat YE'OR, *Il declino della Cristianità sotto l'Islam. Dal jihad alla dhimmitudine*, prefazione di Jacques Ellul, Lindau, Torino 2009 (*Les chrétientés d'Orient entre jihad et dhimmitude*, 2007); cfr. Jacques HEERS, *I barbareschi corsari del Mediterraneo*, Editrice Salerno, Roma 2003; cfr. Rinaldo PANETTA, *I saraceni in Italia*, Mursia, Milano 2001; cfr. Rinaldo PANETTA, *Pirati e corsari. Turchi e barbareschi nel Mare Nostrum*, Mursia, Milano 2004.

139 Cfr. Benito LI VIGNI, *Federico II. Il principe sultano*, Armando, Roma 2011; cfr. AA. VV., *Potere, società e popolo nell'età sveva (1210-1266)*, a cura dell'Università di Bari. Centro di studi Normanno-Svevi, Dedalo, Bari 1985.

infine, il centralismo, lo statalismo, il fiscalismo e l'assistenzialismo prodotti dalla conquista piemontese del 1860 (al cui cospetto le precedenti
compagini governative rappresentano situazioni dorate)[140].

Francamente neanche riesco a capire cosa possa esservi di offensivo
verso i meridionali nel riconoscere la superiorità civile delle popolazioni
settentrionali. Anzi, da napoletano, sono convinto che tale riconoscimento
rappresenterebbe il segnale di una indispensabile svolta in contrasto alla
sub-cultura della lamentela nell'auspicato avvio di un percorso di risali-
ta. Ciò che dà prova di dignità non è la rivendicazione dell'uguaglianza
(in questo caso tra Nord e Sud), ma la capacità di saper emulare chi è
migliore in un educativo e salutare processo di concorrenza. Ciò che invece prevale è quell'atteggiamento (tipico degli infimi) per il quale ci si
atteggia a vittima, nascondendo dietro la rivendicazione della giustizia
sociale una smisurata invidia[141].

Un'innegabile attestazione di inferiorità fu l'esternazione di qualche
inqualificabile meridionale che, interpretando spensieratamente le preoccupazioni del governatore della Campania, riteneva che il Covid ristabi-
lisse la giustizia tra Nord e Sud d'Italia. Si trattava di un'ignobile rivalsa
(atta, come dicevo, a rivelare la propria oggettiva inferiorità) accampata
sia traendo qualche macabra soddisfazione nel ribaltare, a svantaggio
della Lombardia (e a discutibile merito della Campania), la fonte della
diffusione della malattia sia giustificando, seppur per ragioni sanitarie,
l'isolamento del Nord da parte di un Sud salubre. Interpellato all'occorrenza in una trasmissione televisiva, Vittorio Feltri, lo storico direttore
del quotidiano «Libero», alla domanda del conduttore (Mario Giordano) circa il possibile godimento da parte di qualcuno relativamente alla
critica situazione lombarda rispose: «il fatto che la Lombardia sia andata
in disgrazia per via del coronavirus ha eccitato gli animi di molta gente

---

140 Sono già stato costretto a fare un riferimento al modo con cui fu realizzata l'unità
politica del Paese. Ma in questi giorni è ricorso il 150° anniversario dell'occupazione di
Roma da parte dell'esercito del neonato Regno d'Italia (20 settembre 1870) ed anche
questa circostanza ha dimostrato come l'auto-glorificazione dello Stato-moloch non
si interrompe. Come si farebbe se crollassero i miti su cui esso si fonda? Cfr. Giuseppe
BONFANTI (a cura di), *Roma capitale e la questione romana. Documenti e testimonianze*, La Scuola, Brescia 1977; cfr. Renato CIRELLI, *La Questione Romana. Il compimento
dell'unificazione che ha diviso l'Italia*, Mimep-Docete, Pessano (Milano) 1997.
141 «L'invidia era considerata uno dei sette vizi capitali prima di divenire una apprez-
zata virtù sotto il nuovo nome di "giustizia sociale"» (Thomas SOWELL, *The Quest for
Cosmic Justice*, The Free Press, New York (N. Y.) 1999, p. 77). Questa citazione torna ancor più pertinente a causa dell'autore di questa sorta di aforisma controcorrente. Si tratta
dell'economista americano Thomas Sowell (1930-viv.), afro-americano, noto per la sua
contrarietà ai programmi governativi di assistenza ai neri.

che è nutrita di invidia e di rabbia nei nostri confronti perché subisce una sorta di complesso d'inferiorità. Io non credo ai complessi d'inferiorità, io credo che i meridionali in molti casi siano inferiori». Obiettivamente è difficile dare torto a Feltri. E sulla differenza qualitativa tra la sanità lombarda e quella campana – tema sul quale ora mi sto dilungando –, il direttore Feltri mosse il suo commento dall'ipotesi annunciata dal governatore della Campania, De Luca, di impedire ai lombardi l'ingresso nella regione del Sud: «ho simpatia per De Luca, ma vorrei chiedergli se [i confini] li chiude in entrata o anche in uscita. Perché a me risulta che ogni anno 14 mila campani si recano a Milano per farsi curare, perché le strutture sanitarie lombarde sono più rassicuranti di quelle campane. Io credo che nessuno di noi abbia voglia di trasferirsi in Campania. [...] E [noi] altri perché dovremmo trasferirci in Campania? A fare che cosa? I parcheggiatori abusivi?»[142]. Le reazioni dei politici meridionali furono livorose. Ci fu chi ipotizzò la violazione della (pessima) legge Mancino sulle discriminazioni razziali. Io che non devo cercare il consenso degli elettori, pacatamente, posso permettermi di dare pubblicamente ragione a Feltri[143]. Una consapevolezza rafforzata dopo aver conosciuto il tenore delle repliche. Queste sono giunte soprattutto dai leader politici locali per accarezzare i presunti offesi, fomentare il vittimismo e cavalcare l'indignazione. Nessuno che si sia interrogato sui motivi per i quali – come sosteneva Feltri – «ogni anno 14 mila campani si recano a Milano per farsi curare» nonostante (o a causa?) il mare di soldi pubblici impiegato a finanziare la sanità campana. O meglio: con quel mare di soldi che in buona parte provengono dalla tassazione dei lavoratori del Nord che i meccanismi statali dirottano a Sud[144] e che non sono fonte di benefici sociali, ma occasione di sprechi e origine di malgoverno. Due situazioni paradigmatiche, dicevo, quindi: il Nord arretrato e conservatore, il Sud avanzato e progressista. Non è il Nord ad essere, quindi, moderno; è il Sud che è al passo con la statolatria dilagante. E se nel passato anche del Sud vi è una civiltà conservatrice, nel futuro del Nord ancora "arretrato" vi è una triste involuzione progressista e statalista. Scriveva Gómez Dávila: «c'è una sola cosa più ripugnante del futuro che i progressisti senza volerlo preparano: il futuro che sognano»[145].

---

142 La trasmissione risale alla sera del 21 aprile, con l'Italia ancora in pieno *lockdown* (https://www.repubblica.it/politica/2020/04/22/news/feltri-254716587/).

143 Nel corso della trattazione tornerò su questo episodio giornalistico (cfr. paragrafo 7 del capitolo 3).

144 Cfr. Luca RICOLFI, *Il sacco del Nord. Saggio sulla giustizia territoriale*, Guerini e Associati, Milano 2010.

145 Nicolás GÓMEZ DÁVILA, *In margine a un testo implicito*, Adelphi, Milano 2009, p. 26 (*Escolios a un texto implícito*, 1977.1986).

Riprendo il filo della trattazione. Dicevo che più che soffermarmi sulle immani deficienze del sistema sanitario pubblico (perché non godiamo affatto della «migliore sanità del mondo»), più che criticarne le vistosissime carenze strutturali nel momento della crisi, trovo più lineare guardare con occhio totalmente rassegnato gli inevitabili guasti dell'assistenza pubblica e ben più interessante provare a ribaltare radicalmente il dogma della sanità pubblica.

Se rispetto ai paladini del servizio pubblico (*in primis* il ministro) basta suggerire di aprire gli occhi affinché si rendano conto di come realmente vanno le cose, rispetto a coloro che si sono lamentati per ciò che non è stato fatto e per ciò che poteva essere fatto bene, bisogna pragmaticamente replicare che non ci si poteva aspettare nulla di diverso. Anzi, che sarebbe un grave errore pretendere di più perché questa richiesta conterrebbe la abituale tentazione di caricare di speranze ciò che, invece, deve essere demitizzato. Più che esigere il miglioramento del sistema sanitario pubblico, occorre, piuttosto, rassegnarsi a quel che esso è ed educarsi, vieppiù, a *non* esigere nulla. Intendo dire che se la spontanea reazione alle lacune dell'azione dello Stato è reclamare che le istituzioni operino meglio e che facciano di più, un giudizio più complessivo – posso definirlo "coerente"? – inviterebbe le stesse istituzioni a fare il meno possibile. È un radicale spostamento di prospettiva politica che orienta anche la critica al sistema sanitario su un ben diverso piano. Non il richiedere di fare di più (e neanche meglio, perché ciò è quasi una contraddizione in termini), ma "fare meno possibile". Da dove nasce questa prospettiva? Dalla consapevolezza che lo Stato ingessa, estinguendola, la naturale intraprendenza degli individui sostituendosi all'iniziativa privata e calpestando le capacità umane. «Da ciò la necessità di non sprecare la funzione imprenditoriale di nessuno»[146]. All'opposto di questa naturale "funzione imprenditoriale" in forza della quale ciascun individuo deve valorizzare al massimo i propri talenti – come è detto nella parabola evangelica – ed esprimere al meglio le proprie potenzialità, vi è il raccapricciante impoverimento *umano* della società mediante enormi sprechi, inqualificabile sottrazione di capitali (innanzitutto mediante la tassazione), immane appiattimento di capacità intellettuali, perenne ostacolo alla libera creatività, irrecuperabile perdita di forze ed energie, smisurata dilapidazione delle risorse di ogni genere.

Ad uno dei padri degli USA, Thomas Jefferson (1743-1826), è attribuita una affermazione che rende bene il concetto sin qui adombrato: «il

---

146 Jesús HUERTA de SOTO, *La Scuola Austriaca. Mercato e creatività imprenditoriale*, a cura di Paolo Zanotto, prefazione di Raimondo Cubeddu, Rubbettino, Soveria Mannelli (Catanzaro) 2003, p. 57 (*La Escuela Austríaca: mercado y creatividad empresarial*, 2001).

governo migliore è quello che governa meno»[147]. La frase è nei testi di Henry David Thoreau (1817-1862), un pensatore americano punto di riferimento dell'individualismo libertario[148], che la perfezionò sostenendo che il governo migliore in assoluto è proprio quello che non interviene affatto[149]. Il senso dovrebbe essere chiaro: postulata la differenza tra governo e Stato[150], il governo che non voglia trasformarsi in Stato (sempre oppressivo ed invadente) deve rimanere in compiti così ristretti, al punto da non farsi neanche notare. E se questa prospettiva appare irrealizzabile, va fatto notare che lo sviluppo delle civiltà è dovuto al dinamismo sociale che si espande sino a quando lo Stato non inizia ad invadere spazi, competenze e funzioni. E quando ciò avviene, inesorabilmente le civiltà tramontano. Civiltà e statalismo sono incompatibili; il secondo segna la fine della prima. Bene ancora diceva Gómez Dávila quando scriveva che la «civiltà è ciò che è miracolosamente scampato allo zelo dei governanti»[151].

Come per ogni aspetto della vita sociale ed economica, anche la salute, la ricerca scientifica, l'avanzamento tecnologico vengono penalizzati dal peso dello Stato e ciò avviene nella misura in cui questo stesso peso si fa sentire. Contrariamente a quanto si ripete – sino ad apparire verità indiscutibile –, lo Stato non solo non ha mai favorito il progresso, ma è sempre la causa ultima del declino sociale. Lo Stato – ciò che chiameremmo "governo esteso" o addirittura "assoluto" – è sempre alla radice della depressione sociale o perché determina la decadenza con la paralisi della libertà individuale o perché impedisce il lento processo di fioritura.

Ecco, dunque, perché anche nel campo della sanità sarebbe un imperdonabile errore lamentarsi per ciò che lo Stato *non* fa o richiedere che alla sanità pubblica siano attribuite ancor più funzioni. Bisogna arrivare a dire che il governo tanto meglio opererà quanto meno compiti si assumerà e la sanità migliore del mondo è quella nella quale le scelte politiche e lo Stato non avranno alcuna parte. E, a questo punto, passiamo

---

147 Se è, probabilmente, erronea l'attribuzione a Jefferson, è corretta, invece, la paternità dell'altra affermazione: «lo studio della storia mi convince che la maggior parte del cattivo governo proviene dal troppo governo» (Cit. in Wayne Allyn ROOT, *The conscience of a libertarian. Empowering the Citizen Revolution with God, Guns, Gold and Tax Cuts*, John Wiley & Sons Inc., Hoboken (New Jersey) 2009, p. 135).

148 Più avanti, provando a correggere i fraintendimenti più comuni, mi preoccuperò di dare una definizione di "individualismo".

149 Cfr. Henry David THOREAU, *Disobbedienza civile*, Lindau, Torino 2020, p. 7 (*Civil Disobedience*, 1849).

150 Come ho provato a fare nelle pagine precedenti (cfr. paragrafo 2 di questo stesso capitolo 1).

151 GÓMEZ DÁVILA, *In margine a un testo implicito*, cit., p. 130.

ad occuparci delle questioni che, in relazione alla sanità e alla pandemia, abbiamo definito più interessanti.

Più che lamentarsi delle disfunzioni e delle lacune, occorre andare alla ricerca delle radici del mal funzionamento del sistema e preoccuparsi di illuminarne le cause. Dopo quanto già detto in termini di premessa, dovrebbe risultare comprensibile come, al pari di ogni servizio pubblico offerto dalla politica, anche la sanità di Stato non può che essere malasanità.

Innanzitutto occorre richiamare cosa significhi e cosa implichi lo stretto legame tra sanità e politica, tra servizio sanitario ed interessi politici. Richiamare ciò comporta mettere a fuoco la radice di ogni male presente anche nel mondo sanitario. Si potrebbe ritenere questo legame un male necessario semplicemente in quanto indispensabile. Ma questa certezza – propria di chi è nato e cresciuto tra le braccia dell'assistenza di Stato – si sgretola dinanzi ad una duplice evidenza. Da un lato, infatti, al pari di qualunque altro servizio, anche quello sanitario è nato nell'ambito privato; dall'altro, solo il pregiudizio socialista può creare obiezioni alla riconversione privatistica dell'intera assistenza sanitaria.

Quanto al primo aspetto, come non ricordare che lo sviluppo della medicina, la nascita degli ospedali, le prime scuole mediche non sono certamente state partorite dall'alto di scelte pianificate dalle autorità politiche, ma hanno tutti origini private? Come ogni "istituzione" (così, ad esempio, la moneta, l'istruzione, ma anche il diritto e perfino il linguaggio) anche la preoccupazione per la salute è nata come attività privata[152]. Si dirà: tutto è stato organizzato dalla Chiesa. È vero, ma questa si pone sul piano dell'azione privata e volontaria, non su quello dell'intervento pubblico e statale. Tant'è che quando, poi, il potere politico ha iniziato ad evolversi in qualità di Stato propriamente detto, esso ha incamerato questi servizi (Enrico VIII, Elisabetta Tudor, Rivoluzione francese, Giuseppe II, ecc., ecc.) e le attività benefiche della Chiesa sono state (spesso violentemente) "nazionalizzate". Come tutti i servizi pubblici odierni, anche la sanità è il frutto (amaro) di un processo di esproprio della dimensione privata per rafforzare la dimensione pubblica. Per tutto ciò, la nascita del *Welfare State* rappresenta una fase fondamentale della fine dell'individuo

---

152 Cfr. Fielding H. GARRISON, *An Introduction of the History of Medicine*, W. B. Saunders, Philadelphia (Pennsylvania) 1914; cfr. James HANNAM, *La genesi della scienza. Come il Medioevo cristiano ha posto le basi della scienza moderna*, a cura di Maurizio Brunetti, D'Ettoris Editori, Crotone 2015, p. 146; cfr. Ermanno PAVESI, *Concezione della malattia e assistenza sanitaria in Occidente in prospettiva storica*, in «Cristianità», anno 34 (2006), n. 333 (gennaio-febbraio), p. 13-15; cfr. Thomas E. WOODS jr., *Come la Chiesa Cattolica ha costruito la civiltà occidentale*, prefazione di Lucetta Scaraffia, Cantagalli, Siena 2007, p. 184-194.

libero e del suo assorbimento nel meccanismo dello Stato[153]. Ma non va dimenticato che la nascita dell'organizzazione delle attività a difesa della salute è stata una preoccupazione squisitamente privata.

"Privatizzare" – e qui arriviamo al secondo aspetto – è concetto di cui scusarsi mentre "socializzare" è parola che sortisce apprezzamento pressoché immediato ed universale. Gli Stati Uniti d'America (e qualche altro Paese nell'anglosfera dell'Occidente[154]) rappresentano l'unica area culturale del mondo ove, invece, la "socializzazione" si afferma a fatica, mai senza un vivace dibattito che imponga ai social-democratici d'oltre-oceano la faticosa presentazione di (presunti) motivi giustificativi. Non che non si affermi comunque (come dimostra la cosiddetta Obamacare del 2010), ma lì la "socializzazione" non gode di spontanea attrazione. Ma perché gli americani non hanno simpatia per un sistema come quello che vige in ogni Paese europeo e che è ritenuto estremamente comodo per gli assistiti perché tutela (teoricamente) ciascuno di essi da ogni spesa medica? E perché gli europei sono tanto allergici ad un sistema come quello americano che affida a contratti di assicurazione la tutela di un bene così prezioso come quello della salute? Gli americani sono davvero così tonti? E gli europei sono proprio così saggi? Purtroppo, almeno dalla metà degli anni Sessanta, negli USA il sistema è sempre meno "americano" e sempre più welfarista; ma anche con questa commistione, negli USA vige ancora un sistema prevalentemente orientato verso il settore privato.

Si può ragionare per estrema sintesi e affermare che la scelta per una sanità affidata alla concorrenza e all'imprenditoria privata semplicemente garantisce servizi a costi molto più bassi e prestazioni di qualità enormemente superiore al confronto con una sanità offerta dallo Stato. E senza tutti gli inconvenienti che si riscontrano nel servizio pubblico e che ho provato precedentemente a riassumere. Salvaguardando un bene che dovrebbe risultare indisponibile e che identificherò tra breve.

Nell'operare questa sintesi estrema ho voluto deliberatamente non far mancare il richiamo a due concetti che rischiano di allontanare da me la benevolenza del lettore: la concorrenza e l'imprenditorialità. Eppure niente può meglio tutelare la qualità, l'allargamento dell'offerta e il

---

153 Cfr. Beniamino DI MARTINO, *Lo Stato nella vita dell'uomo. Welfare State: un confronto critico tra la Dottrina Sociale della Chiesa e il pensiero libertario di Murray Rothbard*, estratto della tesi di Dottorato di Ricerca, Pontificia Università Lateranense, Città del Vaticano 2013.
154 Cfr. Antonio DONNO, *"Anglo-Saxonism" o "Anglosfera": note sul "soft power" americano nel Novecento*, in «StoriaLibera. Rivista di scienze storiche e sociali», anno 3 (2017), n. 6, p. 11-33.

miglioramento del servizio come la libera concorrenza e il perseguimento del profitto. Proviamo a capire.

Per poter farlo definiamo bene la concorrenza. Essa è esattamente il contrario di ciò per cui fa paura prendere in esame un sistema sanitario basato su di essa. Infatti, «il sistema di concorrenza è il solo sistema adatto a minimizzare [, mediante la libertà di scelta, *ndr*] il potere dell'uomo sull'uomo»[155]. In questo modo magistrale l'economista austriaco Friedrich von Hayek (1899-1992) delineò la grande virtù del libero mercato che concede al soggetto che domanda un servizio (il "consumatore", in termini economici) la più ampia possibilità di scegliere. Quindi non il modo con cui qualcuno elimina i concorrenti più deboli, ma la regola in base alla quale nulla può essere imposto alla scelta del consumatore.

Non esistono effetti negativi nel sistema di concorrenza e le conseguenze sono massimamente benefiche soprattutto in quei settori dove alla competenza occorre unire una maggiore umanità (ad esempio la sanità e la scuola)[156]. Perché, dunque, lo Stato teme la concorrenza del privato? Semplice! Perché non sarebbe mai in grado di reggere il confronto. Ed allora apparentemente permette – ma si tratta di una pura concessione e, per giunta, rigidamente disciplinata – che alcuni servizi siano offerti in formale concorrenza con quelli pubblici (i casi classici sono quelli della sanità e della scuola); in realtà i servizi offerti dall'iniziativa privata patiscono ogni genere di svantaggi. Il primo e più evidente svantaggio è quello relativo al reperimento delle risorse (ancor più che per il modo con cui i servizi pubblici vengono sussidiati, per il fatto che chi accede a quelli privati non può evitare di finanziare quelli pubblici a cui ha rinunciato). Poi per il carico di adempimenti imposti, di fatto, solo sulle agenzie private. Immaginiamo, infatti, se lo standard richiesto alle cliniche private o alle scuole paritarie dovesse essere parimenti imposto anche agli ospedali pubblici o alle scuole di Stato. Certamente al Sud la quasi totalità di queste ultime strutture dovrebbe essere chiuse per assenza di condizioni di idoneità (con relativo rinvio a giudizio dei dirigenti).

Se anche lo Stato volesse ostinarsi a produrre beni o a offrire servizi con il pretesto di sanare presunte disfunzioni prodotte dal mercato, perché ha tanto timore dalla concorrenza di quest'ultimo? E qui esamino il secondo aspetto enunciato in premessa (il pregiudizio socialista che pone

---

155 Friedrich A. von HAYEK, *La via della schiavitù*, prefazione di Raffaele De Mucci, Rubbettino, Soveria Mannelli (Catanzaro) 2011, p. 194.
156 Cfr. Fred FOLDVARY, *Beni pubblici e comunità private. Come il mercato può gestire i servizi pubblici*, prefazione di Stefano Moroni, Istituto Bruno Leoni Libri, Torino 2010 (*Public Goods and Private Communities. The Market Provision of Social Services*, 1994).

obiezioni alla ri-conversione privatistica dell'intera assistenza sanitaria). La motivazione, l'obiezione gira intorno ad una parola magica: "sociale", sia nella forma di un sostantivo intoccabile sia nella forma di un «potentissimo aggettivo»[157]. Sostenere motivazioni sociali significa mettere a tacere ogni obiezione e vantare un'indiscutibile superiorità morale; ormai davvero tutto ciò che è "sociale" sembra godere di un credito illimitato. Resistendo al politicamente corretto, occorre, invece, dichiarare che, per come viene genericamente adottato, il concetto è privo di significato perché si accompagna a espressioni inconsistenti[158]. Non si può non concordare con Friedrich von Hayek il quale scriveva: «giungo sempre più alla convinzione che la utilizzazione di questa parola elastica, cioè "sociale", per denotare valori che abbiamo sempre descritto come "morali", possa essere una delle cause principali della diffusa degenerazione del senso morale nel mondo»[159].

Tornando alla questione della concorrenza, occorre dire che questa è, di fatto, impossibile ove vi è l'intervento dello Stato. Come lo Stato tende ad accrescere sempre più la sua influenza, così esso impedisce la concorrenza sia perché incapace di reggerla, sia per non veder ridotto il proprio potere. Se la concorrenza è condizione per il mercato, lo Stato si dimostra incompatibile con l'economia libera per la tendenza a creare monopoli nei settori in cui è presente (di fatto sempre più numerosi). Il ruolo economico dello Stato può sopravvivere solo grazie al regime di monopolio che la stessa legislazione impone. Anche lì ove il monopolio non fosse dichiarato, esso si instaurerebbe di fatto a causa della situazione predominante che la funzione pubblica sempre impone.

Certamente, nel momento in cui si creassero le condizioni di una vera concorrenza, cioè di una reale libertà di scelta, i servizi pubblici sarebbero prontamente abbandonati (per quanto sempre bocciati, in regime

---

157 Cfr. Kenneth MINOGUE, *La mente servile. La vita morale nell'era della democrazia*, prefazione di Franco Debenedetti, Istituto Bruno Leoni Libri, Torino 2012, p. 68 (*The Servile Mind. How Democracy Erodes the Moral Life*, 2010).

158 Sono stato parroco per molti anni e, in quelle circostanze, mi capitava di dover aiutare qualche famiglia più problematica nel rapporto con gli insegnanti dei ragazzi. La bocciatura scolastica è sempre un dispiacere a cui volentieri il "corpo docente" faceva il possibile per sottrarre i genitori. E ricordo che, a motivazione della promozione di qualche adolescente pur poco meritevole, gli insegnanti si giustificavano parlando di valutazione "di ordine sociale" (in realtà, dicevano "per motivi sociali", ma il senso non cambia affatto). Non era mio compito approfondire la questione, ma mi è sempre parso ridicolo quel modo di parlare tipico del linguaggio da struttura di Stato.

159 Friedrich A. von HAYEK, *Che cos'è il sociale? Cosa significa?* (*What is "Social"? What does it means?*, 1957), in IDEM, *Studi di filosofia, politica ed economia*, prefazione di Lorenzo Infantino, Rubbettino, Soveria Mannelli (Catanzaro) 1998, p. 428-429.

di monopolio o di quasi-monopolio essi sono solo sopportati, ma non possono essere abbandonati). Si rivela, anche in questo caso, pertinente il criterio per distinguere una buona impostazione economica da una cattiva. Mi riferisco rispettivamente alla preoccupazione per il cliente o all'attenzione per il produttore[160]. La giusta prospettiva economica è sempre quella che parte dal punto di vista del consumatore[161], quella che ritiene intangibile la "sovranità del consumatore"[162], non quella che muove dalla visuale del produttore. La pianificazione statalista può essere considerata come la forma più compiuta del rinnegamento di questo primato e l'annullamento della libertà di scelta del consumatore[163].

Ebbene, l'instaurazione della concorrenza fa immediatamente accantonare il servizio di Stato e scioglie come il sole fa con la neve tutti gli appigli su cui si legittima il settore pubblico. La libertà di scelta dà sonora ragione al sistema di mercato. Vale, ovviamente, il contrario e cioè il servizio pubblico si giustifica e si regge solo mettendo al bando la libera economia. Con onestà, quindi, ogni qual volta che si glorifica il *Welfare*, occorre dire (o, almeno, *anche* dire) che uno degli addentellati è la negazione del diritto a scegliere.

Un altro argomento a giustificazione dei servizi pubblici è che essi, non producendo reddito, debbono necessariamente essere offerti (propinati) dallo Stato. Frequentemente ho sentito affermare che nella sanità il principio della concorrenza o il principio del risparmio (la cosiddetta produttività) non possono trovare spazio perché prestazioni come quelle della sanità o dell'istruzione sono (sarebbero) svincolate dal principio del profitto e l'unico ente ad essere svincolato dal rapporto con i costi è lo

---

160 Scriveva Mises: «nell'organizzazione economica di una società capitalistica, gli imprenditori determinano il corso della produzione. Nell'espletare questa funzione sono incondizionatamente e totalmente soggetti alla sovranità di coloro che acquistano i loro beni, i consumatori» (Ludwig von MISES, *Profit and Loss*, Ludwig von Mises Institute, Auburn (Alabama) 2008, p. 7).

161 Cfr. Ludwig von MISES, *L'azione umana. Trattato di economia*, prefazione di Lorenzo Infantino, Rubbettino, Soveria Mannelli (Catanzaro) 2016, p. 319-321 (*Human Action. A Treatise on Economics*, 1949); cfr. Milton FRIEDMAN - Rose FRIEDMAN, *Liberi di scegliere. Una prospettiva personale*, prefazione di Francesco Giavazzi, presentazione di Sergio Ricossa, Istituto Bruno Leoni Libri, Torino 2013, p. 261-307 (*Free to Choose. A Personal Statement*, 1980).

162 Cfr. Sergio RICOSSA, *Straborghese*, prefazione di Alberto Mingardi, Istituto Bruno Leoni Libri, Torino 2010 (1980), p. 117.

163 Infatti, mentre l'indirizzo classico si poneva dalla prospettiva del produttore, la Scuola Austriaca di economia ribalta questo rapporto (cfr. Guglielmo PIOMBINI, *La sfida del secolo: Scuola Austriaca contro Socialismo*, in Guglielmo PIOMBINI - Giuseppe GAGLIANO, *Riscoprire la Scuola Austriaca di economia. La sfida di Mises, Hayek e Rothbard a Marx e Keynes*, Leonardo Facco Editore, Treviglio (Bergamo) 2018, p. 91).

Stato. La vituperata "logica aziendale" non potrebbe mai rendersi compatibile con l'ambito della generosità e del disinteresse per eccellenza qual è il settore pubblico[164]. Nella sanità (o nell'istruzione) non si deve badare a spese[165] e l'unico che può non farlo è lo Stato. Ciò giustificherebbe l'assenza di concorrenza nei servizi offerti dal Governo. Si dice che lo Stato non è un soggetto economico obbligato a produrre reddito ed è quindi l'unico a poter e a dover interessarsi dei servizi sociali (che, oltretutto, crescono sempre più e non si limitano a quelli tradizionali come, ad esempio, quelli della sanità e dell'educazione, ecc.)[166]. Ma è una ben strana supposizione. Infatti, se lo Stato non ha il dovere di produrre reddito, perché ha il diritto di far pagare costi così alti? Quindi non solo non è vero che non si tratta di un soggetto economico, ma è il soggetto che più di chiunque altro sottrae risorse dal lavoro dei produttori di reddito[167]. Scrive Rothbard: «le sue attività diventano quindi inefficienti, e i costi sempre più alti, dal momento che i dipartimenti dello Stato non debbono preoccuparsi delle perdite e della bancarotta; possono tranquillamente sopperire alle proprie perdite con ulteriori prelievi dalle tasche del pubblico»[168]. Quindi una sorta di cancro, letteralmente; un cancro che distrugge tessuti vitali.

Nonostante ciò che dovrebbe essere evidente, si sostiene che se la sanità pubblica non funziona come dovrebbe la causa è il taglio delle risorse ad essa destinate. Quasi un sabotaggio da parte degli avversari politici per danneggiare il *Welfare* e trarre benefici dalle privatizzazioni. Si tratta di

---

164 Qualche parola in più sulla questione sarà spesa a proposito delle considerazioni propriamente economiche (cfr. paragrafo 4 del capitolo 2).

165 Ricordo che l'osservazione mi venne rivolta da un giovane medico che confondeva il suo idealismo con la fede cristiana e attribuiva a quest'ultima la migliore cornice per le sue (ingenue) opinioni in materia di politiche sanitarie.

166 Cfr. Murray N. ROTHBARD, *La fallacia del settore pubblico* (*The Fallacy of the Public Sector*, 1961), in IDEM, *La libertà dei libertari*, a cura di Roberta A. Modugno Crocetta, Rubbettino, Soveria Mannelli (Catanzaro) 2000, p. 69-80.

167 Cfr. Arnold KLING, *La sanità in bancarotta*, Istituto Bruno Leoni Libri, Torino 2009; cfr. Gabriele PELISSERO - Alberto MINGARDI (a cura di), *Competizione, sostenibilità e qualità. Quale futuro per il welfare sanitario italiano?*, Istituto Bruno Leoni Libri, Torino 2014; cfr. Gabriele PELISSERO - Lucio SCUDIERO, *Il futuro del welfare sanitario. Un caso italiano e uno spagnolo*, prefazione di Alberto Mingardi, Istituto Bruno Leoni Libri, Torino 2011; cfr. Lucia QUAGLINO, *Sanità*, in AA. VV., *Liberare l'Italia. Manuale delle riforme*, introduzione di Carlo Stagnaro, Istituto Bruno Leoni Libri, Torino 2013, p. 153-181; cfr. Lucia QUAGLINO - Alberto MINGARDI - Gabriele PELISSERO, *La spesa sanitaria italiana*, Istituto Bruno Leoni Libri, Torino 2013.

168 Murray N. ROTHBARD, *Per una nuova libertà. Il manifesto libertario*, introduzione di Luigi Marco Bassani, Liberilibri, Macerata 2004, p. 266 (*For a New Liberty. The Libertarian Manifesto*, 1973).

un'accusa costante da parte della Sinistra (almeno quella storica) contro le Destre criticate per il loro (presunto) desiderio di ridimensionare il budget della sanità allo scopo di favorire il ricorso alle strutture private. Magari fosse davvero così. Magari avessimo una Destra che, in modo chiaro, si ponesse contro l'intromissione dello Stato nella vita delle persone e si dichiarasse apertamente per la fine degli sprechi pubblici e a favore delle privatizzazioni. Eppure, anziché imparare dai fatti e considerare quanto questa dissennata politica abbia danneggiato le masse impoverendo sia il tessuto produttivo mediante una tassazione sempre più soffocante sia il tessuto sociale deprimendone intraprendenza ed ingegno, alla conclamata criticità della sanità di Stato (al pari di ogni altro settore pubblico: dall'istruzione alla giustizia, dalla nettezza urbana agli acquedotti) si pone sempre rimedio con nuovi e più grassi finanziamenti.

Come purtroppo è sempre avvenuto, ogni crisi, anziché spingere a rigettarne le cause dopo averle intelligentemente ricercate e adeguatamente identificate, stimola i teorici interventisti a richiedere l'allargamento dell'azione dello Stato e nuovi investimenti pubblici. Non diversamente ci si poteva attendere dall'emergenza sanitaria che ha suggerito di individuare le responsabilità delle carenze non nelle cause endogene, ma nei tagli di spesa che sono stati imposti (che sarebbero stati imposti) nell'ultimo decennio di liberalizzazioni selvagge. Peccato che di queste liberalizzazioni non v'è traccia mentre contro il vorace e sempre crescente deficit statale nessuno azzardi rimedi. Ciò che Rothbard scriveva si può applicare a chissà quante situazioni; tra queste anche a quella dell'emergenza epidemiologica: «ovviamente, i burocrati politici danno la solita risposta alle lamentele sempre più numerose riguardanti il servizio inefficiente e insufficiente: "i contribuenti devono darci più soldi!"»[169]. L'invocazione a sempre maggiori risorse da destinare allo Stato e ai suoi dipendenti è certamente una caratteristica della Sinistra. Duole non avere, dalle nostre parti, una base innanzitutto culturale (ancor meno una posizione politica) che riesca a contrastare questa deriva "socialista" quasi come se mancassero ragioni per poter farlo efficacemente rassegnandosi a fare dello scenario politico non un confronto tra statalisti e anti-statalisti ma tra schieramenti che si contendono il consenso nel dimostrare di devolvere più risorse possibili al settore pubblico. Anziché mettere in discussione l'intrinseca inefficienza di questo, anche le forze che si oppongono alla Sinistra finiscono col contenderle il primato su uno stesso e condiviso piano programmatico.

---

169 *Ibidem*, p. 268.

La soluzione del problema non sta allora nella costruzione di un "sistema misto" (che è quello che abbiamo sperimentato in Italia, con più intensità a partire dagli anni Sessanta) perché lo Stato, quando anche permettesse (ma di "concessione" si tratta) la coesistenza dei due sistemi per impedire che quello privato prevalga *naturalmente*, è indotto a blindare talmente quello pubblico da metterlo *artificialmente* in condizioni di non soccombere. La soluzione del problema è "nel lasciar fare", nel rimuovere ogni ostacolo al libero e naturale dinamismo sociale che contiene lo sviluppo di ogni potenzialità[170]. I vantaggi sarebbero enormi; «tutta la società ne trarrebbe beneficio, *soprattutto* i poveri»[171]. All'opposto – «tutti sentendoci sudditi di uno Stato-padrone nei confronti del quale sappiamo solo lamentarci»[172] –, la creatività si spegne e l'imprenditorialità si estingue, facendo di coloro che si assumono l'onere di un'azione positiva degli eroi solitari ed isolati.

Ho esordito dicendo che i disservizi della sanità pubblica vanno compatiti ancor prima che biasimati semplicemente perché i servizi dello Stato non possono che essere – si direbbe "per definizione" – inefficienti, dispendiosi e scadenti. Più che lamentarsi e lagnarsi, sarebbe bene comprendere quale sia la radice del problema. Ciò eviterebbe che, magari a causa di recriminazioni e di appelli ai politici, caos e disfunzioni aumentino anziché diminuire. Ben più interessante è capire perché la sanità pubblica è irriformabile ed anziché reclamare e protestare per un improbabile suo miglioramento, bisogna avere l'onestà di capovolgere i miti del *Welfare* ottenendo, finalmente, qualità migliore e costi inferiori nell'unico modo con cui ciò è reso possibile ossia orientandosi verso concorrenza e produttività, libera imprenditorialità e libertà di scelta da parte dei pazienti.

Dicevo: come ogni settore dello Stato, anche la sanità pubblica non è migliorabile dall'interno e, perciò, è irriformabile. Non può essere migliorata attraverso le sue caratteristiche costitutive. In forza di queste, può solo peggiorare. I guasti che la contraddistinguono sono, cioè, intrinseci e non possono essere superati dall'interno: ciò che occorre, pertanto, non è il "miglioramento" del dirigismo politico e delle peculiarità ad esso connesse, ma il contrario di ciò che costituisce la guida politica di un settore e cioè i criteri di merito e competizione, di inventiva e ottimizzazione, di creatività e autogestione, di razionalizzazione e parsimonia, di

---

170 Non ci si può certo meravigliare che quando poi il sistema pubblico collassa, capiti che il privato sia ormai esangue (o semplicemente diffidente nei confronti di ogni possibilità di autentica liberalizzazione). Il caso di Alitalia è sintomatico.

171 ROTHBARD, *Per una nuova libertà. Il manifesto libertario*, cit., p. 265.

172 Ferdinando ADORNATO, *La nuova strada. Occidente e libertà dopo il Novecento*, Mondadori, Milano 2003, p. 179.

premi e licenziamenti, di autonomia decisionale e capacità decisionale. Ed innanzitutto, il sommo criterio capitalistico: essere sotto il giudizio del consumatore, ricercarne la soddisfazione perché chi offre un bene o un servizio non sopravvive senza incontrare tale gradimento. Tutte qualità che sono il contrario del monopolio statale o dell'azione del settore pubblico e che, invece, appartengono alla sfera privata. I veri "correttivi", quindi, sono esterni e richiedono non un incremento, ma un abbandono del servizio pubblico. Più che "correttivi", quelli richiamati sono elementi estranei al sistema e, come tali, sono "eversori" della modalità statale cioè elementi che più che migliorarlo tendono ad affrettarne l'agonia perché inseriscono in esso la logica sanante della concorrenza.

Dopo le note circa l'inefficienza, la mediocrità e gli sperperi, non posso non richiamare la riflessione circa l'immoralità della fornitura dei servizi offerti dallo Stato nel più generale quadro dell'intera opera svolta dal potere politico. Non che le tristi caratteristiche ora richiamate non abbiano una relazione profonda con la morale: l'impoverimento umano ed economico prodotto dallo statalismo lo dimostra pienamente. Ma mi sono riservato in ultimo una valutazione che muove *direttamente* dai principi morali piuttosto che dagli effetti pratici. Intendo riferirmi al bene più prezioso che i servizi pubblici mettono *non solo indirettamente* in crisi: il bene della libertà individuale. Ho già fatto cenno all'erosione (o alla totale negazione) della libertà di scelta; non si tratta di un dato secondario perché un obbligo imposto dal monopolio di Stato è una eminente forma di coercizione. Ma, anche oltre la perdita della libertà di scelta, occorre sottolineare come i servizi offerti dallo Stato costringono ogni famiglia ad affidarsi al potere politico e ad abituarsi a dipendere dal Governo. Una frase attribuita al presidente Reagan suona più o meno così: «uno dei metodi tradizionali per imporre ad un popolo lo statalismo ed il socialismo è la medicina socializzata. Se non siete anche contro le cure mediche gratuite agli anziani, uno di questi giorni ci troveremo a raccontare ai nostri figli ed ai nostri nipoti com'era l'America quando gli uomini erano liberi». Infatti, ancor più che attraverso il comunismo proletario, lo statalismo fa breccia mediante l'illusione del *Welfare*; sono queste politiche a cambiare silenziosamente la condizione in un popolo, facendo smarrire, in modo incruento, la strada della libertà[173]. Il rischio per la libertà è enorme perché essa non può

---

173 Ezra Taft Benson (1899-1994) è stato un grande leader conservatore americano e nelle vesti di Segretario (ministro) all'Agricoltura, gli toccò accompagnare brevemente Nikita Kruscev (1894-1971) nel viaggio che questi, nel 1959, svolse negli Stati Uniti. Benson raccontò che Kruscev, in maniera tutt'altro che conciliante, gli aveva assicurato che il destino che attendeva anche i nipotini di Benson era quello di vivere sotto un regime comunista: «voi americani siete proprio degli ingenui. No, non accettereste mai il

rimanere integra lì dove tutto – ad iniziare dalle prestazioni più vitali – è affidato al ceto politico e ad un potere centrale. «Non si può socializzare il medico senza socializzare i pazienti», pare ancora abbia affermato Ronald Reagan ed è difficile dargli torto dato che, almeno sino al prossimo 3 novembre[174], gli USA rimangono non solo la terra della libertà – *The Land of the Free and the Home of the Brave* –, ma anche il Paese in cui tutti vorrebbero farsi curare[175]. Il modello alternativo è quello dello Stato che, come svolge altri ed innumerevoli ruoli, svolge anche il ruolo di medico di ciascun uomo; un modello che tanto più è un rischio per le concrete libertà individuali per quanto si impone con estrema facilità, un rischio che si inserisce esattamente nell'orizzonte della sanità pubblica (che in Italia, come tutti ormai sanno, è la «migliore al mondo»).

Il mito della sicurezza assoluta

Dichiarare che la libertà è il bene sociale più prezioso non significa dire un'ovvietà. Molti, infatti, potrebbero dissentire e preferire, magari solo in alcuni periodi, alla salvaguardia della libertà, la tutela della sicurezza o la protezione della salute. L'affermazione secondo cui la libertà non solo non è un limite alla sicurezza[176], all'efficienza e alla prosperità[177], ma è la condizione di tutto è certamente un portato del liberalismo[178].

---

comunismo ove questo vi fosse proposto apertamente; continueremo, allora, a nutrirvi con piccole dosi di socialismo fino a quando, un giorno, vi sveglierete col comunismo a casa vostra. Non sarà necessario combattervi. Indeboliremo la vostra economia a tal punto che cadrete nelle nostre mani come una pera matura"» (Ezra TAFT BENSON, *An Enemy Hath Done This*, Parliament Publishers, Salt Lake City (Utah) 1969, p. 320; cfr. anche Maurizio BRUNETTI, *Ezra Taft Benson. Profilo di un conservatore americano*, in «StoriaLibera. Rivista di scienze storiche e sociali», anno 2 (2016), n. 3, p. 26).

174 È la data delle prossime elezioni presidenziali negli Stati Uniti in cui a Trump, che ha meritoriamente provato a disattivare la riforma sanitaria del suo predecessore (la cosiddetta Obamacare), si contrapporrà lo sfidante Biden portatore di una visione social-democratica e *welfarista*.

175 Alla comune obiezione che richiamerebbe l'alto numero dei morti per Covid negli USA, mi limiterei a proporre la rilettura della conclusione del paragrafo precedente (paragrafo 3 del presente capitolo 1).

176 Cfr. Pio MARCONI, *Dalla libertà, la sicurezza. Per una migliore protezione non è necessario limitare i diritti individuali.* IBL Occasional Paper n. 34, Istituto Bruno Leoni, Torino 2006.

177 Cfr. Murray N. ROTHBARD, *Man, Economy, and State: A Treatise on Economic Principles* with *Power and Market: Government and the Economy*, Ludwig von Mises Institute, Auburn (Alabama) 2009, p. 1024.

178 Cfr. Philippe NEMO, *Le fonti del liberalismo nel pensiero antico e medievale*, in Philippe NEMO - Jean PETITOT (a cura di), *Storia del liberalismo in Europa*, Rubbettino, Soveria Mannelli (Catanzaro) 2013, p. 55.

Un portato che ha trovato, poi, il suo vertice con il pensatore libertario Rothbard che completava il tutto dimostrando che buoni risultati (il piano dell'utilità) e la più ampia libertà (il piano della moralità) coincidono meravigliosamente[179].

Analogamente a quanto già detto a proposito dell'ambigua separazione tra libertà ed efficienza[180], anche la contrapposizione tra libertà e salute è un falso dilemma. Se è vero che la salute viene custodita al meglio dalla responsabilità personale (tra breve proverò a spiegarmi più chiaramente), allora si può senz'altro sostenere che non solo l'ordine e la sicurezza, ma anche la stessa salute popolare è figlia della libertà[181]. Come il problema del rapporto tra l'ordine e la libertà si supera comprendendo che questa è la madre di quello, identicamente, si deve ritenere che la salute delle persone è la figlia, non la madre, della libertà. Davvero non vi è alcun conflitto tra la libertà e la salute a condizione, però, che il primato sia concesso alla prima[182]. Quindi, come prediligere la sicurezza comprimendo la libertà individuale significa perdere questa senza ottenere quella, così, al contrario, il più efficace contesto per contrastare un'epidemia è quello di una società prospera costituita da individui amanti della libertà. Quindi: società prospera grazie ad individui liberi. Una società è resa prospera dal libero mercato che moltiplica la ricchezza grazie alla naturale creatività ed imprenditorialità messa a frutto dalla cooperazione e dalla divisione del lavoro (alternativa a questo tipo di società centrata sulla pluralità capitalistica e sulla libera iniziativa è il centralismo organizzativo – anche legislativo – del potere politico). Gli individui amanti della libertà sono educati a rispettare la proprietà degli altri per veder parimenti rispettata la propria e sono quelli che intendono provvedere personalmente alle proprie cure per evitare il rischio che l'autorità politica si sostituisca alle scelte di ciascuno ed imponga i propri criteri, non ultimo l'imposizione a pagare le spese per la salute degli sconosciuti. Ma chi deve farsi carico

---

179 Cfr. Murray N. ROTHBARD, *L'etica della libertà*, introduzione di Luigi Marco Bassani, Liberilibri, Macerata 2000 (*The Ethics of Liberty*, 1982).
180 Nel paragrafo 3 di questo stesso capitolo 1.
181 Sto riadattando un noto aforisma di Pierre-Joseph Proudhon (1809-1865) che, nonostante le contraddittorietà del suo pensiero, dichiarava la «libertà la madre, non la figlia, dell'ordine».
182 È la prima mattina di venerdì 2 ottobre. Mentre mi accingo a mettermi al lavoro alla mia scrivania, un carissimo amico mi comunica la positività al test Covid del presidente Trump e della moglie Melania. La notizia è una bomba che esplode allo scoccare dell'inizio dell'ultimo mese di campagna elettorale. Il virus cinese che certamente condizionerà il voto degli americani, ora si prende il posto centrale nel dibattito tra i candidati. Mi riservo di riprendere, nel corso del successivo capitolo (al paragrafo 5), le considerazioni che immediatamente ho rilanciato ad amici e redattori della rivista che dirigo.

del proprio stato di salute è ben più responsabile della persona a cui il servizio sanitario di Stato garantisce assistenza e cure. E qui subentra il problema: chi non deve provvedere *direttamente* alle conseguenze delle imprudenze sanitarie (di ogni genere: dalla droga al mancato uso della mascherina, dalla guida pericolosa all'uso di alcolici) è indotto ad essere sconsiderato ed è diseducato ad essere previdente.

Lo Stato usa l'argomento della necessaria subordinazione della libertà alla salute. La questione si presenta in molti modi. Ovviamente, in momenti di emergenza, l'argomento non trova ostacoli significativi consolidandosi come qualcosa di inoppugnabile e di indiscutibile. Ma la scelta a favore della salute (o anche a favore del servizio pubblico) e a danno della libertà comporta la beffa di perdere la seconda senza comunque ottenere o salvaguardare la prima. Si tratta, quindi, di un falso conflitto perché non solo per una migliore salute (o un migliore servizio sanitario) non occorre svendere l'autodeterminazione, ma esattamente la difesa della propria facoltà di scelta, educando alla responsabilità ed alla parsimonia, garantisce al meglio la salute (e la qualità delle cure).

La fittizia contrapposizione tra libertà e sicurezza sociale (confronto ambiguo perché, quasi inesorabilmente, schiaccia e compromette la libertà) può trovare la sua generale ed universale applicazione nelle politiche di *Welfare State*. Il cosiddetto Stato del benessere (singolare definizione per ciò che è causa di ogni malessere popolare) si presenta come la soluzione dei disagi, fornendo ogni garanzia sociale, volendo essere sinonimo di sicurezza per le fasce deboli. Non è questa la sede per una pur dovuta attenta analisi[183], però non può non essere richiamato il baratro di immiserimento che il *Welfare* ha creato (più avanti dovremo dedicare spazio alla collegata voragine del debito pubblico). Ma all'origine c'è un dilemma morale e questo ha a che fare con lo schiacciamento delle libertà individuali e con la colpevolizzazione della proprietà privata. Ebbene, dal momento in cui l'Occidente, dinanzi al bivio tra libertà individuale e sicurezza sociale, sceglie la seconda riducendo sempre più la prima, non compie una delle possibili scelte legittime, ma si condanna all'involuzione e al tramonto. Scriveva il grande economista von Mises: «il principio distintivo della filosofia sociale occidentale è l'individualismo. Esso mira

---

183 Considero talmente decisivo questo tema per il futuro della libertà da avere ad esso dedicato la mia ricerca di Dottorato (Beniamino DI MARTINO, *Lo Stato nella vita dell'uomo. Welfare State: un confronto critico tra la Dottrina Sociale della Chiesa e il pensiero libertario di Murray Rothbard*, estratto della tesi di Dottorato di Ricerca, Pontificia Università Lateranense, Città del Vaticano 2013). Vieppiù mi riservo di tornare, nei prossimi anni – se Dio vorrà –, sulla fondamentale questione politica per affrontarla con maggiore ampiezza e con più documentati argomenti.

alla creazione di una sfera in cui l'individuo è libero di pensare, scegliere e agire senza essere disturbato dall'interferenza dell'apparato sociale di coercizione e oppressione, lo Stato. Tutti i successi spirituali e materiali della civiltà occidentale sono la conseguenza di questa idea di libertà»[184]. Successi che non si ripeteranno se non si recupererà il bene primario della libertà. È la parabola declinante dell'Occidente post-socialista ed ormai anti-individualista[185] che prediligendo la sicurezza sociale e comprimendo la libertà individuale ha sacrificato questa senza ottenere quella.

Tornando alla responsabilità come frutto dell'autonomia della persona c'è da aggiungere qualche altra breve riflessione.

Innanzitutto la prima ricaduta del principio per il quale il paziente è "socializzato". Se si accetta la socializzazione dell'assistenza medica consegue la cessione allo Stato della proprietà della salute delle persone. Si potrebbe dire: dalla "statalizzazione della Sanità" alla "statalizzazione della salute"[186].

E se lo Stato deve farsi carico della salute dei "cittadini", allora è nel diritto di stabilirne i comportamenti. Chi ha il dovere di curarti, ha anche il diritto di dettare le regole del tuo comportamento. Così è *naturalmente* per i genitori con i loro bambini. Così è *contrattualmente* per la compagnia di Assicurazione con cui si sottoscrive la polizza di copertura delle spese sanitarie o la polizza sulla vita. Ma così è *innaturalmente* per lo Stato a cui si è concesso una potestà genitoriale. Con la differenza che quella familiare è naturale mentre quella statale può esercitarsi solo considerando gli individui dei bimbi minorati che hanno bisogno di un grande tutore o un provvidente dio. Ovviamente il passaggio dalla figura del *minus habens* a quella del suddito è pressoché automatico[187].

Ancora: dato che cure, ospedali e assistenza sanitaria sono fornite dallo Stato, diviene normale che lo Stato disciplini i comportamenti dei propri assistiti. Un governo sano non si trasformerebbe mai in medico degli individui, ma il governo illimitato – lo Stato – non può non essere paternalistico e non può non essere anche "terapeutico"[188]. Se, invece,

---

184 Ludwig von MISES, *Libertà e proprietà*, prefazione di Lorenzo Infantino, appendice di Murray N. Rothbard, Rubbettino, Soveria Mannelli (Catanzaro) 2007, p. 25.

185 Più avanti, provando a correggere i fraintendimenti più comuni, mi preoccuperò di dare una definizione di "individualismo".

186 Cfr. Donald P. CONDIT, *A Prescription for Health Care Reform*, Acton Institute, Grand Rapid (Michigan) 2009.

187 Cfr. Nicola ROSSI (a cura di), *Sudditi. Un programma per i prossimi 50 anni*, Istituto Bruno Leoni Libri, Torino 2012; cfr. Serena SILEONI (a cura di), *Noi e lo Stato. Siamo ancora sudditi?*, Istituto Bruno Leoni Libri, Torino 2019.

188 Cfr. Lord HARRIS of HIGH CROSS - Judith HATTON, *La libertà in fumo. Quando il proibizionismo nuoce gravemente alla salute*, prefazione di Alberto Mingardi, Leonardo

ciascuno pagasse le proprie cure (magari attraverso un'assicurazione sanitaria offerta in regime concorrenziale di mercato), chiunque sarebbe indotto ad auto-disciplinarsi a causa dei costi da sostenere (o da scaricare sulla propria compagnia di assicurazione). Se si pretende che sia lo Stato a pagare le cure (tutte le cure) perché lo Stato non dovrebbe imporre le regole di comportamento?

I comportamenti irresponsabili sono causati dalla certezza di cure garantite e onnicomprensive. Penso anche alla "movida" giovanile e abitudini simili che, in settimane di pandemia, giudico irresponsabile. Ma se tutto viene scaricato sull'intervento della Sanità di Stato è comodo assumere comportamenti rischiosi. E lo Stato interviene nelle due modalità che gli sono proprie: assistenzialismo e repressione. Da un lato promettendo ogni cura (apparentemente in modo gratuito), dall'altro imponendo regole a salvaguardia della salute del "cittadino" (non disdegnando controlli polizieschi che sanno di ridicolo oltre che di sapore totalitario). Una sanità privatizzata escluderebbe l'interventismo normativo tipico dello Stato assistenziale, ma ancor più eviterebbe la totale de-responsabilizzazione dell'individuo. Io, francamente, non capisco perché – magari in nome della solidarietà o semplicemente di un erroneo concetto di solidarietà – a chi si è comportato in modo sciagurato si debbano assicurare le cure e debbano essere fatti cadere i relativi costi su tutti i contribuenti[189]. Ancora una volta penso che maggiore è il livello di statalizzazione, minore è l'assennatezza e la prudenza individuale secondo la proporzione matematica in base alla quale la sanità socializzata sta agli sprechi, all'imprevidenza e alla sconsideratezza personale come la libertà sta alla parsimonia, all'accortezza ed alla responsabilità individuale.

Già dicevo che l'emergenza, anziché indurre a riflettere circa gli errori di impostazione ed obbligare ad un radicale cambio di paradigma (dall'azione politico-statale all'iniziativa libero-privata), stimola tanto il potere politico quanto il panico popolare ad attribuire allo Stato nuove facoltà

Facco Editore, Treviglio (Bergamo) 2003; cfr. Massimiliano TROVATO (a cura di), *Obesità e tasse. Perché serve l'educazione, non il fisco*, Istituto Bruno Leoni Libri, Torino 2013.
189 Torno a casa dopo un breve tragitto cittadino in auto. Ho evitato due impatti con altrettanti motorini che sfrecciavano in modo sconsiderato. Sono a Napoli e comprendo quanto siano pertinenti le critiche che rivolgono a noi meridionali anche in tema di educazione stradale (poi, loro sarebbero "razzisti"?). Ebbene, mi chiedo: perché mai tanta incoscienza deve trovare nell'assistenza pubblica (quella sanitaria nel caso di incidenti o, addirittura, quella previdenziale in caso di danno permanente) il modo con cui tranquillamente poter protrarsi? Lo Stato che, magari con i controlli di Polizia, appare solerte educatore è, in realtà, il vero agente deresponsabilizzante.

(con nuove risorse). Si stringe una nuova alleanza o, semplicemente, si rafforza il *pactum sceleris* tra interessi convergenti.

E così, anziché aprire gli occhi, non solo si persevera nella strada della statalizzazione, ma si accresce la velocità sulla via sbagliata. E quale migliore occasione per ottenere consenso e accelerare la collettivizzazione di una situazione come l'emergenza pandemica? Ed ecco, allora, il nostro ineffabile ministro Roberto Speranza (a Sinistra del PD) lanciare una sorta di manifesto per una Sanità di Stato che sia più fortemente di Stato. «Ora si tratta di trarre beneficio da una lezione. Qual è la grande lezione? Continuare ad investire con tutta la forza che si ha sul Servizio Sanitario Nazionale. Le persone hanno capito oggi più che mai quanto conti avere un Servizio Sanitario Nazionale all'altezza. Ora dobbiamo trasformare questa crisi in un'opportunità. Io sono stato molto colpito dalle parole del Papa, del Santo Padre quando ha detto: "peggio di questa crisi c'è solo il rischio di sprecarla". Bene, non sprecarla significa avere il coraggio di ricominciare ad investire con tutta la forza che si ha nostro Servizio Sanitario Nazionale, chiudere definitivamente la stagione dei tagli e investire, investire, investire. Voglio ricordare che negli ultimi cinque mesi, abbiamo messo sul Servizio Sanitario Nazionale più risorse che negli ultimi cinque anni. Ecco, questa è la strada su cui insistere con ogni energia di cui disponiamo»[190]. Come prete mi edifica innanzitutto che un leader della Sinistra più dura mostri tanta devozione per le parole del Papa e tanto ossequio per il "Santo Padre"[191]. Come aspirante economista, invece, mi domando come questo desiderio spasmodico di «investire, investire, investire» e questa brama di immettere risorse non richieda innanzitutto palesare le fonti finanziarie a cui attingere (saranno mica le tasche di chi lavora?). Ma di tagli, tasse e impoverimento sociale sarà necessario discutere più estesamente nel prossimo capitolo. Sia come prete sia come aspirante economista, poi, mi interrogo sull'universale plauso, sugli scontati apprezzamenti e sulle facili approvazioni che genera l'invocazione a potenziare ulteriormente la sanità pubblica. E pure su quanto sia arduo anche solo provare a mostrare l'inconsistenza economica e il pericolo morale contenuti in questa invocazione populista

---

190 Puntata del 3.7.2020 del programma di RAI2 «Post TG2», ore 21.
191 Sarei portato a dire che ho molto da imparare dal sentimento di deferenza per la Chiesa da parte del ministro Speranza, ma poi, come a disturbare questo senso di agiografica e candida pietà, sovviene il ricordo che, in quelle stesse settimane, con il favore della distrazione dell'opinione pubblica e con un semplice provvedimento amministrativo (a fronte delle gravi conseguenze per tante donne e per l'intera società italiana), lo stesso ministro Speranza abbia riformulato la procedura dell'interruzione volontaria della gravidanza (l'aborto) rendendola ancora più sbrigativa e superficiale.

che si infiamma grazie ad un'emergenza che può divenire una grande occasione per il dirigismo politico (non ha il ministro Speranza chiesto di «trasformare questa crisi in un'opportunità»?).

La posizione del ministro (che prendiamo ad esempio, ma che certo è espressione di un comune, condiviso e generale modo di pensare) manifesta, una volta in più, una concezione salvifica dell'intervento politico. All'interno del carattere ideologico del *Welfare State*, la sanità pubblica riveste un ruolo carico di aspetti mitici. Sembrano parole eccessive, ma se pensiamo alle attese che si pongono sulle capacità dei servizi pubblici quasi come motore per il rinnovamento antropologico (dall'egoismo alla solidarietà) e per la riforma della società (ciò che il comunismo chiamava "rivoluzione"), allora comprendiamo cosa possa significare la mitizzazione dei servizi pubblici. Mitizzare significa semplicemente pensare che non possa esservi alternativa. Servizi di Stato e sanità pubblica, quindi, godono di questo "privilegio" in quanto ritenuti qualcosa a cui tutti devono attingere e di cui nessuno può fare a meno. Non è, in altri termini, pensabile che possa sussistere un bisogno fondamentale quale quello di curarsi che non sia collegato al ruolo dello Stato.

Il legame tra Stato e salute è qualcosa di recente. Si direbbe che è qualcosa di "moderno". Nasce con il governo assoluto che si sviluppa appropriandosi degli spazi propri degli ordinamenti tradizionali della società e che si consolida proporzionalmente al declino di quegli ordinamenti. Nel pensiero illuminista è fortemente presente l'utopia della salute perfetta paradigmaticamente conseguenza dello Stato perfetto[192]. In quest'ottica, compito dello Stato che sarebbe nato dalla trasformazione sociale (la rivoluzione) è di assicurare la salute a tutti i "cittadini" che potranno senz'altro raggiungere questo traguardo quando la società sarà politicamente riplasmata. La salute è, allora – prima dagli illuministi, poi dai giacobini, infine dai socialisti –, intesa non solo come questione politica, ma essenzialmente come una conseguenza delle lotte politiche. Ad uno Stato perfetto, quindi, non potrà che corrispondere la salute per tutti. Non solo: nella radicalizzazione ideologica, viene addirittura teorizzata la fine delle sofferenze e delle malattie grazie al cambiamento delle strutture di oppressione sociale. Sin da Jean Jacques Rousseau (1712-1778), l'utopia della scomparsa delle malattie accompagna il mito dell'abolizione dei mali sociali. Questo si riteneva poter realizzarsi nella Francia rivoluzionaria giacobina; questo si riteneva poter realizzarsi nell'Unione sovietica bolscevica. È l'utopia

---

192 Cfr. Vittorio Emanuele GIUNTELLA, *La città dell'illuminismo. L'idea e il nuovo volto*, Studium, Roma 1982; cfr. Aldo MAFFEY, *L'idea di Stato nell'illuminismo francese*, Studium, Roma 1975.

della salute perfetta[193] che, come ogni utopia, ha generato solo crimini e oppressioni con nuove e più gravi sofferenze. D'altra parte, anche il virus che si è diffuso facilmente grazie agli insabbiamenti di notizie da parte del governo comunista cinese, in nome della salvaguardia della reputazione della superiore sanità socialista (sempre che non si confermino le inquietanti ipotesi che farebbero cadere sul comunismo cinese ancora più gravi colpe), rappresenta solo l'ultimo episodio di una costante nemesi degli effetti prodotti dall'utopia della salute totale.

La più recente versione di questa utopia è incarnata dal forte sostrato ideologico presente nei programmi dell'ONU e in particolare – a causa delle sue competenze specifiche – dell'Organizzazione Mondiale della Sanità. Alla luce delle recenti vicende in merito alle collusioni tra Repubblica Cinese e dirigenza dell'OMS[194], anche chi ancora si fosse ostinato a credere all'irreprensibilità di questi organismi internazionali dovrebbe ormai riconoscerne, con disincanto, il cinismo, l'opportunismo e la spregiudicatezza. Non si tratta solo di condannare aspetti collaterali relativi a comportamenti occasionali, ma di mettere sotto accusa un sistema viziato da impostazioni ideologiche profonde e radicate. Una premessa necessaria, questa, anche per comprendere una certa mania per la "completa sicurezza" che vorrebbe, attraverso continui interventi legislativi, arrivare ad estinguere ogni situazione di pericolo. Ovviamente ben venga ogni invito ad aumentare il livello di attenzione per garantire la migliore forma di sicurezza; altra cosa è, invece, essere in preda ad un'ossessione o avere una visione ideologicamente motivata che conduce a paralizzare la vita ordinaria in nome dell'irraggiungibile traguardo di una sicurezza assoluta e perfetta. Oltre a paralizzare la vita ordinaria, anche ad impoverire la società mediante costi molto alti e quasi sempre sproporzionati rispetto ai benefici. Si tratta di una variante dell'utopia della salute perfetta che oggi si affaccia soprattutto in chiave ambientalista e anti-industrialista condita da un giustizialismo che in Italia abbiamo conosciuto molto bene. Sebbene questo giustizialismo non sia prerogativa italiana, tuttavia è dalle nostre parti che esso ha saputo dare il meglio di sé come quando ad ogni sinistro si scatena da parte di una magistratura onnipotente la ricerca di un colpevole, di qualcuno, cioè, che non può non esserci perché in un mondo perfettamente pianificato e totalmente regolamentato da infinità

---

193 Cfr. Oskar KÖHLER, *Die Utopie der absoluten Gesundheit*, in Heinrich SCHIPPER-GES (Herausgeber), *Krankheit, Heilkunst, Heilung*, Alber, Freiburg im Breisgau 1978; cfr. Lucien SFEZ, *La salute perfetta. Critica di una nuova utopia*, Spirali, Milano 1999.
194 Cfr. il paragrafo 4 del capitolo 3 (ma anche vari riferimenti presenti nel presente paragrafo).

di normative non è neanche ipotizzabile un "incidente" o una incolpevo-
le negligenza. Ad ogni disgrazia, il mito della perfetta sicurezza richiede
la punizione esemplare di un colpevole. Arrivando al parossismo della
condanna in sede penale (6 anni di carcere e risarcimenti stratosferici)
che ha colpito scienziati e vertici della Protezione Civile per non aver
previsto il terremoto de L'Aquila del 2009[195]. Sembra la narrazione di un
processo in Unione Sovietica o nella Cina di Mao o sembra semplicemente una barzelletta; in realtà, ciò che è avvenuto nell'ottobre del 2012
in un tribunale italiano non è altro che la recezione in chiave giuridica
del "mito della completa sicurezza". Più avanti sarà il caso di fare alcuni
esempi di come la magistratura abbia ancora applicato questo "mito" ai
decessi per Covid[196].

Un'eco dell'utopia della salute perfetta mi sembra ravvisabile – ma potrei
sbagliarmi – nella titolazione assunta (anche) dal competente Ministero
del Governo italiano. Da qualche tempo (non so da quanto) quel che era
il Ministero della *Sanità* si chiama Ministero della *Salute*. Intanto anche
solo dire "Salute" in chiave governativa suscita il ricordo della "Salute
pubblica" e degli immancabili e famigerati Comitati (di Salute pubblica)
al cui nome è legato il Terrore prodotto da ogni rivoluzione[197]. Mi sembra che parlare di "salute" anziché di "sanità" – ma, come dicevo, potrei
sbagliarmi – comporti accentuare una funzione che dalla tutela della sanità passi alla promozione della salute. Un ruolo proprio di chi non si
limita a fronteggiare le malattie e i problemi sanitari, ma che punta ad
assicurare la salute a tutti i "cittadini" (si potrebbe dire: dal contenimento
della sofferenza umana all'estirpazione della malattia dal genere umano).

Il primo traguardo rientra nei doveri morali e nelle possibilità scientifiche ed è, perciò, da perseguire con tenacia ed impegno; il secondo obiettivo
è carico di utopia ed è viziato dall'ideologia della perfezione. Si potrebbe
dire: si tratta di un'utopia innocua che può svolgere comunque un ruolo
propulsivo nel cammino verso il miglioramento delle condizioni dell'u-
manità. Purtroppo non è così: ovunque utopia e ideologia hanno avuto
spazio, questa spinta non è tornata a vantaggio degli sforzi scientifici, ma
si è contrapposta ad ogni realistico e possibile progresso.

Per chiamare in causa le diverse concezioni della scienza medica, si
potrebbe richiamare l'esempio del medico che non intendesse limitarsi a

195 Cfr. https://www.focus.it/scienza/scienze/l-aquila-sei-anni-di-carcere-per-gli-scien-
ziati-della-commissione-grandi-rischi.
196 Cfr. il paragrafo 5 – dal titolo *RSA (forte con i deboli)* – del presente capitolo 1.
197 Cfr. Beniamino DI MARTINO, *Rivoluzione del 1789. La cerniera della modernità politica e sociale*, Leonardo Facco Editore, Treviglio (Bergamo) 2015, p. 162.210.239.249.253-
254; cfr. Pierre GAXOTTE, *La Rivoluzione Francese*, Mondadori, Milano 1989, p. 278.

curare la malattia nel paziente (come suggerirebbe un approccio realista) ma, trascurando le cure possibili, impiegasse il suo tempo nel capire come estinguere la sofferenza nel mondo o si occupasse principalmente di rendere l'uomo indenne da qualsiasi dolore (l'utopia della salute perfetta). Non sarebbe superfluo dire qualcosa in più su come dev'essere concepita la malattia[198], ma è più utile dare qualche dettaglio su come dev'essere concepita la salute[199].

Ebbene, attingendo ad altri campi di approfondimento[200] si può distinguere una concezione "positiva" da una concezione "negativa" della salute. La prima si delinea come una visione ideale dell'organismo; la salute come pienezza di vita, come perfezione e integralità. Ma il medico raramente prende in esame organi che funzionano, piuttosto deve occuparsi di organi malati che devono essere sanati. La concezione "negativa" si limita a definire la salute come assenza di dolore e assenza di malattia. Certamente la concezione "positiva" della salute sembra essere molto più nobile, molto più alta; la concezione "negativa", invece, è molto più contingente e pragmatica. Al contrario di quella "positiva", la visione "negativa" è certamente meno ideale, ma decisamente più concreta perché è quella che riguarda l'effettiva possibilità di intervenire pragmaticamente e di provare a guarire il malato. Così che se la salute "positivamente" intesa ha come riferimento l'ideale (ed è, perciò, *idealista*), la salute "negativamente" intesa ha come riferimento il reale (ed è, pertanto, *realista*).

Tutta la storia della medicina ha dimostrato che solo la tradizione realista ha prodotto frutti. Una tradizione che si è poi sposata con il lievito cristiano[201] ed ha proceduto verso quei traguardi di cui l'intera umanità

---

198 Cfr. Ermanno PAVESI, *Concezione della malattia e assistenza sanitaria in Occidente in prospettiva storica*, in «Cristianità», anno 34 (2006), n. 333 (gennaio-febbraio), p. 11-22.
199 Cfr. Giancarlo CESANA, *Il "Ministero" della salute. Note introduttive alla medicina*, Studio Editoriale Fiorentino, Firenze 2000; cfr. Giorgio ISRAEL, *Per una medicina umanistica. Apologia di una medicina che curi i malati come persone*, Lindau, Torino 2010.
200 Mi sono occupato soprattutto della distinzione tra "libertà negativa" e "libertà positiva" (cfr. Isaiah BERLIN, *Due concetti di libertà*, Feltrinelli, Milano 2000 (*Two Concepts of Liberty*, 1958) in funzione della distanza tra "diritti negativi" e "diritti positivi" (cfr. Beniamino DI MARTINO, *Diritti "positivi" e diritti "negativi". I limiti dell'insegnamento sociale della Chiesa*, in «Annali del Dipartimento Giuridico dell'Università del Molise», anno 13/14 (2011/2012), p. 511-533; cfr. Beniamino DI MARTINO, *Stato di diritto. Divisione dei poteri. Diritti dell'uomo. Un confronto tra dottrina cattolica e pensiero libertario*, Leonardo Facco Editore, Treviglio (Bergamo) 2017, p. 161.163-169-184; cfr. Beniamino DI MARTINO, *I diritti individuali e la storia della libertà*, in «Nuova Storia Contemporanea», anno 1, nuova serie: già anno 21 (2019), n. 1 (gennaio-aprile), p. 218-219).
201 Cfr. James HANNAM, *La genesi della scienza. Come il Medioevo cristiano ha posto le basi della scienza moderna*, a cura di Maurizio Brunetti, D'Ettoris Editori, Crotone 2015.

si è avvalsa[202]. Primo tra questi, il modo di vedere il malato che da oggetto di disprezzo e di commiserazione è divenuto termine di compassione e di attenzione[203]. La subentrata deriva idealista si pone in più o meno silenziosa opposizione a questo realismo esprimendosi innanzitutto in una concezione ideologica della salute che da semplice assenza di patologia[204] viene, ben più enfaticamente, definita come pienezza di condizione psico-fisica.

A questo ambito utopistico va ascritta l'opera massicciamente compiuta dalle organizzazioni internazionali, governative e non governative, che dichiarano (e così vorrebbero apparire) di attivarsi per obiettivi umanitari pragmatici, ma che, in realtà, realizzano una persistente azione riformatrice prevalentemente attraverso la promozione di una cultura strumentale ad obiettivi politici di enorme portata. Alla base di questo programma vi è il riadattamento della funzione che la rivoluzione aveva nella vecchia strategia socialista e cioè il progetto di trasformazione costruttivistica[205] della società e del mondo attraverso un'azione politica guidata "dall'alto" e condotta da un'elite di "illuminati" (i rivoluzionari di professione nel caso del bolscevismo, i leader progressisti nel caso dell'attuale buonismo). L'ONU con le sue ramificazioni può essere considerato il più efficace laboratorio ideologico a causa della pervasività della sua azione e della autorevolezza che immeritatamente gode. Nel Vecchio Continente ne sperimentiamo un doppione, un modello ancor più insistente ed invasivo: i vari organismi raccolti intorno all'Unione Europea. E se in quest'ultimo caso ogni critica viene disarmata dalla retorica delle superiori ragioni della solidarietà comunitaria, nel caso dell'ONU i clamorosi fallimenti pratici trovano edulcorazione e giustificazione nel nome dell'insindacabile nobiltà dei valori mondialisti.

Tra le tante ramificazioni dell'ONU, l'Organizzazione Mondiale della Sanità (sigla ufficiale: WHO da World Health Organization) ci è particolarmente divenuta familiare in questi mesi di pandemia. Se grandi

---

202 Cfr. Fielding H. GARRISON, *An Introduction of the History of Medicine*, W. B. Saunders, Philadelphia (Pennsylvania) 1914, p. 118.

203 Cfr. Angelo SCOLA, *Salute e salvezza: un centro di gravità per la medicina*, Cantagalli, Siena 1999.

204 Cfr. Michel FOUCAULT, *Nascita della clinica. Una archeologia dello sguardo medico*, introduzione di Alessandro Fontana; postfazione di Mauro Bertani, Einaudi, Torino 1998 (*Naissance de la clinique. Une archéologie du regard médical*, 1963); cfr. Ermanno PAVESI, *Concezione della malattia e assistenza sanitaria in Occidente in prospettiva storica*, in «Cristianità», anno 34 (2006), n. 333 (gennaio-febbraio), p. 11-18.

205 Il costruttivismo è la teoria per la quale, non esistendo nulla di immutabile nell'uomo e nella società, la realtà può essere modificata ed alterata in base ai desideri e alle aspirazioni del momento.

sono le colpe che gravano sulla direzione dell'OMS per le coperture senza alcuno scrupolo offerte al governo cinese[206], non minor attenzione deve essere prestata alla concezione della salute che l'Istituto dell'ONU ha promosso sin dalla sua costituzione (1946/1948)[207]. Infatti, già la carta di fondazione dell'Organizzazione, più che una comunicazione di inizio attività appare come un manifesto programmatico in cui anche il settore della sanità diviene un campo di battaglia per la promozione di una visione ideologica dell'essere umano. L'uomo non va curato dalle malattie che lo rendono sofferente, ma diviene oggetto di un programma di perfezione sanitaria. Se la medicina si limita a contrastare le malattie, l'intervento (sovra-statale) dell'ONU intende raggiungere il traguardo della salute donata planetariamente. Nella carta di istituzione, infatti, si precisa che «l'obiettivo dell'OMS è il raggiungimento da parte di tutte le popolazioni del livello più alto possibile di salute», definita «come stato di completo benessere fisico, mentale e sociale, e non soltanto come assenza di malattia o di infermità»; oltretutto – aggiunge il documento – «il possesso del migliore stato di sanità possibile costituisce un diritto fondamentale di ogni essere umano, senza distinzione di razza, di religione, d'opinioni politiche, di condizione economica o sociale»[208]. Si noterà che in un'unica frase sono contenute tre affermazioni di rilevante portata culturale e politica (e che richiedono di essere successivamente riprese). Innanzitutto considerare la salute in modo estensivo come «stato di completo benessere fisico, mentale e sociale» – uno stato di perfezione che è raro da riscontrare – svela una concezione utopica dell'umanità ancor prima che del ruolo della medicina. Poi si manifesta un progetto soggiacente senza il quale questo proposito non potrebbe neanche essere avviato: un progetto che non può che delinearsi come politicamente centralizzato e che non può non comportare il riconoscimento della salute come concessione da parte del potere politico. Infine, la retorica del "diritto alla salute" che ha contribuito a rafforzare l'idea secondo cui se questo non è ancora compiuto è solo perché gli ostacoli al perfezionamento dello Stato non sono ancora rimossi. Ancora una volta, l'ingenuità utopica conduce inesorabilmente alla statalizzazione dell'uomo e ciò che appariva un

---

206 Circa le enormi responsabilità dell'Organizzazione Mondiale della Sanità e le spregiudicate connivenze con la tirannia comunista, cfr. capitolo 3, paragrafo 4 di questo volume.

207 Cfr. CESANA, *Il "Ministero" della salute. Note introduttive alla medicina*, cit., p. 32-39; cfr. ISRAEL, *Per una medicina umanistica. Apologia di una medicina che curi i malati come persone*, cit., p. 73-74.

208 La citazione è messa in risalto nel sito del Ministero della Salute del Governo italiano.

grande traguardo di eguaglianza sociale si rivela essere la strada per la sclerotizzazione del potere.

Non c'è da meravigliarsi se i principali manuali di medicina[209] e di psicologia[210] – sui quali si sono formate le ultime generazioni di sanitari e sui quali ancora si formano le giovani leve – fanno propria la definizione più suadente e accattivante ed accantonano, come oramai superata, quella tradizionale. Pensare alla salute «come stato di completo benessere fisico, mentale e sociale» suscita certamente maggiore attrazione ideale per la sfida che vi è implicita, ma questa sfida contiene lo stesso limite della definizione, che è quello di non saper fare i conti con la realtà.

Una concezione mitica non può che trovare applicazioni grottesche e bizzarre. Quanto sia ideologica questa concezione della salute umana me lo confermò, ormai diversi anni fa, il comportamento di un famoso oncologo che fu per qualche tempo anche ministro della Sanità (esattamente nel governo Amato in carica dal 2000 al 2001). Mi auguro che Umberto Veronesi (1925-2016) come medico abbia adottato una logica più stringente di quella seguita in qualità di politico-filosofo. L'idea della salute come pienezza psico-fisica certamente va incontro a molte difficoltà, in più poi capita di rivelarsi anche schizofrenica per il fatto di non poter essere affermata senza la complessiva cornice dello Stato-tutore. Ebbene, il ricordo di una notizia (annotata) che risale a ormai diversi anni fa, intorno all'anno 2000, mi porta ancora a riflettere su come il ministro, in due interventi pubblici – se male non ricordo addirittura nella stessa giornata, quindi pressoché in contemporanea –, prima dichiarasse con forza la campagna contro il fumo un dovere dello Stato e, poi, tranquillamente, sostenesse la posizione antiproibizionista circa l'uso delle droghe.

Un'altra questione non può non trovare un qualche spazio nel momento in cui parliamo di rapporto tra sanità e Stato. Si tratta di un tema molto popolare, anche maggiormente recepito rispetto a quelli appena accennati, ed è il tema del cosiddetto diritto alla salute. In questa sede non posso permettermi ampi approfondimenti ed è quindi necessario partire da una tesi verificata altrove[211], dando per acquisito il postulato che

---

209 Cfr. Georges CANGUILHEM, *The Normal and the Pathological*, Zone Books - Princeton University Press, Princeton (New Jersey) 1991 (1943).

210 Cfr. Umberto GALIMBERTI, *Dizionario di Psicologia*, UTET, Torino 1997, p. 836-837.

211 Sui cosiddetti "diritti", cfr. Beniamino DI MARTINO, *Stato di diritto. Divisione dei poteri. Diritti dell'uomo. Un confronto tra dottrina cattolica e pensiero libertario*, Leonardo Facco Editore, Treviglio (Bergamo) 2017, p. 137-185; cfr. Beniamino DI MARTINO, *I diritti individuali e la storia della libertà*, in «Nuova Storia Contemporanea», anno 1, nuova

ritiene inconsistente un diritto che nasca dalla dichiarazione di qualche assemblea e che non sia invece inscritto nella natura dell'essere umano. Nel primo caso parliamo di "diritti positivi": quelli che vengono proposti allo scopo di tendere *positivamente* a qualche risultato (diritto alla salute, alla casa, all'alimentazione, al vestiario, al lavoro, alle ferie, al riposo, ecc.). Nel secondo caso parliamo di "diritti negativi": quelli che impongono la *negazione* di azioni che danneggiano l'essere umano nella sua integrità, libertà, proprietà (ogni uomo ha diritto alla salvaguardia della propria vita, alla tutela della propria libertà e alla difesa dei propri beni, di qualsiasi genere essi siano). I "diritti positivi" sono, pertanto, "politici" in quanto concessi dallo Stato, o da questo ottenuti, mentre i "diritti negativi" sono, per loro essenza, "naturali" in quanto innati e, dunque, assolutamente inviolabili, intangibili e inalienabili (si direbbe anche "indisponibili" o "non negoziabili"). I primi si acquisiscono mediante consenso politico, i secondi dal consenso politico vengono troppo spesso negati, disattesi, misconosciuti e conculcati perché essi si pongono come naturale barriera alla prevaricazione del potere. È, infatti, peculiarità dello Stato calpestare i diritti naturali e instaurare i diritti civili e sociali.

Se, dunque, nessuno può attentare alla proprietà di un altro individuo al pari dell'insidia alla stessa vita, nessuno può pretendere che altri gli garantiscano cure, prestazioni sanitarie, assistenza medica, al pari della casa, del lavoro, del vitto, dei comfort. Ciò che risulta gratuito per qualcuno è, invece, pagato da altri. Inesorabilmente.

È evidente che questo paradigma è antitetico a quanto soggiace alla moderna teoria dei diritti civili e sociali, teoria in alternativa e in contrasto con i diritti naturali. È quanto si è espresso costantemente negli ultimi decenni, dalla Carta dell'ONU del 1948 sino alle più recenti (ed ormai ricorrentissime) proclamazioni, passando anche ed immancabilmente per la Costituzione Italiana che parla di «salute come fondamentale diritto

---

serie: già anno 21 (2019), n. 1 (gennaio-aprile), p. 215-223; cfr. Stefano FONTANA, *Per una politica dei doveri dopo il fallimento della stagione dei diritti*, Cantagalli, Siena 2006; cfr. Francesco GENTILE, *Intorno ai fondamenti dei diritti fondamentali*, in «L'Ircocervo. Rivista di metodologia giuridica, teoria generale del diritto e dottrina dello Stato», anno 5 (2006), n. 1, p. 13-19; cfr. Jean-Louis HAROUEL, *I diritti dell'uomo contro il popolo. I falsi diritti che stanno distruggendo l'Occidente*, introduzione di Vittorio Robiati Bendaud, Liberilibri, Macerata 2019 (*Les droits de l'homme contre le peuple*, 2016); cfr. Carlo LOT-TIERI, *Every New Right is a Freedom Lost: A Classical Liberal Defense Against the Triumph of False Rights*, translation by Chiara Di Benedetto Brown, Monolateral, Dallas (Texas) 2016; cfr. Vittorio POSSENTI, *Diritti umani. L'età delle pretese*, Rubbettino, Soveria Mannelli (Catanzaro) 2017; cfr. Thomas SOWELL, *Civil Rights: Rhetoric or Reality?*, William Morrow Paperbacks, New York (N. Y.) 1985.

dell'individuo e interesse della collettività»[212]. Aggiungere, poi, che la Repubblica tutela la salute, garantisce le cure e rende queste gratuite agli indigenti, rende tutto molto sentimentale, ma dimostra di avere poca consapevolezza delle conseguenze stataliste e pauperiste. Non dissimilmente, anche la carta di istituzione dell'Organizzazione Mondiale della Sanità[213] manifesta la stessa visione ideologica e statalista rivendicando la salute (intesa in senso estesissimo e omnicomprensivo) come «un diritto fondamentale di ogni essere umano, senza distinzione di razza, di religione, d'opinioni politiche, di condizione economica o sociale»[214].

Alla questione del cosiddetto diritto alla salute vorrei dedicare lo spazio che essa merita[215]: credo, infatti, decisiva per la sopravvivenza della civiltà occidentale la focalizzazione tanto della critica alla moderna filosofia dei diritti civili e sociali quanto del recupero dei negletti diritti naturali. In questa sede è sufficiente sollevare la questione e limitarsi a mettere in discussione un totem politico.

Ancor prima che nel modo di vivere è nel modo di pensare dei nostri contemporanei che non c'è aspetto dell'esistenza che non sia riconducibile a qualche preteso diritto. Tutto è reclamato come diritto senza alcuna considerazione circa coloro su cui economicamente graverà l'onere dei servizi (sanitari, previdenziali, scolastici, urbani, lavorativi, residenziali, ecc.).

Anche la Chiesa si è accodata nel ritenere la concessione dei diritti – sempre più numerosi e sempre più estesi – come una necessità morale, incapace anch'essa di scorgere la profonda immoralità contenuta nell'affermazione di qualcosa che, per un verso, implica un diretto gravame a carico di terzi e, per altro verso, concede allo Stato un potere smisurato nell'amministrare le nostre vite. Se si assolutizzasse il diritto alla salute – non meno degli altri diritti sociali –, ogni esproprio fiscale sarebbe consentito ed ogni trasferimento di reddito sarebbe permesso. Con l'inevitabile fine dell'economia dovuta al dissanguamento dell'organismo ad opera del grande parassita: lo Stato[216]. La strada migliore per arrivare a

---

212 Articolo 32. Cfr. Ugo BASSO, *Impariamo la Costituzione*, Piemme, Casale Monferrato (Alessandria) 1987, p. 60.135-139.
213 Sul "diritto alla salute" cfr. il paragrafo 4 del capitolo 3 dedicato alla sventurata opera dell'OMS in merito alla questione Covid-19.
214 Anche questa citazione è messa in risalto nel sito del Ministero della Salute del Governo italiano.
215 D'altra parte, prima che la pandemia mi suggerisse la stesura di queste considerazioni, ero impegnato nella preparazione di un testo sulla questione dei diritti. Il proposito è, al momento, solo rinviato nell'intento di riprenderlo in un prossimo futuro. Se Dio vorrà.
216 La menzione in modo così perentorio dell'ente, grande colpevole, suscita il ricordo di un'opera di rilievo: Anthony de JASAY, *Lo Stato*, appendici di Gustavo Cevolani e Alessandro Vitale, Istituto Bruno Leoni Libri, Torino 2017 (*The State*, 1998).

non avere più neanche il pane è quella di ottenere una serie di diritti dallo Stato. L'esperienza dimostra anche che il modo migliore per rovinare un servizio o squalificare un bene è quello di pretendere l'uno o l'altro gratuitamente come qualcosa di cui si ha "diritto". D'altra parte, in nome del "diritto alla salute" (oltretutto nella versione allargata ed estensiva promossa dalle organizzazioni internazionali e sempre più in voga) si può giungere a reclamare ogni bene, finanche il diritto ad avere il riscaldamento in casa (in forza della disarmante e sempre vincente argomentazione: «e chi non può permetterselo, allora?»). Al contrario, occorre riconoscere che solo la logica del mercato consente di avere servizi sempre migliori e costi sempre più contenuti e in una situazione ove il mercato è lasciato funzionare i poveri sono un'esigua minoranza, un'esigua minoranza di cui le società prospere si sono sempre fatte carico. L'aiuto agli sfortunati non giunge certo attraverso l'assistenzialismo pubblico che possiede la straordinaria virtù di moltiplicare la miseria, ma attraverso gli interventi saggi e mirati della carità individuale e della solidarietà delle associazioni private[217]. «In breve, dobbiamo decidere se vogliamo una Sanità inserita nel mercato o gestita dal Governo. La lezione dell'analisi economica e delle nostre esperienze di vita reale è che i mercati ci offrono beni e servizi migliori a costi inferiori, con maggiore flessibilità e innovazione che non le burocrazie»[218]. Il "diritto alla salute" è, dunque, non solo distruttore della qualità del servizio che solo il settore privato può assicurare, ma è anche demolitore della giustizia perché fomenta una mentalità divisiva, profittatrice e dissipatrice, una mentalità rea di incrementare il numero di coloro che tutto pretendono, rendendo l'invidia la migliore arma delle battaglie politiche. Bene è stato detto: «chiamiamo egoista chi non si sacrifica al nostro egoismo»[219].

Il virus scientista e il morbo ambientalista

Il cosiddetto diritto alla salute, oggi, trova un rinnovato vigore (in verità mai sopito) perché si sposa con le sconfinate frontiere dell'universalismo ambientalista[220] e con quest'ultimo divide nuovi successi e gratificanti

---

217 Cfr. Mauricio ROJAS, *La fine dell'assistenzialismo di sinistra*, prefazione di José María Aznar, Edizioni Pagine - Il Borghese, Roma 2010.

218 David BOAZ, *Libertarismo. Silloge*, Liberilibri, Macerata 2010, p. 345 (*Libertarianism. A Primer*, 1997).

219 Nicolás GÓMEZ DÁVILA, *In margine a un testo implicito*, Adelphi, Milano 2009, p. 41 (*Escolios a un texto implícito*, 1977.1986).

220 Cfr. Antonio CASCIANO, *"Ecologismo ambientale di massa" ed "ecologia umana integrale". Paradigmi a confronto*, in «Cristianità», anno 47 (2019), settembre-ottobre, n. 399, p. 41-48; cfr. Riccardo CASCIOLI - Antonio GASPARI, *Le bugie degli ambientalisti. I falsi*

allori. E, a ben vedere, salute, ambiente e clima sono gli attuali campi in
cui, ancor più, spadroneggia l'onnipotenza dello Stato. D'altra parte, la
stessa retorica del *Welfare State* viene volentieri rimodulata in base alle
sempre ricorrenti emergenze.

È vero che l'apocalittica epidemiologica ha, in questi mesi, oscurato
l'apocalittica ambientalista e climatica, ma la seconda – che mai ha patito ostacoli – godrà di una strada ancor più larga da percorrere grazie a
quanto è potuto avvenire in nome della prima.

Tra il cosiddetto diritto alla salute e la forsennata lotta ambientalista
posso immediatamente cogliere almeno due analogie. La prima riguarda la
supposizione che si tratti di cause che il cristiano non può non far proprie.
La seconda è che entrambe vanno, invece, con chiarezza smascherate per
la loro essenza ideologica. Il virus dell'ideologia – che abbiamo provato
a identificare come l'epidemia più contagiosa e mortale – fertilizza tanto
il campo della religione dei diritti quanto quello del culto ambientalista
rendendo aspro il sentiero per il miglioramento tanto dei servizi sanitari
quanto del rispetto per il creato.

Se ad ogni cristiano non dovrebbe mancare la premura per la salute
e la salvaguardia del creato, ciascun credente dovrebbe possedere acume
sufficiente per sospettare di alcune idee e per capire a che genere appartengono quelle che attingono a radici velenose. È esattamente l'essenza
ideologica che vizia alla radice stessa alcune idee, una radice tossica che
dovrebbe impedire di confondere tali idee con ciò che superficialmente
potrebbe ad esse assimilarsi. Infatti, come il "diritto alla salute" non ha
nulla in comune con l'auspicio della più estesa offerta dei servizi medici,
così l'ambientalismo non ha nulla in comune con il desiderabile accrescimento del rispetto per il creato. Anzi "diritto alla salute" e ambientalismo si pongono in diretto contrasto con il potenziamento (quantitativo
e qualitativo) dei servizi sanitari e con la salvaguardia dell'ambiente in
quanto negano quella proprietà privata che, come è indispensabile motore

---

allarmismi dei movimenti ecologisti, prefazione di Tullio Regge, Piemme, Casale Monferrato (Alessandria) 2004; cfr. Riccardo CASCIOLI - Antonio GASPARI, *Le bugie degli
ambientalisti 2*, Piemme, Casale Monferrato (Alessandria) 2006; cfr. Riccardo CASCIOLI
- Antonio GASPARI, *Che tempo farà*, Piemme, Casale Monferrato (Alessandria) 2008;
cfr. Riccardo CASCIOLI - Antonio GASPARI, *I padroni del pianeta*, Piemme, Casale
Monferrato (Alessandria) 2009; cfr. Paul DRIESSEN, *Eco-imperialismo. Potere verde morte
nera*, Liberilibri, Macerata 2006; cfr. Laurent LARCHER, *Il volto oscuro dell'ecologia. Che
cosa nasconde la più grande ideologia del XXI secolo?*, Lindau, Torino 2009; cfr. Bjørn LOM-
BORG, *L'ambientalista scettico. Non è vero che la Terra è in pericolo*, Mondadori, Milano
2003; cfr. Thomas PEDRETTI, *Con la scusa del clima. Oltre l'ambientalismo mainstream:
per un futuro consapevole*, Passaggio al Bosco, Firenze 2019.

di sviluppo tecnologico, scientifico e medico, così è anche la migliore condizione per la custodia e la cura dei beni ambientali[221].

Quelle che molto superficialmente possono apparire cause cristiane o, almeno, battaglie che hanno aspetti comuni con la testimonianza evangelica, in realtà presto si dimostrano addirittura antitetiche alla fede in Cristo[222]. Cariche di linfa ideologica, posizioni come quella per i "diritti sociali" o come quella per la lotta ai cambiamenti climatici, inevitabilmente, assumono connotati dogmatici e si rivestono di caratteristiche missionarie, connotati e sembianze tipici di vere e proprie religioni secolari, intolleranti ed estremiste.

Le folle, costituite soprattutto da giovani sognatori ingenui, accorrono per porsi in ascolto del nuovo verbo che invita a pentirsi dall'aver usato la plastica e a convertirsi alla sobrietà e alla frugalità, virtù monastiche che praticano solo a parole perché questi giovani – condannati all'eterna adolescenza – non riusciranno mai a separarsi dal loro smartphone, cresciuti, come sono stati, in ogni genere di viziata comodità ("viziata" più che "capitalistica"). E i nuovi savonarola che predicano nell'imminenza della ormai certa apocalisse sono i profeti planetari[223] che sembrano immersi in una dimensione che oscilla tra il misticismo cosmico e l'ascetismo naturalista.

In preda a questo trasporto ecologista (il virus ambientalista si dimostra estremamente contagioso), non pochi hanno messo in relazione la supposta emergenza climatico-ambientale con la reale emergenza sanitaria. Mi sembra che siano soprattutto due le linee che sono emerse nell'enfasi data alla situazione del momento.

---

221 Cfr. Terry L. ANDERSON - Donald R. LEAL, *L'ecologia di mercato. Una via liberale alla tutela dell'ambiente*, Lindau, Torino 2008; cfr. Giorgio BIANCO, *Elefanti al guinzaglio. Una soluzione di mercato per evitarne l'estinzione*, prefazione di Henry Lepage, Leonardo Facco Editore, Treviglio (Bergamo) 2001; cfr. Robert J. FRANK, *The Economic Naturalist: in Search for Explanations for Everyday Enigmas*, Basic Books, New York (N. Y.) 2007; cfr. Carlo LOTTIERI - Guglielmo PIOMBINI, *Privatizziamo il chiaro di luna! Le ragioni dell'ecologia di mercato*, Leonardo Facco, Treviglio (Bergamo) 1996; cfr. Robert J. SMITH, *La fattoria dei capitali. Quando è l'imprenditore a salvare l'ambiente*, prefazione di Guglielmo Piombini, postfazione di Carlo Stagnaro, Leonardo Facco Editore, Treviglio (Bergamo) 2003.

222 Cfr. John Michael BEERS, *L'uomo e il Creato*. IBL Occasional Paper n. 8, Istituto Bruno Leoni, Torino 2004; cfr. Dominique REY, *Cattolicesimo, ecologia e ambiente. Riflessioni di un vescovo*, prefazione di Samuel Gregg, Fede & Cultura, Verona 2015 (*Catholicism, Ecology, and the Environment*, 2013).

223 Cfr. Cosimo GALASSO - Maurizio BRUNETTI, *Una "profetessa per" il terzo millennio: Greta Thunberg*, in «Cristianità», anno 48 (2020), n. 403 (maggio - giugno), p. 21-37.

Innanzitutto c'è chi ha trovato negli effetti prodotti dal *lockdown* sia una possibilità per tornare ad assaporare ritmi ben diversi da quelli ordinari in città che sembravano deserte, magari sognando boschi e laghi, sia un momento di riduzione dell'inquinamento godendo per la fine (almeno temporanea) del traffico, sia l'occasione per "restituire alla natura" spazi usurpati. Restituzione? Usurpazione? «Gli animali e la natura che si ri-appropriano dei loro ambienti». Che commozione! Può essere simpatico avere l'immagine televisiva di qualche orsetto, ma quanta fatica l'uomo ha dovuto fare per evitare di avere i topi o i serpenti in casa. Una visione romantica ed edulcorata che si sforza di fotografare qualche cerbiatto alle porte delle città o qualche fiume che, a dir degli ecologisti, sarebbe tornato limpido. Francamente, dubito che questi siano effetti della chiusura delle attività o le conseguenze della quarantena che ha inibito movimenti, commercio e produzione. Ma, comunque, tutto questo è auspicabile solo a condizione di apprezzare il ritorno al mondo selvaggio, esaltando l'involuzione e auspicando la decrescita. Il contrario di ciò di cui ha bisogno ogni singolo uomo e l'intera civiltà.

Ma non c'è stata solo la riproposizione, aggiornata e *non* corretta, del mito del buon selvaggio di settecentesca memoria. C'è stata anche una certa speculazione propria dell'apocalittica ambientalista che ha visto nel virus una sorta di punizione ecologica. Vi sono ingredienti sufficienti per generare un diffuso senso di trepidazione se non, addirittura, di panico sociale. Panico e terrore non sono mai buoni compagni tanto meno quando queste reazioni rischiano di essere collettive. Immaginiamo a quale rischio politico si espone un popolo in preda al panico; nonostante questi rischi – questi, sì, reali –, l'allarmismo è un combustibile indispensabile alla propaganda ecologista. E, forse, la dimostrazione peggiore di questo catastrofismo è stato un certo sciacallaggio che induceva a ritenere collegati epidemia e sedicente sfruttamento della Terra. Un collegamento può esserci, ma di segno contrario: il legame è tra pandemia e ambientalismo perché la cultura che è alla base del secondo inibisce quello sviluppo economico, industriale, tecnologico, scientifico che può mettere in grado l'umanità di affrontare i pericoli costituiti dalle malattie. A meno che non si faccia proprio il celato presupposto dell'ideologia verde: considerare l'uomo un parassita della "madre Terra", sfruttatore di spazi che appartengono preferenzialmente alle altre forme di vita.

Questo eco-catastrofismo ha ora trovato un ispiratore assolutamente inaspettato nella figura del capo della Chiesa Cattolica per il quale il cristiano di oggi, in unione ad ogni uomo, deve riconoscere un nuovo compito, «forse il più importante»: quello di «difendere la nostra Madre

Terra»[224]. Dinanzi allo sconcerto di tanti fedeli, papa Bergoglio risponde con stupore unito a fastidio. Una reazione tutto sommato coerente, così come coerente è lo sbigottimento di numerosi cattolici dinanzi alle singolari iniziative pontificie. Così è capitato, ad esempio, quando la facciata della basilica vaticana – che custodisce le spoglie di Pietro e, perciò, centro della cattolicità – fu trasformata in schermo per la proiezione di immagini di animali con l'idea di diffondere un messaggio di conciliazione tra fede cristiana e ambientalismo (quest'ultimo, tra l'altro, preso nella sua forma più spinta e radicale). Episodi simili ora non si contano più, con encicliche (la *Laudato sì* del 2015) e sinodi (quello assai controverso sull'Amazzonia del 2019) a fare da pietre miliari di quel che il filosofo Flavio Cuniberto (1956-viv.) ha definito come «la rifondazione del cristianesimo» operata da papa Francesco[225]. Per quanto pacato, il ragionamento del filosofo è una critica quanto mai affilata e profonda[226]. Coerentemente alla «rifondazione» ambientalista, papa Bergoglio, in pieno *lockdown*, non trovò di meglio che far spiccare un ulteriore salto alla comunità dei credenti ecologicamente e pauperisticamente rivoluzionata. Un invito alla penitenza ed alla conversione non rappresenterebbe una novità nel ministero della Chiesa, ma la rottura della tradizione non poteva avvenire in modo più stridente che con queste esortazioni: «abbiamo peccato contro la terra [...] abbiamo bisogno di una conversione ecologica»[227]. Non meno significative erano le altre riflessioni di Francesco il quale alla domanda «e come reagisce la terra?» rispondeva dicendo «c'è un detto spagnolo che è molto chiaro, in questo, e dice così: "Dio perdona sempre; noi uomini perdoniamo alcune volte sì alcune volte no; la terra non perdona mai". La terra non perdona: se noi abbiamo deteriorato la terra, la risposta sarà molto brutta»[228]. In verità, il detto a cui si riferisce Bergoglio ha una

---

224 FRANCESCO, Intervento al II Incontro Mondiale dei Movimenti Popolari, Santa Cruz de la Sierra (Bolivia), 9 luglio 2015 (http://w2.vatican.va/content/francesco/it/speeches/2015/july/documents/papa-francesco_20150709_bolivia-movimenti-popolari.html).
225 Cfr. Flavio CUNIBERTO, *Madonna Povertà. Papa Francesco e la rifondazione del cristianesimo*, Neri Pozza, Vicenza 2016.
226 Cuniberto si domanda come sia possibile – oltretutto per il Vicario di Cristo – sostituire il rapporto con Gesù con quello con la terra. Diceva, infatti, Bergoglio nel discorso che sto per citare: «come possiamo ripristinare un rapporto armonioso con la terra e il resto dell'umanità?» (udienza generale del 22 aprile 2020).
227 Papa FRANCESCO, Udienza generale, 22 aprile 2020, http://www.vatican.va/content/francesco/it/audiences/2020/documents/papa-francesco_20200422_udienza-generale.html.
228 Papa Bergoglio indicava, poi, il rimedio alla Terra depredata («l'abbiamo inquinata, l'abbiamo depredata...») nei «vari movimenti internazionali e locali» che «si sono formati [...] per risvegliare le coscienze». Con un riferimento ai nuovi giovanissimi leader del

diversa espressione e un diverso significato. Innanzitutto chi «non perdona mai» non è la "Terra", ma la "natura" e, mediante questa modifica, il Papa trasferisce indebitamente in ambito geologico un concetto che è squisitamente antropologico e, quindi, metafisico. Non è la Terra che non perdona gli abusi; è la natura dell'uomo, irriformabile e perenne, che si ribella ad ogni tentativo di alterazione e di manipolazione. Quella di Bergoglio, quindi, è un'arbitraria forzatura per adattare in chiave ecologica una grande lezione sapienziale che è, invece, eminentemente ontologica.

A fronte dell'ideologia ambientalista, la pandemia ha ancor più dimostrato i benefici della scienza, del progresso, dell'industria. Cioè tutto ciò contro cui si scagliano i catastrofisti verdi. Non solo, ma ha anche dimostrato l'utilità dello spettro per eccellenza costituito dalla plastica. La diffusione del virus maligno ha segnato anche la rivincita della plastica, dei dispositivi monouso (dai bicchieri igienici alle ormai indispensabili mascherine), così come delle macchine e delle strumentazioni mediche (che, anche per le strutture pubbliche, sono sempre prodotte e fornite da industrie private). Come avremmo fatto senza plastica e senza oggetti "usa e getta" (tra questi i "dispositivi di sicurezza personale": mascherine, camici e guanti di lattice)? Sembra, cioè, che dinanzi all'insorgere di veri problemi con cui scontrarsi, le fumisterie ideologiche non possano che sciogliersi come neve al sole.

Ho affermato che l'apocalittica epidemiologica ha, in questi mesi, oscurato l'apocalittica ambientalista e climatica; tuttavia pochi eventi possono tornare di così grande vantaggio al catastrofismo ecologista come l'emergenza sanitaria che ha preparato, educato e disciplinato la popolazione ad ogni genere di provvedimento politico in nome della salute pubblica. E nello scrivere "salute pubblica" mi salta alla mente l'inquietante nozione – illuministica e pre-totalitaria – di "felicità pubblica" al cui commento spero di poter dedicarmi nel prossimo futuro. L'interventismo governativo in materia epidemiologica – tornando all'ecologismo – rappresenta un precedente pericoloso come strada già aperta in vista della prevedibile

---

movimento, dichiarava: «apprezzo sinceramente queste iniziative, e sarà ancora necessario che i nostri figli scendano in strada per insegnarci ciò che è ovvio, vale a dire che non c'è futuro per noi se distruggiamo l'ambiente che ci sostiene». Francesco non mancava di prestarsi a fare da eco al mito del "buon selvaggio" che vive nell'armonia con la natura, un'armonia che la civilizzazione (e il cristianesimo) irrimediabilmente comprometterebbero: «la profezia della contemplazione è qualcosa che apprendiamo soprattutto dai popoli originari, i quali ci insegnano che non possiamo curare la terra se non l'amiamo e non la rispettiamo. Loro hanno quella saggezza del "buon vivere", non nel senso di passarsela bene, no: ma del vivere in armonia con la terra. Loro chiamano "il buon vivere" questa armonia».

prossima emergenza ambientale. Come la salute pubblica ha richiesto un'emergenza per ragioni epidemiologiche, non potrà presto imporsi una nuova grande emergenza per ragioni ambientali? Ecco, allora, che, sebbene temporaneamente oscurata dall'apocalittica epidemiologica, l'apocalittica ambientalista non solo si carica di quella nuova forza che proviene dai ragionamenti appena richiamati (il ritorno all'*habitat* edenico che il *lockdown* suggerisce e il senso di colpevolizzazione nei confronti della Terra che l'epidemia inocula), ma si avvantaggia di una triste esperienza che dimostra quanto la paura porti la gente ad addomesticarsi alle direttive politiche (e forse addirittura a farsi ammaestrare da queste).

In realtà, più che aver seguito, l'emergenza ambientale ha preceduto quella sanitaria e l'atmosfera di panico provocato dalle profezie del cambiamento climatico ha già prodotto un interventismo politico di enorme portata. Ma – è ciò che voglio dire – i provvedimenti governativi che abbiamo patito e sopportato in nome del contenimento virale hanno spianato la strada a qualcosa di simile o anche peggiore che potrà capitarci nel prossimo futuro in nome della salute del pianeta. L'allarmismo verde non solo non teme le derive stataliste, ma caldeggia e invoca il decisionismo politico rappresentando – manco a dirlo – un formidabile connubio con il potere statale[229]. Non c'è da meravigliarsi della prossima ondata di predicazione catastrofista in materia climatica: l'ambientalismo è pronto a fare da avvoltoio. L'avvoltoio anzi già volteggia su una società resa moribonda da provvedimenti che ne hanno dissanguato l'economia, una società ammansita e ormai adusa a provvedimenti che, in nome dell'emergenza, hanno determinato restrizioni e nuove abitudini di vita.

Oltre il morbo ambientalista, neanche il virus scientista deve essere trascurato in queste considerazioni nelle quali ho più volte espresso la mia convintissima stima per la scienza; e ciò che potrebbe rappresentare una contraddizione, presumo essere niente altro che una conferma. Lo scientismo, infatti, non è né conseguenza né parte della scienza; della scienza è, piuttosto, la negazione e il tradimento. Se la scienza è tale per il metodo di investigazione della realtà attraverso il solo confronto con essa, lo scientismo è l'uso improprio del paradigma scientifico per giustificare il pregiudizio. Tra scienza e scientismo, quindi, vi è la stessa distanza che passa tra ragione e razionalismo. Per cui, come il razionalismo è la tomba della ragione perché ne oscura irrimediabilmente le potenzialità, così, similmente, lo scientismo è la fine della scienza perché irreparabilmente la sottomette ad uno schema predefinito. Come la

---

229 Trump rappresenta il più pericoloso "incidente" per il *Deep State* e per gli interessati paladini di questo.

scienza si basa sull'osservazione e sull'uso della ragione[230], lo scientismo si erige sul pregiudizio e sull'abuso della ragione[231]. Lo scienziato usa la ragione, lo scientista ne abusa[232]. La scienza è serva della realtà ed è un mezzo privilegiato per capire questa; lo scientismo è schiavo dell'opinione ed è strumento per asservire la realtà a scopi comunque riconducibili al potere. Se, quindi, la scienza impara dalla realtà, lo scientismo, invece, è obbediente all'ideologia. La scienza desidera conoscere le leggi della natura; lo scientismo, al contrario, intende padroneggiare le cose e manipolare i segreti della natura. La scienza è alimentata dal piacere della sapienza mentre lo scientismo produce il mito che è la forma deteriorata della facoltà della conoscenza[233].

Per completare quanto detto a proposito dell'utopia della salute perfetta, se lo scienziato è consapevole che la propria ricerca deve tendere a contrastare la malattia del concreto paziente, lo scientista persegue il traguardo dello «stato di completo benessere fisico, mentale e sociale» dell'astratta umanità.

Scienza e scientismo si differenziano, quindi, innanzitutto per il metodo: metodo realista per la scienza, metodo idealista per lo scientismo. Nel primo caso, è il soggetto che deve adeguarsi all'oggetto («*adaequatio rei et intellectus*»); nel secondo caso, è il soggetto che prevale sull'oggetto e l'oggettività è considerata limitativa e angusta per il soggetto conoscente. Parafrasando uno dei più noti epistemologi, Karl R. Popper (1902-1994),

---

230 Tornano alla mente – tra i molti esempi che potrebbero citarsi in proposito – le riflessioni di Alexis Carrel (1873-1944), lo scienziato francese premio Nobel per la medicina del 1912, convertito al cristianesimo, che prendeva le distanze da quell'indebita argomentazione razionalista che è messa in crisi da una sana osservazione della realtà. Cfr. Alexis CARREL, *Riflessioni sulla condotta della vita*, introduzione di Franco Cardini, Cantagalli, Siena 2004, p. 29 (*Réflexions sur la conduite de la vie*, 1950 postumo).

231 Così si esprimeva il famoso economista austriaco Hayek, premio Nobel nel 1974: Friedrich A. von HAYEK, *L'abuso della ragione*, prefazione di Dario Antiseri, Rubbettino, Soveria Mannelli (Catanzaro) 2008 (*The Counter-Revolution of Science. Studies on the Abuse of Reason*, 1952).

232 Hayek, riferendosi ai costruttivisti, sosteneva che essi «non usano, ma abusano della ragione». Cfr. Friedrich A. von HAYEK, *Tipi di razionalismo* (*Kinds of rationalism*, 1964), in IDEM, *Studi di filosofia, politica ed economia*, prefazione di Lorenzo Infantino, Rubbettino, Soveria Mannelli (Catanzaro) 1998, p. 167-188; cfr. Friedrich A. von HAYEK, *Gli errori del costruttivismo* (*Die Irrtümer des Konstruktivismus und die Grundlagen legitimer Kritik gesellschaftlicher Gebilde*, 1970), in IDEM, *Nuovi studi di filosofia, politica, economia e storia delle idee*, Armando, Roma 1988, p. 11-31.

233 Molto utile per un confronto con il costruttivismo contemporaneo è la lettura della critica mossa dagli esponenti individualisti della Scuola Austriaca per i quali il positivismo contemporaneo va investigato risalendo all'illuminismo e alla filosofia cartesiana, matrice di tutte le successive versioni di costruttivismo.

potremmo dire che se lo scienziato è un ricercatore a cui importa scoprire e non opinare, allo scientista, al contrario, interessa avere ragione ben più che imparare[234].

Ecco, allora, perché, se gli scienziati sono indispensabili, degli scientisti si vorrebbe fare volentieri a meno. Soprattutto in momenti in cui tutti sembrano dover dipendere da indicazioni, suggerimenti, decreti per i quali il parere degli esperti gode di un peso determinante (o, almeno, così si è detto; si è ripetuto cioè che il governo si è mosso in base a ciò che gli scienziati suggerivano). E dato che alla continuamente sperimentata egemonia degli intellettuali rischia di affiancarsi il dominio degli esperti, conviene soffermarsi sul virus scientista perché, come è vero che il Covid viene efficacemente contrastato dalla scienza, è anche vero che lo scientismo rischia di diffondere, in rinnovati spazi di radicamento, il proprio mai debellato morbo.

L'esistenza di questo virus (quello scientista) non solo non genera alcuna delegittimazione della scienza, non solo non genera alcuna sfiducia nei confronti dell'opera di medici, ricercatori e scienziati, ma richiede un ricorso ancor più deciso alla scienza e alle conoscenze dei competenti. Come bisogna salutarmente diffidare dello scientismo così occorre convintamente incentivare il progresso scientifico.

Tuttavia, la consapevolezza dei vantaggi assicurati dalla scienza carica gli uomini che si dedicano alla ricerca di una responsabilità davvero grave. E, come tutti, anche chi svolge una professione scientifica è tentato di ribaltare il rapporto con la realtà sostituendo a questa la propria soggettività. O di barattare l'onestà della ricerca con la ricerca del consenso. Ma «la scienza non è democratica. La velocità della luce non si decide per alzata di mano [...]; una palla di ferro gettata in mare andrebbe invariabilmente a fondo anche se un referendum popolare stabilisse che il peso specifico del ferro è inferiore a quello dell'acqua»[235].

In situazioni come quelle che sono state affrontate con la pandemia, il ruolo degli esperti non può essere ridimensionato. Diremo presto che sarebbe un errore assolutizzare questo contributo, ma ciò non toglie che si tratta di un contributo insostituibile. Tra breve dirò qualcosa circa il pericolo costituito dal "dominio degli esperti", ma ora vorrei sottolineare

---

234 «Un razionalista è semplicemente una persona a cui importa più di imparare che di avere ragione» (Karl R. POPPER, *Tutta la vita è risolvere problemi. Scritti sulla conoscenza, la storia e la politica*, a cura di Dario Antiseri, Rusconi, Milano 1996, p. 149). Precisando che per Popper il "razionalista" è – contrariamente alla definizione ideologica – semplicemente colui che fa buon uso della ragione.

235 Roberto BURIONI, *La congiura dei somari. Perché la scienza non può essere democratica*, Rizzoli, Milano 2017, p. 10.

il compito indispensabile dei competenti. La complessità del reale richiede molteplici e differenziate conoscenze e nell'affrontare problemi particolari è sensato tener conto in modo privilegiato di coloro che più sanno di ciò che è oggetto di attenzione e di valutazione. Dal ponte da costruire alla rotta della nave.

Anche nel caso dell'emergenza Covid, chi non si è trovato almeno una volta ad ascoltare opinioni pronunciate a sproposito da chi si è improvvisato tuttologo? È, questo, un errore in cui non vorrei cadere e, perciò, mi guardo bene dall'entrare in materie mediche[236]. Meglio tacere e osservare le indicazioni di virologi, epidemiologi ed infettivologi. Non avendo alcuna competenza medica o scientifica, ritengo doveroso ascoltare innanzitutto e soprattutto gli esperti. *Cum grano salis*, però. Perché per quanto possano sapere molto più rispetto a noialtri, non sanno tutto e non conoscono al meglio ciò che esula dalle loro specifiche competenze. La complessità del reale richiede la comprensione convergente di tanti fattori dalla cui sintesi viene la migliore decisione. Decide meglio chi gode della conoscenza della più ampia gamma di fattori.

Anche i migliori scienziati, anche coloro che sanno molto più di tutti noi, comunque, non saranno mai in grado non solo di sapere tutto, ma neanche di sapere tutto ciò che occorrerebbe sapere nel solo ambito delle proprie competenze. Ed allora, ribadendo l'indispensabile contributo che devono continuare a dare gli uomini di scienza, si può anche dire che gli scienziati sono più credibili quando riconoscono i propri limiti, quando ammettono gli errori piuttosto che quando ostentano sicurezza o quando vantano successi[237]. Lasciamo, convenientemente, che la scienza faccia la sua parte ma, dato che la scienza è portata avanti da uomini, occorre

---

236 «Facebook, oggi, ha dato la parola a tutti e alcuni hanno inteso quest'opportunità come un tassativo dovere di parlare anche di cose che non conoscono, immancabilmente lo fanno non intuendo che, se è vero che tutti possono dire la loro sulla piacevolezza di una musica o il colore del pelo del cane che più si gradisce, quando si parla di argomenti tecnici dell'opinione di uno che non sa nulla si può fare tranquillamente a meno. Invece non capiscono, non avendo neppure l'idea della complessità delle cose immaginandole semplicissime e quando incontrano qualcuno che svela la loro profonda ignoranza lo apostrofano come superbo, borioso, non rispettoso delle opinioni altrui. Questa è una stupefacente rappresentazione mentale in cui chi studia una materia con anni di sacrificio è arrogante, mentre chi pensa di poterla capire dopo un quarto d'ora su Google è invece un esempio di umiltà» (Roberto BURIONI, *La congiura dei somari. Perché la scienza non può essere democratica*, Rizzoli, Milano 2017, p. 10-11).

237 A seguito di sbagli, ad esempio, sopraggiunsero le doverose scuse dell'immunologo americano Anthony Fauci (1940-viv.) (https://www.rainews.it/dl/rainews/articoli/coronavirus-fauci-su-asintomatici-abbiamo-sbagliato-da-loro-fino-a-50-per-cento-contagi-b2fa7619-7d48-4d8c-8419-92399a60f976.html?refresh_ce).

sempre ricordare che ogni attesa eccessiva è destinata a sonore delusioni[238]. Il vaccino per questo scientismo che suppone scienziati onniscienti (come in medicina così in economia, come vedremo nel prossimo capitolo) è la realistica consapevolezza che non solo alla sofferenza e alla morte, ma anche ai difetti, agli errori e agli abbagli non vi saranno mai rimedi sufficienti. È, perciò, inevitabile che la mentalità scientista non solo non sia di alcun vantaggio, ma comporti solo ostacoli per il buon progresso delle conoscenze. Al contrario dello scientista perfettista, l'uomo di scienza sa di dover procedere tra continue possibilità di sviste e di sbagli. Anzi, meno viene mitizzata la scienza, più lo scienziato è capace di procedere con pragmatismo; più vi è umiltà nella ricerca, più questa evita l'auto-compiacimento accecante; più si lega il progresso al fallibilismo, più spedito è il cammino della civiltà.

Parlavo di metodo scientifico. Ebbene: si procede per evitare gli errori, ma il peggiore errore nel procedimento scientifico sarebbe quello di escludere la stessa possibilità di sbagliare. Ancora una volta, ciò rende la differenza tra la ricerca seria e il perfettismo scientista. Il grande economista italiano Luigi Einaudi, passando ad un piano sociologico, applicava lo stesso metodo con queste parole: «il grande merito dei governi liberi in confronto a quelli tirannici sta appunto nel fatto che[,] nei regimi di libertà[,] discussione e azione procedono attraverso il metodo dei tentativi e degli errori. *Trial and error* è l'emblema della superiorità dei metodi di libertà su quelli di tirannia. Il tiranno non ha dubbi e procede diritto per la sua via; ma la via conduce il Paese al disastro»[239].

De-mitizzare significa evitare di attribuire un'infallibilità ad acquisizioni che, invece, procedono difficoltosamente attraverso *trial and error*, tentativi ed errori. Per alleggerirsi della zavorra ideologica, occorre abbandonare quel perfettismo di cui ho già parlato a proposito sia dell'utopia della completa sicurezza sia del mito della salute totale. E, realisticamente, prendere atto che il cammino per il miglioramento è ben diverso dalle teorie utopiche.

Le imprecisioni e le contraddizioni, i ritardi e le omissioni non sono solo una prova dell'inefficienza di una macchina statale che si era, invece, accreditata come indispensabile e risolutiva. Questi limiti sono ordinariamente presenti nella dimensione umana. Certo – e vi sono mille motivi per

---

238 «Chiunque non confidi nell'uomo è, in fondo, un cristiano» (Nicolás GÓMEZ DÁVILA, *In margine a un testo implicito*, Adelphi, Milano 2009, p. 40). Più che un'esortazione pietistica, questa ulteriore lezione che giunge dal pensatore colombiano è un buon antidoto realistico da utilizzare in tanti contesti. Ad iniziare da quello scientista.
239 Luigi EINAUDI, *Prediche inutili*, Einaudi, Torino 1959, p. 351.

sostenerlo –, niente si dimostra più inefficiente e dispendioso dello Stato accentrato[240], ma come ho già detto, sarebbe quasi sciacallaggio accanirsi sugli errori governativi o sui pessimi servizi pubblici. Per come si coprono di ridicolo, gli apparati di Stato, ancor prima che meritare condanna, richiedono commiserazione. Ma non è questo, ora, il punto in questione. Pur di provare a dire qualcosa di intelligente, non solo non intendo curarmi dei guasti che nel caso dei servizi pubblici (e, nello specifico del servizio sanitario) sono intrinseci ed inevitabili (altrove ho sostenuto che i servizi di Stato non possono essere "migliorati", devono essere solo aboliti e sostituiti con quelli in regime di concorrenza[241]), ma intendo provare a scusare le inevitabili imprecisioni e le inesorabili contraddizioni dell'opera degli scienziati, nel più universale quadro dell'opera di tutti gli esperti. Se si procede attraverso *trial and error* a nessuno dovrebbe far meraviglia che anche su questioni elementari come l'adozione delle mascherine (prima dichiarate inutili addirittura dai più alti organismi medici internazionali, poi rese obbligatorie perché giudicate indispensabili) vi siano veri e propri capovolgimenti di valutazione. Personalmente, ritengo che sia da apprezzare ogni mutamento di giudizio quando questo è segno di un miglioramento delle conoscenze. È facile scatenare la polemica o la ricerca a tutti i costi di un responsabile; è facile comportarsi da sciacalli se non si ricorda che la scienza è seria solo se mette in conto di procedere con tentativi e con approssimazioni che impongono umiltà e senso di fallibilità.

Un tono di infallibilità, invece, i ricercatori se lo danno quando si collettivizzano nella "comunità scientifica" internazionale. E, così, quando a parlare è la "comunità scientifica" si entra in un'aura di onniscienza. Ma la ricerca scientifica non è un ente collettivo; essa è semplicemente composta da una pluralità di individui che accrescono i risultati non in modo mistico-corporativo, ma attraverso ciò che ciascun individuo

---

240 Ancora un esempio che proviene da una notizia di cronaca che è solo uno tra i numerosissimi casi simili. Ebbene, in pieno *lockdown* (30 marzo), quando le mascherine erano introvabili (il governo italiano, però, ne aveva regalate alla Cina grandi quantità), un imprenditore italiano trovò il modo di consorziare 21 aziende cinesi ed acquistare 50 milioni di mascherine certificate (i cosiddetti Dispositivi di Protezione Individuale) quasi a prezzo di costo. Ma la burocrazia statale si è dimostrata il solito muro invalicabile e l'assenza di risposta da parte di tutti gli uffici a cui si era rivolto l'imprenditore hanno indotto questi a rivolgersi (con successo) a Germania e Stati Uniti. (https://rep.repubblica.it/pwa/generale/2020/03/30/news/coronavirus_la_resa_dell_imprenditore_che_poteva_importare_50_milioni_di_mascherine_nessuno_lo_ha_ascoltato-252724674/). Il sistema di libero mercato avrebbe egregiamente risolto il problema; il sistema di controllo dello Stato, anche in materia sanitaria, sembra, invece, esistere per creare o per accrescere i problemi.
241 Cfr. la prima parte (dal titolo *Salute di Stato*) di questo stesso paragrafo 4 del capitolo 1.

riesce a mettere a disposizione di tutti. La "comunità scientifica" va, invece, de-mitizzata a vantaggio dei singoli sforzi e dei risultati individuali. Solo nella consapevolezza di avere a che fare con una «scienza imperfetta, fatta di uomini deboli e fallaci»[242] possiamo riposare sulla sicurezza di un progresso che, magari lentamente, può procedere perché libero da vizi ideologici. Un ricercatore tanto più si rivela uomo di scienza quanto più dimostra di essere consapevole della propria fallibilità. Il delirio di onnipotenza dei politici può trovare uno dei suoi migliori alleati nel delirio di onniscienza degli scienziati (economisti tra questi). Invece, un vero scienziato è cosciente che la propria investigazione procede come la scienza e cioè per tentativi ed errori.

Ma anche coloro che, come me, quasi passivamente si avvalgono della ricerca scientifica ed usufruiscono del progresso tecnologico non dovrebbero rimanere sconcertati dagli errori degli esperti; ciò che unicamente dovrebbe spaventare è l'idea anti-scientifica della sicurezza assoluta. Perciò, più che da condannare, gli sbagli o le contraddizioni sono da accettare con una certa benevolenza e con una buona dose di ironia, in un atteggiamento di saggia pazienza perché essi fanno parte della dimensione umana che tanto più può tendere verso il miglioramento quanto meno coltiva la tentazione della utopica perfezione. E se c'è qualcosa da ridicolizzare, questa è la concezione perfettista che attiene tanto alla sfera scientifica quanto a quella politica. Mi piace, invece, sentir ripetere che «non esiste il rischio zero»[243] perché mi sembra un salutare ritorno alla realtà. Invero, ho anche il sospetto che quando ciò avviene da parte di uomini di governo – più che per la consapevolezza che questo nostro mondo è e rimane imperfetto come è imperfetta la capacità di fronteggiare le inesorabili vicissitudini e gli inevitabili imprevisti –, lo si fa per proteggersi in anticipo dalle assai probabili future critiche o disapprovazioni.

Concludo questa parentesi sulla diretta critica alla mentalità scientista ribadendo che più che squalificare chi procede con lentezza e cautela, occorre aver paura di chi non fa mai autocritica e marcia con impulsività e decisionismo. E qui il dovere alla critica riguarda, sì, il campo scientifico, ma soprattutto quello politico.

Ancor di più l'attenzione (se non la diffidenza) deve essere alzata quando i due campi sembrano sovrapporsi. Se non può esservi buona politica se questa non tiene innanzitutto conto della realtà (anche quando questa è

---

242 Roberto BURIONI, *Virus, la grande sfida. Dal coronavirus alla peste: come la scienza può salvare l'umanità*, Rizzoli, Milano 2020, p. 196.
243 Cfr https://www.ilgiornale.it/news/cronache/limmunologa-rischio-zero-non-esiste-e-mascherine-non-bastano-1896193.html.

di natura patogena); se non può – come ho provato a dire sin qui – esservi autentica scienza se questa scade nell'utopia, allora dovremmo comprendere che tanto è proficuo il contributo che gli uomini di scienza possono offrire ad una buona azione di governo quanto è deleterio il connubio tra ideologia dei politici e scientismo dei ricercatori.

In questo caso, l'arbitrio dei politici non è mitigato dal protagonismo degli scienziati ma, semplicemente, si somma a questo. Se è vero che «nulla è più allarmante del sapere dell'ignorante»[244] o, ancor più, che le peggiori decisioni sono quelle prese da ignoranti che si ritengono competenti, *è* pur vero che il capriccio anche dei veri esperti è già una tirannia che rischia di non essere molto differente dall'arroganza politica.

In Italia, non dissimilmente da ciò che è avvenuto negli altri Stati, il governo ha insediato un Comitato Tecnico-Scientifico con lo scopo di ricevere costantemente il parere dei migliori consulenti. I membri del governo, e particolarmente il presidente Conte, hanno costantemente ribadito di essersi quasi sempre limitati ad applicare, attraverso la legislazione di emergenza (gli ormai noti e "barzellettizzati" DPCM – Decreto del Presidente del Consiglio dei Ministri), i consigli del Comitato. Non è scelta da poco e, per quanto portatrice di polemiche per chi, ligio ai doveri costituzionali, ha visto in questa subordinazione una forma di sostituzione della politica con la tecnica, a me l'impostazione non dispiace affatto. D'altra parte, sono tra i pochi che, scandalosamente, sostengono il primato dell'economia sulla politica in applicazione della preminenza della realtà sulla teoria (ho detto "della realtà", non "della prassi") relativamente ad un'organizzazione politica che si conformi all'ordine naturale. Dunque, il Governo avrebbe recepito quanto scaturiva dalle sedute del CTS (che ora sappiamo essere state piuttosto dibattute). Pur tuttavia sulle decisioni più delicate (chiusura di alcune zone rosse e *lockdown* dell'intero Paese), pare che la Presidenza del Consiglio abbia agito con singolare e contraddittoria autonomia (cioè non chiudendo con sufficiente rapidità le aree rosse e mettendo in *lockdown* l'intero Paese). Anche alcuni dei componenti del Comitato sembrano aver smentito le affermazioni di Conte e la linea ufficiale del Governo secondo cui le decisioni prese dall'esecutivo erano sempre conformi a quanto emerso nelle riunioni del Comitato Tecnico-Scientifico[245].

Quindi tutto il potere agli scienziati? Non giudicherei affatto positivamente questa scelta e non solo perché la sostituzione del potere dei politici

---

244 GÓMEZ DÁVILA, *In margine a un testo implicito*, cit., p. 87.
245 Purtroppo, avendo smarrito la documentazione e non essendo più in grado di riportare con certezza la testimonianza, non posso citare il virologo membro del CTS che su uno dei principali quotidiani nazionali ha contraddetto le attestazioni del Premier.

con quello degli scienziati mi appare un'allarmante nuova edizione di ciò che hanno provato a fare gli intellettuali. Ancora una volta, proporrei come criterio il principio della complessità del reale e la conoscenza di quanti più fattori possibile.

Come il medico dev'essere ascoltato, ma solo in alcuni casi gli si delega la decisione, così il consulto degli esperti è fondamentale, ma occorre tener in debita attenzione altri importanti elementi della realtà. Possiamo affidare tutta la nostra vita al medico? Il medico deve dirci qual è il modo migliore per guarire (se questo modo è di sua conoscenza e se questo modo esiste); non può sostituirsi al paziente che deve poter scegliere se correre qualche rischio. È il caso di chi deve, comunque, lavorare per assicurare la sopravvivenza dei familiari o della mamma che, pur sapendo di essere gravemente malata[246], preferisce, contro il parere dei medici, portare avanti la gravidanza o il caso di quei genitori che non sopprimono il figlio nascituro pur avendo saputo che sarà portatore di più o meno seri deficit. Ebbene, dare tutto il potere decisionale al medico, significa assolutizzare un elemento della vita – magari anche prioritario in quel momento –, a scapito degli altri fattori che, comunque, esistono e che, perciò, sarebbe un errore escludere o anche solo indebitamente ridimensionare. L'uomo di scienza, come l'esperto, deve essere consultato e deve essere scrupolosamente ascoltato. Ma a decidere deve essere il soggetto sulla cui vita gravano le conseguenze della decisione medica. Ovviamente anche la scelta di affidarsi totalmente al medico, allo specialista, all'esperto, allo scienziato è una decisione legittima, anzi addirittura saggia il più delle volte, anche se "il più delle volte" non significa "sempre". È questa una scelta che si abbraccia quando si ha la percezione di ignorare molti altri aspetti del problema; è una scelta di ripiego che, per quanto assai più frequente di quanto possa ritenersi, è, però, ragionevole. Vieppiù, una decisione consapevole tanto più è ragionevole quanto più si hanno chiari gli elementi oggetto di valutazione.

Ora, il medico, lo scienziato o l'esperto di un determinato settore, si trasforma in cattivo consigliere se assolutizza il proprio traguardo senza

---

246 Un caso di questi giorni è quello di una mamma (che tra l'altro ho indirettamente conosciuto tramite l'incontro in ospedale tra questa signora e una delle mie più care amiche ricoverata nella stessa struttura di specializzazione oncologica) che, nonostante la chemioterapia a cui era sottoposta, ha fatto nascere la sua dolce bimba e ha quasi sconfitto la sua malattia (cfr. https://www.ilriformista.it/scopre-un-tumore-al-seno-ma-porta-avanti-la-gravidanza-grazie-alle-cure-del-pascale-dopo-la-chemio-e-nata-aurora-156897/). Quando apprendo simili notizie, sono raggiunto da un duplice sentimento. Da un lato, il ringraziamento a Dio per il progresso scientifico e tecnologico; dall'altro, un senso di sdegno per le varie Greta, per i tanti ambientalisti che infestano il mondo con l'invito a tornare alla preistoria tecnologica e scientifica.

sottoporre il risultato da raggiungere – il risultato proprio della sua particolare competenza – all'obiettivo generale, misconoscendo, squalificando
o anche solo ridimensionando gli effetti negli altri campi. Appiattendo, in
questo modo, l'intera realtà ad un solo aspetto che – come dicevo – può,
secondo l'urgenza, godere anche di una preminente priorità, senza con
ciò riuscire mai ad assorbire l'intera complessa realtà umana. Il medico si
preoccupa della guarigione immediata e tiene poco o per nulla presente
altri aspetti che sfuggono alle sue analisi; non parlo solo della complessiva qualità della vita a volte compromessa dalla medicina settoriale (oggi,
in verità, molto meno che in passato), ma soprattutto delle ripercussioni
economiche[247] di cui oggi si è sbiadita la percezione a causa del sistema
di Previdenza Statale che artificiosamente (e immoralmente) rinvia le
conseguenze al futuro dando la sensazione che esse non esistano affatto[248].

È così che capita spesso che medici e scienziati abbiano intenti diversi da quelli della gran parte degli individui. Il fondamentale contributo
offerto da virologi, immunologi, epidemiologi, infettivologi, ecc., si trasformerebbe in tirannia degli scienziati – una sorta di tirannia sanitaria
– se ai medici venisse dato il potere di stabilire per l'intero paese. In base
unicamente alla maggiore cautela da osservare, nessuno mai andrebbe a
lavorare sino all'estinzione del rischio contagio. Ma a quel punto oltre al
contagio si sarà estinta anche l'economia, con quelle catastrofiche conseguenze di depressione materiale che, generalmente, la sensibilità di uno
scienziato non percepisce e non avverte[249].

---

247 A queste ripercussioni economiche sarà necessario dedicare molto spazio (cfr. capitolo 2).
248 Mi sovviene un piccolo fatto nel quale mi sono imbattuto qualche anno fa. Una
cara persona, dipendente pubblico, cadendo dal motorino riportò alcune escoriazioni alla
gamba. La persona, per sua fortuna, era abile a qualsiasi attività (anche lavorativa), ma
il medico svolse con eccessivo scrupolo il suo compito concedendo all'"incidentato" ben
cinque giorni di riposo (di "malattia", secondo il gergo sindacale). Essendo l'"infortunato"
un insegnante, il medico avrà giudicato l'assenza dalle attività scolastiche totalmente priva
di conseguenze negative, anzi potrebbe anche aver pensato di compiere un'opera di carità
nei confronti dell'immancabile supplente. Così facendo, il medico avrà avuto tutti i motivi
per optare per la soluzione di massima cautela sanitaria. Ancor più, l'insegnante (l'"incidentato") non avrà avvertito nessuna ripercussione proveniente dall'allontanamento dal
lavoro, anzi avrà avuto motivo per lodare l'efficienza del Sistema Sanitario Nazionale che
provvede in modo assai coscienzioso (giungendo a curare anche chi non è affatto malato).
249 Ho l'impressione – ma potrei sbagliami anche in questa circostanza – che un esempio di tutto ciò possa essere ricercato nelle proposte dell'immunologo Anthony Fauci le
cui ricette – nella ricerca delle migliori condizioni di sicurezza sanitaria – condurrebbero
il Paese alla rovina. A quel punto, senza alcuna soddisfazione, si potrà ripetere il detto:
«l'operazione è riuscita anche se il paziente è morto».

Sarebbe un disastro disattendere le indicazioni che provengono della scienza, ma non sarebbe meno pericoloso scivolare nelle possibili forme di scientismo la cui principale modalità è rappresentata dalla credenza in base alla quale niente come lo Stato può garantire salute e protezione, una superstizione, questa, che conduce l'uomo ad affidarsi allo Stato, considerato risolutore e salvatore.

Retorica scolastica

Al pianeta sanitario, per molti motivi, può essere abbinato quello dell'istruzione. Infatti, attraverso la scuola e la sanità, lo Stato intende dimostrare la propria insostituibilità nella vita delle persone accompagnando ciascuno "dalla culla alla bara". Perciò nessuna seria critica al *Welfare* può prescindere da questi settori: «sapere e cura: sono queste le frontiere principali sulle quali si misurerà sempre di più la civiltà di nazioni che vogliano promuovere una nuova centralità della famiglia e dell'uomo. E, con esse, una più avanzata idea di libertà»[250].

Al pari e forse anche più della sanità, la scuola è il campo in cui la retorica istituzionale raggiunge il vertice. La Costituzione italiana parla del "diritto allo studio" e considera l'istruzione come uno strumento teso a realizzare l'uguaglianza sociale. Glucosio di Stato. I commenti dei costituzionalisti agli articoli 34 e 35 hanno un carico di zucchero da mandare in coma diabetico anche i più dubbiosi. Non c'è politico che non senta il dovere di sottolineare l'importanza fondamentale della scuola in uno Stato democratico e quando si parla di educazione e di istruzione garantite dalle istituzioni, il sentimento raggiunge livelli da lacrimevole commozione. In coerenza e in linea con le pagine più caramellose della storia risorgimentale come il romanzo *Cuore* di De Amicis, il cui intento era quello di contrapporre all'immagine della Penisola arcaica la nascita della nuova Italia la cui luce si sarebbe irradiata definitivamente proprio attraverso la missione svolta dalla scuola pubblica[251].

In opposizione allo zucchero della devozione per la scuola pubblica e democratica si pone il sale caustico della letteratura libertaria che vede nella scuola di Stato un vero e proprio mostro che determina un inescusabile monopolio, ribalta la centralità della famiglia, crea una terribile

---

250 Ferdinando ADORNATO, *La nuova strada. Occidente e libertà dopo il Novecento*, Mondadori, Milano 2003, p. 178-179.
251 Cfr. Vittorio MESSORI, *Pensare la storia. Una lettura cattolica dell'avventura umana*, prefazione di Giacomo Biffi, Edizioni San Paolo, Cinisello Balsamo (Milano) 1992, p. 104-107.

omologazione e un temibile appiattimento qualitativo verso il basso, causa una grave debilitazione sociale con l'espansione del pubblico impiego e con la dilatazione della pretesa dei diritti. Un mostro che fa avanzare tutto ciò che di negativo comporta l'opera dello Stato accrescendo il potere centrale, allungando i tentacoli politici, allargando la spesa, facendo lievitare i costi. Una sola cosa diminuisce: la libertà, con la riduzione della discrezionalità delle famiglie e delle scelte individuali.

È ormai arduo anche solo provare a contrapporre il sale del realismo allo zucchero del mito. Ciò si rende chiaro quando si comprende che nessuno più obietta qualcosa circa la centralità della scuola pubblica. Questa è ormai un dogma al quale tutti credono. Ci si è resi ancor più conto di ciò in queste ultime settimane di ri-avvio scolastico (settembre e ottobre 2020) quando il dibattito politico, in gran parte, si è concentrato sulle questioni di competenza del Ministero dell'Istruzione. Ebbene, lo scontro tra le forze politiche – tra quelle di governo e quelle di opposizione – nel considerare le questioni scolastiche non ha avuto come focus la legittimità del monopolio statale e la opportunità degli enormi flussi di risorse a questo monopolio devoluti. La gara tra tutte le forze politiche si è svolta sul terreno di chi avrebbe speso di più pur di assicurare ciò che a tutti appariva indispensabile: la riapertura degli istituti scolastici e il ritorno alle lezioni frontali "in presenza". Senza badare a spese e – soprattutto – senza che nessuna alternativa al servizio pubblico fosse più nell'orizzonte della radicata mentalità statalista.

Per comprendere le critiche che ritengo dover muovere alle misure adottate dal Ministero dell'Istruzione riguardo la pandemia, debbo innanzitutto presentare le mie obiezioni nei confronti del sistema scolastico di Stato. Tanto più possono essere presentate in modo sintetico le prime quanto più risulteranno chiare le seconde. Per quanto inevitabilmente incentrate sulla situazione italiana[252], le considerazioni che svilupperò non intendono essere ripiegate sulla geografia politica nazionale, ma essere sufficientemente generali per dare sprazzi di critica alla pervasività statale, che si estende ben oltre gli angusti provvedimenti romani.

Volendo ribaltare completamente l'assioma delle prerogative dello Stato anche in materia educativa, la disapprovazione può rivolgersi, innanzitutto, all'assorbimento da parte del potere politico di funzioni che *per natura* non appartengono a questo sino a giungere ad un monopolio che,

---

252 Cfr. Emilio ROCCA, *Scuola e università*, in AA. VV., *Liberare l'Italia. Manuale delle riforme*, introduzione di Carlo Stagnaro, Istituto Bruno Leoni Libri, Torino 2013, p. 183-203.

se non lo è di diritto, lo è di fatto[253]; un quasi monopolio cui si è giunti mediante un costante esproprio del ruolo della famiglia e una progressiva emarginazione dell'iniziativa privata. Non è ovviamente questa la sede per un giudizio sul monopolio in sé[254]; è sufficiente distinguere quelli naturali da quelli imposti. I monopoli frutto di coercizione e di violenza sono inaccettabili e i più deleteri sono quelli di Stato. A proposito della nociva esclusiva educativa che lo Stato avoca a sé in materia scolastica, cito – per la prima volta in queste pagine – il grande opinionista francese Frédéric Bastiat (1801-1850) che, a difesa della libertà scolastica, affermava: «tutti i monopoli sono detestabili, ma il peggiore di tutti è il *monopolio dell'insegnamento*»[255].

Per quanto ci si voglia sforzare nel trovare motivi per sostenere questo arbitrio, il solo che possa essere invocato è una tautologia che eviti la dimostrazione: lo Stato *deve* occuparsi della scuola (così come della sanità e di altri settori del *Welfare*) per garantire uguaglianza. Ma il concetto di uguaglianza è molto ambiguo[256]; lo è al punto da dover essere rifiutato[257] per lasciar posto alla più ampia libertà che, sola, può

---

253 Rispetto alla gran parte dei paesi anche europei, l'Italia ancora detiene il primato della penalizzazione inflitta a tutte le scuole e università non statali. Si tratta di un'elementarissima questione di libertà e di giustizia. La Democrazia Cristiana, che ha guidato quasi ininterrottamente per mezzo secolo quello che si è a lungo chiamato il Ministero della Pubblica Istruzione, non ha mai trovato serenità e coraggio per affrontare e risolvere il gravissimo problema della libertà scolastica. La difesa della libertà d'insegnamento non è mera difesa confessionale, ma ha il significato di un'autentica battaglia per la libertà.

254 Cfr. Murray N. ROTHBARD, *Man, Economy, and State*, in IDEM, *Man, Economy, and State. A Treatise on Economic Principles* with *Power and Market. Government and the Economy*, Ludwig von Mises Institute, Auburn (Alabama) 2009, p. 629-754.

255 Frédéric BASTIAT, *Maledetto denaro*, in IDEM, *Ciò che si vede, ciò che non si vede e altri scritti*, a cura di Nicola Iannello, prefazione di Gérard Bramoullé, Rubbettino, Soveria Mannelli (Catanzaro) 2005, p. 253.

256 Cfr. Beniamino DI MARTINO, *Intorno all'"opzione per i poveri". Alcune note di economia (II parte)*, in «Veritatis diaconia. Rivista semestrale di scienze religiose e umanistiche», anno 6 (2020), n. 12, p. 43-77.

257 Cfr. Louis E. CARABINI, *Nati per la libertà. L'inutile tentativo di sopprimere lo spirito umano*, Istituto Bruno Leoni Libri, Torino 2018, p. 19-20 (*Inclined to Liberty. The Futile Attempt to Suppress the Human Spirit*, 2008); cfr. Plinio CORREA de OLIVEIRA, *Apologia delle disuguaglianze armoniche*, in «Cristianità», anno 22 (1994), gennaio-febbraio, n. 225-226, p. 13-21; cfr. Plinio CORREA DE OLIVEIRA, *Giustizia e disuguaglianza cristiana*, in «Cristianità», anno 7 (1979), ottobre, n. 54, p. 11-12; cfr. Anthony de JASAY, *I macigni dell'egualitarismo*. IBL Occasional Paper n. 81, Istituto Bruno Leoni, Torino 2011; cfr. Harry G. FRANKFURT, *Sulla disuguaglianza. Perché l'uguaglianza economica non è un ideale da perseguire*, Guanda, Milano 2015 (*On inequality*, 2015); cfr. Nicola PORRO, *La disuguaglianza fa bene. Manuale di sopravvivenza per un liberista*, La nave di Teseo, Milano 2016.

creare spazio e condizioni per il miglioramento, l'avanzamento (ciò che si chiamerebbe "mobilità sociale"[258]) e il merito individuale. Sarebbe tutt'altro che superfluo dilungarci sulla questione[259], ma occorre tener innanzitutto presente il tema di questo volume. In breve, devo dire che la scuola pubblica, paralizzando molte, troppe energie, non sostiene, ma ostacola il potenziamento dei giovani e produce l'unico tipo di uguaglianza che è in grado di assicurare: quella verso il basso, l'uguaglianza nella dequalificazione.

Dicevo che occorre distinguere i monopoli che possono crearsi spontaneamente da quelli che sono frutto di imposizione. Tra questi ultimi, i monopoli di Stato sono i più difficili da vincere non solo per la sproporzione della forza dell'avversario contro cui combattere, ma soprattutto per il carattere stesso dell'avversario che, sentendosi autorizzato – formalmente per il "bene comune" – ad agire in egemonia assoluta, rivela un connotato tendenzialmente totalitario. L'economista italiano Luigi Einaudi (1874-1961), infatti, sosteneva che «il totalitarismo vive col monopolio»[260]. E forse in modo più strisciante che non in altri monopoli, lo Stato svela il carattere totalitario proprio nel monopolio *de facto* dell'istruzione. Cos'è, infatti, il totalitarismo? Forse il termine evoca i campi di concentramento nazisti o i Gulag comunisti, ma il totalitarismo è innanzitutto quel fenomeno politico che comporta il pieno, totale inserimento di ogni aspetto della vita dell'uomo nelle funzioni dello Stato. Tutta la persona è, così, consegnata nelle mani dello Stato e alla sua cura. Potremmo parlare di "modello gramsciano" in base al quale nulla deve essere lasciato all'esterno dello Stato. In questo senso si comprende anche quanto il fascismo sia un fenomeno collettivista e, quindi, fondamentalmente una variante (in chiave "nazionalistica"), solo una variante dello stesso paradigma comunista-gramsciano. Il programma fascista non era forse sintetizzato nelle parole di Mussolini (1883-1945) secondo le quali lo Stato era dichiarato unico riferimento della vita sociale e politica? «Tutto per lo Stato e nello Stato; nulla sopra, fuori e contro lo Stato»[261].

Se i toni sono cambiati rispetto al passato, non è certo mutata la sostanza di questo disegno di totale omogeneizzazione che non può che

---

258 Cfr. Pitirim SOROKIN, *La mobilità sociale*, introduzione di Angelo Pagani, Edizioni di Comunità, Milano 1981.
259 Me ne sono occupato nel riferimento che ho appena fornito, ma è questa una tematica sulla quale intendo tornare nel quadro dei prossimi libri in programma: uno sulla questione dei cosiddetti diritti civili, uno sulla storia del *Welfare State*. Se Dio vorrà.
260 Luigi EINAUDI, *Prediche inutili*, Einaudi, Torino 1959, p. 60.
261 Benito Mussolini (1883-1945) nel discorso del 28 ottobre 1925 al Teatro alla Scala di Milano.

vedere con sospetto ogni spazio privato, ad iniziare da ciò che costituisce uno spazio indipendente, proprio di un diverso metodo scolastico e, soprattutto, di una differente concezione educativa.

Ciò che soggiace alla scuola pubblica è una sorta di carica religiosa propria dello Stato che vuole abbracciare tutta la dimensione umana in una dedizione che vuole soppiantare Dio e che si prefigura come una "religione civile". E quanto più lo spazio pubblico viene svuotato di trascendenza, tanto più lo Stato prende il posto della religione. «L'espressione "religione di Stato" ci farebbe inorridire. L'espressione "scuola di Stato" invece ci sembra naturale»[262].

«Sono il primo a deplorare che l'intera istruzione, o qualsiasi sua parte, sia affidata allo Stato: tutto ciò che si è affermato sull'importanza dell'individualità del carattere e della diversità di opinioni e comportamenti implica, con la stessa incommensurabile importanza, la diversità di educazione. Un'educazione di Stato generalizzata non è altro che un sistema per modellare gli uomini tutti uguali»[263]. A parlare così è John Stuart Mill (1806-1873) che nella sua opera più nota non mancava di scorgere, oltre un secolo e mezzo fa, i rischi contenuti nell'istruzione affidata allo Stato.

Chiudo questi cenni al monopolio dello Stato con un'osservazione specifica e con una constatazione generale. La prima riguarda il modo con cui il monopolio dello Stato nel campo dell'insegnamento di ogni ordine e grado rimane stringente anche consentendo una formale pluralità. Ciò avviene sia attraverso una stretta normativa centralistica a cui nessuna istituzione può sottrarsi, sia attraverso l'attribuzione del valore legale al titolo di studio[264] attribuzione che rende ogni risultato finale omologato ai criteri governativi.

La constatazione generale riguarda ogni forma di privilegio che lo Stato attribuisce a sé e alle proprie istituzioni e si esprimerebbe con l'equazione "monopolio uguale inefficienza". È ciò che ho provato a descrivere pure per l'ambito sanitario e questo principio non può certo non applicarsi anche al campo educativo. Mancando del confronto che solo la concorrenza può offrire, vengono meno quegli stimoli e quegli incentivi che sono propri dei sistemi che devono continuamente migliorarsi. «Naturalmente, un monopolio burocratico è un modo molto inefficiente di fornire servizi di qualità. Se non ci fidiamo più della capacità dello Stato di produrre acciaio, perché dovremmo aspettarci che abbia successo

262 Alessandro GNOCCHI, *Scuola. Privato, sì grazie*, in «Il Giornale», 10.11.2010.
263 John Stuart MILL, *Saggio sulla libertà*, prefazione di Giulio Giorello e Marco Mondadori, Il Saggiatore, Milano 2006, p. 122 (*On Liberty*, 1859).
264 Cfr. EINAUDI, *Prediche inutili*, cit., p. 30-35.50.

nel compito molto più complesso e delicato di tramandare conoscenze e valori a milioni di bambini diversi?»[265] Ogni monopolio non può che produrre inefficienza ed alti costi.

E come l'intervento dello Stato si contrappone all'iniziativa privata, allo stesso modo il monopolio si oppone alla concorrenza. È, infatti, la libera concorrenza ad offrire il modo di rendere i servizi competitivi perché essi sono posti nella condizione di essere scelti o di essere sostituiti, di essere accettati o di essere rifiutati. Se è vero che, in pura linea di principio, mettere i servizi pubblici in concorrenza con competitor privati sarebbe di stimolo anche alla gestione statale[266] è ancor più vero che questa onestà è stata quasi mai applicata perché nessuna amministrazione pubblica si sottometterebbe al giudizio del mercato. Infatti nessuna amministrazione burocratica può competere con un servizio a gestione privata. Chi sceglierebbe una scuola pubblica o un ospedale di Stato se si potesse scegliere una scuola, un'università privata o una struttura sanitaria privata?[267] E come il monopolio pone, per legge, i servizi pubblici in una condizione di assoluto privilegio così è peculiarità della concorrenza quella di rendere liberi i soggetti dall'obbligo restituendo la facoltà di scelta[268]. Davvero la concorrenza è il meccanismo che spezza l'arbitrio e restituisce la libertà, il naturale sistema che infrangerebbe il potere politico che sempre più incombe sopra la società. Ma, oltre a frantumare privilegi e centri decisionali – ormai sclerotizzati e consolidati –, la competizione è anche la vigorosa molla che consente il progresso. Occorre avere il coraggio di riconoscere che l'attività di Stato ingessa il percorso umano, mentre solo la libera iniziativa sprigiona le forze vitali di cui ha bisogno il cammino del miglioramento. E ciò vale anche per la scuola: «le comunità umane non hanno trovato altro strumento per far crescere la

---

265 David BOAZ, *Libertarismo. Silloge*, Liberilibri, Macerata 2010, p. 366 (*Libertarianism. A Primer*, 1997).

266 È il caso del miglioramento del servizio dei treni ad alta velocità della compagnia di Trenitalia da quando – caso unico in Italia! – a questa è stata affiancata la concorrente privata Italo.

267 Purtroppo dalle nostre parti questo paragone neanche può essere posto in quanto non vi sono le condizioni per un servizio privato autenticamente libero (nel caso della scuola, pensiamo al valore legale del titolo di studio che perverte molte istituzioni scolastiche in abietti diplomifici).

268 Un'ipotesi interessante che potrebbe essere applicata anche in assenza di un mercato completamente libero è quella del "buono" (*voucher*) per la sanità e l'educazione, da utilizzare nella struttura preferita (privata o pubblica). Ma la condizione indispensabile è che le autorità legislative davvero intendano perseguire il miglioramento del servizio anche a costo di veder proporzionalmente ridotto il peso dello Stato. Tornerò tra breve, anche se solo sinteticamente, sulla proposta del "buono".

qualità di qualsiasi sistema che far ricorso alla gara, alla concorrenza»[269]. E i benefici che la competizione apporterebbe nel settore educativo sono simili ed anche maggiori dei vantaggi che la concorrenza assicura negli altri settori dell'attività umana.

La scuola rischia di essere il braccio tentacolare di uno Stato tendenzialmente totalitario, non solo quando nel passato ha impartito insegnamenti bolscevichi o fascisti, quando è stata diretta espressione del partito o quando si è posta a manifesto servizio dell'idea della rivoluzione (permanente o meno che sia); la scuola è diramazione totalitaria anche solo quando concepisce se stessa in modo "assoluto", "autoreferenziale" ed "etico". In parole più semplici: quando anziché essere semplice prolungamento delle famiglie è ideale emanazione dello Stato e delle istituzioni politiche.

Un modo per capire il grado di totalitarismo presente nella scuola o in generale nell'educazione è appurare quanto peso decisionale hanno le famiglie. Se la scuola è il prolungamento delle famiglie, allora è essa ad essere a servizio di queste. Ma se l'istituzione scolastica prevale sulle famiglie, il rapporto si capovolge: la libertà della società è compromessa a partire da questo delicatissimo settore e, ancora una volta, lo Stato stabilisce *artificiosamente* ciò che è, invece, *naturalmente* competenza della famiglia. La scuola di Stato davvero si presenta come «un'opera di indottrinamento ideologico che nella sostanza ha sottratto alle famiglie una buona parte delle loro libertà, del loro diritto e del loro dovere di educare i figli»[270].

La libertà educativa è qualcosa per cui spendersi e lottare, un'altra trincea nella quale regge o crolla la coscienza della resistenza agli espropri[271]. Alle confische ordinarie, va sempre e purtroppo aggiunta quella dell'educazione dei figli perché la scuola pubblica è totalitaria sottendendo la proprietà delle giovani generazioni. Se i figli appartengono alle famiglie e ai propri genitori perché devono essere educati dallo Stato?

Non si tratta, ovviamente, di evitare l'istruzione; si tratta, invece, di restituire alle famiglie la scelta della scuola. Senza neanche escludere che possano esservi famiglie – magari in cooperazione – che si organizzino "in proprio" e curino in modo non mediato la formazione e l'istruzione dei propri figli. In Italia ciò è anche illegale, ma in diversi Stati degli USA la pratica dell'*homeschooling* è largamente adottata. La "scuola domestica"

---

269 Ferdinando ADORNATO, *La nuova strada. Occidente e libertà dopo il Novecento*, Mondadori, Milano 2003, p. 179.

270 Gaetano QUAGLIARIELLO, *La persona, il popolo e la libertà. Per una nuova generazione di politici cristiani*, Edizione Cantagalli, Siena 2010, p. 138.

271 Cfr. Carlo LOTTIERI, *Educazione e libertà*, in Filippo CAVAZZONI (a cura di), *Il pubblico ha sempre ragione? Presente e futuro delle politiche culturali*, prefazione di Guido Vitiello, Istituto Bruno Leoni Libri, Torino 2018, p. 27-41.

«rappresenta la tendenza da parte dei genitori ad assumersi direttamente la responsabilità della formazione dei propri figli. I risultati pratici sono stati sorprendenti. Non possiamo considerarlo un modello universale, ma per coloro che possono e lo desiderano è un modo eccellente di procedere»[272].

Se quello della "scuola domestica" richiede genitori particolarmente sensibili, capaci e con molto tempo a disposizione, vi sono altri modi grazie ai quali ai genitori è dato di riappropriarsi del diritto di scegliere l'educazione per i figli. Un'ipotesi intermedia – pur tollerando l'attuale centralismo statale – sarebbe quella della detraibilità fiscale[273] o quella del "buono" per la sanità e l'educazione che ciascuno potrebbe utilizzare nella struttura preferita (privata o pubblica)[274]. Il *voucher* venne proposto dal grande economista di Chicago, Milton Friedman (1912-2006): «le autorità potrebbero richiedere un livello minimo di scolarizzazione finanziato assegnando ai genitori *voucher* di valore pari a un determinato ammontare annuale massimo per ciascun figlio da spendere per ottenere i servizi scolastici "approvati". I genitori sarebbero quindi liberi di spendere questi fondi, oltre a eventuali somme aggiuntive di tasca propria, presso l'istituto scolastico "certificato" di loro scelta»[275]. Il sistema del "buono" sarebbe un notevole passo in avanti (non già un traguardo perché implica ancora un'impropria intermediazione dello Stato – pur ammettendo che il ceto politico dimostri di voler rinunciare ad una parte del proprio potere), un notevole passo in avanti perché, oltre a spronare i genitori a coinvolgersi meglio nel cammino scolastico dei figli, amplierebbe le possibilità di scelta da parte delle famiglie, incrementerebbe l'industria scolastica, metterebbe le scuole in competizione con l'elevazione dei livelli di qualità da offrire e renderebbe rapidamente superata la scuola pubblica.

Come dovrebbe risultare innaturale che sia un'istituzione fredda, attraverso una filiera di impiegati, a preoccuparsi dell'educazione dei giovani, così, invece, dovrebbe risultare naturale che le decisioni che riguardano i

---

272 Robert SIRICO, *Una comunità libera e virtuosa*, in Dario ANTISERI - Michael NOVAK - Robert SIRICO, *Cattolicesimo, Liberalismo, Globalizzazione*, a cura di Flavio Felice, Rubbettino, Soveria Mannelli (Catanzaro) 2002, p. 152.

273 Cfr. Ferdinando LEOTTA, *Scuola statale e non: quale parità? Considerazioni sulla detraibilità fiscale*, in «Cristianità», anno 23 (1995), n. 239, p. 11-14.

274 Cfr. Dario ANTISERI - Mario TIMIO - Gianpiero GAMALERI, *3 idee per un'Italia civile. Buono-scuola, buono-sanità, buono-tv*, Rubbettino, Soveria Mannelli (Catanzaro) 1998); cfr. FRIEDMAN, *Capitalismo e libertà*, cit., p. 157-158.185; cfr. Antonio MARTINO, *Il finanziamento dell'istruzione in una democrazia libera*, CREA Centro Ricerche Economiche Applicate, Roma 1985, p. 21-28.

275 Milton FRIEDMAN, *Capitalismo e libertà*, prefazione di Antonio Martino, Istituto Bruno Leoni Libri, Torino 2010, p. 148 (*Capitalism and Freedom*, 1962).

figli siano assunte dalle famiglie responsabilizzando il più possibile i genitori[276]. Una delle conseguenze dell'istruzione assunta dallo Stato è la deresponsabilizzazione delle famiglie. I genitori sapranno sempre meno della scuola dei figli e le scuole saranno sempre più arbitrarie nei confronti delle famiglie.

Contrariamente agli slogan più ripetuti in ambito scolastico, famiglie e Stato hanno interessi contrastanti. Dalla parte di quest'ultimo, ovviamente, devono porsi i partiti e i sindacati il cui spazio di azione è tanto maggiore quanto minore è lo spazio decisionale delle famiglie.

Lo Stato diviene maestro – dopo aver sostituito l'imprenditore, il medico e il genitore – e, senza oramai temere troppo la concorrenza delle famiglie, impone il proprio *cliché* educativo. In base al presupposto costruttivistico secondo il quale la società va profondamente trasformata "dall'alto" mediante la funzione legislativa, la scuola si è negli ultimi decenni prestata a svolgere il ruolo di palestra ideologica per gli esperimenti culturali più arrischiati[277]. Non è questa la sede per affrontare il magma del "politicamente corretto" dilagante nel sistema scolastico, ma in relazione diretta al contesto pandemico possiamo proporre qualche esempio.

Il primo è offerto da una acuta vignetta prodotta da ambienti conservatori USA che anch'io ho condiviso sui *social* e che presenta il ritorno in classe di bambini dopo l'intervallo del *lockdown*. I fanciulli sembrano rientrare al cospetto dell'insegnante dopo una fase di salutare disintossicazione dal bombardamento culturale scolastico e alla domanda della maestra che li interroga su cosa abbiano imparato a casa durante il periodo di quarantena, i fanciulli – tornati finalmente al buon senso grazie alla guida genitoriale – replicano: «viva l'America!», «maledetta Cina!». Il bambino esclama: «io sono un maschietto!». E la bambina risponde: «io sono una femminuccia!».

Ci si è lamentati in ogni ambito e in ogni modo dei guasti prodotti sui giovani dall'interruzione dell'attività didattica (anche il Papa lo ha fatto più volte e, nel momento in cui scrivo, ricordo l'intervento di ieri nel quale Bergoglio riferendosi alla «risposta attraverso le piattaforme educative informatiche», come sempre, lamentava «non solo una marcata disparità delle opportunità educative e tecnologiche, ma anche che, a causa del confinamento e di tante altre carenze già esistenti, molti bambini e adolescenti sono rimasti indietro nel naturale processo di sviluppo

---

276 Cfr. Marcello VENEZIANI, *Di padre in figlio. Elogio della tradizione*, Laterza, Roma - Bari 2002.

277 Cfr. Franco PALMIERI, *Il pensiero militante. Vent'anni di ricatto marxista sulla cultura italiana*, Ares, Milano 1991.

pedagogico»[278]). Ci sarebbe, piuttosto, da augurarsi che le giovani generazioni siano salutarmente il più lontano possibile dai modelli culturali propalati dalla scuola di Stato o, almeno, che siano assicurate lunghe pause ristoratrici[279] per quel salutare «ritorno al reale» tanto auspicato da Gustave Thibon (1903-2001)[280].

Ed a proposito di modelli culturali vigenti "politicamente corretti", come non ricordare che questi sono interamente improntati a rinnegare tutto ciò che ha fondato e reso grande l'Occidente? Come del modello che attinge dalla Cristianità si è avvalso il mondo intero[281], così dopo il suo tramonto tutti ne rimarranno orfani. Il sistema scolastico svolge un ruolo difficilmente sostituibile perché l'imperante cultura anti-occidentale trova nella scuola e nelle università i suoi migliori centri di ripetizione e di amplificazione popolare.

Tra i principali laboratori ideologici, vi è immancabilmente l'Organizzazione delle Nazioni Unite. In materia di "nuovi modelli culturali" resi più accattivanti grazie all'emergenza coronavirus, un'ulteriore dimostrazione l'ONU l'ha ancora offerta con un recente post con l'account ufficiale di Twitter a firma del Segretario Generale, Antonio Guterres, il quale, in modo disinvolto e senza temere di essere contrastato, ha affermato che «la pandemia di Covid19 è la dimostrazione di ciò che tutti sappiamo: millenni di patriarcato hanno provocato in un mondo dominato da maschi con una cultura maschilista danni per tutti, donne, uomini, ragazze e ragazzi»[282]. Oltretutto, qualche giorno prima il Segretario aveva twittato: «è il momento» – grazie all'emergenza coronavirus? mi domando – «di ricostruire società più eque, inclusive e resilienti»[283].

Lo Stato educatore teme la concorrenza e, dietro l'ideale dell'elevazione delle masse, impone l'obbligo scolastico in forza del quale ogni giovane non può sottrarsi ad anni di indottrinamento[284]. In questo modo, l'obbligo

---

278 http://www.vatican.va/content/francesco/lt/events/event.dir.html/content/vaticanevents/it/2020/10/15/videomessaggio-globalcompactoneducation.html.

279 Ironicamente, potremmo pensare che sia successo qualcosa di simile con la chiusura delle chiese e con l'interruzione delle attività "pastorali"; l'astinenza dei fedeli (soprattutto se giovani) ha loro permesso una qualche forma di disintossicazione dagli effetti provocati tanto da omelie insapori e sociologizzanti quanto dal martellamento di insulsi temi para-sociali. Cfr. il paragrafo 2 del capitolo 4 di questo testo.

280 Cfr. Gustave THIBON, *Ritorno al reale. Nuove diagnosi*, Volpe, Roma 1972.

281 Cfr. Giovanni CANTONI - Francesco PAPPALARDO (a cura di), *Magna Europa. L'Europa fuori dall'Europa*, D'Ettoris Editori, Crotone 2007.

282 https://twitter.com/un/status/1302593895029714944.

283 *Ibidem.*

284 Cfr. Paola MASTROCOLA, *Togliamo il disturbo. Saggio sulla libertà di non studiare*, Guanda, Parma 2011.

scolastico diviene una versione aggiornata dell'obbligo a prestare il servizio militare. Non a caso, accanto all'istruzione scolastica, tra le grandi modalità utilizzate dallo Stato per "nazionalizzare le masse" vi è stato l'inquadramento propriamente militare[285]. Oggi che si prova ad elevare gli anni di scolarizzazione obbligatoria, della leva militare l'educazione nazionale può ormai fare a meno (anche perché non più di moda), ma la frequenza scolastica viene imposta senza più fatica. L'obbligo scolastico impone (anche ai migliori genitori) di subire passivamente questa forma di diseducazione statale sui giovani: gli studenti si adeguano e si abituano a vedere nella scuola e nell'università un lungo obbligato periodo da trascorrere ed anche una sorta di lungo parcheggio[286] che (oltre a gravare su chi produce ricchezza) ritarda (e, in qualche caso, disattiva per sempre) l'ingresso di energie fresche e utilissime nella società e nel mondo del lavoro. Quanto utile, invece, sarebbe alla vita dei giovani una scuola che non fosse quel che è e cioè un dispendioso recinto per bamboccioni abituati al parassitismo e tornasse ad essere una dura prova di vita per chi vuole seriamente studiare[287]. Quale il motivo per non accelerare l'inserimento nel mondo del lavoro per coloro che solo lo Stato si ostina a volere sui banchi di scuola? Questi potrebbero, invece, educativamente e precocemente, confrontarsi con le necessità della vita anziché essere coltivati nella solfa della rivendicazione dei diritti da pretendere. [288].

---

285 «Insieme alla scuola elementare, l'esercito era forse lo strumento più poderoso a disposizione dello Stato per inculcare il debito comportamento civico e, non da ultimo, per mutare l'abitante del villaggio in cittadino (patriottico) della nazione» (Eric J. HOBSBAWM, *L'età degli imperi. 1875-1914*, Laterza, Bari 1991, p. 348).

286 Non credo sia un caso che in alcune aree del Mezzogiorno d'Italia il numero di iscritti all'università è molto più alto (sarebbe interessante fare un confronto con le aree industriali e ricche del Nord). Intanto va detto che gli "iscritti" non coincidono con i "laureati", ma soprattutto che l'università viene spesso considerata non una qualificazione per il successivo inserimento lavorativo, ma un'alternativa all'immissione nel mondo del lavoro, un'area di parcheggio che prolunga comodamente l'adolescenza.

287 Cfr. Luigi NEGRI, *Emergenza educativa. Che fare?*, prefazione di Gino Oliosi, Fede & Cultura, Verona 2008; cfr. Paolo ZINI, *Il giogo educativo. Custodia della libertà*, Fede & Cultura, Verona 2011.

288 Mentre mi soffermo sulle questioni scolastiche, un'amica mi segnala un post su Facebook (mercoledì 14.10.2020) di Alessio Cotroneo, il giovanissimo e promettente presidente di Istituto Liberale. Scrive Cotroneo: «USA, 1912. Josie, Bertha e Sofie iniziano a lavorare alle 4 di mattina. Hanno un'età compresa fra i sei e i dieci anni. Oggi, cose del genere non accadono più negli Stati Uniti, ma accadono ancora in quei Paesi che tuttora non hanno visto la rivoluzione industriale. Dall'altra parte del mondo, ci sono ancora ragazzine come loro che lavorano e non vanno a scuola. Si tratta di sfruttamento minorile? Questo concetto è fuorviante. Se le tre ragazzine americane non fossero andate a lavorare, non sarebbero state felici sui banchi di scuola né in un cortile a giocare con passione. Sarebbero morte di fame. I genitori non le mandavano a lavorare perché non c'erano

Le giovani generazioni si adattano, si abituano a farsi mantenere passivamente. Tutto sembra loro dovuto grazie alla mentalità fomentata dalla scuola pubblica. Gravissima forma di deresponsabilizzazione. In fondo, tutto ciò è reso possibile dall'obbligo scolastico. La stessa vita familiare è resa burrascosa dalla volgare scapestratezza che i ragazzi assimilano con gli atteggiamenti tipici del "branco", del branco scolastico. Con grande sofferenza dei buoni genitori. Personalmente, ho difficoltà a condividere gli argomenti più in voga (anche in ambito ecclesiale) in forza dei quali la scuola pubblica dev'essere considerata il bastione contro le devianze e il baluardo della "legalità" nelle zone a rischio crimine. Penso, invece, che tra i due poli (scuola pubblica e crimine) vi sia un legame sotterraneo molto forte che si manifesta soprattutto nell'indebolimento delle famiglie, nell'infiacchimento della società dovuto agli spazi che lo Stato ha tolto a questa ed ha fallimentarmente avocato a sé.

Credo che i sostegni a questa tesi possano essere trovati facilmente anche semplicemente guardandosi attorno. Penso all'idea di disordine sociale – la tangibile percezione di impunità per i cattivi e di impotenza per i buoni – che la scuola pubblica fa immediatamente sorgere.

Ma penso anche al carattere profondamente diseducativo dell'orrenda edilizia scolastica, coerente manifestazione dell'architettura collettivista. Ad una persona di media intelligenza (purché non assuefatta ai guasti dello statalismo) basterebbe avere anche una sola volta dinanzi agli occhi un moderno edificio scolastico pubblico per trasformarsi in un acceso

---

"leggi contro lo sfruttamento dei bambini", bensì perché era necessario per arrivare alla settimana (talvolta al giorno) successiva. Dall'altra parte del mondo, non servono leggi per proteggere bambini: serve la rivoluzione industriale. Fare chiudere la fabbrica di palloni in Asia in cui lavorano i bambini potrebbe significare decretare la loro morte. Solamente quando non sarà più necessario che i bambini lavorino, allora servirà una legge che impedisca ai genitori di mandare i bambini a lavorare. Non nego che sia una legge necessaria in ogni Paese che voglia dirsi civile. Tuttavia, il fatto che noi, nel 2020, in Italia possiamo permetterci di studiare senza lavorare fino ai 18 anni o persino fino ai 24 è un'eccezione nella storia dell'umanità. Possiamo farlo perché la ricchezza creata dalle generazioni precedenti ce lo permette. Questa ricchezza deriva direttamente da alcuni fattori molto importanti: divisione del lavoro, che consente la specializzazione; accumulazione di capitale, che consente gli investimenti, i quali portano a migliorie per la produzione e, di conseguenza, a prezzi più bassi; libero scambio internazionale, che permette di sfruttare i vantaggi comparati; investimenti esteri, che permettono l'importazione di *savoir-faire* e di capitali esteri; tutela della proprietà privata, senza la quale non ci sarebbero garanzie per la produzione e per gli investimenti. Se sei preoccupato per le condizioni lavorative o di vita di qualcuno distante migliaia di chilometri da te, sappi che la storia ci fornisce un'ottima strada per abbattere la povertà e consiste nei cinque punti che ho elencato poco sopra. Tutto il resto, se non è utopia, è solamente un errore di valutazione. Anche le più buone intenzioni, come una legge di tutela, possono peggiorare la vita di chi vorresti difendere».

partigiano della proprietà privata e in un antagonista viscerale dello Stato. Ogni edificio pubblico è una dimostrazione di radicale rinnegamento dell'estetica, di violento rifiuto del bello, di irrispettosa invadenza in contesti spesso graziosi – tranne se già non irreparabilmente sfigurati da piani regolatori o da progetti di edilizia popolare (alias "case popolari", "ideale" importato incoscientemente dall'inferno – anche urbano – sovietico). Lì dove la proprietà privata ha ancora salvaguardato il contesto, un edificio statale (ospedale, caserma, scuola, municipio, monumenti, ecc.) è l'unica struttura brutta perché l'orrido è ciò che l'intervento pubblico meglio riesce a produrre. Le uniche scuole architettonicamente belle sono quelle delle grandi istituzioni educative del passato (che, ovviamente, sono private o animate da uno spirito "privatistico").

Certamente la bigia architettura delle scuole di Stato è coerente con la dequalificazione di massa che in quegli edifici si realizza. Non sarà un caso che all'architettura delle grandi istituzioni medioevali educative corrispondeva la forza della grande cultura che ha fornito ossatura allo sviluppo della civiltà. E tanto meno è un caso che gli edifici pubblici (dalle scuole ai bagni) siano adeguata espressione di involuzione culturale. Sarebbe interessante soffermarsi sul tema del rapidissimo declino della cultura (pensiamo all'accelerazione prodotta dai risultati della contestazione del Sessantotto[289]), ma in questo contesto in cui quanto detto è funzionale a giustificare le prossime affermazioni di critica nei confronti del governo in materia di contenimento della pandemia, è sufficiente delineare un quadro che dimostri come la distruzione della cultura è direttamente proporzionale all'intervento pubblico nel delicatissimo settore dell'educazione e dell'istruzione.

---

289 Cfr. Francesco AGNOLI - Pucci CIPRIANI, *1968*, prefazione di Riccardo Mazzoni, Fede & Cultura, Verona 2008; cfr. Luigi AMICONE, *Nel nome del niente*, introduzione di Giovanni Testori, Rizzoli, Milano 1982; cfr. Roberto BERETTA, *Il lungo autunno. Controstoria del Sessantotto cattolico*, Rizzoli, Milano 1998; cfr. Roberto BERETTA, *Cantavamo Dio è morto. Il '68 dei cattolici*, Piemme, Casale Monferrato (Alessandria) 2008; cfr. Michele BRAMBILLA, *Dieci anni di illusioni. Storia del Sessantotto*, Rizzoli, Milano 1994; cfr. Giovanni FORMICOLA, *Il Sessantotto. Macerie e speranza*, Cantagalli, Siena 2018; cfr. Franco GALLELLI, *Cieli rossi*, Città Nuova, Roma 2007; cfr. Corrado GNERRE, *La rivoluzione nell'uomo. Una lettura anche teologica del '68*, prefazione di Roberto de Mattei, Fede & Cultura, Verona 2012; cfr. Marco IACONA, *1968. Le origini della contestazione globale*, Edizioni Solfanelli, Chieti 2008; cfr. Roberto PERTICI, *L'altro Sessantotto italiano: percorsi nella cultura anti-progressista degli anni Sessanta*, in Benedetto COCCIA (a cura di), *Quarant'anni dopo: il Sessantotto in Italia fra storia, società e cultura*, Editrice Apes, Roma 2008, p. 183-251; cfr. Marcello VENEZIANI, *Rovesciare il '68. Pensieri contromano su quarant'anni di conformismo di massa*, Mondadori, Milano 2008; cfr. Paolo DEOTTO, *Sessantotto. Diario politicamente scorretto*, Fede & Cultura, Verona 2008.

Ovviamente la responsabilità di questo spaventoso abbassamento del livello culturale è da attribuire a quelle forze politiche che massimamente hanno puntato sul monopolio statale dell'istruzione e su quelle forze intellettuali che massicciamente si sono fatte promotrici dell'ugualitarismo sociale[290].

Torna alla memoria un'altra acuta vignetta, anch'essa proveniente dagli USA ed anche questa da me, nei mesi scorsi, rilanciata sui *social*. Lo sfondo costituito dall'immagine di un campus lascia già intendere che il tema riguarda l'ambito accademico (detto tra parentesi: gli edifici universitari americani sono assai apprezzabili perché le migliori istituzioni accademiche sono sempre state private). Ebbene, nella vignetta appaiono due uomini, uno dei quali, rivolgendosi all'altro, dice: «le università sono chiuse per evitare la diffusione del contagio...». E l'altro, prontamente, completa: «del socialismo?». Effettivamente c'è da ritenere che il *lockdown* possa avere avuto effetti positivi sulla cultura dei giovani e la lontananza dalle aule possa aver avuto un salutare effetto di smaltimento delle tossine ideologiche così largamente accumulate. C'è ancora da domandarsi perché la scuola pubblica sia di danno per la società e per lo sviluppo del progresso?

Nel processo di dequalificazione di massa dell'istruzione dove tutto è appiattito e grigio grazie all'istruzione di Stato, oltre la qualità e ciò che è ad essa collegato, vi sono altre due vittime illustri: il merito e la responsabilità.

Che sistema sarà mai quello i cui meccanismi escludono il merito? Perché tutti possano trovare vantaggi, è necessario che ai migliori non sia ostacolato il cammino e siano riconosciute le loro capacità. In un sistema statale è, però, quanto mai difficile tutto ciò: il riconoscimento del merito tanto per gli insegnanti quanto per gli studenti è impervio in un sistema animato da principi egalitaristi e da dinamiche burocratiche e, in ultima istanza, politiche.

Un esempio è dato dalla reazione a quanto rappresenterebbe una ovvia regola di buon senso. È capitato recentemente – in occasione della riapertura delle scuole e dovendo adattarsi alle nuove norme che impongono

---

290 Cfr. Allan BLOOM, *La chiusura della mente americana. I misfatti dell'istruzione contemporanea*, prefazione di Saul Bellow, Lindau, Torino 2009 (*The Closing of the American Mind. How Higher Education Has Failed Democracy and Impoverished the Souls of Today's Students*, 1987); cfr. Bernhard BUEB, *Elogio della disciplina*, Rizzoli, Milano 2007 (*Lob der Disziplin*, 2006); cfr. Peter HAHNE, *La festa è finita, basta con la società del divertimento*, prefazione di Maurizio Belpietro, Marsilio, Venezia 2006 (*Schluss mit Lustig! Das Ende der Spaßgesellschft*, 2004); cfr. Asha PHILIPS, *I no che aiutano a crescere*, Feltrinelli, Milano 2000 (*Saying No: Why it's Important for You and Your Child*, 1999).

distanziamento e classi meno numerose – che in un istituto si sia adottato un criterio "meritocratico". La direzione dell'istituto ha differenziato gli alunni in base ai voti. C'è da immaginare la reazione che ne è scaturita; ovviamente si è gridato allo scandalo contro chi avrebbe applicato principi anti-democratici, reclamando un trattamento egualitario con l'immancabile rivendicazione a superare ogni forma di discriminazione[291].

Come misconosce il merito, così la scuola di Stato – al pari di ogni servizio pubblico – smorza il principio di responsabilità. In un duplice significato. Innanzitutto nel senso che è rara la circostanza in cui si debba dar conto del proprio operato nonostante il primo doveroso principio di una vera educazione sia l'appello alla responsabilità. A ben vedere, questa è anche la regola d'oro del capitalismo: ciascuno è responsabile di ciò che fa e le conseguenze delle proprie scelte sono tutte a carico del soggetto agente. Ecco, allora, perché dove c'è libero mercato c'è anche la facile individuazione del successo o del fallimento di un'azione o di un'impresa. Ed è evidente che ciò è esattamente quel che *non* succede quando un'azione o un'impresa è portata avanti dallo Stato. Ma vi è anche un altro senso con cui possiamo parlare di responsabilità e a questo significato ho già fatto ricorso. Attenuando o addirittura spesso estinguendo l'occasione di esercitare scelte, lo Stato induce gli individui, le famiglie, i soggetti sociali a scrollarsi di dosso i pesi della responsabilità, a sollevarsi da ogni incombenza. Lo Stato – si dice, infatti – provvederà per tutto, al posto dell'individuo, "dalla culla alla bara". La scelta responsabilizza; ma lo Stato, sostituendosi alle scelte dei soggetti, allevia ciascuno dall'onere della responsabilità. I genitori, ad esempio, sono sollevati dalla valutazione degli insegnanti o della scuola da selezionare per i propri figli. Lo Stato alleggerisce dal compito di scegliere sostituendosi alle persone. Ma meno si esercita il diritto di scegliere, più questa capacità umana si atrofizza. In una società in cui i soggetti sono abituati a scegliere molto (così, ad esempio, negli USA), sembrerà intollerabile che lo Stato avochi a sé alcune questioni. Viceversa, in una società in cui i soggetti sono ormai diseducati a scegliere (così in Europa e, in particolare, in Italia), sembrerà normalissimo (e comodo) che lo Stato assorba competenze e servizi che erano naturalmente lasciati all'iniziativa privata. Immaginiamo, però, che sprigionamento di virtuosità sociale vi sarebbe se si ingenerasse e si incrementasse il meccanismo della scelta nei vari campi delle relazioni. La società si irrobustirebbe e i soggetti (innanzitutto le famiglie)

---

291 Cfr. https://www.tgcom24.mediaset.it/cronaca/avellino-alunni-divisi-in-classi-di-bravi-e-meno-bravi-per-permettere-il-distanziamento-polemica_23189197-202002a.shtml.

tornerebbero in possesso della loro sovranità. Pensiamo alla scelta della scuola, del medico, dell'ospedale, o anche della sicurezza del quartiere. Che iniezione di vivacità, che rivitalizzazione di energie, che rafforzamento di responsabilità!

Purtroppo, assistiamo al contrario di tutto ciò con il constatabile effetto di avere una società smorzata e atomistica e di vedere persone immiserite nella loro meschinità. Si tratta di un vero e proprio appiattimento antropologico che si compie nel nome dell'uguaglianza e della giustizia sociale[292] e che espunge lo stesso anelito alla libertà la cui custodia rende grandi gli uomini. Al contrario, lo Stato, estinguendo la responsabilità personale, diviene generatore di uomini piccoli e meschini. Scrive il già citato John Stuart Mill: «i mali cominciano quando il governo, invece di fare appello alle attività e ai poteri di singoli e di associazioni, si sostituisce a essi; quando, invece di informare, consigliare, e talvolta denunciare, impone dei vincoli, o ordina loro di tenersi in disparte e agisce in loro vece. A lungo termine, il valore di uno Stato è il valore degli individui che lo compongono; e uno Stato che agli interessi del loro sviluppo e miglioramento intellettuale antepone una capacità amministrativa lievemente maggiore, o quella sua parvenza conferita dalla pratica minuta; uno Stato che rimpicciolisce i suoi uomini perché possano essere strumenti più docili nelle sue mani, anche se a fini benefici, scoprirà che con dei piccoli uomini non si possono compiere cose veramente grandi; e che la perfezione meccanica cui ha tutto sacrificato alla fine non gli servirà a nulla, perché mancherà la forza vitale che, per far funzionare meglio la macchina, ha preferito bandire»[293].

E a proposito dei «piccoli uomini» di cui parlava Stuart Mill, è il caso dire due parole sui pubblici impiegati. Non è indispensabile nel contesto della disamina della pandemia, ma può avere qualche utilità nella

---

292 Abbiamo già offerto qualche indicazione bibliografica in ordine alla critica del concetto di "uguaglianza" mentre per una critica al concetto di "giustizia sociale", cfr. Beniamino DI MARTINO, *La Dottrina Sociale della Chiesa. Principi fondamentali*, Nerbini, Firenze 2016, p. 181-206; cfr. Beniamino DI MARTINO, *La Dottrina Sociale della Chiesa. Sviluppo storico*, Monolateral, Dallas (Texas) 2017, p. 27.66-67.200.208.214.240; cfr. Friedrich A. von HAYEK, *L'atavismo della giustizia sociale* (*The Atavism of Social Justice*, 1976), in IDEM, *Nuovi studi di filosofia, politica, economia e storia delle idee*, Armando, Roma 1988, p. 68-81; Friedrich A. von HAYEK, *Legge, legislazione e libertà. Critica dell'economia pianificata*, Il Saggiatore, Milano 2010, p. 183s.262s.281s (*Law, Legislation and Liberty*, 1973-1979); cfr. Michael NOVAK - Paul ADAMS, *Social Justice Isn't What You Think It Is*, Encounter Books, New York (N. Y.) 2015; cfr. Thomas SOWELL, *The Quest for Cosmic Justice*, The Free Press, New York (N. Y.) 1999.
293 John Stuart MILL, *Saggio sulla libertà*, prefazione di Giulio Giorello e Marco Mondadori, Il Saggiatore, Milano 2006, p. 132-133 (*On Liberty*, 1859).

descrizione delle caratteristiche dei servizi pubblici[294]. Oltretutto, il governo – a rimedio degli scompensi causati dalla pandemia – ha stabilito l'assunzione di decine di migliaia di nuovi insegnanti e di addetti al settore.

Ho sostenuto che la società generata dalla scuola di Stato è una società diseducata alla responsabilità personale ed allo sviluppo della creatività. Lo Stato, in particolare mediante il sistema pubblico d'istruzione, produce un circolo vizioso che rappresenta una grave malattia per la società: da un lato, diseduca all'iniziativa e, dall'altro, viene oltremodo invocato da soggetti ormai deresponsabilizzati che chiedono sempre nuova assistenza. In questo orizzonte, dove l'uniformità, l'ugualitarismo e il conformismo imperano, è molto facile «addomesticare, indirizzare e riplasmare»[295], «manipolare, istruire e rendere obbediente la massa»[296], ma anche «opprimere e soffocare»[297].

Nell'appiattimento verso il basso e verso l'omologazione totale, non c'è da meravigliarsi che gli "uomini grandi" siano quasi in estinzione e la stragrande maggioranza sia incline verso adattamenti di comodo. Sono gli "uomini piccoli" a ricercare in ogni situazione la tutela e la protezione dello Stato al contrario dei "grandi uomini" che, invece, si sentono limitati e frustrati dal "mostro". E neanche c'è da meravigliarsi che il potere della massa dei conigli cinga di assedio la posizione dei leoni invocandone costantemente l'esproprio.

---

294 Precedentemente ho riportato il ricordo di un episodio riguardante un amico insegnante che, avendo riportato alcune modeste escoriazioni alla gamba a causa di una banale caduta dal motorino, dal medico era stato messo in riposo per cinque giorni. Non vi era alcun motivo che richiedesse convalescenza: la persona, per sua fortuna, era abile a qualsiasi attività, abile comunque a fare tutto ciò che ogni giorno ciascun uomo dovrebbe fare, ma dichiarato "malato" dall'accomodante medico curante (di Stato). Qualunque lavoratore autonomo non si sarebbe posto alcun problema e avrebbe ripreso immediatamente il proprio lavoro. Ma l'"infortunato" era un dipendente pubblico – un privilegiato –, quel tipo di lavoratore che non deve guadagnarsi il pane nella misura della propria produttività. Nel pubblico impiego, infatti, non deve essere perseguita alcuna produttività, il parassitismo è la regola e all'assenza dal lavoro ci si abitua con facilità. Impossibile anche far comprendere ad un dipendente statale che il suo stipendio viene pagato da qualcun altro che sta lavorando (magari nonostante una qualche malattia). Sfogliando i vecchi manuali di Teologia Morale, in ordine al VII comandamento («Non rubare»), si può trovare scritto che il peccato raggiunge lo stato di gravità ("mortale" era dichiarata questa gravità) quando si sottrae un importo o un valore pari ad una giornata di lavoro... Ma lo Stato rende superato ogni criterio morale.
295 Murray N. ROTHBARD, *Per una nuova libertà. Il manifesto libertario*, introduzione di Luigi Marco Bassani, Liberilibri, Macerata 2004, p. 177 (*For a New Liberty. The Libertarian Manifesto*, 1973).
296 *Ibidem*, p. 174.
297 *Ibidem*, p. 175.

In questa contrapposizione tra parassiti e produttori – vera "lotta di classe"[298] –, un forte peso politico lo ha l'accrescimento del numero dei pubblici impiegati[299].

Concludo queste considerazioni generali sull'istruzione pubblica con un riferimento che, a mio avviso, ricapitola tutti i possibili altri: il tema del "diritto all'istruzione" variamente declinato come "diritto alla scuola", "diritto allo studio", ecc. Superfluo dire che esso rientra nel sempre più esteso campo dei "diritti positivi" e, come tali, da considerare – in opposizione ai "diritti naturali" – pretesi per via politica[300]. Si tratta di un "diritto positivo" perché pretende qualcosa da qualcuno («ho il diritto di essere mantenuto a scuola»), mentre un vero diritto è quello che evita una violenza («ho il diritto a non essere costretto dallo Stato a studiare»). In campo educativo l'unico diritto da vantare è quello che i genitori dovrebbero rivendicare: il diritto a scegliere la scuola per i propri figli e ad escludere lo Stato anche dal campo educativo (che è molto di più che non essere semplicemente considerati subalterni allo stesso Stato).

Questa lunga premessa sull'istruzione di Stato – come anticipavo –mi consente ora di essere assai sintetico circa le valutazioni direttamente attinenti all'intervento governativo nel campo scolastico a seguito dell'emergenza sanitaria.

La ministro dell'Istruzione del governo "giallo-rosso", Lucia Azzolina, ha un merito in più rispetto al suo collega a capo del ministero della Salute. Ha avuto, infatti, il pudore di non emulare Roberto Speranza, esimendosi dal proclamare quella italiana «la scuola migliore del mondo». Sarà stata dura ritenere la pubblica istruzione al di sotto della pubblica sanità, ma la ministro è riuscita a frenarsi. E non è cosa da poco aver saputo trattenere

---

298 *Ibidem*, p. 175.

299 Ann Coulter (1961-viv.) è tra le più note e battagliere opinioniste americane. Ne recupero un pensiero a proposito dei pubblici impiegati nel settore scolastico. «Per i Democratici, il fine dello Stato consiste nel fornire posti di lavoro a persone che, altrimenti, non sarebbero mai assunte poiché le loro capacità, le loro attitudini, il loro senso del dovere sono considerati indesiderabili dal settore privato. E no, non sto parlando solo di Barack Obama. [...] Anche se ci fossero solo due studenti per classe, i Democratici continuerebbero la loro campagna per "classi con meno studenti", e così lo Stato potrebbe assumere un numero ancora maggiore di insegnanti per le scuole pubbliche. Per i Democratici, il fine della pubblica istruzione in questo Paese non è quello di insegnare ai ragazzi, ma quello di creare posti di lavoro per "educatori"» (Ann COULTER, *Uncivil Unions*, in «Human Events», 2.3.2011 https://humanevents.com/2011/03/02/uncivil-unions/).

300 Ho già riproposto la distinzione – a mio avviso fondamentale –, soffermandomi sul cosiddetto diritto alla salute (v. sopra). Per una sintesi, cfr. Beniamino DI MARTINO, *I diritti individuali e la storia della libertà*, in «Nuova Storia Contemporanea», anno 1, nuova serie: già anno 21 (2019), n. 1 (gennaio-aprile), p. 215-223.

un'altra nefandezza; non è cosa di tutti i giorni aver evitato un'affermazione che travalichi la cronaca spicciola di questi mesi di pandemia e sia oggetto di sberleffi anche nel futuro. Anche perché la ministro è giovane ed ha dimostrato di essere animata più da energia ideologica che da esperienza educativa.

Il modo migliore per spendere questa energia ideologica è stato quello di far concentrare sul capitolo scuola tutta l'attenzione possibile dando la sensazione di una capacità gestionale senza pari. Se la scuola viene presentata come lo specchio nel quale riflettere i grandi valori democratici, allora tutto deve dimostrare la centralità che essa deve sempre avere nelle istituzioni. Ed ecco che per la scuola repubblicana, strumento eletto di formazione dell'italiano, ogni sforzo è ben riposto. La riapertura e le lezioni in presenza sono, quindi, divenuti una priorità per l'intero assetto costituzionale, una priorità cui, se necessario, subordinare ogni altra esigenza[301].

Da qui le incongruenze non solo della ministro che, probabilmente, deve mantenere irremovibile la propria idea (anche perché la sua poltrona ha vacillato a lungo nei mesi scorsi), ma anche dell'intero esecutivo che per dare prova di efficienza deve dimostrare di essere stato in grado di riportare il Paese alla normalità. Parlavo di "incongruenze governative": quelle di chi prima ha rinchiuso gli italiani agli arresti domiciliari ed ha, così facendo, ibernato l'economia, poi, per dimostrare di aver portato il Paese fuori dal pericolo, si è intestardito ad aprire le scuole senza tener presente che le misure più scrupolose adottate in classe svaporano nei ben noti ingolfamenti propri del trasporto pubblico (bus, metro, treni locali)[302]. Ancora una volta al servizio pubblico fatiscente, l'individuo risponde facendo affidamento sui mezzi privati. Ma il governo che ha chiuso esercenti e industrie ostinatamente difende la didattica in presenza e, schizofrenicamente, come raccomanda lo *smart working* per gli impiegati, così continua (almeno ad oggi, 10 ottobre) ad escludere la "didattica a

---

301 Per Dio – mi si perdoni questa piccola prova di confessionalismo – non si è avuta la benché minima attenzione. Tutto il riguardo è stato rivolto alle scuole. Sarebbe stato, infatti, più facile chiudere le chiese che sospendere l'attività scolastica. Ma, come scrive Gómez Dávila, «chi preferisca una scuola ad una Chiesa [...] non sa cosa sia una Chiesa né una scuola» (Nicolás GÓMEZ DÁVILA, *In margine a un testo implicito*, Adelphi, Milano 2009, p. 128).

302 I protocolli a cui i tecnici ministeriali si erano dedicati durante l'intera estate per garantire lezioni in presenza e in sicurezza si sono platealmente scontrati con un elemento in buona misura trascurato. Ritengo che questa sia una clamorosa svista degli esperti perché, nel mio piccolo, io già prima che scoppiasse il "nodo trasporto" per i pendolari e per gli studenti, consigliavo l'uso dei mezzi privati. A nulla valgono le ingenti spese sostenute per adeguare le aule se gli assembramenti dei pendolari rimangono irrisolti (un vero "collo di bottiglia" anche della sicurezza sanitaria scolastica).

distanza" per alunni e studenti[303]. Non solo. Impedisce il lavoro a chi non può che utilizzare le mani e alla generazione tecnologica per eccellenza, ai ragazzi che sono perennemente in comunicazione con i loro smartphone, che non hanno altra conoscenza della realtà se non quella che si apre loro dinanzi grazie ai social, vien detto che la "didattica a distanza" non è adeguata? E non è questa la generazione che dovrà abituarsi a svolgere ogni tipo di lavoro in ambiente digitale?[304] Mi sia concessa l'esternazione (l'ennesima): solo una concezione ideologica della funzione educante della scuola pubblica può causare questa contraddizione grande quanto una montagna.

Dagli inizi di settembre a tutt'oggi (quasi fine ottobre), il capitolo scuola ha assunto nella discussione politica – ed anche nel tempo ad esso dedicato nei Telegiornali – uno spazio addirittura superiore a quello dedicato all'economia. Ma tutto ciò è perfettamente coerente con una concezione giacobina dell'istruzione[305]: lo Stato non può permettersi di perdere terreno e di arretrare, di dimostrare inefficienza nel perseguire il compito di educare le giovani generazioni. Da tutti i leader politici si è ascoltato un ricorrente invito: quello a considerare «la riapertura delle scuole la più grande priorità della nostra comunità nazionale»[306].

Dopo quanto detto nelle precedenti pagine, non dovrebbe risultare strano sentirmi affermare che, in nome del bene dei nostri giovani, la priorità

---

303 I vertici della Regione Lombardia (a guida Centro Destra) sono finiti sotto inchiesta da parte della magistratura che indaga su un'ipotesi di reato per i decessi nelle case di riposo. Cosa dovrebbe capitare alla ministro (e a tutti i membri del governo) se dovessero esserci dei contagi nelle scuole a causa dell'ostinazione con cui l'esecutivo ha voluto la riapertura scolastica? Probabilmente nulla a causa dell'orientamento o del colore politico che svolge la funzione di un efficace scudo di immunità penale.

304 Cfr. Cristina BRASI, *Riflessioni sulla scuola post-fordista?*, in Nunziante MASTRO-LIA (a cura di), *Dalla società fordista alla società digitale*, Licosia, Salerno 2019, p. 233-269.

305 Intravedo un unico motivo pragmatico – stante la situazione, non superabile – per considerare urgente la riapertura scolastica e questo motivo è costituito dalla ricerca del consenso dei tanti genitori che hanno avuto il problema dell'accudimento dei propri figli durante l'orario di lavoro.

306 Così ha ripetuto anche il ministro della Salute, Roberto Speranza, in prima linea nel patrocinare il ritorno a scuola di bambini, adolescenti e giovani. Eppure in quelle stesse settimane, il suddetto ministro, con un semplice provvedimento amministrativo (per via di circolare ministeriale), rendeva accessibile l'uso della RU486, la pillola abortiva di facile somministrazione. Singolare schizofrenia o coerenza statalista di chi dichiara di avere la preoccupazione per l'istruzione dei ragazzi in cima ai propri pensieri e, contemporaneamente, decreta la soppressione di un numero inquantificabile di nascituri? C'è da ritenere, invece, che la priorità del Paese, ben più che essere la riapertura delle scuole, sia la sostituzione di personaggi come questi alla guida del Bel Paese.

dovrebbe essere individuata non nel rendere possibile la "normale" attività didattica, ma nell'abolizione dell'intera scuola di Stato.

Invece la strada perseguita – come in ogni emergenza – non è quella della revisione del monopolio pubblico con l'auspicabile conversione a favore del servizio privato, ma il rafforzamento del servizio di Stato. E, così, abbiamo assistito a una gran quantità di spese per gli adeguamenti degli edifici (dimenticando che, ordinariamente, sino a febbraio, mancavano le risorse per mettere in sicurezza le strutture scolastiche, la gran parte delle quali risultavano inadeguate o addirittura fatiscenti), milioni di nuovi banchi[307] e grandi quantità di attrezzature (quando ogni preside, precedentemente, lamentava la carenza di ammodernamenti) e, soprattutto, decine di migliaia di nuove assunzioni in nome della superiore esigenza del futuro dei giovani.

In un comparto che ha sempre rappresentato un carrozzone perché – grazie ai posti di lavoro che richiedeva –utilizzato per ridurre la disoccupazione, per abbattere il disagio sociale e per creare consenso intorno alle politiche governative, la soluzione trovata è la stessa di sempre: lo Stato assume. L'emergenza ha, oltretutto, fornito il motivo per farlo in modo esteso[308] e affrettato come non mai: tutto ciò in periodi normali avrebbe richiesto tempi lunghi, ma i provvedimenti di emergenza hanno consentito di sbaragliare ogni saggia (e residuale) resistenza. Le regole di bilancio sono scomparse e ad esse si è sostituita la necessità dell'urgenza, emergenza capace – come sempre in questi casi, dalla guerra nel passato, ai terremoti e ai cataclismi nel presente – di inibire ogni dubbio ed ogni obiezione.

Rimando qualche commento al capitolo economico (il prossimo) e mi affretto a concludere le questioni relative alla scuola con le ultime considerazioni. Rinvio al contesto economico anche una parola sulla fallacia della speranza costituita dalla "grande occasione" che, al pari di altri comparti, si darebbe alla scuola italiana grazie ai grandi investimenti da utilizzare, causa la pandemia. Mi limito a rinnovare un convincimento che si basa su criteri etici, su leggi economiche e su evidenze sociali: l'ulteriore espansione del pubblico impiego, che sarà certamente salutato da tanti beneficiati come un rimedio indispensabile, già nel medio periodo si ritorcerà contro il benessere nazionale e anche le tante assunzioni nella

---

307 Benché con il consueto ritardo, i nuovi banchi monoposto furono consegnati chiamando in aiuto addirittura l'esercito.

308 I numeri sono da capogiro; alle decine di migliaia di insegnanti si aggiungeranno altrettante assunzioni per il personale di servizio e di segreteria. Cfr. https://www.orizzontescuola.it/assunzioni-docenti-e-ata-84-000-11-000-50-000-78-000-facciamo-chiarezza-sui-numeri/.

pubblica istruzione si riveleranno un altro cataclisma abbattuto su questa debilitata società, un dissanguamento ben peggiore dello stesso virus.

Metto, quindi, in discussione i dogmi su cui si basa l'intera retorica dell'istruzione di Stato e mi domando: piuttosto che versare nel sistema pubblico somme stratosferiche che saranno inghiottite come in un buco nero, piuttosto che procedere con assunzioni di centinaia di migliaia di impiegati sottratti al lavoro produttivo e, quindi, al progresso dell'umanità, perché non far tesoro della triste circostanza dell'epidemia per abbandonare il fallimentare modello di servizio offerto dallo Stato e decretare, finalmente, il tramonto della scuola pubblica, così come è oggi "costituzionalmente garantita"? Il Covid sarebbe, quindi, l'occasione non per un'improbabile rilancio, ma per un'opportuna sepoltura della istruzione di Stato i cui risultati possono essere solo considerati misfatti, terribili misfatti[309].

1.5. STATO FORTE CON I DEBOLI, DEBOLE CON I FORTI

Una caratteristica dell'azione dello Stato è di essere forte con i deboli e debole con i forti. Il contesto della pandemia mi sembra che abbia largamente confermato questo ambiguo comportamento e, in alcuni emblematici casi, la caratteristica è emersa con una tale contraddittorietà (o piuttosto "coerenza") da suggerire qualche commento.

Virus e Stato di polizia (forte con i deboli)

I politologi sono soliti parlare di "Stato di polizia"[310] come di una variante (spesso se ne parla quale "degenerazione") dell'organizzazione politica. Ho voluto precisare, però, sia che non ogni organizzazione politica coincide con ciò che chiamiamo "Stato" sia che quest'ultimo è alternativo alle forme organizzative naturali proprie della società[311]. Può essere ora utile sottolineare che la coercizione, la coazione, la sopraffazione sono caratteristiche costitutive di ciò che chiamiamo Stato. Infatti, se è vero che gli uomini si organizzano naturalmente in società per difendersi dalla violenza, è anche vero che lo Stato è quella particolare forma di

---

309 Cfr. Denis de ROUGEMONT, *I misfatti dell'istruzione pubblica*, prefazione di Bruno Bordignon, introduzione di Alberto Mingardi, Rubbettino, Soveria Mannelli (Catanzaro) 2005.
310 Pierangelo SCHIERA, *Stato di polizia*, in Norberto BOBBIO - Nicola MATTEUCCI - Gianfranco PASQUINO, *Dizionario di politica*, UTET, Torino 2004, p. 947-950.
311 Cfr. Albert Jay NOCK, *Il nostro nemico, lo Stato*, prefazione di Luigi Marco Bassani, Liberilibri, Macerata 2005 (*Our Enemy, the State*, 1935).

organizzazione che non potrebbe neanche nascere senza un più o meno esteso esercizio della violenza.

Quando si parla di "Stato di polizia" si usa distinguere questo dallo "Stato di diritto". In realtà, come ho provato ad esprimermi altrove[312], i due momenti sono distinti solo formalmente. Ma trascuriamo ciò che è relativo al secondo e soffermiamoci sul primo. Per "Stato di polizia" si intende una situazione politica in cui l'autorità si fonda su un esercizio arbitrario e terrorizzante della forza. La definizione non è delle migliori perché mette in cattiva luce la "polizia" che dovrebbe rivestire un ruolo protettivo, ma soprattutto la definizione non è adeguata perché la negatività dello "Stato di polizia" sembra contrapporsi allo "Stato" inteso come qualcosa di intuitivamente benefico. Invece, ciò che chiamiamo Stato è pur sempre fondato su qualche arbitrio e si mantiene grazie alla legalizzazione di questi arbitri e mediante la legittimazione propria dello "Stato di diritto".

Il già richiamato Luigi Einaudi (che fu anche presidente della Repubblica, dal 1948 al 1955) si poneva questa domanda: «che cosa ha dato all'unità d'Italia quella armatura dello Stato di polizia, preesistente, ricordiamolo bene, al 1922?»[313]. In questo modo l'economista faceva correttamente presente che il sistema governativo accentrato italiano (a differenza, innanzitutto, dagli USA) non può che essere fondato su una certa dose di imposizione. Nato dalla ingiustizia e dalla violenza non può sorreggersi senza qualche forma di sopruso e di sopraffazione. La coercizione è connaturale allo Stato e, nonostante le affermazioni di facciata, in quello italiano è endemica sin dalle sue origini.

Il *lockdown* ha reso plastica la sensazione di un accerchiamento della società da parte dello Stato mediante le forze di cui dispone. Durante quelle settimane, sui social rilanciai una serie di post su "virus e Stato di polizia" allo scopo di dire la mia a proposito di questa improvvida prova muscolare del governo.

Ho trovato innanzitutto ridicolo che le forze di polizia venissero utilizzate per controllare le auto-certificazioni o che le stesse improvvisassero blitz nei confronti di chi stava arrostendo la bistecca nel proprio giardino. Ma è capitato anche questo ed è bene annotare ciò che un giorno sarà facile dimenticare. Riporto, a mo' di esempio, solo due episodi del mondo

---

312 Cfr. Beniamino DI MARTINO, *Stato di diritto. Un approccio critico*, in IDEM, *Stato di diritto. Divisione dei poteri. Diritti dell'uomo. Un confronto tra dottrina cattolica e pensiero libertario*, Leonardo Facco Editore, Treviglio (Bergamo) 2017, p. 7-42.
313 Luigi EINAUDI, *Il Buongoverno. Saggi di economia e politica (1897-1954)*, a cura di Ernesto Rossi, Laterza, Bari 2004, p. 55.

del ridicolo direttamente recuperati dai miei post (non aggiungo le fonti solo per non appesantire l'esposizione).

Primo. Elicottero e varie volanti (mancavano, però, i cinofili e i reparti speciali) sono intervenuti per circondare una grigliata familiare di Pasqua (sul terrazzo del condominio) con conseguente sequestro e immediata distruzione di sedie, tavolino e griglia. Grande operazione delle Forze dell'Ordine (possiamo suggerire come denominare l'operazione? "Operazione barbecue"). In Italia, chiunque sa dove, nel proprio paese o nel proprio quartiere, si spaccia droga, ma i trafficanti vivono quasi indisturbati. Eppure dove le Forze dell'Ordine dimostrano il pugno di ferro? Con due famiglie intente a mangiare sul terrazzo di casa (in un popolare quartiere di Palermo). Aggiungevo la foto che ritraeva i poliziotti nel momento del sequestro di tavolini e sedie da campeggio.

Secondo. Non lontano da dove abito, una solerte pattuglia di Vigili Urbani procede imperterrita ed inflessibile nel comminare una sanzione di ben 530 euro ad un uomo che era fuori casa ingiustificatamente (almeno per i severi Vigili). In realtà il malcapitato fuorilegge stava raggiungendo il locale porto sul quale avrebbe dovuto recuperare la moglie proveniente dall'ospedale dell'isola di Capri dopo il completamento del suo turno di infermiera (il turno era stato di ben 24 ore).

Terzo (aggiungo un terzo episodio che ora torna alla mente). Un ignaro signore che se ne sta solo, nel bel mezzo di una deserta spiaggia, innocentemente sotto i raggi di un bel sole di inizio primavera, viene segnalato dai droni (sic!) e viene prontamente raggiunto da una pattuglia di poliziotti muniti di avanzatissime moto da spiaggia. "Operazione bagnasciuga"? Il poveretto viene rapidamente circondato e, con atteggiamento attonito, sembra domandare cosa stia succedendo. La telecamera del drone ci ha consegnato la scena nella sua sequenza.

Quarto (ma sì, ancora un altro episodio...). Una signora pensa di portare in una solitaria spiaggia (poco fuori Salerno), nei pressi dell'abitazione, la propria bambina per una salutare boccata d'aria e viene presto raggiunta dagli agenti in moto d'acqua che intimano alla donna di rientrare a casa. Questa volta il blitz è scattato dalle forze di mare e queste si sono limitate ad allontanare mamma e bimbetta risparmiando alle due fuorilegge multa e verbale.

Dal ridicolo passiamo al grave. Ora il pensiero si fa serio perché il massiccio controllo messo in atto dalle forze di polizia (nelle settimane di *lockdown* era assai difficile uscire di casa e non imbattersi in pattuglie) fa sorgere una domanda. Oltre a ciò che comporta questo Stato di polizia in danno alle libertà individuali, mi viene da pensare che se la potenza messa in atto per scoraggiare gli italiani dall'uscire di casa fosse impiegata per combattere la criminalità, questa verrebbe estirpata in pochi giorni. Pattuglie disseminate ovunque, posti di blocco, droni ed elicotteri, telecamere e localizzazioni satellitari. Controlli inflessibili e verifiche minuziose. Sanzioni e provvedimenti a tappeto. Io, che considero la criminalità una calamità più grave del coronavirus, mi rammarico oltremodo che lo sforzo dei tutori dell'ordine sia diretto a reprimere qualche comportamento magari leggero con una scrupolosità non sempre attuata nei confronti dei tanti delinquenti in tranquilla ed indisturbata attività. Così, a fronte della stanchezza e della debolezza con cui si contrasta il crimine si è riscontrata una sbalorditiva iperattività da parte di Carabinieri e Polizia.

Dopo il ridicolo e il serio, ora il patetico. Ho pensato che non dovesse mancare la nostra vicinanza agli uomini delle Forze dell'Ordine. Per compassione alla loro psiche più che per solidarietà alla loro opera. Occorreva vicinanza, perché l'iperattivismo di quelle settimane stava a dimostrare il modo con cui finalmente sfogare (anche se contro poveri malcapitati) la propria comprensibile frustrazione dovuta all'impotenza ed alla rassegnazione provata verso criminali, mafiosi, scippatori, ladri, spacciatori, camorristi, rapinatori, teppisti, clandestini... In Italia, davvero chiunque sa, nel proprio circondario o nel proprio quartiere, chi delinque e dove si spaccia droga, ma le attività criminali proseguono e sembrano incrementarsi di anno in anno. Eppure a chi lo Stato ha dichiarato una lotta senza pietà?

Con i metodi ferrei (applicati facilmente nei confronti dei deboli), nel periodo di chiusura del Paese, lo Stato si è certamente squalificato, ed anche se si accreditava come paternalista salvatore, ha mostrato la propria azione come antagonista – non come alleato – della società. Ma in questa squalificazione, governo e Stato sono riusciti a coinvolgere anche gli uomini delle Forze dell'Ordine, ridotti e scaduti a scherani di regime. Con la tracotanza spesso adottata, con le glaciali norme e le multe salatissime comminate a chi, generalmente, si muoveva per necessità, l'immagine dei difensori della giustizia è risultata compromessa ed offuscata.

Il virus non è migrante (debole con i forti)

Il pugno di ferro, tuttavia, non si è applicato ovunque. Innanzitutto non si è applicato verso gli extra-comunitari, i clandestini, i migranti. Nei confronti di costoro si è chiuso un occhio e spesso anche l'altro. La soffocante normativa, i controlli da copri-fuoco, le obbligatorie auto-certificazioni che hanno complicato la vita a milioni di italiani e messo in ginocchio l'economia del Paese, non hanno avuto alcuna applicazione per i nuovi privilegiati.

"Nuovi privilegiati"? Quanto alle regole sociali, certamente sì e, in considerazione delle protezioni sociali e dei più alti patrocini di cui extra-comunitari, clandestini e migranti godono, queste categorie vanno annoverate tra le classi forti perché ormai intoccabili e portatrici di uno status privilegiato[314].

Giustamente, il fenomeno migratorio dev'essere considerato come qualcosa di epocale[315] che, dopo aver già mutato il volto dell'Europa[316], può arrivare a stravolgere il Vecchio Continente nel giro di pochissimi decenni[317]. È ovvio che non è questo il tema di cui ora occuparci. Tuttavia è interessante, per il nostro argomento, provare a capire qual è stato l'atteggiamento dello Stato che ha bloccato tutto, tranne la cosiddetta accoglienza dei migranti.

Effettivamente, a causa dell'epidemia il governo ha bloccato gli italiani, ma non si è preoccupato affatto di fermare scafisti e clandestini. Si potrebbe dire: quello migratorio è un fenomeno incontenibile che

---

314 Chi obietta rischia di essere accusato di essere razzista o di operare discriminazioni. E chi si mette di traverso finisce in tribunale. È nota la vicenda del rinvio a giudizio per Matteo Salvini in quanto denunciato per sequestro di persona perché, in qualità di ministro degli Interni, non aveva autorizzato lo sbarco, da una nave ONG, di un gruppo di migranti. Detto tra parentesi: indovinatissima da parte di Salvini la scelta di farsi processare; suicida la decisione della maggioranza "giallo-rossa" di votare, in Parlamento, l'autorizzazione a procedere per l'ex ministro degli Interni.

315 Cfr. Gian Carlo BLANGIARDO - Gianandrea GAIANI - Giuseppe VALDITARA, *Immigrazione. La grande farsa umanitaria*, Aracne, Roma 2017; cfr. Anna BONO, *Migranti!? Migranti!? Migranti!?*, Edizioni Segno, Udine 2017; cfr. Christopher CALDWELL, *L'ultima rivoluzione dell'Europa. L'immigrazione, l'Islam e l'Occidente*, Garzanti, Milano 2009 (*Reflections on the Revolution in Europe. Immigration, Islam, and the West*, 2009); cfr. Umberto MELOTTI, *Migrazioni e sicurezza. Criminalità, conflitti urbani, terrorismo*, Solfanelli, Chieti 2011; cfr. Rolf Peter SIEFERLE, *Migrazioni. La fine dell'Europa*, LEG Edizioni, Gorizia 2017.

316 Cfr. Bernard LEWIS, *La crisi dell'Islam. Le radici dell'odio verso l'Occidente*, Mondadori, Milano 2004 (*The Crisis of Islam*, 2004); cfr. Bernard LEWIS, *L'Europa e l'Islam*, Laterza, Bari 1995 (*Europe and Islam*, 1990); cfr., 2004; cfr. Rolf Peter SIEFERLE, *Migrazioni. La fine dell'Europa*, LEG Edizioni, Gorizia 2017.

317 Cfr. Bat YE'OR, *Eurabia. Come l'Europa è diventata anticristiana, antioccidentale, antiamericana, antisemita*, Lindau, Torino 2007 (*Eurabia. L'axe euro-arabe*, 2006); cfr. Bat YE'OR, *Verso il califfato universale. Come l'Europa è diventata complice dell'espansionismo musulmano*, Lindau, Torino 2009; cfr. Oriana FALLACI, *La rabbia e l'orgoglio*, Milano, Rizzoli, 2001; cfr. Oriana FALLACI, *La forza della ragione*, Milano, Rizzoli, 2004; cfr. Oriana FALLACI, *Fallaci intervista sé stessa. L'apocalisse*, prefazione di Alessandro Cannavò, Rizzoli, Milano 2014; cfr. Massimo FRANCO, *L'assedio. Come l'immigrazione sta cambiando il volto dell'Europa e la nostra vita quotidiana*, Mondadori, Milano 2016.

neanche il *lockdown* può frenare. Ho i miei dubbi. Dipende dal segnale che si offre e si vuol dare: se viene garantita sempre e comunque l'ospitalità, allora non vi saranno mai soste nel flusso degli arrivi e di questo flusso – con gli annessi morti e con il prosperosissimo indotto criminale – sono responsabili, politicamente e moralmente, tutti coloro (autorità e opinionisti, leader religiosi e associazioni varie)[318] che hanno contribuito a mantenere le porte spalancate.

Personalmente non sono affatto contro le migrazioni. Ciascuno può essere libero di vivere nella parte di mondo nella quale più può gradire vivere[319] a condizione, però, che la sua scelta non gravi su alcuno. Credo sia un errore impedire per via politica l'acquisto di un'industria italiana da parte di una società tunisina; ritengo, però, sia un delitto tassare gli italiani per garantire la permanenza agli immigrati. A nessuno può essere negata la possibilità di accogliere un ospite (che si tratti di un parente o di un migrante) in casa propria; purché questa ospitalità non gravi su chi non ha condiviso questa scelta. Chi gradisce accogliere qualche immigrato deve farlo a proprie spese e a propria responsabilità. Un governo che volesse sostituirsi alle scelte private con i soldi pubblici sarebbe un governo che sta garantendo la villeggiatura di qualcuno a spese di chi sta lavorando. Quindi, personalmente non sono contro l'immigrazione o l'emigrazione; giudico moralmente insostenibile che i costi di questa scelta siano a carico dei contribuenti. Oltretutto più questo immorale arbitrio è perpetrato, più si impoverisce la società che subisce continui espropri. Perciò questo processo di comoda importazione e di facile accoglienza è direttamente correlato all'emigrazione soprattutto dei nostri giovani verso terre più prospere. L'aumento degli immigrati è, così, una delle cause del parallelo aumento dei nostri emigranti. Con la differenza che importiamo chi diviene immediatamente un parassita dell'aiuto di Stato e perdiamo chi potrebbe massimamente contribuire alla produttività nazionale.

Ma torniamo al virus... Innanzitutto ripetendo che dalle dure norme del *lockdown* gli immigrati sono stati in buona misura esentati. Non è stato un privilegio per questi ultimi, ma una delle tante contraddizioni in cui incorre lo Stato abituato ad essere inflessibile solo con i deboli. Ribadisco che pongo i clandestini tra le categorie ad alta tutela sociale. A loro non è stata imposta alcuna cautela, ma i costi delle cure dei contagiati erano

318 Cfr. Marco CASETTA, *Il grande tradimento. Come intellettuali e politici illiberali favoriscono la conquista islamica dell'Europa*, prefazione di Renzo Martinelli, appendice di Guglielmo Piombini, Leonardo Facco Editore, Treviglio (Bergamo) 2009.
319 Cfr. Hans-Hermann HOPPE, *Abbasso la democrazia. L'etica libertaria e la crisi dello Stato. Saggi su libertà, proprietà e secessione*, a cura di Carlo Lottieri, prefazione di Raimondo Cubeddu, Leonardo Facco Editore, Treviglio (Bergamo) 2000, p. 59-73.

e sono a carico del contribuente italiano. La polizia che spadroneggiava con gli italiani intimoriti, si guardava bene dal controllare gli immigrati e si teneva a distanza dagli assembramenti degli extra-comunitari. In una nota trasmissione televisiva venne mostrato il video ripreso dal cellulare di un residente della zona che, affacciato dal balcone di casa dalla quale non poteva allontanarsi (nelle settimane di quarantena), documentava i bivacchi nella piazza sottostante. All'arrivo dei Vigili, gli immigrati reagirono violentemente, alcuni si denudarono e la pattuglia pensò bene di allontanarsi per non aver la peggio[320]. E questo è solo uno dei tanti episodi che potrebbero essere presentati. Mi fermo qui per ragioni di tempo perché non posso certo permettermi di passare in rassegna i tanti link che ho archiviato a tema "virus e immigrazione".

Ancora: mentre il governo impediva l'ingresso ai turisti, il numero degli sbarchi aumentava a dismisura e il governo, animato dal più stucchevole terzo-mondismo, con largo impiego di uomini e mezzi non risparmiava spese[321], oltretutto in un momento in cui molte famiglie italiane iniziavano ad essere in gravissime difficoltà. Il comparto turistico pativa le chiusure mentre il lavoro si incrementava per le cooperative a cui il governo appalta i servizi per i migranti[322]. Il paradosso era nel contestuale respingimento dei turisti (ad iniziare dagli americani, notoriamente i migliori clienti) e dall'accoglienza indiscriminata dei migranti[323].

Infine va detto che molti di questi sono risultati positivi al Covid-test e, in condizioni di assembramenti, hanno ulteriormente esteso il contagio. Il governo si è limitato a tranquillizzare gli italiani ma, intanto, per questi si profilavano già nuove misure restrittive per contenere la nuova crescita della curva epidemiologica[324].

---

320 Mi riferisco ad una puntata del mese di aprile 2020 (non riesco ad essere più preciso) del programma di Rete4 «Dritto e Rovescio», condotto da Paolo Del Debbio. Il video documentava quanto ordinariamente avveniva nei luoghi in cui sono presenti immigrati; nel caso specifico si trattava di piazza Principe Umberto a Napoli.

321 Nel prossimo capitolo 2 (incentrato sulle considerazioni economiche) suggerirò una possibile ragione per cui l'Italia tristemente rappresentata da Conte non può neanche più pretendere il ricollocamento negli altri Paesi europei dei migranti sbarcati nelle nostre regioni meridionali.

322 In realtà si incrementano anche i contributi che il governo versa per il mantenimento di ogni assistito. E c'è da meravigliarsi se, in questa grande greppia di Stato, il *business* migranti produca appetiti di ogni genere?

323 Cfr. https://www.ilgiornale.it/news/cronache/governo-blocca-i-turisti-usa-e-fa-sbarcare-i-migranti-1874638.html.

324 Dato che nei campi raccolta in Sicilia era ammassato il maggior numero degli sbarcati, il governatore dell'isola, Musumeci, provò ad alzare la voce con le autorità romane ricevendo qualche pannicello caldo. Oggi (metà ottobre 2020) in Sicilia, a differenza della

RSA (forte con i deboli)

Alternando esempi di atteggiamento debole con i forti (come è il caso dell'atteggiamento nei confronti dei migranti) e esempi di atteggiamento forte con i deboli, mi sembra utile proporre qualche breve considerazione sul giustizialismo manifestato riguardo ai decessi nelle cosiddette RSA.

Confesso che prima della pandemia non sapevo cosa fossero le "RSA". I servizi dei telegiornali mi hanno costretto a capire che all'acronimo corrisponde questa dicitura: "Residenze Sanitarie Assistenziali". Quelle strutture che una volta si chiamavano semplicemente "ospizi", che più recentemente erano le "case di riposo" per anziani non autosufficienti, ora vengono, con linguaggio da carta bollata, definite "RSA".

Perché occuparcene? Val la pena occuparsi della cosa perché intorno alle RSA – quasi esclusivamente a quelle lombarde (almeno al momento) – sono state avviate indagini giudiziarie – indagini avviate in grande stile e allargate "a tappeto" – per accertare eventuali responsabilità da parte della giunta regionale (di Centro Destra) per i decessi causa Covid avvenuti nelle residenze sanitarie.

Ebbene, gli uffici giudiziari delle province lombarde, nonostante l'interruzione dovuta al *lockdown*[325] e nonostante il cronico alto numero dei procedimenti in attesa, malessere in cui da sempre si dibatte l'amministrazione italiana della giustizia, hanno deciso di dare rilevanza a segnalazioni e di procedere ad indagini che, sin da subito, hanno rivelato questioni di difficoltoso accertamento ed hanno richiesto nomine di staff di medici e periti per appurare eventuali omissioni all'origine della morte dei quasi centenari ospiti delle case di cura. Da sottolineare: decessi avvenuti in una situazione di totale emergenza per la quale, in quei frangenti, in Lombardia non era possibile neanche dare sepoltura ai troppo numerosi feretri.

La sollecitudine della magistratura mi appare viziata da almeno due grandi ipoteche. La prima è quella che ho già provato a definire come il mito della sicurezza assoluta che scaturisce dalla richiamata utopia della salute perfetta[326]; in base al mito della completa sicurezza è quasi inconcepibile che vi sia un incidente che non abbia un responsabile da identificare e da punire. Anche la morte di un novantenne diviene un incidente di cui accertare le responsabilità. La seconda ipoteca riguarda – dispiace dirlo – il colore politico degli imputati come orientamento in

---

prima ondata primaverile di contagi, il numero dei positivi è alto e per la prima volta sono state istituite diverse zone rosse.

325 Cfr. https://istitutoliberale.it/la-giustizia-ai-tempi-del-covid-19/.

326 Cfr. il paragrafo 4 del presente capitolo 1 (dal titolo *Il mito della sicurezza assoluta*).

base al quale, sembra, che alcune indagini abbiano corsie privilegiate da percorrere. Questo vizietto partigiano non si estinguerà nonostante lo stretto connubio tra correnti della magistratura e parti politiche – platealmente acclarato – sia stato ancora una volta solennemente condannato.

I mesi del Covid sono stati anche i mesi in cui la magistratura italiana ha dovuto riconoscere di essere profondamente infetta dalle peggiori abitudini che si annidano nella pubblica amministrazione[327]: corruzione, carrierismo, favoritismi, collusioni, raccomandazioni, cordate di potere, incroci di favori e, soprattutto, grande sete di potere radicata proprio in chi costantemente fustiga i vizi che si annidano nell'ambito politico e predica a favore della correttezza della vita democratica[328]. Il caso Palamara, purtroppo, non rappresenta alcuna sorpresa, non porta alla luce niente di nuovo; la novità è offerta solo dalle misure disciplinari finalmente applicate dopo decenni di omertà e di connivenze (ormai molti anni fa, neanche le squillanti accuse del presidente Cossiga, pur nella sua funzione di capo del Consiglio Superiore della Magistratura, riuscirono a estirpare le reti occulte operanti tra i giudici). Per decenni lo strapotere della Magistratura si è sempre più consolidato in virtù del mito della superiorità morale sia dei giudici sia del ruolo giudiziario[329].

Ebbene, tornando alle circostanze con cui lo Stato si è fatto forte con i deboli, appaiono addirittura patetiche le accuratissime indagini sui decessi di Covid nelle RSA. Interrogatori, inchieste, sopralluoghi, consulenti noti (e certamente ben pagati). Disseppellimento anche di un 98enne[330] per procedere all'autopsia[331]. Uno sforzo, dunque, eccessivo o almeno sproporzionato per come appare all'uomo della strada che è costretto a

---

327 Cfr. Stefano LIVADIOTTI, *Magistrati. L'ultracasta*, Bompiani, Milano 2009; cfr. Carlo NORDIO, *Giustizia*, Guerini e associati, Milano 1997.

328 Domenico AIROMA, https://www.ilgiornale.it/news/politica/toga-ora-ammette-magistratura-ha-vero-potere-1893673.html.

329 Cfr. Antonio MARTINO - Fabio FLORINDI, *Il terzo strapotere. La giustizia e i cittadini*, Bibliotheca Albatros, Milano 2010; cfr. Carlo NORDIO, *Emergenza giustizia*, Guerini e associati, Milano 1999.

330 Notizia del 23 giugno (2020). Non ho annotato altro, ma vi saranno, probabilmente, stati diversi altri casi simili.

331 Tra le mie annotazioni, invece, ritrovo queste frasi. «Intanto i tribunali scoppiano per i procedimenti arretrati (pare che siano 1 milione). E chi subisce uno scippo, una rapina o un furto certamente non ottiene alcuna attenzione da parte di polizia e magistratura. Ovvio: la vittima della criminalità "comune" non è mediatica! E non parliamo del caso dello sportivo che (da bimbo incosciente) ha causato danni su danni (a sé e a tanti) ad iniziare da quelli addossati ad un povero camionista che transitava per lavoro, povero camionista ora (prontamente) inquisito». Quest'ultimo riferimento riguarda il pilota automobilistico Alex Zanardi che, nel corso di una corsa di paraciclismo, ha causato un incidente per il quale ha subito gravissime conseguenze (metà giugno 2020).

seguire i protocolli del buon senso e a trovare rassegnazione per gli inevitabili infortuni di cui la vita terrena è, purtroppo, piena.

Dalle denunce dei familiari degli anziani morti per Covid nelle case di
riposo si sono avviate le indagini e perciò un'annotazione polemica voglio
riservarla proprio a loro. Non sono forse sospette queste manifestazioni
di raccapriccio o questo desiderio di accertamento giudiziario della causa dei decessi di quegli anziani (spesso ultra novantenni) che non erano
stati mantenuti in casa, ma affidati agli ospizi? Ora che, grazie alle inchieste, c'è odore di risarcimento, l'impegno dei congiunti stranamente si
moltiplica; si fanno ritrarre all'esterno dei tribunali («vogliamo giustizia,
non vendetta», certo, certo...) e reclamano i propri diritti a conoscere una
verità che, però, deve innanzitutto tener presente che questi anziani non
hanno trovato posto nelle case dei familiari per essere, più comodamente, affidati alle RSA.

Rivolta nelle carceri (debole con i forti)

Vorrei proporre ancora un altro caso ed è l'ultimo esempio che intendo
sottoporre all'attenzione del lettore. Mi riferisco al trattamento riservato dallo Stato ai criminali, soprattutto a quelli di più forte spessore. La
debolezza dello Stato nei confronti di costoro, in periodo di coronavirus,
si è manifestata in due momenti (forse tristemente collegati): la rivolta
nelle carceri e la scarcerazione di centinaia di boss.

Partiamo dalla rivolta dei detenuti che riguardò varie carceri della
Penisola[332]. Le sommosse provocarono il ferimento di diverse decine di
agenti di polizia penitenziaria, la devastazione di una settantina di istituti penitenziari (su un totale di 189 carceri giudiziari attivi in Italia),
varie centinaia di evasi e quattordici morti tra i reclusi (quasi tutti per
overdose perché i tossicodipendenti si avventarono sulle infermerie per
saccheggiarle). Le rivolte ebbero come motivazione la sospensione dei
colloqui con i familiari e il pericolo dei contagi e ha riguardato alcune
migliaia di condannati.

Sotto l'aspetto criminale ciò che ancora impressiona è l'organizzazione
delle rivolte, contrassegnata da grande precisione: i familiari già tutti nei
pressi degli istituti penitenziari e la riprova della riconosciuta gerarchia
interna alle celle ove si distingue chi dà ordini e chi li riceve. Soprattutto
desta spavento il controllo che delle carceri dimostrano di avere le varie
organizzazioni criminali. Le sommosse hanno riguardato solo gli istituti

---

332 Le rivolte si svilupparono intorno al 10 marzo (2020), quindi in coincidenza con
l'avvio del *lockdown* decretato dal governo.

in cui erano presenti esponenti della camorra napoletana mentre nulla è avvenuto nelle carceri in cui a comandare erano i padrini della mafia siciliana o della ndrangheta calabrese o della sacra corona unita pugliese[333]. E, così, i tumulti hanno delineato una chiara geografia criminale, una pluralità di appartenenze di cui l'Italia non dovrebbe andare molto fiera.

Il coordinamento delle rivolte tra i vari penitenziari suggerisce un piano teso ad ottenere un qualche risultato. Da inesperto, suppongo che questo obiettivo era quello di ottenere nuovi indulti e scarcerazioni motivati dal pericolo di contagio. Pare che mafia e ndrangheta calabrese abbiano optato per altre modalità, ma chi ha voluto e diretto le insurrezioni dovrebbe aver coltivato questo proposito.

Intanto il Bel Paese offriva al mondo intero un'immagine di sé davvero abietta: un Paese sempre più in balia dei prepotenti e in cui le cosche comandano anche quando boss e gregari sono assicurati alle patrie galere. Una nazione di cui vergognarsi. Si potrebbe dire senza timore di cinismo che quella sequenza sconcertante di immagini (penitenziari in fiamme, evasioni in massa, uomini delle forze dell'ordine impotenti, familiari dei detenuti urlanti) non è niente altro che l'immagine adeguata di ciò a cui si è ridotta l'Italia repubblicana, democratica, antifascista e progressista. E dimenticavo: europeista. E dimenticavo ancora: solidale e altruista. Per dare merito a Mattarella, meglio ricordare tutti questi aggettivi. Sarebbe bastato poco, in fondo, per domare le rivolte e per punire i ribelli. Ma queste soluzioni sono proprie dei Paesi seri. Noi, invece, vogliamo essere un Paese civile e quindi riteniamo che la colpa di quanto successo sia da ricercare nell'insufficiente attenzione politica verso il mondo penitenziario. E, quindi, vai con nuovi stanziamenti e nuove assunzioni di assistenti sociali e psicologi.

Ma in tempo di coronavirus tutto questo non basta. Alla tolleranza verso i criminali, occorre aggiungere altro: la scarcerazione per timore del contagio. Ed ecco, allora, accontentati i registi delle rivolte in base al precetto costituzionale che non intende far mancare anche ai detenuti l'esercizio del "diritto alla salute". I grandi boss della camorra hanno inviato un messaggio di minaccia in stile narcos sudamericano: «le rivolte sono solo un assaggio di ciò che capiterà se non saremo esauditi». Un messaggio tutt'altro che nascosto o indecifrabile. E lo Stato risponde con fermezza democratica e repubblicana: li accontenta subito.

Il paradosso è solo apparente. Mi riferisco alla posizione del Movimento 5 Stelle che si è fatto bandiera di legalità e intransigenza, di onestà e

---

333 Cfr. https://www.ansa.it/canale_legalita_scuola/notizie/2020/05/08/la-rivolta-delle-carceri-a-marzo-chi-cera-dietro-i-disordini_9bc30fe7-c189-4e82-b567-ad422a00719d.html.

lotta senza quartiere ad ogni forma di corruzione. E, così, il pentastellato ministro della giustizia Bonafede, da un lato, in Parlamento affermava solennemente che lo Stato non avrebbe «indietreggiato neppure di un centimetro»[334], dall'altro, sottoscriveva le scarcerazioni per un migliaio di detenuti, criminali di tutte le risme che potevano, così, lasciare i penitenziari con tutta disinvoltura nonostante le rimostranze delle opposizioni parlamentari. Un'altra vittoria dello Stato forte (con i deboli) di valori costituzionali. In questo caso, però, per non qualificarlo come debole, si direbbe "Stato comprensivo, democratico e tollerante". L'ira delle opposizioni non si è calmata neanche quando il gurdasigilli ha voluto precisare che a fronte di circa 3350 scarcerazioni, solo un migliaio avevano lasciato il carcere per il rischio pandemia (in base alle norme contenute del decreto legge "Cura Italia"), mentre oltre 2.400 si erano avvalsi dei benefici di una legge del 2010. Piroette istituzionali che hanno comunque consentito anche ai criminali più pericolosi (quelli relegati al regime di carcere duro secondo il famoso articolo 41bis) di tornare a casa e "al lavoro" (d'altra parte non è la Costituzione che garantisce il "diritto al lavoro"?).

L'impressione era che lo Stato si piegasse per timore di nuove e più estese rivolte carcerarie. E, così, il governo mentre si dimostrava inflessibile verso chi provava ad uscire di casa, metteva in libertà i violenti; mentre paventava il carcere per chi avesse espresso opinione contraria alla parità degli orientamenti sessuali, si prostrava dinanzi alle richieste dei boss[335]; mentre sguinzagliava i carabinieri ad inseguire chi prendeva un po' di sole, la grande criminalità brindava[336]; mentre chi non rispetta l'isolamento rischia il carcere, le carceri vengono svuotate per evitare il contagio. Stato folle!

Un ultimo pensiero. Le scarcerazioni sono state giustificate per il timore del contagio, ma quale luogo è più sicuro del penitenziario o, ancor più, della cella d'isolamento grazie al 41bis? Non esistono edifici a miglior tenuta di isolamento che le carceri, soprattutto se di massima sicurezza. Oppure anche nei penitenziari sono consentiti "vertici" e meeting di lavoro tra detenuti e personale esterno? Ai detenuti, a differenza di chiunque altro, è risparmiata anche l'incombenza di andare al supermercato per i rifornimenti di cucina. Quale, dunque, luogo più sicuro degli istituti penitenziari? In essi il contatto con l'esterno dovrebbe essere ridottissimo.

334 Cfr. https://www.repubblica.it/politica/2020/03/11/news/rivolta_carceri_bonafede_relazione_parlamento-250921236/.
335 Cfr. https://www.ilfattoquotidiano.it/2020/04/22/coronavirus-di-matteo-boss-scarcerati-segnale-tremendo-trattativa-stato-mafia-non-va-dimenticata-lintervento-a-sono-le-venti-nove/5779195/.
336 Cfr. https://www.tgcom24.mediaset.it/cronaca/il-pentito-di-mafia-i-boss-hanno-festeggiato-per-le-scarcerazioni_18084593-202002a.shtml.

Non c'è maggior rischio nel far tornare queste persone alla ordinaria vita quotidiana? Alle origini delle rivolte vi era la sospensione delle visite dei familiari dei detenuti. Misura che sembrerebbe di ovvio buon senso per tutelare i reclusi. Al contrario del buon senso, la scarcerazione dovrebbe aumentare, non diminuire il rischio di contagio per i detenuti.

1.6. IL VIRUS DELLO STATALISMO

«Il prezzo della libertà è l'eterna vigilanza»[337]. È, questa, una frase famosa nella tradizione americana ed è attribuita, convenzionalmente, a Thomas Jefferson, probabilmente, la figura preminente dell'indipendenza degli Stati Uniti[338]. Perché ho citato l'esortazione contenuta nella nota affermazione? Perché la libertà non è una condizione che si ottiene senza sforzo; anzi questo sforzo dev'essere continuo perché anche i migliori risultati possono essere facilmente compromessi e rapidamente perduti. È una lotta costante; una battaglia che spetta combattere ad ogni generazione. Ogni assopimento può comportare gravi conseguenze. Si tratta, però, di una lotta che è l'esatto contrario di quelle che si è ormai abituati ad osannare: infatti non è una rivendicazione per ottenere qualcosa dallo Stato, bensì una lotta per evitare che il potere conceda qualcosa (e, di conseguenza, che pretenda altro). Difatti, la libertà si custodisce mettendo e mantenendo lo Stato sotto assedio. Se la più crassa illusione è quella di pensare che lo Stato garantisca le libertà individuali, la più realistica difesa della libertà coincide con il proposito di ridurre ogni intervento da parte del potere politico. Con il grande economista von Mises occorre sempre ripetere che «la libertà è sempre libertà dallo Stato»[339] mentre ciò che giunge grazie allo Stato – si può ben esserne certi – è sempre contraccambiato con un ridimensionamento di spazi di autonomia individuale.

Ribadisco la distinzione tra governo e Stato: mentre il governo naturale (l'auto-governo) è espressione della società e viene da questa controllato, lo Stato si contrappone alla società tendendo sempre a controllarla e sottometterla. Ovviamente lo Stato è una forma di governo, ma non ogni governo deve necessariamente trasformarsi in Stato. Un governo naturale è funzionale alla società e, perciò, concepisce se stesso come rigidamente

---

337 Cfr. Ralph L. BAYRER, *Eternal Vigilance. Guarding Against the Predatory State*, Xlibris Corporation, Bloomington (Indiana) 2020.
338 Cfr. Beniamino DI MARTINO, *"Conceived in liberty"*. *La contro-rivoluzione americana del 1776*, Liamar Editions, Principality of Monaco 2016.
339 Ludwig von MISES, *Libertà e proprietà*, Rubbettino, Soveria Mannelli (Catanzaro) 2007, p. 20.

limitato nelle sue mansioni e nei suoi compiti mentre lo Stato, assorbendo tutte le funzioni presenti nella società, si ritiene onnicomprensivo e tendenzialmente illimitato. Nel lasciare la Casa Bianca, al termine del suo mandato presidenziale, Reagan consegnò agli americani una seconda grande lezione sullo Stato. La prima era contenuta nelle parole con cui aveva dato inizio alla presidenza e che ho già ricordato[340]. La lezione conclusiva era tutta in questa frase: «l'uomo non è libero se il governo non è limitato. C'è una chiara causa ed effetto qui che è chiara e prevedibile come la legge della fisica: quando il governo si espande la libertà si contrae»[341]. A questa legge si deve contrapporre un'altra legge fisica e morale: la riduzione del governo per restituire libertà agli individui. Perciò penso anche che più sono limitati i compiti che il governo riveste, più è legittimo il suo ruolo e, parimenti, ritengo pure che l'illegittimità dello Stato sia tale anche solo a partire dall'estensione delle sue attribuzioni. Se il governo – quando è naturale – è funzionale alla società perché, assicurando l'ordine (unico compito di un buon governo), garantisce lo spontaneo ampliamento delle attività – diversificate e armoniose – proprie di una società, al contrario, lo Stato, auto-referenzialmente, tende ad espandersi e, per poter farlo, non può che dissanguare le forze presenti nella società ed inaridire la intraprendenza dei soggetti.

Ecco, dunque, che giungiamo alla questione nodale della perenne estensione dello Stato. L'organizzazione statale tende sempre ad espandersi; per poter sopravvivere ha bisogno di sempre nuovi clienti da beneficare e sempre nuovi campi da cui attingere. Alla sete di sempre nuove competenze da assorbire corrisponde la necessità di soddisfare una sempre più vasta platea di assistiti. Ovviamente questo dissanguamento dei ceti produttivi avrà un termine fisiologico, ma sino a quel momento il moto sarà sempre dilatante. Un movimento dilatante sino all'inevitabile implosione dovuta al completo svenamento della società e delle forze imprenditoriali che la animano; similmente a quanto avvenuto nei sistemi comunisti la cui caratteristica era ed è l'edificazione dello Stato perfetto.

Quindi è nella natura dello Stato il carattere ipertrofico: lo Stato è sempre espansionistico; tende sempre ad estendersi. L'ampliamento (indefinito, ma non infinito) del potere politico-burocratico[342] può essere

---

340 «Lo Stato non è la soluzione ai nostri problemi; lo Stato è il problema».
341 Ronald REAGAN, *Public Papers of the President of the United States. 1988-89, vol. 2*, US Government Printing Office, Washington DC 1991, p. 1721 («Man is not free unless government is limited. There's a clear cause and effect here that is as neat and predictable as a law of physics: as government expands, liberty contracts»).
342 Cfr. Ludwig von MISES, *Burocrazia*, prefazione di Lorenzo Infantino, Rubbettino, Soveria Mannelli (Catanzaro) 2009 (*Bureaucracy*, 1944); cfr. Toti S. MUSUMECI,

considerato una legge delle scienze sociali, una costante che si è delineata come legge di Parkinson in relazione all'allargamento dell'apparato statale[343] o come "legge di gravità" del potere[344]. Fu il saggista americano Albert J. Nock (1870-1945) a suggerire la conflittualità tra "potere sociale" e "potere statale"[345] dal cui antagonismo derivano epoche di prosperità quando a prevalere è il primo, improntato sulla cooperazione, sulla trasformazione delle risorse naturali e sullo scambio volontario, e epoche di declino quando avanza il secondo, quello basato sul controllo, la pianificazione e l'accentramento.

Esistono senz'altro modi e motivi per fronteggiare la preponderanza dell'arbitrio politico. Gómez Dávila scriveva che «la politica saggia è l'arte di rafforzare la società e di indebolire lo Stato»[346]. Una strada ardua, ma assolutamente necessaria: la strada delle libertà individuali che coincide con la lotta all'elefantiasi burocratica e amministrativa[347].

Nelle precedenti pagine[348] ho voluto soffermarmi sia sulla *paura* quale fenomeno politico sia sulla nozione di *emergenza* quale privilegiato "ambiente" governativo, due categorie che hanno una parte importante nel processo di concentrazione di potere nello Stato. Ve ne sono anche altre, ovviamente; ma richiamare queste due torna quanto mai utile per comprendere se e in che misura c'è relazione tra norme anti-epidemiche

---

Burocrazia e rapporto pubblico–privato, in Filippo CAVAZZONI (a cura di), *Il pubblico ha sempre ragione? Presente e futuro delle politiche culturali*, prefazione di Guido Vitiello, Istituto Bruno Leoni Libri, Torino 2018, p. 55-70; cfr. Max NORDAU, *Burocrati e parassiti. Scritti sulla realtà del governo, della democrazia parlamentare e dello sfruttamento burocratico*, saggio introduttivo e cura di Alessandro Vitale, Leonardo Facco Editore, Treviglio (Bergamo) 2006 (*Die conventionellen Lügen der Kulturmenscheit*, 1883, e *Der Sinn der Geschichte*, 1909); cfr. Bruno RIZZI, *La burocratizzazione del mondo*, prima edizione integrale a cura di Paolo Sensini, Edizioni Colibrì, Paderno Dugnano (Milano) 2002 (*La Bureacratisation du Monde*, 1939).

343 Cfr. Cyril Northcote PARKINSON, *Parkinson's Law*, John Murray Publisher, London 1958.

344 Cfr. Alessandro VITALE, *La legge di gravità del potere oggetto-chiave del realismo politico*, in «Studi Perugini», anno 4 (1999), n. 8 (luglio-dicembre), p. 59-85.

345 Cfr. Albert Jay NOCK, *Il nostro Nemico, lo Stato*, prefazione di Luigi Marco Bassani, Liberilibri, Macerata 2005, p. 32-39 (*Our Enemy, the State*, 1935).

346 Nicolás GÓMEZ DÁVILA, *In margine a un testo implicito*, Adelphi, Milano 2009, p. 27 (*Escolios a un texto implícito*, 1977.1986).

347 Cfr. Richard A. EPSTEIN, *Regole semplici per un mondo complesso*, introduzione di Marcello Clarich, Liberilibri, Macerata 2012 (*Simple Rules for a Complex World*, 1995); cfr. Pier Paolo GIGLIOLI, *Burocrazia*, in Norberto BOBBIO - Nicola MATTEUCCI - Gianfranco PASQUINO, *Dizionario di politica*, UTET, Torino 2004, p. 87-92.

348 Cfr. la prima parte (dal titolo *Lo Stato e la paura*) del paragrafo 3 di questo stesso capitolo 1.

e rischi per la libertà. Grazie alle precisazioni che ho già provato a presentare, posso, però, limitarmi a concludere sinteticamente.

La filosofia dell'emergenza, la prassi della somma urgenza e il requisito della inderogabile necessità sono condizioni che mettono gravemente in pericolo le libertà individuali perché offrono immancabilmente al ceto politico occasioni straordinarie (accanto e più delle occasioni "ordinarie") per accrescere il proprio potere nel consenso universale, o quasi, con interventi che giustifichino l'espansione dello Stato mediante il rafforzamento dei compiti già esistenti e con l'acquisizione di nuovi ruoli e nuovi spazi. Quale migliore contesto per legittimare l'azione politica di quello in cui la paura spinge la gran parte della popolazione a rinunciare alla propria libertà pur di vedersi garantita maggiore sicurezza? Quale migliore circostanza per incrementare l'intervento pubblico di quella in cui il bisogno preme convincendo tanti ad affidarsi alle cure dello Stato? Parlavamo già di *pactum sceleris* tra dispensatori e beneficiati. Infatti, come il ceto politico scorge nelle situazioni emergenziali e nella paura della popolazione un'occasione per accrescere la propria influenza, coloro che implorano l'intervento pubblico provano a trarre dallo Stato il massimo beneficio possibile. Spesso, cioè, l'emergenza, che è un'opportunità per l'apparato dello Stato, è intravista come pioggia grandemente fertilizzante anche per i supplicanti[349].

Momenti di emergenza, stati d'eccezione, situazioni di necessità, circostanze di urgenza giustificano interventi straordinari che, però, solo raramente vengono revocati. Giustamente Reagan, con il suo consueto umorismo, una volta disse: «da tempo abbiamo scoperto che nulla dura più a lungo di un programma temporaneo di governo»[350]. E con altrettanta ironia si potrebbe affermare che «il motto dello Stato è sempre "mai lasciare che una crisi vada sprecata"»[351].

Capita, però, non solo che il potere politico approfitti per rendere duraturi o addirittura definitivi interventi e programmi messi in atto per

---

349 Più avanti mi permetterò di evocare alcuni giovanili ricordi relativi al terremoto in Campania del 1980, ma qui anticipo il sentimento – per me sconcertante già allora – di tanti napoletani che vedevano nel sisma l'occasione che avrebbe indotto il governo a provvedere alla casa per chi non la possedeva.

350 Ronald REAGAN, *Remarks at Herbert Hoover Library*, West Branch, Iowa, August 8, 1992. Cit. in Steve EUBANKS (edited by), *Quotable Reagan. Words of Wit, Wisdom, Statesmanship By and About Ronald Reagan, America's great Comunicator*, TowleHouse Publishing, Nashville (Tennesse) 2001, p. 112 («We have long since discovered that nothing lasts longer than a temporary government program»).

351 Duncan WHITMORE, *Why the State Shouldnt Manage a Crisis*, https://misesuk. org/2020/03/24/why-the-state-shouldnt-manage-a-crisis/, 24.3.2020 («the State's motto is always "never let a good crisis go to waste"»).

fronteggiare necessità particolari, ma che queste stesse operazioni, a causa di impellenze – tanto più gravi sono queste, quanto più irrefragabili appaiono i relativi provvedimenti – costituiscano una costante spinta nella direzione dell'abitudine sia a considerare insostituibile il ruolo dello Stato, sia a rassegnarsi al suo crescente peso, sia a riconoscerne la insostituibilità. Ed è così che l'uomo moderno, maturo e non più dipendente da Dio, emancipato e progressista, finisce nelle braccia dello Stato, provvidente e sapiente, "dio mortale" (il *deus mortalis* hobbesiano), imitazione e sostituzione del Dio cristiano[352]. Non sarebbe fuori luogo soffermarsi sul legame tra secolarizzazione e statalismo ma, per procedere con maggiore rapidità, torno alla deriva antropologica contenuta nella crescente abitudine di affidarsi al potere politico. Mediante un processo (generalmente lento, ma che accelera con le emergenze), la vita dell'uomo viene appaltata e sempre più ci si affida allo Stato perché un ente superiore possa provvedere per ogni necessità, dalla culla alla bara.

Cosa diversa da tutto ciò è l'opera legittima di un governo limitato che, in quanto strettamente circoscritto alle sue prerogative[353], sa bene sia di non dover mai prevaricare sia di non disporre di alcuna facoltà oltre quella di proteggere i beni dei propri consociati[354]. Senza allora escludere la possibilità di riconoscere legittimità ad alcune iniziative delle autorità, ben diversa è la situazione generale nella quale l'azione dello Stato risulta liberticida anche quando è animata dai migliori propositi. Alla luce di tutto ciò, come in tante altre circostanze analoghe, anche per quanto riguarda la pandemia, «c'è probabilmente più da temere da una reazione eccessiva dello Stato che dal virus stesso»[355].

---

352 «La secolarizzazione è la sostituzione del primato della religione con quello della politica. La sostituzione della religione con la politicizzazione. La conversione della politica in una religione, la religione della politica» (Dalmacio NEGRO PAVÓN, *Chiesa, Stato, secolarizzazione: genesi dell'Europa contemporanea*, in «Cristianità», anno 34 (2006), n. 336 (luglio-agosto), p. 22).

353 Per tornare ancora una volta alla distinzione tra governo legittimo e Stato illimitato, voglio ancora dire che ciò che delinea un governo limitato sono prerogative e funzioni chiaramente elencate e riconoscibili, precisamente delegate e revocabili.

354 Il governo nasce dal consorzio di persone che, in questo modo, meglio possono tutelare la propria sicurezza. Non esistono altri compiti oltre la difesa della vita, della libertà e della proprietà, tanto meno il ruolo di intromettersi nella vita degli individui o nella loro sfera economica. Reagan disse: «il primo compito del Governo è proteggere le persone non gestire le loro vite» (Ronald REAGAN, *Public Papers of the President of the United States. 1981*, US Government Printing Office, Washington DC 1982, p. 337).

355 Duncan WHITMORE, *Why the State Shouldn't Manage a Crisis*, https://misesuk. org/2020/03/24/why-the-state-shouldnt-manage-a-crisis/, 24.3.2020 («there is probably more to be feared from State overreaction than there is from the virus itself»).

Non dovrebbe apparire eccessiva quest'ultima affermazione che potrebbe anche essere rincarata con le parole di Jesús Huerta de Soto. «Il virus più letale – ha scritto nella scorsa primavera l'economista madrileno – è l'illusione che lo Stato possa garantire la nostra salute pubblica e il nostro benessere universale, quando la scienza economica ci ha dimostrato che è teoricamente impossibile che un qualsivoglia pianificatore centrale riesca a dare un contenuto coerente e coordinato ai suoi mandati coercitivi per raggiungere i suoi ampollosi obiettivi. In primo luogo questo si deve all'immenso volume d'informazioni e di conoscenze che sarebbero necessarie per l'adempimento di tale compito e di cui un organo politico centrale non può, necessariamente, disporre. E in secondo luogo, in particolare, perché la coercizione istituzionale propria dello Stato, influenzando il corpo sociale degli esseri umani, che sono gli unici in grado di coordinarsi spontaneamente e di creare e produrre ricchezza, blocca e rende impossibile l'emergere di quell'informazione di prima mano che è esattamente ciò di cui lo Stato avrebbe bisogno per dare un contenuto coordinatore ai suoi mandati. Questo, in sostanza, è il teorema dell'impossibilità del socialismo scoperto e sviluppato da Ludwig von Mises e Friedrich von Hayek negli anni Venti del secolo scorso e senza il quale non è concepibile capire cosa sia successo nella storia del mondo»[356].

L'articolo di Huerta de Soto ha anche il merito di richiamare adeguatamente e efficacemente un'altra caratteristica dello Stato: la centralizzazione. Dopo essermi soffermato sulla inevitabile espansione del potere, vorrei ora concludere questo primo capitolo con qualche considerazione sull'accentramento del comando, del controllo, della guida.

Il modello italiano di governo ha avuto nella centralizzazione uno dei suoi caposaldi: non dissimilmente da ciò che si è realizzato soprattutto nel Vecchio Continente dopo la Rivoluzione francese, l'Italia unitaria non poteva che fondarsi sul superamento delle particolarità e sulla demolizione delle specificità locali[357]. Alexis de Tocqueville (1805-1859) è stato un grande osservatore e nei suoi scritti il tema del centralismo non è mai separato da quello dei mali dell'Europa post-rivoluzionaria confrontata con il rigoglio americano. Scriveva il famoso politologo francese: «un potere centrale, per quanto illuminato e sapiente, non può abbracciare da solo tutti i dettagli della vita di un gran popolo. Non lo può, perché una

---

356 Jesús HUERTA de SOTO, *Lo Stato salvatore è solo un'illusione*, in «Il Giornale», 14.5.2020, p. 24.
357 Cfr. Guglielmo PIOMBINI, *La superiorità delle piccole nazioni nel pensiero di Leopold Kohr*, in «StoriaLibera. Rivista di scienze storiche e sociali», anno 4 (2018), n. 8, p. 16-17; cfr. Beniamino DI MARTINO, *La Grande Guerra (1914-1918). Stato onnipotente e catastrofe della civiltà*, Monolateral, Dallas (Texas, USA) 2018, p. 26-37.

simile capacità eccede le forze umane. Quando, con le sue sole forze, vuol creare e far funzionare tanti e così disparati meccanismi, o si contenta di un risultato molto incompleto o si esaurisce in inutili sforzi»[358]. Ma l'accentramento è inseparabile dallo Stato ed impossibile limitare quello senza combattere questo. Per quanto è quasi unanime la consapevolezza che la centralizzazione delle risorse e della direzione non può che condurre a inefficienze e ritardi, sperperi e sprechi, corruzione e disonestà, l'apparato amministrativo non rinuncerà mai al centralismo e l'autonomia che concederà non sarà altro che una moltiplicazione di burocrazie a danno della gente e una pura gemmazione dell'autorità a vantaggio dell'allargamento del potere politico.

La forma più classica di accentramento dello Stato riguarda le risorse (ma di questo aspetto potremo occuparci nel capitolo di economia), tuttavia non è certamente secondario nella stratificazione del potere, l'accentramento decisionale. Come in ogni occasione simile, anche l'emergenza sanitaria ha contribuito a rafforzare la centralizzazione del potere e, lì ove per meglio rispondere ai problemi sarebbe stato preferibile adottare scelte differenziate mediante un sano e sempre vincente decentramento decisionale, si è, ancora una volta, optato per il modello del centralismo.

Il volto oscuro di questo centralismo si è manifestato nella secretazione di parte dei verbali del Comitato Tecnico-Scientifico[359] (una volta resasi pubblica la questione, il capo del Governo si è premurato di precisare che i documenti non erano "secretati" – non vi era "segreto di Stato" –, ma erano solo "riservati" per tutelare la privacy di alcuni componenti). Ma gli interrogativi restano a tutt'oggi (metà ottobre) irrisolti: cosa motiva l'apposizione del segreto governativo? Rispettare la privacy, evitare di scatenare il panico tra la popolazione, censurare gli errori e le indecisioni o, ancor più, coprire i contrasti tra politici e scienziati e i dissidi all'interno di ciascuno di questi due gruppi?

Brevi note tratte dai miei appunti. Primo. Il 15 marzo i componenti del CTS minacciano le dimissioni «se non verrà emanata una norma di salvaguardia che tuteli i membri del CTS»[360], uno scudo giuridico che garantisca eventuali procedimenti giudiziari (lo avrei preteso anche io). Il rischio di finire nel tritacarne della magistratura-giustiziera è troppo alto ed allora ci si rende conto che il mito della sicurezza completa è una

---

358 Alexis de TOCQUEVILLE, *La democrazia in America*, a cura di Giorgio Candeloro, Rizzoli, Milano 1999, p. 95 (libro primo, capitolo V).

359 Cfr. http://www.protezionecivile.gov.it/attivita-rischi/rischio-sanitario/emergenze/coronavirus/verbali-comitato-tecnico-scientifico-coronavirus.

360 Cfr. https://raw.githubusercontent.com/pcm-dpc/COVID-19-Verbali-CTS/master/2020-03/covid-19-cts-verbale-015-20200302.pdf.

trappola perfetta anche per la scienza che, se è seria, procede imperfettamente per tentativi. Secondo. L'impressione è che l'autorità politica, più che consultare la competenza della scienza, stia utilizzando questa competenza per giustificare le proprie scelte: «seguire in modo apolitico la "scienza" maschera la realtà che lo Stato sta scegliendo per tutti noi ciò a cui dovremmo dare maggiore importanza e i costi che dovremmo essere pronti a sopportare»[361]. Il governo, e particolarmente il presidente Conte, costantemente ribadivano di recepire e quasi di limitarsi ad attuare quanto scaturiva dai consigli del CTS. Ma sulle decisioni più delicate (chiusura di alcune zone rosse e *lockdown* dell'intero Paese), il Governo ha agito con singolare arbitrio[362]. D'altra parte (terzo), un governo come quello che l'Italia ha avuto in sorte non avrebbe avuto possibilità di rimanere in piedi se non si fosse trovato in una situazione di emergenza. E ancora ritorna il concetto di "emergenza" (che si presta ad essere sempre utile stampella del potere politico!). Ed, infatti, dai tempi della Rivoluzione francese, non c'è miglior modo per consolidare la posizione di chi è al comando che evocare la presenza di un pericolo esterno[363] e non c'è miglior modo per consentire la sopravvivenza di un esecutivo che la necessità di fronteggiare un'emergenza nazionale. Ma «quanto più gravi sono i problemi, tanto maggiore è il numero di inetti che la democrazia chiama a risolvere»[364] ed ecco, allora (quarto punto), che si infoltisce il "sottobosco" governativo con la moltiplicazione delle *task forces*. I tempi non cambiano: quando c'era il sistema DC-PCI si usava il termine "sottogoverno" o anche "lottizzazione", ora va forte la formula "*task force*". Di queste – sempre grazie all'emergenza – ormai si è perso il conto: ogni ministero ha le sue e ogni regione non manca di adeguarsi (con un

---

361 Duncan WHITMORE, *Why the State Shouldnt Manage a Crisis*, https://misesuk. org/2020/03/24/why-the-state-shouldnt-manage-a-crisis/, 24.3.2020 («dressing this up as an apolitical following of "the science" masks the reality that the State is making a choice as to what we should all value and the costs that we should all endure»).

362 Sui quotidiani apparivano i pareri di alcuni nomi tra i più noti del Comitato Tecnico-Scientifico che manifestavano dissenso rispetto alle scelte governative e smentivano di fatto le affermazioni di Conte e la linea ufficiale del governo secondo cui le decisioni prese dall'esecutivo mutavano sempre da quanto emerso nelle riunioni del CTS.

363 Cfr. Beniamino DI MARTINO, *Rivoluzione del 1789. La cerniera della modernità politica e sociale*, Leonardo Facco Editore, Treviglio (Bergamo) 2015, p. 177-181; cfr. Guglielmo FERRERO, *Le due Rivoluzioni francesi*, a cura e con introduzione di Alessandro Orsini, Rubbettino, Soveria Mannelli (Catanzaro) 2013, p. 68; cfr. François FURET - Denis RICHET, *La Rivoluzione francese*, Laterza, Bari 2000, tomo I, p. 149.175; cfr. Pierre GAXOTTE, *La Rivoluzione francese*, Mondadori, Milano 1989, p. 203s.

364 Nicolás GÓMEZ DÁVILA, *In margine a un testo implicito*, Adelphi, Milano 2009, p. 26 (*Escolios a un texto implícito*, 1977.1986).

numero crescente di membri e consulenti). Immancabilmente si sente l'eco delle parità da rispettare ed ecco che anche per le *task forces* si invoca il rispetto delle quote rosa[365]. Oltretutto se il *lockdown* ha fermato il lavoro della gente e bloccato l'intero Paese, non ha comunque impedito lo svolgimento della più classica delle attività di Stato: le lottizzazioni. E, infatti, nomine, poltrone, incarichi, distribuzioni e spartizioni sono sopraggiunte nonostante tutto e senza alcun pudore, offrendo la dimostrazione che se lo Stato riesce ad arrestare la produttività della società, non può certo permettersi di ridimensionare la ramificazione del proprio potere[366]. Davvero non c'è virus più pericoloso dello statalismo e se è ovviamente opportuno prendere precauzioni per contenere il Covid, quanto più sarebbe urgente combattere un mostro più invasivo e più difficile da debellare: il potere dello Stato nella vita degli individui.

Ho iniziato queste ultime considerazioni con la frase attribuita a Thomas Jefferson; concludo, ora, con un'altra citazione, una grande testimonianza di un dissidente sovietico (Vasilij Grossman, 1905-1964): tanto più può mantenersi alta la vigilanza come prezzo per custodire la libertà (come ripeterebbe Jefferson) quanto più si avrà consapevolezza che la nostra è l'epoca «della massima violenza dello Stato sull'uomo»[367].

---

365 Cfr. https://www.ilgiornale.it/news/politica/cinque-donne-colao-quote-rosa-task-force-1862540.html.

366 Cfr. https://www.tgcom24.mediaset.it/2020/video/piero-sansonetti-il-riformista-su-nomina-presidente-eni-e-un-dato-di-fatto-che-il-fatto-quotidiano-ci-ha-messo-le-sue-m_17500372.shtml.

367 Vasilij GROSSMAN, *Tutto scorre...*, Adelphi, Milano 1987, p. 222.

2

Si suicidarono per paura di morire

Considerazioni economiche

> «Il virus più letale è la demonizzazione dell'inizia-
> tiva privata con l'autoregolazione agile ed efficien-
> te che la caratterizza. Il tutto mentre si divinizza la
> mano pubblica in tutti gli ambiti: la famiglia, l'istru-
> zione, le pensioni, l'occupazione, il settore finanziario
> e, ora con particolare rilevanza, il sistema sanitario»
> (Jesús Huerta de Soto).

2.1. Tra economia e salute

NON C'È CIRCOSTANZA IN CUI, discutendo di coronavirus, non si
faccia almeno qualche cenno alla crisi economica collegata alla
pandemia[1]. Spesso, questo richiamo – oltretutto inesorabile –
viene avvertito con senso di disagio, quasi a dover scusarsi di una caduta
di idealità, soprattutto se messo in relazione alle tante vittime del virus e
alle supposte superiori necessità della tutela sanitaria, necessità alle quali
ogni altra ragione sembrerebbe dover essere subordinata. Penso, invece,
che, lungi dall'essere quella «scienza triste» descritta dal pensatore Thomas
Carlyle (1795-1881), l'economia rappresenti uno spazio indispensabile
di vitalità e di autentica "umanizzazione" dell'esistenza di ogni individuo.

---

1 È il 6 novembre e, dopo la forte delusione del risultato americano, mi accingo a lavorare a questo capitolo, ultimo ad essere sviluppato nella sequenza del testo. È necessario
che mi affretti perché intendo consegnare alle stampe il volume entro i primi giorni di
dicembre. Inevitabilmente, allora – per quanto tenga particolarmente alle riflessioni di
questo secondo capitolo –, le considerazioni di natura economica saranno penalizzate
ed una giustificata ampia trattazione sarà sacrificata a causa dei tempi ristretti che ora
debbo impormi.

Scriveva Mises: «l'economia non deve essere relegata nelle aule scolastiche e negli uffici statistici e lasciata ai circoli esoterici. Essa è filosofia della vita umana e dell'azione e interessa tutti e tutto. È la base della civiltà e dell'esistenza umana dell'individuo»[2]. Se può sembrare eccessivo o impreciso parlare di economia come «essenza della civiltà e dell'esistenza umana dell'individuo»[3], ritengo, tuttavia, esatto sostenere che l'economia manifesti l'essenza della civiltà e sia rivelativa di un'autentica antropologia. L'economista americano Lew Rockwell (1944-viv.) non si è espresso in termini molto differenti quando ha scritto che l'economia «è il vero e proprio midollo della civiltà»[4]. Una frase – quella di Rockwell – da abbinare all'affermazione dello scrittore e commentatore Marco Respinti secondo cui «l'economia è [...] strategicamente essenziale per l'affermazione e la tutela di princìpi e di valori ben più alti, ma altrimenti nudi e impotenti»[5]. L'economia rappresenta, pertanto, un formidabile criterio per valutare lo stato dell'intera civiltà[6].

Tutto ciò palesa il mio interesse per l'economia e costituisce la premessa a quanto ora proverò ad esporre. Per puntualizzare ancora questa premessa sottolineo quanto sia improprio accantonare le valutazioni squisitamente economiche anche dinanzi a pericoli incombenti di ogni natura, non ultimi quelli sanitari.

Torniamo, però, al rapporto tra pandemia e crisi economica. E, per poter parlarne correttamente, non è male precisare che, riferendoci al fenomeno delle crisi, occorre distinguere i cicli economici[7] dalle fluttuazioni o,

---

2 Ludwig von MISES, *L'azione umana. Trattato di economia*, prefazione di Lorenzo Infantino, Rubbettino, Soveria Mannelli (Catanzaro) 2016, p. 925 (*Human Action. A Treatise on Economics*, 1949).

3 Ludwig von MISES, *L'azione umana*, presentazione di Tullio Bagiotti, UTET, Torino 1959, p. 847.

4 Llewellyn H. ROCKWELL Jr., *What Economics Is Not*, in https://mises.org/library/what-economics not, 2.11.2006.

5 Marco RESPINTI, Recensione a Henry HAZLITT, *L'economia in una lezione. Capire i fondamenti della scienza economica*, in «StoriaLibera. Rivista di scienze storiche e sociali», anno 6 (2020), n. 11, p. 157.

6 Cfr. Niall FERGUSON, *Il grande declino. Come crollano le istituzioni e muoiono le economie*, Mondadori. Milano 2013 (*The Great degeneration. How institutions decay and economies die*, 2013).

7 La teoria del ciclo economico è uno degli aspetti più qualificanti e caratterizzanti del paradigma della Scuola Austriaca a partire dall'opera di Mises del 1912, *Theorie des Geldes und der Umlaufsmittel* (*Teoria della moneta e dei mezzi di circolazione*). Le altre principali opere sulla questione saranno quelle di Hayek (*Geldtheorie und Konjunkturheorie* del 1929 e *Prices and Production* del 1931), di Robbins (*The Great Depression* del 1934), ancora di Mises (*Human Action* del 1949) e di Rothbard (*Man, Economy, and State* del 1962 e *America's Great Depression* del 1963).

meglio, le fasi calanti di un ciclo economico dalle fluttuazioni negative. Con la formula "ciclo economico", generalmente, si intende la successione, nell'attività produttiva, di fasi positive e di fasi negative che si alternano nel tempo. L'attività economica, che alterna fasi di espansione (nelle quali la produzione aumenta) e fasi di recessione (nelle quali la produzione decresce), spinge gli studiosi a penetrare i meccanismi che danno luogo agli innalzamenti e alle depressioni della produzione e dello sviluppo. Molto difficili sono state, tuttavia, le acquisizioni circa i motivi dei tornanti, le frequenze delle svolte e l'ampiezza delle parabole. A mio avviso, solo gli studiosi della Scuola Austriaca hanno saputo inquadrare il fenomeno della dilatazione e della contrazione mettendo questa grande questione in relazione all'espansione creditizia e riconducendo questa deleteria espansione all'interventismo statale in materia monetaria. Al contrario, le fluttuazioni economiche sono quelle ordinarie e continue mutazioni generate dagli inevitabili cambiamenti causati dai più disparati motivi – dai miglioramenti tecnologici alle calamità ambientali, dalla genialità imprenditoriale agli errori industriali, dalla trasformazione dei gusti dei consumatori al mutamento della quantità di risorse naturali, dalla qualità e quantità della forza lavoro al flagello della guerra. Sino alle malattie e alle epidemie. Se, quindi, le sciagure causano le crisi dall'esterno e sono indipendenti dai meccanismi interni del buon processo economico, le adulterazioni dell'economia – quelle che, di fatto, sono sempre riconducibili all'interventismo politico – minano dall'interno il processo di allocazione di risorse e determinano costantemente cicli perversi[8].

Occorre, quindi, distinguere cause esterne che, per quanto gravi, possono essere superate dalla ripresa della produzione e cause interne che, per quanto apparentemente sottovalutate o addirittura misconosciute, sono, invece, destinate a incancrenire l'intero processo economico[9]. Le

---

8 Cfr. Carmelo FERLITO, *Dentro la crisi. Combattere la crisi, difendere il mercato*, presentazione di Jesús Huerta de Soto, Solfanelli, Chieti 2010; cfr. Lord GRIFFITHS of FORESTFACH, *La crisi finanziaria: guasto meccanico o parabola moralistica?* IBL Occasional Paper n. 69, Istituto Bruno Leoni, Torino 2009; cfr. Henri LEPAGE, *Crisi finanziaria: una lettura alternativa.* IBL Occasional Paper n. 68, Istituto Bruno Leoni, Torino 2009. Murray N. ROTHBARD, *La Grande Depressione*, prefazione di Lorenzo Infantino, Rubbettino, Soveria Mannelli (Catanzaro) 2008 (*America's Great Depression*, 1963); cfr. Lawrence H. WHITE, *La crisi finanziaria: come ci siamo finiti?* IBL Occasional Paper n. 62, Istituto Bruno Leoni, Torino 2008.
9 Cfr. Carmelo FERLITO, *Economica fenice dalla Crisi alla Rinascenza*, presentazione di Jesús Huerta de Soto, Solfanelli, Chieti 2013; cfr. Jörg Guido HÜLSMANN, *General Overview of the Magnitude of the Crisis: A Comment*, in José T. RAGA - Mary Ann GLENDON (edited by), *Crisis in a Global Economy Re-Planning the Journey*, Pontifical Academy of Social Sciences, Vatican City 2011, p. 95-117; cfr. Pascal SALIN, *Ritornare al*

pagine che seguono proveranno a spiegare perché quando il benessere è
messo in difficoltà – temporaneamente e più o meno improvvisamente –
da un evento avverso, l'intervento dello Stato teso a sostenere le attività
lavorative rappresenta la più grave ipoteca sulla successiva ripresa. Per
esperienza, sappiamo che delle crisi non si è fatto tesoro dimostrando
quanto sia vero che «coloro che non imparano dalla storia sono condannati a ripeterla»[10].

Mi ispiro alla tradizione della Scuola Austriaca di economia[11] e non ne
faccio mistero; e in questo fecondo solco mi muoverò anche questa volta
per tentare di indicare e denunciare gli errori più comuni in cui si incorre
quando sotto il peso di una sventura economica si implora, come rimedio,
l'aiuto e l'assistenza dello Stato. E se, in queste pagine, volessimo provare
a rintracciare una tesi di fondo, questa potrebbe riassumersi nel suggerire
l'esatto contrario di ciò che comunemente si richiede e nel raccomandare
ciò da cui generalmente si rifugge. Fuor di metafora, ciò significa evitare
di cadere nella trappola dei sussidi elargiti dall'autorità politica ritenendo
questi la soluzione alla crisi. Queste provvidenze non saranno mai né un
supporto valido né tanto meno la soluzione, ma si trasformeranno, presto
o tardi, nell'ostacolo più fiero ad ogni ripresa economica. Parafrasando
Reagan, si direbbe che l'intervento dello Stato a sostegno dell'economia
non rappresenta la soluzione al pur grave problema della crisi dovuta alla

---

capitalismo per evitare le crisi, prefazione di Francesco Forte, Rubbettino, Soveria Mannelli
(Catanzaro) 2011; cfr. Thomas E. Jr. WOODS, *Meltdown. A Free-Market Look at Why the
Stock Market Collapsed, the Economy Tanked, and Government Bailouts Will Make Things
Worse*, foreword by Ron Paul, Regnery Publishing, Washington D.C. 2009.

10 George SANTAYANA, *The Life of Reason. The Phases of Human Progress*, Prabhat
Prakashan, New Delhi (India) 2017, p. 101 (1905-1906: «those who cannot remember
the past are condemned to repeat it»).

11 Per un primo approccio, cfr. Eamonn BUTLER, *La Scuola austriaca di economia.
Un'Introduzione*, Istituto Bruno Leoni Libri, Torino 2014; cfr. Raimondo CUBEDDU,
Il liberalismo della scuola austriaca. Menger, Mises, Hayek, Morano, Napoli 1992; cfr. Jesús
HUERTA de SOTO, *La Scuola Austriaca. Mercato e creatività imprenditoriale*, a cura di
Paolo Zanotto, Rubbettino, Soveria Mannelli (Catanzaro) 2003 (*La Escuela Austríaca:
mercado y creatividad empresarial*, 2001); cfr. Jörg Guido HÜLSMANN, *La Scuola austria-
ca tra la fine del Diciannovesimo e l'inizio del Ventesimo secolo*, in Philippe NEMO - Jean
PETITOT (a cura di), *Storia del liberalismo in Europa*, Rubbettino, Soveria Mannelli
(Catanzaro) 2013, p. 905-933; cfr. Pietro MONSURRÒ, *Introduzione alla Scuola Au-
striaca di economia*, Leonardo Facco Editore, Treviglio (Bergamo) 2017; cfr. Guglielmo
PIOMBINI - Giuseppe GAGLIANO, *Riscoprire la Scuola Austriaca di economia. La sfida
di Mises, Hayek e Rothbard a Marx e Keynes*, Leonardo Facco Editore, Treviglio (Berga-
mo) 2018; cfr. Ralph RAICO, *Classical Liberalism and the Austrian School*, foreword by
Jörg Guido Hülsmann, preface by David Gordon, Ludwig von Mises Institute, Auburn
(Alabama) 2012.

pandemia, ma si trasformerà nel vero grande problema dell'economia una volta terminata l'emergenza.

Forse non è superfluo ricordare che – volendo limitarci anche solo all'ambito europeo – la pandemia ha colpito società già fortemente debilitate e con economie in cronico affanno. Un quadro di decadenza che si protrae da tempo, ove la depressione economica non rappresenta più un'eccezione circoscritta a periodi delimitati, ma la regola. Una regola a cui ci si è talmente abituati al punto che desta sorpresa e meraviglia la presenza di qualche segnale incoraggiante. Le nostre società europee sembrano non rendersi conto di una condizione da livelli di pura sopravvivenza, una situazione di drammatico declino non di rado salutato, dalla cultura dominante, come maturo abbandono di specificità e superamento di identità[12]. Quanto l'economia sia un criterio rivelativo – riprendendo quanto poco prima accennato – dello stato complessivo della società è dimostrato dal fatto che attraverso l'andamento di essa è senz'altro possibile riconoscere la parabola della civiltà nel suo complesso. Se non è mai esistita una civiltà florida in contesti di declino economico è purtroppo vero che l'attuale e perdurante stato di decadenza economica è, al tempo stesso, causa ed effetto della crisi della civiltà occidentale, cristiana e capitalista[13].

Questo crepuscolo è attestato da un dato propriamente sociale qual è l'inversione demografica e da un dato squisitamente economico qual è il costante peggioramento delle prospettive lavorative delle giovani generazioni. Se per il primo fenomeno mi limito a rimandare al capitolo successivo[14], quanto al secondo non vorrei trascurare di far notare anche in questo contesto come, per la prima volta da molti secoli, le nuove generazioni abbiano un livello di prosperità (relativo) inferiore a quello goduto dalle generazioni precedenti. Sino agli anni Ottanta le aspettative dei giovani ancora trovavano più spazio rispetto a quelle dei padri, ma da quando il pubblico impiego ha iniziato ad assorbire (e ad estinguere) risorse finanziarie e capacità intellettive, la tendenza si è paurosamente invertita. Ambito propriamente sociale e ambito squisitamente economico non sono certo separabili e le tendenze comuni stanno a mostrare il tramonto della civiltà.

Paralisi sociale e ingessamento economico hanno nello Stato l'unico vero colpevole. Tutti i parametri dimostrano come, in ogni epoca storica,

---

12 Cfr. Niall FERGUSON, *Economics, Religion and the Decline of Europe*, Institute of Economic Affairs, London 2004.
13 Cfr. Niall FERGUSON, *Occidente. Ascesa e crisi di una civiltà*, Mondadori, Milano 2014 (*Civilization: The West and the Rest*, 2011).
14 Cfr. paragrafo 2 del capitolo 3.

l'accrescimento dei poteri dello Stato determina un indebolimento delle forze individuali operanti nella società e, anche nel nostro panorama contemporaneo, alla radice del costante stato di crisi dell'economia vi è la costante estensione dei poteri politici[15].

Questa divagazione sulle condizioni generali dell'economia pre-pandemia mi consente di poter già offrire un giudizio circa le conseguenze degli interventi di aiuto che lo Stato ha promesso ed assicurato a tutti i lavoratori per sostenerli nelle attuali situazioni. Gli effetti possono essere riassunti nell'ulteriore ridimensionamento della libertà e nell'affossamento delle condizioni di ripresa economica. Ogni manifestazione del potere politico comporta sempre una riduzione delle libertà individuali e un attacco ai diritti di proprietà. Non c'è richiesta rivolta alla pubblica autorità che non si sconti attraverso una qualche penalizzazione dell'autonomia personale, familiare, sociale nei confronti del potere e non c'è concessione da parte di questo che non corrisponda ad un ampliamento delle funzioni dello Stato. Come se ciò non bastasse, l'azione economica dei pubblici poteri genera una serie di effetti enormemente deleteri: crescita di debito e di pubblico impiego, moltiplicazione di realtà improduttive, burocrazia e parassitismo, indebolimento del risparmio e inflazione monetaria, moneta debole e alterazione dei meccanismi del credito, tassazione e disoccupazione, sindacalizzazione e mancata produttività, sclerosi della concorrenza e dell'innovazione, fuga di cervelli ed espatrio di capitali[16]. Tutti questi fenomeni sono direttamente correlati agli interventi politici che sono tanto più nocivi quanto più si espandono.

Questo, quindi, il circolo perverso: a causa dei danni prodotti dalla pandemia e come in ogni situazione grave, gli operatori economici implorano l'aiuto pubblico; questo non tarda ad arrivare e lo Stato si accredita come indispensabile salvatore. Nell'immediato, il ristoro offerto sembra essere la soluzione (magari anche con l'idea di trasformare la crisi in un'opportunità di rilancio), ma assai presto questi sussidi si rivelano frutti velenosi destinati ad affossare i normali meccanismi di sviluppo. E quanto più questi interventi politici saranno massicci, tanto più i guasti saranno estesi e duraturi, sino anche a modificare perennemente le modalità naturali e virtuose del libero scambio. Più si chiede aiuto, più viene

---

15 Cfr. Murray N. ROTHBARD, *Economic Depressions. Their Cause and Cure*, Ludwig von Mises Institute, Auburn (Alabama) 2009 (1969).

16 Fuga di cervelli (*brain drain*) ed espatrio di capitali non sono aspetti di per sé negativi perché è senz'altro un bene che ci sia una competizione tra le aree per poter scegliere dove meglio lavorare e dove il capitale possa essere meglio utilizzato. Diventano inevitabilmente negativi, però, per quell'area che patisce il peso dell'azione dello Stato e che diviene, perciò, scarsamente competitiva.

danneggiata l'economia perché il soccorso che lo Stato può offrire è un salvagente di piombo.

Ogni alterazione delle leggi naturali non può che produrre disastri anche se apparentemente e nel breve periodo sembra che una sospensione dei normali meccanismi si imponga per garantire la sopravvivenza. In realtà, «introdurre l'intervento governativo nel mercato è come inserire una chiave inglese in un ingranaggio complesso»[17]. Ad una spirale perversa ed artificiosa, va, allora, contrapposta la modalità naturale e virtuosa. Le leggi della natura a cui la buona teoria economica non può non far riferimento impongono di riconoscere in questa seconda modalità non una tra le tante possibili, ma l'unica aattraverso la quale lo sviluppo umano viene reso possibile.

Al circolo perverso, quindi, va sostituito il rispetto dei processi naturali che, soli, si dimostrano anche virtuosi: come a seguito di ogni sciagura, tanto sul piano individuale quanto su quello nazionale o internazionale[18], non c'è altra strada da percorrere che quella della lenta ripresa in cui ciascuno cerca di assorbire i danni subiti, con un nuovo avvio che, per quanto faticoso, altro non è che la ordinaria modalità con cui l'uomo ha costruito la civiltà, attraverso il benessere prodotto mediante il lavoro individuale (e non certo attraverso i contributi pubblici). Mi fermo qui per riservare a queste osservazioni la funzione introduttiva; rimando volutamente, quindi, la razionalizzazione di queste prime battute alle successive pagine del capitolo.

Il primo effetto dei numerosi errori in cui incorre l'economia politica[19] è fare di questa stessa scienza qualcosa di indecifrabile e oscuro. In realtà questa complicazione si ripercuote sugli stessi "esperti" che non solo si isolano dal mondo reale, ma si rendono protagonisti di dibattiti cervellotici e contorti[20]. Tutto ciò ha un comprensibile motivo: solo se l'economia viene presentata come qualcosa di impenetrabile, il ruolo degli esperti diviene insostituibile e questi assurgono ad indispensabili sacerdoti, risolutori e

---

17 David BOAZ, *Libertarismo. Silloge*, Liberilibri, Macerata 2010, p. 280 (*Libertarianism. A Primer*, 1997).

18 Gli autori della Scuola Austriaca hanno sempre considerato fuorviante la consueta ripartizione tra macroeconomia e microeconomia (cfr. Guglielmo PIOMBINI - Giuseppe GAGLIANO, *Riscoprire la Scuola Austriaca di economia. La sfida di Mises, Hayek e Rothbard a Marx e Keynes*, Leonardo Facco Editore, Treviglio (Bergamo) 2018, p. 6.108.121-122).

19 «L'economia politica può essere definita la *teoria dello scambio*» (Frédéric BASTIAT, *Armonie economiche*, premessa di Agostino Canonica, introduzione di Francesco Ferrara, UTET, Torino 1949, p. 169) e, perciò, «l'economia politica ha per soggetto l'uomo» (*Ibidem*, p. 163).

20 Cfr. Sergio RICOSSA, *Maledetti economisti. Le idiozie di una scienza inesistente*, prefazione di Lorenzo Infantino, Rubbettino, Soveria Mannelli (Catanzaro) 2010.

decifratori dei misteri preclusi ai più[21]. I naturali processi economici, invece, sono essenzialmente elementari – "elementari" e non "banali" – e solo un artificio interessato a porsi come insostituibile mediatore (da qui il ruolo degli esperti, dello Stato, degli economisti, dei cattedratici) può allontanare la naturalezza di questi processi dalla immediata valutazione di ogni persona sensata. Ho, perciò, molta (e documentata) diffidenza nei confronti dei riconoscimenti ufficiali nel campo economico (e non solo). Non amo affatto richiamare l'attribuzione del premio Nobel come garanzia di affidabilità scientifica. Tra le sparute eccezioni vi è quella del già citato Milton Friedman che, al proposito, così si espresse: «ciò che rende [l'economia] estremamente affascinante è il fatto che i suoi principi fondamentali sono così semplici che potrebbero essere sintetizzati in una sola pagina. Eppure sono in pochi a capirlo»[22].

Un valido criterio, quindi, per distinguere la buona teoria economica da quella cattiva è la semplicità dell'esposizione ed, ancor prima, la genuinità dei concetti. Non è difficile, allora, capire l'ostracismo degli esperti nei confronti dei grandi divulgatori (che sono tali se alla linearità della descrizione nulla sacrificano del serio rigore dei contenuti). Tra i divulgatori, un affetto tutto particolare riservo al già menzionato Frédéric Bastiat tanto per la smagliante e brillante dialettica quanto per la sua vicenda personale ed anche per l'ingenerosa, ma inevitabile, denigrazione a lungo patita per opera dei cattedratici che lo hanno ripetutamente accusato di superficialità e di leggerezza (anche perché ingelositi dal suo successo)[23]. Era inevitabile, per chi ha reso comprensibile ciò che risultava comodo riservare alle vestali del tempio, soffrire la ridicolizzazione degli "economisti ufficiali"[24]. Il pensatore francese non avrebbe mai potuto ricevere il premio Nobel per l'economia[25]. Merita, però, il massimo premio per aver

---

21 Non sarebbero mai fuori luogo parole tese a smascherare questo interessato auto-compiacimento dei cattedratici di economia. Per brevità, indico solo la figura di Mario Monti (1943-viv.) come esempio di questo tipo di esperti, bravissimi nel complicare con le loro spiegazioni i semplici processi economici.

22 Milton FRIEDMAN, Interview (1986) in Roger W. SPENCER - David A. MACPHERSON (edited by), *Lives of the Laureates: Twenty-three Nobel Economists - Sixth edition*, MIT Press, Cambridge (Massachusetts) 2014, p. 55.

23 Ad iniziare dall'economista più famoso del XX secolo per il quale nelle opere di Bastiat si raggiungeva «l'espressione più stravagante e rapsodica» dell'economia (John Maynard KEYNES, *La fine del lasciar fare*, in IDEM, *Teoria generale dell'occupazione, dell'interesse e della moneta e altri scritti*, a cura di Alberto Campolongo, UTET, Torino 1978, p. 94).

24 Cfr. Frédéric BASTIAT, *Il mercato e la provvidenza. Pensieri liberali*, a cura di Massimo Baldini, Armando, Roma 2002, p. 11-12.

25 E come avrebbe mai potuto se il trattamento riservatogli da Marx fu addirittura sprezzante? L'ideologo del comunismo lo apostrofò come «il più scialbo e quindi il più

reso comprensibile il meccanismo dell'economia quale parte eletta della realtà. E, quale divulgatore di una limpida prospettiva realista, non poteva non apparire già ai suoi contemporanei come il grande antagonista di coloro che, dall'alto dei loro pulpiti ideologici, questa stessa realtà negavano spudoratamente. Bastiat non conosceva l'econometria e non sapeva cosa fossero i modelli matematici applicati; proprio per questo le sue pagine sono di un'utilità intramontabile per chiunque voglia comprendere l'armonia inscritta nella buona economia[26].

Attingo sempre volentieri al grande Frédéric Bastiat e mi sembra quanto mai utile farlo anche in questa circostanza per riproporre due principi di economia politica – tanto elementari quanto basilari – che il lucido precursore del paradigma della Scuola Austriaca presentava con maestria nei suoi scritti. I due elementari principi a cui penso sono quelli che, nell'accattivante prosa di Bastiat, possono essere definiti come il principio del "ciò che si vede e ciò che non si vede" e il principio della "finestra rotta". Applicheremo questi criteri più avanti e tra breve proverò a dettagliarli adottandoli in relazione alla crisi generata dall'epidemia. A differenza tanto di chi ritiene che ignorare o addirittura negare il virus sia sufficiente per assorbire gli attuali rovesci economici, quanto di chi spera che la pandemia si trasformi perfino in una occasione di complessivo rilancio, io credo che questa sventura avrà, comunque, effetti irreversibili sullo sviluppo globale. Pertanto, a differenza dei primi e tanto più dei secondi, ho buone ragioni per ritenere che il benessere dell'intera umanità ne risulterà danneggiato e questo danno riguarda l'intero pianeta ed ogni area, anche quelle che risultano (almeno al momento) meno colpite dal contagio.

Uno dei postulati della buona teoria economica, infatti, è la interdipendenza di tutti i processi produttivi. Come non è vero che il battito delle ali di una farfalla in una recondita zona del pianeta può determinare un uragano in un altro emisfero, così è vero, invece, che i progressi o gli arretramenti economici di un'area si ripercuotono altrove, in positivo o in negativo, come un'onda che raggiunge, sebbene in intensità sempre più attenuata, anche i soggetti più distanti.

Quest'affermazione appare innocua ed anche scontata; è, invece, la più radicale dimostrazione della intrinseca bontà del capitalismo e la

---

fortunato rappresentante dell'apologetica economica volgare» nonché «economista-nano» (Karl MARX, *Il Capitale. Critica dell'economia politica. Libro primo*, a cura di Aurelio Macchioro e Bruno Maffi, UTET, Torino 2009, p. 82.161 - *Das Kapital. Kritik der politischen Oekonomie*, 1867).

26 Non è certamente un caso che la sua opera più voluminosa si intitolasse *Armonie economiche* (*Harmonies économiques*, 1850).

più tacita sconfessione delle politiche socialiste o solidariste[27]. Primo: innanzitutto prova che la ricchezza di alcuni si trasforma in beneficio per molti e, tendenzialmente, per tutti. E che quindi non solo non è vero che la prosperità di alcuni è pagata con l'impoverimento di altri, ma è vero esattamente il contrario e cioè che l'accumulo di capitale di alcuni è la condizione per la successiva elevazione di altri. Ciò vale tanto per i singoli individui all'interno di una società quanto per le società nazionali nell'intero quadro planetario. La ricchezza non nasce togliendo qualcosa ai propri partner, ma si accresce reciprocamente a vantaggio di tutti. Secondo: significa anche che una contrazione economica di alcune aree, di alcuni settori[28], di alcuni soggetti non torna di alcun vantaggio ai corrispondenti concorrenti (né nazionali né internazionali), ma provoca un impoverimento complessivo dei consumatori che danneggia tutti i produttori. Dall'impoverimento di alcuni, nessuno trae vero beneficio perché da quell'impoverimento deriva una riduzione di benessere complessivo che si ripercuote su tutti, sebbene in misura variabile. Quindi – e va ribadito ancora una volta –, come l'immiserimento di alcuni è una voragine che risucchia tutti verso il basso, così l'arricchimento anche solo di pochi è il volano indispensabile per l'incremento di benessere per molti. E come l'espansione della ricchezza di una parte agevola tutti, così la debilitazione di tutti è determinata dall'indebolimento dei più ricchi. Terzo: significa anche e soprattutto che la ricchezza non è quantitativamente limitata (premessa dell'intero marxismo e di ogni sua variante), ma può essere in costante espansione perché la chiave della crescita economica non è di natura redistributiva, bensì moltiplicativa. La prassi redistributiva non è di vantaggio ad alcuno; è, al contrario, una forzatura che rappresenta un danno ai processi economici e, di conseguenza, alla potenziale elevazione anche dei soggetti ancora non raggiunti dal benessere.

Tale premessa generale è funzionale al modo con cui affrontare la crisi proveniente dall'epidemia e vorrebbe, da un lato, comprovare l'insopprimibilità della cooperazione sociale e della divisione del lavoro che lo statalismo erode[29] e, dall'altro, identificare le soluzioni – o, più precisamente,

---

27 Cfr. Beniamino DI MARTINO, *Intorno all'"opzione per i poveri". Alcune note di economia (I parte)*, in «Veritatis diaconia. Rivista semestrale di scienze religiose e umanistiche», anno 6 (2020), n. 11, p. 61-88; cfr. Beniamino DI MARTINO, *Intorno all'"opzione per i poveri". Alcune note di economia (II parte)*, in «Veritatis diaconia. Rivista semestrale di scienze religiose e umanistiche», anno 6 (2020), n. 12, p. 43-78.
28 Ovviamente non mi riferisco a qualsivoglia settore perché alcuni settori possono essere improduttivi e, in questo caso, la loro scomparsa è una necessaria conseguenza dell'innovazione ed è addirittura richiesta per il generale miglioramento.
29 «La cooperazione umana nel sistema della divisione sociale del lavoro è infatti possibile soltanto nell'economia di mercato. Il socialismo non è un sistema realizzabile di

le strade da *non* percorrere – per affrontare e poi uscire dalla crisi[30].

Facendo quest'ultimo riferimento ribadisco che la situazione in cui il virus comunista[31] ha gettato noi e il mondo intero è di estesa gravità al punto da compromettere lo sviluppo mondiale. Dire questo non è particolarmente originale, ma quest'affermazione va tenuta presente per mettere un punto fermo da cui ripartire: non vi saranno iniziative statali che potranno attenuare questa crisi e, anzi, pensare che gli interventi pubblici siano lenitivi e risolutori comporterà solo avviarsi verso una catastrofe ancora maggiore di quella della situazione attuale. Occorre avere lucidità e realismo per prendere atto che l'epidemia ha effettivamente rallentato e, in qualche caso, anche bloccato (ad esempio con i vari *lockdown*) crescita e progresso. Ci troviamo in una situazione analoga a quella in cui si è trovata sempre l'umanità a seguito di epidemie. Si può, però, giustamente affermare che oggi abbiamo più strumenti di sopravvivenza e ciò dovrebbe risultare facimente evidente. Ma la situazione è, per certi aspetti politici, peggiore rispetto al passato a causa del maggiore affidamento nei confronti dello Stato: il miraggio statalista è la peggiore ipoteca per la successiva ripresa.

Rimandiamo la delineazione di questo orizzonte e soffermiamoci ancora su ciò che può apparire banale, ma che, invece, presento come un richiamo al realismo, inevitabile premessa che, per quanto dura da accettare, può avere il pregio di immunizzare da qualsiasi tentazione utopica. E, ovviamente, mi riferisco a quella più suadente mai sperimentata nel cammino dell'umanità, la tentazione utopica costituita dallo Stato risolutore, che, in questa circostanza, salva dalla crisi.

Nel corso della prima parte di questo elenco di considerazioni ho voluto provare a sciogliere alcune antinomie che ritengo siano delle false contraddizioni. Ho, perciò, ritenuto di scandagliare, vagliare e scomporre alcuni dilemmi che, in realtà, non sussistono semplicemente perché falsi e fuorvianti. Il primo infondato contrasto è quello tra libertà ed efficienza[32]. Una seconda ingannevole opposizione è quella tra libertà e salute[33]. Un terzo conflitto inesistente è quello tra libertà e ordine[34]. A queste inconsistenti contrapposizioni se ne potrebbero aggiungere

---

organizzazione economica della società» (Ludwig von MISES, *L'azione umana. Trattato di economia*, prefazione di Lorenzo Infantino, Rubbettino, Soveria Mannelli (Catanzaro) 2016, p. 720).

30 Cfr. Sergio RICOSSA, *Come si manda in rovina un Paese*, prefazione di Lorenzo Infantino, Rubbettino, Soveria Mannelli (Catanzaro) 2012.

31 Cfr. il paragrafo 3 del prossimo capitolo 3.

32 Cfr. il paragrafo 3 (la parte dal titolo *Modello Cina, modello Italia*) del capitolo 1.

33 Cfr. il paragrafo 4 (la parte dal titolo *Il mito della sicurezza assoluta*) del capitolo 1.

34 Cfr. *ibidem*.

almeno altre due che rappresentano pregiudizi gravosi per l'intera civiltà, sebbene fortemente e tristemente ricorrenti. Mi riferisco alla presunta incompatibilità tra libertà ed economia e alla supposta inconciliabilità tra economia e morale. Ritengo di non avere lo spazio per poter spiegarmi, ma posso sicuramente dichiararmi tra quanti (magari minoritariamente) ritengono insussistente la prima incompatibilità e ingannevole la seconda inconciliabilità. Posso, secondo la mia esperienza, con decisione ribadire che non occorre affatto optare solo per una delle due possibilità di ciascuno di questi abbinamenti semplicemente perché la verità di ognuna di queste realtà è inscritta nel suo termine corrispondente e il compimento di ciascuna si riflette nell'altro. L'uno non è il contrario dell'altro, ma il suo specchio. L'unica scelta da operare è quella che non esclude nulla di ciò che è assolutamente complementare, richiedendo e postulando l'indispensabile unità di ciò che è inseparabile. La libertà non solo può non essere mai mortificata, ma, ancor più, ogni qual volta essa viene sacrificata si finisce col compromettere e perdere anche ciò che si è inteso privilegiare a danno di quella.

C'è, invece, un conflitto reale che – esplicitamente in questi frangenti ed in modo implicito costantemente – si impone come ineludibile ed è l'alternativa che si pone, più che tra economia e sanità, tra lavoro e salute. Se è esatto ciò che ho già provato a mostrare circa l'inesistenza dell'alternativa tra libertà e salute, dev'essere altrettanto corretto affermare una certa alternanza tra economia e sanità. Dico "una certa" contrapposizione perché il *conflitto spesso è solo relativo*. Si rivela decisamente relativo quando ci si rende conto che la produttività economica è la *condizione essenziale* per godere di migliori prestazioni sanitarie e per fruire di quei progressi tecnologici e scientifici senza i quali le malattie verrebbero malamente fronteggiate. È proprio vero che la salute è più importante dell'economia? In epoca di dibattiti e di martellante propaganda ambientalista è facile pensarlo, ma non si può certo dimenticare che il livello di salute di cui oggi l'umanità gode è stato ottenuto grazie all'economia e dove l'economia più corre, migliori sono le prestazioni sanitarie. E le cure delle patologie attribuite all'industrializzazione possono essere garantite solo se si incrementa lo sviluppo industriale[35]. Dicevo che il conflitto, spesso, è solo relativo: infatti chi genericamente o in linea di principio volesse tutelare la salute ridimensionando l'economia potrebbe star certo che riducendo questa comprometterebbe quella[36].

---

35 In Italia un esempio controverso è costituito dall'annosa vicenda delle acciaierie di Taranto.
36 Per completezza occorrerebbe discutere anche delle cosiddette esternalità negative.

Si può stabilire quanto destinare della propria ricchezza alla sicurezza sanitaria e questa proporzione può essere adeguata o anche squilibrata. Anche questo è uno dei motivi per cui è di gran lunga preferibile che, al pari di ogni altro bene di cui vi è necessità e che è disponibile sul mercato, le risorse da destinare alla salute riguardino le scelte private e non le direttive politiche. L'unico modo per evitare le imposizioni pubbliche è salvaguardare le preferenze private. Ed al pari di ogni altra scelta, anche quella per la propria salute è soggetta ad una questione ineludibile. Una questione che deve essere ricondotta alla categoria centrale di ogni buona teoria economica: la scarsità. Come i beni, anche le risorse di cui si dispone sono scarse e debbono essere razionalizzate[37]. Nel presentare ai miei studenti i rudimenti di economia, parto (anzi partivo, dato che non insegno più) sempre dalla questione della scarsità indicando loro questo aspetto come la caratteristica della scienza economica. Questa, infatti, ha in oggetto solo i beni scarsi[38]. Attingendo al grande Thomas Sowell, occorre ribadire che la scarsità deve essere sempre considerata il primo indispensabile insegnamento di economia[39]. Esattamente alla consapevolezza della scarsità dei beni e delle risorse occorre ancorare ogni costruzione teorica, un ancoraggio a cui sciaguratamente si sottrae la politica. Forse la migliore sintesi di economia politica è contenuta nella frase di Sowell per il quale se la basilare lezione dell'economia è costituita dal confronto con la scarsità, la prima lezione della politica è costituita dalla negazione della basilare lezione dell'economia[40]. Tutto l'interventismo di Stato, infatti, fondamentalmente muove dall'elusione della verità naturale della scarsità dei beni e lo stesso socialismo (in tutte le sue declinazioni) può essere inteso come la forma più ostinata di aggiramento della scarsità economica[41].

---

37 Una delle definizioni più note della scienza economica è quella fornita da Lionel C. Robbins (1898-1984). La formula non è inattaccabile, ma mette bene in evidenza l'elemento della scarsità perché delinea l'economia quale «scienza che studia la condotta umana come una relazione tra scopi e mezzi scarsi, applicabili ad usi alternativi» (Lionel C. ROBBINS, *Saggio sulla natura e l'importanza della scienza economica*, UTET, Torino 1947, p. 20 - *Essay on the Nature and Significance of Economic Science*, 1932).
38 Cfr. Carl MENGER, *Principi fondamentali di economia*, a cura di Raimondo Cubeddu, introduzione di Karl Milford, Rubbettino, Soveria Mannelli (Catanzaro) 2001, p. 79-119 (*Grundsätze der Volkswirtschaftslehere*, 1871).
39 Cfr. Thomas SOWELL, *Basic Economics. A Common Sense Guide to the Economy* (5th ed.), Basic Books, New York (N. Y.) 2014.
40 Cfr. Thomas SOWELL, *Is Reality Optional? And Other Essays*, Hoover Institution Press, Stanford (California) 1994, p. 131.
41 Cfr. Ludwig von MISES, *L'azione umana. Trattato di economia*, prefazione di Lorenzo Infantino, Rubbettino, Soveria Mannelli (Catanzaro) 2016, p. 114.

Innanzitutto, il richiamo alla scarsità dei beni economici mi consente di riproporre, nel quadro della relazione economia - sanità, il rapporto tra spesa sanitaria e risorse disponibili. Un rapporto sempre insoddisfacente quando la centralizzazione statale[42] si sostituisce alle preferenze individuali. Si potrebbe ritenere che lo squilibrio tra buona economia e sanità pubblica sia lo scotto da pagare per ottenere la gratuità delle prestazioni da parte dello Stato al quale, più comodamente, si delegherebbe la totale competenza. In realtà, e come è ovvio, il servizio non solo non è gratuito, ma si rivela più gravoso anche per le tasche del singolo contribuente e, per giunta – dopo il danno anche la beffa –, di scadente qualità (spesso infima, considerando le strutture sanitarie del Sud). Quando si fa cenno al rapporto tra spesa sanitaria e risorse disponibili la mente va quasi automaticamente ad incasellare questo tema tra le questioni di bilancio pubblico. Ma in una situazione normale, una situazione non adulterata dall'intromissione, sempre patologica, dello Stato – e qui torniamo alla grande questione della scarsità –, ciascuno stabilirebbe come orientare il rapporto tra la *propria* spesa sanitaria e le *proprie* risorse disponibili. Qualcuno potrebbe ritenere una fortuna essere sollevati da questa situazione grazie alla sanità pubblica che, almeno teoricamente, si fa carico di ogni servizio e di ogni costo. Sappiamo che non è così. Possiamo, magari, provare a smascherare più avanti questo inganno perché, al momento, vorrei proseguire il ragionamento intorno alla questione della scarsità. Ed, in base a ciò, capire che, da sempre, l'uomo ha dovuto far i conti con le proprie reali possibilità. Come per ogni altro aspetto della vita, può capitare, ad esempio, che uno stato di malattia possa essere affrontato valutandone i costi. Non credo – sempre per continuare l'esempio – che sia da considerarsi folle un genitore che, consapevole di avere insufficienti possibilità di guarire, scelga di non dilapidare le risorse familiari, magari accantonate per i figli, e rassegnarsi all'irreparabile evoluzione del decorso. Il richiamo doveroso alla scarsità dei beni impedisce sia la trasformazione in preferenze politiche di scelte che dovrebbero rimanere individuali sia l'attribuzione allo Stato di facoltà miracolose grazie alle quali i beni da scarsi diventerebbero infiniti.

---

42 Cfr. Arnold KLING, *La sanità in bancarotta*, Istituto Bruno Leoni Libri, Torino 2009; cfr. Gabriele PELISSERO - Alberto MINGARDI (a cura di), *Competizione, sostenibilità e qualità. Quale futuro per il welfare sanitario italiano?*, Istituto Bruno Leoni Libri, Torino 2014; cfr. Gabriele PELISSERO - Lucio SCUDIERO, *Il futuro del welfare sanitario. Un caso italiano e uno spagnolo*, prefazione di Alberto Mingardi, Istituto Bruno Leoni Libri, Torino 2011; cfr. Lucia QUAGLINO, *Sanità*, in AA. VV., *Liberare l'Italia. Manuale delle riforme*, introduzione di Carlo Stagnaro, Istituto Bruno Leoni Libri, Torino 2013, p. 153-181; cfr. Lucia QUAGLINO - Alberto MINGARDI - Gabriele PELISSERO, *La spesa sanitaria italiana*, Istituto Bruno Leoni Libri, Torino 2013.

In considerazione dello sviluppo di queste mie osservazioni, ancor più, il richiamo alla scarsità dei beni economici mi permette di calarmi nel dilemma tra salute e lavoro perché se questa relazione è spesso problematica, nel caso della pandemia diviene ancor più complicata. Dicevo che, a differenza dei falsi dilemmi, tra salute e lavoro può esservi reale antinomia. Soprattutto in epoca di epidemia, salvaguardare l'una significa sacrificare qualcosa dell'altro. Non differentemente di come avviene quando per necessità di convalescenza si procrastina la ripresa del lavoro nella speranza di poter al più presto tornare in piena attività. Pertanto, a differenza delle false contrapposizioni, penso che tra salute e lavoro sussista un dilemma il cui livello di gravità oscilla enormemente e, perciò, non può non essere valutato che dal diretto interessato. Si tratta di un'alternativa dinanzi a cui occorre porsi con equilibrio, nella ricerca di soluzioni proporzionate.

Questa problematicità è sempre stata presente nell'esistenza umana. Grazie agli enormi benefici del progresso, non si patiscono i pericoli che in passato erano quotidiani ed avvertiamo come insostenibili i rischi che, invece, fanno ordinariamente parte della nostra vita e non solo lavorativa. Tutti gli aspetti della vita comportano un qualche rischio. Anche sciare in montagna e ancor più guidare in strada. Massimamente il lavoro comporta pericoli. Si rischia di più quando maggiore è lo stato di necessità; si riduce più o meno consapevolmente la propria disponibilità al pericolo quando è minore lo stato di necessità. Questo secondo scenario è la straordinaria conquista che l'umanità deve al libero mercato in generale e al libero mercato del lavoro in particolare. In assenza di alternative, pur di far sopravvivere la propria famiglia, l'uomo è andato a caccia di belve o ha messo in conto di scendere nelle miniere. Le attività lavorative ad alto grado di pericolo sono quelle che non possono non essere scelte o che, in presenza di alternative, sono lautamente ricompensate. Queste stesse elementari considerazioni – la "Crusoe economics"[43] – possono valere nel contesto dell'epidemia dove ciascuno dovrà scegliere cosa fare tra la necessità di sopravvivere e il timore del contagio. In sintesi, sarei indotto a concludere sulla base di questi tre assunti: innanzitutto che il lavoro (ed ogni altra attività, riposo compreso tanto più se eccessivo) comporta sempre una qualche forma di rischio; ciò che è ragionevole è che questo rischio sia proporzionato ai benefici; infine che, almeno in linea di principio, nessuna autorità pubblica dovrebbe sostituirsi alla persona direttamente interessata alla valutazione tra rischi e benefici. Scrive Whitmore: «le persone dovrebbero essere in grado di soppesare le proprie possibilità

---

43 Cfr. Henry HAZLITT, *L'economia in una lezione. Capire i fondamenti della scienza economica*, Istituto Bruno Leoni Libri, Torino 2012, p. 104s. (*Economics in One Lesson*, 1946).

di ammalarsi, compensando i costi della riduzione del loro stile di vita regolare con i benefici dell'aumentata possibilità per sé stessi, i propri amici e la propria famiglia di rimanere sani»[44].

Credo – e penso di aver già espresso un pensiero simile a proposito del "virus scientista"[45] – che la decisione circa la priorità da dare al lavoro o alla salute non possa essere affidata né ai politici né ai medici. Entrambi sarebbero influenzati da interessi di parte o da attitudini professionali (quindi in base al rispettivo *lavoro*). È preferibile, invece, che, dopo aver diligentemente attinto al parere degli esperti, ogni lavoratore stabilisca cosa sia preferibile scegliere secondo una ragionevole proporzionalità tra potenziali rischi per la salute e possibili vantaggi per il proprio reddito.

Un carissimo amico, tra l'altro convinto libertario, ad esempio, ha preferito, per timore di contagio, assentarsi dal lavoro. È un lavoratore dipendente di una grande azienda privata. Forse, fosse stato autonomo o fosse stato titolare di un'impresa, avrebbe agito diversamente; comunque, sta di fatto che anche i salariati sono parte integrante dell'economia e la sua assenza ha avuto qualche conseguenza, se non altro sulla sua azienda (che, peraltro, dopo pochi giorni fermò tutte le sue linee di produzione e chiuse l'intero stabilimento sino al termine della quarantena). Non si possono dare tutti i torti al lavoratore che ha scelto di dichiararsi malato (in quei giorni immediatamente precedenti il *lockdown* di marzo, i medici concedevano con ancor più prodigalità la certificazione giustificativa): ha temuto ed ha optato per la prudenza. Io stesso ho rinviato e, in non pochi casi, rinunciato ad alcune attività che avrebbero dato luogo alle normali piccole transazioni economiche che accompagnano le nostre giornate. Mi sono astenuto per cautela, non perché abbia dovuto patire una restrizione governativa.

Racconto questi episodi per dimostrare che il crollo dell'economia non è direttamente imputabile ai decreti governativi che hanno imposto il *lockdown*. Sarebbe facile attribuire tutta la responsabilità della crisi alle misure prese dalle autorità. Certamente avremo molto di cui parlare e giudicare a proposito di questi provvedimenti, ma per poter adeguatamente criticare occorre distinguere il problema dalle sue aggravanti. Il problema è il virus venuto dalla Cina comunista; le aggravanti sono gli interventi

---

44 Duncan WHITMORE, *Why the State Shouldnt Manage a Crisis*, https://misesuk. org/2020/03/24/why-the-state-shouldnt-manage-a-crisis/, 24.3.2020 («people should be able to weigh up their own chances of becoming ill, offsetting the costs of curtailing their regular lifestyles against the benefits of improving the chances of themselves and their friends and family staying healthy»).

45 Cfr. paragrafo 4 (la parte dal titolo *Il virus scientista e il morbo ambientalista*) del capitolo 1.

dello Stato. A quest'ultimo bisogna attribuire colpe enormi che saranno tanto più precisate quanto meglio le si distinguerà dalla situazione sopra cui l'interventismo è andato a porsi. Non tutto può essere messo a carico dello Stato. Certo, più passa tempo, più si aggravano le responsabilità del regime comunista cinese e, dato che il comunismo è innanzitutto statolatria, è impossibile non considerare queste colpe quali vere e proprie "colpe di Stato". E le "colpe di Stato" sono enormi anche quando non si giunge alla fase comunista. Ma occorre riconoscere che, anche senza provvedimenti di blocco e di chiusure, vi sarebbe stata, comunque, una drastica riduzione dei consumi, della produzione e dell'occupazione[46]. Il pericolo del contagio genera timore, il timore causa cambiamento di ritmi e di abitudini, frenando i consumi. Le attività industriali e commerciali sarebbero andate in affanno e poi si sarebbero trovate in ginocchio anche senza le gelide imposizioni, ancora più odiose in una situazione in cui già mancano i clienti e calano i consumi. È la situazione tipica di ogni epoca di pandemia e in situazioni come questa c'è sempre, da parte di molti soggetti economici, un costo da sostenere e un prezzo da pagare. Lo Stato ha già troppe colpe per dover aggiungere responsabilità inimputabili in quanto proprie delle situazioni congiunturali (come per molti aspetti può essere il virus se lo considerassimo al pari di una sciagura improvvisa e di un cataclisma naturale). Anche, quindi, nell'ipotesi (da me caldeggiata) di una convivenza con il Covid in alternativa al *lockdown*, i danni sarebbero ingentissimi e i costi sarebbero altissimi (così, ad esempio, è avvenuto in quegli Stati degli USA che hanno evitato chiusure e blocco di attività). L'unica strada percorribile è quella di evitare i falsi rimedi e le ingannevoli soluzioni offerti dagli interventi statali che trasformano un crollo economico temporaneo che, per quanto grave, ha solo cause esterne (e, come tali, rapidamente superabili) in una depressione perenne che mina in modo endogeno l'intero sviluppo e rende impossibile una vera ripresa.

Il titolo dato a queste pagine di considerazioni economiche non è dei più dolci né dei più rassicuranti. Mi è sembrato, però, potesse rappresentare – e magari riuscire anche a farlo bene – la situazione in cui per timore del virus lo Stato imponga l'inattività e il conseguente suicidio economico. Come non ha senso suicidarsi per paura di morire, così è dissennato e folle quell'atteggiamento che porta un popolo a morire di

---

46 Un esempio è offerto dall'abolizione (sempre per decreto) delle distanze sui mezzi pubblici di trasporto (dopo altri decreti che, invece, le imponevano). Così è avvenuto a fine luglio per i voli aerei e per le linee ferroviarie dell'Alta Velocità, in vista, probabilmente, degli spostamenti estivi. Le misure furono poi ristabilite, ma anche precedentemente a questo ri-posizionamento, l'eliminazione dei vincoli non impedì a treni ed aerei di viaggiare con pochi passeggeri.

fame per timore di morire di virus. E per evitare di morire di fame – come provavo a spiegarmi poc'anzi – c'è sempre un qualche rischio da correre.

Quando interviene il comando politico, è inevitabile che esso soffochi quelle spontanee possibilità con cui l'uomo cerca di adattarsi alle situazioni per evitare le soluzioni estreme che, in questo caso, sarebbero rappresentate, da un lato, dal blocco delle attività e dall'allarmismo o, dall'altro, dall'assenza di precauzioni e dal negazionismo. Nella ricerca del necessario compromesso – che comporta, comunque, un rilevante costo – ciascuno, in modo discrezionale (ed insindacabile), prova – sicuramente attraverso tentativi fallibili: Popper direbbe attraverso *trial and error*[47] – a non morire di virus e ad evitare, in ogni modo possibile, il suicidio economico[48].

Ho trovato interessante quanto scritto recentemente dallo psicoterapeuta Claudio Risé (1939-viv.) che, a proposito della gestione dell'epidemia condotta dal governo italiano suggeriva di non dimenticare «una verità elementare: la vita è pericolosa. Questo fatto, così evidente che è banale ripeterlo, sembra però ignoto al governo, alle sue burocrazie e alla loro gestione del virus, fin dall'inizio in altalena tra ingenua sorpresa e cupa disperazione»[49]. Risé suggerisce di abbandonare la pretesa di una vita priva di pericoli sia perché «solo la morte, la non vita, non corre alcun pericolo», sia, soprattutto, perché «l'idea di un'esistenza senza rischi è un'utopia che può rendere folli. [...] Il pericolo c'è sempre. Il mondo della natura è enorme e straordinariamente complesso, ed è evidente la fragilità dell'uomo, del suo corpo e della sua psiche rispetto a tutto ciò che lo circonda e può distruggerlo rapidamente nei diversi più modi, come è accaduto più volte nella storia. Convincerci che possiamo "metterci al sicuro", è sempre falso, e come tutte le menzogne ci indebolisce e ci fa stare male»[50]. Questa consapevolezza non esclude affatto ogni genere di precauzione, esclude solo l'utopia di pensare che per sopravvivere è sufficiente evitare il contagio.

---

47 Cfr. Karl R. POPPER, *Tutta la vita è risolvere problemi. Scritti sulla conoscenza, la storia e la politica*, a cura di Dario Antiseri, Rusconi, Milano 1996; cfr. Dario ANTISERI, *Karl Popper*, Rubbettino, Soveria Mannelli (Catanzaro) 2011, p. 111-120.

48 Non so quanto possano dirsi attendibili i sondaggi (cfr. https://www.tgcom24.mediaset.it/tgcomlab/lavoro/post-covid-19-per-un-italiano-su-due-la-ripartenza-delleconomia-ha-la-priorit-sulla-salute_21546216-202002a.shtml), ma non mi meraviglierei affatto se, dopo aver patito abbastanza passivamente il primo periodo di chiusura per quarantena, anche gli italiani mostrassero una decisa contrarietà verso nuovi *lockdown*.

49 Claudio RISÉ, *L'idea di un'esistenza senza rischi è un'utopia che può rendere folli*, in «La Verità», 1.11.2020.

50 *Ibidem.*

Se non ci si vuole rifugiare nel suicidio per esorcizzare il pericolo di morire, allora occorre ri-equilibrare molte cose. Correre qualche rischio (ovviamente, nel modo più ponderato possibile) anziché scivolare verso lo stato vegetale significa anche ristabilire il primato dell'economia sulla politica, significa non farsi ipotecare la libertà in cambio di un piatto di lenticchie[51] e significa, soprattutto, non ridurre gli scopi dell'esistenza alla pura sopravvivenza. È vero che a questa tentazione di mortificare la vita possono resistere solo gli uomini grandi, ma è anche vero che se si dimentica questo ammonimento si è tutti condannati alla meschinità. «Propter vitam servandam, vivendi perdere causas», avvertiva il poeta latino Decimo Giunio Giovenale (c. 55-130) che invitava a non salvare la vita a costo di ciò che la rende utile e preziosa[52].

Credo che queste parentesi bibliche e classiche non siano fuori tema rispetto alle valutazioni economiche ma, anzi, aiutino a comprendere "cosa va fatto e cosa non va fatto" per salvaguardare la prosperità in epoca di calamità.

Nelle battute introduttive facevo cenno a due principi attinti dalle pagine del brillante economista francese Frédéric Bastiat: il principio del "ciò che si vede e ciò che non si vede" e il principio della "finestra rotta". Rinviamo la spiegazione del secondo[53] e soffermiamoci sul primo.

Per capire cosa andrebbe fatto e cosa non andrebbe fatto bisognerebbe utilizzare lo stesso criterio che distingue la buona teoria economica da quella deleteria. Bastiat scrive che il cattivo economista si differenzia dall'economista serio per il fatto che il primo «si limita all'effetto *visibile*, mentre l'altro tiene conto e dell'effetto che *si vede* e di quelli che occorre *prevedere*. Ma questa differenza è enorme»[54]. Ecco, quindi, già spiegato il principio "ciò che si vede e ciò che non si vede". «Nella sfera economica, un atto, un'abitudine, un'istituzione, una legge, non generano solo un effetto, ma una serie di effetti. Di questi effetti, solo il primo è immediato; esso si manifesta simultaneamente con la sua causa: *si vede*. Gli altri non si sviluppano che successivamente: *non si vedono*; va bene se li si

---

51 É questa un'espressione tratta dalla Bibbia. Nel libro della *Genesi* si racconta la vicenda dei figli di Isacco: Esaù cedette la primogenitura al fratello minore Giacobbe in cambio di un piatto di lenticchie (cfr. Gen 25,29-34).

52 Decimo Giunio GIOVENALE, *Satire*, traduzione di Guido Ceronetti, Einaudi, Torino 1971 (VIII, 83-84).

53 Cfr. il paragrafo 5 (la parte dal titolo *Un grande reset?*) del capitolo 2.

54 Frédéric BASTIAT, *Ciò che si vede, ciò che non si vede e altri scritti*, a cura di Nicola Iannello, prefazione di Gérard Bramoullé, Rubbettino, Soveria Mannelli (Catanzaro) 2005, p. 3 (*Ce qu'on voit et ce qu'on ne voit pas*, 1850).

può *prevedere*»[55]. In forza di questo criterio sarà facile identificare quegli effetti che, in seguito, sebbene con qualche imprecisione[56], Friedrich A. von Hayek definì le inevitabili conseguenze inintenzionali delle azioni umane intenzionali[57] (in questa stessa linea, Karl R. Popper considerò la individuazione degli effetti non intenzionali il primo dovere delle scienze sociali[58]).

Sulla base del criterio degli effetti prodotti nel tempo possono essere schierati e suddivisi teorie ed economisti[59]. La propensione a prendere in esame solo conseguenze immediate è tipica del filone keynesiano al punto che la contrapposizione con la sollecitudine per il lungo periodo fa di Bastiat il primo anti-Keynes; di quest'ultimo (Keynes), infatti, si può sintetizzare l'intera prospettiva (pur contraddittoria) nella sua famosa affermazione in base alla quale non occorre dare troppo peso alle ricadute delle politiche sul futuro perché «nel lungo periodo saremo tutti morti»[60]. Ma poi, le leggi naturali inesorabilmente prevalgono e «gli effetti rovinosi dello statalismo sono a portata di mano»[61], «il lungo termine è arrivato»[62] ben prima del previsto.

Ancora per mettere a fuoco la domanda circa cosa fare e cosa non fare, è utile richiamare alcune asimmetrie il cui smascheramento fornirebbe l'aiuto di cui l'economia politica abbisogna. Mi riferisco a tre tipi di asimmetrie che sono contenute nelle azioni dello Stato. Queste azioni occultano gli

---

55 *Ibidem.*

56 Cfr. Murray N. ROTHBARD, *The Present State of Austrian Economics* (1992), in IDEM, *Economic Controversies*, Ludwig von Mises Institute, Auburn (Alabama) 2011, p. 203.

57 Cfr. Friedrich A. von HAYEK, *L'abuso della ragione*, prefazione di Dario Antiseri, Rubbettino, Soveria Mannelli (Catanzaro) 2008.

58 «il compito principale delle scienze sociali teoriche [...] consiste nel delineare le ripercussioni sociali non intenzionali che seguono dalle azioni umane intenzionali» (Karl POPPER, *Previsione e profezia nelle scienze sociali*, in IDEM, *Congetture e confutazioni. Lo sviluppo della conoscenza scientifica*, Il Mulino, Bologna 1972, p. 580).

59 Cfr. Henry HAZLITT, *L'economia in una lezione. Capire i fondamenti della scienza economica*, Istituto Bruno Leoni Libri, Torino 2012, p. 15-16 (*Economics in One Lesson*, 1946).

60 Cit. in Hunter LEWIS, *Tutti gli errori di Keynes. Perché gli Stati continuano a creare inflazione, bolle speculative e crisi finanziarie*, prefazione di Francesco Forte, Istituto Bruno Leoni Libri, Torino 2010, p. 205 (*Where Keynes Went Wrong, And Why World Governments Keep Creating Inflation, Bubbles and Busts*, 2009). Quando nel corso di un congresso alcuni studiosi chiesero a Keynes cosa, secondo la teoria keynesiana, sarebbe successo nel lungo periodo, l'economista di Cambridge, dopo un momento di perplessità, rispose che non occorreva preoccuparsi perché «in the long run we're all dead».

61 Murray N. ROTHBARD, *Per una nuova libertà. Il manifesto libertario*, introduzione di Luigi Marco Bassani, Liberilibri, Macerata 2004, p. 434.

62 *Ibidem.*

inconvenienti e, perciò, sembrano comportare solo vantaggi, vantaggi di enorme portata. Ma, come ricorda Bastiat, un buon economista sa scorgere ciò che gli altri non vedono. La prima asimmetria tra i benefici e i costi riguarda esattamente il palesamento perché nell'intervento politico i benefici sono aperti e visibili mentre i costi sono celati ed invisibili. La seconda asimmetria tra i benefici e i costi riguarda i tempi perché nell'intervento politico i benefici sono immediati ed istantanei mentre i costi sono posticipati e ritardati, rallentati e differiti. Infine la terza asimmetria tra i benefici e i costi riguarda la cerchia dei favoriti perché nell'intervento politico i benefici sono concentrati mentre i costi sono diffusi e ripartiti, dispersi e frazionati. Merito della scuola della cosiddetta *Public Choice*[63] di James Buchanan (1919-2013) e Gordon Tullock (1922-2014) è quello di aver mostrato i dinamismi delle scelte pubbliche: queste, in qualità di scelte collettive e antitetiche rispetto alle scelte private, hanno la tipica caratteristica di concentrare i benefici e di spalmare i costi[64].

Alla domanda cosa fare si dovrebbe rispondere di seguire i consigli della buona economia; parimenti alla domanda cosa non fare basterebbe rispondere di non ripetere gli errori di sempre e non seguire le sirene del consenso politico. Da una parte, quindi, avremmo la lucidità di prevedere le conseguenze virtuose di un mercato lasciato libero di riprendersi velocemente, dall'altra parte abbiamo la ostinata volontà di consegnare sciaguratamente la conduzione dell'economia alla pretesa salvifica dello Stato trascurando gli effetti economici per il futuro e gli effetti politici già nel presente. E lo Stato paternalista interviene prontamente sia con atteggiamento previdente attraverso nuovi vincoli sia con atteggiamento generoso attraverso nuovi sussidi. Nei prossimi due paragrafi proverò a soffermarmi prima su quelli – i nuovi vincoli – poi su questi – i nuovi sussidi. Non prima, però, di essermi concesso la soddisfazione di citare ancora una volta Reagan, il grande presidente repubblicano che tirò fuori l'America da una crisi sistemica in cui decenni di politiche keynesiane avevano fatto precipitare l'economia più forte del mondo. Una frase che può ben introdurci alle prossime considerazioni: «prima del 1981 [l'anno dell'inizio della presidenza Reagan, *ndr*] la visione dello Stato dell'economia [può] essere sintetizzata in poche, brevi frasi: "se si muove,

63 Cfr. Gordon TULLOCK - Arthur SELDON - Gordon L. BRADY, *I fallimenti dello Stato. Introduzione alla Public choice*, Istituto Bruno Leoni Libri, Torino 2014 (*Government failure. A primer in Public Choice*, 2002).
64 Cfr. James M. BUCHANAN - Gordon TULLOCK, *Il calcolo del consenso. Fondamenti logici della democrazia costituzionale*, Il Mulino, Bologna 1998 (*The Calculus of Consent. Logical Foundations of Constitutional Democracy*, 1962).

tassalo; se continua a muoversi, regolalo e se smette di muoversi, prova con i sussidi"»[65].

2.2. Nuove catene al mercato (con una nuova serie di vincoli)

In presenza di ogni tipo di emergenza, gli uomini di Stato sembrano essere addirittura costretti dall'incitamento popolare ad assumere provvedimenti atti a porre rimedio allo scivolamento dell'economia verso il basso. Gli interventi più richiesti nei primi momenti riguardano generalmente il controllo dei prezzi, la nazionalizzazione delle attività (o il blocco dei licenziamenti) e un rinnovato vigore redistribuzionista (nuova tassazione). Proviamo a capire – e a giudicare – come questa prassi si è applicata nel contesto dell'epidemia.

Controllare i prezzi?

In presenza di eventi particolari – quale può essere un'epidemia – possono verificarsi diverse reazioni su un fronte specifico e basilare qual è quello dei prezzi. Ad esempio, nella corsa agli acquisti causata dal panico è naturale che i prezzi dei beni richiesti subiscano un deciso aumento. Viceversa, altri beni che in condizioni ordinarie godevano dell'apprezzamento dei consumatori, ora non sono più richiesti (primo tra tutti l'offerta generale di lavoro, come vedremo) o sono richiesti molto meno; questi beni vedranno diminuire il loro prezzo.

Occorre subito dire che il prezzo è qualcosa di estremamente importante. Lo è al punto che «l'economia può essere ridotta a [questa] sola parola: prezzo»[66]. Il prezzo è il formidabile indicatore per suggerire quali beni produrre in base a ciò di cui il mercato – cioè la gente – abbisogna e richiede. Questo indicatore è indispensabile al punto tale che senza di esso la stessa economia sarebbe irrealizzabile. Nel dire ciò sintetizzo la fondamentale questione del "calcolo economico"[67] che fu messa a fuoco

---

65 Ronald REAGAN, *Remarks to State Chairpersons of the National White House Conference on Small Business*, August 15, 1986 (https://www.reaganlibrary.gov/archives/speech/remarks-state-chairpersons-national-white-house-conference-small-business).
66 Mark SKOUSEN, *L'economia in una pagina* (*Economics in one page*, 1997), a cura e traduzione di Bernardo Ferrero, in «StoriaLibera. Rivista di scienze storiche e sociali», anno 6 (2020), n. 11, p. 127.
67 Cfr. Jesús HUERTA de SOTO, *Socialismo, calcolo economico e imprenditorialità*, presentazione di Carmelo Ferlito, Solfanelli, Chieti 2012 (*Socialismo, cálculo económico y función empresarial*, 1992); cfr. Guglielmo PIOMBINI, *La sfida del secolo: Scuola Austriaca contro*

sin dal 1920 da Ludwig von Mises[68]. Il grande economista viennese, con i successivi immediati approfondimenti[69], giunse, per primo, a dichiarare l'impossibile sopravvivenza del sistema comunista proprio a causa dell'estromissione del meccanismo dei prezzi[70]. Oltre ad essere indicatore di efficienza in rapporto alla produzione, il prezzo si rivela essere anche un insostituibile veicolo di dati e di conoscenze perché in esso è racchiuso, sinteticamente, il massimo delle informazioni disponibili. Per tutte queste ragioni, Luigi Einaudi ne descriveva le virtù parlando del «re prezzo»[71].

Ebbene, la determinazione del prezzo di un bene corrisponde ad un meccanismo razionale assai delicato le cui oscillazioni non vanno contrastate se non attraverso la concorrenza che innalza la quantità e la qualità di beni con un miglioramento del processo e con una complessiva ottimizzazione. Ogni alterazione di questa sensibilissima dinamica è destinata a danneggiarne la razionalità. È per questo motivo che «bisogna lasciare che sia il mercato e non i burocrati di Stato a determinare i prezzi e i salari»[72].

In momenti di crisi, invece, l'interventismo statale è attivo innanzitutto sul fronte dei prezzi bloccando in alto (sui salari) e in basso (sulle merci) ciò che il mercato avrebbe disposto diversamente. Ciò che si sarebbe rimodulato naturalmente consentendo un razionale adeguamento ad una nuova situazione, viene paralizzato artificiosamente in base al comando politico, generando un ingessamento del processo naturale.

Socialismo, in Guglielmo PIOMBINI - Giuseppe GAGLIANO, *Riscoprire la Scuola Austriaca di economia. La sfida di Mises, Hayek e Rothbard a Marx e Keynes,* Leonardo Facco Editore, Treviglio (Bergamo) 2018, p. 89-102.

68 Cfr. Ludwig von MISES, *Economic Calculation in the Socialist Commonwealth,* Ludwig von Mises Institute, Auburn (Alabama) 1990 (*Die Wirtschaftsrechnung im sozialistischen Gemeinwesen,* 1920). Ora anche in traduzione italiana: Ludwig von MISES, *Il calcolo economico nello Stato socialista,* Istituto Bruno Leoni Libri, Torino 2015.

69 Cfr. Ludwig von MISES, *Socialismo. Analisi economica e sociologica,* a cura di Dario Antiseri, Rusconi, Milano 1990 (*Die Gemeinwirtschaft. Untersuchungen* über *den Sozialismus,* 1922).

70 Cfr. Jesús HUERTA de SOTO, *La Scuola Austriaca. Mercato e creatività imprenditoriale,* a cura di Paolo Zanotto, Rubbettino, Soveria Mannelli (Catanzaro) 2003, p. 36.101.126.129 (*La Escuela Austríaca: mercado y creatividad empresarial,* 2001); cfr. Ludwig von MISES, *L'azione umana. Trattato di economia,* prefazione di Lorenzo Infantino, Rubbettino, Soveria Mannelli (Catanzaro) 2016, p. 739-755 (*Human Action. A Treatise on Economics,* 1949); cfr. Murray N. ROTHBARD, *Potere e mercato. Lo Stato e l'economia,* a cura di Nicola Iannello, Istituto Bruno Leoni Libri, Torino 2017, p. 270.271-272 (*Power and Market. Government and the Economy,* 1970).

71 Luigi EINAUDI, *Il Buongoverno. Saggi di economia e politica (1897-1954),* a cura di Ernesto Rossi, Laterza, Bari 2004, p. 201s.

72 Mark SKOUSEN, *L'economia in una pagina (Economics in one page,* 1997), a cura e traduzione di Bernardo Ferrero, in «StoriaLibera. Rivista di scienze storiche e sociali», anno 6 (2020), n. 11, p. 127.

Dicevo che in circostanze particolari come quella dell'epidemia, è inevitabile che le necessità dei consumatori si orientino in modo differente rispetto ai periodi di normalità determinando preferenze verso prodotti che saranno soggetti ad essere quasi presi di assalto trascurando altri prodotti che saranno considerati non più prioritari. *Naturalmente*, i primi sarebbero soggetti ad aumento di prezzo ed i secondi a riduzione di prezzo. Questo meccanismo *naturale* «a) limiterebbe lo svuotamento degli scaffali, b) incoraggerebbe un uso più oculato dell'offerta disponibile, e c) invierebbe un segnale alle imprese per produrre una maggiore quantità degli articoli più richiesti, alleviando la pressione ed eventualmente riportando i prezzi al ribasso»[73].

Gli analisti provano a descrivere ciò che sta avvenendo e ciò che potrebbe abbattersi sui consumatori[74]. Ma il rincaro di molti servizi e beni e il deprezzamento di molti altri è l'oscillazione indispensabile ad equilibrare in modo naturale l'offerta e la domanda. Di tali variabilità ci si può rammaricare, ma è questa elasticità che consente ai soggetti economici di superare le crisi. Implorare, invece, l'intervento politico per calmierare i prezzi rappresenterebbe la camicia di forza che impedisce il necessario riassestamento. Si dimentica facilmente che il controllo dei prezzi è una tipica misura socialista tesa a sostituire la libertà di mercato con la pianificazione e il comando politico[75].

Si potrebbero riportare molti esempi attinenti alla situazione attuale, esempi nei quali l'interventismo politico sembra perfettamente sposarsi con l'umore popolare e le richieste che sorgono dall'opinione pubblica sembrano costringere il governo a controllare i prezzi. Non intendo dilungarmi, ma su alcuni casi a forte carica emotiva occorre spendere qualche parola. È giusto gridare allo sciacallaggio?[76] In linea di principio no.

È giusto che in momenti critici mascherine e guanti, disinfettanti e sanificanti, ventilatori polmonari e bombole di ossigeno, ma anche alimenti

---

73 Duncan WHITMORE, *Why the State Shouldnt Manage a Crisis*, https://misesuk. org/2020/03/24/why-the-state-shouldnt-manage-a-crisis/, 24.3.2020.

74 Cfr. https://www.ilgiornale.it/news/economia/fase-2-codacons-avverte-caro-prezzi-rischio-stangata-1863653.html.

75 A proposito della "camicia di forza", il presidente Reagan utilizzò questa immagine per parlare della differenza tra i due contrapposti modelli sociali ed economici: «la differenza tra democrazia e democrazia popolare? è la stessa differenza che passa tra una camicia e una camicia di forza» (Ronald REAGAN, Remarks on Signing the Human Rights Day, Bill of Rights Day, and Human Rights Week Proclamation, December 10, 1986; https://www.reaganlibrary.gov/archives/speech/remarks-signing-human-rights-day-bill-rights-day-and-human-rights-week-proclamation).

76 Cfr. Mario GIORDANO, *Sciacalli. Virus, salute e soldi. Chi si arricchisce sulla nostra pelle*, Mondadori, Milano 2020.

a lunga conservazione e prodotti da mantenere in dispensa subiscano un'impennata del prezzo? O, piuttosto, non sarebbe giusto, come sembra apparire, che lo Stato intervenisse calmierando i prezzi? Chi non darebbe ragione a questa seconda soluzione? Quanti novelli Robespierre vorrebbero che il governo sguinzagliasse la Guardia di Finanza per terrorizzare gli operatori dei vari settori interessati! Eppure imporre un prezzo politico, un tetto da non superare, significa scoraggiare i produttori che rischiano di lavorare sotto costo o anche solo con pochi vantaggi mentre l'unico modo per avere più beni, soprattutto in momenti di necessità, è evitare di intervenire sugli incentivi al guadagno. Sono questi ultimi a spingere i produttori a lavorare, assicurando presto l'offerta di quelle quantità che non solo soddisferanno meglio la domanda, ma condurranno anche ad una pressoché automatica limatura del prezzo.

Quanto detto per i prodotti sanitari, in momenti di carestia potrebbe valere per le derrate alimentari. Perciò una buona lezione di economia è costituita dalle pagine del Manzoni che nel capitolo XII de *I promessi sposi* descriveva la carestia e il tumulto del giorno di san Martino del 1628 che culminò con l'assalto ai forni. Il prezzo calmierato imposto dalle autorità (il Gran Cancelliere Antonio Ferrer) aveva, infatti, provocato una più accentuata scarsità di pane e di farina e, conseguentemente, nuovo (ed ingiustificato) risentimento della massa popolare. E con José María Ortega y Gasset (1883-1955) non si può che concludere: «quando soffre della scarsità di cibo, la folla va in cerca di pane, ed il mezzo che essa utilizza generalmente è quello di distruggere le panetterie»[77].

Ciò che vale per le mascherine e per il pane, vale anche per i medicinali e i vaccini. Il modo migliore per veder scarseggiare i beni di cui vi è bisogno è lo stesso per precludersi l'accesso ai farmaci. Sto parlando dell'imposizione ad essi di un prezzo stabilito per via legale che disincentiva ricercatori e produttori (oltre che investitori e finanziatori). Si ritiene anche che, in nome dell'uguaglianza, le case farmaceutiche debbano essere costrette ad assicurare i farmaci indispensabili alla sopravvivenza. Recentemente, una campagna internazionale ha esercitato una forte pressione in questa direzione per favorire le cure dell'AIDS nel continente africano. Eppure, se venisse ridimensionato il profitto anche sui beni salva-vita, l'effetto non sarebbe la distribuzione gratuita di questi, ma la pura (e rapida) estinzione degli stessi. Sono gli alti profitti a garantire i risultati migliori e – anche per un sano egoismo e per un razionale tornaconto[78]

77 José ORTEGA Y GASSET, *La ribellione delle masse*, Il Mulino, Bologna 1962, p. 130 (*La rebelión de las masas*, 1930).
78 Cfr. Ayn RAND, *La virtù dell'egoismo. Un concetto nuovo di egoismo*, a cura di Nicola Iannello, Liberilibri, Macerata 2010 (*The Virtue of Selfishness. A New Concept of Egoism*,

– se vogliamo che l'umanità debelli il Covid e altre terribili malattie, c'è da augurarsi che siano molti i ricercatori e gli industriali spinti dal desiderio di arricchimento personale. D'altra parte, quanto agli alti prezzi di alcuni medicinali, occorre dire che non vi è stato prodotto divenuto di largo consumo che, inizialmente, non sia stato prerogativa di pochi fortunati. Come per ogni bene, anche per i farmaci, la strada per la più ampia diffusione passa attraverso l'iniziale uso esclusivo per pochi benestanti. Non solo non bisogna scandalizzarsi di fronte a ciò, ma occorre salvaguardare la proprietà e i diritti conseguenti se davvero si ha a cuore l'accesso più largo possibile alle cure e ai farmaci.

Negare i diritti di proprietà[79] o controllare il prezzo[80] dei prodotti medici o farmaceutici significa semplicemente precludere all'umanità la lotta alle malattie, Covid *in primis*. Gli uomini di Chiesa e, in genere, i leader religiosi dimostrano una gran difficoltà a capire questa evidente verità. Eppure, esattamente la sollecitudine per i poveri e per i popoli indigenti dovrebbe rendere questi leader particolarmente riconoscenti agli imprenditori e particolarmente consapevoli delle dinamiche di mercato, con particolare attenzione al processo morale della definizione dei prezzi[81]. Prevale nettamente, invece, un persistente pregiudizio che impedisce anche solo di avere uno sguardo sereno sulla questione[82], finendo, più o meno consapevolmente, complici delle concezioni più pauperisticamente estreme[83].

1964).

79 Molto forte rimane la prevenzione verso i diritti di proprietà verso i quali la Chiesa continua a svolgere una sorta di battaglia eversiva. Anche dal campo moderato (Benedetto XVI, ad esempio, a cui si riferisce il seguente autorevole commento) viene, comunque, suggerita «un'applicazione flessibile delle regole sulla proprietà intellettuale, al fine di garantire l'accesso ai farmaci ai Paesi più poveri» (Massimo INTROVIGNE - Piermarco FERRARESI, *Il Papa e Joe l'idraulico. La crisi economica e l'enciclica "Caritas in Veritate"*, Fede & Cultura, Verona 2009, p. 23).

80 Cfr. Valentin PETKANTCHIN, *Farmaci e prezzi di riferimento. Perché quella tedesca è un'esperienza da non imitare*. Briefing Papers n. 39, Istituto Bruno Leoni, Torino 2007.

81 Cfr. Alejandro A. CHAFUEN, *Cristiani per la libertà. Radici cattoliche dell'economia di mercato*, introduzione di Dario Antiseri, Liberilibri, Macerata 2007, p. 92s.; cfr. Maurizio ORMAS, *La libertà e le sue radici. L'affermarsi dei diritti della persona nella pastorale della Chiesa dalle origini al XVI secolo*, prefazione di Rocco Buttiglione, Effatà, Cantalupa (Torino) 2010, p. 179; cfr. Thomas E. WOODS jr., *La Chiesa e il mercato. Una difesa cattolica della libera economia*, Liberilibri, Macerata 2008, p. 84.

82 Cfr. José Miguel IBANEZ LANGLOIS, *La dottrina sociale della Chiesa. Itinerario testuale dalla "Rerum novarum" alla "Sollicitudo rei socialis"*, Ares, Milano 1989, p. 252; cfr. Pietro PALAZZINI, voce *Prezzo giusto*, in Francesco ROBERTI - Pietro PALAZZINI (a cura di), *Dizionario di teologia morale*, Studium, Roma 1954, p. 1052-1053.

83 Cfr. BENEDETTO XVI, Messaggio per la celebrazione della XLII giornata mondiale della pace, *Combattere la povertà, costruire la pace*, 1° gennaio 2009, n. 4-5.

Impedire i licenziamenti?

Quando sono in difficoltà, le aziende sono costrette a tagliare i costi. Quando il personale risulta essere un costo insostenibile, purtroppo, anche la riduzione dell'occupazione è inevitabile. Tagliare i costi e licenziare il personale non rappresentano provvedimenti con esiti differenti perché ridurre le proprie spese significa costringere altre imprese (fornitrici) a licenziare i lavoratori in eccesso. Ora, tra i vincoli con cui il Governo ha ulteriormente imbrigliato il mercato vi è anche quello del divieto a licenziare i lavoratori considerati in esubero.

Come premessa di qualsiasi osservazione sul lavoro occorre ricordare la prospettiva che, in questa materia, distingue la buona teoria economica da quella cattiva. Ebbene, una deleteria teoria considera scopo dell'economia quello di creare lavoro mentre una corretta impostazione suppone che il lavoro sia funzionale a soddisfare la richiesta di beni e servizi. Infatti l'economia dell'umanità non ha avuto sviluppo per poter occupare gli uomini abili, ma per procurare ciò di cui ogni individuo ha bisogno. Anche in questo caso la corretta teoria è quella che supera la prova della "elementarizzazione" ed è capace di reggere al confronto della dinamica originaria (la "Crusoe economics"[84]). Ebbene, il lavoro è finalizzato alla produzione, non il contrario: non si crea un sussidio per poter continuare a mantenere un'attività lavorativa, non si creano sovvenzioni per preservare posti di lavoro. Se non c'è produzione di beni o di servizi che i clienti desiderano, allora il lavoro è ingiustificato. Per poter soddisfare i propri bisogni occorre fornire qualcosa che sia ritenuto utile alla controparte. Questo è lo scambio (mediante la divisione del lavoro e la cooperazione sociale) con cui si offre ciò di cui altri hanno bisogno e si riceve ciò che serve per la propria vita. Solo in questo reciproco vantaggio è giustificato il lavoro di ciascun uomo. Il fine dell'economia, quindi, è quello di soddisfare i bisogni individuali e non quello di accrescere il numero degli occupati (o anche quello di realizzare un non meglio precisato "bene comune").

Il problema rimane incomprensibile se non si richiama la questione fondamentale della buona economia politica: lo scambio. Così facendo, riprendo ancora l'affermazione di Bastiat per il quale il termine basilare è sempre lo scambio tra gli uomini[85]. Quindi, se dal lavoro non nasce

---

84 Cfr. Jesús HUERTA de SOTO, *La Scuola Austriaca. Mercato e creatività imprenditoriale*, a cura di Paolo Zanotto, Rubbettino, Soveria Mannelli (Catanzaro) 2003, p. 96s. (*La Escuela Austríaca: mercado y creatividad empresarial*, 2001); cfr. Pietro MONSURRÒ, *La Scuola Austriaca. Capitolo 4. Il processo di mercato*, in «StoriaLibera. Rivista di scienze storiche e sociali», anno 5 (2019), n. 9, p. 63.

85 «L'economia politica può essere definita la *teoria dello scambio*» (Frédéric BASTIAT, *Armonie economiche*, premessa di Agostino Canonica, introduzione di Francesco Ferrara,

qualcosa da scambiare *volontariamente* facendo di questo *commercium* (tale è il nome latino del vocabolo "scambio") la modalità con cui poter sopravvivere, allora, il lavoro stesso non ha senso e diviene, addirittura, una contraddizione. Questo secondo scenario si apre ogni qual volta si preserva il lavoro di alcuni (che, a questo punto, non è più "lavoro", ma solo "stipendio" sussidiato) a danno di altri, tassati ed obbligati a patire ciò che non hanno mai liberamente scelto. Si passa, in tal modo, dallo scambio volontario (emblema del libero mercato) alla costrizione ed alla coercizione. Un famoso sociologo tedesco dell'inizio del secolo scorso, nella sua più nota opera, scrisse: «esistono due e solo due metodi o due mezzi tramite i quali possono essere soddisfatte le necessità e i desideri dell'uomo. [...] Uno è la produzione e lo scambio di ricchezza; tali sono i *mezzi economici*. L'altro è l'appropriazione senza compenso della ricchezza prodotta da altri; questi sono i *mezzi politici*. [...] Lo Stato [...] è l'organizzazione dei mezzi politici»[86]. Lo Stato, quindi, stravolge il significato stesso del lavoro quando alla soddisfazione della richiesta di beni e servizi (scopo peculiare dell'economia) si sostituisce un diverso scopo (qual è quello della politica) per ottenere il consenso di alcuni a danno di altri, sebbene questo danno venga celato e dissimulato mediante la dispersione e il frazionamento dei costi (in base alle asimmetrie cui prima accennavo). Se l'effetto virtuoso del lavoro di ciascuno è la prosperità reciproca dei soggetti, resa possibile grazie alla cooperazione sociale e alla divisione del lavoro, l'effetto perverso della garanzia dello stipendio è la tutela politica di alcuni a detrimento di altri. I primi diventano divoratori delle risorse prodotte dai secondi e il lavoro non è più uno scambio volontario. Quanto sia irrinunciabile questa dinamica si capisce dal fatto che la stessa società si regge e si perpetua sullo scambio: una dinamica naturale che rivela l'uomo sia in qualità di essere sociale[87] sia in qualità di essere scambista[88].

Trasformando l'uomo da lavoratore in stipendiato, lo Stato, quindi, perverte lo sviluppo della interazione sociale determinando, alla lunga, l'involuzione della civiltà. Occorrerebbe riflettere su quanto sia davvero

UTET, Torino 1949, p. 169) e, perciò, «l'economia politica ha per soggetto l'uomo» (*Ibidem*, p. 163).

86 Franz OPPENHEIMER, *The State*, Vanguard Press, New York (N. Y.) 1926, p. 24-25 (*Der Staat*, 1908).

87 Cfr. TOMMASO D'AQUINO (san), *La politica dei principi cristiani* (*De regimine principum*, 1266), prefazione di Gianni Vannoni, introduzione e note di Tito S. Centi, Cantagalli, Siena 1981, p. 14 (libro I, cap. 1).

88 Cfr. Adam SMITH, *La ricchezza delle nazioni*, a cura di Anna Craveri Bagiotti e Tullio Bagiotti, UTET, Torino 2013, p. 91-92 (libro I, cap. 2).

fondamentale il meccanismo dello scambio e, in negativo, sulle conseguenze dell'adulterazione del lavoro umano: «lo scambio è la linfa vitale, non soltanto dell'economia, ma della civiltà stessa»[89].

Ma torniamo alla questione che ora direttamente ci interessa trattare per ribadire che l'economia ha come criterio la fornitura di beni da scambiare e non l'incremento del lavoro. Solo a questa condizione si crea quel reddito e quel profitto che virtuosamente richiede nuova forza lavoro. Ancora una volta, è il meccanismo naturale del mercato ad assicurare prosperità generale mentre ogni tentativo di redistribuzione politica genera – nonostante i propositi manifestati – miseria e povertà. Quando si giungerà a capire che la protezione legale del lavoro crea regresso economico e diminuzione occupazionale?

Ogni azione politica che intervenga nel delicato dinamismo della contrattazione anche nel campo del lavoro genera dunque disoccupazione e la misura dei danni al mercato del lavoro è proporzionale alla pervasività dell'intervento legislativo. Ovviamente quest'affermazione, pur ineccepibile, è in netto contrasto con il più diffuso paradigma che, per il solo fatto di essere continuamente riaffermato, appare come l'unico esistente. Ribaltando la scienza, le politiche sociali puntano alla "piena occupazione" tanto cara alla scuola keynesiana facendo dell'economia un puro paravento[90]. In questo modo non è più lo scambio a creare il lavoro, ma è l'obiettivo del mantenimento del numero degli occupati a divenire criterio dell'economia. Poco importa, ovviamente, che si tratti di economia drogata che non solo non produce ricchezza, ma la assorbe in modo parassitario determinando una più o meno lenta involuzione. Della

89 Murray N. ROTHBARD, *Lo Stato falsario. Ecco cosa i governi hanno fatto ai nostri soldi*, Leonardo Facco Editore, Treviglio (Bergamo) 2005, p. 8 (*What Has Government Done to Our Money?*, 1963).

90 Cfr. James M. BUCHANAN - Richard WAGNER, *La democrazia in deficit. L'eredità politica di lord Keynes*, a cura di Domenico da Empoli, Armando, Roma 1997, p. 191s. (*Democracy in Deficit. The Political Legacy of Lord Keynes*, 1977); cfr. Henry HAZLITT, *Il fallimento dell'economia keynesiana. Un manuale per smascherare gli errori economici più comuni*, presentazione di Murray N. Rothbard, introduzione alla lettura di Marco Marinozzi, introduzione di Francesco Simoncelli, Indipendente, s.l. 2018 (*The Failure of the "New Economics". An Analysis of the Keynesian Fallacies*, 1959); cfr. Bruno LEONI, *Collettivismo e libertà economica. Editoriali "militanti" (1949-1967)*, prefazione di Carlo Callieri, Rubbettino, Soveria Mannelli (Catanzaro) 2007, p. 115s.; cfr. Hunter LEWIS, *Tutti gli errori di Keynes. Perché gli Stati continuano a creare inflazione, bolle speculative e crisi finanziarie*, prefazione di Francesco Forte, Istituto Bruno Leoni Libri, Torino 2010, p. 10.19.43.211-212.221.273.286.294-300 (*Where Keynes Went Wrong, And Why World Governments Keep Creating Inflation, Bubbles and Busts*, 2009); cfr. Ludwig von MISES, *Politica economica. Riflessioni per oggi e per domani*, introduzione di Lorenzo Infantino, Liberilibri, Macerata 2007, p. 73s. (*Economic Policy. Thoughts for Today and Tomorrow*, 1959).

pianificazione statale non si può fare a meno se il traguardo è costituito dal pieno impiego; ma se l'obiettivo è la produzione di beni e servizi effettivamente richiesti, allora, ogni alterazione del rapporto tra domanda ed offerta comporta una generale distorsione del processo di moltiplicazione della ricchezza. Con onestà, è impossibile non riconoscere che puntare sul puro accrescimento dell'occupazione genera paralisi della produzione e conseguente estesa disoccupazione; al contrario, solo mantenendo attenzione all'unico parametro economicamente rilevante qual è l'offerta di beni e servizi graditi al mercato si accresce la domanda di lavoro e si genera nuova occupazione. E per percorrere questa strada non vi è che il sistema capitalistico di libera impresa.

Come è possibile rimanere ciechi dinanzi agli effetti dell'interventismo politico anche in materia di lavoro? Se per far muovere l'economia di un Paese fosse sufficiente moltiplicare le assunzioni svincolando queste dalla produttività, allora basterebbe affidarsi allo Stato. Il classico esempio è quello delle politiche occupazionali socialiste e/o populiste che spingerebbero ad impiegare tutti i disoccupati dividendoli in una schiera che scava buche e in una schiera che riempie le inutili buche scavate dal primo gruppo. Semplice, no? Con l'unico inconveniente che l'estinzione della disoccupazione costituisce solo «ciò che si vede» mentre i veri effetti rimangono solo temporaneamente nascosti, perché destinati presto ad emergere irresistibilmente. Le asserzioni comuni sembrano essere anche la fonte principale se non unica della Dottrina Sociale della Chiesa[91], cioè del pensiero cattolico in materia economica e politica. Alla lunga serie di pregiudizi che animano questo pensiero non fa eccezione l'insegnamento in materia occupazionale che può essere sintetizzato nelle parole di un autorevole testo di Benedetto XVI con le quali si esorta «a perseguire quale *priorità l'obiettivo dell'accesso al lavoro* o del suo mantenimento, per tutti»[92].

Anche la retorica dei "lavori socialmente utili" attinge all'idea che, come l'economia, anche la quantità di lavoro richiesto è un "gioco a somma zero". Negando che sia la qualità del lavoro di alcuni a generare nuova occupazione, si è fatto dello slogan sindacale "lavorare meno, lavorare tutti" una sorta di dato incontestabile. Ma come l'economia nel suo insieme, così anche la verità del meccanismo dell'occupazione è, nella sua natura, "moltiplicativa", non "sottrattiva". Concepire la quantità del lavoro in

---

91 Cfr. Beniamino DI MARTINO, *La Dottrina Sociale della Chiesa. Principi fondamentali*, Nerbini, Firenze 2016; cfr. Beniamino DI MARTINO, *La Dottrina Sociale della Chiesa. Sviluppo storico*, Monolateral, Dallas (Texas, USA) 2017.
92 Cfr. BENEDETTO XVI, Lettera enciclica *Caritas in veritate* sullo sviluppo umano integrale, 29.6.2009, n. 32b.

modo fisso e determinato, significa avere una visione distorta dell'intero processo di sviluppo. Solo quando si capirà che proteggere politicamente significa distruggere economicamente, il lavoro non solo sarà effettivamente rilanciato, ma sarà anche meglio premiato sotto l'aspetto retributivo. «Gli alti tassi di disoccupazione dell'Europa continentale, nonché la scarsa crescita, sono causati proprio dall'eccesso di regolamentazione dei mercati del lavoro. Limiti eccessivi al licenziamento provocano paradossalmente minori assunzioni; le uniformità salariali riducono la domanda di lavoro; i salari minimi escludono dal mercato i lavoratori marginali; il collocamento pubblico è inefficiente; i contratti a tempo indeterminato disincentivano le assunzioni; e così via»[93].

Tutto quanto fin qui delineato non può che costituire una premessa alla critica più serrata ai provvedimenti che il governo italiano ha assunto in materia di "tutela" del lavoro nel quadro delle misure adottate per contrastare gli effetti della pandemia. Mi soffermo brevemente sul blocco dei licenziamenti, sulle nuove forme di protezionismo e sulle accresciute responsabilità dell'impresa.

Quando l'economia tracolla, il governo, quasi per istinto, provvede d'imperio a congelare i prezzi e a bloccare i licenziamenti. Che sarebbe come legare le mani a chi, in mare, rischia di affogare. In momenti di difficoltà il mercato reagisce in modo razionale rendendo elastiche le sue strutture con adattamenti pur sempre dolorosi, ma indispensabili per la sopravvivenza (e necessari per poter successivamente far partire l'auspicata nuova espansione). Ed una di queste reazioni è la riduzione del personale per salvare le aziende in sofferenza a causa della riduzione degli ordinativi (come per le industrie) o a causa della mancanza di clienti (come per esercizi commerciali, ristorazione, turismo, ecc.).

Un primo decreto del governo Conte aveva già impedito ogni possibile licenziamento sino a gennaio (anno 2021); è di questi giorni[94] una nuova misura all'interno del decreto "Ristori" che prolunga il blocco dei licenziamenti sino alla fine di marzo. La trattativa tra governo e parti sociali si è protratta per poco tempo perché i sindacati avevano anche minacciato lo sciopero generale. E dinanzi ai veri poteri forti, il governo si fa prontamente accondiscendente, ovviamente a spese altrui. Non mi sembra vi sia stato un coinvolgimento degli imprenditori (almeno, non

---

93 Piero VERNAGLIONE, *Il libertarismo. La teoria, gli autori, le politiche*, Rubbettino, Soveria Mannelli (Catanzaro) 2003, p. 528-529.
94 L'accordo è stato siglato il 31 ottobre 2020 (cfr. https://www.ilgiornale.it/news/ economia/coronavirus-raggiunta-intesa-governo-sindacati-su-blocco-1900000.html; cfr. https://www.ilgiornale.it/news/economia/addio-blocco-ecco-chi-pu-essere-licenziato-oggi-1884165.html).

è apparso dalle notizie dei media), mentre si è sbandierata apertamente l'affermazione delle richieste dei sindacati. Si sa che ogni buon governo, secondo lo spirito della Costituzione più melliflua del mondo, deve prediligere, nelle varie contrattazioni, la parte debole. In Italia è così da svariati decenni e non è certo un caso che, con l'alibi della debolezza, il potere sindacale[95] abbia sempre messo sotto scacco anche quello politico, oltre quello imprenditoriale[96]. Se il debole o, per meglio dire, la parte che viene definita "debole" gode, per legge, di uno *status* privilegiato, allora, la giustizia non esiste più. Non per niente la giustizia è raffigurata bendata: essa deve agire prescindendo da ogni situazione personale. Un passo della Bibbia esorta a non commettere ingiustizia e, tra i precetti morali, comanda – quasi ad interpellare chi è chiamato ad emettere sentenze – di non lasciarsi influenzare in giudizio né dalle donazioni del ricco, né dalle lacrime del povero[97]. Oltre a non lasciarsi corrompere, la giustizia impone anche di non lasciarsi impietosire. Perciò nel privilegio – di fatto ma anche di diritto – per decenni concesso al dipendente nei confronti dell'imprenditore, il significato della giustizia non poteva essere travisato in modo più netto.

Ma tralasciamo la lunga vicenda delle contrattazioni sindacali, del sistema di "concertazione" e del corporativismo (la "triplice", ancor più che la confederazione tra CGIL, CISL e UIL, era – "era"? – la sinergia tra grande industria, sindacato e governo[98]) e torniamo ai decreti "Ristori" dell'autunno 2020 elaborati con l'esultanza dei sindacati. Un entusiasmo

---

95 Da dove nasce la strana idea per cui il sindacato difenderebbe gli interessi dei lavoratori? La vera difesa del lavoratore è il suo stesso lavoro, la capacità di rendersi utile ed addirittura necessario. Al contrario, un sistema sociale retto dal gravame del potere sindacale è destinato a produrre scarsi incentivi all'innovazione e, quindi, regresso, povertà e disoccupazione (magari a fronte della crescita dei privilegi dei sindacalisti). Non è certamente un caso che le aree politiche in cui i salari sono più alti (ad esempio Svizzera, Corea del Sud) sono anche le zone in cui l'azione sindacale è flebile. Non è mai esistito nella storia un governo che perseguendo un programma laburista abbia migliorato le condizioni dei lavoratori, attirato gli investimenti, accresciuto il numero degli occupati e diminuito la disoccupazione.

96 Cfr. Giorgio BIANCO - Guglielmo PIOMBINI - Carlo STAGNARO, *Il libro grigio del sindacato. Origini ed anatomia dell'oppressione corporativa*, Il Fenicottero, Bologna 2002; cfr. Bruno LEONI, *La libertà del lavoro. Scritti su concorrenza, sciopero e serrata*, a cura di Carlo Lottieri, prefazione di Sergio Ricossa, Rubbettino, Soveria Mannelli (Catanzaro) 2004; cfr. Stefano LIVADIOTTI, *L'altra casta. Privilegi. Carriere. Stipendi. Fatturati da Multinazionale. L'inchiesta sul sindacato*, Bompiani, Milano 2008; cfr. Sergio TURONE, *Storia del sindacato dal dopoguerra a oggi*, Laterza, Bari 1986, 3 voll.

97 Cfr. il capitolo 19 (versetto 15) del *Levitico*, uno dei primi libri dell'Antico Testamento.

98 Cfr. Peter LANGE, *Sindacati, partiti, Stato e liberal-corporativismo*, in «Il Mulino», anno 28 (1979), n. 266 (novembre-dicembre), p. 943-972.

a cui dovrebbe corrispondere la trepidazione dei lavoratori[99]. Cosa succederà alle moltissime aziende che sono in affanno? Non potendo licenziare tracolleranno e quante tra quelle che avrebbero potuto sopravvivere adottando un dimagrimento si troveranno in una situazione che potrebbero non riuscire più a sostenere. Aver escluso la possibilità di licenziare il personale in eccesso comporterà il fallimento per chissà quante imprese. E con il fallimento delle attività vi sarà un'esplosione di disoccupazione. É inevitabile che un intervento teso a impedire i licenziamenti con l'imperio politico e non con la forza dell'aumento della produttività non può che generare solo fallimenti e ancor più ampia disoccupazione[100].

D'altra parte, costringere aziende piccole e grandi, negozi e botteghe, studi professionali ed altro a non licenziare è come obbligare ad assumere dipendenti; entrambe queste imposizioni rappresentano forme sia di esproprio sia di nazionalizzazione delle attività imprenditoriali e commerciali. Ma a tutto ciò, purtroppo, ci si abitua, allontanandosi da quel buon senso che riconosce nella possibilità di licenziare il miglior incoraggiamento ad assumere. E quanto più è praticabile la prima tanto più è spronato il secondo[101].

Il primo risultato del divieto a licenziare (divieto che in Italia è sacralizzato da almeno mezzo secolo mediante il famoso articolo 18 dello Statuto dei Lavoratori) è la fuga delle imprese e il conseguente impoverimento della struttura produttiva del Paese. L'ovvio risultato del blocco dei licenziamenti è l'aumento della disoccupazione, il banale effetto che scienziati, governanti, sindacalisti e lavoratori non riescono a vedere. La forzatura di mantenere gli operai in azienda («ciò che si vede») si sconta con un aumento della disoccupazione nel prossimo futuro («ciò che non si vede»)[102].

---

99 Cfr. Ruben RAZZANTE, *Conte accontenta i sindacati. E le aziende falliranno in massa*, in «La Nuova Bussola Quotidiana», 1.11.2020 (https://www.lanuovabq.it/it/conte-accontenta-i-sindacati-e-le-aziende-falliranno-in-massa).
100 Cfr. Milton FRIEDMAN - Rose FRIEDMAN, *Liberi di scegliere. Una prospettiva personale*, prefazione di Francesco Giavazzi, presentazione di Sergio Ricossa, Istituto Bruno Leoni Libri, Torino 2013, p. 309-332 (*Free to Choose. A Personal Statement*, 1980).
101 Sovviene un ricordo di ormai diversi anni fa. Ascoltai l'assessore al lavoro della Regione Campania che introducendo un convegno sull'occupazione affermò: «a differenza degli USA, dove è vero che trovi sempre lavoro ma puoi anche perderlo facilmente, il nostro sistema italiano ti offre la garanzia di un lavoro garantito a vita, anche se è molto difficile trovarlo». Fin quando non si riconoscerà la profonda immoralità contenuta in simili affermazioni, la condizione sociale (e del Sud in particolare) non potrà mai essere risanata.
102 Che non sia uno scenario ipotetico e lontano è dimostrato dai dati di questi giorni (cfr. http://www.televideo.rai.it/televideo/pub/view.jsp?id=365&p=101&idmenumain=1).

Il circolo perverso che si produce è, più o meno, questo: il congelamento dei licenziamenti determina il timore delle aziende che delocalizzano in aree più liberali, il governo impone misure anti-espatrio e il trattamento riservato alle imprese rende l'Italia un Paese in cui nessuno più, dall'estero, vuol investire. Poi, lo Stato si lamenterà del fenomeno della "fuga dei cervelli" (*brain drain*) e creerà qualche nuova legge per favorirne il ritorno (forzando, ancora una volta, i normali meccanismi di allocazione delle capacità).

Una prima nemesi: in coincidenza con la dichiarazione del prolungamento del blocco dei licenziamenti, la multinazionale degli elettrodomestici Whirlpool chiudeva il grande stabilimento di Napoli e trasferiva all'estero le sue linee di produzione. Il governo Conte si è immediatamente dichiarato a sostegno dei lavoratori che, come sempre in questi casi, anziché rendersi disponibili a lavorare di più per ridare competitività alla propria produzione, hanno preferito protestare interrompendo il traffico, bloccando stazione ferroviaria e aeroporto. Ma, nonostante il sostegno governativo (patetiche le parole di Conte: «terremo duro!»[103]), lo Stato non riuscirà mai a trasformare in oro ciò che oro non è e le conseguenze alle sciagurate politiche perseguite saranno inevitabili. La notizia della Whirlpool che delocalizza, abbandonando buona parte delle attività in Italia sembra la risposta della realtà al decreto governativo che blocca i licenziamenti.

I provvedimenti protezionisti, che non sono mai mancati, sono in agguato e sono, probabilmente, dietro l'angolo[104]. Mesi prima dello scoppio dell'epidemia Lugi Di Maio, all'epoca ministro del Lavoro e dello Sviluppo minacciava le imprese che avessero deciso di trasferirsi all'estero[105]. L'allora capo politico del Movimento 5 Stelle faceva la voce grossa contro le aziende e lanciava la sua sfida provando ad intimorire dicendosi pronto

---

In Europa, solo quello della Spagna supera l'indice di disoccupazione dell'Italia. Non a caso i due paesi con il maggior tasso di socialismo pratico.

103 https://www.tgcom24.mediaset.it/economia/whirlpool-confermata-la-chiusura-a-napoli-conte-terremo-duro_24844993-202002a.shtml.

104 Con parole semplici ed efficaci, così Mises definiva il protezionismo: «si tratta del tentativo da parte del governo d'isolare il mercato interno dal resto del mercato mondiale. Esso introduce tariffe che fanno aumentare i prezzi interni di una merce rispetto ai prezzi del mercato mondiale, fa in modo che i produttori nazionali siano liberi di formare dei cartelli. Questi poi vengono attaccati dal governo, il quale dichiara: "in tali condizioni, è necessaria una legislazione anti-cartello"» (Ludwig von MISES, *Politica economica. Riflessioni per oggi e per domani*, introduzione di Lorenzo Infantino, Liberilibri, Macerata 2007, p. 55; cfr. p. 88 (*Economic Policy. Thoughts for Today and Tomorrow*, 1959).

105 Cfr. https://www.lastampa.it/topnews/primo-piano/2018/06/02/news/di-maio-prima-sfida-da-ministro-pronti-a-punire-chi-delocalizza-1.34021330.

a punire chiunque avesse delocalizzato la propria attività. È il vizio dello Stato e dei suoi "migliori" uomini: quello di contrastare le leggi naturali e di rifiutare la realtà naturale. L'economia segue le leggi della natura e, tra queste, quella di gravità: la resilienza del mercato è una sua virtù, una virtù che consente di far sopravvivere gli uomini schivando gli ostacoli (i peggiori sono quelli politici) e provando ad adattarsi alle situazioni. Quando in un Paese le condizioni si rendono avverse, la cosa migliore da fare è andare a lavorare altrove[106]. Scandaloso delocalizzare o scandaloso costringere gli imprenditori a farlo?

Ultima postilla riguardo il protezionismo. È strano pensare che lo Stato impedisca alle aziende di trasferirsi in altri contesti geografici e, contemporaneamente, conceda ogni accoglienza ai clandestini. Quando il filo spinato ai confini è posto non per proteggersi da chi vuol entrare furtivamente, ma per impedire di uscire a chi lo desidera, quel Paese inizia a somigliare molto ad un carcere in cui è facile entrare e impossibile uscire.

Accanto al blocco dei licenziamenti e alle nuove forme di protezionismo, elencavo anche un terzo sintomatico caso contenuto nei provvedimenti che il governo italiano ha assunto in materia di "tutela" del lavoro nel quadro delle misure adottate per contrastare gli effetti della pandemia. Mi riferisco alle accresciute responsabilità caricate addosso alle imprese.

Nel cosiddetto decreto "Cura Italia"[107] il contagio avvenuto all'interno del luogo di lavoro veniva equiparato all'infortunio sul lavoro. Ora, a parte il difficile accertamento della modalità con cui ci si può contagiare (si scivolerà verso una presunzione di contaminazione da collega a collega?), ogni contagio peserà come una responsabilità penale sull'imprenditore[108]. Come per ogni infortunio l'ipotesi di reato è quella della fattispecie della colposità, così ad ogni caso di positività al virus può seguire un'imputazione per omicidio colposo o per epidemia colposa. In base a questa equiparazione, qualsiasi contagio potrebbe essere attribuito ad assenza di sufficienti protezioni configurando una responsabilità e una condotta

---

106 Una mentalità angustamente protezionistica, d'altra parte, è anche presente (sebbene in modo contraddittorio) negli insegnamenti della Chiesa: «non è però lecito delocalizzare solo per godere di particolari condizioni di favore, o peggio per sfruttamento, senza apportare alla società locale un vero contributo per la nascita di un robusto sistema produttivo e sociale, fattore imprescindibile di sviluppo stabile» (BENEDETTO XVI, Lettera enciclica *Caritas in veritate* sullo sviluppo umano integrale, 29.6.2009, n. 40).

107 È il Decreto legge 17 marzo 2020, n. 18, convertito con modificazioni nella legge 24 aprile 2020, n. 27.

108 https://www.repubblica.it/cronaca/2020/05/31/news/equiparazione_della_infezione_da_covid-19_a_infortunio_sul_lavoro-258084442/.

addirittura delittuosa perché ritenuta gravemente omissiva[109].

Ora, se si intendeva adottare una sorta di legislazione sovietica utile a poter in ogni momento essere attivata per condannare un imputato in nome della "responsabilità oggettiva" (quel tipo, cioè, di responsabilità penale che prescinde dalla intenzione e dalla volontà *soggettiva* e che viene attribuita in base a puri nessi causali) allo scopo di strozzare le aziende paralizzando gli imprenditori con il timore di finire nel tritacarne di qualche Procura della Repubblica, allora, bisogna dire che questo risultato è stato perseguito ottimamente. In base a questa normativa, infatti, su ogni dirigente pende il pesantissimo pericolo di essere incriminato e l'unica condotta consigliabile sarebbe quella di chiudere l'impresa – piccola o grande che possa essere – o licenziare tutti i dipendenti. Oh! Ma a questo punto ci si imbatte nel blocco dei licenziamenti già imposto dallo stesso decreto governativo...

Colpire i possidenti?

Quale governante europeo avrebbe il coraggio di presentare nei momenti di difficoltà nazionale il progetto dell'abbassamento della pressione fiscale? La *flat tax*[110], che in Italia sembrava prossima ad essere almeno proposta, è stata abolita dall'agenda politica ed ora che lo Stato avrà bisogno di enormi entrate l'idea di attingere alle risorse dei benestanti tornerà inesorabilmente a farsi strada. Non c'è da meravigliarsi più di tanto in un Paese in cui, nel 2005, i sindacati si mobilitarono con lo sciopero generale contro i propositi dell'allora governo liberale di ridurre tutte le aliquote fiscali.

In un momento di grave prostrazione, imprese e lavoratori autonomi non sono stati ulteriormente messi alla prova paventando misure fiscali. Anzi, sembrava che quasi si facesse strada l'eventualità di sgravi fiscali a vantaggio dei settori che più patiscono il carico fiscale. Ora che i conti (quelli pubblici) non tornano (semplicemente perché non possono "tornare"), si affaccia lo spettro di sempre: la patrimoniale, cioè una nuova tassazione sui patrimoni (oltre che sul reddito). C'è in tutto ciò una costante perfidia statale che porta i governanti a tranquillizzare la popolazione, in alcuni momenti caldi, assicurando comprensione fiscale per poi,

---

109 Cfr. https://www.startmag.it/economia/ecco-il-papocchio-cura-italia-inail-anti-imprese-sui-contagi-nei-luoghi-di-lavoro/; cfr. https://www.federmanager.it/infortunio-sul-lavoro-da-covid-19-quale-responsabilita-per-i-dirigenti/.
110 Cfr. Nicola ROSSI (a cura di), *Venticinque% per tutti. Un sistema fiscale più semplice, più efficiente, più equo*, Istituto Bruno Leoni Libri, Torino 2017.

quasi con dei "colpi di mano", imporre scelte che l'emergenza impone[111].

Solo 9 anni fa – era la fine del 2011 – qualcosa di simile avvenne con il famigerato governo emergenziale (un'altra emergenza!) guidato da Monti. Ebbene, Mario Monti si presentava come un soggetto che di economia sapeva molto. Chi lo conosceva sapeva che non era affatto così. Altri, invece, dovettero aspettare di vederlo all'opera per capire che aver insegnato una vita intera economia in università non comporta la comprensione anche dei più semplici rudimenti della scienza dello scambio. Monti, l'esperto, fu chiamato dal presidente Napolitano a salvare la Patria. La soluzione che il grande scienziato adottò per sanare l'enorme deficit di bilancio che i governanti avevano creato fu quella di tassare le vittime[112]. Ma, ovviamente, si trattava di un'emergenza. Quella (triste) pagina della vicenda del Bel Paese merita di essere ora ricordata anche per una ragione storica e non solo per un motivo legato all'attualità. Questo secondo motivo è presto detto: a breve potremmo trovarci in una situazione assai simile perché in nome della congiuntura eccezionale potrebbe abbattersi uno scudiscio fiscale di lacrime e sangue come e più di come avvenne allora. La prima ragione è, invece, storica perché merita di essere inserita nella storia della tassazione[113] quale singolare nemesi. Lo scienziato Monti fu chiamato a salvare la Patria dalla bancarotta nel momento in cui ricorrevano i 150 anni dalla unificazione sabauda. Lo Stato italiano nato con le conquiste militari e le usurpazioni si è sempre mantenuto attraverso un prelievo fiscale superiore a quello delle altre nazioni, una tassazione che è sempre cresciuta mantenendo un infelice primato nell'intero Occidente. Ebbene, cosa poteva venirne da una pressione così alta? Non certo una società modello, ma uno Stato in perenne deficit che nel 150° compleanno è stato vicinissimo alla bancarotta. Per l'Italia nata male e cresciuta peggio, sempre all'insegna dello statalismo predatorio, l'anniversario non poteva avere intonazione più rivelativa.

Si dirà: la causa del complessivo malfunzionamento dello Stato italiano è l'assenza di responsabilità civile che si manifesta nell'evasione fiscale. Sul carente senso civico bisognerebbe capire perché essere dediti ad uno Stato che continua ad apparire – ed essere di conseguenza percepito

---

111 Cfr. Giuseppe BLASI, *Questi siamo noi. Progetti e speranze per il Bel Paese*, introduzione di Arturo Diaconale, Armando, Roma 2014, p. 120-122.126-129.
112 Cfr. Pietro MONSURRÒ, *Fisco*, in AA. VV., *Liberare l'Italia. Manuale delle riforme*, introduzione di Carlo Stagnaro, Istituto Bruno Leoni Libri, Torino 2013, p. 115-133.
113 Cfr. Charles ADAMS, *For Good and Evil. L'influsso della tassazione sulla storia dell'umanità*, Liberilibri, Macerata 2007 (*For Good and Evil: The Impact of Taxes on the Course of Civilization*, 2001).

– fondamentalmente come gelido profittatore[114]. Quanto all'evasione fiscale, bisognerebbe capire perché mai lasciarsi espropriare da una classe di burocrati debba costituire una virtù[115]. Nel 1994 il Nobel per l'economia Milton Friedman rilasciò un'intervista – intervista divenuta famosa – in cui parlava dell'evasione fiscale come del comportamento che aveva salvato l'Italia «sottraendo ingenti capitali al controllo delle burocrazie»[116]. Per questo motivo – spiegava l'economista di Chicago – «in certe situazioni un evasore è un patriota».

Liberandoci dalla vuota idealizzazione, la tassazione rappresenta solo una immoralità sul piano etico e un danno su quello economico[117].

Innanzitutto, l'imposizione fiscale è immorale perché costituisce un esproprio[118]. «Cos'è la tassazione se non un furto su scala gigantesca e incontrollata?»[119] si chiedeva Rothbard. All'opposto di Marx che dichiarava furto la proprietà privata[120], ad essere considerata criminale è la sottrazione coatta dei beni altrui. Per questo motivo, chi si oppone e resiste a quest'ingiustizia non solo non sbaglia, ma meriterebbe la pubblica gratitudine. Del resistente bisognerebbe tessere le lodi[121] in qualità di patriota del lavoro, della famiglia, del risparmio, della società onesta, della libertà. Già, innanzitutto della libertà perché la tassazione è una riduzione in schiavitù trasformando il lavoro in «una sorta di lavoro forzato»[122]. Chi non può lavorare per se stesso, ma è obbligato a lavorare per altri è schiavo di

---

114 Cfr. Charles S. MAIER, *Leviatano 2.0. La costruzione dello stato moderno*, Einaudi, Torino 2018 (*Leviathan 2.0. Inventing Modern Statehood*, 2012).
115 Cfr. Antonio MARTINO, *Noi e il fisco. La crescita della fiscalità arbitraria: cause, conseguenze, rimedi*, introduzione di Victor Uckmar, Studio Tesi, Udine 1987.
116 Milton FRIEDMAN, *I consigli alla Seconda Repubblica*, intervista di Gianni Riotta, in «Corriere della Sera», 30.5.1994, p. 17.
117 Cfr. Grover G. NORQUIST, *Leave Us Alone. Getting the Government's Hands Off Our Money, Our Guns, Our Lives*, HarperCollins Publishers, New York (N. Y.) 2008.
118 Cfr. Frank CHODOROV, *Taxation Is Robbery*, Human Events Associates, Chicago (Illinois) 1947.
119 Murray N. ROTHBARD, *Per una nuova libertà. Il manifesto libertario*, introduzione di Luigi Marco Bassani, Liberilibri, Macerata 2004, p. 318 (*For a New Liberty. The Libertarian Manifesto*, 1973).
120 Cfr. Karl MARX - Friedrich ENGELS, *Manifesto del Partito comunista*, a cura di Palmiro Togliatti, Editori Riuniti, Roma 1971, p. 78 (*Manifest der Kommunistischen Partei*, 1848). In realtà l'affermazione – «la proprietà privata è un furto! - *la propriété c'est le vol!*» – era di Pierre-Joseph Proudhon (1809-1865) che l'aveva anticipata di qualche anno (*Qu'est ce que la Propriété?*, 1840).
121 Cfr. Charles S. MAIER, *Leviatano 2.0. La costruzione dello stato moderno*, Einaudi, Torino 2018 (*Leviathan 2.0. Inventing Modern Statehood*, 2012).
122 Robert NOZICK, *Anarchia, Stato e Utopia*, presentazione di Sebastiano Maffettone, Il Saggiatore, Milano 2000, p. 181 (*Anarchy, State and Utopia*, 1974).

questi. Scriveva Ayn Rand: «l'uomo che produce mentre altri dispongono del frutto della sua fatica è uno schiavo»[123]. Ecco, allora, perché l'evasore va anche considerato nobile difensore degli schiavi[124].

Le tasse, però, non sono solo qualcosa di iniquo in qualità di furto ed espropriazione[125]; sono anche qualcosa di economicamente irrazionale perché danneggiano la produttività ed alimentano le fasce e le opere improduttive. Le risorse sottratte mediante il prelievo fiscale, assorbite, come sono, dalla macchina parassitaria ed improduttiva dello Stato, vengono sottratte alle attività redditizie che potrebbero ulteriormente crescere generando nuova e più ampia ricchezza per tutti[126]. La società viene, così, suddivisa tra chi lavora e scambia (ridotto dallo Stato al rango di produttore di tasse: *tax-payer*) e chi vive in modo parassitario sulle spalle di chi produce (*tax-consumers*: i consumatori di tasse, schiera promossa legalmente e protetta dallo Stato attraverso un complesso sistema di leggi)[127]. Al naturale e proficuo confronto tra produttori e consumatori, si sostituisce la deleteria ed artificiosa opposizione tra dissanguati e parassiti[128], tra chi lavora per pagare le tasse e chi può evitare di lavorare grazie alla tassazione. E questa ripartizione non può che generare l'aumento della conflittualità sociale[129] e lo scontro tra la classe dei lavoratori tassati e la classe dei parassiti beneficiati dalla politica[130]. Più cresce il numero dei

---

123 Ayn RAND, *La virtù dell'egoismo. Un concetto nuovo di egoismo*, a cura di Nicola Iannello, Liberilibri, Macerata 2010, p. 110 (*The Virtue of Selfishness. A New Concept of Egoism*, 1964).

124 Cfr. Antonio MARTINO, *Stato padrone. La schiavitù fiscale*, Sperling & Kupfer, Milano 1997.

125 Cfr. Matt KIBBE, *Don't Hurt People and Don't Take Their Stuff. A Libertarian Manifesto*, William Morrow, New York (N. Y.) 2014.

126 Cfr. Cristian MERLO, *Lo Stato illusionista. Una storia infinita di tasse e parassiti*, introduzione di Leonardo Facco, Leonardo Facco Editore, Treviglio (Bergamo) 2012.

127 Cfr. Cristian MERLO (a cura di), *Parassitismo politico e lotta di classe. Per una riscossa dei produttori*, con contributi di Cristian Merlo, Guglielmo Piombini, Ralph Raico, David Hart, Alessandro Vitale, Leonardo Facco Editore, Treviglio (Bergamo) 2019.

128 Cfr. Ludwig von MISES, *Burocrazia*, prefazione di Lorenzo Infantino, Rubbettino, Soveria Mannelli (Catanzaro) 2009 (*Bureaucracy*, 1944); cfr. Toti S. MUSUMECI, *Burocrazia e rapporto pubblico-privato*, in Filippo CAVAZZONI (a cura di), *Il pubblico ha sempre ragione? Presente e futuro delle politiche culturali*, prefazione di Guido Vitiello, Istituto Bruno Leoni Libri, Torino 2018, p. 55-70; cfr. Max NORDAU, *Burocrati e parassiti. Scritti sulla realtà del governo, della democrazia parlamentare e dello sfruttamento burocratico*, saggio introduttivo e cura di Alessandro Vitale, Leonardo Facco Editore, Treviglio (Bergamo) 2006 (*Die conventionellen Lügen der Kulturmenscheit*, 1883, e *Der Sinn der Geschichte*, 1909).

129 Cfr. David M. HART (edited by), *Social Class and State Power. Exploring an Alternative Radical Tradition*, Palgrave Macmillan, New York (N. Y.) 2017.

130 Cfr. Guglielmo PIOMBINI, *La teoria liberale della lotta di classe*, Il Fenicottero, Bologna 1999.

secondi, più l'economia è in affanno[131]. Più si allarga la percentuale di tassazione più si riduce il vigore imprenditoriale e, con questo, la forza produttiva di un Paese[132]. Ancora sotto l'aspetto puramente economico, anche volendo prendere in considerazione i presunti (e sempre indimostrati) effetti vantaggiosi della tassazione i cui proventi sarebbero trasformati in servizi pubblici offerti dallo Stato, dovrebbe risultare evidente la profonda irrazionalità di un sistema in cui ciascuno prende dall'ambito pubblico meno di quanto ha, in questo stesso ambito, versato[133].

Parlavo di "perfidia statale" per indicare anche il costante aumento del prelievo fiscale a fronte delle numerose affermazioni in senso contrario, tese a mantenere la popolazione nella speranza di una stagione di clemenza. Ancor più in questo periodo, c'è quasi da essere sospettosi per qualche segnale (timido, in verità) di comprensione. Qualcuno invoca la sospensione dei pagamenti esattoriali o il congelamento delle scadenze fiscali o la cancellazione dei tributi[134]. Al momento ciò su cui il governo insiste è la proposta per la riforma fiscale (prevista per la prossima primavera del 2021). C'è da tremare: una riforma fiscale all'orizzonte! Oltretutto, una riforma compiuta da Conte, Di Maio, Zingaretti, Gualtieri, Di Battista con la pistola puntata alle loro tempie dalla Sinistra radicale degli amici del ministro Speranza (componente indispensabile per la sopravvivenza dell'esecutivo). Ovviamente si invocherà la giustizia sociale, la lotta all'evasione e il dovere a non sottrarsi alla partecipazione responsabile nel momento buio (l'emergenza lo impone).

Emerge, però, tutta la disparità di condizione tra i lavoratori privati e i dipendenti pubblici. Se per i secondi la pandemia può essere insignificante (e, in non pochi casi, anche "riposante"), gli effetti della situazione sui primi sono devastanti. E se per i lavoratori dipendenti del settore privato si profila il pericolo della disoccupazione, per i titolari, gli imprenditori e i professionisti autonomi il fisco diviene un vero e proprio cappio che si stringe sempre più. Con un comprensibile risentimento nei confronti dell'ampia schiera di privilegiati per i quali la produttività e lo scambio (cioè le regole essenziali dell'economia e del mercato) sono qualcosa con

---

131 Cfr. Cyril Northcote PARKINSON, *La legge e i profitti. Una serie di verità straordinarie e paradossali sulle tasse e sul fisco nel mondo e nella storia*, Bompiani, Milano 1965 (*The Law and the Profits*, 1960).

132 Cfr. Guglielmo PIOMBINI, *I benefici della bassa tassazione*, in «StoriaLibera. Rivista di scienze storiche e sociali», anno 1 (2015), n. 1, p. 101-108.

133 Cfr. Cristian MERLO, *Tasse: come ci imbrogliano e ci rapinano*, Lampi di stampa, Milano 2009.

134 Cfr. https://www.ilgiornale.it/news/economia/coronavirus-e-sospensione-dei-pagamenti-regna-lincertezza-1902893.html.

cui non hanno mai avuto motivo di confrontarsi[135]. È inevitabile, quindi, che per i lavoratori produttivi, i dipendenti pubblici siano considerati solo divoratori di risorse. Pur tuttavia, nei momenti di emergenza, l'imprenditore, il lavoratore autonomo, il proprietario rappresentano le figure ideali da colpire a causa dell'invidia sempre soggiacente da parte di tanti, un'invidia che i governanti possono ben aizzare populisticamente[136]. Cosa c'è di più populistico dell'invidia verso la figura del proprietario?[137]

Populistica è certamente anche l'enfasi sulla dimensione emergenziale[138] tanto più quando questa è unita alla paura. «La Patria in pericolo!»: un grido che accompagna ogni emergenza. É la velenosa retorica della «Patria in pericolo», dello «Stato in pericolo», della «Repubblica in pericolo»[139]. E la Patria in pericolo richiede sempre il sacrificio dei buoni cittadini. Chi non vuole partecipare alla consegna dell'oro alla Patria[140] è considerato un accaparratore che non merita posto nella società. E, così, si spiana la strada per nuovi espropri e nuove tasse. Nel nome – sempre

---

135 Cfr. https://www.ilgiornale.it/news/politica/i-privati-pagano-e-statali-sono-protetti-1899105.html.

136 Intorno a questa etichetta vi è, ormai, gran confusione e spesso viene utilizzata con leggerezza solo per colpire gli avversari. Per ristabilirla nella definizione sua propria (e negativa), va detto che essa designa atteggiamenti che sono presenti prevalentemente a Sinistra. Cfr. Giovanni CANTONI, *Il popolo fra consenso, democrazia e populismo*, in «Cristianità», anno 28 (2000), n. 299 (maggio-giugno), p. 3-4.30; cfr. Federico CARTELLI, Lo *spauracchio del populismo*, in Carlo ZUCCHI (a cura di), *La gabbia delle idee. Il grande inganno del politicamente corretto*, Associazione Il Dito nell'occhio - Capire Edizioni, Forlì 2019, p. 39-46; cfr. Jonah GOLDBERG, *Miracolo e suicidio dell'Occidente. Come la rinascita di tribalismo, populismo, nazionalismo e politica dell'identità sta distruggendo la democrazia liberale*, Liberilibri, Macerata 2019 (*Suicide of the West. How the Rebirth of Tribalism, Populism, Nationalism, and Identity Politics Is Destroying American Democracy*, 2018); cfr. Luca RICOLFI, *Sinistra e popolo. Il conflitto politico nell'era dei populismi*, Longanesi, Milano 2017.

137 Cfr. Louis E. CARABINI, *Nati per la libertà. L'inutile tentativo di sopprimere lo spirito umano*, Istituto Bruno Leoni Libri, Torino 2018 (*Inclined to Liberty. The Futile Attempt to Suppress the Human Spirit*, 2008); cfr. John LACHS, *Lasciare in pace gli altri. Una prospettiva etica*, prefazione di Pierluigi Battista, Istituto Bruno Leoni Libri, Torino 2018 (*Meddling. On the Virtue of Leaving Others Alone*, 2014); cfr. Grover G. NORQUIST, *Leave Us Alone. Getting the Government's Hands Off Our Money, Our Guns, Our Lives*, HarperCollins Publishers, New York (N. Y.) 2008.

138 Cfr. la prima parte del paragrafo 3 del capitolo 1.

139 Cfr. Beniamino DI MARTINO, *Rivoluzione del 1789. La cerniera della modernità politica e sociale*, Leonardo Facco Editore, Treviglio (Bergamo) 2015, p. 96.183.244.252; cfr. Beniamino DI MARTINO, *La Grande Guerra (1914-1918). Stato onnipotente e catastrofe della civiltà*, Monolateral, Dallas (Texas, USA) 2018, p. 114.151.

140 Cfr. DI MARTINO, *La Grande Guerra (1914-1918). Stato onnipotente e catastrofe della civiltà*, cit. p. 144.

– delle superiori ragioni del bene comune a cui tutti devono sacrificarsi[141].
Mai come riguardo alla tassazione valgono le parole di Gómez Dávila
per il quale «chiamiamo egoista chi non si sacrifica al nostro egoismo»[142].

Su questa scia cresce il rischio di una tassa patrimoniale[143] tanto cara
alla Sinistra per il suo carattere ancor più anti-proprietaristico. Nella
classica modalità della "perfidia statale", ciò che in primo momento viene
escluso in modo fermo e risoluto, poi inizia a serpeggiare – *latet anguis in
herba* – facendosi lentamente strada sino a divenire una scelta necessaria
a cui nessuno, per responsabilità, dovrebbe rifiutarsi. Il piatto è reso più
ghiotto per le finanze statali dal fatto che, a causa della quarantena e delle
restrizioni patite, gli italiani hanno speso molto meno e hanno accumulato
risparmio[144]. E, così, si affaccia l'incubo della patrimoniale, anzi questo
spettro *torna* dato che i proprietari e i possidenti sono stati lungamente
perseguitati e colpiti da espropri simili. Occorrerebbe reagire e gridare
all'ingiustizia delle azioni dello Stato, ma il popolo bue si rassegnerà e
si lascerà tosare ancora una volta. Tanto più che l'emergenza consente
di coprire e giustificare ogni turpe politica[145]. Possiamo già immaginare
il nome destinato a disarmare le resistenze perché la "Covid Tax" andrà

---

141 Dopo averlo considerato già completato, ritorno su questo paragrafo a causa della
notizia appena ascoltata al TG. Apprendo che, oggi 26 novembre (2020), il ministro italiano per l'economia, Roberto Gualtieri ha incontrato il suo omologo francese Bruno Le
Maire. Nella dicharazione congiunta alla stampa, Gualtieri ha detto: «abbiamo condiviso
la necessità di lanciare una proposta comune, a livello europeo, per avere nuovo supporto
economico comune per i settori più impattati, che saranno più impattati anche nei prossimi mesi, a partire dalle vacanze di Natale: stazioni sciistiche, bar e ristoranti, settore del
turismo. Occorre anche da questo punto di vista un ulteriore impegno comune a livello
europeo» (http://www.rainews.it/dl/rainews/articoli/gualtieri-le-maire-fondi-per-setto-
ri-colpiti-intesa-italia-francia-48fcb41f-993c-4d08-89eb-ebbf6a8c1602.html). Quando
ho sentito queste fumose affermazioni (in perfetto stile politichese, si direbbe), ho sentito
puzza di tassazione. Cosa che poi ho riscontrato andando a cercare le notizie più detta-
gliate – perché, come si sa, il diavolo è nel dettagli – e in queste notizie venivano riportate
altre parole di Gualtieri: «abbiamo discusso della tassazione della *digital tax* su cui siamo
impegnati in una battaglia comune per raggiungere un accordo a livello globale che rilan-
ceremo. Siamo convinti che la UE debba essere protagonista per raggiungere un accordo
a inizio 2021 da tradurre in legislazione ma anche per muoversi autonomamente» (http://
www.rainews.it/dl/rainews/articoli/incontro-roberto-gualtieri-bruno-le-maire-mini-
stri-economia-intesa-su-digital-tax-c6811d22-1322-4567-b765-690f10d6e6be.html).
142 Nicolás GÓMEZ DÁVILA, *In margine a un testo implicito*, Adelphi, Milano 2009,
p. 41 (*Escolios a un texto implícito*, 1977.1986).
143 Cfr. https://www.tgcom24.mediaset.it/tgcomlab/dizionario/patrimoniale-cos-qua-
li-beni-colpisce-e-la-nuova-ipotesi-causa-coronavirus_18337508-202002a.shtml.
144 Cfr. https://www.ilgiornale.it/news/politica/italia-c-grande-risparmio-privato-con-
te-fa-tornare-lincubo-1863612.html.
145 Cfr. https://www.miglioverde.eu/dal-covid-alla-patrimoniale-il-passo-e-breve/.

pietosamente imposta a chi ha di più, allo scopo di far fronte alle grandi difficoltà del momento. Ovviamente si mostreranno quali *testimonials* i sacrifici degli infermieri, le ambulanze che sfrecciano, i medici deceduti, la generosità dei volontari e... il sudore dei politici.

Pur dovendo sintetizzare, non vorrei omettere il ricordo di un episodio – che mi sembra significativo – di un capitolo della storia di permanente campagna di criminalizzazione dell'evasione fiscale che nasconde la mai sopita lotta alla proprietà privata[146]. Nei primi giorni del *lockdown*, papa Francesco rilasciò un'intervista nel corso della quale si ispirò alle opinioni del presentatore televisivo Fabio Fazio che aveva espresso il suo pensiero in un precedente articolo apparso sullo stesso quotidiano a cui il Papa affidava le parole. Ebbene, Bergoglio, dopo aver citato l'uomo di spettacolo per aver scritto «che i nostri comportamenti influiscono sempre sulla vita degli altri» (e chi più di Fazio può essere consapevole dell'influenza mediatica?), si è detto particolarmente d'accordo su un altro passaggio di Fazio: «è diventato evidente che chi non paga le tasse non commette solo un reato ma un delitto: se mancano posti letto e respiratori è anche colpa sua»[147]. È sbalorditivo che il Papa si appiattisca sul politicamente corretto e ripeta sulla tassazione ciò che la vulgata corrente propina. Non basta giustificare le parole in nome della scarsa conoscenza della questione perché abbracciare convintamente questo redistribuzionismo[148] significa ottundersi nella possibilità di capire che è esattamente la fiscalità predatoria a paralizzare quello sviluppo economico da cui provengono anche cure più accessibili, tecnologia più innovativa e strutture sanitarie più efficaci. La prospettiva che Bergoglio esprime è lontana da quella cultura cristiana che ha agito come linfa nella valorizzazione della proprietà privata per la edificazione della civiltà occidentale, civiltà che proprio sulla questione della intangibilità della proprietà ora scivola verso il suo tramonto. In fondo, potremmo dire che per causare questo tramonto è sufficiente incrinare l'inviolabilità della proprietà privata, riducendo questa alla sua «funzione sociale»[149]. Ma, come ha scritto una grande mente cattolica, «quando si definisce la proprietà come funzione sociale, arriva la confisca; quando si definisce il lavoro come funzione sociale arriva la schiavitù»[150].

---

146 Cfr. Pascal SALIN, *La tirannia fiscale*, Liberilibri, Macerata 1997 (*L'arbitraire fiscal*, 1985).
147 Papa FRANCESCO, «Non sprecate questi giorni difficili», intervista di Paolo Rodari, in «la Repubblica», 18.3.2020.
148 Cfr. Nicola PORRO, *Le tasse invisibili. L'inganno di Stato che toglie a tutti per dare a pochi*, La nave di Teseo, Milano 2019.
149 Così la Costituzione della Repubblica Italiana all'articolo 42.
150 GÓMEZ DÁVILA, *In margine a un testo implicito*, cit., p. 83.

2.3. LE PIOGGE ACIDE (UN PROFLUVIO DI AIUTI)

Nel 1887 il Texas fu colpito dalla siccità e il Congresso degli Stati Uniti votò per far giungere aiuti straordinari in favore degli agricoltori. Benché, pare, si trattasse di una somma modesta, il presidente Grover Cleveland rifiutò di controfirmare la legge. A giustificazione del veto, il presidente affermò: «io non credo che i poteri e i doveri del governo nazionale debbano includere anche i provvedimenti volti ad alleviare le sofferenze individuali [...]. Si dovrebbe costantemente inculcare l'idea che, sebbene il popolo mantenga il governo, mai il governo dovrebbe mantenere il popolo»[151]. Cleveland era espressione del profondo spirito americano in base al quale la solidarietà doveva essere considerata una qualità individuale e non una questione statale innanzitutto per evitare che i cittadini prendessero l'abitudine di dipendere dal paternalismo dello Stato[152].

Quale governo, oggi, soprattutto in Europa, sopravvivrebbe alle critiche presentando il proposito di non intervenire a seguito di una calamità? Noi italiani, poi, siamo ormai "educati" a ritenere moralmente obbligato lo Stato ad adoperarsi massicciamente in ogni situazione di avversità. Chi obietterebbe contro il presunto dovere dello Stato ad intervenire per sussidiare i soggetti sociali in ogni situazione avversa? Anziché distinguersi per una differente ed antitetica concezione dello Stato – la Sinistra orientata ad ampliarne i confini a danno della società, la Destra incline a restringerne l'ingerenza in nome della libertà individuale –, governo ed opposizione ora gareggiano nel presentare proposte di aiuti e sussidi sempre più estesi. E, in questo modo, dimostrano di essere accomunati da un'unica prospettiva politica: quella che fagocita l'uomo nel mito dello Stato salvatore.

Oltre che mediante una serie di nuovi obblighi e un rafforzamento dei vincoli con cui il mercato risulterà ancor più incatenato (come ho provato a delineare nel precedente paragrafo), lo Stato interviene nelle emergenze con una serie di massicce sovvenzioni. A questo secondo tipo di azione

---

151 *The Public Papers of Grover Cleveland, Twenty-second President of the United States (1885-1889)*, Government Printing Office, Washington DC 1889, p. 238 («I do not belive that the power and duty of the General Government ought to be extended to the relief of individual suffering which is in no manner properly related to the public service or benefit. A prevalent tendency to disregard the limited mission of this power and duty should, I think, be steadfastly resisted, to the end that the lesson should be constantly enforced that, though the people support the Government, the Government should not support the people»).

152 Il presidente Cleveland era democratico, ma occorre tener ben presente che all'epoca il Partito Repubblicano era di tendenza progressista e quello Democratico era di orientamento conservatore.

dedicherò le prossime pagine di questo paragrafo.

Una pioggia, anzi un diluvio di sussidi. Ma, com'è noto, i diluvi portano devastazioni.

Al di là della metafora, in senso propriamente reale, bene lo hanno sperimentato tanti italiani in questi ultimi decenni. Mi fermo e mi domando provocatoriamente: perché "in questi ultimi decenni"? Semplice! Lo sanno tutti... è a causa dei cambiamenti climatici e a causa dell'edificazione selvaggia. Ogni inondazione, "bomba d'acqua", straripamento, alluvione è l'occasione per una catechesi di massa sui danni inflitti dall'uomo all'ambiente con conseguente vendetta di questo sull'uomo, irrispettoso e distruttore. Ora, che gli individui possano essere irrispettosi della natura e distruttori dell'ambiente è fuori discussione; ma questo è un motivo in più, non in meno, per lodare la proprietà privata. Anzi, forse è proprio questo il motivo per cui Dio ha voluto che l'uomo provvedesse a sé attraverso la cura e la produttività di ciò che è di ciascuno. Da qui il profondo significato antropologico della proprietà privata: questa e non il collettivismo è corrispondente alla natura dell'essere umano. E, di conseguenza, solo dall'incremento della proprietà privata può nascere un esteso rispetto dell'ambiente perché la cura del creato si coniuga con la proprietà privata non con la statalizzazione di montagne, fiumi ed ogni altro tipo di ambienti naturali. Anche san Tommaso d'Aquino (1221/1227-1274) nella *Somma Teologica* sostiene che il possesso privato dei beni è strettamente necessario alla vita umana per più ragioni e, innanzitutto, «perché ognuno si preoccupa più di qualcosa che sia di sua sola responsabilità piuttosto che di ciò che è posseduto in comune o da molti: poiché in questo caso ognuno evita il lavoro e lascia la responsabilità a qualcun altro, cosa che succede quando troppi sono coinvolti»[153]. Ecco, quindi, la vera soluzione al problema ecologico: il ritorno alla proprietà privata e l'abbandono di tutte le forme di amministrazione demaniale. Ovviamente la questione è ben più complessa di come possa apparire da questa rapida pretesa di soluzione, ma le risposte alla problematica ambientale non possono non implicare l'abbandono di certo collettivismo e il recupero delle virtuosità implicite nell'istituto naturale della proprietà privata[154]. Mi sono già occupato dell'avvoltoio ambientalista[155] che ha una relazione con l'attuale

---

153 TOMMASO d'AQUINO (san), *La Somma Teologica*, a cura dei domenicani italiani, testo latino dell'edizione leonina, Edizioni Studio Domenicano, Bologna 1984, vol. 17, p. 208 (II-II, q. 66, a. 2, respondeo).
154 Carlo LOTTIERI, *Beni comuni, diritti individuali e ordine evolutivo*, Istituto Bruno Leoni Libri, Torino 2020.
155 Cfr. paragrafo 4 (la parte dal titolo *Il virus scientista e il morbo ambientalista*) del capitolo 1.

pandemia. Questa parentesi mi ha consentito di aggiungere una nuova considerazione alle altre già svolte nel capitolo precedente.

Torniamo alle sovvenzioni pubbliche, regionali, statali ed iper-statali (europee). Quando queste giungono in modo generalizzato si usa dire che gli aiuti sono "a pioggia". Da qui il titolo di questo paragrafo che, però, a questa immagine finanziaria unisce quella del fenomeno atmosferico delle "piogge acide" che si compie quando i vari tipi di precipitazione riversano sul suolo particelle ed elementi tossici. Il titolo offre, quindi, la chiave per intendere, ancor più che il tema trattato, la prospettiva che anima la trattazione.

È una prospettiva che potrebbe essere sintetizzata, sin da subito, in questo modo: probabilmente nulla compromette di più la libertà quanto dichiararsi bisognosi del sostegno finanziario dello Stato. Sin dai primissimi momenti delle notizie riguardanti l'epidemia, interpellato sulla situazione, non mi espressi contro eventuali provvedimenti governativi miranti a contenere la diffusione del virus, ma ebbi subito timore per la sorte dell'esigua dose di libertà di cui ormai disponiamo, un timore dovuto alle conseguenze delle provvidenze di Stato. In altri termini, temevo, già allora, non tanto le restrizioni dei movimenti quanto gli aiuti statali che potevano essere promessi e assicurati. Similarmente, ritengo, ora ancora più che alla fine dell'inverno scorso (inizio anno 2020), che la crisi economica prodotta dalla pandemia (essa va ad abbattersi su una situazione pregressa già critica, il cui unico imputato – mai mi stancherò di ripetere – è l'irreggimentazione statale) rappresenti un problema grave, sì, ma risolvibile in tempi abbastanza rapidi mentre le conseguenze innescate dagli aiuti pubblici determineranno una devastazione economica.

La libertà non è in pericolo per l'osservanza del dovere ad indossare una mascherina o per essersi posti in quarantena. Dicendo ciò, non rinuncio a criticare alcune misure e non rinnego la mia disapprovazione verso gli abusi ma, anche biasimando ed obiettando, credo che si debba porre l'attenzione su altro. Se è vero che per le mascherine basterebbero le esortazioni più che le spesso ridicole sanzioni, tuttavia non è tanto su simili aspetti che la libertà corre i maggiori pericoli. La libertà è, invece, già irreparabilmente compromessa quando si implora o si pretende per diritto l'aiuto dei pubblici poteri. Essa è, poi, irrimediabilmente persa quando lo Stato assicura gli aiuti economici per risollevare le attività in crisi o per sostenere il reddito di alcune fasce oggetto di assistenza. Esattamente ciò che ordinariamente avviene e che ora, a causa della pandemia, si è ampliato in modo drammaticamente esponenziale. In misura superiore a quanto avvenuto nei precedenti momenti di crisi ed anche più di quanto sia avvenuto durante le guerre.

Quando ci si imbatte in una sciagura, occorre confrontarsi con essa e affrontarne i penosi risvolti. Tuttavia e nonostante alcuni soggetti patiranno perennemente rovesci irreparabili, l'economia di un Paese riesce, complessivamente, a risollevarsi. Lo dimostrano i casi dei popoli usciti dalla Seconda Guerra Mondiale: anche i paesi sconfitti quali Germania, Italia, Giappone, nel giro di pochi anni, da terre in rovina, si sono trasformati in potenze economiche. Tutto ciò ad un'unica condizione: che la gente sia lasciata libera di intraprendere, scambiare, decidere, lavorare. Minori sono i vincoli burocratici e sono le tasse da versare, più ampia e veloce è la rinascita. In altri termini: se lo Stato non c'è, il Paese si riprende e lo fa anche velocemente. Germania, Italia e Giappone hanno raggiunto e ampiamente superato gli standard che avevano prima del disastro bellico.

Ma quando c'è lo Stato tutto cambia. Anche una ridotta crisi diviene qualcosa di simile alle sabbie mobili: maggiori sono i movimenti dell'apparato pubblico, peggiore diviene la situazione del Paese. Lo Stato ha la singolare capacità di affossare e di incancrenire. L'immagine che rende bene l'aiuto che offre è quella del salvagente di piombo lanciato a chi sta per affogare tra le onde. Tremare per gli effetti della sostituzione dell'economia con la politica è stato l'esito degli studi di uno sparuto gruppo di scienziali sociali[156]; temere l'intervento dei pubblici poteri è saggezza di pochi uomini[157], ma qualunque operatore economico e chiunque abbia dimestichezza anche solo con la spesa familiare dovrebbe diffidare della pioggia di aiuti giunti miracolosamente dall'alto[158]. La libertà è persa quando si chiede aiuto allo Stato. È come quando un imprenditore, per evitare il fallimento, chiede aiuto alla malavita utilizzando i soldi dei criminali. La libertà è persa almeno per due grandi motivi. Innanzitutto perché la dipendenza dallo Stato mostra il rinnegamento delle qualità di fierezza dell'uomo che si fa da sé e che considera lo Stato per quel che è: qualcosa da tenere lontano e un peso da ridurre il più possibile. La figura di questo uomo è il *self-made man* americano e capitalista che si inchina solo dinanzi a Dio. Una figura ben rappresentata nei romanzi di Ayn Rand[159], molto lontana dall'uomo europeo così compiutamente social-democratico,

---

156 Cfr. Ludwig von MISES, *I fallimenti dello Stato interventista*, prefazione di Lorenzo Infantino, Rubbettino, Soveria Mannelli (Catanzaro) 1997 (*Kritik des Interventionismus*, 1929).

157 Cfr. Arthur C. BROOKS, *La via della libertà. Come vincere la battaglia per la libera iniziativa*, a cura di Flavio Felice e Francesco Martini, Rubbettino, Soveria Mannelli (Catanzaro) 2014 (*The Road to Freedom. How to Win the Fight for Free Enterprise*, 2012).

158 Cfr. Friedrich A. von HAYEK, *La via della schiavitù*, prefazione di Raffaele De Mucci, Rubbettino, Soveria Mannelli (Catanzaro) 2011 (*The Road to Serfdom*, 1944).

159 Cfr. Ayn RAND, *La fonte meravigliosa*, Corbaccio, Milano 1996 (*The Fountainhead*, 1943); cfr. Ayn RAND, *La rivolta di Atlante*, Garzanti, Milano 1958 (*Atlas Shrugged*, 1957).

sempre più deresponsabilizzato e sempre più dipendente dalla burocrazia[160]. In secondo luogo, chiedere significa rassegnarsi o direttamente contribuire a far crescere sempre più la elefantiaca macchina pubblica. Il potere politico si accresce in misura del riconoscimento che ad esso si offre. Lo Stato non avrebbe alcun potere se tutti fossero economicamente indipendenti o, almeno, se ai suoi apparati nessuno si rivolgesse. Il potere politico non può sopravvivere senza persone da beneficare: esso trasforma i suoi sottoposti in un popolo di questuanti. Più si chiede, più l'apparato pubblico cresce; più si ricorre allo Stato, meno si è liberi.

Se non sono, ovviamente, lievi le colpe del ceto politico, ancor più sembrano gravi le responsabilità della stessa popolazione, della gente comune, ormai diseducata a darsi da fare autonomamente e sempre più abituata alla lamentela e alla rivendicazione dei "diritti"[161]. È questa cultura sempre più predominante a rendere la stessa democrazia il più grave pericolo per le libertà individuali, libertà che l'uomo riceve insopprimibili da Dio e dalla natura, ma che sono costantemente minacciate dallo Stato legittimato dall'arbitrio della maggioranza[162]. Non meno che per ciò che riguarda il cosiddetto Stato di diritto[163], tutte le contraddizioni

---

160 Scrive Marcello Pera: «il numero dei questuanti dello Stato assume dimensioni preoccupanti, e la corruzione politica e morale insita nella questua medesima diventa un fenomeno diffuso, non c'è chi non veda quanto questo richiamo alla responsabilità individuale [...] sia poco ascoltato. Il cittadino abituato a rivolgersi allo Stato protesta contro ogni misura restrittiva dei benefici statali, che considera violazioni dei suoi diritti e della dignità della sua persona. La protesta sembra ragionevole, ma, se accolta, la perdita è netta. Dove è più l'individuo che, secondo il principio di sussidiarietà, può e deve fare da sé? Non finisce gradualmente col considerare lo Stato come una nuova famiglia, un nuovo educatore, una nuova guida, alla fine una nuova divinità?» (Marcello PERA, *Diritti umani e cristianesimo. La Chiesa alla prova della modernità*, Marsilio, Venezia 2015, p. 69).
161 Cfr. Robert HUGHES, *La cultura del piagnisteo. La saga del politicamente corretto*, Adelphi, Milano 2003.
162 Relativamente alla prospettiva libertaria: cfr. Hans-Hermann HOPPE, *Democrazia: il dio che ha fallito*, prefazione di Raimondo Cubeddu, Liberilibri, Macerata 2008; cfr. Hans-Hermann HOPPE, *Abbasso la democrazia. L'etica libertaria e la crisi dello Stato. Saggi su libertà, proprietà e secessione*, a cura di Carlo Lottieri, prefazione di Raimondo Cubeddu, Leonardo Facco Editore, Treviglio (Bergamo) 2000; cfr. Carlo LOTTIERI, *Democrazia: una minaccia per la libertà?*, CIDAS, Torino 2006; cfr. Kenneth MINOGUE, *La mente servile. La vita morale nell'era della democrazia*, prefazione di Franco Debenedetti, Istituto Bruno Leoni Libri, Torino 2012.
163 Cfr. Beniamino DI MARTINO, *Stato di diritto. Un approccio critico*, in IDEM, *Stato di diritto. Divisione dei poteri. Diritti dell'uomo. Un confronto tra dottrina cattolica e pensiero libertario*, Leonardo Facco Editore, Treviglio (Bergamo) 2017, p. 7-42; cfr. Anna PINTORE, *Stato di diritto*, in AA. VV., *Dizionario del Liberalismo italiano*, tomo I, Rubbettino, Soveria Mannelli (Catanzaro) 2011, p. 991-996; cfr. Juan Berchmans VALLET de GOYTISOLO, *Stato di diritto/1. Il moderno stato di diritto*, in «Cristianità», anno 20

della democrazia emergono quando, in nome di questa, viene schiacciata l'autonomia individuale ad evidente vantaggio della volontà prevalente[164].

Non c'è dunque da meravigliarsi che dietro un'ondata di richieste pressanti che giunge da una popolazione tanto disperata quanto oramai svilita e devitalizzata, forze politiche che sostengono il governo e partiti di opposizione si manifestino concordi nel ritenere dovere dello Stato sovvenzionare aziende, esercenti, industrie, lavoratori e famiglie in crisi. Si realizza ancora una volta il fatale *pactum sceleris*[165] tra richiedenti ed elargitori, tra postulanti e dispensatori, tra questuanti e governanti, tra massa di supplicanti e l'*élite* politica. Quest'ultima – l'*élite* politica – sempre più tentata ad apparire come prodiga e generosa e tentata ad attenuare, sino a far scomparire, proprio quelle differenze sulla concezione dello Stato che giustificavano la dialettica tra forze antitetiche. Leader di governo e leader di opposizione sembrano ormai competere tra loro nel guadagnarsi il consenso in virtù della più larga prodigalità possibile. D'altra parte non c'è da farsi illusione sul significato da dare all'emergenza: per gli uomini di apparato non c'è momento più redditizio e per lo Stato nel suo insieme non c'è occasione più proficua.

Continuerò a votare il partito che manifesterà anche solo una resistenza minimale allo statalismo e continuerò a prodigarmi perché anche l'ultimo fazzoletto di libertà possa sussistere grazie ad un risultato elettorale piuttosto che un altro, ma la gara a fare la proposta sulla più ampia portata degli aiuti di Stato mi scoraggia molto, relativamente al futuro politico che questa sciagura comporta. E parlando ora di sciagura, non intendo riferirmi tanto alla pandemia (e neanche al luttuosissimo conteggio dei decessi) quanto, piuttosto, all'impennata di statalizzazione di ciò che

---

(1992) n. 201-202 (gennaio-febbraio), p. 5-10; cfr. Juan Berchmans VALLET de GOYTISOLO, *Stato di diritto/2. Una vecchia concezione dello stato di diritto*, in «Cristianità», anno 20 (1992) n. 203 (marzo), p. 5-9.

164 Cfr. Francesco Mario AGNOLI, *Antigone contro la democrazia zapatera*, Solfanelli, Chieti 2005; cfr. Jason BRENNAN, *Contro la democrazia*, prefazione di Sabino Cassese, con un saggio di Raffaele De Mucci, LUISS University Press, Roma 2018; cfr. Nicolás GÓMEZ DÁVILA, *Breve critica filosofico-religiosa della democrazia moderna*, in «Cultura & Identità», anno 4 (2012), n. 18 (luglio-agosto), p. 63-80; cfr. Frank KARSTEN - Karel BECKMAN, *Oltre la democrazia*, Usemlab Economia e Mercati, Torino 2012; cfr. Erik-Maria von KUEHNELT-LEDDIHN, *L'errore democratico. Il problema del destino dell'Occidente*, Volpe, Roma 1966; cfr. Matteo SIMONETTI, *Demonocrazia. Critica all'inganno democratico*, Edizioni Solfanelli, Chieti 2010; cfr. Ilya SOMIN, *Democrazia e ignoranza politica. Perché uno Stato più snello sbaglia di meno*, Istituto Bruno Leoni Libri, Torino 2015.

165 Cfr. Gonzague de REYNOLD, *L'Europe tragique. La Révolution moderne. La fin d'un monde*, Éditions Spes, Paris 1934, p. 73.

rimaneva della società e dell'economia. Questa è la strada per mandare in rovina il futuro del Paese, anzi di molti Paesi[166].

Il governo iniziò, i primi di marzo, con un'ipotesi di 7 miliardi di aiuti ad aziende e famiglie[167]. In quei giorni di avvio di quarantena sembrava una cifra enorme, oggi farebbe ridere. Si passò, nel giro di una sola settimana, a 25 miliardi per sostenere imprese, partite IVA e professionisti[168]. Già ad inizio aprile i miliardi erano 400[169]. Ora i miliardi in aiuto sono così tanti che neanche si contano più. Ma se è così semplice, perché non 2.000? Anzi, con 3.000 daremmo lo stipendio a tutti e faremmo scomparire la disoccupazione (semplicemente chiamando "lavoratore" chi è assistito). Una domanda: i membri del governo si sono mai chiesti come funziona lo sviluppo? Il governo sta creando, anzi ha già creato il disastro. Quando si sovvertono le leggi naturali, il collasso è alle porte.

Sbagliano i governanti, sbagliano i questuanti, ma sbagliano anche i leader dell'opposizione che hanno rialzato sempre più la richiesta della somma da mettere a disposizione, da un lato per non farsi scavalcare "in generosità" dal governo, dall'altro costringendo lo stesso governo a puntare sempre più in alto. "In alto"? Che dico? "In strapiombo", piuttosto. Nel prossimo paragrafo (dal titolo È l'economia, stupido!) mi spiegherò meglio, ora mi limito alla descrizione dei provvedimenti, non senza anticipare – in virtù del motto di Bastiat – qualcosa di «ciò che non si vede» per non lasciarsi mai abbagliare ed ingannare da «ciò che si vede».

A proposito degli sbagli delle opposizioni, nei primissimi giorni di interruzione delle "attività non essenziali" (quanta ignoranza economica nei nostri governanti nel dichiarare alcune attività "non essenziali"!) scrivevo sui *social* che avrei continuato a votare per la Destra perché, nonostante le proposte assurde («70 miliardi di aiuti di Stato ai settori economici»[170] quando il governo ne metteva ancora "solo" 7 sul tavolo), perché – dicevo – tutte le altre posizioni politiche rimangono ancor più pericolose. Sul momento la critica alle sovvenzioni sembrano inaccettabili anche sotto il profilo morale (ed anche io posso apparire eticamente biasimevole), ma

---

166 Cfr. Sergio RICOSSA, *Come si manda in rovina un Paese*, prefazione di Lorenzo Infantino, Rubbettino, Soveria Mannelli (Catanzaro) 2012.
167 Cfr. https://www.adnkronos.com/fatti/politica/2020/03/05/coronavirus-conte-stanziati-miliardi-per-famiglie-imprese_ny3LOkFPWQUo2USl5rgpDO.html
168 Cfr. https://www.lastampa.it/politica/2020/03/11/news/coronavirus-il-governo-stanzia-25-miliardi-per-l-emergenza-1.38579098.
169 Cfr. https://www.linkiesta.it/2020/04/decreto-liquidita-imprese-partita-iva-professionisti/.
170 Cfr. https://www.money.it/coronavirus-salvini-chiede-70-miliardi-imprese-famiglie.

quando l'emergenza terminerà la paralisi determinata dal debito pubblico, darà tanti motivi di pensamento.

Dicevo: se è così semplice, perché non 2.000 o 3.000 miliardi anziché solo 25? Se il governo è in grado di far piovere 400 miliardi può anche farne piovere 3.000 e, in questo modo, daremo lo stipendio a tutti e faremo scomparire la disoccupazione (semplicemente chiamando "lavoratore" chi è assistito). A fine marzo (quindi ad una ventina di giorni dall'inizio del *lockdown*), il premier Conte sembrò accogliere il mio suggerimento e parlò alla nazione. Era la sera del 28 marzo (2020). La conferenza stampa di Conte di quella sera sarà ricordata come la comunicazione della più grande invenzione dall'epoca della creazione dell'uomo. Infatti il comando biblico del «lavoro con il sudore della fronte»[171] era stato finalmente superato da un decreto del governo Conte (con il convinto consenso dei politici di tutti gli schieramenti). Abbiamo un Presidente buono che, finalmente (una lunga attesa durata millenni), ci ha liberato dalla necessità della fatica quotidiana (comminataci da un Dio cattivo)[172]. L'unica fatica sarà quella di mettersi in fila per ricevere il sussidio mensile. Il virus va, quindi, considerato come il maggiore benefattore (di tutti i tempi) dell'umanità: "grazie" all'emergenza sanitaria, lo Stato assicurerà a tutti lo stipendio mensile. Da quella sera, quindi, non occorre più lavorare! Occorreva l'emergenza sanitaria per scoprire ciò che ancora non era stato scoperto: la facile moltiplicazione del denaro. Piccola nota storica: stratagemmi simili hanno portato interi popoli alla fame. Piccola previsione: e noi tra qualche mese scopriremo che il rischio del contagio ha dato allo Stato il potere di distruggere la già dissestata economia di questo sventurato Paese. Piccolo effetto collaterale: l'euro ed Eurolandia scompariranno dentro il buco nero creato dall'Italia. Piccola domanda (piccola-piccola): ma perché infermieri, medici e poliziotti dovrebbero lavorare?[173] A far da immagine a questa conferenza stampa del premier

---

171 Nel libro della *Genesi*, il primo della Bibbia, Dio parla all'uomo in questo modo: «maledetto sia il suolo per causa tua! Con dolore ne trarrai il cibo per tutti i giorni della tua vita. Spine e cardi produrrà per te e mangerai l'erba campestre. Con il sudore del tuo volto mangerai il pane; finché tornerai alla terra, perché da essa sei stato tratto: polvere tu sei e in polvere tornerai!» (*Gn* 3,17-19).

172 Cfr. Sergio RICOSSA, *Storia della fatica. Quanto, dove e come si viveva*, Armando, Roma 1974.

173 Commentava un'affermata psicologa nonché redattrice della rivista che dirigo: «ancora una volta lo stravolgimento della realtà... Il popolo angosciato e disperato si aggrappa al suo aguzzino (papà-Stato) non solo accettando, ma anche ritenendo salvifiche quelle operazioni che "uccideranno" la creatività e il desiderio di industriarsi che ha sempre caratterizzato gli italiani. Però è impossibile obiettare a chi, apparentemente, ci offre la salvezza, considerando che in passato si è esultato perché già Prodi, in campagna elettorale

italiano (magari con un riquadro come quello per la traduzione per i non udenti) occorrerebbe un buco nero che, come un implacabile vortice, ingoia un'enorme quantità di soldi.

Infatti, da quel primo decreto del 9 marzo (decreto "Io resto a casa") è un continuo rilancio. Il 16 marzo (con il decreto "Cura Italia") il governo stanziò 25 miliardi. Seguì il 6 aprile con lo stanziamento di 400 miliardi (decreto "Liquidità"). Il 23 aprile venne annunciata l'intenzione da parte dell'Unione Europea di istituire un fondo a favore dei Paesi maggiormente colpiti dall'emergenza: nacque il famigerato "Recovery Fund". A metà maggio venne varata una nuova maxi manovra da 55 miliardi (decreto "Rilancio"). Seguì il decreto "Agosto" (a settembre, approvato ad ottobre) che prevedeva il blocco dei licenziamenti fino a novembre, un piano per il Meridione, altri 25 miliardi di spesa in deficit; dall'opposizione si "concorreva" col ritenere i provvedimenti insufficienti e tardivi (sob!). Infine (per il momento), vennero firmati il decreto "Ristori" (a fine ottobre) e il decreto "Ristori bis" (ad inizio novembre).

Vorrei cogliere, nel *bailamme* della selva dei decreti governativi, due momenti significativi per la loro contrapposizione. Penso alle dichiarazioni del neo-presidente della Confindustria, Bonomi, e del vice-segretario del PD, Orlando.

Carlo Bonomi si è insediato alla presidenza della Confindustria poco dopo la metà di maggio. Avviando il suo quadriennato che si presenta come il più difficile in epoca di pace, il neo-presidente ha voluto subito confermare la sensazione di un salutare cambio di passo rispetto ai suoi acquiescenti predecessori a confronto dei quali Bonomi sembra essere fatto di altra pasta. Così è avvenuto quando ha affermato che questa politica rischia di fare più danno del coronavirus[174]. E, scagliandosi contro gli aiuti a pioggia, e profetizzando un inverno da collasso sociale, poco dopo la designazione alla guida dell'associazione degli imprenditori, aveva dichiarato: «abbiamo reddito di emergenza, reddito di cittadinanza, cassa ordinaria, straordinaria, in deroga, Naspi, Discoll… Potrei continuare. La risposta del governo alla crisi si esaurisce in una distribuzione di danaro a pioggia. Danaro che non avevamo, si badi bene, si tratta di soldi presi a prestito. Possiamo andare avanti così un mese, due, tre. Ma quando i soldi saranno finiti senza nel frattempo aver fatto un solo investimento nella ripresa del sistema produttivo, allora la situazione sarà drammatica. Stabiliamo pure che le imprese non debbano licenziare. Ma non si salvano per

---

[correva l'anno 2006, *ndr*] offrì la felicità. La storia si ripete con maggiore violenza, non quella fisica ma quella che rende sempre più schiavi».

174 Cfr. https://www.tgcom24.mediaset.it/economia/lavoro-carlo-bonomi-questa-politica-rischia-fare-pi-danni-del-covid_18919225-202002a.shtml.

legge le aziende dal fallimento. Se questa è la rotta del governo, l'approdo non può essere che uno: l'esplosione di una vera e propria emergenza sociale già a settembre-ottobre»[175]. A non far esplodere questa emergenza sociale ha provveduto la seconda ondata dell'epidemia che ha "salvato" il governo con una nuova fase emergenziale. Con il risultato che, rinviata e aggravata, l'esplosione non potrà che essere più dirompente.

L'altro richiamo è alle proposte di Andrea Orlando, esponente di spicco dell'ala di Sinistra del Partito Democratico, che ha reso i suoi migliori servigi al Paese soprattutto in qualità di ministro della Giustizia della compagine Renzi - Gentiloni. Ho azzardato l'idea che il blocco dei licenziamenti, non diversamente dall'obbligo alle assunzioni, rappresenti una forma velata di nazionalizzazione delle imprese. Orlando è andato molto oltre e, in perfetto stile bolscevico, ha lanciato una idea rivoluzionaria: «se lo Stato finanzia le aziende deve avere un posto nei Consigli di Amministrazione»[176]. Stupefacente! Immaginiamo carrieristi di partito abilissimi nel confrontarsi con il marketing internazionale o nel districarsi per la scelta dei fornitori. Ovviamente il burocrate di Stato non può arrivare mai a pensare che le aziende che ora sciaguratamente lo Stato giunge a finanziare (pur sempre con soldi tolti ad esse mediante il giro fiscale), sino ad ora hanno finanziato (anche senza il loro permesso) lo Stato. Se il criterio di Orlando è valido, allora, i contribuenti (specialmente commercianti, partite IVA, autonomi) potranno diventare subito ministri (lugubre CdA di Itaglia lottizzata srl) perché hanno sempre finanziato lo Stato (stipendio di Orlando compreso). Orlando si dimostra, quindi, un esemplare – purtroppo non raro e mai in via di estinzione – di veterocomunismo d'accatto pronto a sovietizzare tutti gli spazi disponibili[177]. E la pandemia si dimostra, ancora una volta, una grande occasione per gli uomini dello Stato. Una domanda conclusiva ad Orlando che chiede il controllo politico delle aziende aiutate finanziariamente dallo Stato: e se lo stesso chiedesse l'Unione Europea all'Italia a causa degli aiuti che a questa giungeranno dagli organismi comunitari?

Il presidente Bonomi, nel criticare gli interventi "a pioggia", ricordava anche il reddito di cittadinanza[178]. Considerato ormai un strumento del

---

175 Cfr. https://www.assolombarda.it/media/interviste/i-soldi-a-pioggia-finiscono-presto-in-autunno-rischio-collasso-sociale.

176 Cfr. https://www.adnkronos.com/fatti/politica/2020/05/07/orlando-stato-nelle-aziende-smentisce-intervista-diventa-caso_TxHEpTvpo7wa4cM0MJULSM.html.

177 Cfr. https://www.ilgiornale.it/news/politica/borse-vanno-picco-aziende-rivolta-no-statalizzazioni-1860394.html.

178 Cfr. Nunziante MASTROLIA - Maria Teresa SANNA (a cura di), *Reddito di cittadinanza. Una antologia*, Licosia, Salerno 2015.

sistema degli "ammortizzatori sociali", il cosiddetto reddito di cittadinanza è stato un vessillo del Movimento 5 Stelle che riuscì a farlo varare
nel gennaio 2019 e a farlo definitivamente approvare dal Parlamento nel
marzo successivo[179].

Si tratta della tipica misura di assistenzialismo che premia l'inattività
e scoraggia la ricerca di lavoro. Argomentava Rothbard: «la sovvenzione
statale della povertà tende ad aumentare la povertà stessa, che a sua volta
aumenta l'ammontare del sussidio pagato ed estorto a coloro che non si
sono impoveriti»[180]. Non è questa la sede per una critica che, per dimostrarsi adeguata, dovrebbe essere feroce nei confronti di misure tese a distribuire un reddito garantito. Possiamo, però, sinteticamente ricordare
gli effetti prodotti sia perché si sommeranno a quelli generati dai sussidi
alle attività economiche sia perché al reddito di cittadinanza è stato affiancato il nuovo reddito di emergenza istituito all'uopo.

Il primo effetto del cosiddetto reddito di cittadinanza è stato la drastica riduzione del numero dei lavoratori parzialmente occupati che hanno
preferito questa sorta di indennizzo di disoccupazione al lavoro insicuro
e temporaneo. A dispetto degli ingenui propositi, quindi, la concessione
del reddito di cittadinanza ha accresciuto notevolmente la disoccupazione.
E ciò non dovrebbe costituire sorpresa, dal momento che vengono quasi
stipendiate le persone che non lavorano[181]. Infatti «il *sussidio di disoccupazione*, invece di contribuire a eliminare la disoccupazione, come spesso
si immagina, in realtà la sovvenziona e la intensifica»[182].

Il secondo effetto, legato al primo, è l'aumento della povertà generale.
Ciò avviene non solo perché ciascun assistito, rinunciando a lavorare, non
potrà mai risollevare la propria posizione e quella della propria famiglia,
ma anche perché le grandi risorse destinate agli aiuti sono sottratte dallo
Stato a quelle attività che avrebbero prodotto lavoro e ricchezza. «Nel
mondo sviluppato l'attività principale del governo è trasferire denaro da alcuni individui ad altri, attraverso diversi tipi di programmi d'indennità. E,
sempre nel mondo sviluppato, ci sono deficit che salgono vertiginosamente

---

179 A proposito del voto in Parlamento, bene diceva Gómez Dávila quando sentenziava:
«i parlamenti democratici non sono anfiteatri in cui si discute, ma recinti in cui l'assolutismo popolare registra i suoi editti» (Nicolás GÓMEZ DÁVILA, *In margine a un testo
implicito*, Adelphi, Milano 2009, p. 19).
180 Murray N. ROTHBARD, *Potere e mercato. Lo Stato e l'economia*, a cura di Nicola
Iannello, Istituto Bruno Leoni Libri, Torino 2017, p. 253.
181 Cfr. Milton FRIEDMAN, *Capitalismo e libertà*, prefazione di Antonio Martino,
Istituto Bruno Leoni Libri, Torino 2010, p. 265-281 (*Capitalism and Freedom*, 1962).
182 Murray N. ROTHBARD, *Potere e mercato. Lo Stato e l'economia*, a cura di Nicola
Iannello, Istituto Bruno Leoni Libri, Torino 2017, p. 254.

e un crescente ammettere che programmi di questo tipo sono insostenibili. I governi hanno fatto promesse che non potranno mantenere»[183].

È, quindi, inevitabile che più si punta all'assistenza, minore sarà la prosperità tanto dell'intera società quanto dei diretti beneficiari: «maggiori sono le sovvenzioni pubbliche, minore sarà il tenore di vita di ognuno»[184].

Un altro effetto del *Welfare State* in generale è quello di incentivare gli atteggiamenti asociali e di creare le condizioni al crimine. Perciò non c'è affatto da meravigliarsi se, con il passare del tempo, ci si rende conto che una fetta non irrilevante di questi sussidi ha foraggiato i settori peggiori della società dando a questi una nuova forma di approvvigionamento grazie a quanto lo Stato ha sottratto ai lavoratori onesti[185]. Le cronache ormai sono piene di casi di delinquenti piccoli e grandi, di affiliati alle varie organizzazioni criminali scoperti come percettori del reddito di cittadinanza. Clamorosi i casi di interi clan criminali o di ex brigatisti fruitori della paghetta di Stato[186].

All'origine del paradosso per il quale chi ha lavorato ha pagato le tasse mentre chi delinque ha la pensione dallo Stato vi è la irrazionalità della redistribuzione politica del reddito. Fin quando la filosofia del Welfare State non sarà abbandonata, queste assurdità saranno sempre presenti e costituiranno un grave motivo di scoraggiamento delle forze sane.

E così, mentre anche rom e sinti sono in fila per avere sostegni economici[187], il numero degli assistiti si amplia sempre più (sino a raggiungere la cifra record di 3 milioni di persone)[188]. E il governo che già sta facendo piovere soldi, nell'imminente legge di bilancio, deve tener conto del rifinanziamento del reddito di cittadinanza con fondi sempre maggiori in considerazione dell'ampliamento del "bacino di utenza"[189].

---

183 David BOAZ, *Libertarismo. Silloge*, Liberilibri, Macerata 2010, p. 334 (*Libertarianism. A Primer*, 1997).

184 ROTHBARD, *Potere e mercato. Lo Stato e l'economia*, cit., p. 251.

185 Cfr. Sergio RICOSSA, *Manuale di sopravvivenza a uso degli italiani onesti*, prefazione di Lorenzo Infantino, Rubbettino, Soveria Mannelli (Catanzaro) 2011 (1997).

186 Se evito di portare qui in nota i link che rinviano alle fonti di cronaca è solo perché sarebbero troppo numerosi i riferimenti a questo tipo di squallide notizie (anche solo volendo attingere al mio archivio).

187 Cfr. https://www.ilgiornale.it/news/roma/lenclave-dei-rom-nelle-case-popolari-1880792.html; cfr. https://www.lanazione.it/firenze/cronaca/rom-e-sinti-in-corteo-chiedono-un-sostegno-economico-ci-spettano-soldi-video-1.5200044.

188 Cfr. https://www.tgcom24.mediaset.it/economia/inps-1-3-mln-famiglie-con-reddito-cittadinanza-oltre-3-mln-persone_24239070-202002a.shtml.

189 Cfr. https://www.tgcom24.mediaset.it/economia/bozza-manovra-legge-di-bilancio-da-38-miliardi-dal-blocco-ai-licenziamenti-al-rinnovo-della-cassa-integrazione_25426131-202002a.shtml.

Ad affiancare il reddito di cittadinanza (in passato sbandierato anche come reddito garantito, reddito universale, reddito d'inclusione) ora c'è, causa la pandemia, anche il reddito di emergenza per recuperare ai sussidi di Stato quelle famiglie le cui caratteristiche non rientrano tra i criteri per l'assegnazione del reddito di cittadinanza. Provvedimento motivato dal timore di tensioni sociali soprattutto in zone a forte presenza criminale. Un'ulteriore misura da classico, obsoleto *Welfare State*[190].

Quindi non è vero che gli indicatori economici sono tutti negativi; vi sono molti comparti che crescono: aumentano i beneficiari del reddito di cittadinanza e del reddito di emergenza (una quota altissima, dicevo, tanto più per il fatto di essere cresciuta di quasi un quarto dall'inizio dell'anno) e, soprattutto, aumenta il debito pubblico che, nuovo record, ormai viaggia spedito verso i 2600 miliardi di euro (con un buon balzo in su rispetto anche ai soli mesi precedenti). In tutta questa provvidenza vi è una contraddizione che in realtà è solo apparente. Lo Stato, da un lato, sembra tanto potente e prodigo da promettere uno stipendio quasi a ciascuno (tra reddito di cittadinanza, sussidi di disoccupazione, salario di sussistenza, cassa integrazione e ora anche reddito di emergenza), dall'altro, si mostra sempre più arcigno e ingeneroso verso chi si mantiene col sudore della propria fronte tanto da far calare su questi il sospetto di essere "nemici del popolo" e indisciplinati cittadini.

Nell'ambito degli interventi di aiuto assistenziali, non sarebbe fuori luogo aprire appena una parentesi su un tema analogo a quanto ora descritto. A riprova non solo della sterilità, ma anche della dannosità di interventi che si sostituiscano al dinamismo del mercato – unico vero produttore di ricchezza – possono essere richiamati gli aiuti internazionali al Terzo Mondo[191]. La gran parte dei finanziamenti si esaurisce ben prima di ar-

---

190 Cfr. Mauro BONTEMPI, *Crisi, evoluzione e prospettive dello Stato Sociale* (III parte), in «Veritatis diaconia. Rivista semestrale di scienze religiose e umanistiche», anno 6 (2020), n. 11, p. 41.
191 Cfr. Peter T. BAUER, *Dalla sussistenza allo scambio. Uno sguardo critico sugli aiuti allo sviluppo*, prefazione di Amartya Sen, Istituto Bruno Leoni Libri, Torino 2009 (*From Subsistence to Exchange*, 2004); cfr. Peter T. BAUER, *Dissent on Development. Essays in applied economics*, Harvard University Press, Cambridge (Massachusetts) 1972; cfr. Peter T. BAUER, *Equality, the Third World, and Economic Delusion*, Harvard University Press, Cambridge (Massachusetts) 1982; cfr. Angus DEATON, *La grande fuga. Salute, ricchezza e origini della disuguaglianza*, prefazione di Giovanni Vecchi, Il Mulino, Bologna 2015 (*The Great Escape. Health, Wealth and the Origins of Inequality*, 2013); cfr. Graham HANCOCK, *Lords of poverty*, MacMillan, London 1989; cfr. Dambisa MOYO, *La carità che uccide. Come gli aiuti dell'Occidente stanno devastando il Terzo Mondo*, Rizzoli, Milano 2010 (*Dead Aid: Why Aid Is Not Working and How There Is a Better Way for Africa*, 2009); cfr. Linda POLMAN, *L'industria della solidarietà*, Bruno Mondadori, Milano 2009; cfr.

rivare ai destinatari: oltre i costi di gestione altissimi con schiere di funzionari lautamente stipendiati, ciò che è peggio è che la macchina della bontà – spesso involontariamente – finisce col rimpinguare proprio quei governi e quelle tirannie che sono causa di miseria e di sottosviluppo.

Da meridionale quale sono, non posso non dolermi dei guasti causati dal cosiddetto intervento straordinario per il Meridione[192]. Nel 1950, quindi ancora in epoca degasperiana, venne istituita la Cassa per il Mezzogiorno (liquidata dopo quasi mezzo secolo, nel 1993)[193], veicolo di un'azione famigerata e controproducente che ha arricchito funzionari e clan e ha asservito gli imprenditori onesti alla classe politica. Tutti i danni causati da ogni tipo di aiuti esterni al mercato propri del dirigismo statale e del suo apparato burocratico possono trovare nell'intervento governativo straordinario per il Meridione un luogo di studio, analisi e riflessione[194]. Per mancanza di tempo (e di spazio), non posso riportare le stimolanti quanto gustose affermazioni di un lucido economista, di un famoso giornalista, di un puntuto giurista e di un acuto sacerdote; posso però almeno rinviare il lettore alle pagine di Ricossa[195], Montanelli[196], Leoni[197] e don Sturzo[198].

Tra i principali interventi risanatori inventati dai politici vi è quello delle assunzioni nel pubblico impiego. Si tratta di un intervento necessariamente più selettivo rispetto alla elargizione di sussidi, ma pur sempre

---

Linda POLMAN, *The Crisis Caravan. What's Wrong with Humanitarian Aid*, Picador, New York (N. Y.) 2011.

192 Cfr. Antonio ACCETTURO - Guido de BLASIO, *Morire di aiuti. I fallimenti delle politiche per il Sud (e come evitarli)*, prefazione di Nicola Rossi, Istituto Bruno Leoni Libri, Torino 2019; cfr. Vittorio DANIELE - Paolo MALANIMA, *Il divario Nord-Sud in Italia. 1861-2011*, Rubbettino, Soveria Mannelli (Catanzaro) 2011; cfr. Gennaro DE CRESCENZO, *I peggiori 150 anni della nostra storia. L'unificazione come origine del sottosviluppo del Sud*, Editoriale Il Giglio, Napoli 2012.

193 Cfr. Sebastiano FADDA, *Sulla necessità di un riordinamento dell'intervento straordinario nel Mezzogiorno*, in «Il Mulino», anno 29 (1980), n. 270 (luglio-agosto), p. 649-658.

194 Sono napoletano e penso, tristemente, ai mastodontici investimenti anche a seguito del terremoto in Campania del 1980 che sfigurarono per sempre la mia terra. Fiumi di denaro che, oltre ad essere stati causa della trasformazione dei clan della camorra in vere e proprie centrali del crimine, rafforzarono nei meridionali l'atteggiamento lagnoso, parassitario e assistenzialistico.

195 Cfr. Sergio RICOSSA, *Come si manda in rovina un Paese*, prefazione di Lorenzo Infantino, Rubbettino, Soveria Mannelli (Catanzaro) 2012, p. 259.

196 Cfr. Indro MONTANELLI - Mario CERVI, *L'Italia del Novecento. Un viaggio lucido e disincantato attraverso il Ventesimo secolo*, Rizzoli, Milano 2000, p. 364-365.676.

197 Cfr. Bruno LEONI, *Collettivismo e libertà economica. Editoriali "militanti" (1949-1967)*, prefazione di Carlo Callieri, Rubbettino, Soveria Mannelli (Catanzaro) 2007, p. 60-61.

198 Cfr. Luigi STURZO, *Politica di questi anni. Consensi e critiche (1957-1959)*, in IDEM, *Opera omnia. Seconda Serie. Vol. XIV*, Gangemi editore, Roma 1998, p. 414.

massiccio se consideriamo i numeri degli interessati e gli impegni di spesa. Tutta in deficit, ovviamente.

Ancora una volta, con l'idea dell'investimento per il futuro (idea gratificante con cui il governo attribuisce a sé una lungimiranza mancata nel passato della storia politica nazionale), la ricetta è quella del posto di lavoro separato dalla produttività e dalla creazione di ricchezza. Fino a quando una società potrà reggere una sproporzione tra chi produce e chi solo consuma? Può sopravvivere una società in cui il numero di coloro che creano ricchezza è esiguo rispetto a coloro che divorano questa ricchezza? Il *default* della Grecia (*default* sfiorato anche dall'Italia tra il 2011 e il 2012) ebbe come elemento rilevante la gran quantità di assunzioni clientelari nel pubblico impiego, assunzioni compiute con la segreta persuasione che l'Unione Europea avrebbe garantito e coperto queste spese[199]. Ma viene il momento in cui le leggi naturali non possono essere più aggirate dalla goffaggine dei politici ed allora il sistema crolla.

Esattamente oggi (17 novembre 2020) si sono iniziati a conoscere i dettagli della nuova manovra di bilancio che comporterebbe nuove assunzioni pubbliche (tra il prossimo anno e il 2023 per una somma di 3,6 miliardi) in molti campi – dalla sanità alla giustizia, dai ministeri all'INPS –, oltre che migliaia di contratti a termine per gestire i fondi europei per il Sud (senza risparmiare alcune centinaia di milioni per il rinnovo dei contratti pubblici). Senza dimenticare cosa il governo è stato in grado di combinare nel comparto scuola di Stato con l'intruppamento di oltre 150mila assunzioni (per il momento)[200].

Ogni qual volta sento notizie di nuove assunzioni di pubblici dipendenti mi sento sacerdotalmente preso da una particolare afflizione perché considero altre persone avviate ad una omologazione non solo lavorativa, ma innanzitutto mentale, esistenziale e, quindi, morale, da cui è davvero difficile affrancarsi. A proposito dell'intruppata irreggimentazione della scuola pubblica ho parlato della massa dei conigli (che cresce) e della posizione dei leoni (sotto assedio). Ebbene, l'impressione è che in questa massificazione sia risucchiato innanzitutto il personale stipendiato, ma che a questa massificazione siano avviate anche le giovani generazioni che, proprio a causa della Scuola di Stato, iniziano a coltivare e sviluppare una mentalità da pubblico dipendente.

Per tornare alla questione delle assunzioni nel pubblico impiego, assunzioni che hanno tutte le sembianze del mero sussidio di Stato, concludo riprendendo le valutazioni economiche per ribadire che queste spese

---

199 Cfr. Matteo BORGHI, *La Grecia in crisi. Una cronistoria*, prefazione di Oscar Giannino, Istituto Bruno Leoni Libri, Torino 2015.
200 Cfr. paragrafo 4 (la parte dal titolo *Retorica scolastica*) del capitolo 1.

che vengono caricate perennemente ("a tempo indeterminato") sui conti pubblici creano moltissimi problemi. Ed il fatto che siano tutte spese in deficit – con continui "scostamenti di bilancio", come oramai si usa dire – non solo non alleggerisce la situazione nel presente, ma la aggrava rimandandola al prossimo futuro. Tuttavia nulla sembra in grado di arrestare la macchina dello Stato, macchina divoratrice di risorse[201]. Tanto meno gli indicatori internazionali che mostrano la straripante abbondanza di personale pubblico in una quota percentuale inferiore solo alla dissipatrice Grecia. Ma si sa che la ricetta dell'assistenzialismo si fonda sulla cronica denuncia della carenza di personale. E grazie a ciò, lo Stato può continuare ad ignorare gli scricchiolii che si odono a causa del peso dei costi passivi sulle gambe di un sistema economico sempre più gracile.

L'ultimo punto che vorrei proporre in questa carrellata sulle sovvenzioni pubbliche come rimedio di Stato ai danni economici provocati dalla pandemia è la gratuita fornitura delle prestazioni, quelle sanitarie in modo particolare. Dopo quanto già detto[202] e rinviando altri aspetti alle prossime pagine[203], posso permettermi di essere breve. Per quanto già detto, posso evitare di ripetere qual è l'*inganno* in cui cade chi pensa che la spesa sanitaria debba, magari in virtù di argomentazioni morali e solidaristiche, essere sciolta da ogni limite. Per quanto occorrerà dire tra breve, posso evitare di anticipare qual è l'*illusione* in cui cade chi pensa che il servizio sanitario di Stato sia gratuito per gli utenti. Trattando ora gli interventi con cui gli uomini dello Stato ritengono, in buona o in cattiva fede, di lenire gli effetti della crisi, mi limiterò a richiamare la questione all'interno dei classici provvedimenti di assistenza welfarista.

Quale uomo politico si esporrebbe al linciaggio mediatico (e al suicidio politico) affermando la necessità di far pagare a ciascun paziente cure sanitarie, farmaci e vaccino? Non c'è, infatti, leader politico che non presenti una proposta in termini di allargamento della copertura, a carico del Servizio Sanitario Nazionale, delle spese che ciascuno dovrà sostenere, soprattutto in periodi di emergenza epidemiologica. O, almeno, che non sia disposto e propenso a sostenere l'estensione del budget della spesa sanitaria nazionale. L'emergenza impone ogni possibile sforamento.

La mia solidarietà più convinta ad alcuni politici che debbono barcamenarsi tra ciò che è suggerito loro dalla ricerca del consenso e ciò che ritengono necessario per il bilancio pubblico, tra ciò che non vorrebbero

---

201 Cfr. Sergio RICOSSA, *I fuochisti della vaporiera. Gli economisti del consenso*, prefazione di Alberto Mingardi, Istituto Bruno Leoni Libri, Torino 2017 (1978).
202 Cfr. il paragrafo 1 (dal titolo *Tra economia e salute*) di questo stesso capitolo 2.
203 Cfr. il prossimo paragrafo 4 (dal titolo È l'economia, stupido!) di questo stesso capitolo 2.

dire e fare e ciò che ritengono giusto. Su costoro non "calerà la mia scure": essi sono, piuttosto vittime. La mia condanna, invece, è sia per gli «accattoni ricattabili che per mestiere fanno gli elettori»[204] che pretendono con la tasca di altri (ma si sa che «lo statalismo fa l'uomo ladro»[205]), sia per quei politici che direttamente promuovono il falso diritto alle cure gratuite. Piuttosto che applaudire a questa "gratuità", occorrerebbe ribellarsi nei confronti di quel governo che rendesse gratuite la distribuzione dei medicinali e le prestazioni mediche. Il popolo che si ribella ad una decisione governativa di reintrodurre anche solo una quota del pagamento delle medicine a carico del paziente è un popolo che ha totalmente smarrito la ragione (e, con la ragione, anche la moralità).

Comprensibilmente, ora tutta l'attenzione è rivolta al vaccino anti-Covid. Non mancherà di re-infiammarsi la polemica sulla obbligatorietà dei vaccini[206] con un prossimo e prevedibile ritorno di popolarità dei No Vax in posizione contraria alle vaccinazioni[207]. Ma la polemica riguarderà una minoranza, la maggioranza sarà sensibile alla somministrazione gratuita. I rappresentanti del Governo (nella persona del ministro della Salute, l'on. Roberto Speranza) assicuravano già da mesi che il vaccino sarebbe stato gratuito e a totale carico dello Stato. Risulterebbe bestemmiatore chi sostenesse il contrario. Ma, allora, cosa si dovrebbe pagare? Non certo il pane e il latte, anch'essi beni vitali. E poi, a scendere, anche le vacanze perché senza di esse potrebbe essere danneggiato l'equilibrio psicologico e con esse, invece, verrebbe garantita l'uguaglianza sociale. E poi si apre la questione del profitto prodotto dai beni essenziali a partire, nel nostro caso, dal vaccino. E qui, in nome della solidarietà, si seppellisce ogni razionalità economica che, ancor prima che essere difesa del legittimo profitto, è innanzitutto difesa del progresso e della civiltà[208]. Non poteva mancare l'esortazione solidaristica ed anti-proprietaristica di papa Bergoglio che,

---

204 Dario ANTISERI, *Liberali e solidali. La tradizione del liberalismo cattolico*, Rubbettino, Soveria Mannelli (Catanzaro) 2006, p. 71.
205 Dario ANTISERI, *Princìpi liberali*, Rubbettino, Soveria Mannelli (Catanzaro) 2003, p. 99.
206 Cfr. Roberto BURIONI, *Il vaccino non è un'opinione. Le vaccinazioni spiegate a chi proprio non le vuole capire*, Mondadori, Milano 2016.
207 Il virologo Roberto Burioni (1962-viv.) il 3 luglio 2020 su «MedicalFacts», il sito di informazione e divulgazione scientifica da lui fondato, scriveva: «molti scienziati hanno sbagliato nei primi mesi dell'epidemia da coronavirus, e anche io sbagliavo quando sostenevo che l'arrivo di un virus pericoloso in assenza di un vaccino efficace avrebbe spento definitivamente la follia antiscientifica degli antivaccinisti, riportando in evidenza l'importanza delle vaccinazioni nel proteggerci dalle malattie. Ebbene, al contrario di quello che speravo, questa pandemia invece di rendere le persone più sagge, ha purtroppo aumentato l'impazzimento generale».
208 Cfr. Sergio RICOSSA, *I pericoli della solidarietà*, Rizzoli, Milano 1993.

nonostante il riconoscimento dell'indispensabile lavoro dei ricercatori e delle aziende farmaceutiche, poi conclude con il consueto appello pauperistico, invitando innanzitutto «ad una più equa distribuzione dei farmaci» (cosa che solo il libero mercato può compiere nella misura in cui è lasciato libero di raggiungere non "equamente", ma "massicciamente" ogni angolo del globo) e poi ripetendo «che sarebbe triste se nel fornire il vaccino si desse la priorità ai più ricchi, o se questo vaccino diventasse proprietà di questa o quella Nazione, e non fosse più per tutti. Dovrà essere universale, per tutti»[209]. Ancora una volta si dimentica che per poter essere di vantaggio a tanti, come ogni prodotto, anche un vaccino salva-vita dev'essere un'occasione di profitto che ripaghi lavoro, fatica ed investimenti di ricercatori e di aziende farmaceutiche. Se non è offerta a costoro la possibilità di scegliere come meglio utilizzare il frutto dei loro risultati, nessun prodotto sarà mai offerto. Forzare i meccanismi di allocazione dei beni non comporterà avere vaccini universali, implicherà semplicemente l'assenza di ricerca e di vaccini. Questi pregiudizi non sono questione recente. A dimostrarlo ci sono anche le parole di Benedetto XVI che ribadiva il diritto all'«accesso ai vaccini, alle cure mediche e all'acqua potabile»[210]. Non ci si rende conto, quindi, di due elementarissime leggi naturali. Innanzitutto che tutto ciò che è offerto in modo gratuito ad alcuni deve, necessariamente, essere pagato da altri (in modo cosciente o in modo inconsapevole) e, poi, che ogni distribuzione gratuita è una incrinatura di quel sistema che, nella misura in cui è lasciato libero di creare ricchezza, è in grado di elevare il livello di benessere di tutti, ad iniziare da coloro che sono più in basso nel livello di sussistenza.

2.4. È L'ECONOMIA, STUPIDO!

Pasti gratis

Nella notte tra il 18 e il 19 luglio dell'anno 64, Roma fu in preda ad un grande incendio che distrusse diversi quartieri della città. Su Nerone (54-68) subito gravarono pesanti sospetti, sospetti che l'imperatore riuscì abilmente ad allontanare scaricando sui cristiani il risentimento dei romani. Se non si hanno certezze circa le responsabilità di Nerone, si hanno, invece, notizie, attraverso gli storici dell'epoca – soprattutto Tacito con gli *Annales*

---

209 Papa FRANCESCO, Discorso ai membri della fondazione Banco Farmaceutico, 19.9.2020 (http://www.vatican.va/content/francesco/it/speeches/2020/september/documents/papa-francesco_20200919_banco-farmaceutico.html).
210 BENEDETTO XVI, Messaggio per la celebrazione della XLII giornata mondiale della pace, *Combattere la povertà, costruire la pace*, 1° gennaio 2009, n. 5.

e Svetonio con la *De vita Caesarum* –, della sollecitudine dell'imperatore per dare sollievo alla popolazione dell'Urbe, adoperandosi in prima persona per assicurare ai romani vettovagliamento e alimenti. I soccorsi politici alla popolazione prostrata a causa di qualche sciagura, a quanto pare, sono prerogativa non tanto dei buoni governanti (ricordiamo il presidente Cleveland) quanto dei tiranni. Quel che può apparire un paradosso, ha, invece, una sua logica perché il potere accresce il suo vigore quando viene riconosciuto indispensabile. Quando, infatti, lo Stato – quello imperiale come quello moderno – gode di questo riconoscimento, allora il processo di trasferimento della forza dalla società composta da liberi individui alle dirigenze politiche è compiuto e lo Stato può dirsi assoluto.

Il poeta latino Giovenale – tanto per rimanere nell'ambito storico del I secolo –, con un aforisma divenuto famosissimo, diceva che il popolo, in fondo, abbisogna di due sole cose e solo queste richiede ansiosamente: «*panem et circenses*»[211], il pane per sfamarsi e i giochi per divertirsi. Se il sovrano è in grado di assicurare «pane e giochi», il buon rapporto tra il trono e il popolo è garantito. Infatti, mai il principe è più riverito e gode di più consenso di quando il popolo è continuamente destinatario di doni e di regalie. Considero questa forma di *pactum sceleris* la vera chiave per comprendere il fenomeno del populismo[212] che, nella sua caratteristica anti-individualistica e comunitarista (se non proprio collettivistica), deve essere annoverato tra gli atteggiamenti che connotano l'essenza della Sinistra. Si sbaglierebbe clamorosamente se si considerasse la sudditanza una relazione politica che riguardi altre epoche della storia: essa, invece, si ripropone ancor più oggi che non nel lontano passato perché lo Stato ha molti più strumenti redistribuzionisti oggi che non prima. Il rapporto di sudditanza si instaura ogni qual volta allo scambio si sostituisce la mendicanza e la mano tesa verso il dono prende il posto della stretta di mano, simbolo del contratto commerciale (scambio in latino si dice *commercium*). Occorre riflettere sulla riduzione dell'individuo a mero suddito ogni qual volta la persona mette se stessa nelle mani dello Stato[213].

Non credo che l'analogia con la decadenza dell'epoca classica sia fuori luogo. Essa, d'altra parte, è stata autorevolmente riproposta tanto da

---

211 Decimo Giunio GIOVENALE, *Satire*, traduzione di Guido Ceronetti, Einaudi, Torino 1971 (X, 81).

212 Cfr. quanto già scritto a tal proposito nel paragrafo 2 (la parte dal titolo *Colpire i possidenti?*) di questo stesso capitolo 2.

213 Cfr. Nicola ROSSI (a cura di), *Sudditi. Un programma per i prossimi 50 anni*, Istituto Bruno Leoni Libri, Torino 2012; cfr. Serena SILEONI (a cura di), *Noi e lo Stato. Siamo ancora sudditi?*, Istituto Bruno Leoni Libri, Torino 2019; cfr. Henry David THOREAU, *Uomini non sudditi*, Piano B Edizioni, Prato 2014.

divenire una questione topica su cui la gran parte dei politologi si sono confrontati: da Montesquieu[214] a Smith[215], da Rostovzev[216] a Ortega y Gasset[217], passando ovviamente per Weber[218]. Ma sono, ancora una volta, gli autori della Scuola Austriaca a dare le interpretazioni più esaustive: innanzitutto Mises[219], ma anche Einaudi[220], Ebeling[221] e Hülsmann[222]. L'analogia è pertinente perché al centro delle cause della decadenza della grande civiltà giuridica romana che fu di Catone e di Cicerone, di Gaio, di Ulpiano e di Seneca vi è esattamente il rinnegamento del principio di proprietà, principio oggi nuovamente in crisi. Fu, però, il riconoscimento di tale principio a rendere il diritto romano «l'archetipo di ogni costruzione giuridica che voglia sfidare il tempo»[223]. E se risulta comprensibile, quindi, l'allergia da parte dell'imperante positivismo giuridico nei confronti del diritto romano e del diritto comune[224], è anche vero che l'abbandono del

---

214 Cfr. Charles de SECONDAT barone di MONTESQUIEU, *Considerazioni sulle cause della grandezza dei Romani e della loro decadenza*, a cura di Davide Monda, Rizzoli, Milano 2001 (*Considerations sur les causes del la grandeur des Romains et de leur decadence*, 1734).

215 Cfr. Adam SMITH, *La ricchezza delle nazioni*, a cura di Anna Craveri Bagiotti e Tullio Bagiotti, UTET, Torino 2013, p. 523s. (libro III, cap. III), p. 701s. (libro IV, cap. VII - *An Inquiry Into the Nature and Causes of the Wealth of Nations*, 1776).

216 Cfr. Michail ROSTOVZEV, *Storia economica e sociale dell'Impero romano*, Sansoni, Firenze 2003 (*The Social and Economic History of the Roman Empire*, 1926).

217 Cfr. José ORTEGA Y GASSET, *La ribellione delle masse*, Il Mulino, Bologna 1962, p. 142-143 (*La rebelión de las masas*, 1930).

218 Cfr. Max WEBER, *Storia economica. Linee di una storia universale dell'economia e della società*, introduzione di Carlo Trigilia, Donzelli, Roma 1993, p. 16-18 (*Wirtschaftsgeschichte*, 1923).

219 Cfr. Ludwig von MISES, *L'azione umana. Trattato di economia*, prefazione di Lorenzo Infantino, Rubbettino, Soveria Mannelli (Catanzaro) 2016, p. 810s. (*Human Action. A Treatise on Economics*, 1949); cfr. Ludwig von MISES, *Politica economica. Riflessioni per oggi e per domani*, introduzione di Lorenzo Infantino, Liberilibri, Macerata 2007, p. 44.101 (*Economic Policy. Thoughts for Today and Tomorrow*, 1959).

220 Cfr. Luigi EINAUDI, *Lezioni di politica sociale*, introduzione di Michele Salvati, Einaudi, Torino 2002, p. 55.86; cfr. Luigi EINAUDI, *Il Buongoverno. Saggi di economia e politica (1897-1954)*, a cura di Ernesto Rossi, Laterza, Bari 2004, p. 64.

221 Cfr. Richard EBELING, *Concetti Economici: gli antichi romani, dalla supremazia della legge all'inflazione galoppante e al controllo dei prezzi*, a cura e traduzione di Angelo Muzzonigro, in «StoriaLibera. Rivista di scienze storiche e sociali», anno 8 (2022), n. 15.

222 Cfr. Jörg Guido HÜLSMANN, *L'etica della produzione di moneta*, a cura di Carmelo Ferlito, presentazione di Attilio Di Mattia, Solfanelli, Chieti 2011, p. 67 (*The Ethics of Money Production*, 2008).

223 Roberto de MATTEI, *La dittatura del relativismo*, Solfanelli, Chieti 2007, p. 64.

224 Cfr. José Pedro GALVAO DE SOUSA, *La rappresentanza politica*, introduzione e cura di Giovanni Turco, Edizioni Scientifiche Italiane, Napoli 2009, p. 186 (*Da representação política*, 1971); cfr. Michel VILLEY, *Il diritto e i diritti dell'uomo*, prefazione di Francesco D'Agostino, Cantagalli, Siena 2009, p. 41s.71 (*Le droit et les droits de l'homme*, 1983).

diritto fondato sulla proprietà mette l'individuo in balia della legge ormai ridotta a mera espressione del potere. Fin quando il diritto coincide
con il precetto per il quale a nessuno può essere negato ciò gli appartiene
(«a ciascuno il suo - *unicuique suum*»), l'individuo può fronteggiare ogni
minaccia politica, ma nel momento in cui i diritti (assoluti) di proprietà
vengono demoliti, allora, l'autorità politica si trasforma in Stato che, nella
sua assolutizzazione, tutto può. A partire da Nerone sino alle moderne
assemblee parlamentari.

Cosa rese grande la civiltà giuridica romana? Il riconoscimento dell'intangibilità della proprietà individuale. In forza della negazione di questo
principio Nerone poteva tassare liberamente, svalutare la moneta, caricare
di debiti la collettività e, conseguentemente, dispensare lauti sussidi alla
popolazione. Se passiamo alla situazione contemporanea, ci rendiamo
conto che nell'attuale emergenza sanitaria il governo sta solo facendo
con maggiore intensità ciò a cui, ormai, siamo abituati da lungo tempo:
espropri per acquisire risorse da destinare ad assistenza ordinaria e ad
aiuti straordinari, allo scopo di garantire il consenso.

Al riferimento a Nerone e alla decadenza dell'epoca classica, vorrei affiancare, sebbene in netto contrasto con l'imperatore romano, una citazione che ci riporta all'inizio del periodo dell'assolutismo. Parlando, infatti,
di sudditanza non vorrei far mancare anche solo un fugace cenno a un
pensatore anti-assolutista francese della metà del XVI secolo, Étienne de
la Boétie (1530-1563), che scrisse un *pamphlet* sulla servitù volontaria
del suddito che si sottomette al tiranno offrendogli la sua approvazione.
La questione del consenso è fondamentale per lo Stato e lo è anche (e si
potrebbe dire: ancor di più) per i governi mal tollerati. Addirittura le tirannie hanno vitale bisogno di offrire giustificazioni plausibili per poter
perpetrarsi. Ove ciò non riuscisse, non sarebbe dato al potere altra strada se
non il governo esercitato mediante un continuo terrore. Ordinariamente,
però, lo Stato e i suoi uomini ricercano il consenso delle maggioranze e
questo sostegno di ordine morale è indispensabile nel contesto moderno.
In un saggio del 1990, Rothbard, commentando le affermazioni di de la
Boétie, riconosceva che «ogni tirannia, indipendentemente dal suo grado
di dispotismo, per poter durare ha bisogno di poggiarsi sul consenso della
maggioranza della gente, altrimenti né un uomo né la minoranza di uomini che costituiscono l'apparato statale, potrebbero a lungo costringere
la maggioranza»[225]. De la Boétie si domandava come sarebbe possibile
una qualsiasi forma di prevaricazione politica senza una significativa ed

---

225 Murray N. ROTHBARD, *Concepts of the Role of Intellectuals In Social Change Toward
Laissez Faire*, in «Journal of Libertarian Studies», volume IX, n. 2, Autumn 1990, p. 47.

interessata cooperazione popolare: «i tiranni largheggiavano nel distribuire quarti di grano, qualche sestario di vino e un po' di sesterzi; ed era allora uno spettacolo penoso sentir gridare: "viva il re!"». Quegli sciocchi non si rendevano conto che stavano solo recuperando una parte dei loro averi, che il tiranno non avrebbe potuto restituire loro se prima non gliel'avesse sottratta»[226].

La mano che si allunga in direzione dell'aiuto di Stato da mendicare è ormai la mano di chi si dichiara schiavo del proprio benefattore, ma è anche la mano di chi non si avvede che più chiede, più viene espropriato non solo della proprietà intangibile della libertà individuale bensì anche della proprietà non meno intoccabile dei beni. Non si comprende, cioè, che l'autorità in grado di offrire ogni aiuto è già in potere di pretendere ogni bene e in tanto è possibile essere aiutati con larghezza dallo Stato in quanto al ceto politico è stato già concesso ogni potere[227].

La grande prodigalità dello Stato ha, dunque, un prezzo alto che è contemporaneamente sia di natura esistenziale, sia di natura economica. Senza far mancare accenni al primo aspetto, torno a soffermarmi sul secondo, non senza ribadire due considerazioni già sviluppate che ora vengono riprese in modo riassuntivo e che riguardano il meccanismo (iniquo) del consenso democratico. Innanzitutto la "generosità" dello Stato è la via ordinaria per ottenere ai governanti il gradimento dei governati. Più è ampio il ventaglio dei sussidi (sino a divenire "aiuti a pioggia"[228]), maggiore è l'apprezzamento popolare; per garantire ai primi un diffuso consenso occorrono, dunque, estesi interventi di aiuto. La seconda considerazione riguarda l'atteggiamento dell'opposizione parlamentare che, lungi dall'indicare una strada contraria a quella sulla quale cammina il

---

226 Étienne de la BOÉTIE, *Il discorso sulla servitù volontaria*, introduzione di Murray n. Rothbard, postfazione di Nicola Iannello e Carlo Lottieri, Liberilibri, Macerata 2004, p. 25 (*Discours de la servitude volontaire*, 1550).

227 Cfr. Peter SLOTERDIJK, *La mano che prende e la mano che dà*, postfazione di Paolo Perticari, Raffaello Cortina, Milano 2012 (*Die nehmende Hand und die gebende Seite*, 2010).

228 *Finanziamenti a pioggia* è il titolo del divertente post di oggi, 25 novembre 2020, nel vetrioloblog di Francesco Orabona. «La platea dei beneficiari dei cosiddetti "finanziamenti a pioggia" ancora non è abbastanza estesa. Per raggiungere i molti che ancora rimangono all'asciutto il governo ha pensato di promuovere una capillare distribuzione di nebulizzatori (macchinette che servono per le inalazioni aerosol). Il sistema è già bell'e pronto: sarà replicata, ma molto più in grande, la fortunata campagna per i monopattini; chi non ha reddito sufficiente nemmeno per acquistarli con l'agevolazione (anche se camorrista o lavoratore in nero) avrà diritto a riceverlo gratis rivolgendosi all'incompetente ASL; ovviamente sarà acquistabile da chi ha il reddito di cittadinanza. Gli aiuti governativi potranno così essere corrisposti in pratici flaconcini, in modo che non se ne perderà nemmeno una goccia. I grossolani finanziamenti a pioggia hanno le ore contate: è iniziata l'era dei miratissimi finanziamenti a vapore acqueo».

"governo delle elargizioni", si sente costretta ed obbligata ad inseguire il consenso popolare sorpassando l'esecutivo con proposte ancora più espansive. In questo modo, tutte le idee politiche si trovano, dunque, racchiuse in un unico recinto obbligato ("l'arco costituzionale"): la legittimazione del Leviatano. In questo recinto si lascia, purtroppo, imprigionare chi ancora avrebbe dovuto tenere alto il vessillo della libertà infondendo speranza nella lotta anti-statalista. Mi riferisco alle opposizioni parlamentari. Scompare, quindi, quella presenza minima ma ancora sussistente di posizioni che resistevano all'ampliamento della spesa e all'innalzamento del deficit. Nel caso specifico italiano, l'opposizione rischia di trasformarsi in una forza di accelerazione dello statalismo[229], ancor più accentuato di quanto avvenga mediante l'operato dell'attuale governo che, in quanto di Sinistra (anzi peggio: non "rosso", ma "giallo-rosso"), si trova perfettamente a proprio agio nella cultura della spesa e del deficit, oltremodo rilanciata "grazie" all'emergenza. Ogni opposizione di Destra che si rispetti trova un suo spazio e trova una sua giustificazione nella misura in cui esprime una cultura, una mentalità e una soluzione realmente alternative allo statalismo[230]. Le posizioni di Sinistra non andrebbero mai rincorse, ma smascherate e contrastate. Non si dovrebbe mai cadere nella trappola di riconoscersi nell'orizzonte culturale progressista quasi come se a questo non vi fosse alternativa. Bisognerebbe sempre evitare di infilarsi nel cappio costituito dalla omologazione culturale. Quando ciò avviene convintamente, allora non si può più parlare di Destra e la vittoria della Sinistra è totale perché culturale ancor prima che elettorale: significa riconoscere l'esistenza di un unico mondo categoriale. Ma il successo è degli statalisti anche quando si inseguono le loro ricette nella consapevolezza di non poter fare diversamente perché costretti dalla necessità di rincorrere il consenso dei più. Sta di fatto che come dopo ogni guerra, così, dopo ogni emergenza i poteri dello Stato ne escono rafforzati, il ceto politico diviene titolare di maggiori attribuzioni[231] ed anche coloro che resistono alla centralizzazione perdono terreno e arretrano.

Torniamo alle considerazioni più strettamente economiche e all'emergenza Covid che rischia di omologare tutti – partiti e componenti della società (uomini di Chiesa non esclusi) – nel ritenere lo Stato l'unico soggetto a cui tutti tendono le mani e da cui tutti sperano di ricevere

---

229 Cfr. Giuseppe BLASI, *Questi siamo noi. Progetti e speranze per il Bel Paese*, introduzione di Arturo Diaconale, Armando, Roma 2014, p. 38-44.
230 Cfr. Beniamino DI MARTINO, *Per un Libertarismo vincente. Strategie politiche e culturali*, Tramedoro Edizioni, Bologna 2019, p. 134-172.
231 Cfr. José Pedro GALVAO de SOUSA, *La rappresentanza politica*, introduzione e cura di Giovanni Turco, Edizioni Scientifiche Italiane, Napoli 2009, p. 216.

soluzione e "ristoro". Tutti esigono aiuti, tutti richiedono investimenti, tutti pretendono sostegni. Nessuno che si domandi da dove queste provvigioni debbano giungere.

Il grande errore in cui cadono i partigiani o gli ingenui esaltatori dell'intervento dello Stato in economia è quello di ritenere che l'azione pubblica non abbia costi. Allo Stato spetta creare posti di lavoro, allo Stato spetta innalzare gli stipendi, allo Stato spetta sovvenzionare le aziende in crisi, allo Stato spetta investire nelle infrastrutture, allo Stato spetta costruire scuole ed ospedali. Se è così facile, allora perché non si saltano tutti i numerosi passaggi intermedi e lo Stato non provvede direttamente a dare pasti caldi a tutti? Semplice: perché nessun pasto è gratis. È così vasto la dispensazione di risorse da parte dello Stato che a volte chiunque può cadere nell'errore di pensare che esso possa permettersi ogni cosa: dalle assunzioni generalizzate ai servizi gratuiti per tutti. In realtà, però, nessun pasto è gratis.

Quella del "pasto gratis" è una formula che ha avuto molta fortuna in economia anche se ha avuto origini letterarie[232]. L'espressione inglese si tradurrebbe in questo modo: «non c'è nulla di simile ad un pasto gratis». Vale a dire: «non esistono pasti gratis». Non c'è nulla che non abbia costi e non c'è nulla che possa essere realmente considerato gratis. Anche ciò che viene distribuito gratuitamente, viene contestualmente pagato da qualcuno, anche se in modo inconsapevole[233].

Al di là della semplificazione, l'espressione che ricorda l'impossibilità di beni senza costi si contrappone alle teorie di stampo keynesiano per le quali la spesa pubblica produce una crescita complessiva grazie alla quale le risorse create andrebbero a coprire – con il maggior introito fiscale derivato – il deficit[234]. Infatti, uno dei concetti più conosciuti della cosiddetta "rivoluzione keynesiana" è certamente stato il cosiddetto "effetto moltiplicatore"[235] (o "effetto acceleratore") che si applicherebbe alla spesa pubblica e, in generale, all'intervento statale. John Maynard Keynes

232 L'espressione fu lanciata da uno scrittore statunitense che la utilizzò, nel 1966, in un suo romanzo di fantascienza con la sigla TINSTAAFL, acronimo di «there is no such thing as a free lunch».
233 Cfr. Lorenzo FORNI, *Nessun pasto è gratis. Perché politici ed economisti non vanno d'accordo*, Il Mulino, Bologna 2019.
234 Cfr. Joshua C. HALL (a cura di), *Homer Economicus*, Istituto Bruno Leoni Libri, Torino 2016, p. 24.57.65.157.226.283 (*Homer Economicus. The Simpsons and Economics*, 2013).
235 Cfr. Michele ALACEVICH - Daniela PARISI, *Economia politica. Un'introduzione storica*, Il Mulino, Bologna 2009, p. 178.201; cfr. Luciano VASAPOLLO, *Trattato di economia applicata. Analisi critica della mondializzazione capitalista*, Jaca Book, Milano 2007, p. 97.

(1883-1946)[236] acquisì il concetto da un suo discepolo, Richard Kahn (1905-1989), che nel 1931 lo aveva elaborato in relazione alla disoccupazione[237]. Cosa si affermava con questo principio? La scuola keynesiana ha sostenuto che per ogni quantità di danaro speso dallo Stato si producono vantaggi che vanno ad investire e coinvolgere un numero ben maggiore di soggetti rispetto a quelli direttamente interessati. Vi sarebbe, quindi, una ricaduta in termini moltiplicati di benefici prodotti dall'esborso pubblico. Al di là del fatto che né Keynes né i suoi seguaci hanno mai giustificato l'inevitabile effetto "sottrattivo" relativo alle risorse che lo Stato deve procurarsi (prima di investire), fondamentalmente, con il cosiddetto "effetto moltiplicatore" non solo non si è mai riscontrata alcuna moltiplicazione, ma già nei tempi medi il decremento non si è mai fatto attendere[238]. La terapia keynesiana, in altri termini, lungi dall'essere risolutiva, si è rivelata un problema di gran lunga maggiore rispetto ai guasti che presumeva colmare[239]. L'ente pubblico che continua ad essere presentato come una sorta di "re Mida", capace di redistribuire più di quel che raccoglie, si dimostra un mostro vorace di risorse e distruttore di benessere.

La ricetta del *deficit spending* (la spesa in disavanzo), l'accrescimento del debito pubblico e il ricorso all'inflazione, se ha consentito di fornire pasti, non ha impedito di pagare duramente un conto che non si è fatto troppo attendere. La soluzione «pane per oggi e fame per domani» rappresenta il contrario dello sviluppo economico, ma delinea anche la sconfessione dell'illusione che possano esserci «pasti gratis»[240]. L'evidenza dell'impresentabilità del teorema di Keynes non ha impedito all'economista di Cambridge di essere considerato l'economista più apprezzato e seguito del Novecento, la cui fortuna è ancora lontana dall'estinguersi. Le ragioni del successo keynesiano e i motivi dell'isolamento dei critici

---

236 Cfr. John Maynard KEYNES, *Teoria generale dell'occupazione, dell'interesse e della moneta e altri scritti*, a cura di Alberto Campolongo, UTET, Torino 1978, p. 273s. (libro III, cap. 10, II - *The General Theory of Employment, Interest and Money*, 1936).
237 Cfr. ALACEVICH - PARISI, *Economia politica. Un'introduzione storica*, cit., p. 178.304.
238 Cfr. Henry HAZLITT, *Il fallimento dell'economia keynesiana. Un manuale per smascherare gli errori economici più comuni*, presentazione di Murray N. Rothbard, introduzione alla lettura di Marco Marinozzi, introduzione di Francesco Simoncelli, Indipendente, s.l. 2018, p. 180-199 (*The Failure of the "New Economics". An Analysis of the Keynesian Fallacies*, 1959).
239 Cfr. James M. BUCHANAN - Richard WAGNER, *La democrazia in deficit. L'eredità politica di lord Keynes*, a cura di Domenico da Empoli, Armando, Roma 1997 (*Democracy in Deficit. The Political Legacy of Lord Keynes*, 1977); cfr. Mark SKOUSEN (edited by), *Dissent on Keynes. A Critical Appraisal of Keynesian Economics*, Praeger, New York (N. Y.) 1992.
240 Milton FRIEDMAN, *There's No Such Thing as a Free Lunch. Essay on Public Policy*, Open Court Publishing Company, Chicago (Illinois) 1975.

dell'intervento pubblico[241] non sono di difficile spiegazione. Infatti, al personale di Stato e a tutti gli intellettuali progressisti torna congeniale avere una teoria di riferimento che, al di fuori delle radicalizzazioni collettiviste, legittimi proposte e idee, che archivi il capitalismo e consacri lo Stato come l'ente in grado di assicurare equità e sviluppo. Ovviamente in una nuvola di sosfisticazioni che danno la sensazione di un'austera e autorevole scientificità. Scriveva Rothbard: «sono i *liberals* keynesiani che usano la loro propria forma di mistero per far sapere al popolo che la spesa governativa, sebbene apparentemente improduttiva, aiuta tutti attraverso l'innalzamento del PIL e stimolando il *moltiplicatore* keynesiano»[242].

Ancora una volta «ciò che si vede» nasconde colpevolmente «ciò che non si vede» (o ciò che non si *vuol* vedere). La superficialità di soffermarsi solo su quel che sembra un beneficio (immediato) è attitudine di tutti e, in particolare, dei politici mentre la lungimiranza di scorgere le conseguenze (durature) appartiene a pochi, ma non dovrebbe mancare almeno agli economisti. Ho richiamato già le asimmetrie che inducono a cogliere gli apparenti vantaggi ed a celare le immancabili ricadute nocive; può essere ora ancora il caso di riproporre Bastiat. Lo scrittore, in coincidenza con la pubblicazione del *Manifesto del Partito Comunista* di Marx, nel 1849, presentava lo Stato con l'immagine delle due mani: una rude e una dolce. Scriveva l'economista francese: «[lo Stato] ha due mani, una per ricevere e l'altra per dare, o come si dice, la mano rude e la mano dolce. L'attività della seconda è necessariamente subordinata all'attività della prima. A rigore, lo Stato potrebbe prendere e non rendere. Ciò si è ben visto, e si spiega con la natura porosa e assorbente delle sue mani, che trattengono sempre una parte e talora tutto quello che toccano. Ma quello che non si è mai visto, che non si vedrà mai e neppure si riesce a concepire, è che lo Stato renda al Pubblico più di ciò che gli abbia preso. È dunque folle assumere di fronte a lui l'attitudine dei mendicanti. Gli

---

241 Cfr. Gerardo COCO, *Friedrich von Hayek, l'antiKeynes sempre attuale.* IBL Focus n. 144, Istituto Bruno Leoni, Torino 2009; cfr. Friedrich A. von HAYEK, *Contro Keynes. Presunzioni fatali e stregonerie economiche,* prefazione di Lorenzo Infantino, a cura di Sudha R. Shenoy, Istituto Bruno Leoni Libri, Torino 2013. (*A Tiger by the Tail. The Keynesian Legacy of Inflation,* 1972); cfr. Ludwig von MISES - Friedrich von HAYEK - Etienne MANTOUX - Ludwig LACHMANN - Murray N. ROTHBARD - Israel M. KIRZNER, *La Scuola Austriaca contro Keynes e Cambridge,* prefazione di Sergio Ricossa, Rubbettino, Soveria Mannelli (Catanzaro) 2000; cfr. Nicholas WAPSHOTT, *Keynes o Hayek. Lo scontro che ha definito l'economia moderna,* Feltrinelli, Milano 2012 (*Keynes Hayek. The Clash that defined modern economics,* 2011).
242 Murray N. ROTHBARD, *Capitalismo contro Statalismo* (*Capitalism versus Statism,* 1972), in IDEM, *La libertà dei libertari,* a cura di Roberta A. Modugno Crocetta, Rubbettino, Soveria Mannelli (Catanzaro) 2000, p. 84.

è radicalmente impossibile assegnare un vantaggio particolare a qualcuna delle individualità che costituiscono la comunità, senza infliggere un danno superiore all'intera comunità»[243].

Con la sua consueta prosa lineare, Bastiat, anzitempo, smascherava anche la trappola keynesiana sbugiardando l'illusione in cui si incorre ogni qual volta si dà consistenza al mito statalista della moltiplicazione delle risorse per via politica, come alternativa alla allocazione dei beni scarsi per via economica. Purtroppo il miracolo keynesiano della trasformazione delle pietre in pane[244] non si è mai avverato, ma nonostante ciò, allo Stato-dio e al suo vangelo tutti continuano a credere ciecamente.

Quando mi è capitato di tenere lezioni di economia, ho sempre iniziato descrivendo la scarsità e il significato di questa nella vita dell'uomo. Se i beni non fossero scarsi non vi sarebbe il bisogno di lavoro e non occorrerebbe neanche quella scienza che prende il nome di economia. Nell'eternità e in Dio i beni non sono scarsi, ma su questa Terra sì. Lo ha sperimentato anche il Verbo di Dio che nella sua reale incarnazione ha dovuto patire la prima condizione dell'umanità e della materialità: la finitezza. Come già dicevo, attingendo al grande Thomas Sowell, la scarsità deve essere sempre considerata il primo indispensabile insegnamento di economia. Ma, come già riportavo, questo essenziale insegnamento è continuamente rivoluzionato dalla politica. Icasticamente, l'economista afro-americano scriveva: «la prima lezione di economia è la scarsità: non vi saranno mai abbastanza risorse per soddisfare tutti coloro che le desiderano. La prima lezione di politica è negare la prima lezione di economia»[245]. Ripeto: questa frase di Sowell ha il merito di condensare quasi interamente l'economia politica. Chi comprende cosa questa frase comporti, può padroneggiare l'intera economia politica. Esattamente come si può dire per la frase di Bastiat perché se l'economia non può non occuparsi di «ciò che non si vede», la politica è tutta ripiegata solo su «ciò che si vede». Ma fermarsi a «ciò che si vede» ingenera l'*illusione* di cancellare la *realtà* di «ciò che

243 Frédéric BASTIAT, *Lo Stato* (*L'État*, 1849), in IDEM, *Ciò che si vede, ciò che non si vede e altri scritti*, a cura di Nicola Iannello, prefazione di Gérard Bramoullé, Rubbettino, Soveria Mannelli (Catanzaro) 2005, p. 162.
244 Ludwig von MISES, *Il miracolo keynesiano: la trasformazione delle pietre in pane*, in Ludwig von MISES - Friedrich von HAYEK - Etienne MANTOUX - Ludwig LACHMANN - Murray N. ROTHBARD - Israel M. KIRZNER, *La Scuola Austriaca contro Keynes e Cambridge*, prefazione di Sergio Ricossa, Rubbettino, Soveria Mannelli (Catanzaro) 2000, p. 157-175.
245 Thomas SOWELL, *Is Reality Optional? And Other Essays*, Hoover Institution Press, Stanford (California) 1994, p. 131 («The first lesson of economics is scarcity: there is never enough of anything to satisfy all those who want it. The first lesson of politics is to disregard the first lesson of economics»).

non si vede». Sfortunatamente per la politica, «ciò che non si vede» esiste mentre «ciò che si vede» è destinato a scomparire, a passare in fretta. E se è certamente possibile provare a stravolgere i criteri dell'economia in nome delle necessità politiche, sicuramente non è possibile evitare di pagare le conseguenze di questo stravolgimento.

Tutta l'azione dello Stato sembra essere un grandioso progetto utopico teso ad eludere la realtà della scarsità di beni e di risorse. Infatti, perseguendo intenti camuffati dietro sembianze etiche, l'opera dello Stato è un continuo attacco ai dinamismi naturali dell'economia[246]. Ma, come si dovrebbe sempre ricordare, le leggi naturali inscritte mirabilmente nell'economia[247] non possono essere forzate senza che si patiscano disastrosamente gli effetti di questa violenza. E quando si sovvertono le leggi naturali, il collasso parla e dice: «è l'economia, stupido!»[248]. A parte il paradosso contenuto nel fatto che lo slogan venne adottato proprio da colui – Bill Clinton – che lo rinnegò varando le disgraziate direttive da cui scaturì la crisi finanziaria che colpì gli Stati Uniti nel 2008 e di lì si estese al mondo intero[249], la frase racchiude e rivela l'impossibile tentativo di alterare la realtà. Se lo slogan venisse compreso e venisse applicato seriamente, alla quasi totalità degli economisti, anziché riconoscimenti,

---

246 Cfr. Lawrence H. WHITE, *The Clash of Economic Ideas. The Great Policy Debates and Experiments of the Last Hundred Years*, Harvard University Press, Cambridge (Massachusetts) 2002.

247 Nello scrivere *Harmonies économiques*, nel 1850, poco prima di morire, Bastiat intese riconoscere nelle leggi economiche l'armonia della creazione nella consapevolezza «che Colui che ha ordinato il mondo materiale, non [è] estraneo agli ordinamenti del mondo sociale» (Frédéric BASTIAT, *Armonie economiche*, premessa di Agostino Canonica, introduzione di Francesco Ferrara, UTET, Torino 1949, p. XI.139).

248 Lo slogan ideato dallo staff di Bill Clinton per le elezioni presidenziali statunitensi del 1992 ebbe grande effetto ed è rimasto giustamente famoso.

249 Cfr. Lord GRIFFITHS of FORESTFACH, *La crisi finanziaria: guasto meccanico o parabola moralistica?* IBL Occasional Paper n. 69, Istituto Bruno Leoni, Torino 2009; cfr. Henri LEPAGE, *Crisi finanziaria: una lettura alternativa*. IBL Occasional Paper n. 68, Istituto Bruno Leoni, Torino 2009; cfr. Alberto MINGARDI (a cura di), *La crisi ha ucciso il libero mercato?*, con un'appendice di Friedrich A. von Hayek e di Ludwig von Mises, Istituto Bruno Leoni Libri, Torino 2009; cfr. Johan NORBERG, *How the Right to "Affordable Housing" Created the Bubble that Crashed the World Economy*, in Tom G. PALMER (edited by), *After the Welfare State*, Jameson Books, Ottawa (Illinois) 2012, p. 97-105; John B. TAYLOR, *Fuori Strada. Come lo Stato ha causato, prolungato e aggravato la crisi finanziaria*, prefazione di Oscar Giannino, Istituto Bruno Leoni Libri, Torino2009; cfr. Lawrence H. WHITE, *La crisi finanziaria: come ci siamo finiti?* IBL Occasional Paper n. 62, Istituto Bruno Leoni, Torino 2008.

premi Nobel, assegnazioni, medaglie, compensi e cattedre universitarie, occorrerebbe consegnare certificati di... imbecillità[250].

A chi coltiva interessi di natura economica ho sempre consigliato di non trascurare lo studio del paradigma della Scuola Austriaca; ripropongo, ora, in modo non meno accorato, il suggerimento anche a chi mi legge[251] ribadendo la convinzione che solo gli autori di questa Scuola hanno offerto criteri per comprendere in modo completo l'azione economica dell'essere umano[252].

Sconcerta la rapidità con cui si affermano le false concezioni economiche e sbalordisce il facile successo di personaggi che non meriterebbero di entrare nelle università se non come studenti. Non è solo questione di inevitabili divergenze di opinioni (scrive Ricossa: «quando due economisti discutono, si sentono al minimo tre pareri diversi»[253]) che possono costituire anche un positivo impulso per l'avanzamento delle conoscenze scientifiche; è questione di vizio ideologico – il peggiore dei virus di cui l'essere umano può ammalarsi – che piega la scienza ai propri pregiudizi. Non basta avere titoli accademici per poter evitare gli sbagli... Sono, infatti, proprio i cattedratici più in vista ad aver screditato la scienza economica e non è certamente un caso che, invece, ad un luminare come Mises non fu mai offerto uno stabile incarico universitario negli Stati Uniti, pur considerati la patria del capitalismo.

---

250 Cfr. Ronald COASE, *Sull'economia e gli economisti*, Istituto Bruno Leoni Libri, Torino 2016 (*Essays on Economics and Economists*, 1994); cfr. Lorenzo INFANTINO, *In ricordo di Sergio Ricossa*, in «StoriaLibera. Rivista di scienze storiche e sociali», anno 3 (2017), n. 5, p. 88-89; cfr. Sergio RICOSSA, *Maledetti economisti. Le idiozie di una scienza inesistente*, prefazione di Lorenzo Infantino, Rubbettino, Soveria Mannelli (Catanzaro) 2010 (1996).
251 Oltre la bibliografia che ho già fornito, per un primissimo approccio non dovrebbe mancare la lettura delle due principali opere divulgative di Rothbard, ormai facilmente reperibili anche in italiano: *Per una nuova libertà* e *L'etica della libertà* (entrambe pubblicate dall'editrice Liberilibri di Macerata).
252 Rothbard ha perfezionato il patrimonio del marginalismo economico ereditato da Mises. Così Rothbard descriveva la sua esperienza scientifica: «avevo la netta e istintiva sensazione [...] che vi fosse qualcosa di sbagliato in tutte le scuole di economia. Ero decisamente insoddisfatto di tutta la teoria economica. Pensavo che [...] le critiche erano giuste e credevo che il semplice meccanismo della domanda e dell'offerta fosse corretto, ma non possedevo una vera base teorica. Non ero soddisfatto da nessuna delle teorie che mi venivano presentate. E così, quando lessi *Human Action*, i pezzi trovarono il posto giusto, perché finalmente il tutto aveva un senso» (cit. in Joseph STROMBERG, *Introduction to* Murray N. ROTHBARD, *Man, Economy, and State. A Treatise on Economic Principles* with *Power and Market. Government and the Economy*, Ludwig von Mises Institute, Auburn (Alabama) 2004, p. XXIII).
253 Sergio RICOSSA, *Impariamo l'economia*, prefazione di Lorenzo Infantino, Rubbettino, Soveria Mannelli (Catanzaro) 2011, p. 17 (1994).

«L'economia è la scienza più contaminata da errori: e non a caso»[254]. È, infatti, tutt'altro che un caso che errori e pregiudizi attraversino e sfigurino la scienza economica; da essa, infatti, dipendono le regole della politica e la politica non può permettersi di non mettere le teorie economiche sotto la propria tutela e sotto il proprio controllo ricevendo da esse legittimazione e assicurandosi il loro riconoscimento.

Ma come mostra in modo tanto sintetico quanto efficace l'affermazione di Sowell, i criteri della politica[255] non solo sono diversi, ma si dimostrano opposti a quelli del lavoro, dello sviluppo, del mercato, oltre che della giustizia e della libertà. E questa dicotomia genera anche un dilemma – insolubile nel sistema democratico[256] – che pone il buon governante dinanzi ad un drammatico bivio: iniziare a rinnegare il disastroso interventismo di Stato nella consapevolezza che ciò comporta il suicidio politico o proseguire sulla strada della spesa e del debito pubblico, della tassazione e dell'inflazione, cosciente che ciò conduce alla morte dell'economia[257].

L'unica soluzione è nel ripristinare la subordinazione della politica all'economia, che significa costringere ogni governo a rispettare l'ordine naturale delle cose, ordine implicito nelle leggi economiche anch'esse espressione della giustizia che, dovendo dare «a ciascuno il suo», impedisce ogni prevaricazione e ogni esproprio di libertà e di proprietà. Se nel lessico più comune si ripete che oggi la politica è asservita alle pretese dell'economia, questa stessa critica dimostra la cecità verso la completa fagocitazione dell'economia da parte dell'ordinamento statale ed ha come effetto l'ulteriore criminalizzazione della vittima: la logica della libera impresa. Si invoca il primato della politica sull'economia, un maggior controllo della seconda da parte della prima senza rendersi conto che quasi non c'è più nulla lasciato al libero mercato. Occorre, invece, ribaltare la sempre più radicata condizione di controllo da parte della politica sull'economia restaurando il primato della seconda sulla prima. In questo modo sarebbero i criteri del lavoro, della produttività e del mercato ad animare la politica, impedendo allo Stato di asservire la libertà individuale sottomettendola alle sue pretese.

---

254 Henry HAZLITT, *L'economia in una lezione. Capire i fondamenti della scienza economica*, Istituto Bruno Leoni Libri, Torino 2012, p. 13 (*Economics in One Lesson*, 1946).
255 A voler essere esatti si dovrebbe precisare e parlare dei "criteri dello Stato", più che genericamente di "criteri della politica". Può esservi, infatti, una politica buona mentre quella di ciò che chiamiamo Stato è sempre cattiva politica.
256 Cfr. Hans-Hermann HOPPE, *Democrazia: il dio che ha fallito*, prefazione di Raimondo Cubeddu, Liberilibri, Macerata 2008 (*Democracy: The God That Failed. The Economics and Politics of Monarchy, Democracy and Natural Order*, 2001).
257 Cfr. Francesco SIMONCELLI, *L'economia è un gioco da ragazzi*, Lulu.com, 2015.

Un altro argomento sempre utilizzato dai partigiani dell'interventismo è quello che ripete quanto detto a proposito dell'insostituibilità dell'azione statale in ambiti che dovrebbero rimanere al di fuori della logica del mercato e del profitto. Si ripete, cioè, che l'ambito pubblico non può essere amministrato con il metro dell'efficienza aziendale. Questo argomento nasconde una certa sfiducia (se non una vera e propria disistima) verso l'impresa e il profitto che essa deve generare. Se si comprendesse qual è la natura dell'imprenditorialità e come un'azienda impone di essere condotta, il pregiudizio si trasformerebbe in stima e il disprezzo in rispetto ed ammirazione. E se lo Stato, fondandosi sul contrario di ciò che è proprio del buon senso imprenditoriale, non potrà mai somigliare ad una realtà ove le risorse vengono utilizzate in modo razionale, ogni buon governante dovrebbe preoccuparsi di guardare la realtà con la sensibilità e la sollecitudine dell'imprenditore.

Tutto a debito: i doni dei danai

Un elemento sicuramente contrario alla logica imprenditoriale è l'assenza di misura o, almeno, l'abitudine allo spreco, sintomo di un atteggiamento poco avveduto che non dà il giusto valore alle cose. Accanto alla giusta considerazione per la moderazione e l'avvedutezza, vi è poi il giudizio estremamente delicato che riguarda la valutazione di ricorrere al prestito. Se il risparmio è la scelta privilegiata (ed ordinaria), in alcune circostanze (straordinarie), al deposito e all'accantonamento si può e si deve sostituire il ricorso al prestito. La possibilità di contrarre debito non è da escludere, ma rispetto alla *via ordinaria*, deve configurarsi quale *caso straordinario*. In altri termini: il debito non è escluso quando il momento lo richiede per operare investimenti, ma non si può vivere costantemente e perennemente con il peso di debiti. Come sempre succede, anche in questo caso, le ragioni propriamente economiche si fondono con le implicazioni morali. Non meno delle prime, anche queste dovrebbero risultare molto chiare: «i debiti enormi sono incompatibili con l'autosufficienza finanziaria e quindi tendono a indebolire l'indipendenza in tutte le altre sfere. L'individuo oberato dai debiti alla fine si abitua a rivolgersi agli altri per ottenere aiuto, invece di maturare per divenire l'ancora economica e morale della famiglia e della comunità intera»[258].

---

258 Jörg Guido HÜLSMANN, *L'etica della produzione di moneta*, a cura di Carmelo Ferlito, presentazione di Attilio Di Mattia, Solfanelli, Chieti 2011, p. 191 (*The Ethics of Money Production*, 2008).

Cosa c'entra ciò con il coronavirus? Per comprendere cosa dovrebbe essere fatto e cosa *non* dovrebbe essere fatto dalle pubbliche autorità, soprattutto in momenti di crisi, basterebbe il buon senso che deve caratterizzare il comportamento imprenditoriale e quello del buon padre di famiglia[259]. D'altra parte, scomodando il filosofo dell'antica Grecia Senofonte (fine sec. V - inizio sec. IV a.C.), la parola *oikos-nomia* da cui viene il nostro termine "economia" non significa altro che "amministrazione del focolare domestico"[260].

La regola di non fermarsi ingenuamente a «ciò che si vede» trascurando irresponsabilmente «ciò che non si vede» appare chiara come non mai riguardo al tema del risparmio e del prestito. Da troppo tempo i governi sembrano abbracciare sconsideratamente i vantaggi immediati senza troppo curarsi dei disastri che procurerà il peso di un debito che cresce sempre più. L'idea si afferma da tempo e, per quanto sia manifestamente insostenibile, si appoggia su un consenso sciaguratamente quasi universale: governanti e governati sembrano solidali nel rastrellamento di risorse, non preoccupandosi affatto di cosa ciò comporterà nel prossimo futuro.

Mediante il ricorso al prestito, ormai da decenni, tutti gli Stati coprono le restituzioni attraverso nuove emissioni di obbligazioni. Ed avviene fisiologicamente – almeno apparentemente – ciò che non può che rappresentare una pura patologia. Sarebbe sintomo di imminente fallimento per chiunque – per un capo famiglia o per un imprenditore – la richiesta di mutui al mattino per poter cenare a sera e contrarre a sera un mutuo per poter restituire il mattino dopo il debito precedente. Ciò che sembrerebbe assurdo in qualsiasi contesto economico sensato diventa la norma nell'insensatezza dello Stato. Si chiede un prestito per un investimento che consenta non solo di ripianare il debito, ma innanzitutto di accrescere i profitti; lo Stato, invece, emette obbligazioni per la spesa corrente (praticamente per assicurare il prossimo piatto in tavola). In famiglia, un mutuo è giustificato per assicurare maggiore tranquillità nel futuro, non per rendere il futuro carico di oneri.

Ma gli uomini di Stato preferiscono – sostenuti dai professori keynesiani – limitarsi all'immediata sopravvivenza censurando, comodamente, ciò "che non si vede". Einaudi ha scritto pagine da antologia sul crescente

---

259 Cfr. Francesco FORTE, *Einaudi versus Keynes. Due grandi del Novecento e la crisi dei nostri giorni*, Istituto Bruno Leoni Libri, Torino 2016, p. 45-88.

260 Già ricordavo quanto sia fuorviante la consueta ripartizione tra macroeconomia e microeconomia (cfr. Jesús HUERTA de SOTO, *La Scuola Austriaca. Mercato e creatività imprenditoriale*, a cura di Paolo Zanotto, Rubbettino, Soveria Mannelli (Catanzaro) 2003, p. 30 - *La Escuela Austríaca: mercado y creatividad empresarial*, 2001).

disavanzo giustificato dalla ricostruzione post-bellica (allora come oggi, vi è sempre una qualche emergenza)[261].

Un altro effetto conseguente alle sottoscrizioni di debito pubblico è quello relativo alla distorsione del tasso di interesse. Mi riferisco al fatto che nel momento in cui lo Stato chiede di essere finanziato per potere orientare gli investitori verso l'acquisto dei propri buoni deve necessariamente – in campo nazionale come in quello estero – rendere lucrosi questi prodotti finanziari con dei tassi di redditività superiori agli altri investimenti che il mercato può offrire. Quando lo Stato si auto-remunera coercitivamente con le tasse non chiede permesso a nessuno arrivando a mettere in carcere gli "evasori". Ma quando deve convincere a farsi prestare denaro non può che farlo promettendo una più alta redditività rispetto a quella che possono offrire aziende, industrie e società finanziarie. Così facendo, si realizza un'alterazione, per via politica, della determinazione del saggio di interesse che condiziona in modo artificiale il mercato.

C'è anche un altro effetto che il debito pubblico produce. Chiedendo denaro (oltretutto in continuazione e in enormi quantità), lo Stato assorbe ingenti capitali che sarebbero altrimenti utilizzati per investimenti nel mondo del lavoro *moltiplicando* (questa volta per davvero) la ricchezza. Ma anche questa triste conseguenza è occultata dal "partito della spesa"[262]. Mi riferisco al fatto che nel momento in cui lo Stato chiede di essere finanziato (ed ha i modi per raggiungere questo scopo) rastrella risorse che devolverà a finalità non solo estranee all'economia, ma addirittura in contrasto con i criteri di questa. La distrazione di risorse preziose (come quelle inghiottite dalla tassazione), letteralmente bruciate, sottrae alle attività economiche quei mezzi che garantirebbero innovazione e miglioramenti che, a loro volta, innalzerebbero il livello del benessere complessivo. Questi capitali non sono semplicemente allocati in un settore economico anziché in un altro; questa dislocazione, infatti, risponderebbe ad un criterio di razionalità premiando le attività più apprezzate. Al contrario, lo Stato non agisce come ogni altro soggetto economico che rimane sul mercato fin quando il proprio prodotto viene ricercato; da soggetto improduttivo e parassitario, lo Stato non scambia nulla di utile e le risorse che drena vengono ingoiate e distrutte per sempre[263]. Perciò, i capitali

---

261 Cfr. Luigi EINAUDI, *Non cantabit* (1947), in IDEM, *Il Buongoverno. Saggi di economia e politica (1897-1954)*, a cura di Ernesto Rossi, Laterza, Bari 2004, p. 321-325.

262 Cfr. Pietro MONSURRÒ, *Spesa pubblica*, in AA. VV., *Liberare l'Italia. Manuale delle riforme*, introduzione di Carlo Stagnaro, Istituto Bruno Leoni Libri, Torino 2013, p. 89-114.

263 Mentre scrivo queste righe mi giunge la notizia del decesso di una persona cara e piango il primo tra i miei amici morto di Covid. Da conservatore quale era, lo considero

ottenuti mediante debito sono impiegati in spese quasi sempre sterili ed improduttive e vengono sottratti irrimediabilmente ai dinamismi virtuosi del mercato. Osservava il grande Mises che le tendenze antiliberali si manifestano nelle politiche che distruggono il capitale nel tentativo di accrescere la dotazione del presente a spese del futuro[264].

Per quest'opera di vero e proprio saccheggio e per quest'azione di continua erosione di risorse vitali, la responsabilità formale non può che ricadere sulla sconsideratezza dei governanti. Consideriamo che nei soli quattro mesi estivi (da giugno a settembre) il debito pubblico italiano è aumentato di ben 129 miliardi di euro. E poco importa che periodicamente ogni esecutivo lamenti la triste eredità lasciatagli dalle fasi precedenti della vita politica nazionale. Se questa è una colpevole responsabilità *formale*, vi è poi una non scagionabile responsabilità *sostanziale* che deve essere attribuita ai tanti componenti della società che si trovano nella più comoda condizione di poter lamentarsi e, contestualmente, attingere alla greppia di Stato. Una lamentela (continua) non per il danno causato dal deficit, ma per non aver ricevuto abbastanza.

Richiamo volentieri la tesi di Hans-Hermann Hoppe (1949-viv.), economista tedesco naturalizzato americano, tra i nomi di punta della Scuola Austriaca e tra i più stretti discepoli di Rothbard. Hoppe conclude la sua analisi storica, sia nel suo testo più noto[265] sia in altri studi[266], ritenendo la forma monarchica antica molto più affidabile di quella democratica moderna perché quest'ultima, basandosi sulla disperata ricerca del consenso, diviene necessariamente dissipatrice delle risorse pubbliche, mentre le antiche monarchie, avendo una concezione patrimoniale del governo, erano molto meno incline alla dilapidazione e allo spreco. La democrazia, per sopravvivere, deve accontentare e, per farlo, non può che essere dispensatrice di favori; la monarchia per perdurare deve conservare i beni

---

un'altra vittima del virus comunista, un'altra vittima nella sconfinata schiera di persone che hanno perso la vita a causa del comunismo. È domenica 22 novembre (2020), solennità di Cristo, Re dell'universo.

264 Cfr. Ludwig von MISES, *Liberalismo*, prefazione di Dario Antiseri, Rubbettino, Soveria Mannelli (Catanzaro) 1997, p. 35 (*Liberalismus*, 1927).

265 Cfr. Hans-Hermann HOPPE, *Democrazia: il dio che ha fallito*, prefazione di Raimondo Cubeddu, Liberilibri, Macerata 2008 (*Democracy: The God That Failed. The Economics and Politics of Monarchy, Democracy and Natural Order*, 2001).

266 Cfr. Hans-Hermann HOPPE, *Time Preference, Government, and the Process of De-Civilization: From Monarchy to Democracy*, in John V. DENSON (edited by), *The Costs of War. America's Pyrrhic Victories*, Transaction Publisher, New Brunswick (New Jersey) 1999, p. 455-493; cfr. Hans-Hermann HOPPE, *L'economia politica della monarchia e della democrazia, e l'idea di un ordine naturale*, in «Federalismo & Libertà», anno 6 (1999), n. 5-6, p. 269-297.

patrimoniali e la sua autorevolezza cresce se si dimostra austera e sobria. Parafrasando un celebre detto, si può condensare la tesi di Hoppe riconoscendo alle casate monarchiche lo sguardo verso il futuro ed attribuendo alle democrazie moderne il meschino ripiegamento sull'immediato. Il governo monarchico ha bisogno dell'autorevolezza, non del consenso, mentre il governo democratico ha bisogno del consenso elettorale immediato e per ottenere questo è indotto a sacrificare risorse preziose che andrebbero conservate per il futuro.

La riflessione istituzionale si sposa con quella temporale. Per comprendere l'azione distruttiva del debito pubblico, quindi, torna utile non solo il motto di Bastiat, ma anche il confronto tra il keynesiano breve termine e l'"austriaco" lungo orizzonte[267]. Nell'ambito democratico non è solo facile ma solidaristicamente giustificato dilapidare il patrimonio presente (facile e etico dopo aver demolito l'apprezzamento per la proprietà privata, averne bistrattato il significato umano, averne eroso il valore morale e averne scoraggiato la difesa).

Ambito democratico e spesa in deficit sono, quindi, strettamente congiunti[268]. Ciò che, invece, il popolo non comprende è che il ricorso al debito è un'ipoteca calata sul popolo molto più che sullo Stato. Lo Stato è un'astrazione perché costituito da coloro che possono trarre diretto vantaggio vivendo di esso, mentre il popolo è costituito da individui che continueranno a patire gli effetti della politica anche quando lo Stato avrà altri rappresentanti ed altro personale[269]. Torna utile riproporre l'efficace definizione di Bastiat per il quale «lo Stato è la grande finzione attraverso la quale ognuno cerca di vivere a spese di tutti gli altri»[270]. Efficace definizione, dicevo; efficace anche nella particolare materia del debito pubblico. È la situazione – analoga ad altre che lo Stato crea (ad esempio, quella dell'emissione di cartamoneta o di facilitazioni creditizie di cui tra breve dirò qualcosa) – in cui si ingenera l'illusione di non caricarsi dei costi del beneficio immediato. Richiamo le asimmetrie

---

267 Cfr. Henry HAZLITT, *L'economia in una lezione. Capire i fondamenti della scienza economica*, Istituto Bruno Leoni Libri, Torino 2012, p. 103 (*Economics in One Lesson*, 1946).
268 Cfr. Eugenio SOMAINI, *Finanza pubblica e sfruttamento democratico*. IBL Occasional Paper n. 86, Istituto Bruno Leoni, Torino 2012.
269 Scriveva Rothbard: «in fondo, l'entità chiamata "Stato" *non esiste*: esistono soltanto persone che si riuniscono in gruppi chiamati "Stati" e che agiscono in modo "statuale"» (Murray N. ROTHBARD, *L'etica della libertà*, introduzione di Luigi Marco Bassani, Liberilibri, Macerata 2000, p. 99-100 - *The Ethics of Liberty*, 1982).
270 Frédéric BASTIAT, *Lo Stato* (*L'État*, 1849), in IDEM, *Ciò che si vede, ciò che non si vede e altri scritti*, a cura di Nicola Iannello, prefazione di Gérard Bramoullé, Rubbettino, Soveria Mannelli (Catanzaro) 2005, p. 159.

economiche in precedenza citate e le realtà "che non si vedono" come prove su cui scivolano le più gettonate teorie di economia politica. Come per l'inflazione, così per il debito, la spesa, il deficit, l'inganno politico offre l'impressione di aver superato le leggi naturali. Lo Stato si comporta come quell'imprenditore che si carica di enormi debiti sperando in un puro colpo di fortuna nel futuro o come quel capo famiglia che acquista ogni genere di beni a credito ipotecando il futuro stipendio dei figli, magari ancora adolescenti. E, così, si vive al di sopra delle proprie possibilità grazie all'artificio contabile dello Stato che, oltre a concedere ad alcuni (a molti, in verità) il "reddito di cittadinanza", di fatto, ha concesso a tutti una sorta di "benessere di cittadinanza"[271]. Ma, ancora una volta, è «pane per oggi e fame per domani».

Tutti esigono aiuti, tutti richiedono investimenti per sé, tutti pretendono sostegni. Come in una miriade di altre situazioni, *a fortiori*, in epoca di pandemia. Nessuno, però, che si domandi da dove queste provvigioni – impressionanti, nelle presenti circostanze – scaturiranno o da dove dovranno giungere. Anzi, più sono grandi le cifre, meno ci si pone la domanda sulla loro origine. In una dimensione domestica, ogni esborso viene considerato in rapporto alle entrate; nel settore pubblico sembra che il buon senso sia reso inutile e supefluo. Non si comprende, invece, che le leggi che valgono per l'economia domestica presiedono anche allo svolgimento dei movimenti delle cifre gigantesche e degli importi più grandi. L'unica cosa che cambia è che queste sono amministrate da un illusionista, mentre le prime sono gestite da chi non può permettersi miraggi o illusioni. Vi è anche un altro elemento che gioca a favore della magia, quello della distanza rispetto a chi fornisce i capitali. Nell'economia domestica l'erogatore è prossimo e non c'è possibilità di confonderlo con un qualche ente astratto. Per i pubblici finanziamenti, al contrario, la distanza tra beneficiario e beneficante è così ampia che è assai difficile inserire quest'ultimo nella dimensione della realtà. Ancor più se, ora, le cifre quasi impossibili a pronunciarsi per i tanti zeri che contengono, provengono dall'Unione Europea. Come si dice che sarebbe inescusabile rinunciare ai finanziamenti dello Stato, così ora si ripete che sarebbe imperdonabile privarsi della grande occasione dei tanti miliardi che giungono dalle istituzioni comunitarie.

Obbligazioni comunitarie anziché statali? E cosa cambia? Nulla, anzi si accrescono i problemi[272]. I soldi promessi, sono pur sempre o somme da

---

271 Cfr. Luca RICOLFI, *La società signorile di massa*, La nave di Teseo, Milano 2019.
272 Intendo riferirmi ad una maggiore gravità di conseguenze anche per ogni singolo contesto se l'impoverimento derivato è su scala continentale anziché nazionale (come,

restituire mediante successiva tassazione (se sono quelle qualificate come prestito) o somme già versate dai contribuenti (quelle che si presentano "a fondo perduto")[273]. Comunque sono risorse sottratte agli investimenti privati e "bruciati" nel calderone pubblico. Il dibattito, dentro e fuori il Parlamento, è incentrato sul modo con cui le enormi cifre stanziate dovranno essere suddivise tra i comparti e tra le categorie. Ma nessuno si chiede da dove vengono i soldi. Non potendo sfuggire alle leggi dell'economia, lo Stato può incantare ed illudere, ma non può creare ricchezza dal nulla. Può, viceversa, bruciare la ricchezza esistente e distruggere i meccanismi per crearla. E in questo riesce magnificamente. Il modo per fermarlo è non accettare i suoi doni e disinnescare le sue lusinghe non credendo alle promesse.

«L'arte dell'economia sta nel prevedere tutte le conseguenze (non solo immediate ma anche lontane) di ogni programma e provvedimento, e nel considerare non solo le conseguenze su una parte della società, ma sull'intera collettività»[274]. Ho già insistito sul concetto e queste parole semplici potrebbero apparire addirittura banali. Ma basterebbe prenderle sul serio per evitare il baratro. Chi le ripete assume i panni di un novello Laocoonte, il personaggio della mitologia sulla cui bocca Virgilio mette l'implorazione rivolta ai conterranei di Troia affinché non accettino il dono lasciato dai greci subodorando la trappola: «temo i danai, anche quando recano doni»[275].

Si esulta per gli ingenti finanziamenti che arriveranno dall'Unione Europea, ma le "misure d'emergenza" si risolvono in un giro contabile: ciò che viene donato con una mano non può che essere prelevato con l'altra mano. Non è mai eccessivo ricordare l'immagine proposta da Bastiat: tutto ciò che lo Stato dona con la mano dolce non può che prelevare con la mano rude nell'impossibilità di offrire più di quanto abbia sottratto[276]. Nessuno si chiede come verranno create queste gigantesche somme. E nessun economista spiega da dove verrà fuori questo denaro.

---

ad esempio, nel caso della Grecia).

273 Se queste cifre non saranno versate dagli Stati membri, significa che le autorità centrali hanno deciso di emettere banconote. Più ne emetteranno, più si impoveriranno tutti gli europei. Questo scenario lo rinviamo alle pagine successive: cfr. la parte successiva (dal titolo *Il denaro facile e leggero*).

274 HAZLITT, *L'economia in una lezione. Capire i fondamenti della scienza economica*, cit., p. 15.

275 VIRGILIO, *Eneide*, traduzione di Annibal Caro, a cura di Onorato Castellino e Vincenzo Peloso, Società Editrice Internazionale, Torino 1949, p. 52 (libro II, 78-79: «timeo Danaos et dona ferentes»).

276 Cfr. BASTIAT, *Lo Stato*, cit., p. 162.

A questo punto, i miei appunti avrebbero richiesto lo sviluppo degli ultimi due temi della parte dedicata al debito. E cioè: la situazione del disavanzo italiano che ha avuto un'impennata in questi mesi a causa della pandemia e la contorta questione degli aiuti comunitari, che vede l'Italia in una posizione privilegiata per il riconoscimento dei danni patiti. I tempi stretti di cui dispongo per inviare il file all'editore mi inducono, però, ad accantonare quanto pensavo di elaborare limitandomi ad una sintesi.

Lo Stato italiano è sempre stato considerato poco disciplinato per i suoi conti in disordine[277]. È noto che solo tre volte in 160 anni è riuscito a raggiungere il pareggio di bilancio (cioé la parità tra entrate fiscali e spesa pubblica): il traguardo è stato raggiunto due volte nella fase monarchica, una nei primi anni del fscismo e mai in epoca repubblicana. Avevo iniziato a scrivere «l'Italia è sempre stata considerata...», ma poi ho prontamente corretto precisando che ad essere indisciplinato è solo «lo Stato italiano». Una precisazione che sottolinea la distinzione tra Italia e Stato italiano e che impedisce di confondere il centro della civiltà con uno Stato che sin dalla sua istituzione è sempre stato caratterizzato da pecche, difetti e magagne. E tra i vizi congeniti vi è, appunto, l'incapacità ad avere i conti sotto controllo.

Una condizione cronica, quindi[278], da malato terminale. Un malato che è giunto – già lo ricordavo – a festeggiare il 150° dell'unità, nel 2011, con lo spettro della bancarotta di Stato. Una perfetta nemesi storica. Una condizione cronica che ora diviene, con i provvedimenti anti-Covid, addirittura disperata.

Partiamo dallo stato patologico "ordinario"; la linea rossa sul grafico del debito nazionale ha avuto un andamento ascensionale giungendo alla fine del 2019 a superare i 2.400 miliardi di euro[279]. A conclusione dell'anno precedente il debito ammontava a 2.380,6 miliardi. La quota dei 2.000 miliardi era stata raggiunta nel 2013 mentre negli anni del possibile default il debito era stato di 1.907 miliardi (nel 2011) e di 1.990 miliardi (nel 2012)[280]. Dato che non faccio troppo affidamento sull'indicatore costituito dal Prodotto Interno Lordo e sul modo con cui viene calcolato il deficit, preferisco fermarmi alle cifre assolute evitando i rapporti percentuali.

---

277 Cfr. Vito TANZI, *Centocinquant'anni di finanza pubblica in Italia*, prefazione di Nicola Rossi, commenti di Andrea Monorchio e Gianni Toniolo, Istituto Bruno Leoni Libri, Torino 2012; cfr. Francesco FORTE, *L'economia italiana dal Risorgimento ad oggi 1861/2011*, Cantagalli, Siena 2011
278 Cfr. Francesco FORTE, *Manuale di scienza delle finanze*, Giuffrè, Milano 1989.
279 Cfr. http://www.dt.mef.gov.it/it/debito_pubblico/.
280 Un notevolissimo incremento nonostante (o forse a causa?) delle ricette di Monti chiamato da Napolitano a salvare la Patria.

In una situazione come questa, si è abbattuta l'epidemia e, con essa, qualcosa di addirittura peggiore: il virus incontenibile della spesa e del debito, ancor più fuori controllo in nome dell'emergenza. Un virus contro il quale non si è mai trovato vaccino. Così facendo il debito pubblico italiano è prossimo a toccare quota 2.600 miliardi di euro[281]. Dicevo che poco mi fido del PIL, ma anche volendo fare riferimento a questo indicatore, comunque sottostimato perché contiene anche i dati della spesa pubblica, in poco tempo si è passati da un debito pari a circa il 135% ad un debito pari al 160% (forse al 166% già al momento). Lo Stato compie ciò che nessuna azienda potrebbe mai permettersi di fare senza incorrere prima nel discredito generale poi nel fallimento.

In questa situazione, sarei indotto ad augurare a Salvini di perdere le prossime elezioni evitando, in questo modo, di caricarsi della mastodontica impresa di tagliare spesa pubblica e tasse. Chi subentrerà a Conte erediterà il disastro economico trasmessoci dal governo giallo-rosso, un disastro a cui occorrerebbe rimediare con provvedimenti impopolari, prendendosi la responsabilità per ridurre quel potere dello Stato di cui tutti (dico: tutti) hanno approfittato (Chiesa non esclusa).

Si potrebbe dire: fortuna che arrivano gli aiuti dell'Unione Europea! Già... come avremmo fatto senza l'Europa comunitaria? Se escludo il danno antropologico per il consolidamento dell'impressione diffusa che l'Unione Europea sia indispensabile per il presente e il futuro dei popoli del Vecchio Continente (e magari possa costituire anche un modello per il mondo intero), vedo almeno altri due gravi svantaggi nell'appello a Bruxelles. Innanzitutto la protezione comunitaria (che è tanto più solo apparente quanto più ad essa si fa ricorso) offre un motivo in più (non in meno, come le richieste di politica di austerità inducevano a pensare) per scelte all'insegna dell'irresponsabilità perché sembrerebbe offrire una comoda rete di protezione, una confortevole modalità per dividere, per ripartire i costi (quel che, per le aziende aiutate dallo Stato, si diceva "socializzare" le perdite, ora si dovrebbe definire "comunitarizzare" le spese del singolo Stato). Il secondo grave svantaggio, poi, riguarda l'origine di questi finanziamenti. Che siano a "fondo perduto" o che siano prestiti (la terza eventualità la rinvio alle successive considerazioni monetarie), i fondi che giungono dall'Europa sono costituiti sempre e comunque dalle rimesse nazionali e, in ultima battuta, dai cittadini dei vari Stati membri. Ciò significa che sui contribuenti, oltre a gravare il peso del debito sovrano nazionale, peserà anche il carico del debito comunitario. E il fatto che questo incomba anche su austriaci, tedeschi, francesi, olandesi, ecc. non solo non costituirà alcun vantaggio per gli italiani come per i greci

---

281 Cfr. http://www.brunoleoni.it/il-debito-pubblico-sul-tuo-sito.

o gli spagnoli o i portoghesi[282], ma comportando un impoverimento generale, rappresenterà un cappio stretto maggiormente per i più poveri (i più irresponsabili).

Grazie, quindi, a questi supposti paracadute comunitari ed ignorando le ovvietà matematiche, il Parlamento italiano ha votato già una serie di "scostamenti di bilancio", formula tecnica per dire che alla matematica lo Stato può ritenersi superiore. È, allora, davvero così giusta la nostra riprovazione nei confronti delle obiezioni estive dei Paesi più virtuosi come la Svezia, l'Olanda, la Danimarca, l'Austria (a cui ora si unisce il possibile veto di Ungheria, Polonia e Slovenia) che non intendono ratificare le irresponabilità di cui i governi italiani sono sempre stati maestri?[283]

Il denaro facile e leggero

Il rimedio dell'Unione Europea alla crisi finanziaria del 2008 è stato il *Quantitative easing*[284], l'immissione di grandi quantità di denaro attraverso l'acquisto di altrettante estese partite di obbligazioni di titoli degli Stati UE mediante la Banca Centrale di Francoforte, allora diretta (a partire dal 2011) dall'italiano Mario Draghi (1947-viv.). Sono trascorsi diversi anni ormai e di quelle misure eccezionali si dice che ancora non si possa fare a meno. La massiccia iniezione di liquidità intrapresa dalla UE non rappresenta certo una strada originale perché sin dall'antichità[285] uno dei

---

282 La crisi del 2010, manifestatasi all'interno dell'UE, ha accumunato le debolezze finanziarie di alcuni Stati, bollando pubblicisticamente questi come i Paesi "PIGS", acronimo di Portogallo, Italia, Grecia e Spagna.

283 Per ragioni di spazio e di tempo, sacrifico, eliminando da queste pagine, la critica ai vari strumenti tecnici messi in campo dall'Unione Europea: il SURE (acronimo di Support to mitigate Unemployment Risks in an Emergency), l'EFSI della EBI (European Fund for Strategic Investments della European Investment Bank) che noi italiani conosciamo come FEI della BEI (Fondo Europeo per gli Investimenti della Banca Europea per gli Investimenti), poi il più famoso MES (Meccanismo Europeo di Stabilità o altrimenti detto Fondo salva-Stati) il cui vero nome è ESM (European Stability Mechanism) e, infine, l'ormai noto Recovery Fund (Next Generation UE). Vi era anche la proposta per l'European Redemption Fund. E per reperire finanziamenti le ipotesi sono state: l'Euro Bond, i Corona Bond e i Recovery Bond. In questa selva di tecnicismi, l'unica cosa evidente è che, paradossalmente, nel cuore degli ordinamenti più franco-tedeschi vi è necessità di utilizzare la lingua inglese, oltretutto l'unica, tra le tante lingue, che non appartiene ad alcuna nazione membro dell'Unione Europea (con la parziale eccezione dell'Irlanda). Anche i burocrati, quindi, per parlare devono adattarsi alla lingua più utilizzata dal libero mercato.

284 La formula adottata per indicare il tipo di terapia è singolare: *Quantitative easing* - "alleggerimento quantitativo". Una formula coniata per non far capire.

285 Cfr. Richard EBELING, *Concetti economici: gli antichi romani, dalla supremazia della legge all'inflazione galoppante e al controllo dei prezzi*, a cura e traduzione di Angelo

modi con cui il potere ha aggirato le crisi che esso stesso aveva provocato è stato la emissione di moneta o la svalutazione del circolante, misure che si riassumono nel fenomeno dell'inflazione.

Sono rimaste famose le parole del presidente della BCE che tranquillizzò gli operatori finanziari assicurando che sarebbe stato fatto tutto il possibile «ad ogni costo»[286] per difendere l'economia dell'eurozona dalla crisi economica che non si allontanava. I più salutarono con sollievo quella garanzia che si manifestò con massicci acquisti di titoli (il "bazooka" di Draghi) grazie ai quali l'euro sopravvisse (e con l'euro la costruzione comunitaria), ma a causa dei quali l'economia non solo non venne affatto sanata, ma non si è più ripresa[287].

Sull'euro ci sarebbe molto da dire[288], ad iniziare dal definirlo – con Philipp Bagus (1980-viv.) – semplicemente "una tragedia"[289], utile solo a mettere il continente intero nella camicia di forza di una moneta che, per la prima volta nella storia, unifica per decreto le valute di monete di 19 Paesi attraverso una potente ed impenetrabile banca centrale[290]. Quanto all'esperimento monetario, l'euro nasce come decisione dall'alto, contrariamente a come, invece, sono nate tutte le monete che hanno perdurato alla prova della storia[291]. Quanto alla BCE c'è da ripetere – con Pascal Salin (1939-viv.) – che «l'Europa non soffriva del fatto di non avere una banca

---

Muzzonigro, in «StoriaLibera. Rivista di scienze storiche e sociali», anno 8 (2022), n. 15; cfr. Hans Peter L'ORANGE, *L'impero romano dal III al VI secolo. Forme artistiche e vita civile,* Jaca Book, Milano 1985, p. 96-98.

286 Nell'estate del 2012 (il 26 luglio, per l'esattezza), nel corso di una conferenza stampa, Draghi, da un anno alla guida della Banca Centrale Europea, pronunciò quel suo «whatever it takes».

287 Cfr. Alberto BAGNAI, *Il tramonto dell'euro. Come e perché la fine della moneta unica salverebbe democrazia e benessere in Europa,* Imprimatur editore, Reggio Emilia 2012, p. 144.

288 Cfr. AA. VV., *Se andrà bene andrà peggio. Scenari sulla crisi dell'euro,* prefazione di Oscar Giannino, Istituto Bruno Leoni Libri, Torino 2012; cfr. Antonio MARTINO, *Milton Friedman e l'euro.* IBL Occasional Paper n. 57, Istituto Bruno Leoni, Torino 2008; cfr. Roberto de MATTEI, *L'Euro contro l'Europa. Vent'anni dopo il Trattato di Maastricht (1992-2012),* Solfanelli, Chieti 2013.

289 Cfr. Philipp BAGUS, *La Tragedia dell'euro,* prefazione di Jesus Huerta de Soto, Usemlab Economia e Mercati, Torino 2011 (*The Tragedy of the Euro,* 2010).

290 Huerta de Soto, pur in ambito "austriaco", ha autorevolmente proposto una differente valutazione scorgendo nella moneta unica un rimedio alle ricorrenti svalutazioni nazionali. Cfr. Jesús HUERTA de SOTO, *In difesa dell'Euro: un approccio austriaco.* IBL Occasional Paper n. 88, Istituto Bruno Leoni, Torino 2012, p. 8; cfr. Carmelo FERLITO, *Economica fenice dalla Crisi alla Rinascenza,* presentazione di Jesús Huerta de Soto, Solfanelli, Chieti 2013, p. 15.263s.

291 Cfr. Carl MENGER, *On The Origins of Money,* foreword by Douglas E. French, Ludwig von Mises Institute, Auburn (Alabama) 2009 (1892).

centrale, ma, al contrario, del fatto che esistevano le banche centrali»[292]. Non sarebbe inopportuno soffermarsi sulla moneta unica, anche per lo strettissimo legame tra la natura di questa e le misure messe in campo a causa dell'epidemia. Ma un'affermazione di Hülsmann sintetizza al meglio ciò che si deve esprimere: «quella dell'euro non è una storia di successi, a meno che non si consideri come standard del successo l'espansione del potere statale»[293].

Alla crisi nata nel 2008 la soluzione fu un intervento monetario degli Stati attraverso l'azione concertata dalla BCE, un intervento esteso e portato avanti «ad ogni costo». Il risultato di questo intervento che, per il nome del suo principale autore, diremmo "draconiano" – statalisticamente draconiano –, è stato il prolungamento di questa crisi sino ad oggi, quando di essa non si parla più solo perché un'altra (quella dovuta al virus) le si è sovrapposta. A qualcuno potrebbe venire l'idea – se non altro considerando l'esito di quell'intervento – di suggerire il contrario di quanto fatto nell'ultimo decennio? Ed invece no. Si ripetono gli errori mentre l'ipotesi liberale di evitare le adulterazioni neanche viene presa in considerazione. Eppure si dovrebbe imparare da ogni vicenda simile del passato dato che le grandi crisi che tutti ricordiamo sono quelle che si sono allargate a dismisura e prolungate per tanto tempo esattamente a causa dell'intervento monetario centrale. Così, ad esempio, la "grande depressione" iniziata nel 1929[294] e terminata solo perché confluita nella guerra mondiale, così la crisi finanziaria del 2008[295] che una dozzina di anni dopo viene ora eclissata dalla "Covid-depressione". Nessuno, invece, ricorda la crisi del 1920-21 che si esaurì prestissimo perché gli interventi governativi tardarono ad essere pianificati[296].

---

292 Pascal SALIN, *Liberalismo*, a cura di Giuseppina Gianfreda, Rubbettino, Soveria Mannelli (Catanzaro) 2002, p. 651 (*Libéralisme*, 2000).

293 Jörg Guido HÜLSMANN, *L'etica della produzione di moneta*, a cura di Carmelo Ferlito, presentazione di Attilio Di Mattia, Solfanelli, Chieti 2011, p. 236 (*The Ethics of Money Production*, 2008).

294 Cfr. Murray N. ROTHBARD, *La Grande Depressione*, prefazione di Lorenzo Infantino, Rubbettino, Soveria Mannelli (Catanzaro) 2008 (*America's Great Depression*, 1963); cfr. Lionel C. ROBBINS, *Di chi la colpa della Grande Crisi?*, Einaudi, Torino 1935 (*The Great Depression*, 1934).

295 Cfr. Carmelo FERLITO, *Dentro la crisi. Combattere la crisi, difendere il mercato*, presentazione di Jesús Huerta de Soto, Solfanelli, Chieti 2010; cfr. Lawrence H. WHITE, *La crisi finanziaria: come ci siamo finiti?* IBL Occasional Paper n. 62, Istituto Bruno Leoni, Torino 2008.

296 Cfr. James GRANT, *The Forgotten Depression. 1921: The Crash That Cured Itself*, Simon & Schuster, New York (N. Y.) 2014; cfr. Thomas E. WOODS, *La "depressione dimenticata" del 1920*, a cura di Francesco Simoncelli, in «StoriaLibera. Rivista di scienze storiche e sociali», anno 4 (2018), n. 8, p. 141-157.

Eppure queste vicende che sono, al tempo stesso, economiche, sociali e politiche dovrebbero confermare la negatività di ogni intromissione politica nei dinamismi economici. Ciò significa che in presenza di un evento avverso l'unica azione governativa dovrebbe essere quella di astenersi da ogni operazione, l'unica richiesta rivolta all'autorità politica è quella a *non* fare, a fare nulla. Come scriveva Jean-Baptiste Say (1767-1832), da una crisi economica si esce solo con «la frugalità, l'intelligenza, l'attività e la libertà»[297]. La medicina ad ogni recessione è solo la ripresa mediante il lavoro; ogni sostegno politico è invece droga che, magari, rianima temporaneamente il malato, ma condanna alla dipendenza e alla improduttività. Per un buon governo, fare il necessario significa esimersi dal far guai. Lo Stato, invece, è incorreggibile e ogni avversità è la grande sfida per dimostrare l'insostituibilità del proprio ruolo.

Lo Stato risponde come rispose Draghi, mettendo in campo tutta la propria forza; purtroppo si tratta di una forza devastatrice (e l'immagine del "bazooka" la rappresenta adeguatamente). Le misure eccezionali sono una specialità dello Stato e il suo personale trova indispensabile dimostrarsi capace di saper identificarle e vararle. Ne va della legittimazione dello Stato, del consenso della classe politica, della sopravvivenza del sistema e della tenuta delle istituzioni costituzionali.

Ed ecco, allora: prolungamento della Cassa Integrazione, aiuti "a fondo perduto", indennizzi, risarcimenti (ora si dice "ristori") ad aziende e a esercizi commerciali, bonus per alimenti e per acquisti, reddito di emergenza (insieme a blocco degli sfratti e degli affitti e blocco dei licenziamenti, crediti d'imposta e sgravi fiscali), assunzioni nella sanità e in altri settori pubblici, spese ospedaliere, farmaci gratuiti e molto altro ancora. Ma ogni operazione richiede denaro. E allora si procede con gli artifici contabili. Si mette da parte la elementare aritmetica e si procede con i fumosi modelli matematici keynesiani[298]. Dai rimedi naturali agli espedienti, si direbbe (si dovrebbe dire). Immediatamente ciò si traduce nelle varie votazioni parlamentari per rinnovati "scostamenti di bilancio"[299]. Successivamente,

---

297 Jean-Baptiste SAY, *A Treatise on Political Economy or the Production, Distribution and Consumption of Wealth*, Augustus M. Kelley Publishers, New York (N. Y.) 1971, p. 143 (*Traité d'Économie Politique*, 1806.1829).

298 Scriveva Rothbard: «quali, dunque, le conclusioni delle politiche che emergono dall'analisi austriaca del ciclo economico? L'esatto contrario di quelle della scuola di Keynes» (Murray N. ROTHBARD, *Per una nuova libertà. Il manifesto libertario*, introduzione di Luigi Marco Bassani, Liberilibri, Macerata 2004, p. 260 - *For a New Liberty. The Libertarian Manifesto*, 1973).

299 Dal notiziario apprendo che, al termine del dibattito parlamentare, oggi, 26 novembre (2020), anche l'opposizione di Centro Destra ha deciso di votare a favore della

ci si appoggerà sulle enormi somme che l'Unione Europea ha promesso di erogare agli Stati.

Si tratta, comunque, di trucchi e di forzature che non solo aggirano il problema (che è quello centrale della "scarsità" con cui fare i conti), ma lo aggravano. Non solo il governo, purtroppo anche l'opposizione rialza continuamente le offerte: maggioranza e minoranza si contrappongono solo nel rilanciare le cifre messe a disposizione dallo Stato. Condividendo, amplificando e diffondendo l'illusione che si possa godere di benefici senza pagarne il corrispettivo. Gli interventi statali sono frutto di trucchi e forzature perché la ricchezza e i singoli beni non si creano dal nulla. Per lo Stato (in qualità di governo arbitrario che stravolge l'ordine naturale delle leggi economiche) esistono tre possibilità per eludere la scarsità dei beni a cui economicamente si provvede con il lavoro e lo scambio volontario. A ben vedere queste tre possibilità, complessivamente, coincidono con ciò che Rothbard chiama il *mezzo politico* dell'acquisizione della ricchezza[300]. Questa modalità politica, quindi, si concretizza nelle tre

---

proposta governativa per la quinta variazione di bilancio. A nome di Forza Italia – la componente della coalizione di minoranza più decisa nel sostenere il provvedimento – ha parlato l'economista, nonché ex ministro, Renato Brunetta che ha definito «il voto unanime al quinto scostamento» «una bella pagina di storia» che «rappresenta l'Italia unita e coesa contro la pandemia». Nel suo intervento in aula, Brunetta si è dichiarato «convintamente a favore del nuovo scostamento» (cfr. https://www.liberoquotidiano.it/news/politica/25356734/scostamento-bilancio-centrodestra-vota-si-compatto-brunetta-mai-opposizione-italiani.html; cfr. https://www.ilfattoquotidiano.it/2020/11/26/scostamento-di-bilancio-brunetta-aperta-nuova-fase-forza-italia-vota-si-fdi-e-lega-si-accodano-non-e-per-voi-ma-per-litalia/6017479/). Una quindicina di anni fa, parlando con lo stesso Brunetta a proposito di non ricordo cosa, lui lapidario – questo, sì, lo ricordo bene –, non volle neanche ascoltare il mio ragionamento che troncò ancor prima che potessi iniziare a parlare affermando che, in quanto prete, in materia economica, non potevo che aver torto. Ho l'impressione che lui oggi, a Montecitorio, abbia dismesso gli abiti dell'economista ed abbia rivestito quelli del politico. E un politico che voglia dare valutazioni in materia economica non può che sbagliare.

300 «Ci sono due e soltanto due modi di acquisizione della ricchezza: il *mezzo economico* (la produzione e lo scambio volontari) e il *mezzo politico* (la confisca tramite la coercizione). Nel libero mercato, soltanto il mezzo economico può essere utilizzato e di conseguenza ognuno guadagna soltanto ciò che gli altri sono disposti a pagare per i suoi servizi nella società. Finché persiste questa situazione, non esiste alcun processo separato chiamato "distribuzione"; esistono soltanto la produzione e lo scambio di beni. Tuttavia, non appena si lascino entrare in scena le sovvenzioni pubbliche, la situazione cambia. Ora è a disposizione anche il mezzo politico di acquisizione della ricchezza. Nel libero mercato, la ricchezza è una risultante soltanto delle scelte volontarie di tutti gli individui e della misura nella quale gli uomini si servono l'un l'altro. Ma la possibilità di sovvenzione da parte del governo consente un cambiamento: apre la strada a un'allocazione della ricchezza basata sulla capacità di un singolo o di un gruppo di ottenere il controllo dell'apparato statale» (Murray N. ROTHBARD, *Potere e mercato. Lo Stato e l'economia*, a cura di Nicola

classiche possibilità, ciascuna delle quali non esclude mai le altre a cui si affianca sommandosi. Nelle precedenti considerazioni mi sono soffermato sulla tassazione[301] e sul debito[302]. Se l'imposizione fiscale costituisce, da sempre, la modalità più diretta ed immediata per reperire risorse[303] in modo coattivo e costrittivo, la richiesta continua di prestito configura lo Stato quale soggetto massimamente dissipatore. Già queste due modalità mostrano quanto sia distante dalla correttezza e dalla razionalità economica l'azione statale. D'altra parte non si comprenderebbe l'azione dello Stato se prescindessimo da alcune asimmetrie che esso include e provoca («ciò che si vede e ciò che non si vede»). La macchina statale è incapace di risparmiare e di accumulare depositi; essa è fatta solo per spendere e dilapidare. Lo fa anche utilizzando la terza possibilità in suo potere: depauperando la moneta aumentandone le quantità. È ciò che va sotto il nome di inflazione.

Occorre subito precisare che, contrariamente alla terminologia corrente, l'inflazione non rappresenta l'aumento dei prezzi. La lievitazione dei prezzi (soprattutto al consumo) è solo conseguenza di un fenomeno che, invece, dev'essere identificato con l'aumento della quantità di denaro in circolazione. Maggiore è la massa di banconote, minore è il potere di acquisto della moneta per l'inevitabile effetto dell'innalzamento del prezzo[304]. Non è questo il momento per spendere parole comunque utili per chiarire l'equivoco della ricchezza fatta coincidere con il denaro e l'illusione di ritenere che quanto più denaro vi sia in circolazione maggiore sia la ricchezza. Ancor meno è questo il momento per spendere parole per identificare le ricadute che la perversa abitudine degli Stati genera anche contro la virtuosa attitudine al risparmio (pregio sconosciuto allo Stato e misconosciuto dai keynesiani). Ma anche solo quest'aspetto dimostra come le azioni apparentemente benefiche dei sussidi o dei fondi europei, oltre ad erodere il portafoglio delle persone, corrodono anche quanto ciascuno ha saggiamente accantonato.

Torniamo al vizio dei fondi che giungono dal governo o dall'Unione

---

Iannello, Istituto Bruno Leoni Libri, Torino 2017, p. 250-251 - *Power and Market: Government and the Economy*, 1970).

301 Cfr. la parte dal titolo *Colpire i possidenti?* del paragrafo 2 del presente capitolo 2.

302 Cfr. la parte dal titolo *Tutto a debito: i doni dei danai* di questo stesso paragrafo 4 del presente capitolo 2.

303 Cfr. Vito TANZI, *La crisi e le sfide fiscali. Perché le soluzioni keynesiane non sono la risposta*. IBL Occasional Paper n. 98, Istituto Bruno Leoni, Torino 2014.

304 I consumatori non si avvedono della causa dell'aumento dei prezzi, ma sono sensibilissimi a questo effetto. È quindi inevitabile che l'inflazione, nel linguaggio comune, venga fatta coincidere con questa tendenza.

Europea. Come è saggio capire che ogni bene e servizio fornito in modo apparentemente gratuito dallo Stato è in realtà pagato in modo irrazionale («non esistono pasti gratis»), così sarebbe ragionevole comprendere che ogni regalia finanziaria si sconta con una diminuzione di ricchezza complessiva. Ecco, quindi, l'inganno perché *in cauda venenum*: il beneficio è in «ciò che si vede» mentre il veleno è in «ciò che non si vede». Si esulta per gli ingenti finanziamenti che arriveranno dall'Unione Europea. Nessuno si chiede come verranno create queste (gigantesche) somme perché, contrariamente a quel che si può pensare, il denaro, al pari della ricchezza, non si crea dal nulla.

Per superare le leggi della natura occorre un miracolo e lo Stato che pretende di sostituirsi a Dio si riduce a stregone il cui sortilegio si infrange dinanzi alla insuperabile e ostinata realtà della nemesi economica. La tassazione che vorrebbe ottenere perequazione ed equità produce solo uguaglianza nella povertà per la contrazione del lavoro; il debito, che vorrebbe generare sviluppo futuro, paralizza e ipoteca l'avvenire dei giovani per l'infruttosità del capitale presente e la moltiplicazione della moneta, che vorrebbe aumentare la ricchezza, svuota la moneta della sua solidità.

Ancora qualche parola su quest'ultimo esiziale punto perché la politica monetaria è questione decisiva[305]. Rothbard, giustamente, sosteneva che «poche questioni economiche sono più intricate, più confuse della questione della moneta»[306] e, proprio per questo motivo, occorre «guadagnare una più ampia prospettiva» a causa del fatto che «la moneta è la questione economica più incrostata da secoli di ingerenza governativa»[307].

Se si comprendono i motivi di questa ingerenza – intromissione indispensabile per lo Stato nel raggiungimento dello scopo di controllare l'intera economia –, meno problematica del previsto può essere l'acquisizione dei criteri essenziali per poter giudicare la politica monetaria. Ad iniziare dalla impossibilità di creare vero denaro dal nulla.

Quanto sia decisiva la questione si può capire anche a partire dal modo con cui le civiltà si edificano oppure sprofondano. Non è mai esistita una civiltà in buono stato con una moneta debole[308]. Lo stesso, ovviamente,

---

305 Cfr. Ron PAUL, *La tirannia si fonda sulla moneta statale* (*Paper Money and Tyranny*, 2003), a cura di Francesco Carbone, in «StoriaLibera. Rivista di scienze storiche e sociali», anno 3 (2017), n. 6, p. 121-151.

306 Murray N. ROTHBARD, *Lo Stato falsario. Ecco cosa i governi hanno fatto ai nostri soldi*, Leonardo Facco Editore, Treviglio (Bergamo) 2005, p. 5 (*What Has Government Done to Our Money?*, 1963).

307 *Ibidem*, p. 6.

308 Cfr. Carlo LOTTIERI, *L'oro e la civiltà dell'Occidente*, in «StoriaLibera. Rivista di scienze storiche e sociali», anno 1 (2015), n. 1, p. 109-116.

deve dirsi di una società con l'alta tassazione e con il forte debito esattamente perché il tasso di invasività politica è la dose di veleno che distrugge la vitalità sociale e il rigoglio economico[309]. Nè si deve trascurare la dimensione morale della coercizione con cui il potere politico asserve a sé l'economia. Jörg Guido Hülsmann (1966-viv.) ha il grande merito di aver autorevolmente riproposto un tema che aveva grande risalto nella discussione teologica del passato. Mi riferisco alla valutazione etica circa l'azione con cui le autorità si sostituiscono al libero mercato anche nella produzione della moneta[310]. Tutti i grandi pensatori cristiani che hanno scritto sulla questione – da Tolomeo da Lucca (1236-1327) a Juan de Mariana de la Reina (1535-1624), da Nicola Oresme (1320/1323-1382) a Ferdinando Galiani (1728-1787) – hanno condannato senza alcuna esitazione l'arbitrio del sovrano che produca moneta artefatta e cioé senza corrispondenza con il peso in oro. Questo giudizio comporterebbe la scomunica per tutti i governanti di oggi, colpevoli di immiserire il popolo mediante la emissione di cartamoneta senza alcun fondamento aureo (la cosiddetta moneta *fiat*).

Dalla teologia del passato al coronavirus del presente, la domanda rimane la stessa: che cosa comporta l'emissione di cartamoneta senza alcun riferimento al bene che da sempre è stato considerato il miglior ancoraggio e che offre la migliore solidità? Cosa, quindi, possono causare queste immissioni di estese quantità di moneta debole?

I fondi europei (ma lo stesso ragionamento varrebbe per quelli governativi), promessi con tanta generosità e con tanta estensione, possono avere queste possibili origini: o sono stati forniti dai Paesi membri che li hanno ottenuti mediante tassazione o provengono da richieste di prestito o sono stati stampati nel più puro arbitrio. Il primo caso prevede che l'esattore tassi il contribuente allo scopo di poter restituirgli le somme (magari accresciute). Nel secondo caso lo Stato o l'Unione Europea richiede prestiti in modo da poter elargire le somme a coloro che, in fin dei conti, hanno sottoscritto il prestito. Tutto è assurdo e demenziale fin che non si giunge al terzo caso che si configura come qualcosa da qualificare tra il tirannico e il criminale: l'Unione Europea, che ha avocato a sé la politica monetaria e la esegue mediante la Banca Centrale, emette banconote con grande larghezza e senza alcuna limitazione. Più ne emetterà, più si impoveriranno tutti gli europei.

---

309 Cfr. Niall FERGUSON, *Ascesa e declino del denaro*, Mondadori, Milano 2009 (*The ascent of money. A Financial History of the World*, 2008).
310 Cfr. Jörg Guido HÜLSMANN, *L'etica della produzione di moneta*, a cura di Carmelo Ferlito, presentazione di Attilio Di Mattia, Solfanelli, Chieti 2011 (*The Ethics of Money Production*, 2008).

Trovo ridicole le giravolte con cui vengono aggirati gli ostacoli. Questi sono solidamente aritmetici, quelle sono mere verbosità. Si dice che il governo, per continuare a spendere in deficit, dev'essere autorizzato dal voto parlamentare che approvi lo sforamento del tetto programmato (in gergo "scostamento di bilancio") o che, con la consueta pratica degli artifici contabili, alcune spese emergenziali non vengano computate nel calcolo dell'indice del deficit o che lo stesso PIL possa essere esteso o contratto in base a ciò che si decide di inserire in esso. Il parossismo è per le spese emergenziali dove la giustificazione viene fatta coincidere con l'occultamento. Se in casa si rompe il rubinetto e si è costretti a sostituirlo, avrebbe senso per le risorse della famiglia far finta che di quella spesa non si debba tener conto solo perché straordinaria? Forse l'idraulico non sarà compensato con moneta reale? Una buona amministrazione familiare compenserà le spese straordinarie con una corrispondente riduzione delle spese ordinarie o in qualche altro modo possibile, tranne l'unico modo insensato che è quello di negare il peso di quella particolare spesa. Per lo Stato, invece, questa insensatezza costituisce la regola. Le spese per le emergenze lo attestano e l'epidemia consente, grazie al voto parlamentare o all'accordo in Commissione UE, quasi di evitare di mettere in bilancio le spese straordinarie. Così sarà, in buona misura, per le spese dovute alla pandemia[311].

Un'emergenza giustifica sempre lo sforamento, ma i conti – la dura ed impietosa aritmetica – non hanno bisogno di giustificazione, i conti sono ostinati e gridano: «è l'economia, stupido!». A ciò lo Stato risponde ignorando i conti e la realtà che essi contengono. «Se i conti non ci danno ragione, tanto peggio per loro», sembra rispondere il ceto politico nel momento in cui continua a pagare la Cassa Integrazione, a versare reddito di cittadinanza, di emergenza, di inclusione, a indennizzare e a risarcire aziende ed esercizi commerciali, ad assumere personale, ecc., ecc. Statalismo e comunismo sono strettamente uniti dall'ideologia che adultera la realtà a proprio vantaggio: «se i fatti non ci daranno ragione, peggio per i fatti!»[312].

Si è sentito ripetere da tutti i politici che l'eccezionalità della circostanza richiedeva misure eccezionali e che la gravità della situazione imponeva provvedimenti straordinari. Queste parole sono diventate quasi un mantra.

---

311 La spesa sanitaria pubblica in Italia raggiungeva la cifra di 115 miliardi di euro l'anno (dati del 2019: https://www.camera.it/temiap/documentazione/temi/pdf/1104197.pdf) e nel 2020 le variazioni saranno comprensibilmente notevolissime. È da supporre che queste variazioni, su cifre già vistosamente insostenibili, saranno una costante del prossimo futuro.
312 L'espressione è attribuita a Anatolij Lunacarskij (1875-1933), filosofo marxista e politico sovietico.

In buona fede (per ignoranza e per l'abitudine a declamare comodamente ciò che piace ascoltare) o in cattiva fede (gridando all'alibi della necessità emergenziale) i conti vengono comunque brutalizzati.

L'illusione di non pagare o di rinviare all'infinito la "resa dei conti" dà forza e consenso al "partito della spesa" e ne alimenta sempre più la consistenza[313]. E, così, le ricette di Keynes (proprie del partito delle cicale) sembrano non trovare più oppositori, affermandosi, dilagando e sommergendo i richiami alla realtà vanamente urlati da Hayek e Mises (il partito delle formiche). Il "partito del debito" (e quello delle tasse) è un tutt'uno con il "partito dell'inflazione" perché ciascuno sostiene le pretese dell'altro costituendo le due facce inseparabili della stessa medaglia. Infatti non c'è momento di crisi che non si accompagni all'abbassamento dei tassi di interesse, classica misura per "stimolare" i mercati (così come si ripete). Ovviamente entrano in scena le banche centrali con l'abitudine a favorire l'emissione di circolante che ha l'unico effetto di rendere il crollo qualcosa di simile ad un vortice verso il basso. L'illusione di creare moneta dal nulla genera, infatti, una condizione ben peggiore di quella che ha dato luogo ai provvedimenti. Eppure basterebbe la conoscenza della storia delle misure poste in essere da governi e banche centrali in tutti i momenti di crisi – pensiamo a quella che tutti conoscono, quella del 1929 – ad insegnare a fare il contrario di ciò che è stato operato sino ad oggi. Mises, che riconosceva nella emissione delle banconote la vera origine di ogni male economico (ovviamente le teorie keynesiane che sostengono il contrario trovano sempre immediata e gaudente approvazione), si distingueva dall'impostazione imperante già all'inizio del secolo scorso ricordando che «la politica antiliberale è una politica che distrugge capitale; essa consiglia di accrescere la dotazione del presente a spese del futuro»[314]. E, così, il *redde rationem*, inesorabilmente, giunge e, per quanto ci si ostini a non interpretare la stagnazione alla luce delle sue cause monetarie ed inflazionistiche, il denaro propinato dallo Stato potrà solo aggravare il declino. D'altra parte se non si riconosce nell'interventismo politico la causa del regresso e della decadenza non si possiederanno

---

313 Non può mancare anche solo un cenno al deleterio (ulteriore) rafforzamento del ruolo di Cassa Depositi e Prestiti, uno di quei grandi poteri occulti della nomenclatura statale che, nel caso italiano, hanno grandi facoltà (cfr. Federico RIGANTI, *Se torna lo Stato nell'economia. Qualche nota critica a margine della recente disciplina emergenziale*. Briefing Papers n. 188, Istituto Bruno Leoni, Torino 2020).

314 Ludwig von MISES, *Liberalismo*, prefazione di Dario Antiseri, Rubbettino, Soveria Mannelli (Catanzaro) 1997, p. 35 (*Liberalismus*, 1927).

mai i criteri per risollevarsi e ripartire[315]. Ha sostenuto Rothbard: «non usciremo mai fuori dalla nostra stagnazione economica o dai nostri cicli economici alterni e non raggiungeremo una stabile prosperità fin quando non avremo rigettato Keynes tanto profondamente e fortemente quanto i popoli dell'Europa dell'Est e dell'Unione Sovietica hanno rigettato Marx e Lenin. La vera strada per raggiungere la libertà e la prosperità è lanciare le tre icone del Ventesimo secolo nella spazzatura della storia»[316]. Ma non si potrà arrivare a considerare le teorie keynesiane pura spazzatura economica fin quando non si comprenderà che la radice dell'avvelenamento è costituita dal potere dello Stato sulla moneta, potere che rende il denaro facile (perché prodotto in grandi quantità) e leggero (in quanto di nessuna consistenza)[317].

A questo punto occorrerebbe richiamare la natura delle banche centrali. Mi limito, invece, a sostenere che non basta richiamarne le enormi responsabilità, occorre arrivare ad avere la chiarezza di mettere in discussione l'istituzione e il ruolo in quanto tale invocandone l'abolizione[318] *sic et simpliciter* perché non si potrà mai rimettere in piedi l'economia fin quando lo Stato continuerà a possedere il controllo della moneta[319].

Mi dilungo appena qualche riga per dare solo un cenno a due appendici. La prima riguarda l'inevitabile intreccio tra soldi pubblici e corruzione.

---

315 Il capo del governo italiano ha parlato spesso dell'imminente «ripartenza», termine strano con cui si intendeva prefigurare il ritorno alla piena attività. L'espressione, invece, dovrebbe risultare beffarda a causa della irrigimentazione statalista.

316 Murray N. ROTHBARD, *Bush and the recession* (1992), in IDEM, *Making Economic Sense*, preface by Llewellyn H. Rockwell, Jr., introduction to the Second Edition by Robert P. Murphy, Ludwig von Mises Institute, Auburn (Alabama) 2006, p. 258.

317 Si potrebbe dire che il facile denaro dello Stato è sempre leggero perché è facile avere denaro leggero.

318 Cfr. Kevin DOWD, *Abolire le banche centrali*, prefazione di Franco Spinelli, Istituto Bruno Leoni Libri, Torino 2009 (*Private Money. The Path to Monetary Stability*, 1988.1994.2000); cfr. Friedrich A. von HAYEK, *La denazionalizzazione della moneta. Analisi teorica e pratica della competizione fra valute*, introduzione di Angelo Maria Petroni, Etas, Milano 2001 (*Denationalisation of Money*, 1976); cfr. Ron PAUL, *End the Fed. Abolire la banca centrale*, Liberilibri, Macerata 2010 (*End the Fed*, 2009); cfr. Murray N. ROTHBARD, *The Case Against the Fed*, Ludwig von Mises Institute, Auburn (Alabama) 1994.

319 Non vorrei mancare di offrire il suggerimento di alcune letture utili ad orientarsi nella grande questione monetaria: Jesús HUERTA de SOTO, *Moneta, credito bancario e cicli economici*, Rubbettino, Soveria Mannelli (Catanzaro) 2012 (*Dinero, Crédito Bancario y Ciclos Económicos*, 1998); Murray N. ROTHBARD, *Il Mistero dell'Attività Bancaria*, prefazione di Joseph T. Salerno, USEMLAB Economia e Mercati, Torino 2013 (*The Mistery of Banking*, 1983); Murray Newton ROTHBARD, *Moneta, Banca e Libero Mercato*, (*Taking Money Back, Fractional Reserve Banking, The Solution*, 1995) a cura di Piero Vernaglione, in «StoriaLibera. Rivista di scienze storiche e sociali», anno 1 (2015), n. 1, p. 120-148.

Se per lo Stato è così facile distribuire denaro è perché questo denaro è innanzitutto facile da produrre. Come sarebbe possibile, dinanzi ad enormi quantità di moneta amministrate dal ceto politico, non sviluppare non solo la brama della corruzione ma, ancor più, il fertilizzante per il più largo sviluppo delle associazioni criminali? Ed ecco, allora, che, come ingenui sprovveduti, gli stessi uomini dello Stato, da un lato, gridano al rischio di infiltrazioni mafiose e caldeggiano il dovere a vigilare perché i fondi europei non cadano nelle mani delle organizzazioni delinquenziali (che, strano a dirsi, sono diventate delle vere e proprie *holdings* grazie ai grandi appalti pubblici)[320], dall'altro, si sentono offesi quando nel mondo ci considerano un Paese in balia delle cosche. Come se ciò non fosse, in buona misura, vero[321]. Crearono polemica e quasi un problema diplomatico le affermazioni di un grande quotidiano tedesco, il «Die Welt», che, agli inizi di aprile (2020), sollevò il sospetto sulle mire delle associazioni mafiose interessate (ovviamente) ai fiumi di denaro in arrivo[322]. Contro chi accusò la Germania di voler coprirci di vergogna, mi limitai a postare sui *social*: «e l'hanno capito anche in Germania che la mafia è la più efficiente azienda italiana, leader in campo nazionale e da tempo capace di esportazione nei migliori centri politici europei: eccellenza italiana nel mondo! L'unica attività italiana che non ha avuto mai bisogno di Cassa Integrazione, con dipendenti che non hanno mai dovuto ridurre l'orario di lavoro e con frequenti campagne di assunzioni per necessità di sempre nuovo personale».

La seconda appendice riguarda la lotta al contante che si è ultimamente rafforzata a causa (o, meglio, con il pretesto) della lotta al Covid[323]. La questione si inserisce nel processo di esproprio, da parte dello Stato, della titolarità della moneta[324]. È un processo lento, ma insistente che, nel più vasto quadro della politica monetaria, ora segna un'altro significativo

320 Cfr. https://www.ilfattoquotidiano.it/2020/09/15/le-mafie-puntano-ai-soldi-del-recovery-fund-bisogna-vigilare-sui-fondi-in-arrivo-lallarme-delleuropol-sul-rischio-di-infiltrazioni-dei-clan/5931879/; cfr https://www.tgcom24.mediaset.it/economia/recovery-fund-il-comandante-della-gdf-c-rischio-infiltrazioni-della-criminalit_23414930-202002a.shtml.
321 Cfr. https://www.tgcom24.mediaset.it/cronaca/lombardia/ndrangheta-8-arresti-a-milano-cosca-puntava-a-fondi-per-covid_20647321-202002a.shtml.
322 Cfr. https://www.ith24.it/lattacco-vergognoso-di-die-welt-la-mafia-in-italia-aspetta-soldi-ue-scoppia-il-web/.
323 Cfr. https://www.miglioverde.eu/anche-il-virus-a-favore-dellabolizione-del-contante/.
324 Cfr. Leonardo FACCO, *Elogio del contante. Propaganda e falsi miti di chi pretende di vietarne l'uso*, prefazione di Giovanni Birindelli, postfazione di Gerardo Coco, MiglioVerde Editore, Treviglio (Bergamo) 2015.

(e nocivo) passaggio. «Dobbiamo porci il problema di come aggredire il contante che è nelle case degli italiani»[325]. A parlare in questo modo non era né Totò Riina né Al Capone. Si potrebbe dire che è qualcuno di cui avere ancor più paura per il rischio fatto gravare sulla proprietà privata: i rappresentanti dello Stato[326]. Le parole, infatti, furono pronunciate sul finire del 2017 dall'allora Sottosegretario alla Presidenza del Consiglio dei Ministri, Maria Elena Boschi[327], rilanciate da «Il Sole 24 Ore»[328].

La lotta politica all'uso del contante è una costante di ogni statalismo e oggi rischia di essere anche più efficacemente pervasiva di quanto non sia stato nelle pagine più tristi della storia. Così, ad esempio, durante i momenti del terrore leninista nella nuova Russia comunista[329]. Momenti che costituiscono sinistre – ma non troppo sorprendenti – analogie con l'occhiuto Stato democratico.

Dopo le ultime due appendici, concludo questa serie di riflessioni ribadendo non solo la netta demarcazione tra due opposte scuole economiche («la soluzione austriaca per la depressione è [...] diametralmente opposta a quella keynesiana; il governo deve assolutamente *tenere giù le mani* dall'economia, e limitarsi a fermare la propria inflazione e a tagliare le proprie spese»[330]), ma anche le ragioni della mia personale collocazione in questo confronto. Sono convinto, infatti, che come il rispetto dell'ordine naturale del mercato e dello scambio consente il progresso e la prosperità,

---

325 Per doverosa serietà, ma anche nel rischio di essere frettolosamente censurato da Facebook (sempre più sollecito ad intervenire punitivamente verso chi si discosta dal politicamente corretto), prima di postare la notizia, sono stato ligio a controllarne la fondatezza (premisi: «ho verificato l'affermazione e le parole esatte esprimono le intenzioni attribuite all'allora ministro: https://www.bufale.net/precisazioni-dobbiamo-porci-problema-aggredire-contante-presente-nelle-case-degli-italiani/»). Solo successivamente trovai la fonte originale.

326 Ricordo che, assumendo l'incarico al Quirinale, il neo-premier Giuseppe Conte prese l'impegno di diventare l'avvocato degli italiani. *Intelligentibus pauca.*

327 *Divieto di pulizia. Il contante di Boschi* è il titolo del divertente post di oggi, 31 ottobre 2020, nel vetrioloblog di Francesco Orabona. «Fa ancora tremare la bellicosa dichiarazione di Maria Elena Boschi: "e dobbiamo porci il problema di come aggredire il contante che è presente nelle case: utilizzare il contante senza consentire operazioni di pulizia di chi ha ottenuto quel denaro in modo illecito" Il mio idraulico mi ha confidato di essersi prontamente adeguato: da allora ha vietato alla moglie di fare le pulizie di casa».

328 Cfr. https://www.ilsole24ore.com/art/contanti-torna-l-ipotesi-sanatoria--AE-Gn58UC.

329 Cfr. Richard PIPES, *La Rivoluzione russa. Dall'agonia dell'Ancien régime al terrore rosso*, a cura di Luisa Agnese Dalla Fontana, Mondadori, Milano 1995, p. 758-759 (*The Russian Revolution*, 1990).

330 Murray N. ROTHBARD, *Per una nuova libertà. Il manifesto libertario*, introduzione di Luigi Marco Bassani, Liberilibri, Macerata 2004, p. 261 (*For a New Liberty. The Libertarian Manifesto*, 1973).

ponendosi come antitetico ad ogni violenza e forzatura, così i momenti di difficoltà sono quelli in cui occorre non stravolgere ed alterare, ma ristabilire e restaurare le leggi economiche. L'alternativa a queste ultime è costituito dallo Stato e dal suo interventismo che, lungi dal dimostrarsi salvatore e risolutore, si rivela per ciò che è: un peso insostenibile[331].

2.5. CRISI DEL LIBERISMO?

Chiudo queste considerazioni a più specifica intonazione economica aprendo delle finestre su alcune grandi questioni che, seppur in rapida successione e con esposizione sintetica, non avrei voluto omettere.

Mercato e società

Le immagini che scorrono in TV, mostrando attività produttive piegate ed esercizi commerciali allo stremo, danno la sensazione di come le difficoltà economiche prostrino l'intera società. Ciò a sconfessione di chi ritiene di non dover occuparsi di economia perché frettolosamente giudicata quale regno dell'avidità o, in modo meno manicheo, quale aspetto pur importante, ma che non merita il centro dell'attenzione. Intanto, con l'economia in ginocchio, si moltiplicano i discorsi solidaristici. Ma le crisi economiche non si risolvono con l'elemosina o con le mense per gli indigenti.

I momenti di crisi si rivelano essere quelli in cui è più facile lasciarsi abbindolare, attribuendo responsabilità a chi non ne ha e affidandosi a ricette che sono peggiori del problema cui dare soluzione. Purtroppo l'uomo è indotto a smarrire la ragione massimamente nel momento in cui ha più bisogno di essa ed è spesso tentato, soprattutto nelle difficoltà, a mettere la vittima sul banco dell'imputato. E, così, in ogni crisi economica si assiste ad un'ondata di indignazione nei confronti del libero mercato accusato di tutto ciò che con esso non ha alcuna relazione o, addirittura, accusato di quei guasti sociali che solo il libero mercato può provvedere a sanare. Il capitalismo diviene, così, il comodo capro espiatorio su cui tranquillamente caricare ogni colpa. Ma si sa, come già riportavo, nei momenti di carestia la massa non trova migliore sfogo che assaltare forni e distruggere panetterie.

Quando nei primi momenti della pandemia iniziai a postare messaggi sui *social* con cui provavo a richiamare l'attenzione sul fenomeno dell'accrescimento dei poteri dello Stato, fenomeno presente soprattutto

---

331 Cfr. AA. VV., *L'insopportabile peso dello Stato*, Leonardo Facco Editore, Treviglio (Bergamo) 2000.

nei contesti emergenziali, alcuni lettori, che pur si riconoscevano nella tradizione liberale, replicarono scrivendo che la pandemia rappresentava uno di quei casi in cui il mercato dovrebbe essere sostituito dall'intervento pubblico perché gli individui da soli non riescono a fronteggiare le necessità. In altri termini, il mercato può andar anche bene nei periodi di vita ordinaria, ma nelle difficoltà occorre lo Stato con la sua forza. È questa una tesi ricorrente a cui si può dare facilmente risposta intanto perché lo Stato non è il rimedio, ma la causa dell'insufficiente organizzazione degli individui (tutte le iniziative, anche le più grandi, nascono private e solo in seguito vengono fagocitate dallo Stato) poi perché lo Stato è strutturalmente inefficiente e dispendioso sperperando risorse e beni che nei momenti di emergenza si rivelano quanto mai indispensabili[332].

Il pregiudizio grava su una popolazione che è ormai disabituata a comprendere alcune realtà virtuose e abituata a pensare dentro un unico orizzonte obbligato. L'uomo moderno, infatti, è diseducato a comprendere le virtualità del libero mercato di cui non ha più diretta esperienza; non comprende quali benefici comporta la libertà di iniziativa e quali traguardi sono resi possibili là ove l'azione umana è libera di agire[333]. D'altro canto, oggi, l'uomo sembra non poter prescindere dalla mano dello Stato che, per quanto stritolante, è avvertita anche come indispensabilmente protettiva; si tratta di una concezione forgiata dall'abitudine e dall'assenza di confronti (benedetta concorrenza!). Dove l'uomo ha sempre lo Stato di fronte a sé, risulta difficile anche solo pensare ad un mondo di azioni autenticamente libere; dove l'unico orizzonte è quello costituito dallo Stato e da ciò che gira intorno ad esso, la persona e la sua iniziativa sembrano inevitabilmente subordinati; dove l'individuo si suppone obbligato e senza alternative rispetto al potere politico, anche pensare in modo libero diviene un'impresa straordinaria.

---

332 Neanche è un caso che, quando si vuol davvero far funzionare l'organizzazione di attività di emergenza, il ricorso alle strutture private diviene necessario ed inderogabile. Anche in questa epidemia, i ritardi e le inefficienze del servizio pubblico sono spesso stati colmati da quel poco che di privato in Italia ancora resiste nell'ambito sanitario o scolastico.
333 Un esempio di ciò è offerto dal modo con cui la Corea del Sud ha potuto fronteggiare l'epidemia dimostrando di godere di un sistema di grande efficacia. In questo Paese asiatico a forte dinamismo capitalista, la sanità è quasi interamente privata e gode di strutture e numero di posti letto incomparabilmente migliori e superiori rispetto al servizio pubblico di qualsiasi altra nazione (cfr. https://www.youtube.com/watch?v=ao-fyI_ZDpw&fbclid=IwAR3PnWXc_-NDZTeV2MEej82geOCBFi0vA-T8Yv5i1kx4BBsA16XK7oQK-X30&ab_channel=IstitutoLiberale; cfr. http://www.asianews.it/notizie-it/Sanit%C3%A0:-Seoul-leader-al-mondo-per-posti-letto-e-macchinari,-per%C3%B2-mancano-i-medici-45234.html).

Nel rispondere ai lettori, nella cui obiezione vi è l'eco di un'opinione radicata e diffusa, scrivevo che il consenso con cui lo Stato estende ulteriormente le prerogative e i poteri non tiene presente le conseguenze delle grandi spese per le quali, al momento, tutti si dicono a favore. Si chiede allo Stato di non badare a spese, ma nel futuro si morirà per una malattia che si chiama debito pubblico. Oggi si applaude, domani si farà la fame. Si ritiene il mercato inabile ad affrontare condizioni di emergenza? Ciò che appare inevitabile nell'immediato (con il ruolo dello "Stato forte") si trasforma in una sventura nei tempi successivi. Gli interventi governativi sono tanto più causa di inflazione e debito pubblico quanto più sono massicci[334]. Quando si ritiene che solo lo Stato è in grado di intervenire adeguatamente nelle situazioni di crisi, oltre a dimenticare che lo Stato non solo attinge tutte le proprie risorse dai privati (che potrebbero, quindi, agire con razionalità e con minori difetti), ma necessita del privato per l'acquisto di tutti i beni di cui dispone[335], si trascura innanzitutto che lo Stato, distruggendo risorse preziose, rende assai difficoltoso quello sviluppo sociale e quella prosperità individuale grazie a cui ogni emergenza sarebbe meglio affrontata. Ad iniziare da malattie ed epidemie[336].

Come il libero mercato crea le migliori condizioni generali di sviluppo, progresso e benessere, utili ad affrontare qualsiasi tipo di avversità, non di meno, nel momento di emergenza, le possibilità offerte dall'iniziativa privata, quando questa è diffusa e radicata, solida e matura, vigorosa e florida, si rivelano le più efficienti ed efficaci soluzioni.

Il superamento del mercato e della sua logica è una tentazione che si annida sempre, ma che esplode puntualmente in particolari occasioni quali sono le emergenze e le condizioni di necessità. Da qui, come dicevo lungamente già nelle pagine del capitolo precedente, il connubio tra emergenza e statalismo. Ora occorre richiamare un altro singolare

---

334 Saranno esattamente l'inflazione e il debito pubblico a condurre l'economia alla crisi e, ad un'analisi reale, a far rimpiangere il ruolo del libero mercato anche per le stesse emergenze. Il costo dell'intervento di Stato penalizza lavoro, crescita, sviluppo e prosperità, indispensabili condizioni per fronteggiare necessità ed emergenze. Anche nelle situazioni più gravi, niente è davvero risolutivo quanto il lavoro individuale (non gli aiuti di Stato) e l'iniziativa privata (non l'azione dei pubblici poteri).
335 Tutto ciò di cui anche lo Stato ha bisogno lo si deve alla produzione privata. Dal materiale sanitario a quello scolastico; dalla carta ai computer, anche per lo Stato, tutto viene reso disponibile dal privato. La polizia non ha auto, divise, scrivanie, radio, ecc., che non provengano da industrie private; anche l'armamento più esclusivo, avanzato e tecnologico (cioè soggetto al segreto di Stato) viene prodotto in regime di competizione.
336 Lo sviluppo scientifico e tecnologico, l'innovazione e la ricerca sono qualità del mercato, non dello Stato. È vero: lo Stato può sostituirsi al privato, ma ogni qualvolta ciò avviene si verificano sprechi e ritardi.

connubio che unisce crisi e accuse al liberismo oppure momenti di crisi e spinte a limitare la libertà di mercato.

Come capita in ogni occasione economica cruciale o particolarmente dolorosa, volendo sempre e comunque identificare un colpevole, ci si rivolge ad accusare il nemico pubblico per eccellenza: il capitalismo oggi più comunemente definito "neo-liberismo"[337].

Oltretutto, come quasi sempre capita quando si lanciano accuse generiche – dato che contro il capro espiatorio vanno sollevati lo sdegno e il risentimento ma non ci si può permettere di essere precisi per non essere sbugiardati e smentiti – il "neo-liberismo" non viene pressoché mai definito. Rimane uno spettro generico che, proprio per questo, può assumere le sembianze che di volta in volta ad esso si possono surrettiziamente appicciicare o il volto che ciascuno, strumentalmente, può affibbiare.

Eppure, soprattutto in Italia, tutti gli indici stanno a dimostrare la costante regressione delle caratteristiche costitutive dell'economia di mercato quali, ad esempio, la libertà imprenditoriale, la concorrenzialità, il rispetto della proprietà, l'apprezzamento del merito e la punibilità del demerito, un sistema giuridico chiaro e lineare, la facoltà di trasferire capitali, il libero scambio internazionale, il plauso per la richezza, ecc., e, di converso, il costante incremento delle caratteristiche ad esso avverse quali, ad esempio, la burocrazia, i privilegi (la Cassa Integrazione ad esempio), la predazione fiscale, l'arbitrio della legislazione, le assegnazioni anti-meritocratiche, l'impossibilità di licenziamento, l'incubo della magistratura, il protezionismo commerciale, il discredito della ricchezza, il condizionamento politico, ecc. L'Italia è sempre ultima nelle classifiche che elencano i Paesi occidentali per quanto riguarda sia le libertà economiche, sia il riconoscimento della proprietà privata. Nonostante tutto ciò, l'economia di libero mercato, detta anche capitalismo o "neo-liberismo", rimane, nell'immaginario dei più, il grande o l'occulto responsabile dei guasti presenti nella società.

E, così, con una buona approssimazione, si parla di inevitabile declino delle idee liberali non distinguendo tra la intrinseca bontà di queste (che non potranno mai essere in crisi perché sempre indispensabili e, perciò, intramontabili) e la loro emarginazione politica (che è puramente soggetta a pregiudizi e a scelte ideologiche)[338]. L'esito di questo anti-liberalismo è

---

337   Cfr. Alberto MINGARDI, *L'invenzione del neoliberismo*, in «Nuova Storia Contemporanea. Bimestrale di studi storici e politici sull'età contemporanea», anno 19 (2015), n. 6 (novembre - dicembre), p. 7-22.
338   Cfr. Alberto MINGARDI (a cura di), *La crisi ha ucciso il libero mercato?*, Istituto Bruno Leoni Libri, Torino 2009.

il disastro sociale contenuto nelle teorie stataliste che, per quanto sempre in auge, non possono che essere apportatrici di involuzione sociale ed economica.

Per fraintendimento o per pregiudizio, la libera economia di mercato subisce comunque un formidabile attacco che ne scredita i fondamenti e ne occulta le realizzazioni. Per quanto ogni difficoltà economica – e massimamente le crisi sistemiche – offrano la possibilità di verificare tanto la insostituibilità del capitalismo quanto i fallimenti della pianificazione, per paradosso, proprio nei momenti di difficoltà la spinta all'interventismo statale diviene quanto mai forte. Sono, infatti, quelli i tempi in cui il rafforzamento dello statalismo si compie con il convinto consenso popolare[339].

Così che ciò che dovrebbe indurre a riflettere per tornare senz'indugio ad un'economia naturale e libera, si ribalta nel suo esatto contrario e, sotto la compiaciuta pressione dell'opinione pubblica e l'ossequio per la volontà democratica, si intensifica la regolamentazione, si dilata il dirigismo, si accrescono i poteri politici. Anziché liberare l'economia dalle sue catene[340], i momenti di difficoltà – paradossalmente ma senza dover meravigliarsi, irrazionalmente ma non senza rispondere a estesi interessi, illogicamente ma non senza motivi – riportando alla ribalta le teorie keynesiane, finiscono con l'essere le grandi occasioni per la crescita del Leviatano. Ovviamente, ciò è reso possibile dall'opera di denigrazione verso la libertà economica perché «i cosiddetti "fallimenti del mercato" servono da pretesto per iniziative pubbliche di correzione, che implicitamente assumono l'infallibilità del pianificatore, dell'esperto del Principe»[341].

È anche vero che accanto al pregiudizio puramente ideologico, a sfavore del mercato pesano confusione, fraintendimenti ed equivoci[342] non imputabili alla logica della libera economia, ma che questa logica compromettono nell'immaginario di tanti contemporanei. In altri termini, se il sistema di libero scambio e di proprietà privata ha avuto molti nemici, ancor più possono essere coloro che, per pura leggerezza o per mera

---

339 Raimondo CUBEDDU, *Perché i fallimenti della politica ne aumentano la domanda (e perché non sia il caso di soddisfarla)*, in Nicola IANNELLO - Lorenzo INFANTINO (a cura di), *Idee in Libertà. Economia, Diritto, Società*, Rubbettino, Soveria Mannelli (Catanzaro) 2015, p. 17-31.

340 Cfr. Pascal SALIN, *Ritornare al capitalismo per evitare le crisi*, prefazione di Francesco Forte, Rubbettino, Soveria Mannelli (Catanzaro) 2011 (*Revenir au capitalism... pour eviter les crises*, 2009).

341 Sergio RICOSSA, *Prefazione* a Ludwig von MISES - Gottfried HABERLER - Murray N. ROTHBARD - Friedrich A. von HAYEK, *Governi distruttori di ricchezza. La teoria austriaca del ciclo economico*, Armando, Roma 1997, p. 9.

342 Cfr. Alberto MINGARDI, *La verità, vi prego, sul neoliberismo. Il poco che c'è, il tanto che manca*, Marsilio, Venezia 2019.

superficialità, intendono il capitalismo come regno dell'avidità e della disumanità, l'ambito lavorativo in cui si dà libero sfogo ai peggiori istinti di sopraffazione.

Nelle lezioni di economia che ho tenuto, mi sono sempre preoccupato di chiedere ai miei studenti lo sforzo a identificare quel sistema che (primo) incrementi la libertà e che si alimenti di essa perché ne ha bisogno come suo spazio vitale, che (secondo) crei benessere, prosperità e ricchezza, che (terzo) sia profondamente morale e giusto e sia la negazione stessa della coercizione, che (quarto) favorisca la solidarietà e la pace tanto nella società quanto tra le nazioni e che (quinto) si riveli perfettamente corrispondente all'ordine naturale delle cose ed alla realtà umana, rifuggendo ogni utopia e dimostrandosi concretamente realizzabile. Devo anche dire che sono pochi gli studenti che immediatamente pensano al mercato come sistema del tutto adeguato a questo quadro morale. Anche coloro che convengono nel ritenere il capitalismo indispensabile per la creazione di benessere, mettono questo non secondario risultato in contrapposizione, non in linea, con il rispetto della giustizia, dell'uguaglianza, della pace, della solidarietà ed anche della libertà.

Come, dunque, provare a definire ciò che chiamiamo "mercato"? Se è così facile travisare questa realtà squisitamente umana perché non provare a dare una definizione che impedisca i malintesi? Ai miei studenti – non lesinando la spiegazione dei dettagli e dei passaggi di questa formula – presentavo e chiedevo di commentare queste parole. Il mercato è quel *processo* umano *naturale* in cui, in virtù del diritto di proprietà, lo *scambio* avviene in modo *libero* e senza alcuna coercizione.

«Il mercato, nel senso più ampio del termine, è quel processo che abbraccia tutte le azioni volontarie e spontanee degli uomini. È il regno dell'iniziativa umana e della libertà, il territorio su cui prosperano tutte le conquiste umane»[343]. Queste parole di Mises ci aiutano a capire che, per quanto indispensabile alla migliore produzione dei beni e alla più ampia creazione di ricchezza, il mercato è anche il sistema sociale di cui l'essere umano assolutamente non può fare a meno. In altri temini, il processo di libero scambio non è solo un sistema economico, ma è anche ed innanzitutto un ordinamento sociale. Essendo il mercato l'ordinamento sociale umano per antonomasia non può che essere l'unico sistema *autenticamente* economico[344].

---

343 Ludwig von MISES, *Libertà e proprietà*, prefazione di Lorenzo Infantino, appendice di Murray N. Rothbard, Rubbettino, Soveria Mannelli (Catanzaro) 2007, p. 28 (*Liberty and Property*, 1958).

344 Il liberto mercato basato sulla proprietà privata non è solo il sistema economico grazie al quale i beni vengono allocati in modo funzionale; è innanzitutto l'unico sistema

Dovrebbe risultare facile comprendere che al sistema capitalistico non può esservi alternativa. L'unica alternativa sensata ad un sistema di parziale cooperazione sociale è solo un fruttoso incremento di libertà di mercato. Dovrebbe essere facile capire che più ci si allontana dal sistema di libertà economica più si penetra nel regno del caos. Mises ribadiva che, in termini propri, «la scelta è tra capitalismo e caos»[345]. Se il socialismo è la forma più compiuta di opposizione alla libertà economica, allora il socialismo è anche la dimostrazione della pianificazione del caos[346]. Ma sarebbe un errore pensare che occorra preoccuparsi del caos o del socialismo solo quando l'uno o l'altro giungono alla loro fase più compiuta[347]. Ogni allontanamento dal sistema di cooperazione naturale è una dose di caos inserita nei rapporti tra gli uomini e una dose di veleno iniettata nelle dinamiche sociali. Mises, perciò, scriveva: «colui che sceglie tra un bicchiere di latte e un bicchiere di soluzione di cianuro di potassio, non sceglie tra due bevande; sceglie tra la vita e la morte. Una società che sceglie tra capitalismo e socialismo non sceglie tra due sistemi sociali; sceglie tra la cooperazione sociale e la sua disintegrazione. Il socialismo non è un'alternativa al capitalismo; è un'alternativa a ogni sistema in cui gli uomini possono vivere come esseri *umani*»[348].

Comprendere la vera natura del socialismo significa non cadere nella ingenuità (un'ingenuità tragica) di ritenere questo sistema qualcosa che possa essere di sollievo ai proletari e ai poveri[349]. Questi potranno uscire

---

sociale che garantisce la cooperazione pacifica ed ordinata. È limitativo considerare il mercato solo come il sistema economico più efficiente; ciò che chiamiamo libera economia di impresa è *innanzitutto* un ordinamento sociale indispensabile per il benessere e il progresso dell'uomo.

345 Ludwig von MISES, *L'azione umana*, presentazione di Tullio Bagiotti, UTET, Torino 1959, p. 651 (*Human Action. A Treatise on Economics*, 1949).

346 Cfr. Ludwig von MISES, *Il caos pianificato. Epilogo*, a IDEM, *Socialismo. Analisi economica e sociologica*, a cura di Dario Antiseri Rusconi, Milano 1990, p. 573-647 (*Planned chaos*, 1947).

347 Ho già citato la ineguagliabile definizione fornita dall'economista spagnolo Jesús Huerta de Soto che ha qualificato il socialismo come «ogni restrizione o aggressione istituzionale contro il libero esercizio dell'azione umana» che si suole giustificare «a livello popolare, politico e scientifico, come sistema capace di migliorare il funzionamento della società» (Jesús HUERTA de SOTO, *Socialismo, calcolo economico e imprenditorialità*, Edizioni Solfanelli, Chieti 2012, p. 87; cfr. p. 89 - *Socialismo, cálculo económico y función empresarial*, 1992).

348 Ludwig von MISES, *L'azione umana. Trattato di economia*, prefazione di Lorenzo Infantino, Rubbettino, Soveria Mannelli (Catanzaro) 2016, p. 720 (*Human Action. A Treatise on Economics*, 1949).

349 «Il socialismo non è quel che pretende di essere. Non è la scelta avanzata di un mondo migliore e più bello, ma il distruttore di quel che migliaia di anni di civiltà hanno creato.

dalla condizione in cui si trovano solo mediante il lavoro libero e la cooperazione sociale. Ecco, allora, perché attaccare il capitalismo comporta danneggiare particolarmente coloro che ancor più di altri hanno bisogno delle virtualità del mercato per affrancarsi dalla situazione in cui versano. Infatti, i più penalizzati dalle restrizioni al libero mercato sono i poveri, i più danneggiati dalle limitazioni al libero commercio sono i più umili.

All'inizio dell'autunno è arrivata l'enciclica di papa Bergoglio[350] con i radicatissimi pregiudizi e con le contraddizioni profonde che esprime[351]. Contraddizioni ed aporie che, abitualmente, vengono coperte dalla forte impronta agiografica che caratterizza la gran parte dei commenti, anche quelli che provengono dalle aree politiche che un tempo erano maldisposte o addirittura apertamente ostili. Vi sono certamente contraddizioni insanabili nel pensiero di Bergoglio, ma su una questione molto importante il Papa è assai coerente con se stesso. Mi riferisco all'aperta condanna del liberismo e al netto rifiuto del capitalismo. Questa opposizione non è in contrasto con l'amore per i poveri perché il Papa sembra raccomandare ai poveri di non abbandonare quella che per lui è una condizione spirituale privilegiata. E per riuscire nella missione di mantenere nella miseria gli indigenti allargando, anzi, il più possibile il numero dei disagiati, la condanna del libero mercato è sicuramente la strada più efficace.

L'epidemia passerà anche se non sarà certo dimenticata facilmente a causa del numero dei morti e del disordine che ha provocato. L'esperienza, però, ci fa presente che c'è sempre qualcosa di ancor più grave dentro le avversità che colpiscono la vita individuale e il cammino dell'umanità. Peggio dell'epidemia potrebbe esservi la carica distruttiva e suicida stimolata da falsi rimedi: se l'uomo può riprendersi mediante il lavoro, la negazione della libertà a questo connessa potrebbe gettarlo in una situazione ancor peggiore di quella sperimentata a causa del Covid. Per evitare disastri maggiori, con Jesús Huerta de Soto, davvero occorre ritenere che «il virus più letale è la demonizzazione dell'iniziativa privata con l'autoregolazione agile ed efficiente che la caratterizza. Il tutto mentre si

---

Esso non costruisce, distrugge. La distruzione è effettivamente la sua essenza. Non produce nulla, ma consuma soltanto quel che l'ordine sociale basato sulla proprietà privata dei mezzi di produzione ha creato» Ludwig von MISES, *Socialismo. Analisi economica e sociologica*, a cura di Dario Antiseri, Rusconi, Milano 1990, p. 504 (*Die Gemeinwirtschaft. Untersuchungen* über *den Sozialismus*, 1922).

350 Cfr. FRANCESCO, Lettera enciclica *Fratelli tutti* sulla fraternità e sull'amicizia sociale, 3.10.2020.

351 Cfr. Loris ZANATTA, *Una critica a "Fratelli tutti" e la voce di un altro Papa*, in «Il Foglio», 21.10.2020.

divinizza la mano pubblica in tutti gli ambiti: la famiglia, l'istruzione, le pensioni, l'occupazione, il settore finanziario e, ora con particolare rilevanza, il sistema sanitario»[352]. Sarebbe, questa, una drammatica conferma dato che «la modernità risolve i suoi problemi con soluzioni ancora peggiori dei problemi»[353].

Se vi è una crisi del liberismo, questa non è determinata da una sua intrinseca debolezza, ma dall'accerchiamento in cui sono poste le sue realizzazioni; ad essere in crisi, infatti, non sono le teorie liberali, ma la loro realizzazione perché ostacolata dal dilagante statalismo. È davvero sorprendente come molti ritengano il ridimensionamento del libero mercato una, se non la prima ed indifferibile, delle necessità imposte dalla pandemia e dal mondo cambiato da essa. Ed è non meno sorprendente che siano così pochi coloro che, invece, riconoscono nel comunismo – il grande avversario del capitalismo –, oltre che il responsabile della pandemia, anche la vera grande zavorra di cui liberarsi al più presto perché ancora grava in misura tanto pesante sul presente dell'umanità.

Un grande reset?

Spesso la pandemia è stata paragonata ad una guerra. A volte in modo proprio, a volte in modo improprio[354]. Si sbaglia, ad esempio, quando, nella lotta contro questo nemico piccolo ed invisibile, si evoca, capziosamente, il clima di guerra per giustificare e per dare forza ad ogni provvedimento politico[355]. Proprio per questo motivo, però, la situazione di guerra potrebbe non essere solo una metafora. Temo, cioè, che siano molte, troppe le analogie tra la situazione pandemica e quella di guerra, per non ricordare come le grandi vicende belliche moderne abbiano sempre contenuto un carattere "rivoluzionario". È questa la ragione per cui, dopo essermi occupato della Rivoluzione per eccellenza[356], ho inteso

---

352 Jesús HUERTA de SOTO, *Lo Stato salvatore è solo un'illusione*, in «Il Giornale», 14.5.2020, p. 24.

353 Nicolás GÓMEZ DÁVILA, *In margine a un testo implicito*, Adelphi, Milano 2009, p. 148.

354 Cfr. Roberto BURIONI, *Virus, la grande sfida. Dal coronavirus alla peste: come la scienza può salvare l'umanità*, Rizzoli, Milano 2020, p. 196.

355 «Si dice, ad esempio, che ci troviamo a combattere "una guerra" e che quando la vinceremo, sarà necessario iniziare la "ricostruzione". Tuttavia non siamo né in guerra, né è necessario ricostruire nulla. Fortunatamente, tutte le nostre fabbriche, le nostre strutture e i nostri beni di capitale sono intatti» (Jesús HUERTA de SOTO, *Lo Stato salvatore è solo un'illusione*, in «Il Giornale», 14.5.2020, p. 24).

356 Cfr. Beniamino DI MARTINO, *Rivoluzione del 1789. La cerniera della modernità politica e sociale*, Leonardo Facco Editore, Treviglio (Bergamo) 2015.

approfondire lo studio della Prima Guerra Mondiale nella sua portata trasformatrice, trasformatrice delle istituzioni politiche e della società, oltre che dei costumi[357]. Le guerre moderne, per il loro carattere "totale", ben più che nel passato, impongono dirigismo e centralismo: si avviano, a causa della guerra, i tragici esperimenti della pianificazione, si instaura l'economia di guerra e la condizione bellica diviene un ponte per il collettivismo. Mentre ogni critica al potere politico viene letteralmente disarmata – perché in guerra come durante le fasi di emergenza non ci si può permettere alcun dissenso – la vita stessa dell'uomo cade sotto il controllo politico. Ad iniziare dall'economia con l'ulteriore declassamento dello spazio dell'impresa privata a favore dell'azione pubblica e della programmazione politica. In sintesi, da ogni guerra i poteri dello Stato escono rafforzati ed allargati[358]. È questa l'inquietante analogia[359] con ogni fase emergenziale e con la situazione presente[360].

Anche per comprendere quest'ultima, l'economia offre una lente davvero straordinaria, una lente a cui non rinunciare. Una prova indiretta giunge dal pessimo andamento generale con l'Italia in una condizione ancor peggiore. Riporto le parole del servizio del TG di qualche settimana fa. L'esordio ricorda che il momento difficile per la nostra economia prosegue e non si ferma. Già, e come potrebbe andare diversamente se poi si ascoltano le parole del ministro Gualtieri? Ebbene, il responsabile del dicastero per l'Economia e le Finanze, parlando a metà settembre ai membri delle Commissioni parlamentari per il Bilancio e le Finanze, ha sostenuto che il Recovery Fund europeo non dovrà servire ad abbassare le tasse, ma a rilanciare «maggiori investimenti pubblici: istruzione, formazione, ricerca» (che significa massicce dosi di pubbliche assunzioni per creare consenso politico), «nuove infrastrutture» (che significa creare un sottobosco di affamate commesse statali), «sostegno agli investimenti privati» (che sono al palo perché ingessati dall'alta tassazione che si ritiene di non dover ridimensionare), «innovazione, sostenibilità...» (che

---

357 Cfr. Beniamino DI MARTINO, *La Grande Guerra (1914-1918). Stato onnipotente e catastrofe della civiltà*, Monolateral, Dallas (Texas, USA) 2018, spec. p. 127-141.
358 «Dopo ogni guerra, dopo ogni rivoluzione [...] il potere dello Stato ne esce rafforzato e titolare di maggiori attribuzioni» (José Pedro GALVAO de SOUSA, *La rappresentanza politica*, introduzione e cura di Giovanni Turco, Edizioni Scientifiche Italiane, Napoli 2009, p. 216).
359 Riguardo al legame tra Stato e guerra, cfr. DI MARTINO, *La Grande Guerra (1914-1918). Stato onnipotente e catastrofe della civiltà*, cit. e Beniamino DI MARTINO, *La Prima Guerra Mondiale come effetto dello "Stato totale". L'interpretazione della Scuola Austriaca di economia*, Leonardo Facco Editore, Treviglio (Bergamo) 2016.
360 Riguardo al legame tra Stato ed emergenza, cfr. le pagine precedenti, soprattutto il paragrafo 3 del capitolo 1.

significa parlare di tutto e di niente, dando un segnale di disponibilità a tante orecchie sensibili).

Ebbene, questo episodio mi consente di aprire una rapida riflessione su due aspetti importanti relativi agli scenari dischiusi, o semplicemente rafforzati, dalla pandemia. Due aspetti contigui che possono essere identificati nel rilancio delle teorie neo-keynesiane e nell'auspicio di un generale rinnovamento.

Il grande rilancio delle teorie neo-keynesiane, innanzitutto. Stando alle dichiarazioni degli esponenti politici (soprattutto quelli governativi, ma anche gli altri) dai cospicui fondi che arriveranno dall'Europa (promessi, ma ancora non erogati) e, più in generale, da quanto sarà ingentemente speso per dar luogo alla ripresa economica c'è da aspettarsi una epocale occasione per la risistemazione dell'intero "sistema-Paese", come si usa dire.

Cresce l'attesa della gente dietro l'impulso offerto dalle previsioni di politica economica. Quello della grande opportunità è un concetto che viene riproposto continuamente e in tutte le salse. Il premier Conte al Parlamento diceva che si tratta «di un'occasione senza precedenti per portare l'Italia verso un sentiero di crescita e di sviluppo sostenibile, equo e inclusivo»[361]. Esponenti del Movimento 5 Stelle[362] ripetevano che quella del Recovery Fund «è un'occasione storica»[363] che consente «di spendere 209 miliardi per trasformare il nostro Paese» attribuendosi il merito di portare innovazione e svolta ambientale per il futuro. Siamo alle porte dell'Eldorado, quindi. Transizione verde, digitale, investimenti per infrastrutture e trasporti, riforma fiscale, lavoro femminile tra le priorità. Esponenti del Partito Democratico che descrivevano lo "scostamento di bilancio" come «essenziale»[364] per «continuare a fronteggiare la crisi sanitaria ed economica». Tra «occasione senza precedenti», «opportunità unica», circostanza irripetibile e «occasione storica» sembra che dobbiamo ringraziare la Provvidenza per il Covid che la saggezza dei governanti, da iniziale maledizione, ha trasformato in manna dal Cielo.

Ogni ministro, soprattutto i responsabili dei dicasteri della Salute e dell'Istruzione[365], ciascuno per il proprio ambito di competenze specifiche, dà l'impressione che il Paese sia ormai prossimo a toccare con mano

---

361 RAI TG2 del 14.10.2020, edizione delle ore 13, servizio n. 10.

362 I 5 Stelle puntano sul Recovery Fund e, ancora al momento (fine novembre), continuano a dichiararsi contrari ad attingere dal Fondo salva-Stati.

363 RAI TG2 del 14.10.2020, edizione delle ore 13, servizio n. 11.

364 *Ibidem.*

365 Cfr. https://www.ansa.it/sito/notizie/politica/2020/09/23/recovery-fund-azzolina-nuove-scuole-e-piu-sicure-_0c9bf4ff-da81-4d8d-8c14-199eaa619c99.html.

la più grande opportunità, un vero e proprio miracolo italiano. Tutte le speranze sono riposte nell'effetto "moltiplicatore" del più grande "piano Marshall" della storia.

Sembrerebbe che il Covid-19 abbia rappresentato una gigantesca fortuna per l'Italia. Occorreva una disavventura del genere per creare risorse atte a rimettere in piedi e a rilanciare l'intero comparto della scuola, il settore della sanità, della pubblica amministrazione, dell'industria, dei trasporti, delle infrastrutture, ecc. In altri termini, l'ammodernamento dell'intero Paese[366]. L'Italia che, sino a ieri (e solo nel 2011 e nel 2012 era ad un passo dalla bancarotta), non riusciva neanche a pagare gli interessi sul debito, ora sembra aver trovato la vincita alla lotteria non solo per riprendersi dal tracollo, ma addirittura per decollare ad una velocità mai sperimentata.

Ma davvero si tratta di una strepitosa *chance* e di una circostanza provvidenziale per lo sviluppo? Non solo non lo penso affatto, ma mi dico sicuro del contrario: il pozzo in cui si cade può essere confuso con un trampolino dal quale librarsi solo negando ogni evidenza fisica ed economica. Dal pozzo occorre tirarsi fuori e, ovviamente, questo è possibile, ma ciò comporta un inevitabile dispendio di energie e queste risorse necessarie al recupero rappresentano costi che non facilitano, ma appesantiscono l'ordinario sviluppo o la possibilità di una ripresa. Alla scuola di Bastiat – l'anti-Keynes *ante litteram* ridicolizzato da Marx –, anche io ripeto che ogni avversità non rappresenta un moltiplicatore di sviluppo, ma solo un problema in più a cui porre soluzione. Frédéric Bastiat descriveva tutto ciò con la narrazione di un'immaginaria scena nella quale un monello rompe la vetrina di un commerciante[367]. Per una scuola di pensiero (quella keynesiana), il ragazzino andrebbe considerato un benefattore dell'economia perché il suo gesto avrebbe fornito lavoro al vetraio con i cui proventi quest'ultimo avrebbe, a sua volta, favorito altri fornitori. Per il buon senso (quello "austriaco"), la birbonata ha solo prodotto dei costi costringendo il commerciante a distrarre risorse che sarebbero state impiegate diversamente. Infatti, la finestra rotta, pur generando nuovo lavoro per qualcuno (il vetrario), sottrae lavoro ad altri (a coloro a cui il

---

366 Ho già fatto un cenno al ricordo del terremoto in Campania del 1980. Per quanto allora molto giovane, non ho mai dimenticato l'atteggiamento di tanti miei conterranei che, già abituati ad un'assistenza continua da parte dello Stato, ritenevano il sisma la "grande occasione" che avrebbe indotto il governo a provvedere a quanto ancora mancava ai meridionali in termini di alloggi e di sussidi.

367 Cfr. Frédéric BASTIAT, *Ciò che si vede, ciò che non si vede e altri scritti*, a cura di Nicola Iannello, prefazione di Gérard Bramoullé, Rubbettino, Soveria Mannelli (Catanzaro) 2005, p. 4-7 (*Ce qu'on voit et ce qu'on ne voit pas*, 1850).

commerciante si sarebbe comunque, rivolto[368]), e pur producendo nuovi beni (quelli necessari al commerciante per poter ripartire), sottrae risorse distogliendole da altri beni (quelli che sarebbero stati scelti dal negoziante per migliorare la propria posizione commerciale).

Intorno alla metafora della "finestra rotta"[369], ovviamente, ci sarebbe molto altro da dire ad iniziare dal chiarire le conseguenze della prospettiva del "monello benefattore" che si tradurrebbe nella cosiddetta "economia della domanda" (una concezione che intende spingere i consumi e la domanda) distinguendole dalle conseguenze della prospettiva del commerciante che ha subito il danno e che si tradurrebbe nella cosiddetta "economia dell'offerta" (una concezione che intende alleggerire la produzione e la conseguente offerta).

Tra coloro che si riconoscono nell'economia della domanda abbiamo i nomi più gettonati e di grande richiamo mediatico (molti premi Nobel), che occupano le migliori cattedre di economia nelle più prestigiose sedi universitarie, fortemente prezzolati dal potere ed ascoltati consiglieri degli Stati; tra coloro che si riconoscono nell'economia dell'offerta abbiamo gli economisti veri che, però, non godono di alcuna platea e nessun riconoscimento con la sola compagnia della casalinga di Voghera. Per i primi – blasonati premi Nobel, ora anche apprezzati consiglieri economici del Papa – l'economia va risollevata con ogni sostegno ai consumi (la cosiddetta "domanda aggregata") ed essi non possono se non auspicare la moltiplicazione delle finestre rotte. Per costoro, coerentemente, ogni sciagura (terremoti, guerre, carestie, pandemie, ecc.) si tradurrebbe in un provvidenziale impulso per accelerare l'economia o per imporre la ripresa ai momenti di recessione.

Mentre la casalinga di Voghera continua ad interrogarsi sulla natura di queste previsioni e di questi indirizzi teorici, non resta che aspettare tristemente il momento in cui si passerà dal miraggio della grande opportunità alla realtà dell'economia in frantumi.

I cattedratici (che non ho voluto citare per non apparire invidioso del loro successo) intravedono la *grande svolta* che rilancerà l'economia se agli Stati non verrà negato il necessario consenso (che, fuor di metafora, significa legittimare il rastrellamento delle relative risorse). D'incanto

---

368 Anche quando si preferisce il risparmio si compie un'operazione economica molto utile per sé ed anche per l'intero ciclo produttivo.

369 All'avvio di questo capitolo dedicato alle considerazioni economiche accennavo a due principi che avrebbero costituito la pista sulla quale far scorrere le riflessioni. Il primo criterio può essere definito come ciò che permette di distinguere "ciò che si vede" da "ciò che non si vede" (cfr. il paragrafo 1 di questo stesso capitolo 2). Quello della "finestra rotta" costituisce il secondo criterio, preannunciato, ma solo ora esplicitato.

scompare, anche per l'Italia, il rischio *default*, il problema del debito e dell'inflazione e ci si lancia, carichi di fiducia nelle proprie capacità previsionali, verso un nuovo traguardo che sta assumendo sempre più i contorni di una nuova alba per il mondo intero.

Le cattive idee economiche si trasformano in un'ottima piattaforma per le teorie ideologiche più pericolose. Così è stato già per il marxismo. Così ora avviene per fornire una parvenza di credibilità scientifica al teorema di una svolta che, per quanto imparato dall'epidemia, dovrebbe investire l'intera umanità. L'idea di una trasformazione economica, sociale, politica, ambientale, un azzeramento del passato e una partenza[370], una cancellazione delle tradizioni e un nuovo avvio: un grande *reset* mondiale[371].

Dalle motivazioni economiche ai risvolti più propriamente ideologici il mito del Grande Reset è già largamente diffuso. L'idea della grande occasione per rimodulare la società, la cultura popolare, l'intero ordinamento e il mondo nel suo insieme attraverso un maggiore centralismo è un *leitmotiv* martellante, presente ormai in tutti gli interventi pubblici.

Ricordavo già come il Segretario Generale dell'ONU, Antonio Guterres, non perda occasione per confermarsi come capo del maggiore laboratorio ideologico del pianeta. Ridimensionata dalla *leadership* di Trump[372], la propulsione dell'Organizzazione prende ora nuovo vigore nell'intento mai trascurato di imporre i "nuovi modelli culturali" resi più digeribili dalle accattivanti ipotesi di nuovi scenari post-epidemia[373]. Per rimanere nell'ambito dell'ONU, prendendo la parola durante i lavori (questa volta virtuali) della recente Assemblea Generale, il premier Conte ha speso

---

370 Dinanzi a questo tentativo di rinnovare la *tabula rasa* illuministica, torna in mente un altro aforisma di Gómez Dávila: «il conservatorismo non pretende che la società viva del passato, ma che non si nutra di frottole» (Nicolás GÓMEZ DÁVILA, *In margine a un testo implicito*, Adelphi, Milano 2009, p. 105).

371 Cfr. https://blog.ilgiornale.it/puglisi/2020/10/23/grande-reset-e-amazonizzazione-della-societa-cosa-prevede-il-paradiso-terrestre-della-superclass/; cfr. https://culturaidentita.it/alessandro-meluzzi-la-pandemia-pretesto-per-il-nuovo-ordine-mondiale/.

372 Significativa, a riguardo, la lettera inviata dal vescovo Viganò al presidente USA (cfr. https://it.insideover.com/religioni/vigano-scrive-a-trump.html).

373 Non è certo un caso che la dirigenza dell'ONU si dimostri più impegnata sul fronte della trasformazione culturale che sul proprio compito istituzionale qual è quello della ricerca della pace tra le nazioni. Così twitta il Segretario Generale: «la pandemia di Covid-19 è la dimostrazione di ciò che tutti sappiamo: millenni di patriarcato hanno provocato in un mondo dominato da maschi con una cultura maschilista danni per tutti, donne, uomini, ragazze e ragazzi» (https://twitter.com/un/status/1302593895029714944). O anche: «è il momento» – grazie all'emergenza coronavirus? mi domando ancora – «di ricostruire società più eque, inclusive e resilienti» (*ibidem*).

buona parte del suo intervento nel presentare la pandemia quale opportunità per un nuovo inizio[374].

Se poi ci domandiamo quali potrebbero essere i tratti del nuovo mondo segnato dal *reset* imposto dalla pandemia, la risposta non necessita né di complicate analisi né di particolare acume: la miscela ha sempre gli stessi ingredienti. L'ambientalismo la fa, almeno apparentemente, da padrone (anticipando il lugubre scenario di prossimi allarmi con conseguenti nuove emergenze)[375]. "Apparentemente" perché, in realtà, l'ambientalismo è la versione giovanile, suadente, generosa e disinteressata dell'anti-capitalismo più pervicace e dell'anti-occidentalismo più arrabbiato. Ambientalismo e anti-capitalismo, infatti, si specchiano in una nuova forma del mito del "buon selvaggio" (le ideologie si "riciclano" forse perché sono ambientaliste), ritrovato nella sua versione aggiornata dell'abbandono dello sforzo per la crescita economica e del dolce scivolamento verso l'involuzione (la cosiddetta decrescita felice).

Ciascuna di queste facce della medaglia esprime un'unica tendenza che può essere ricompresa come un radicale "cambio di paradigma", un rivoluzionamento di ciò che sinora, grazie alla linfa cristiana, era considerato desiderabile e ciò per cui valeva vivere, sacrificarsi e spendersi. E, così, si passa dalla naturale aspirazione al miglioramento della condizione umana all'innaturale desiderio di peggiorare; dal naturale bisogno di progredire all'innaturale voglia di perseguire l'involuzione; dall'inesausto sforzo per assicurare una crescita del benessere all'impegno ad ostacolare la prosperità nell'auspicio di una decrescita economica. Ed innanzitutto si passa dalla salvaguardia della razionalità da difendere ad ogni costo contro la marea delle istanze distruttive e rivoluzionarie, alle varie forme di relativismo nichilista.

La versione religiosa di questa deriva è contenuta nella predicazione di papa Bergoglio che la esprime tanto con gli atteggiamenti personali e le scelte di governo, quanto con le parole estemporanee e i documenti ufficiali. Non sorprende, quindi, che l'intero pontificato possa essere interpretato come una formidabile stampella spirituale all'ideologia dell'involuzione e della decrescita[376]. E neanche deve meravigliare che i più sensibili e av-

---

374 Cfr. https://www.rainews.it/dl/rainews/articoli/Conte-all-Onu-pandemia-opportunita-per-nuovo-inizio-da4a045d-6856-4971-9aa7-0f1ec7d2642c.html.

375 Non deve soprendere la prolungata assenza, in questi mesi di pandemia, di Greta o di movimenti quali quello delle "sardine"; le attività dovono essere considerate sospese, ma non abolite. C'è da supporre che questa sospensione rappresenti il frutto di una oculata tattica che suggerisce di non avere visibilità in un momento in cui l'ambientalismo apparirebbe apertamente contraddittorio con la sopravvivenza sanitaria.

376 Cfr. https://lanuovabq.it/it/se-al-papa-piace-la-decrescita-felice.

veduti – tra i credenti come tra i non credenti – riconoscano, oggi, che «il buio più tragico viene dalla Chiesa cattolica romana»[377].

Un elemento non secondario di questo tentativo di reimpostare i fondamenti della società e i rapporti tra le persone è l'abolizione della distinzione del genere. L'ideologia *gender*[378] sembra, ormai, aver sostituito il vincolo della famiglia naturale ed aver superato la stessa distinzione tra il genere maschile e il genere femminile. Si tratta di una acquisizione che è in capo ai programmi dei vari fronti progressisti e determina l'agenda politica dei governi. È, con tutta evidenza, una questione fondamentale il cui portato è chiaro più nella consapevolezza di chi intende espugnare questa trincea che nella coscienza di chi prova a difendere il baluardo della famiglia naturale. Prova è il fatto che i primi hanno proiettato la delicatissima tematica nella discussione intorno alla pandemia intrecciando, in modo singolare, quest'ultima con la prima: con il Paese in *lockdown* e con un'emergenza che impediva anche di uscire da casa per lavorare, il Parlamento era occupato a discutere di omo-transfobia[379]. Ingenuamente, ho trovato sorprendente anche che il Segretario del Partito Democratico, Nicola Zingaretti, dichiarasse «la parità di genere l'obiettivo centrale del Recovery Fund»[380]. Chi pensava che i fondi fossero stati chiesti all'Unione Europea per "ristorare" famiglie ed imprese dovrà imparare

---

377 «[...] il buio più tragico viene dalla Chiesa cattolica romana. Papa Francesco chiede il riconoscimento delle coppie omosessuali, insiste caparbiamente su mono-temi di bandiera mentre non dice una parola su altri fronti minacciosi e tragici, propone fratellanza e sinodalità invece che chiari indirizzi dottrinali e morali, trasforma il proprio ruolo in quello di un opinionista, affida il suo messaggio a stravaganti interviste, confonde anziché precisare, si fa citare da Maduro e da Zan come patrocinatore delle loro cause. Riconosce una chiesa scismatica, non difende le vittime del comunismo, fa del riscaldamento globale una verità evangelica, cambia la dottrina morale cattolica senza spiegarci perché, agisce ma non motiva, dispone ma non argomenta, blinda il collegio cardinalizio per i prossimi decenni, combatte la corruzione tramite corrotti» (Stefano FONTANA, *Il buio oltre la siepe*, in «La Nuova Bussola Quotidiana», 9.11.2020, https://www.lanuovabq.it/it/il-buio-oltre-la-siepe-ma-in-fondo-ce-una-speranza).

378 Cfr. Antonio CARAGLIU, *L'ideologia "gender". La presunzione fatale di costruire l'identità (I parte)*, in «Veritatis diacona. Rivista semestrale di scienze religiose e umanistiche», anno 4 (2018), n. 7, p. 70-94; cfr. Antonio CARAGLIU, *L'ideologia "gender". La presunzione fatale di costruire l'identità (II parte)*, in «Veritatis diacona. Rivista semestrale di scienze religiose e umanistiche», anno 4 (2018), n. 8, p. 33-62.

379 Cfr. https://www.ilgiornale.it/news/politica/omofobia-s-camera-e-fdi-protesa-i-banchi-1901073.html; cfr. https://culturaidentita.it/il-corso-sul-gender-no-lasciamo-ai-bambini-la-certezza-primaria-x-e-y/.

380 Cfr. https://rep.repubblica.it/pwa/generale/2020/10/12/news/zingaretti_la_parita_di_genere_obiettivo_centrale_del_recovery_fund_-270377820/; cfr. https://www.nicolazingaretti.it/notizie/parita-genere-recovery-fund/.

a sottomettere lavoro ed economia alle inderogabili priorità ideologiche dell'agenda dei partiti.

Anche solo il nome "grande *reset*" dimostra che la nostra civiltà è al tramonto. Lo si comprende anche dall'atteggiamento degli occidentali, degli europei, degli italiani che hanno in tale disistima le proprie radici da voler *resettare* la propria stessa storia. Davvero «*le* civiltà muoiono per l'indifferenza verso i valori peculiari che le fondano»[381]. Se di svolta si deve parlare, questa dovrebbe, piuttosto, comportare un "ritorno" non certo un azzeramento, una "riforma" non certo una "rivoluzione", una "restaurazione" non certo una "trasformazione". Progressisti e rivoluzionari sono stati la tassazione, il debito pubblico, l'inflazione monetaria e se è vero che non è mai sopravvissuta una civiltà con queste mortali malattie, è anche vero che il vaccino per salvare l'Occidente sarebbe costituito da un'inversione, non da un'accelerazione nella direzione letale della statalizzazione della vita individuale. Ma il "grande *reset*" non intende affatto azzerare questa marcia, intende tranciare ogni possibilità di revisione per rendere irreversibile la direzione. Si tratta, però, di un cammino che non avendo imparato nulla dal passato non può avere alcun futuro.

Crisi della globalizzazione?

La globalizzazione non è un fenomeno che si impone dall'alto e neanche deve essere regolamentato in base ai capricci politici. La globalizzazione è inscritta nella stessa natura dell'uomo che, per vivere meglio, scambia e coopera con i suoi vicini e tanto più la cooperazione e lo scambio sono consistenti e rapidi, tanto più il raggio si allarga sino a riguardare anche individui molto lontani. L'"interdipendenza" è una realtà spontanea e naturale.

Alcune voci hanno parlato di crisi della globalizzazione a causa della pandemia. Un'epidemia generalizzata che ha imposto quarantene e chiusura dei confini, blocco dei voli e interruzione degli scambi; epidemia che metterebbe anche in discussione l'internazionalizzazione dei commerci e l'abituale mobilità.

Questo ha sicuramente una parte di verità fattuale perché, come è vero che la pandemia ha prodotto un impoverimento generale, allo stesso modo ha comportato anche un raffreddamento della globalizzazione. Nel dire ciò bisogna innanzitutto riconoscere il collegamento tra questi due elementi: globalizzazione e ricchezza. Si potrebbe dire: *aut simul stabunt aut simul cadent*, avanzano insieme o indietreggiano insieme. È vero

---

381 Nicolás GÓMEZ DÁVILA, *In margine a un testo implicito*, Adelphi, Milano 2009, p. 48.

che *fattualmente* la pandemia provoca una battuta d'arresto (o almeno un rallentamento) della globalizzazione, ma *in modo valoriale* ciò non può che essere considerato negativamente.

Vi è anche un altro legame che non può essere occultato, quello tra pandemia e globalizzazione. È vero, infatti, che un'epidemia si trasforma in pandemia a causa dei movimenti delle persone e più questi sono intensi, più il pericolo di contagio è elevato. In passato, anche l'influenza aviaria rischiava di essere esportata a causa della migrazione degli stormi. Ma come le abitudini degli uccelli non possono essere accusate di alcunché, neanche la interdipendenza umana può mai essere giudicata colpevole. Se così fosse il lavoro dell'uomo dovrebbe essere considerato negativamente considerando gli incidenti che pur capitano piuttosto che per il beneficio che arreca.

Chi ha visto nella diffusione del virus l'emergere di un'irreversibile inversione di tendenza del processo di globalizzazione ed ha salutato questo cambio di direzione con soddisfazione "no-global" dovrebbe, però, tener meglio presente alcune realtà.

Innanzitutto che proprio la pandemia dimostra l'impossibilità di frenare o imbrigliare l'interdipendenza umana. Il virus nato (o creato che sia) in una parte del mondo ha invaso ogni angolo del pianeta. Capitava anche in epoche in cui la mobilità era ridotta, figuriamoci oggi in epoca di "villaggio globale".

Il fatto stesso che il coronavirus abbia infettato il mondo intero dovrebbe essere sufficiente a far ritenere che ciascuna parte del mondo non può non essere in connessione con il resto del pianeta. E così anche il modo con cui l'emergenza, che ha riguardato una parte, ha comunque riguardato anche ogni altra zona e area. Non mi riferisco, ovviamente, al modo con cui in alcune zone la risposta sia stata migliore (dove maggiore è la libertà individuale) rispetto ad altre (dove minore è la libertà individuale). Mi riferisco al fatto che la pandemia ha prodotto un'emergenza simile ovunque. Seppur con gradazioni differenti. Non con gli stessi criteri, non con le stesse soluzioni e tantomeno – neanche a dirlo – con gli stessi mezzi, però tutti hanno dovuto confrontarsi con un'emergenza che non era solo sanitaria. Era ed è anche emergenza economica (emergenza monetaria, finanziaria, commerciale, industriale). Ma è stata anche emergenza digitale. Questa terza ricaduta della diffusione del coronavirus è stata poco richiamata solo perché la rete ha retto; se non lo avvesse fatto, si sarebbe creato uno scenario da film[382].

---

382 Nei primi momenti del *lockdown* italiano, la tenuta del sistema era tra i miei interrogativi. Preoccupato di ciò, interpellai un carissimo amico, manager di alto grado di una delle principali multinazionali di Information Technology.

L'altra realtà che occorrerebbe far presente ai "no-global" è che, se l'inversione di direzione non è possibile, essa non è neanche auspicabile. «In linea di principio, tuttavia, una riduzione del commercio internazionale e un ritorno a economie più localizzate non farebbe altro che rendere queste ultime più suscettibili ai disastri e agli *shock* locali (che sono probabilmente più [frequenti] delle pandemie globali). Sono i legami commerciali al di fuori del proprio territorio che permettono alle comunità sane e fiorenti di salvare quelle che hanno incontrato un problema temporaneo. L'isolamento permanente paralizzerebbe questa capacità. Inoltre, l'espansione della divisione del lavoro in tutto il mondo non è solo di generale beneficio economico, ma sostiene relazioni pacifiche e amichevoli tra i diversi popoli»[383].

Uno dei più ostinati fustigatori della globalizzazione economica è papa Bergoglio. In realtà, un atteggiamento timoroso dei rischi che si intravedono nel fenomeno è stato presente anche nell'insegnamento dei predecessori. Ed è sorprendente che tale perplessità venga espressa dalle guide del cattolicesimo, che già nel nome indica essere la realtà più universalmente globalizzata[384]. Se il magistero degli altri pontefici non è privo di ambiguità, con Bergoglio la condanna della globalizzazione giunge ad essere inappellabile. Si tratta, però, di una contraddizione, ancor più plateale di altri aspetti propri della concezione sociale che questo papa esprime. Infatti, mentre su altri temi la visione di Bergoglio può semplicemente dirsi errata (sotto la dimensione economica) o sovversiva (sotto quella morale), trattando della globalizzazione, il Papa neanche si rende conto di non poter, al tempo stesso, invocare l'integrazione dei popoli sottosviluppati e condannare la globalizzazione[385].

Parlando di globalizzazione, può essere il caso fare ancora un cenno ai due attori internazionali che in questo 2020 si sono confrontati con l'emergenza virale. Il primo attore è la Cina, il secondo sono gli USA.

Non saranno mai sufficienti i richiami alle responsabilità della Cina[386] e queste colpe fanno del virus qualcosa che possa qualificarsi propriamente come "virus comunista". Ciò già in base alle conoscenze di cui disponiamo supponendo che quando sarà possibile conoscere ciò che al momento il regime di Pechino tiene ancora nascosto, le colpe del comunismo

---

383 Duncan WHITMORE, *Why the State Shouldnt Manage a Crisis*, https://misesuk. org/2020/03/24/why-the-state-shouldnt-manage-a-crisis/, 24.3.2020.
384 Cfr. Robert A. SIRICO, *A difesa del mercato. Le ragioni morali della libertà economica*, Cantagalli, Siena 2017, p. 115.120-121.
385 Cfr. Alberto MINGARDI, *Il Papa dà ragione a chi racconta l'immigrazione come una guerra tra poveri*, in «Il Foglio», 10.10.2020.
386 A queste responsabilità ho voluto dedicare l'intero prossimo capitolo.

appariranno ancor più evidenti. A metà ottobre vengono resi noti i dati dell'economia cinese che dimostrano (dimostrerebbero?) la ripresa del Dragone socialista[387]. La Cina è (sarebbe?), così, il primo paese ad aver superare le conseguenze economiche della pandemia. I dati mostrano che le esportazioni volano al 9,9%, con boom di prodotti tecnologici (smartphone e 5G), con crescita di consumi e di turismo interno. Sembra una beffa ed una beffa soprattutto nei confronti del grande rivale americano[388]. Un rivale che può essere tenuto in scacco perché di esso la Cina detiene una cospicua quota del debito[389]. Immaginiamo cosa succederebbe se Pechino gettasse sui mercati internazionali anche solo parte dei titoli USA posseduti[390].

Mentre la Cina affermava di aver già superato le difficoltà economiche prodotte dall'epidemia, sul suo grande rivale venivano scaricati tutti gli effetti politici del coronavirus. Man mano che la data delle elezioni si avvicinava, tanto più cresceva la percezione del peso svolto dal Covid nella scelta del futuro presidente. Il virus cinese ha certamente condizionato il voto degli americani, prendendosi il posto centrale anche nei dibattiti televisivi dei candidati, che hanno visto un Biden nella comoda posizione dell'attaccante e un Trump nella disagiata posizione dell'accerchiato. Credo che Biden abbia utilizzato bene le sue cartucce e Trump abbia perso per eccesso di sicurezza. Biden si è accreditato come assennato e prudente[391] mentre Trump ha voluto dare una sussiegosa prova di tranquillità. Mentre ora sconsolatamente piango l'America, *The Land of the Free and the Home of the Brave*[392], che non c'è più o che non più c'è sullo scenario internazionale, mi azzardo a fare una valutazione che avevo già partecipato ad amici e redattori della rivista che dirigo nel momento in cui si venne a sapere del contagio che aveva colpito anche la coppia

---

387 Cfr. https://www.tgcom24.mediaset.it/economia/la-cina-esce-dalla-secca-del-coronavirus-pil-secondo-trimestre-3-2-ma-lfmi-vede-nero-per-il-resto-del-mondo-c-ancora-i_20729200-202002a.shtml.

388 Cfr. https://it.insideover.com/economia/se-la-cina-pensa-di-tagliare-le-terre-rare-agli-stati-uniti.html.

389 Cfr. Francesco DE FILIPPO, Il *dragone rampante. 182 voci del potere cinese*, Castelvecchi, Roma 2016.

390 Cfr. https://it.sputniknews.com/economia/202006129193809-prepararsi-al-peggio-la-cina-vende-il-debito-pubblico-usa-per-via-della-svalutazione-del-dollaro/.

391 Biden e i democratici, che non hanno perso occasione per attaccare Trump accusandolo di irresponsabilità, non hanno poi disdegnato lunghe ed imprudenti forme di festeggiamenti per la vittoria elettorale. Da un giorno all'altro, era stata archiviata la reiterata richiesta democratica di evitare gli assembramenti.

392 Cfr. Paolo L. BERNARDINI, *America. Un liberale guarda alla terra della libertà*, Liberilibri, Macerata 2008.

presidenziale alla Casa Bianca. Credo che Trump abbia sbagliato gravemente nello sminuire il pericolo costituito dal virus, tanto più che il suo
atteggiamento spavaldo ed ottimista, che voleva essere un segnale utile
ad infondere fiducia, si è accompagnato a lungo ad incertezze ed indeter-
minazioni, dando la sensazione che il Presidente mentisse alla nazione.
Nei primi mesi, d'altra parte, la sottovalutazione del pericolo virale era
accoppiata alle accuse lanciate nei confronti della Cina. In questo modo
si incorreva in una comunicazione contraddittoria perché, da un lato, si
riduceva la portata dell'epidemia, dall'altra, si condannava la Cina per aver
contagiato l'America e il mondo. Occorreva, al contrario, prendere sul
serio il rischio Covid non per trascurare l'economia, ma esattamente per
proteggerla meglio e, nella consapevole gravità della situazione, mostrare
di avere ogni motivo per attribuire le (enormi) responsabilità al nemico
comunista. Trump non si è avveduto del fatto che la propria superficialità rappresentava solo un'indiretta assoluzione per la Cina e non certo il
modo con cui allontanare gli americani dallo spettro coronavirus. L'errore
presidenziale è costato caro agli USA e al mondo intero, ma so bene che
la gran parte delle opinioni è di segno contrario a questo mio giudizio.
Ciò non può impedirmi dal ribadirlo e dal motivarlo in nome di quell'A-
merica che, grazie a Trump, era tornata ad essere se stessa[393]. Ora, invece,
l'America non è più l'America –quasi a parlare di un'altra "America dopo
l'America" autentica, quella dei coloni e delle libertà individuali – e se è
vero che non è certo la prima volta che gli USA si voltano a favore delle
soluzioni *liberal* e progressiste, è anche vero che ciò non può mitigare il
giudizio nei confronti della vittoria di Biden, che rappresenta, e non solo
per l'America, una sciagura ancora peggiore del virus.

Il prossimo collasso dell'Unione Europea

Sulla scena mondiale, accanto ai due protagonisti veri (USA e Cina), vi
sarebbe anche un terzo attore, nelle vesti di "non protagonista". Sebbene
possa essere sempre riconosciuto tale (assolutamente "non protagonista"),
tale attore non corre il rischio di vedersi assegnato alcun Oscar riservato
a questo genere di categoria artistico-cinematografica. Ovviamente intendo riferirmi all'Unione Europea.
    Un attore di secondo piano, quindi. Il cui peso diminuisce in propor-
zione al suo incedere. Infatti, le aspettative iniziali (penso agli anni del
trattato di Maastricht firmato nei primi mesi del 1992) avevano generato,

---

393 Cfr. Ron PAUL, *La terza America. Un manifesto*, Liberilibri, Macerata 2009 (*The Revolution. A Manifesto*, 2008).

sullo scenario mondiale, un'immagine di forza e di potenza (che, tra l'altro, catalizzò l'adesione di altri Stati). Un'immagine (ed un'aspettativa) ormai decisamente tramontata a causa della dimostrazione dell'effettivo stagnante cammino comunitario contraddistinto da centralismo e burocrazia. È il paradosso dell'Unione Europea che si esprime con il depotenziamento – diplomatico, oltre che economico – dei singoli Paesi. Infatti, non solo i legami comunitari non hanno consentito alle varie cancellerie di tesaurizzare alcun vantaggio, ma ciascuna compagine nazionale ha patito il crescente discredito calato sull'insieme comunitario. I singoli componenti (si pensi, innanzitutto alla Germania[394]) hanno, in altri termini, visto diminuire anziché moltiplicare il peso di cui disponevano precedentemente e solitariamente. Il paradosso dell'Unione Europea è nell'aver capovolto il pur naturale principio della moltiplicazione delle virtualità che provengono dalla cooperazione sociale. L'UE è stata capace di ribaltare il principio per il quale "l'unione fa la forza (di tutti)" in una deriva in cui "l'omologazione fa la debolezza (di ogni singola parte)". In modo sorprendente, ciascun Paese ha, infatti, dovuto condividere le negatività dei partner pittosto che emulare i migliori tra di essi in una sempre salutare competizione. Così che i benefici offerti dall'abolizione delle tariffe doganali sono stati surclassati da enormi svantaggi. È la classica situazione in cui le perdite vengono "socializzate" nella speranza di rimanere invisibili riducendone gli effetti. Ma non basta *non* vedere per far *scomparire* perché i costi invisibili («ciò che non si vede») ostinatamente esistono. I vizi ideologici dell'Unione Europea hanno, dunque, impedito di rendere vantaggiosa la cooperazione. Il motivo? Si trattava di una cooperazione tra Stati, cioé tra soggetti regolarmente autoreferenziali, e non tra soggetti operanti nella naturale condizione di mercato. Perché questa condizione si crei non occorrono gli accordi tra gli Stati perché sono esattamente gli Stati i principali nemici del mercato[395].

---

394 Contrariamente alle opinioni più diffuse che accusano la Repubblica Tedesca di aver tratto grande vantaggio finanziario (con l'euro) e industriale (con le esportazioni), ritengo, invece, che la Germania (e la sua economia) sia la vittima eccellente della costruzione comunitaria.

395 Si potrebbe obiettare richiamando il traguardo raggiunto con la libera circolazione delle merci e con l'abolizione dei dazi doganali. È vero, ma si tratta di quei benefici che se, opportunamente, non vanno sminuiti, vanno anche, realisticamente, contemperati con gli inconvenienti complessivi e con i danni generali. Anche in questo caso bisogna evitare di attribuire agli Stati il merito di aver ridotto le difficoltà del commercio internazionale perché gli artefici del protezionismo sono comunque i medesimi Stati. Occorre chiedersi perché l'Unione Europea continua a mantenere barriere doganali che penalizzano le importazioni o perché gli Stati membri mantengono le norme anti-concorrenza e le regole di controllo (tra *golden share* e *golden powers*).

Parlavo di "vizi ideologici". Credo che siano essi la radice vera del fallimento dell'enorme e costosissimo progetto di ingegneria sociale chiamato Unione Europea[396]. Una radice perversa che ho motivo di ritenere essere presente sin dall'inizio. Non si è trattato, in altri termini, di una degenerazione subentrata accidentalmente e contro gli intendimenti dei promotori, ma di un esito – la mastodontica costruzione centralistica e burocratica – già tutto contenuto nei suoi semi e che ha avuto bisogno solo di maturazione attraverso il corso di un processo politico[397].

Ma veniamo all'epoca Covid. Tutti ancora ricordiamo con quale fatica si arrivò, nel cuore dell'estate (del 2020), all'accordo sul cosiddetto Recovery Fund. Vorrei, perciò, concentrarmi sui contrasti, sul significato da dare ad essi e sulle conseguenze politiche che essi già contengono (su quelle propriamente economiche rinvio a quanto detto a proposito del debito pubblico[398].

A quindici giorni dall'inizio del *lockdown*, il governo italiano, insieme a quello di altri otto Paesi (Spagna, Portogallo, Grecia, Francia, Irlanda, Belgio, Lussemburgo e Slovenia), chiese all'Unione l'emissione di titoli di debito – i cosiddetti Eurobond o Coronabond – a copertura delle erogazioni a sostegno delle attività lavorative fermate dall'epidemia. Alla proposta si opposero Germania, Olanda, Austria e Finlandia. In sostituzione della richiesta di lancio dei titoli obbligazionari, che sarebbero stati garantiti dall'Unione Europea nel suo insieme, venne proposto il ricorso al MES – il Meccanismo Europeo di Stabilità o altrimenti detto Fondo salva-Stati (il cui vero nome è ESM European Stability Mechanism) –, fondo creato nel recente passato per salvare dalla bancarotta alcuni Paesi membri. Italia e Spagna, però, rifiutarono la proposta giunta dai

---

396 Cfr. Vladimir BUKOVSKIJ - Pavel STROILOV, *EURSS, Unione Europea delle Repubbliche Socialiste Sovietiche*, Spirali, Milano 2007; cfr. Robert CONQUEST, *I dragoni della speranza. Realtà e illusioni nel corso della storia*, Liberal Edizioni, Roma 2007; cfr. Roberto DE MATTEI, *De Europa. Tra radici cristiane e sogni postmoderni*, Le Lettere, Firenze 2006; cfr. Walter LAQUEUR, *The last days of Europe. Epitaph for an Old Continent*, Macmillan, New York (N. Y.) 2007; cfr. Ida MAGLI, *Contro l'Europa. Tutto quello che non vi hanno detto di Maastricht*, Bompiani, Milano 2001; cfr. Adolfo MORGANTI, *La costruzione dell'Europa unita. Storia, radici, prospettive*, Il Cerchio, Rimini 2005; cfr. Gianfranco MORRA, *Europa invertebrata. Un'identità certa per la civiltà di domani*, Ares, Milano 2006; cfr. Pierre MANENT, *La raison des nations. Réflexions sur la démocratie en Europe*, Gallimard, Paris 2006; cfr. Eugenia ROCCELLA - Lucetta SCARAFFIA, *Contro il cristianesimo. L'ONU e l'Unione Europea come nuova ideologia*, appendici a cura di Assuntina Morresi, Piemme, Casale Monferrato (Alessandria) 2005; cfr. Mario SPATARO, *Il bavaglio europeista. Come l'Europa uccide la libertà*, Edizioni Settimo Sigillo, Roma 2002.
397 Altre osservazioni relative all'impronta ideologica espressa dall'azione degli organismi comunitari saranno trovate nel paragrafo 1 del capitolo 4.
398 Cfr. la parte dal titolo *Tutto a debito: i doni dei danai* nel paragrafo 4 del capitolo 1.

Paesi del Nord Europa (i "rigoristi") perché l'accesso al MES comporta una serie di condizioni (le oramai vituperate "condizionalità") per indurre lo Stato richiedente (è avvenuto per l'irresponsabile Grecia) alle riforme necessarie per rimettere i conti in ordine. Trascorse un mese e nella seconda metà di aprile venne annunciato il proposito di istituire un fondo per la ripresa economica; si iniziò, così, a parlare di Recovery Fund (il cui nome ufficiale è European Recovery and Resilience Facility - ERRF). Pensato dall'UE e sponsorizzato dalla Francia, il fondo era ideato come aiuto ai Paesi maggiormente colpiti dall'emergenza virale e specialmente Italia e Spagna. Il piano venne poi perfezionato e a fine maggio fu anche delineato nella sua quantificazione. La Presidente della Commissione Europea, Ursula Von Der Leyen, battezzò il piano come "Next Generation EU" e parlò di un intervento di 750 miliardi, di cui 500 a fondo perduto e 250 in prestiti[399]. All'Italia veniva già allora riconosciuta una particolare priorità nell'assegnazione del fondo. Si arrivò così al Consiglio europeo di metà luglio (2020) in cui si scontrò la linea dei Paesi latini e la linea di Olanda[400], Austria, Danimarca, Svezia, con gli altri Paesi a fare da mediatori. Nonostante la dura resistenza dei Paesi "frugali"[401], il fronte patrocinato anche da Germania e Francia prevalse (non senza lauti compensi ai contrari) e all'Italia vennero concessi (in realtà, promessi) 81 miliardi di sussidi a fondo perduto e 127 miliardi di prestiti[402]. Sono cifre enormi, ma occorre fare un confronto con la nostra spesa sanitaria nazionale che, in condizioni ordinarie, ammonta a 115 miliardi annui[403] per capire che, a fronte di un grave indebitamento, questi miliardi di euro finiranno con l'essere utilizzati per la sola spesa corrente seppur aggravata dall'emergenza Covid. E ciò in barba ai grandi progetti di riforme palingenetiche.

Il risultato fu esibito dal governo e dalla maggioranza come una vittoria storica, come un risultato epocale non solo per la fiducia conquistata

---

399 Cfr. https://www.eticaeconomia.it/il-recovery-fund-dettagli-e-prospettive-per-la-ue-e-gli-stati-membri/.

400 Cfr. Paolo BELARDINELLI - Alberto MINGARDI - Massimiliano TROVATO - Luigi CEFFALO - Filippo CAVAZZONI, *Il caso olandese. Lezioni per l'Italia*, Istituto Bruno Leoni Libri, Torino 2016.

401 Era stato il «Financial Times» ad utilizzare l'aggettivo *"frugal"* (parsimonioso) per indicare i *Frugal four* (Svezia, Olanda, Danimarca, Austria) che non intendevano cedere alle richieste dei Paesi con la nomea di spendaccioni. Ai primi quattro *frugals* si unirono Finlandia e i Paesi Baltici.

402 Cfr. https://www.ilsole24ore.com/art/tutto-quello-che-c-e-sapere-recovery-fund-10-domande-e-risposte-ADE6jzp.

403 Dati del 2019: https://www.camera.it/temiap/documentazione/temi/pdf/1104197.pdf.

dall'Italia, ma anche per la ritrovata stima da parte degli italiani nei confronti dell'Unione. I sondaggi delle settimane precedenti mostravano un deciso aumento del numero degli euro-scettici e di coloro che si dichiaravano risentiti nei confronti delle istituzioni comunitarie. L'Unione Europea non era mai stata avvertita dall'umore popolare così tanto fredda, insensibile e distante. Le notizie delle lunghe discussioni a Bruxelles si alternavano, poi, alle immagini degli ospedali al collasso stimolando il sentimento di indignazione da parte di un'opinione pubblica sempre più sdegnata. Poi arrivò l'accordo e lo scenario cambiò. Cambiò così profondamente l'umore popolare al punto che, a distanza di pochi mesi, oggi nessuno ricorda più quell'onda euro-scettica che era dilagata nel Bel Paese.

A fine agosto, la Commissione Europea presieduta dalla tedesca Ursula Von Der Leyen chiese al Consiglio Europeo (da non confondere con il Consiglio dell'Unione Europea né con il Parlamento Europeo[404]), Consiglio presieduto dal belga Charles Michel competente per il Recovery Fund, di attivare il fondo dopo che era stato stabilito il piano per la ripartizione e l'accesso ai fondi. Ricordo il ministro Gualtieri e il commissario Gentiloni in prima linea a sbandierare la prova della solidarietà europea. Gualtieri intervistato dalla RAI disse: «è un segnale concreto di un'Europa vicina ai cittadini, vicina ai lavoratori, di un'Europa solidale»[405]. Quindi la solidarietà coincide con il dispensare soldi presi dai contribuenti che tornano (tornerebbero) ai contribuenti i quali saranno gravati di tasse perché l'Unione Europea, attraverso le rimesse dei singoli Stati, possa onorare le obbligazioni contratte mediante l'emissione di titoli di debito. Semplice, no? Quindi, quando si regalano soldi (in fin dei conti dei contribuenti) si dà un segnale di solidarietà e ciò basta per far risalire l'indice di gradimento dell'Unione Europea nel cuore degli italiani[406]. Non si comprende se la responsabilità di tutto ciò è da attribuire all'astuzia dei governanti o all'ingenuità dei governati. Si aggiunga anche che l'Unione Europea non è solo un enorme carrozzone contorto e complicato (basti anche solo pensare in quante lingue deve essere tradotto ogni pagina e

---

404 Nella selva delle istituzioni comunitarie solo i burocrati e i tecnici super pagati possono districarsi. Quanti cittadini del Vecchio Continente conosceranno le ramificazioni istituzionali di Bruxelles, Strasburgo, Lussemburgo, Francoforte?

405 Così il ministro dell'economia, Roberto Gualtieri, al TG2 delle ore 20,30 di lunedì 24 agosto 2020.

406 In questi ultimi giorni (fine novembre) le cose si sono nuovamente (e auspicabilmente) complicate e le acque si sono nuovamente (e salutarmente) increspate per il veto – suppongo in sede di Consiglio dell'Unione Europea – preannunciato da Ungheria, Polonia e Slovenia.

ogni discorso[407]), ma è una macchina costosissima. Altro che Covid! Il virus politico-burocratico è davvero il più letale per distruggere la civiltà che in Europa ha (aveva) le sue radici.

Non solo, quindi, non mi accodo all'esultanza dei ritrovati patrioti che ritengono questi soldi una sicura benedizione per la stremata Italia (penso, invece, che il denaro ottenuto facilmente, oltre a creare debito e tasse, impoverisca attraverso l'inflazione), ma neanche ritengo che questa vittoria buonista sia da considerarsi una prova della insostituibile generosità e del maturo affratellamento dei popoli europei. Credo, invece, che il solidarismo – quello che fa rima con il "politicamente corretto" – sia la migliore impalcatura per legittimare espropri a danno di alcuni e privilegi a vantaggio di altri.

In questo modo la società si divide tra coloro che subiscono l'iniziativa politica e coloro che si avvantaggiano delle conseguenze di questa stessa iniziativa. Questa contrapposizione tra lavoratori e parassiti, tra pagatori di tasse e consumatori di tasse non può che generare una sorta di lotta di classe, anzi la vera lotta di classe[408] che non è quella tra proletari e capitalisti, ma tra espropriati ed espropriatori. Alla lotta di classe marxista, icona di successo universale, ma razionalmente insostenibile, si deve sostituire l'immagine della lotta di classe liberale tesa a riconoscere giustizia a coloro che lavorano, producono e creano ricchezza. Se, poi, dalla società passiamo al caso europeo, il ragionamento non cambia, ma si conferma. Perché alcuni dovrebbero lasciarsi espropriare a beneficio di chi non ha mostrato sufficienti virtù di parsimonia e di laboriosità? Bastiat chiamava queste confische «spoliazione legale»[409]. Ed a queste confische occorre resistere non in nome dell'egoismo, ma in nome della giustizia (e della difesa della civiltà). E se l'accusa di egoismo rischia di disarmare gli accerchiati, occorre ricordare che il peggiore egoismo è quello che impone il sacrificio e il lavoro coatto grazie al quale altri potranno evitare di sacrificarsi e di lavorare. Già citavo un aforisma di Gómez Dávila che ricorda come è facile attribuire l'egoismo alla vittima che non intende

---

407 Le lingue ufficiali dell'UE sono 24! Ed ogni documento, ogni discorso devono essere tradotti in tutte le lingue.

408 Cfr. Cristian MERLO (a cura di), *Parassitismo politico e lotta di classe. Per una riscossa dei produttori*, con contributi di Cristian Merlo, Guglielmo Piombini, Ralph Raico, David Hart, Alessandro Vitale, Leonardo Facco Editore, Treviglio (Bergamo) 2019.

409 Cfr. Frédéric BASTIAT, *Spoliazione e Legge* (*Spoliation et loi*, 1850), in IDEM, *Ciò che si vede, ciò che non si vede e altri scritti*, a cura di Nicola Iannello, prefazione di Gérard Bramoullé, Rubbettino, Soveria Mannelli (Catanzaro) 2005, p. 169-181; cfr. David HART, *La spoliazione legale nel pensiero di Frédéric Bastiat*, in Cristian MERLO (a cura di), *Parassitismo politico e lotta di classe. Per una riscossa dei produttori*, Leonardo Facco Editore, Treviglio (Bergamo) 2019, p. 205-214.

sottomettersi all'egoismo dei profittatori[410]. E se la difesa della giustizia dovesse essere definita "egoismo", allora sarà opportuno, con Ayn Rand, tessere doverosamente le lodi di questo *Selfishness*[411]. In risposta alle accuse della mentalità solidarista, occorre ripresentare i solidi argomenti della ragione e richiamare la lezione del buon senso economico e sociale per il quale l'interesse personale e la salvaguardia della proprietà non solo non sono istanze anti-sociali, ma rappresentano la vera barriera al tramonto della pacifica convivenza. Il grande economista von Mises, infatti, scriveva che «l'"interesse" [è il vero] ostacolo al distruttivismo»[412].

Per questi motivi mi sento di affermare che i contrasti tra i Paesi UE – ove i "frugali" rappresentano i pagatori di tasse e gli irresponsabili con alto debito pubblico rappresentano i consumatori di tasse – non debbano essere considerati né spiacevoli, né sconvenienti. Sono invece legittimi ed anche necessari. Essi nascono non dall'avarizia e dalla mancanza di sensibilità, ma dal dovere di resistere all'aggressore, al cancro dell'unanimismo collettivizzatore, al virus della nuova religione dell'espropriazione. Dal dovere, cioé, di non cedere all'ingiustizia soprattutto quando questo lupo famelico veste i panni della solidarietà tra le nazioni.

Mi sento di affermare, addirittura, che questi contrasti comportano il salutare effetto di rendere manifeste le insolubili contraddizioni contenute sia nel concetto di Stato moderno sia nel tentativo di dare luogo ad un super-Stato ancora più distante dalla vita reale di famiglie e lavoratori. È salutare, cioé, che esplodano le contraddizioni proprie del mito dell'interesse generale che demonizza l'interesse particolare ed è salutare che sia, invece, proprio quest'ultimo – in quanto unico veicolatore e autentico portatore dell'ordine naturale delle cose – a ristabilire i criteri del reale benessere sociale.

Più avanti darò qualche spiegazione alla mia ipotesi circa la fine del comunismo in Cina[413]. Ora azzardo il pronostico della dissoluzione dell'Unione Europea. Sino alla scorsa primavera l'UE era – ritengo che la *leadership* ne fosse ben cosciente – dinanzi ad una duplice possibilità: morire a causa del risentimento tra i popoli e per la contrapposizione tra gli Stati

---

410 Cfr. Nicolás GÓMEZ DÁVILA, *In margine a un testo implicito*, Adelphi, Milano 2009, p. 41 (*Escolios a un texto implícito*, 1977.1986).

411 Cfr. Ayn RAND, *La virtù dell'egoismo. Un concetto nuovo di egoismo*, a cura di Nicola Iannello, Liberilibri, Macerata 2010 (*The Virtue of Selfishness. A New Concept of Egoism*, 1964).

412 Ludwig von MISES, *Socialismo. Analisi economica e sociologica*, a cura di Dario Antiseri, Rusconi, Milano 1990, p. 548 (*Die Gemeinwirtschaft. Untersuchungen* über *den Sozialismus*, 1922).

413 Cfr. paragrafo 6 del capitolo 3.

oppure morire sotto il peso di prestiti, debiti e inflazione. Nel primo caso, per non crollare per cause economiche; nel secondo, per non implodere rinunciando all'immagine della generosità e della solidarietà. Si poteva scegliere se morire di insolvenza e per fallimento economico o per contrasti politici insanabili e per interessi nazionali inconciliabili. Il virus – con un'analogia che riguarda direttamente il comunismo cinese –porta allo scoperto contraddizioni e antinomie, costringendo l'utopia-Eurolandia a scegliere di che morte morire. Parafrasando Churchill, si poteva scegliere tra la bancarotta economica e il risentimento popolare; è stata scelta la prima possibilità che, però, comporta anche la seconda.

Un governo mondiale?

Le tendenze sinora richiamate convergono verso un approdo particolare: l'istituzione di un'autorità mondiale in grado di poter disciplinare le iniziative economiche evitando che quelle private prevalgano sul bene comune, in grado di poter traghettare il mondo verso il grande cambiamento superando le resistenze della cultura tradizionale, in grado di poter governare la globalizzazione scongiurando l'egemonia delle multinazionali, in grado di dare nuova legittimazione ad organismi regionali e continentali impedendone l'implosione e il logoramento interno.

Tutto questo in realtà già esiste e si chiama Organizzazione delle Nazioni Unite[414]. L'ONU, infatti, incarna questo progetto di autorità mondiale, un progetto a cui tutti si inchinano che, però, ha avuto un'imprevista battuta di arresto nei quattro anni di Trump alla Casa Bianca. Certamente Trump ha fatto da guastafeste dell'internazionale *liberal* che, avendolo subito identificato come elemento estraneo ed anomalo, gli dichiarò una guerra senza sosta.

L'intellighenzia di tutte le latitudini, la cerchia della cultura progressista, i circoli degli intellettuali *liberal* trovano sempre assolutamente incomprensibile che possa sussistere anche solo un abbozzo di pensiero alternativo dinanzi al progetto del mondo perfetto da loro delineato. Ogni possibile obiezione a questo disegno va emarginato e quando possibile censurato. Ma, di tanto in tanto, capita che qualcuno, dinanzi a questo progetto, esprima la propria critica vedendo in esso niente altro che una pericolosa utopia. Pericolosa per chi? Per l'individuo, per ogni individuo che voglia mantenersi libero e che riconosca la pervasività del potere.

---

414 A questo enorme carrozzone ho già dovuto fare più volte cenno in queste pagine: cfr. il paragrafo 4 (la parte dal titolo *Il mito della sicurezza assoluta* e la parte dal titolo *La retorica scolastica*) del capitolo 1 e il paragrafo 4 (dal titolo *OMS eterodiretta*) del capitolo 3.

Quando gli eventi e le vicende vengono giudicate non dalla visuale delle entità collettive, ma dall'individuo e dalla sua prospettiva reale, allora l'utopia si dissolve e si comprende che nulla potrebbe essergli più dannoso che uno Stato universale, ancora più incontrollabile perché ancora più distante e freddo rispetto al Leviatano nazionale che pure ha conosciuto a lungo ed ha patito duramente. A questo punto la visione ideale inizia a sgretolarsi e si comprende che non esiste alcuna libertà se viene intaccata la libertà economica e che il richiamo al "bene comune" è solo il pretesto per schiacciare l'unico bene reale che è quello concretamente individuale. Si capisce che un'autorità mondiale che assumesse il proposito di trasformare gli ordinamenti naturali con la giustificazione di un nuovo e più maturo orizzonte culturale dimostrerebbe un grado di tirannia maggiore rispetto a quanto sinora sperimentato. Si comprende anche che nel momento in cui un fenomeno spontaneo come la interdipendenza, anziché essere lasciato alle libere e spontanee interazioni dal basso, dovesse essere pianificato dall'alto, la stessa cooperazione sociale su cui si è basato il progresso e la pace verrebbe compromessa. L'individuo ancora capisce che se ne ha abbastanza delle prerogative politiche ad ogni livello – da quello locale a quello nazionale –, ogni nuova entità sovranazionale non rappresenterà mai un'istanza cui appellarsi contro lo Stato, ma si rivelerà essere solo un altro e ancor più potente cappio di burocrazia e di sudditanza messogli soffocantemente al collo.

Ho contrapposto gli enti collettivi all'individuo, mi resta ancora da determinare perché l'orientamento di pensiero che prende il nome di "individualismo" va riqualificato. Sulla scia di questa riabilitazione posso anche spiegare con facilità la mia preferenza ad adottare i termini che derivano da quel concetto. Ebbene, non è mai superfluo precisare che l'"individualismo" non è un orientamento che postuli il rifiuto della socialità o che addirittura comporti l'egoismo. "Individualismo", invece, è un particolare metodo di analisi dei fenomeni sociali che esprime una precisa scelta epistemologica a favore dell'individuo, contestando la consistenza degli enti collettivi. Ogni preconcetto che grava sulla nozione va, quindi, abbandonato perché "individualismo" indica solo il contrario di "collettivismo" (o di "comunitarismo") affermando il primato della singola persona rispetto ad ogni dimensione collettiva. L'"individualismo metodologico", infatti, intende opporsi al "collettivismo metodologico" spiegando come, per affrontare i fenomeni sociali, occorra partire non dagli enti collettivi, ma sempre ed unicamente dalle singole individualità personali. La formula viene spesso equivocata in base ad un pregiudizio morale o religioso, ma tale pregiudizio va assolutamente ribaltato perché solo un corretto metodo di analisi, che non conceda alcun primato alla dimensione collettiva, può dare riconoscimento adeguato all'inviolabilità dell'individuo. Ecco, quindi, perché, lungi dal considerare questo "individualismo" sinonimo di rigetto della socialità o di ripiegamento solipsistico o di isolamento anti-sociale, esso si pone come migliore interpretazione della insopprimibile natura inter-personale dell'essere umano. Riconoscere il metodo individualistico significa dare risalto alla condizione naturalmente sociale dell'uomo così come applicare una prospettiva collettivistica comporta un'inesorabile deriva atomistica: l'analisi della socialità umana richiede l'individualismo metodologico mentre l'atomismo corrisponde al collettivismo.

Da questa corretta comprensione dell'individualismo derivano decisive conseguenze per l'economia nel più ampio quadro delle scienze sociali. Non a caso il fondamentale testo di Mises si intitola *L'azione umana*. Tra i massimi esponenti del "marginalismo" liberale, il grande economista austriaco riproponeva l'individualismo quale metodo che, incentrato sull'analisi delle scelte individuali, si rivela essere l'unico approccio in grado di capire il funzionamento dell'economia.

Nel recente passato si è spesso evocata l'immagine di un "nuovo ordine mondiale" a volte come uno scenario da cui guardarsi. Nessun "ordine mondiale", però, potrebbe essere più inquietante di quello che può aprirsi a causa del dirigismo statale rafforzato per la pandemia e della concomitante fine della presidenza Trump che garantiva il più efficace contrappeso ai poteri sovranazionali.

Un "nuovo ordine mondiale"[415] si presenterebbe come necessario per assicurare la priorità sia del "bene comune" (utile pretesto per mettere sotto controllo ogni iniziativa privata) sia della "giustizia sociale" (slogan sempre vincente per contrastare ogni resistenza individuale) e, in nome di tutto ciò, centralizzare ancor più il potere che si ergerebbe a dominio di un collettivismo di fatto mai così esteso come quello che potrebbe prefigurarsi[416].

In una situazione in cui il potere più perfido è quello che si afferma nel nome dei valori universali e del superamento degli interessi individuali[417], non è un caso che ad aggiungere confusione provveda la Chiesa Cattolica

---

415 Cfr. https://culturaidentita.it/alessandro-meluzzi-la-pandemia-pretesto-per-il-nuovo-ordine-mondiale/.

416 Cfr. Hannah ARENDT, *Le origini del totalitarismo*, introduzione di Alberto Martinelli, saggio di Simona Forti, Einaudi, Torino 2009, p. 413 (*The Origins of Totalitarianism*, 1949-1951).

417 «Il bene comune dell'intera famiglia umana richiede una organizzazione della società internazionale» (*Catechismo della Chiesa Cattolica*, Libreria Editrice Vaticana, Città del Vaticano 1992, n. 1927).

le cui guide – da Paolo VI[418] a Giovanni Paolo II[419], da Benedetto XVI[420] a Francesco[421] – non hanno mai smesso di salutare con grande entusiasmo il cammino verso un governo mondiale[422] dimostrando un'ingenuità davvero sconfortante.

Ho precisato che l'individualismo non ha nulla in comune con l'egoismo e, anzi, a questo diviene la migliore barriera. Ma se è vero che sempre più lo sbandieramento del "bene comune" diviene il pretesto per poter schiacciare gli interessi individuali, allora è il caso riflettere su un altro aforisma di Gómez Dávila: «nel nostro secolo ogni impresa collettiva edifica prigioni. Solo l'egoismo ci impedisce di collaborare ad atti infami. Oggi a partecipare si finisce per essere complici»[423].

Nelle pagine precedenti ho ipotizzato il prossimo collasso dell'Unione Europea; nelle pagine seguenti presenterò la previsione della fine del

---

418 «La situazione attuale del mondo esige un'azione d'insieme sulla base di una visione chiara di tutti gli aspetti economici, sociali, culturali e spirituali». «Chi non vede la necessità di arrivare in tal modo progressivamente a instaurare un'autorità mondiale in grado d'agire efficacemente sul piano giuridico e politico?» (PAOLO VI, Lettera enciclica *Populorum progressio* sullo sviluppo dei popoli, 26.3.1967, n. 13.78).

419 «Sempre più sentito, però, è il bisogno che a questa crescente internazionalizzazione dell'economia corrispondano validi organi internazionali di controllo e di guida, che indirizzino l'economia stessa al bene comune, cosa che ormai un singolo Stato, fosse anche il più potente della terra, non è in grado di fare. Per poter conseguire un tale risultato, occorre che cresca la concertazione tra i grandi Paesi e che negli organismi internazionali siano equamente rappresentati gli interessi della grande famiglia umana» (GIOVANNI PAOLO II, Lettera enciclica *Centesimus annus* nel centenario della *Rerum novarum*, 1.5.1991, n. 58).

420 «Urge la presenza di una vera *Autorità politica mondiale*» (BENEDETTO XVI, Lettera enciclica *Caritas in veritate* sullo sviluppo umano integrale, 29.6.2009, n. 67).

421 «Se ciò è stato sempre certo, oggi lo è più che mai a motivo della realtà di un mondo così interconnesso per la globalizzazione. Abbiamo bisogno [di] un ordinamento mondiale giuridico, politico ed economico» (FRANCESCO, Lettera enciclica *Fratelli tutti* sulla fraternità e sull'amicizia sociale, 3.10.2020, n. 138).

422 «La sollecitudine per un'ordinata e pacifica convivenza della famiglia umana spinge il Magistero a mettere in rilievo l'esigenza di istituire "una qualche autorità pubblica universale, da tutti riconosciuta, che goda di un potere effettivo per garantire a tutti sia la sicurezza, sia l'osservanza della giustizia, sia il rispetto dei diritti". Nel corso della storia, nonostante i cambiamenti di prospettiva delle diverse epoche, si è avvertito costantemente il bisogno di una simile autorità per rispondere ai problemi di dimensione mondiale posti dalla ricerca del bene comune: è essenziale che tale autorità sia il frutto di un accordo e non di un'imposizione, e non venga intesa come "un super-stato globale". Un'autorità politica esercitata nel quadro della Comunità internazionale [...]» (PONTIFICIO CONSIGLIO della GIUSTIZIA e della PACE, *Compendio della Dottrina Sociale della Chiesa*, Libreria Editrice Vaticana, Città del Vaticano 2004, n. 441).

423 Nicolás GÓMEZ DÁVILA, *In margine a un testo implicito*, Adelphi, Milano 2009, p. 14 (*Escolios a un texto implícito*, 1977.1986).

comunismo in Cina. Il tramonto del regime cinese e l'implosione dell'UE non significherà il trionfo della libertà, ma una diversa e nuova spinta verso la social-democrazia. Due eventi (crepuscolo del comunismo cinese e termine dell'euro-sceneggiata) sicuramente desiderabili che, però, non rischiareranno l'orizzonte. La Cina senza più la camicia di forza del centralismo dittatoriale avrà tutto il vigore per estendere le enormi potenzialità economiche che gli altri Stati ostacoleranno mediante misure protezionistiche (l'unica strada conosciuta dalle autorità politiche). Sull'altro fronte, il crollo dell'UE consentirà alle classi politiche nazionali di svalutare la moneta, di ostacolare le importazioni, di spendere in deficit, di nazionalizzare le attività. E la libertà, dopo aver sperimentato il cappio euro-cratico, tornerà ad essere espropriata da una ritrovata sovranità nazionale.

L'umanità può subire qualcosa di peggiore dello Stato nazionale che abbiamo conosciuto nel suo continuo accrescimento in questi ultimi due secoli: un governo mondiale che instaurerebbe un collettivismo anti-individualistico *de facto*, un'infezione più letale di qualsiasi virus.

3

La Cina e il suo virus ideologico
Considerazioni geo-politiche

> «Di crimini contro l'umanità si sono nuovamente
> macchiati i dirigenti comunisti cinesi quando hanno
> costretto al silenzio i medici, quando hanno negato
> l'esistenza del virus, quando hanno impedito di ren-
> dere noti i dati del contagio, quando hanno occulta-
> to i documenti, quando hanno censurato le critiche,
> quando hanno ordinato di interrompere la ricerca, di
> bloccare i test e, addirittura, di distruggere i campioni
> esistenti, quando hanno vietato di pubblicare il geno-
> ma del virus, quando hanno negato le informazioni
> che avrebbero salvato decine di migliaia di vite».

3.1. Seduzione *radical chic* e orrore cinese

L E MIE ESCURSIONI TRA LE PAGINE CULTURALI dei quotidiani o
nell'ascolto di programmi televisivi in cui si celebra (o auto-celebra)
qualche intellettuale mi procurano più riflessioni che conoscenze;
alla ricerca delle seconde, poi, mi ritrovo con le prime e queste sono riflessioni che causano quasi sempre una certa dose di tossicità. È ciò che è
avvenuto ascoltando una sorta di commemorazione di Curzio Malaparte
(Curt Erich Suckert, 1898-1957). Lo scrittore cavalcò tutte le possibili stagioni ideologiche — iniziò a far parlare di sé come interventista e
volontario nella Grande Guerra, fece fortuna come convinto fascista, si
trasformò in antifascista e collaboratore dei servizi segreti alleati, infine si
proclamò comunista[1] — in un percorso che più che di contraddizioni era

---

1 Cfr. Massimo CAPRARA, *Paesaggi con figure*, con appendice storica di Ugo Finetti,
Ares, Milano 2000, p. 41-56.238-239.

fatto di adattamenti[2]. Se gli ultimi giorni della sua vita vengono menzionati per la conversione al cattolicesimo, l'ultima fase della sua esistenza è ricordata per il viaggio in Cina e per il suo sperticato elogio del maoismo e della società cinese nata dalla rivoluzione[3].

Mi chiedo quali siano le qualità perché una persona possa essere definita "intellettuale"[4]. E sono giunto alla conclusione che le prime (le qualità) non hanno molta relazione con la seconda (la definizione di "intellettuale"). A dimostrarlo è innanzitutto il fatto che quasi tutti coloro che possono fregiarsi del titolo di "intellettuale" abbiano mostrato un singolare e pervicace ottundimento. Quasi tutti quelli ai quali viene riconosciuto il titolo di pensatori — i *maître à penser* — hanno avuto la particolare capacità di osannare i vari generi di collettivismo offrendo a questi sempre pronta collaborazione ed incondizionata dedizione[5]. Il grande economista austriaco Ludwig von Mises nelle sue amare ricognizioni sul rapporto tra ceto istruito e tendenze anti-capitaliste scriveva: «bisogna sottolineare che i ceti colti sono più creduloni di quelli meno istruiti. I più entusiastici difensori del marxismo, del nazismo e del fascismo sono stati gli intellettuali, non i bifolchi. Gli intellettuali non sono stati nemmeno capaci di vedere le evidenti contraddizioni della dottrina da loro accettata»[6].

In epoca di pandemia e riflettendo su ciò che è avvenuto a causa del Covid-19, non vorrei certo trascurare di affermare — anzi, vorrei riuscire a farlo con tutte le forze di cui sono capace — che l'eccitazione ideologica

---

2 Molto duro il giudizio di Antonio Gramsci (1891-1937) che, nei *Quaderni del carcere*, così parlava di Malaparte: «uno sfrenato arrivismo, una smisurata vanità e uno snobismo camaleontesco: per aver successo [...] era capace di ogni scellerataggine».

3 Questa adesione tanto ardente e passionale quanto acritica e irrazionale (Malaparte assolse la repressione sovietica in Ungheria e fu incapace di intravedere ciò che si stava preparando in Cina con il mostruoso programma maoista del "Grande balzo in avanti") portò lo scrittore a lasciare «al popolo cinese», come scrisse nel testamento, la sua famosa villa a Capri (la volontà dello scrittore fu poi impugnata dai suoi familiari).

4 Cfr. Pierluigi BATTISTA, *Il partito degli intellettuali. Cultura e ideologie nell'Italia contemporanea*, Laterza, Bari 2001; cfr. Lucio COLLETTI, *Ideologia e società*, Laterza, Roma - Bari 1975.

5 Cfr. Raymond BOUDON, *Perché gli intellettuali non amano il liberalismo*, Rubbettino, Soveria Mannelli (Catanzaro) 2004, p. 33; cfr. Jonah GOLDBERG, *The Tyranny of Clichés. How Liberals Cheat in the War of Ideas*, Sentinel, New York (N. Y.) 2012; cfr. Friedrich A. von HAYEK, *Gli intellettuali e il socialismo* (*The Intellectuals and Socialism*, 1949), in IDEM, *Studi di filosofia, politica ed economia*, prefazione di Lorenzo Infantino, Rubbettino, Soveria Mannelli (Catanzaro) 1998, p. 325-352; cfr. Alan S. KAHAN, *La guerra degli intellettuali al capitalismo*, Istituto Bruno Leoni Libri, Torino 2019 (*Mind vs. Money. The War Between Intellectuals and Capitalism*, 2010); cfr. Ludwig von MISES, *La mentalità anticapitalistica*, Armando, Roma 1988 (*The Anti-Capitalistic Mentality*, 1956).

6 Ludwig von MISES, *Burocrazia*, prefazione di Lorenzo Infantino, Rubbettino, Soveria Mannelli (Catanzaro) 2009, p. 159 (*Bureaucracy*, 1944).

e il clima di euforia per il socialismo hanno costituito il più distruttivo virus che la civiltà umana abbia mai, nella sua storia, sperimentato[7].

Si è trattato, infatti, di una febbre che ha contagiato milioni di individui costringendo miliardi di persone a patirne le più tristi conseguenze. Anche dinanzi alle più crudeli manifestazioni e alle più illogiche teorie, l'utopia del collettivismo si è diffusa con una velocità ed una facilità sbalorditive. «Come ha potuto un'idea che ha dimostrato di essere così in contrasto con la natura umana, diffondersi tanto più rapidamente e ampiamente di ogni altro sistema mai concepito?»[8]. È sbalorditivo, infatti, il modo con cui l'ideologia è stata in grado di infettare le menti e di contaminare gli animi[9].

Prima di tornare su Malaparte e soprattutto sulla Cina maoista, per dare il senso dell'atteggiamento largamente condiviso a favore del socialismo, può essere utile ricordare uno tra i tantissimi episodi. Tanto più significativo per il contesto e per il periodo (l'America sedicente capitalistica dei primi decenni del Novecento e la Russia sfinita dalla Prima Guerra mondiale e prostrata dalla guerra civile rivoluzionaria). Ebbene, uno dei più noti giornalisti statunitensi del tempo, Joseph Lincoln Steffens (1866-1936), tra le principali firme dell'aggressivo giornalismo cosiddetto *muckraker*, nel 1919, svolse un viaggio in Russia. Durante la sua permanenza nella neonata repubblica bolscevica, Steffens aveva anche intervistato Lenin, rimanendone positivamente colpito. Al ritorno dal viaggio, il suo entusiasmo per il comunismo si espresse con una frase rimasta celebre: «ho visto il futuro ed esso funziona!»[10]. E furono in tanti a rimanere così abbagliati da non riuscire a vedere cosa fosse davvero avvenuto e cosa si preparasse all'orizzonte.

Anche Malaparte, tornando dalla Cina dove si era recato per un *reportage*[11] commissionatogli da un periodico collegato al Partito Comunista

---

7 Cfr. Robert CONQUEST, *Il costo umano del comunismo*, Edizioni del Borghese, Milano 1973 (*The Human Cost of Soviet Communism*, 1970).

8 Joshua MURAVCHIK, *Il paradiso in terra. Ascesa e caduta del socialismo*, Lindau, Torino 2005, p. 524 (*Heaven on Earth. The Rise and Fall of Socialism*, 2002).

9 Cfr. François FURET, *Il passato di un'illusione. L'idea comunista nel XX secolo*, Mondadori, Milano 1997; cfr. Ludwig von MISES, *Socialismo. Analisi economica e sociologica*, a cura di Dario Antiseri, Rusconi, Milano 1990 (*Die Gemeinwirtschaft. Untersuchungen Uber Den Sozialismus*, 1922); cfr. Richard PIPES, *Comunismo. Una storia*, Rizzoli, Milano 2003 (*Communism. A History*, 2001); cfr. Igor SAFAREVIC, *Il socialismo come fenomeno storico mondiale*, prefazione di Aleksandr Solzenicyn, Effedieffe, Milano 1999 (*Sotsializm kak iavlenie mirovoi istorii*, 1975).

10 Cit. in Justin KAPLAN, *Lincoln Steffens. A Biography*, Simon & Schuster, New York (N. Y.) 1974, p. 240 («I have seen the future, and it works!»).

11 Arrivato in Cina attraverso l'URSS agli inizi del 1957, Malaparte si trattenne sino a marzo, quando le condizioni di salute imposero un affrettato ritorno in Italia.

Italiano[12], dimostrò di essere stato folgorato dal comunismo sebbene non nella forma leninista (come era successo a Steffens e agli altri incantati adoratori della rivoluzione bolscevica) e neanche nella forma stalinista (come imponeva la stretta obbedienza del partito di Togliatti[13]), ma nella forma asiatica di Mao[14]. Anche in ciò Malaparte era al passo con i tempi (cioè, come gli altri intellettuali, semplicemente conforme alla tendenza politica del momento). Il mito di Mao era in ascesa e il suo *Libretto rosso* iniziava a diventare il vangelo degli universitari e chi non lo sfogliava non aveva parte ai club. Come più tardi per Che Guevara, l'immagine di Mao diventò, per la generazione del periodo, una sorta di icona (che Andy Warhol consacrò con la sua Pop Art).

Non saprei dire se fu il modello cinese ad illudere buona parte dell'intellighenzia occidentale[15] o, piuttosto, se furono gli intellettuali nostrani *radical chic* ad illudere coloro che si nutrivano di ogni parola che usciva dalla loro bocca. Ad ogni modo tutta la "sinistra al caviale" occidentale (ed anti-occidentalista) — da Jean-Paul Sartre a Louis Althusser, da Simone de Beauvoir a Maria Antonietta Macciocchi, da Alberto Moravia a Umberto Eco, da Rossana Rossanda a Aldo Brandirali — fu solerte profeta del Verbo di Mao (lo sarà anche di Pol Pot, di Ho Chi Minh, di Fidel Castro)[16]. Ma le premesse della costruzione del mito erano tutte presenti e queste erano, da un lato, il pregiudizio nei confronti dell'Occidente, la preclusione nel capire cosa davvero fosse il libero mercato capitalistico,

---

12 Si trattava del settimanale «Vie Nuove» la cui direzione era stata da poco assunta da Maria Antonietta Macciocchi (1922-2007). La scrittrice, nei sei anni precedenti (dal 1950 al 1956), aveva diretto il settimanale «Noi donne», organo ufficiale della battagliera Unione Donne Italiane (UDI).

13 Il *reportage*, infatti, nonostante il favore della direttrice Maria Antonietta Macciocchi, non venne pubblicato perché non in linea con l'ortodossia che il Partito Comunista Italiano imponeva nonostante il "rapporto" anti-staliniano di Kruscev al XX Congresso del PCUS (febbraio 1956) e nonostante la repressione sovietica in Ungheria (ottobre 1956).

14 In questi passaggi si può anche scorgere la necessità di aggiornare periodicamente le forme di socialismo man mano che quella in corso si rende insostenibile e impresentabile. In questo modo si può sempre far credere che il vero socialismo è quello che verrà e non quello che è stato già realizzato. Così si è passati dal furore leninista al monolitismo stalinista, alla versione popolare maoista, a quella romantica caraibica e latino-americana. Sentenzia Nicolás Gómez Dávila: «dopo ogni rivoluzione il rivoluzionario ci avvisa che la vera rivoluzione sarà la rivoluzione di domani. Un miserabile — spiega il rivoluzionario — ha tradito la rivoluzione di ieri» (Nicolás GÓMEZ DÁVILA, *In margine a un testo implicito*, Adelphi, Milano 2009, p. 18).

15 Cfr. Francesco GALIETTI (a cura di), *Contagio rosso. Perché l'Italia è diventata il cavallo di Troia della Cina in Occidente*, Historica Edizioni, Roma 2020, p. 29-38.

16 Cfr. Mario TESINI - Lorenzo ZAMBERNARDI (a cura di), *Quel che resta di Mao. Apogeo e rimozione di un mito occidentale*, Le Monnier, Firenze 2018.

l'incapacità di considerare la proprietà privata come vera garanzia di sviluppo individuale e sociale e, dall'altro, l'esaltazione acritica per tutto ciò che riconducesse al socialismo[17]. A queste condizioni era molto facile, nei salotti illuminati, sulle cattedre universitarie, attraverso i media, scambiare — a distanza — un sogno con ciò che — per chi lo viveva da vicino — era il più terrificante degli incubi.

In quegli anni dominati da una vera egemonia culturale comunista era davvero difficile far capire quanto fosse distante il socialismo mitizzato da quello reale e quanto fosse parimenti distante il Mao del mito da quello della realtà. Infatti, ben più che il "grande timoniere" — come è stato a lungo considerato anche dalle élite culturali progressiste in Occidente — Mao Zedong (o Mao Tse-tung, 1893-1976) deve essere ricordato come lo sterminatore con il più vasto e infernale risultato di tutti i tempi[18]. La sua figura spettralmente coincide con la storia e le tappe della Cina comunista: la "lunga marcia" nel 1934, la guerra civile sino alla proclamazione della Repubblica Popolare Cinese nel 1949, le tragiche politiche del "Grande balzo in avanti"[19], a fine anni Cinquanta, e della "Rivoluzione culturale", negli anni Settanta.

---

17 Cfr. Alan S. KAHAN, *La guerra degli intellettuali al capitalismo*, Istituto Bruno Leoni Libri, Torino 2019 (*Mind vs. Money. The War Between Intellectuals and Capitalism*, 2010); cfr. Ludwig von MISES, *La mentalità anticapitalistica*, Armando, Roma 1988 (*The Anti-Capitalistic Mentality*, 1956).

18 Cfr. Jung CHANG - Jon HALLIDAY, *Mao. La storia sconosciuta*, Longanesi, Milano 2006 (*Mao. The Unknown Story*, 2005); cfr. Jean-Louis MARGOLIN, *Cina: una lunga marcia nella notte*, in Stéphane COURTOIS (ed altri), *Il libro nero del comunismo. Crimini, terrore, repressione*, Mondadori, Milano 1998, p. 433-512 (*Le livre noir du communisme*, 1998); cfr. Marco MESSERI, *Utopia e terrore. La storia non raccontata del comunismo*, Piemme, Casale Monferrato (Alessandria) 2003, p. 129-162.

19 Uno tra gli esempi dell'irrazionalità della pianificazione centralizzata socialista fu la purtroppo poco nota "Campagna di eliminazione dei quattro flagelli" voluta da Mao, che dovrebbe far inorridire anche i nostri angelici ambientalisti per il disastro ecologico generato. Nel quadro del "Grande balzo in avanti", dal 1958 al 1962, il programma imponeva l'eliminazione dei passeri, delle mosche, delle zanzare e dei ratti. Gli "scienziati" di partito avevano calcolato che i passeri consumavano quantità di cereali con le quali si sarebbero potute sfamare decine di migliaia di persone (pare che il calcolo portasse a ritenere che fossero 60.000 le persone che avrebbero potuto mangiare per ogni milione di passeri abbattuti). La modalità adottata per la distruzione dei passeri fu demenziale, ma peggio fu non rendersi conto che l'abbattimento dei passeri creava l'invasione delle cavallette e degli altri insetti che provocavano molti più danni dei passeri (assurdo fu imporre di orientare lo sforzo verso la distruzione delle cimici). Poi, per sterminare mosche e zanzare si utilizzò una tale quantità di DDT, distribuito soprattutto attraverso i bambini, da produrre un grande numero di malati di tumore. Non meno stupido fu il modo con cui si incoraggiò la eliminazione dei ratti: non ci si avvide che la piccola ricompensa in denaro concessa ai contadini e agli scolari per ogni coda o carcassa di ratto consegnata incitò ad allevare in segreto grandi quantità di topi.

I programmi di collettivizzazione economica, gli implacabili progetti di pianificazione di ogni aspetto della vita, condussero alle grandi carestie[20], unite alle massicce deportazioni, alle brutali persecuzioni, agli arresti di massa, alle usuali reclusioni negli allucinanti campi di concentramento (i famigerati Laogai, "lager" in cinese)[21], con un costo di vite umane spaventoso: qualcosa come non meno di 60 milioni di vittime[22]. La verità è che il comunismo vuole trasformare gli uomini in topi e, con la sventurata vittoriosa rivoluzione di Mao, la Cina fu trasformata in una immensa trappola.

Oltretutto, i disastri di Mao non sono piombati sul solo popolo cinese. Ovviamente ciò non sarebbe stato neanche immaginabile, ma va considerato con attenzione come l'affermazione del socialismo nel più grande paese dello sconfinato continente asiatico sia stata anche immediata causa della diffusione del totalitarismo in tutta l'Asia[23]. È inevitabile, infatti, che il cancro si espanda e dove arriva distrugge. Ovunque il comunismo si è impiantato, ha prodotto solo crimini. Le dimensioni di questi crimini hanno un'allucinante portata in paesi quali la Cambogia, il Vietnam, il Laos, la Birmania-Myanmar, la Corea del Nord, la Mongolia, Timor Est[24]. Si pretendeva di trasformare questi paesi in altrettanti paradisi anticapitalisti, li si è fatti, invece, piombare nell'inferno concentrazionario.

Pensiamo alla Cambogia dove il comunismo ha potuto realizzare il suo progetto in modo compiuto; in quell'inferno senza limiti si può comprendere di cosa è capace il comunismo quando è libero di manifestarsi senza incontrare resistenza[25]. E qualcosa di molto simile è avvenuto nel

---

20 Cfr. Yang JISHENG, *Tombstone. The Great Chinese Famine, 1958-1962*, Penguin, New York (N. Y.) 2012; cfr. Yang JISHENG, *La Grande carestia cinese (1958-1962). Cronaca di un'economia pianificata*. IBL Occasional Paper n. 100, Istituto Bruno Leoni, Torino 2015. Da ciò che si ricava dalle cifre ufficiali della popolazione cinese si comprende che la sola Grande carestia provocò 36 milioni di "decessi innaturali" (a cui si dovrebbero aggiungere altri 40 milioni di "non nati", seguendo le percentuali di crescita demografica cinese degli anni precedenti).

21 Cfr. Harry WU, *Laogai, i Gulag di Mao Tze Dong*, L'ancora del Mediterraneo, Napoli - Roma 2006 (*Laogai. The Chinese Gulag*, 1991); cfr. Harry WU, *Controrivoluzionario. I miei anni nei gulag cinesi*, Edizioni San Paolo, Cinisello Balsamo (Milano) 2008 (*Bitter Winds*, 1994); cfr. Harry WU, *Laogai. L'orrore cinese*, Spirali, Milano 2008.

22 Cfr. Robert CONQUEST, *Il costo umano del comunismo*, Edizioni del Borghese, Milano 1973.

23 Un portale d'informazione molto documentato ed altrettanto attendibile è http://www.asianews.it/.

24 Cfr. Angelo S. LAZZAROTTO, *Il volto del comunismo reale in Asia oggi*, in «Cristianità», anno 23 (1995), n. 240 (aprile), p. 11-18.

25 Cfr. Piero GHEDDO, *Cambogia: rivoluzione senza amore*, Società Editrice Italiana, Torino 1976; cfr. Piero GHEDDO - Giacomo GIRARDI, *Vietnam. Cambogia. Non*

vicino Laos[26] o nel Vietnam, dove il disimpegno USA e la caduta di Saigon (1975) furono salutati da un Occidente utopista e incosciente come una vittoria della pace, ma i vietnamiti sperimenteranno la "liberazione" comunista rappresentata, di lì a poco, dalla disperata fuga in mare di un intero popolo (i *"boat people"*)[27]. Anche la Corea del Nord[28] può essere immediatamente rappresentata da un'immagine: quella scattata da un satellite che di notte fotografa la penisola coreana. Si tratta di una delle più chiare dimostrazioni del disastro a cui il comunismo conduce. L'intera Corea del Sud è riconoscibile dal bagliore di città e paesi mentre la Corea del Nord è totalmente priva di luci. Le tenebre nelle quali piombano i popoli quando sono soggiogati dal comunismo non sono solo una metafora: la Corea del Nord non può permettersi l'illuminazione neanche nella capitale ed è condannata al buio. Poi ci sono altre aree di cui solo a volte si sente parlare così, ad esempio, la Birmania (ribattezzata dal regime "Myanmar") guidata da un gruppo di militari marxisti che ha promosso una disastrosa "via birmana al socialismo", imponendo un'economia rigorosamente collettivista che ha ridotto il paese alla fame (mi chiedo poi perché l'indignazione mediatica per le crudeltà perpetrate dalla "dittatura" in Birmania si interrompa quando si rende noto che il regime birmano è un tipico regime comunista).

3.2. CAPITALISMO DI STATO: LA NUOVA SUPER-POTENZA

Il 1976 è l'anno della morte di Mao (all'inizio di quell'anno spartiacque per la Cina era morto anche Zhou Enlai, 1898-1976). La lotta tra le fazioni, che fu pressoché immediata, si espresse con l'arresto, il processo e la condanna della cosiddetta Banda dei Quattro. I membri di questo gruppo (tra cui la vedova di Mao, ultima delle sue quattro mogli) venivano

stiamo a guardare, Editrice Missionaria Italiana, Bologna 1979; cfr. Jean LACOUTURE, *Cambogia: i signori del terrore*, Sansoni, Firenze 1978; cfr. Francois PONCHAUD, *Cambogia anno zero*, Sonzogno, Milano 1977; cfr. Anne Noeum YOK TAN - Pierre CHHUM SOMCHAY, *Una donna, una tragedia, la vita. Storia di cristiani in Cambogia*, Jaca Book, Milano 1983.

26 Vongprachanh SOUVANNAVONG, *La giovane prigioniera. Diario di una vittima del Laos comunista*, Guerini e Associati, Milano 2005.

27 Cfr. Eugenio CORTI, *Vietnam. Il "boat people" o "popolo delle barche"*, in IDEM, *L'esperimento comunista*, Ares, Milano 1991, p. 157-158; cfr. Piero GHEDDO (a cura di), *Lettere dal Vietnam*, Editrice Missionaria Italiana, Bologna 1979; cfr. Piero GHEDDO - Giacomo GIRARDI, *Vietnam. Cambogia. Non stiamo a guardare*, Editrice Missionaria Italiana, Bologna 1979.

28 Kang CHOL-HWAN - Pierre RIGOULOT, *L'ultimo gulag. La tragedia di un sopravvissuto all'inferno della Corea del Nord*, Mondadori, Milano 2001.

accusati di aver condotto la spietata Rivoluzione culturale proclamata dal "Grande timoniere" contro gli stessi compagni del partito. Il potere che alla morte di Mao era passato nelle mani di Hua Guofeng (1921-2008) subì un ulteriore cambio con il consolidamento della corrente riformista guidata da Deng Xiaoping (1904-1997). Per quanto il nuovo leader fosse uno tra i rivoluzionari della prima ora e per quanto avesse mantenuto una posizione di primissimo piano, Deng aveva patito epurazioni, attentati ed allontanamenti forzati[29].

A partire dal 1978, Deng fu il leader della Cina prevalendo sul suo predecessore e sui suoi oppositori (in modo definitivo dal 1981)[30]. Con Deng la Cina avviò una stagione di rapporti internazionali e soprattutto di riforme economiche che aprirono il grande paese a processi di privatizzazione. Per mantenersi ancorato al mito della Rivoluzione, ma in modo da distanziarsi sufficientemente dagli orrori di Mao, Deng coniò la formula del "Socialismo con caratteristiche cinesi"[31]: senza rinnegare il socialismo si intese, al tempo stesso, dare spazio all'economia di mercato. Nacque qualcosa di assai contraddittorio, "il socialismo di mercato". Le decisioni rimanevano strettamente nelle mani degli organi del partito unico, ma veniva tollerata la proprietà privata.

A dispetto di come era la Cina all'indomani della morte del "Grande Timoniere", tutti noi oggi consideriamo il grande paese asiatico come super-potenza economica. Le pianificazioni rivoluzionarie avevano condotto alle carestie e alla miseria più profonda mentre oggi il mondo sembra intimorito dall'incontenibile peso economico che il Dragone orientale può far valere. Un peso economico ancora più consistente di quello, pur rilevante, relativo alle dimensioni territoriali (la Cina è grande quasi quanto l'intero continente europeo, dagli Urali a Lisbona) e alla popolazione (di tutti gli esseri umani sulla terra, quasi uno su cinque è cinese dato che intorno alla Grande Muraglia vive quasi il 20% dell'attuale popolazione mondiale).

---

29 Il primo figlio rimase paralitico a seguito di un pestaggio da parte delle Guardie Rosse nel corso della Rivoluzione culturale.
30 Cfr. David AIKMAN (edited by), *Love China Today*, Tyndale House Publishers, Carol Stream (Illinois) 1978; cfr. Marco MESSERI, *Utopia e terrore. La storia non raccontata del comunismo*, Piemme, Casale Monferrato (Alessandria) 2003, p. 160-169; cfr. Paolo SANTANGELO, *Storia della Cina dalle origini ai nostri giorni*, Newton Compton, Roma 1994, p. 84-87.
31 Cfr. Niccolò BIANCONI (a cura di), *Cina. La voce del potere. I testi cruciali di Mao Zedong, Deng Xiaping, Zhao Ziyang e Xi Jinping*, con un saggio di Giulio Sapelli, GoWare, Firenze 2018, p. 43-44.

Senza scomodare gli analisti più lungimiranti ed avveduti, si può ipotizzare che questa imparagonabile crescita determini un cambio di leadership mondiale. Se il Novecento è stato a pieno titolo il secolo americano — beninteso: sotto l'aspetto economico (e tra un istante meglio preciserò) —, il XXI secolo sembra essere destinato a divenire il tempo in cui prevarrà la trazione cinese. Cosa ha reso possibile questo lancio nonostante la catastrofica eredità rivoluzionaria? Se il "Grande balzo in avanti" fu un salto nell'abisso, cosa ha capovolto la situazione consentendo il ribaltamento a favore di un popolo stremato da un collettivismo generatore di carestie?

Certo pensiero *chic* sempre in auge ritiene di avere motivi per indicare il modello cinese — cioè un socialismo evoluto e non più terroristico — come un esempio vincente di sviluppo e di elevazione popolare. Questo modello vorrebbe anche rappresentare la fatidica "terza via" alternativa al comunismo radicale, ma soprattutto al capitalismo occidentale.

Si tratta, invece, di una grossolana svista. In breve, si potrebbe dire che la portentosa crescita cinese non ha nulla a che fare con il socialismo in quanto *ha tutto a che fare* con il contrario del socialismo. Non c'è bisogno di molte parole e, quindi, posso limitarmi a poche spiegazioni perché questo fenomenale sviluppo (con percentuali di incremento annuo a volte anche a due cifre) ha, fondamentalmente, due cause. Innanzitutto il libero mercato e la proprietà privata che emergono *naturalmente* anche a dispetto dei programmi socialisti e, in secondo luogo, la forza demografica che consente di godere di una estesa capacità di divisione del lavoro.

Partendo dal primo elemento, bisogna affermare subito che il merito non è certo attribuibile ad un qualche organismo centrale. Occorre dire che sia per alcune scelte tese a dividere eventuali congiurati, scelte in base alle quali Mao optò per un'articolazione dell'autorità piuttosto dispersiva, sia per la inefficienza propria di ogni apparato burocratico, tanto più in un paese sconfinato ed arretrato come la Cina, le maglie del controllo da parte del potere lasciarono quel tanto di spazio per consentire ai contadini di tornare disperatamente alla proprietà privata riconoscendo in essa l'unica possibilità di ripresa da una condizione disastrosa. Vero è che nessuno avrebbe corso il pericolo di essere giustiziato dai comunisti se i contadini non fossero stati spinti a cercare rimedi ad una situazione in cui nei villaggi molti morivano di stenti e di fame a causa della collettivizzazione delle produzioni agricole.

Un vantaggio per i contadini fu l'avvento della nuova leadership di Deng che, nonostante le minacce iniziali rivolte ai contadini da parte dei funzionari locali, preferì non ostacolare queste tendenze "illegali" che, a questo punto, rapidamente si estesero nelle città con la nascita di numerose libere imprese. I risultati economici furono così convincenti che il pragmatico Deng[32] non tardò ad assecondare il nuovo corso passando alla storia come il riformatore della Cina e l'artefice della svolta. Invece — e a dispetto di quel che si ripete — furono i contadini gli eroici protagonisti del ripristino dell'ordine naturale dimostrando, ancora una volta, che a capire davvero cosa comporti il comunismo sono non gli intellettuali in velluto — la richiamata "sinistra al caviale" — ma le persone semplici — esattamente come aveva detto l'emarginato economista Mises —, i "bifolchi", i conservatori e i tradizionalisti, i quali non rinunciano alla proprietà privata e al libero commercio se non dinanzi ad imposizioni, violenza e terrore.

Per un paradosso della storia — ma si è sempre detto che il diavolo fa le pentole, non i coperchi — dalla fine degli anni Settanta, periodo che provvidenzialmente coincise con la fine della "Rivoluzione culturale" (la morte di Mao), il nuovo corso rese la comunista Repubblica Popolare Cinese il luogo in cui era più facile creare un'azienda e scambiare prodotti[33]. Enormemente più facile che non in Occidente (figuriamoci nell'Italia ingessata da una iper-burocrazia) o in qualsiasi altro paese soffocato dal *Welfare State*. Il paradosso della Cina è che nel più grande paese in cui sia mai trionfato il socialismo vi è, di fatto, più libertà economica che non in qualsiasi paese di quell'Occidente che pur si presenta come capitalistico (Stati Uniti d'America compresi!). Unicamente questa è la cifra con cui spiegare il portentoso sviluppo cinese. Principalmente questo è il segreto del suo miracolo economico[34]. Il paradosso è nel riscontrare più capitalismo nella Cina politicamente socialista di quanto non vi sia nei paesi che si richiamano formalmente all'economia capitalistica (viceversa si può dire anche che si deve riscontrare più socialismo nei Paesi politicamente liberi di quanto ve ne sia in Cina, paese che ancora si richiama al collettivismo economico).

Non va trascurata la presenza in Asia di aree geografiche autenticamente libere che — grazie, in alcuni casi, alla eredità coloniale o, in altri casi, alla semplice assenza di socialismo — hanno saputo svilupparsi in modo davvero prodigioso con l'unica forza costituita dal meccanismo messo

---

32 Cfr. Stéphane COURTOIS (ed altri), *Il libro nero del comunismo. Crimini, terrore, repressione*, Mondadori, Milano 1998, p. 599 (*Le livre noir du communisme*, 1997).

33 Cfr. Rainer ZITELMANN, *La forza del capitalismo. Un viaggio nella storia recente di cinque continenti*, Istituto Bruno Leoni Libri, Torino 2020, p. 27-56 (*Kapitalismus ist nicht das Problem, sondern die Lösung. Eine Zeitreise durch fünf Kontinente*, 2018).

34 Cfr. Ronald COASE - Ning WANG, *Come la Cina è diventata un paese capitalista*, Istituto Bruno Leoni Libri, Torino 2014 (*How China Became Capitalist*, 2012).

in opera dal libero mercato. Mi riferisco alle cosiddette "tigri asiatiche", vere e proprie potenze economico-finanziarie che si sono affacciate in modo ruggente sulla scena mondiale: Taiwan, Corea del Sud, Singapore e Hong Kong. Il fatto di essere letteralmente circondata da questi autentici bastioni di vincente libero scambio ha costituito una energica lezione per la Cina che non poteva permettersi di confrontare tanta prosperità capitalistica, alle porte di casa, con tanta miseria comunista, all'interno del Paese. La dirigenza neo o post-maoista non avrebbe potuto non cercare una strada riformista per non soccombere dinanzi al ritmo dei Paesi vicini, così smaccatamente rigogliosi. Più avanti ci soffermeremo sulle conseguenze di questo "cambiamento"; al momento mi limito a considerare degli elementi che sono alla base del rapido sviluppo industriale e tecnologico della Repubblica Popolare.

E tra questi elementi, quella che andrebbe considerata la seconda grande causa è la forza demografica. Infatti, se il principale motivo della fortissima crescita del Dragone è l'apertura alla proprietà privata e al libero scambio, l'enorme popolazione costituisce il secondo elemento dell'impennata economica. In contesti assolutistici, una larga base demografica è sempre stata intesa come corrispondente alla potenza militare di cui un sovrano poteva disporre, quasi come una riserva cui arbitrariamente attingere; in contesti pacifici e alla luce di visioni liberali, una popolazione così vasta non può che essere considerata una enorme ricchezza sociale e una possente potenzialità economica.

A differenza del sistema collettivistico che si basa sulla pianificazione, la società liberale si fonda sulla cooperazione sociale e sulla divisione del lavoro. Infatti, se ciò che secondo il dettato comunista o è un mero problema derivante dal sovrannumero di bocche da sfamare o è un cinico deterrente militare dispiegabile come impressionante massa d'urto, secondo la concezione liberale una vasta popolazione è, invece, una impareggiabile risorsa. Una società è da considerarsi tanto più lanciata verso il miglioramento della vita di tutti quanto più è ricca di interazioni e scambi produttivi e commerciali. È ciò che nel linguaggio delle scienze sociali si chiama divisione del lavoro[35] e cooperazione sociale[36]. E gli effetti della

---

35 Cfr. Ludwig von MISES, *L'azione umana. Trattato di economia*, prefazione di Lorenzo Infantino, Rubbettino, Soveria Mannelli (Catanzaro) 2016, p. 190.201-208; cfr. Murray N. ROTHBARD, *Freedom, Inequality, Primitivism, and the Division of Labor* (1971), in IDEM, *Egalitarianism as a Revolt Against Nature and Other Essays*, Ludwig von Mises Institute, Auburn (Alabama) 2000, p. 247-303.

36 Cfr. Matt RIDLEY, *Le origini della virtù. Gli istinti umani e l'evoluzione della cooperazione*, prefazione di Gustavo Cevolani e Roberto Festa, Istituto Bruno Leoni Libri, Torino 2012.

divisione del lavoro e della cooperazione sociale sono tanto più benefici quanto maggiore è il numero dei soggetti che partecipano[37].

Tra gli errori della teoria comunista vi è stato (ed ancora vi è, considerando l'ambientalismo come una forma più "educata" di rivoluzione anti-capitalista) l'inganno di pensare che la prosperità possa essere garantita solo ad un numero limitato di persone perché la ricchezza non potrebbe essere accresciuta, ma solo suddivisa. Si tratta di un errore economico fondamentale dalle conseguenze veramente drammatiche (al pari della sbagliata teoria di Marx sul valore-lavoro[38]). Da questo *errore* non era lontano l'*orrore* di sopprimere le neonate e di applicare la politica del figlio unico[39]. Due "rimedi" socialisti a ciò che la pianificazione collettivista ha considerato un grave problema e che, al contrario, la naturale socialità

---

37 Per definizione, la società è composta da individui che, anche senza saperlo, hanno bisogno ciascuno dell'altro. A tal proposito scriveva Hayek: «il fatto che si collabori alla realizzazione degli scopi degli altri, senza condividerli o senza neppure esserne a conoscenza, solamente per poter raggiungere i propri fini, è alla base della forza della Grande società» (Friedrich A. von HAYEK, *Legge, legislazione e libertà. Critica dell'economia pianificata*, Il Saggiatore, Milano 2010, p. 317). Questa complementarietà è indispensabile per il bene di ogni membro della società. Se non vi fosse la diversità aborrita dal comunismo non vi sarebbe quella cooperazione sociale e quella divisione del lavoro su cui si basa la stessa ragion d'essere della società. Ciascuno ha bisogno del lavoro degli altri: proprio la diseguaglianza ci rende interdipendenti. Il sistema economico e sociale basato sulla libertà è quello in cui l'interesse del singolo si concilia con il benessere di tutti. Nella cooperazione le diseguaglianze non sono causa di contrapposizione, ma di coesione sociale. Infatti, al pari della produzione del profitto che ha ricadute positive per l'intera società, così lo scambio libero e volontario genera coesione sociale. La divisione del lavoro, d'altronde, richiede cooperazione sociale e conciliazione tra le classi. Non è un caso che ogni tentativo di limitare la libertà economica è stato fondato su contrapposizioni sociali e su scontri di classi. Se le diseguaglianze stimolano la cooperazione sociale e la divisione del lavoro, allora non meraviglia che le idee di uguaglianza abbiano sempre prodotto conflitti e contrasti. Se il libero scambio stimola la cooperazione sociale, l'uguaglianza paralizza la divisione del lavoro. La lotta tra le classi si sostituisce alla collaborazione e, ribaltando i meccanismi economici, la ricchezza dei possidenti viene considerata un'accumulazione lesiva degli interessi dell'intera società. Se questa analisi — l'analisi marxista — fosse corretta l'economia non produrrebbe vantaggi per tutte le parti in causa e ciascuno dovrebbe considerare la rovina altrui quale condizione della propria fortuna. In realtà, la ricchezza di una persona o di una famiglia o anche di una nazione è effettiva solo in una situazione di benessere generale. Infatti, quanto più il benessere è generale tanto più ciascuno gode del possesso dei propri beni.

38 Sulla critica *value-labour theory* sono state scritte pagine di grande lucidità da Carl Menger (1840-1921) da Eugen von Böhm-Bawerk (1851-1914) e Ludwig von Mises (1881-1973). Ma, probabilmente, nessuno è stato efficace come Murray Newton Rothbard (1926-1995) nello svelare gli effetti dell'illusione contenuta nelle idee di Marx.

39 Cfr. Harry WU, *Strage di innocenti. La politica del figlio unico in Cina*, Guerini e Associati, Milano 2009.

dell'uomo riconosce come una necessaria condizione per il miglioramento di tutti. Un aspetto non trascurabile per comprendere quanto innaturale sia il comunismo (e quanto naturale sia il sistema di libera pratica del lavoro e dello scambio).

Ciò che il comunismo di Mao ha combattuto con infanticidi di massa e violenze indiscriminate, con imposizioni legali e con minacce poliziesche si è dimostrato l'elemento che ha dato propulsione allo sviluppo economico cinese. È una sorta di nemesi: l'ideologia che fa violenza alla realtà non può, alla lunga, prevalere venendo smascherata nella sua carica menzognera proprio per opera della stessa realtà naturale che aveva invano cercato in tutti i modi di manipolare ed alterare.

Se, quindi, l'apertura al libero mercato, con l'abbandono della rigida pianificazione e l'accettazione del principio della proprietà privata, con il superamento dell'angosciante collettivizzazione rappresentano le condizioni per lo sviluppo, l'abbondanza demografica ha fornito a questo sviluppo un'accelerazione davvero singolare.

Non posso non tornare sulla precedente osservazione per sottolineare ancor più come le teorie socialiste siano contrastanti con il bene dell'umanità e distruttive di ogni prosperità. Essendo incompatibili con la crescita della civiltà ed essendo devastatrici dell'economia possono solo minacciare la sopravvivenza dell'umanità[40]. Questo distruttivismo ha raggiunto vertici infernali nel comunismo rurale e popolare asiatico, ma sarebbe un errore pensare che sia ristretto solo alle sue modalità più terrificanti. Tutta la teoria economica egemonica è stata, ad esempio, caratterizzata, anche per ciò che riguarda la prospettiva demografica, dalla linea che da Marx passa per Malthus ed arriva a Keynes[41]. Gli economisti che hanno avuto facile fortuna sono quelli che hanno sbandierato — contro ogni evidenza, ma ancora una volta in ossequio alle tendenze culturali e agli interessi politici — l'idea della correlazione tra aumento della popolazione e aumento della povertà (o, per dirla in termini più specialistici, il sovraconsumo e

---

40 Per avere una qualche percezione del danno arrecato dalla diffusione delle teorie marxiste al cammino dell'umanità, allo sconfinato numero di vittime direttamente causato dai crimini del socialismo, andrebbe *in qualche modo* aggiunto l'incalcolabile numero di coloro che, anche solo indirettamente a causa delle stesse teorie, non sono mai nati. Dico "in qualche modo" perché se è vero che solo Dio conosce quanti siano stati eliminati perché ritenuti ostacolo all'avvento della perfetta eguaglianza e della giustizia sociale, è anche vero che bisogna sempre avere coscienza dell'enormità delle sofferenze inferte e patite. Se in Cina non fosse prevalsa la dura pianificazione familiare (ancora oggi è vietato il terzo figlio) oggi la Repubblica Popolare semplicemente non avrebbe alcun concorrente economico.
41 Cfr. John Maynard KEYNES, *La fine del lasciar fare*, in IDEM, *Teoria generale dell'occupazione, dell'interesse e della moneta e altri scritti*, a cura di Alberto Campolongo, UTET, Torino 1978, p. 106.

la sovrappopolazione provocherebbero sottosviluppo). Economisti onesti e scienziati seri[42] hanno ampiamente mostrato, invece, che la crescita economica richiede la crescita demografica[43] e che le risorse del pianeta possono prodursi in modo intensivo esattamente grazie alla più ampia forza lavoro[44]. E dalla più ampia divisione del lavoro provengono tanti benefici sociali tra cui l'incremento della tecnologia.

Se, nella storia, la crescita demografica è sempre stata correlata all'incremento dello sviluppo delle civiltà, la denatalità ha sempre accompagnato i grandi momenti bui dell'umanità. E, infatti, il falso mito della sovrappopolazione ha notevolmente contribuito al tramonto della nostra civiltà occidentale tanto da poter interpretare la crisi complessiva come una crisi di paternità e maternità, di vita e di "culle"[45]. Il crollo delle nascite è un segnale tenebroso che suona come una gravissima minaccia sul futuro e come un suicidio a base demografica.

Il declino dell'Occidente sembra, allora, presagire un nuovo primato. Un declino certamente avviato già da tempo nel segno dell'assolutismo, del giacobinismo e del socialismo. Si parla del Novecento come "secolo americano"[46] cioè come di un periodo contrassegnato da una supremazia "a stelle e strisce", ma occorre puntualizzare che il momento più alto di questa espansione occidentale sembra anche essere l'ingresso nella fase più drammatica della sua inversione. E se si parla di "secolo americano", bisogna precisare che questa egemonia è stata sicuramente economica, ma non certo politica e ancor meno culturale perché, sotto l'aspetto politico e sotto quello culturale, il Ventesimo è stato il secolo del socialismo

---

42 Così, ad esempio, l'anglo-australiano Colin Clark (1905-1989), l'inventore del concetto di PIL (Prodotto Interno Lordo). Cfr. Colin CLARK, *Il mito della esplosione demografica*, Ares, Milano 1974; cfr. Colin CLARK, *The Myth of over Population and Why Population Growth Could Be Desirable*, Scepter Publishers, Cleveland (Ohio) 1975.

43 Cfr. Julian L. SIMON, *The Ultimate Resource 2*, Princeton University Press, Princeton (New Jersey) 1996.

44 Si tratta di una verità elementare che solo l'irrazionalità contemporanea poteva giungere a ribaltare. A dare un primo inquadramento scientifico del rapporto tra crescita della popolazione e sviluppo economico provvide Adam Smith nella seconda metà del XVIII secolo (cfr. Adam SMITH, *La ricchezza delle nazioni*, a cura di Anna Craveri Bagiotti e Tullio Bagiotti, UTET, Torino 2013, p. 172).

45 Cfr. Lorenzo FONTANA - Ettore GOTTI TEDESCHI *La culla vuota della civiltà. All'origine della crisi*, prefazione di Matteo Salvini, Gondolin, Verona 2018.

46 Cfr., ad esempio, Geminello ALVI, *Il Secolo Americano*, Adelphi, Milano 2015; cfr. Antonio DONNO, *La ritrovata unità anglo-americana in nome dell'"Anglo-Saxonism" negli anni che precedettero la Grande Guerra*, in «Eunomia. Rivista semestrale di Storia e Politica Internazionali. Università del Salento», anno 4 n.s. (2015), n. 2, p. 126.

con conseguente costante erosione della civiltà occidentale, cristiana e capitalistica[47].

Considerando il vigore dello sviluppo del Paese che fu il Celeste impero, questo nostro secolo è già da considerarsi il secolo cinese[48]. Si tratta, però, di una egemonia ambivalente. La nuova super-potenza si contrapporrà a quella americana ancora per anni, ma, avendo dalla sua tutte le potenzialità per affermarsi, potrà presto prevalere sugli Stati Uniti. L'America è malata di una cultura auto-lesionista ed anti-americana[49] e

---

47 Sulla civiltà occidentale, cristiana e capitalistica, cfr. Gianni BAGET BOZZO, *L'Impero d'Occidente. La storia ritorna*, Lindau, Torino 2004; cfr. Giovanni CANTONI - Francesco PAPPALARDO (a cura di), *Magna Europa. L'Europa fuori dall'Europa*, D'Ettoris Editori, Crotone 2007; cfr. Christopher DAWSON, *La formazione della Cristianità Occidentale*, a cura di Paolo Mazzeranghi, D'Ettoris Editori, Crotone 2010 (*The Formation of Christendom*, 1967); cfr. Dinesh D'SOUZA, *What's so Great About America*, Regnery Publishing, Washington D.C. 2002; cfr. Niall FERGUSON, *Occidente. Ascesa e crisi di una civiltà*, Mondadori, Milano 2014 (*Civilization: The West and the Rest*, 2011); cfr. Niall FERGUSON, *Il grande declino. Come crollano le istituzioni e muoiono le economie*, Mondadori. Milano 2013 (*The Great degeneration. How institutions decay and economies die*, 2013); cfr. André GLUCKSMANN, *Occidente contro Occidente*, prefazione di Franco Debenedetti, Lindau, Torino 2004 (*Ouest contre Ouest*, 2003); cfr. Jonah GOLDBERG, *Miracolo e suicidio dell'Occidente. Come la rinascita di tribalismo, populismo, nazionalismo e politica dell'identità sta distruggendo la democrazia liberale*, Liberilibri, Macerata 2019 (*Suicide of the West. How the Rebirth of Tribalism, Populism, Nationalism, and Identity Politics Is Destroying American Democracy*, 2018); cfr. Alfredo MANTOVANO, *Ritorno all'Occidente. Bloc-notes di un conservatore*, introduzione di Giuliano Ferrara, prefazione di Gianfranco Fini, Spirali, Milano 2004; cfr. Gianfranco MORRA, *Antidizionario dell'Occidente. Stili di vita nella tarda modernità*, Ares, Milano 2010; cfr. Philippe NEMO, *Che cos'è l'Occidente*, Rubbettino, Soveria Mannelli (Catanzaro) 2005 (*Qu'est-ce que l'Occident?*, 2004); cfr. Robert ROYAL, *Il Dio che non ha fallito. Come la religione ha costruito e sostenuto l'Occidente*, prefazione di Flavio Felice, Rubbettino, Soveria Mannelli (Catanzaro) 2008; Roger SCRUTON, *L'Occidente e gli altri. La globalizzazione e la minaccia terroristica*, presentazione di Khaled Fouad Allam, Vita e Pensiero, Milano 2004 (*The West and the Rest. Globalization and the Terrorist Threat*, 2002); cfr. Rodney STARK, *La vittoria dell'Occidente. La negletta storia del trionfo della modernità*, Lindau, Torino 2014 (*How the West Won. The Neglected Story of the Triumph of Modernity*, 2014); cfr. Marcello VENEZIANI, *Contro i barbari. La civiltà e i suoi nemici interni ed esterni*, Mondadori, Milano 2006; cfr. Ibn WARRAQ, *Why the West is Best. A Muslim Apostate's Defense of Liberal Democracy*, Encounter Books, New York (N. Y.) 2011; cfr. Thomas E. WOODS jr., *Come la Chiesa Cattolica ha costruito la civiltà occidentale*, prefazione di Lucetta Scaraffia, Cantagalli, Siena 2007 (*How the Catholic Church Built Western Civilization*, 2005).

48 Cfr. il paragrafo 3 del capitolo 1.

49 Cfr. Allan BLOOM, *La chiusura della mente americana. I misfatti dell'istruzione contemporanea*, prefazione di Saul Bellow, Lindau, Torino 2009 (*The Closing of the American Mind. How Higher Education Has Failed Democracy and Impoverished the Souls of Today's Students*, 1987); cfr. Ann COULTER, *Tradimento. Come la sinistra liberal sta distruggendo l'America*, Rizzoli, Milano 2004 (*Treason. Liberal Treachery From The Cold War To The War On Terrorism*, 2003); cfr. Judd DUNNING, *13 1/2 Reasons Why not To Be A Liberal*.

la presidenza Trump ha rappresentato (l'ultimo?) grande baluardo contro questa tendenza suicida[50]. Nel momento in cui scrivo, la corsa verso la Casa Bianca è una partita ancora tutta da giocare. Ma se dovessero prevalere i Democratici, il declino americano diventerebbe tristemente irreversibile. Avremo bisogno di tornare su alcuni inquietanti segnali di questo mesto crepuscolo.

L'idea del secolo cinese subentrato a quello americano è un'idea ambivalente.

Lo è perché, da un lato, la Cina potrebbe trasformarsi nella locomotiva dello sviluppo mondiale salvando un dinamismo che è in recessione in Occidente a causa delle politiche, fondamentalmente stataliste, di quest'ultimo. In questo caso, i valori di libertà individuale rinnegati in un Occidente sempre più statalista verrebbero, paradossalmente, salvaguardati in quel grande Paese se questo saprà liberarsi dalla struttura comunista. Non sarebbe la prima volta nella storia che, provvidenzialmente, la civiltà venga salvata proprio dagli eredi di chi prima costituiva il maggiore pericolo per essa. Prima menzionavo il fenomenale sviluppo delle "tigri asiatiche"; è questo il caso, a fronte di un'economia occidentale resa stagnante dal dirigismo e dalla burocrazia, in cui il capitalismo sopravvive fruttuosamente e si radica generando prosperità in aree che nel recente passato erano gravate da culture tutt'altro che favorevoli alla libera impresa.

Se questo scenario è auspicabile e, secondo me, addirittura immaginabile e prevedibile (anche per quanto più avanti dirò), al momento e in attesa del superamento del comunismo — d'altro lato —, il secolo cinese si è realizzato nel nome di un'aggressività imperialistica sebbene con una forza resa possibile dal vigore mercantile. Questa propulsione commerciale non è certo eredità della Rivoluzione di Mao, ma si è affermata nonostante la struttura della Repubblica Popolare ed unicamente per lo spazio, in quella struttura, concesso all'economia d'impresa. Ma da questa energia imprenditoriale occorre distinguere le mire imperialistiche. Per quanto le seconde siano rese possibili dalle prime, esse non coincidono. Tanto meno

---

And How to Enlighten Others, Humanix Books, New York (N. Y.) 2020; cfr. Jonah GOLDBERG, *The Tyranny of Clichés. How Liberals Cheat in the War of Ideas*, Sentinel, New York (N. Y.) 2012.

50 Cfr. Ann COULTER, *In Trump We Trust. E Pluribus Awesome!*, Sentinel, New York (N. Y.) 2016; cfr. Jonah GOLDBERG, *Proud to Be Right. Voices of the Next Conservative Generation*, Harper Collins, New York (N. Y.) 2010; cfr. Stefano GRAZIOSI - Daniele SCALEA, *Trump contro tutti. L'America (e l'Occidente) al bivio*, Historica - Giubilei Regnani, Roma 2020; cfr. Glauco MAGGI, *Il guerriero solitario. Trump e la Mission Impossible*, Mind Edizioni, Milano 2020; cfr. David HOROWITZ, *Big Agenda. President Trump's Plan to Save America*, Humanix Books, New York (N. Y.) 2016.

da quelle (le energie commerciali) scaturiscono inevitabilmente queste (le spinte imperialistiche), anzi: quelle possono essere solo danneggiate da queste. Si tratta di due distinti fenomeni ove il comunismo, al tempo stesso, è fondamentalmente estraneo al successo imprenditoriale, ma di esso si nutre abbondantemente. Al momento, si potrebbe dire che il Dragone comunista è il più grande parassita mai esistito. E per quanto il mercato non potrà non prevalere, tuttavia, ancora oggi, quando si parla di Cina si deve pensare ad un mostro ideologico.

Una super-potenza che, in qualità di mostro ideologico, fa paura per tanti giustificati motivi. Tra questi il già richiamato possesso di una gran quantità di debito pubblico federale degli Stati Uniti[51], l'acquisita capacità tecnologica[52] messa in campo come mezzo di pervasivo controllo delle reti planetarie di comunicazione[53] e la sempre più massiccia penetrazione in aree geo-politiche come l'Italia[54] o il continente africano[55].

Se, quindi, le origini del "secolo cinese" sono ravvisabili nella mancata repressione del libero scambio da parte di Deng Xiaoping, è, però, vero che se la formula del "Socialismo con caratteristiche cinesi" ha mitigato gli orrori dei decenni di Mao, continua a ricordare a tutti che la Cina rimane ancora comunista.

La Rivoluzione si è potuta avvalere delle virtuosità del libero mercato per recuperare (e rapidamente) il ritardo inflitto (e duramente) dal socialismo; grazie a ciò la potente macchina industriale e commerciale è stata cavalcata per perseguire una ideocratica conquista economica del mondo senza che il miglioramento sociale — unicamente dovuto al poderoso sviluppo — ancora sia riuscito a sciogliere le tiranniche strutture comuniste.

Da qui l'ambivalenza ancora perdurante (ma, molto probabilmente secondo me, destinata a risolversi presto positivamente) che mette insieme i grandi vantaggi caratteristici dell'apertura al libero scambio e dell'accesso alla proprietà privata e gli enormi disastri propri del sistema socialista.

---

51 Cfr. Francesco DE FILIPPO, Il *dragone rampante. 182 voci del potere cinese*, Castelvecchi, Roma 2016.
52 Cfr. Francesca BALESTRIERI - Luca BALESTRIERI, *Guerra digitale. Il 5G e lo scontro tra Stati Uniti e Cina per il dominio tecnologico*, LUISS University Press, Roma 2019; cfr. https://www.notiziegeopolitiche.net/pompeo-vede-conte-e-di-maio-rete-5g-attenti-ai-cinesi/.
53 Già dicevo che se in passato ho acquistato il cellulare Huawei per ragioni di convenienza, ora non lo farei più per una precisa scelta anti-totalitaria.
54 Cfr. Antonio SELVATICI, *La Cina e la Nuova Via della Seta. Progetto per un'invasione globale*, introduzione di Mario Caligiuri, Rubbettino, Soveria Mannelli (Catanzaro) 2018.
55 Cfr. Stefano GARDELLI, *L'Africa cinese. Gli interessi asiatici nel Continente Nero*, Università Bocconi, Milano 2009.

Questi enormi mali non sono affatto scomparsi e si sono protratti in parallelo ai menzionati grandi benefici. Tale contraddizione — ritengo — è ora sul punto di scoppiare mettendo definitivamente fine alle piroette della gerontocrazia del Politburo, ma ha prodotto e continua a produrre crimini, sofferenze e repressioni. Ne richiamo alcuni (altri li menzionerò più avanti).

Tra le immagini delle repressioni cinesi quella che più di ogni altra è rimasta nella memoria di molti è senz'altro quella dello sconosciuto studente che in disarmante solitudine si pone dinanzi ai carri armati bloccando con la sua sola irremovibile presenza un'intera colonna militare che giungeva in piazza Tienanmen per soffocare nel sangue la protesta di migliaia di giovani[56]. Era il 4 giugno 1989. Da alcune settimane (esattamente dalla metà di aprile), gli studenti di Pechino manifestavano nella grande piazza (in quella stessa piazza Mao aveva proclamato l'instaurazione della Repubblica Popolare cinquanta anni prima) invocando rispetto dei diritti e libertà di parola. Il filosofo italiano Augusto Del Noce, poco prima di morire, definì l'immagine di piazza Tienanmen, che rappresentava l'intera parabola del comunismo, come «la più grande vergogna del nostro secolo»[57]. Mesi prima della caduta del muro di Berlino (novembre

---

56 Uno dei periodici che meglio hanno testimoniato e raccontato le vicende politiche e culturali di quegli anni è stato il compianto settimanale «Il Sabato» (che pochi anni dopo cesserà l'attività). Ebbene, ricordo che allegato al primo numero di giugno '89 vi era un poster con la fotografia di quel momento e con questa scritta: «un uomo da solo può fermare la storia, può spostare le montagne. 'Il Sabato' rende omaggio a quest'uomo che ognuno di noi ha dentro di sé» (frase forse ontologicamente non precisissima, ma certamente di grande suggestione poetica). Non si è mai conosciuta l'identità e la sorte di quello studente — la stampa lo ribattezzò "rivoltoso sconosciuto" (*Unknown Rebel*) —, l'ignoto eroe che una telecamera clandestina immortalò nel momento in cui fermava la colonna corazzata consentendo a molti suoi coetanei di guadagnare la fuga. Neanche si conosce che fine abbia fatto il comandante del carro armato che preferì non travolgere il giovane determinando, in questo modo, il temporaneo arresto dell'avanzata dei mezzi militari.
57 Augusto DEL NOCE, *La più grande vergogna del nostro secolo* (editoriale), in «Il Sabato», 10.6.1989, n. 23, p. 3. Scriveva nell'occasione il filosofo: «la strage degli studenti cinesi perpetrata dal regime di Pechino si inquadra in un momento storico di crisi profonda del comunismo. È caduta la fede rivoluzionaria, la fede nel comunismo e resta l'istituzione. L'istituzione rimane anche dopo che la rivoluzione si è esaurita. La situazione cinese è una situazione in cui è difficile entrare, complicata da un ritrovamento del comunismo per via nazionale. C'è poi l'elemento maoista che ha una forte componente nazionalista anch'esso, e che tende ad escludere la subordinazione della Cina all'Unione Sovietica. Sono elementi che, detti per puri accenni, lasciano pensare che il comunismo cinese non sia poi quel comunismo liberale di cui alcuni favoleggiavano. E poi che cos'è stata questa rivoluzione studentesca soffocata nel sangue? [...]. I settemila studenti cinesi sono l'ultima manifestazione di questa tragica realtà. [...]. Come ha scritto Nicola Matteucci "i massacri di Pechino non sono un accidente della storia, ma una conseguenza diretta

1989), le proteste anti-comuniste si diffusero tra gli ambienti universitari sperando di far breccia nella corrente più riformista dell'apparato dello Stato. Nonostante le iniziali tergiversazioni, sintomo dello scontro tra le diverse fazioni governative[58], alla fine, con l'appoggio dello stesso Deng, prevalse la linea comunista e si consumò l'eccidio con l'avvio di cruente persecuzioni che riportarono indietro le lancette della storia cinese[59].

Ho già dovuto richiamare gli orrori del sistema dei Laogai (i lager cinesi)[60]. Ebbene, i "campi di rieducazione e di lavoro" non appartengono solo al periodo di Mao dato che essi «sono tuttora strettamente funzionali allo Stato totalitario cinese per il doppio scopo di perpetuare la macchina dell'intimidazione e del terrore con il lavaggio del cervello per gli oppositori politici, e di fornire al regime un'inesauribile forza lavoro a costo zero»[61]. L'ultima elencazione risale al 2008 e, a quella data, i campi attivi erano ben 1422[62]. La Laogai Research Foundation — istituita da un ex internato, Harry Wu[63], divenuto efficace divulgatore degli orrori del comunismo cinese — è una fonte di abbondante documentazione dei crimini del governo[64].

È noto che sono numerose le condanne a morte nella Cina comunista. Ma ciò sembra sdegnare poco gli attivisti nostrani molto preoccupati a diffondere i film hollywoodiani contro la pena capitale negli USA. A pochi viene in mente di sottolineare che nel secondo caso i condannati si sono macchiati di reati gravissimi[65], mentre in Cina si viene eliminati solo per aver pensato in modo difforme dai dettami del governo (con l'obbligo da

---

del marxismo-leninismo, che solo con la violenza riesce ad incarnarsi nella realtà: è solo un'utopia sanguinaria"».

58 Cfr. Pierre FAILLANT de VILLEMAREST, *Il clamoroso fallimento della "perestrojka" cinese*, in «Cristianità», anno 17 (1989), n. 170 (giugno), p. 3-4.

59 Cfr. Winston L. Y. YANG - Marsha L. WAGNER (edited by), *Tiananmen: China's struggle for democracy. Its prelude, development, aftermath, and impact*, School of Law University of Maryland, Baltimore (Maryland) 1990; cfr. Marco MESSERI, *Utopia e terrore. La storia non raccontata del comunismo*, Piemme, Casale Monferrato (Alessandria) 2003, p. 165-168.

60 https://www.laogai.it/.

61 https://www.laogai.it/cosa-sono-i-laogai/cosa-significa-la-parola-laogai/.

62 https://www.laogai.it/cosa-sono-i-laogai/quanti-sono-i-laogai/.

63 Harry Wu (1937-2016) è sopravvissuto a 19 anni di lavoro nei famigerati Laogai dove, per aver criticato il regime, fu recluso lui, giovane comunista, insieme alla sua famiglia. Riuscito a riparare negli Stati Uniti, ha iniziato a raccontare la sua tragica vicenda fondando la Laogai Research Foundation.

64 https://www.laogai.org/.

65 Per una difesa della pena di morte fondata su motivazioni cristiane, cfr. Edward FESER - Joseph BESSETTE, *By Man Shall His Blood Be Shed. A Catholic Defense of Capital Punishment*, Ignatius Press, San Francisco (California) 2017.

parte della famiglia del condannato di assumersi le spese dell'esecuzione). Così come molti in Occidente ignorano o trovano comodo ignorare il fiorente traffico di organi espiantati dai condannati alla pena capitale e condotto ed organizzato in modo industriale dalle istituzioni cinesi[66].

Il contrasto tra lo scintillio tecnologico e i crimini politici non poteva non risaltare in occasione di un grande evento che venne ospitato a Pechino nell'estate del 2008: i giochi olimpici. Fu quella una grande finestra che il mondo ebbe per poter ammirare gli straordinari progressi compiuti dalla Cina. E il governo senz'altro riuscì a raggiungere questo risultato. Ma per garantire una vetrina che il mondo intero doveva solo ammirare e di cui restare stupito elogiando il "modello Cina"[67] bisognava evitare ogni possibile "incidente". Ed il governo riuscì anche in questo intento al prezzo di chiudere la bocca (e i computer) ad ogni forma di possibile dissidenza mediante una censura e un controllo governativo sempre più stringenti e soffocanti[68].

3.3. IL VIRUS COMUNISTA

In questo quadro politico interno generale, sul finire del 2019 in una grande città della Cina appaiono dei casi di polmonite anomala. Non mi azzardo a fare ricostruzioni geo-sanitarie[69] non solo perché queste esulano dai miei interessi (e dalle mie competenze), ma innanzitutto perché queste si baserebbero su fonti che, in futuro, potrebbero risultare lacunose e inadeguate o addirittura inattendibili e fuorvianti. Ciò che sembra chiaro a tutti (almeno al momento in cui scrivo) è che il primo luogo di contagio è stato Wuhan[70], un'enorme area urbana di undici milioni di

---

66 Cfr. Maria Vittoria CATTANÌA - Toni BRANDI (a cura di), *Cina. Traffici di Morte. Il commercio degli organi dei condannati a morte*, prefazione di Harry Wu, Guerini e Associati, Milano 2008; cfr. Yiyun LI, *I girovaghi*, Einaudi, Torino 2010 (*The vagants*, 2009).

67 Harry Wu, il dissidente che ha trascorso 19 anni nei famigerati Laogai prima di poter raggiungere gli USA, disse per l'occasione: «non posso fare a meno di pensare che, mentre a Hitler le Olimpiadi del 1936 furono assegnate senza immaginare gli orribili avvenimenti che sarebbero poi accaduti, a Pechino sono state concesse pur conoscendo l'efferatezza dei crimini che la Cina tuttora commette». Cfr. Minky WORDEN (edited by), *China's Great Leap. The Beijing Games and Olympian Human Rights Challenges*, Seven Stories Press, New York (N. Y.) 2008.

68 Cfr. Bernardo CERVELLERA, *Il rovescio delle medaglie. La Cina e le Olimpiadi*, Ancora, Milano 2008.

69 Cfr. https://covidreference.com/timeline_it.

70 L'ormai noto mercato di Wuhan, in cui si macellavano pesci e animali, fu presto chiuso. Tuttavia ora si ritiene che il luogo non sia stato il punto di partenza, ma solo un centro di diffusione e di contagio mentre la domanda sull'origine del virus rimane ad

abitanti nella zona centro-orientale del sub-continente cinese. Certamente Wuhan è stata la prima città ad essere messa in quarantena e ciò è avvenuto il 23 gennaio.

Già all'inizio della seconda metà di dicembre (ma il primo caso potrebbe risalire all'inizio del mese[71]), gli ospedali della zona presero in cura i primi pazienti affetti da misteriose polmoniti; i medici allarmati per le condizioni dei malati avevano formulato una diagnosi parlando di "SARS Coronavirus". Nel giro di pochissimi giorni i casi si moltiplicarono e fu indicato il mercato ittico quale possibile focolaio iniziale. Presto i medici arrivarono ad avere le prove che confermavano la presenza della SARS[72] e la notizia circolò rapidamente nelle chat dei sanitari. Tra questi, però, un oculista dello stesso ospedale centrale di Wuhan, Li Wenliang di 33 anni, si "permise" di darne notizia su Internet nel pomeriggio del 30 dicembre. Il dottor Li avvertiva i colleghi medici del pericolo del contagio invitandoli ad assumere le necessarie precauzioni. Il 3 gennaio, l'oculista venne convocato e interrogato dalla polizia circa le informazioni che aveva diffuso in rete. La polizia cinese deve godere di un minuziosissimo controllo di tutte le comunicazioni se in soli tre giorni è stata capace di indagare su un messaggio che, tra l'altro, non aveva alcun carattere politico ma solo sanitario. Nonostante Li Wenliang fosse membro del Partito Comunista (pare, però, che frequentasse chat di gruppi cristiani protestanti), gli venne notificato un ammonimento per «aver diffuso false informazioni su internet». Pare che per evitare conseguenze, Li abbia dovuto firmare un documento in cui ritrattava le sue comunicazioni *on line*.

È bene disporre di una buona ricostruzione degli eventi legati alla primissima fase dell'epidemia[73]; si tratta della conoscenza di elementi indispensabili sotto la dimensione epidemiologica (che, ovviamente, potrà essere interpretata dagli esperti), ma anche sotto la dimensione propriamente politica (per comprendere le responsabilità e le omissioni di natura ideologica). Ebbene, rinviando la conoscenza dei dettagli ad altre

---

oggi senza risposta non potendo contare sulla trasparenza delle autorità sanitarie cinesi e, in particolare, sulle informazioni che dovrebbero provenire dall'interno dell'Istituto di Virologia di Wuhan.

71 Cfr. https://covidreference.com/timeline_it.

72 «Il 27 dicembre il laboratorio [il Guangzhou Weiyuan Gene Technology Lab.] contatta l'ospedale di Wuhan e comunica che si tratta di un nuovo coronavirus, di cui ricava un genoma quasi completo, senza peraltro rilasciare un report ufficiale» (http://www. atlanticoquotidiano.it/quotidiano/coronavirus-cronaca-di-un-insabbiamento-un-manipolo-di-giornalisti-coraggiosi-inchioda-pechino/).

73 Cfr. https://it.insideover.com/societa/quando-e-apparso-il-covid-quei-segnali-che-potrebbero-cambiare-tutto.html.

letture[74], si deve concludere che le autorità erano in possesso dei risultati delle analisi di laboratorio già a fine dicembre (quando i test confermarono che si trattava di un virus della famiglia della SARS) e già nei primissimi giorni di gennaio si comprese che ci si trovava dinanzi ad un virus sconosciuto trasmesso attraverso la respirazione[75]. La conclusione sembra dover essere quella espressa da queste parole: «dal 27 dicembre all'11 gennaio, sia la popolazione cinese che la comunità internazionale sono state tenute all'oscuro dal governo di Pechino dell'esistenza, delle caratteristiche e del pericolo di diffusione del nuovo coronavirus. Il Partito Comunista ha deliberatamente deciso di occultare gli avvertimenti degli specialisti e i risultati delle prove effettuate. Quindici giorni probabilmente decisivi per il contenimento dell'epidemia, durante i quali un problema locale si è trasformato in fenomeno globale, per la manifesta volontà di insabbiamento e disinformazione delle autorità»[76].

Pare che la prima a rendersi conto del nuovo virus, a dicembre, sia stata la direttrice del Dipartimento di Emergenza presso lo stesso Ospedale Centrale di Wuhan, la dottoressa Ai Fen. La direttrice ritenne suo dovere denunciare la scoperta e il pericolo di diffusione, ma prima il medico venne zittita e punita dai suoi superiori poi di lei non si ebbero più notizie

---

74 Cfr. https://www.axios.com/timeline-the-early-days-of-chinas-coronavirus-outbreak-and-cover-up-ee65211a-afb6-4641-97b8-353718a5faab.html; cfr. http://www.atlanticoquotidiano.it/quotidiano/coronavirus-cronaca-di-un-insabbiamento-un-manipolo-di-giornalisti-coraggiosi-inchioda-pechino/; cfr. https://www.rightsreporter.org/cronologia-di-una-pandemia-criminale-le-responsabilita-del-regime-cinese/.

75 «Il primo giorno dell'anno, il responsabile di uno dei laboratori incaricati delle analisi riceve una telefonata da un ufficiale del Dipartimento di sanità della provincia dell'Hubei che gli ordina di distruggere i campioni in suo possesso e di interrompere la ricerca. Lo avverte che qualsiasi fuga di notizie dovrà essere riportata agli organi competenti. Il 3 gennaio, proprio mentre si isola la sequenza genetica completa, dagli uffici del Ministero della Sanità (da Pechino, quindi) arrivano direttive vincolanti sull'utilizzo dei campioni: nessun invio ai laboratori senza autorizzazione degli organismi centrali, *soppressione immediata di quelli esistenti*, divieto di pubblicazione di qualsiasi informazione su test e attività sperimentali. Passano altri otto giorni — cruciali — senza che le autorità rendano pubblico quello che ormai in ambiente medico tutti conoscono come un nuovo e pericoloso coronavirus. Zhang Yongzhen, a quel punto, decide di pubblicare autonomamente il genoma del virus (è l'11 gennaio) nel database della GenBank e sul sito della GISAID Initiative. Per la prima volta l'informazione è condivisa a livello mondiale. La stessa sera Pechino annuncia finalmente che le informazioni sul coronavirus saranno inviate all'Organizzazione Mondiale della Sanità. Ventiquattro ore dopo, il laboratorio del professor Zhang Yongzhen viene chiuso per "rettifiche" e, ad oggi, non è stato riaperto» (http://www.atlanticoquotidiano.it/quotidiano/coronavirus-cronaca-di-un-insabbiamento-un-manipolo-di-giornalisti-coraggiosi-inchioda-pechino/).

76 *Ibidem.*

essendo misteriosamente scomparsa[77]. La colpa di Ai Fen fu quella di aver rilasciato un'intervista (che venne subito censurata, ma fu salvata perché era stata già rilanciata da siti esteri[78]) in cui si diceva sicura della trasmissione del virus da uomo ad uomo[79].

Anche gli altri medici responsabili di aver dato informazioni del virus furono puniti dalla polizia perché ritenuti colpevoli di aver turbato la collettività con *fake news*.

Intanto lo stesso Li Wenliang, a contatto con i malati, contraeva il virus che nel giro di un mese lo avrebbe ucciso (7 febbraio). La moglie dell'oculista, incinta del secondogenito, darà alla luce il bambino a giugno, quattro mesi dopo la morte del padre. I messaggi che la donna volle idealmente inviare al marito con il proposito di offrirgli il neonato faranno commuovere milioni di persone, ma anche le parole di Li Wenliang che prima di morire si augurava che «nel Paese non ci fosse una sola voce» furono rilanciate sui *social* da decine di milioni di persone trasformando la vicenda dell'oculista censurato in una richiesta corale a favore della libertà di parola e di stampa in Cina.

Li è così diventato un simbolo e le foto che lo ritraevano intubato e prossimo a morire erano un forte atto di accusa al potere comunista che aveva condannato il mondo alla pandemia. Dopo la scomparsa del medico, il partito aprì un'inchiesta che portò, già il 2 aprile, a dichiarare Li Wenliang "martire" ed "eroe nazionale". Ma questa riabilitazione, più che fare giustizia, attestava le colpe dell'apparato così come il tentativo di scaricare l'errore sulle sole spalle della polizia e dei dirigenti locali finiva col sottolineare la sclerosi dell'intero sistema.

Con Li, già a febbraio, iniziavano a morire medici e infermieri dell'ospedale di Wuhan, tra questi Hu Weifeng, l'urologo divenuto noto a causa dello strano caso del cambio di colore della pelle, diventata nera tra farmaci e fegato danneggiato.

Come può essere facilmente intuibile, le repressioni non hanno riguardato solo l'ambito sanitario o giornalistico. Nel momento in cui scrivo — è il 6 luglio 2020 — leggo un dispaccio di agenzia che informa dell'arresto di un professore di diritto, Xu Zhangrun, di Pechino che, in diversi suoi saggi, era stato critico verso il presidente Xi Jinping (1953-viv.) sia in relazione alla gestione della pandemia sia in relazione all'estensione del potere governativo. Prelevato dalla sua abitazione da più di 20 persone,

---

77 Cfr. http://www.asianews.it/notizie-it/Scomparsa-Ai-Fen,-la-dottoressa-che-ha-denunciato-l%E2%80%99epidemia-49741.html.
78 Cfr. https://www.epochtimes.com/gb/20/3/10/n11930385.htm.
79 Cfr. https://www.tempi.it/cina-wuhan-ai-fen-coronavirus-partito-comunista/.

è stato arrestato con la sorprendente imputazione di incitamento alla prostituzione[80].

È lungo l'elenco delle persone che stanno pagando la loro opposizione al regime. Da tempo non si hanno più notizie né di Ren Zhiqiang, un miliardario già membro del Partito Comunista Cinese, reo di aver criticato la gestione dell'epidemia, né di Zhang Wenbin, uno studente universitario che ha postato un video in cui chiede al presidente Xi di dimettersi. Nulla più si sa anche di diverse altre persone arrestate con l'accusa di aver creato «problemi di ordine pubblico»[81]. Il regime non ama essere criticato, ma ancor meno perdona il giudizio in relazione alla gestione dell'emergenza anche perché è inevitabile collegare la rapidissima diffusione dell'epidemia alla censura, al controllo dell'informazione e all'assenza di libertà di parola.

A fornire un'interpretazione complessiva è stato il dissidente cinese Ma Jian che dalle colonne dell'inglese «The Guardian» denunciava le endemiche ottusità e criminalità del comunismo che ha condannato decine di milioni di cinesi con la Rivoluzione, la Grande Carestia, la Rivoluzione Culturale, gli internamenti, le esecuzioni, le repressioni. A tutto ciò si deve aggiungere la paralisi sociale che ha impedito di affrontare adeguatamente le calamità naturali, dal virus SARS al terremoto del Sichuan sino all'emergenza coronavirus[82].

Le risposte mai fornite probabilmente sarebbero decisive per chiarire l'origine del virus e potrebbero venire dall'Istituto di Virologia di Wuhan, l'unico laboratorio di massima sicurezza presente in Asia (di classe "P4", secondo i protocolli di bio-contenimento)[83], costruito con capitale cinese e con l'assistenza tecnico-scientifica francese (che ha sopperito a tutto ciò di cui la Cina non disponeva)[84]. Il laboratorio venne inaugurato il 23 febbraio 2017 ma, nonostante gli accordi di collaborazione internazionale (soprattutto con la Francia che aveva concorso e direttamente partecipato alla costruzione del sito, promuovendo il progetto avviato già nel 2003,

---

80 Cfr. https://www.tgcom24.mediaset.it/mondo/critica-xi-sul-coronavirus-professore-cinese-arrestato-a-pechino_20347997-202002a.shtml.

81 Cfr. http://www.asianews.it/notizie-it/Scomparsa-Ai-Fen,-la-dottoressa-che-ha-denunciato-l%E2%80%99epidemia--49741.html.

82 Cfr. https://www.theguardian.com/commentisfree/2020/feb/26/the-reaction-to-the-outbreak-has-revealed-the-unreceonstructed-despotism-of-the-chinese-state.

83 Cfr. https://it.insideover.com/politica/qual-e-il-livello-di-sicurezza-dei-laboratori-batteriologici-della-cina.html.

84 Cfr. https://it.insideover.com/politica/il-laboratorio-di-wuhan-nato-grazie-a-un-accordo-con-la-francia.html.

subito dopo l'epidemia della SARS), la Cina non ha garantito mai alcuna trasparenza e la collaborazione si è rivelata un grosso fallimento[85]. I lavori del laboratorio di Wuhan restano avvolti nel mistero e l'impossibilità a procedere a verifiche non può che far aumentare i sospetti[86]. Oltre i sospetti, vi è una serie di prove, dimostrate indirettamente da *papers* scientifici degli stessi virologi di Wuhan, in cui si dimostra che la documentazione decisiva rimane interdetta alla conoscenza della comunità scientifica del resto del mondo. Anche l'inchiesta internazionale indipendente invocata da più parti e annunciata dall'OMS non condurrà ad alcuna verità perché, stranamente, non prevede nessuna indagine e nessuna verifica interna al laboratorio causa il muro di silenzio frapposto dalla Cina[87].

Anche più avanti, sottolineerò le analogie tra l'epidemia cinese di coronavirus e il disastro nucleare di Chernobyl avvenuto nell'Ucraina sovietica il 26 aprile 1986. Anche in quel caso, le autorità comuniste silenziarono la notizia con grave danno per la salute di milioni di innocenti. Successivamente, poi, impedirono agli esperti di poter accertare le responsabilità politiche e istituzionali. Tra coloro che indagarono a fondo vi fu lo scienziato chimico Valery Legasov (1936-1988) il quale fu costretto al silenzio a causa dei risultati politicamente assai "scomodi" cui giunse[88]. Allo scienziato non restò che piegarsi ai comandi, ma il rimorso lo condusse al suicidio che si consumò solo due anni dopo il disastro, nello stesso preciso giorno della sciagura.

«Qual è il costo della menzogna?» fu la domanda che angosciò Legasov[89]. È la stessa domanda che deve porsi chi per convenienza opportunistica o per ostinazione ideologica si rende complice della falsità. Mai è capitato che queste connivenze non abbiano arrecato sofferenze, ma quando queste complicità hanno ricadute così devastanti allora si deve parlare di crimini contro l'intera umanità.

---

85 Cfr. Antoine IZAMBARD, *France-Chine. Les liaisons dangereuses*, Stock, Paris 2019.
86 Cfr. https://it.insideover.com/societa/le-tre-prove-sulle-origini-del-coronavirus-ecco-il-paper-che-potrebbe-cambiare-tutto.html.
87 Ho trovato molto utile l'ascolto della puntata del 14.9.2020 del programma di RAI3 «Presadiretta» dedicata ad un'ampia e dettagliata inchiesta dal titolo *SARS CoV-2, identikit di un killer* (https://www.raiplay.it/video/2020/09/Presa-Diretta---Sars-CoV-2-identikit-di-un-killer-466d5ae5-4f7c-4357-b124-aba6bb0d2c82.html). Per quanto il documentario abbia fornito una vera e propria concatenazione di prove, i conduttori si sono guardati bene dal nominare il comunismo: la parola "comunismo", infatti, non è stata mai adoperata.
88 Cfr. Valeri LEGASOV, *The Lessons of Chernobyl are Important for All*, Novosti Press Agency Publishing House, Moscow 1987 (uscito con la data del completamento dello scritto, non della sua apparizione pubblica).
89 Cit. in http://www.atlanticoquotidiano.it/quotidiano/coronavirus-cronaca-di-un-insabbiamento-un-manipolo-di-giornalisti-coraggiosi-inchioda-pechino/.

Di questi crimini si sono nuovamente macchiati i dirigenti comunisti cinesi quando hanno costretto al silenzio i medici, quando hanno negato l'esistenza del virus, quando hanno impedito di rendere noti i dati del contagio, quando hanno occultato i documenti, quando hanno censurato le critiche, quando hanno ordinato di interrompere la ricerca, di bloccare i test e, addirittura, di *distruggere* i campioni esistenti, quando hanno vietato di pubblicare il genoma del virus[90], quando hanno negato le informazioni che avrebbero salvato decine di migliaia di vite[91]. «Il voluto occultamento delle informazioni sul coronavirus, addirittura la repressione di chi voleva denunciare l'epidemia, hanno contribuito in maniera schiacciante alla diffusione della pandemia globale. È come se il regime cinese avesse voluto che l'epidemia si diffondesse fino a diventare una pandemia. E questi sono crimini contro l'umanità»[92].

Ho già detto la mia in merito al "modello cinese" tanto decantato nelle prime fasi della pandemia[93]. I coristi nostrani delle acclamazioni sono talmente accecati da non considerare come sia stato esattamente il timore di incrinare l'immagine diffusa dalla propaganda ad impedire l'attuazione di provvedimenti adeguati[94]. Questi avrebbero potuto contenere il contagio e avrebbero, forse, evitato che si trasformasse in pandemia. Ma c'è un altro aspetto che ora va illustrato; mi riferisco al modo con cui, per evitare di veder risucchiato l'intero "modello cinese" nelle responsabilità, il potere centrale ha preso le distanze dai comportamenti delle autorità locali. Ciò che può apparire ordinario in una qualunque organizzazione (politica e non) è, invece, fuori dalle procedure per quel sistema che si presenta come perfetto e infallibile. Il sistema comunista si fonda sui suoi (presunti) successi; da qui l'importanza fondamentale della propaganda. Fin quando il regime riesce a mentire (la menzogna è un elemento caratterizzante il socialismo: il comunista è tale innanzitutto perché mente) nascondendo i fallimenti e propinando improbabili trionfi, esso riesce a sopravvivere; ma quando è costretto ad ammettere i propri limiti o ad accettare i propri errori, allora dimostra di essere in agonia. I dirigenti

---

90 Cfr. https://www.partitoradicale.it/2020/03/17/il-modello-wuhan-linsabbiamento-cinese-del-coronavirus/; cfr. http://www.atlanticoquotidiano.it/quotidiano/coronavirus-cronaca-di-un-insabbiamento-un-manipolo-di-giornalisti-coraggiosi-inchioda-pechino/.
91 Cfr. https://www.corriere.it/esteri/20_giugno_02/coronavirus-documenti-segreti-dell-oms-la-cina-ha-nascosto-dati-b2327048-a4c2-11ea-8ef6-a417ca68eeb2.shtml.
92 Cfr. https://www.rightsreporter.org/cronologia-di-una-pandemia-criminale-le-responsabilita-del-regime-cinese/.
93 Cfr. il paragrafo 3 del capitolo 1 di questo testo.
94 Cfr. Francesco GALIETTI (a cura di), *Contagio rosso. Perché l'Italia è diventata il cavallo di Troia della Cina in Occidente*, Historica Edizioni, Roma 2020.

che hanno preferito dire la verità o che abbiano anche solo riconosciuto le responsabilità, hanno, in questo modo, attestato di non essere più comunisti. Il comunismo è intrinsecamente e strutturalmente menzognero e non potrebbe sopravvivere senza questa corazza di difesa perché la verità lo sconfessa in modo assoluto e irrimediabile. E il comunista che non fosse ostinatamente bugiardo non avrebbe più come esercitare il potere. Per questo motivo, il comunismo che per perdurare accettasse di riformarsi e abbracciasse l'onestà darebbe la prova della propria irreversibile crisi. Come dire? Il comunismo o è menzognero o non è e quando un comunista è sincero e dice la verità significa che non è più comunista.

Ritengo, quindi, che le responsabilità del regime in qualche modo riconosciute dalla stessa dirigenza rappresentino uno scacco mortale per il comunismo cinese; una sorta di fessura della diga, un'incrinatura che determinerà la rovina della tenuta complessiva.

Per salvare l'intero regime dalle responsabilità, ora i medici vengono considerati eroi nazionali e la loro punizione viene considerata un errore. Tuttavia non si deve dimenticare che condanne e sanzioni furono comminate perché gli allarmi dei sanitari avrebbero potuto danneggiare l'immagine (artificiale) che il governo comunista intende sempre salvaguardare. Oltretutto a Wuhan nella seconda metà di ottobre si erano svolti i giochi mondiali militari[95] e a metà gennaio si è tenuta la riunione provinciale del Partito. Tutto doveva dimostrare l'efficienza del sistema e l'immagine del regime non doveva essere compromessa da nessun incidente. E quando l'esistenza del virus non si è potuta più negare, ecco che è cambiato lo spartito e dal negazionismo si è passati alla esaltazione dell'efficienza. E così venne lanciata la campagna per «educare la popolazione a mostrare gratitudine verso il Partito comunista»[96] che, probabilmente, ha trovato più seguaci tra gli europei che tra i cinesi. In questa scia anche la pubblicazione di un libro ufficiale in cui si esaltava «la dedizione, la missione, la visione strategica e la leadership» di Xi Jinping nella lotta al virus con la certezza della vittoria già attribuita alla lungimiranza del Partito Comunista[97].

Da parte delle autorità di Pechino, il riconoscimento della gravità dell'epidemia ha coinciso con il tentativo spinto a dimostrare una diversa origine geografica del virus. E pare che il tentativo abbia avuto qualche

---

95 Cfr. https://www.ilmessaggero.it/mondo/wuhan_coronavirus_giochi_mondiali_militari_atleti_malati_ottobre_news_oggi-5214683.html.
96 Cfr. https://www.tempi.it/cina-wuhan-ai-fen-coronavirus-partito-comunista/.
97 Cfr. http://www.atlanticoquotidiano.it/quotidiano/coronavirus-cronaca-di-un-insabbiamento-un-manipolo-di-giornalisti-coraggiosi-inchioda-pechino/.

sostegno dall'Organizzazione Mondiale della Sanità (OMS)[98]. L'arma propagandistica è dura a scomparire.

Dimostrandosi offeso e risentito per il trattamento dei mass media internazionali, il portavoce del governo ha avuto l'insolenza di dichiarare che la Repubblica Popolare rifiuta «il pregiudizio ideologico contro la Cina, le notizie false fatte in nome della libertà di stampa e le violazioni dell'etica nel giornalismo» invitando «i media e i giornalisti stranieri a svolgere un ruolo positivo nel promuovere la comprensione reciproca tra la Cina e il resto del mondo»[99], ma contestualmente (il 18 marzo) venivano revocati i visti di permanenza a tutti i giornalisti statunitensi.

Da diverse parti si è paventata l'idea che il virus sia la conseguenza di un incidente di laboratorio[100], presumibilmente operante a scopi militari o para-militari. Ma per riconoscere delle responsabilità al regime non occorre supporre l'esistenza di un'arma batteriologica. In assenza di prove è deleteria ogni ipotesi dietrologica e ogni atteggiamento complottistico.

Ciò non esclude la possibilità di investigare scenari decisamente inquietanti relativi a vantaggi (disonesti e criminali se perseguiti deliberatamente) che la Cina trarrebbe da un blocco dell'economia mondiale. Per quanto la Cina abbia patito le prime dure conseguenze della situazione, successivamente ogni altro grande Paese ha riportato danni ben maggiori di quelli dell'economia cinese. Il fatto è che la Cina non ha mai dovuto chiudere l'intera nazione traendone «un beneficio economico e concorrenziale — commenta Franco Londei — rispetto agli altri Paesi che invece hanno ordinato un reale *lockdown* totale. La Cina non si è mai fermata. Ed è qui che entra in ballo il colpevole ritardo nell'avvisare il mondo sulla pericolosità del coronavirus. Che il regime cinese lo abbia fatto deliberatamente è un fatto pressoché accertato, quello che rimane da capire è se lo abbia fatto per ragioni meramente economiche, cioè se una volta capita la gravità della situazione non abbia anche fatto un ragionamento meramente e crudelmente economico, oppure se l'oggettivo vantaggio economico di ritorno a favore di Pechino altro non sia che il frutto di una serie di casualità. Nel primo caso la Cina avrebbe chiaramente commesso un crimine contro l'Umanità e per questo andrebbe perseguita. Nel secondo caso invece tutto sarebbe stemperato. Conoscendo la spietatezza cinese

---

98 Cfr. https://www.youtube.com/watch?v=pvFLXbUn11s.

99 https://www.partitoradicale.it/2020/03/17/il-modello-wuhan-linsabbiamento-cinese-del-coronavirus/.

100 Uno studio serio che sostiene questa ipotesi è Joseph TRITTO, *Cina Covid 19. La Chimera che ha cambiato il Mondo*, Cantagalli, Siena 2020. Tardivamente rispetto alla stesura di questo capitolo giungono le dichiarazioni della virologa Li-Meng Yan che è dovuta riparare negli Stati Uniti.

quando si parla di affari, non escluderei affatto che, una volta capito di avèr perso il controllo della situazione, a Pechino non abbiano fatto il ragionamento del "tanto peggio, tanto meglio" e che in maniera davvero criminale abbiano deciso che "almeno ci si poteva guadagnare"»[101].

3.4. OMS ETERODIRETTA

Un altro importante capitolo dell'intera vicenda, rilevante soprattutto nella sua dimensione ideologica, è costituto dal ruolo dell'Organizzazione Mondiale della Sanità. Va subito detto che, come ogni mastodontica e iper-burocratica istituzione in cui si articola il pachiderma dell'ONU, anche l'OMS (sigla ufficiale: WHO da World Health Organization) incarna le stesse contraddizioni, assurdità, incongruenze e riflette i medesimi controsensi che sono propri dell'Organizzazione delle Nazioni Unite[102].

Il carattere ideologico dell'Istituto — che, sin dalla sua fondazione (1946/1948), ha sede a Ginevra — appare già dalla sua carta di istituzione in cui si precisa che «l'obiettivo dell'OMS è il raggiungimento da parte di tutte le popolazioni del livello più alto possibile di salute»[103], definita «come stato di completo benessere fisico, mentale e sociale, e non soltanto come assenza di malattia o di infermità»; oltretutto — aggiunge il documento — «il possesso del migliore stato di sanità possibile costituisce un diritto fondamentale di ogni essere umano, senza distinzione di razza, di religione, d'opinioni politiche, di condizione economica o sociale»[104]. La prima affermazione rivela un progetto che è fondamentalmente

---

101 https://www.rightsreporter.org/cosa-sappiamo-veramente-delle-responsabilita-cinesi-sul-coronavirus/.

102 Cfr. Andrea de GUTTRY - Fabrizio PAGANI, *Le Nazioni Unite. Sviluppo e riforma del sistema di sicurezza collettiva*, Il Mulino, Bologna 2005; cfr. Fabio GRASSI ORSINI, *Il mito dell'ONU. Un'istituzione discussa in un'Italia divisa*, Liberal, Roma 2005; cfr. Joshua MURAVCHIK, *The Future of the United Nations. Understanding the Past to Chart a Way Forward*, AEI Press, Washington D.C. 2005; cfr. Linda POLMAN, *ONU. Debolezze e contraddizioni di una istituzione indispensabile per la pace*, Sperling & Kupfer, Milano 2003; cfr. Christian ROCCA, *Contro l'ONU. Il fallimento delle Nazioni Unite e la formidabile idea di un'alleanza tra le democrazie*, Lindau, Torino 2005; cfr. Eugenia ROCCELLA - Lucetta SCARAFFIA, *Contro il cristianesimo. L'ONU e l'Unione Europea come nuova ideologia*, appendici a cura di Assuntina Morresi, Piemme, Casale Monferrato (Alessandria) 2005; cfr. Michel SCHOOYANS, *Il volto nascosto dell'ONU. Verso il governo mondiale*, prefazione di Roberto de Mattei, Il Minotauro, Roma 2004.

103 Cfr. Giancarlo CESANA, *Il "Ministero" della salute. Note introduttive alla medicina*, Studio Editoriale Fiorentino, Firenze 2000, p. 32-39; cfr. Giorgio ISRAEL, *Per una medicina umanistica. Apologia di una medicina che curi i malati come persone*, Lindau, Torino 2010, p. 73-74.

104 La citazione è messa in risalto nel sito del Ministero della Salute del Governo italiano.

centralizzato e politico nel quale la salute viene intesa come una concessione dall'alto, per via di accordi globali e di finanziamenti internazionali. Ma non è questo il modo con cui gli esseri umani hanno dovuto duramente procedere per combattere le malattie scoprendone i segreti e debellandone gli effetti: la lunga strada di arricchimento delle conoscenze e di lento miglioramento delle condizioni parte sempre dal basso, dagli individui ed è resa possibile unicamente dal lavoro personale. La seconda affermazione svela una concezione utopica dell'umanità che non è mai in uno stato di perfezione, ma in una costante instabilità e in un difficile equilibrio[105]. La salute che l'uomo a volte sperimenta e di cui più spesso è carente non è uno «stato di completo benessere fisico, mentale e sociale», ma, ben più limitatamente, quella mera «assenza di malattia o di infermità» squalificata dalle premesse filosofiche dell'OMS[106]. La salute è un realistico "concetto negativo" (quando la malattia *non c'è*) e non un ideologico "concetto positivo" (per il «completo benessere fisico, mentale e sociale» *che dovrebbe esserci*). La terza affermazione, infine, manifesta una concezione dei diritti tipica delle moderne rivendicazioni che comporta tutti i limiti di ciò che, più che essere riconosciuto perché inscritto nella natura dell'essere uomo, deve essere concesso dall'autorità politica[107]: se la salute è un "diritto"[108], su chi deve gravare il dovere di assicurarlo sempre e comunque?

Dicevamo che l'OMS è espressione a suo modo "coerente" con quanto è proprio dell'ONU. Utopismo, formalismo, sprechi non sono "incoerenze" rispetto ai propositi ideali; sono, invece, niente altro che la conseguenziale applicazione di ideali illusori e fallaci. Come le altre agenzie delle Nazioni Unite, quindi, l'OMS non fa alcuna eccezione ed è ben "coerente" con le premesse ideologiche, con il centralismo burocratico, con l'insaziabile bisogno di risorse. Trascuro le ultime caratteristiche e spendo una parola

---

105 Cfr. Michel FOUCAULT, *Nascita della clinica. Una archeologia dello sguardo medico*, introduzione di Alessandro Fontana; postfazione di Mauro Bertani, Einaudi, Torino 1998 (*Naissance de la clinique. Une archéologie du regard médical*, 1963); cfr. Ermanno PAVESI, *Concezione della malattia e assistenza sanitaria in Occidente in prospettiva storica*, in «Cristianità», anno 34 (2006), n. 333 (gennaio-febbraio), p. 11-18.

106 Circa la concezione della salute, cfr. il paragrafo 4 del capitolo 1 (la parte dedicata al mito della sicurezza assoluta).

107 Cfr. Beniamino DI MARTINO, *Stato di diritto. Divisione dei poteri. Diritti dell'uomo. Un confronto tra dottrina cattolica e pensiero libertario*, Leonardo Facco Editore, Treviglio (Bergamo) 2017, p. 137-185; cfr. Beniamino DI MARTINO, *I diritti individuali e la storia della libertà*, in «Nuova Storia Contemporanea», anno 1, nuova serie: già anno 21 (2019), n. 1 (gennaio-aprile), p. 215-223.

108 Sul "diritto alla salute", cfr. ancora il paragrafo 4 del capitolo 1 di questo testo (la parte dedicata al mito della sicurezza assoluta).

sulle premesse ideologiche. Ebbene, sin dalle sue origini, ma con un cammino che si è reso sempre più rapido in questa direzione, l'ONU è stato il più raffinato strumento di omologazione politica compiuto all'insegna della necessità del cambiamento culturale. Quale sarebbe l'ideologia di fondo? Una sorta di avanzato socialismo dove la rivoluzione è sostituita dalla trasformazione della realtà variegata di comunità di individui in un qualcosa di guidato in modo centralizzato e governato in modo unitario; in una parola, una sorta di super-Stato ideato nel nome del superamento delle particolarità[109]. Non è difficile scorgere le affinità tra il progetto dell'unificazione europea e il programma dell'ONU, entrambi tesi a stimolare e dirigere i grandi orientamenti e a riposizionare e indirizzare le scelte individuali, entrambi campioni di centralizzazione e di pianificazione. L'ONU — e in modo assai somigliante l'Unione Europea — è stata istituita come soggetto con compiti politici tesi alla risoluzione pacifica delle contese; dinanzi a questo nobilissimo scopo chi potrebbe obiettare e chi avrebbe la capacità di scorgere la soggiacente carica utopica che rende questi mega-organismi sovranazionali dei formidabili laboratori ideologici ove gli ordinari fallimenti operativi vengono compensati dall'indiscutibile successo per l'affermazione planetaria di una cultura conforme ai nuovi dettami intellettuali? Sotto questo pervasivo aspetto, davvero l'ONU — in continuità con il collettivismo socialista e in successione ad esso — può essere considerato «l'esperimento politico più ambizioso nella storia della nostra epoca»[110].

Una tra le persone che più ha visto da vicino questo «ambizioso esperimento politico» e che più ha accumulato esperienza in campo internazionale e la cui testimonianza deve essere considerata autorevolissima anche solo per tale singolarissimo bagaglio giornalistico e professionale è stata Oriana Fallaci (1929-2006). Ciò le va riconosciuto anche indipendentemente dal giudizio che ciascuno possa dare delle sue accese battaglie anti-islamiche. Ebbene, la grande reporter non ebbe dubbi su come

---

109 La schietta ed autentica esperienza cristiana ha ben conosciuto i rischi dell'uniformità perseguita nel nome dei valori dell'unità. Sembrerebbe — questa uniformità — una peculiarità degli orientamenti pastorali che imperversano nella Chiesa di oggi. A sconfessione di queste moderne tendenze, ricordo una icastica frase di sant'Ilario di Poitiers (315-367/368) che condannava la politica religiosa dell'imperatore Costanzo (il figlio di Costantino che, estromettendo il fratello cattolico dal trono, aveva assicurato l'egemonia degli eretici ariani). Ebbene il santo vescovo di Poitiers, in modo non propriamente placido: «tu vuoi imporre alla Chiesa un ideale di unità che distrugge la comunione della fede» (ILARIO di POITIERS (sant'), *Contro l'Imperatore Costanzo*, a cura di Luigi Longobardo, Città Nuova, Roma 1997, p. 62).
110 Andrea de GUTTRY - Fabrizio PAGANI, *Le Nazioni Unite. Sviluppo e riforma del sistema di sicurezza collettiva*, Il Mulino, Bologna 2005, p. 9.

dovesse essere definita l'ONU e, con l'immediatezza che la contraddiceva, scrisse che «l'ONU è la somma di tutte le ipocrisie, il concentrato di tutte le falsità»[111].

Questa inquadratura sull'ONU poteva essere utile per dire qualcosa del ruolo dell'OMS; infatti «se sotto l'aspetto politico, il cuore dell'ONU è il Consiglio di Sicurezza, sotto quello intellettuale, il motore sono gli organi secondari delle Nazioni Unite: consigli, commissioni, agenzie, ONG, veri e propri gruppi di pressione, destinati a svolgere un ruolo di laboratorio di idee, e soprattutto di creazione di nuove utopie»[112]. Torno, dunque, al contesto della pandemia di coronavirus e, in particolare, al ruolo svolto dall'organismo internazionale nella recente situazione epidemiologica.

La compiacenza dell'OMS nei confronti della Cina fu sospetta sin dai primi momenti. Se ancora quasi a metà gennaio il governo cinese ripeteva che non vi erano prove sicure che accertavano la trasmissione del virus da persona a persona, l'OMS si limitava a ripetere quanto affermato dai comunicati cinesi («le indagini preliminari condotte dalle autorità cinesi non hanno evidenziato prove certe della trasmissione da uomo a uomo del nuovo coronavirus (2019-nCoV) identificato a Wuhan, in Cina» e «è evidente in questo momento che non abbiamo una trasmissione sostenuta da uomo a uomo»[113]). Negli uffici di Ginevra nulla veniva dichiarato riguardo alla censura che il regime di Pechino aveva imposto ai medici di Wuhan la cui vicenda iniziava a trapelare in Occidente.

L'atteggiamento remissivo e allineato da parte dell'agenzia dell'ONU apparve ancora più manifesto quando a fine gennaio il direttore dell'OMS si recò a Pechino per incontrare il presidente Xi Jinping (forse per prendere ordini?) e, dinanzi al mondo intero che iniziava ad entrare in preoccupazione, l'alto funzionario dell'ONU preferì attestare che la Cina stava «effettivamente definendo nuovi standard per la lotta alle epidemie»[114]. Gli elogi, quindi, non si risparmiarono da parte della delegazione dell'OMS che dichiarò di aver molto apprezzato gli interventi che la Cina aveva «attuato in risposta alla epidemia, la sua velocità nell'individuare il virus, e l'apertura alla condivisione di informazioni con l'OMS e altri paesi».

---

111 Oriana FALLACI, *Fallaci intervista sé stessa. L'apocalisse*, prefazione di Alessandro Cannavò, Rizzoli, Milano 2014.
112 Roberto de MATTEI, *La dittatura del relativismo*, Solfanelli, Chieti 2007, p. 58-59.
113 Sono le parole delle comunicazioni dell'OMS: https://covidreference.com/timeline_it.
114 Neanche si trascurava di lodare esplicitamente tanto il ministro cinese della Salute per la sua collaborazione quanto il presidente Xi e il premier Li per la loro leadership e per il loro «inestimabile intervento» (https://www.rightsreporter.org/cronologia-di-u-na-pandemia-criminale-le-responsabilita-del-regime-cinese/).

Affermazioni che ora appaiono spudorate, ma che, allora, crearono il mito dell'efficiente "modello cinese" della gestione del virus[115].

Dal momento in cui non è stato più possibile negare l'emergenza (metà gennaio), Cina e OMS passarono dal silenzio alle reciproche attestazioni di lode per cui i comunicati dell'OMS descrivevano «la dedizione delle autorità e la trasparenza dimostrata»[116] dal governo cinese e questo sottolineava l'insostituibile compito svolto dall'Organizzazione.

Sulla figura del direttore dell'OMS iniziarono — giustamente — a concentrarsi le maggiori attenzioni e fu presto compreso con quanta sfrontatezza aveva agito e continuava ad agire la Cina nella ramificazione del controllo dei posti chiave del governo mondiale.

Tedros Adhanom Ghebreyesus (1965-viv.) è stato eletto direttore della potente agenzia nel maggio 2017. Sul nome del biologo etiope conversero i rappresentanti di decine di Stati africani su mandato della Cina. La competizione tra l'etiope e il candidato sponsorizzato dagli USA, dal Regno Unito e dal Canada si concluse con un vantaggio schiacciante del primo dimostrando il peso che la Cina oramai ha all'interno degli equilibri dell'ONU. E i motivi per essere considerato un'importante pedina nelle mani del regime cinese erano già chiari a chiunque avesse conosciuto il curriculum di Tedros Adhanom: dell'Etiopia — che gli osservatori considerano addirittura una colonia cinese — è stato ministro della Sanità e ministro degli Esteri, ma soprattutto esponente, per decenni, del Fronte Popolare Liberazione del Tigrè, una formazione politica marxista. Con queste referenze, è trascurabile che, in qualità di responsabile della sanità del suo Paese abbia gestito in modo piuttosto discutibile ben tre epidemie di colera. In qualità di capo della diplomazia dell'Etiopia ha rafforzato i rapporti tra il suo Paese e la Cina aprendo a questa la partecipazione del controllo strategico delle acque del Nilo. Le protezioni di cui godeva il neo-direttore dovevano garantirlo al punto tale da spingersi a proporre il dittatore dello Zimbawe, Robert Mugabe (1924-2019), quale ambasciatore "di buona volontà" dell'OMS per l'Africa.

Cina e OMS sono stati anche strettamente sodali nel contrapporsi alle critiche che iniziarono a giungere dagli Stati Uniti. Anzi, nei confronti degli USA di Trump partì una sorta di campagna di risposta alle presunte diffamazioni che arrivavano dalla Casa Bianca.

---

115 La potenza propagandistica cinese è giunta anche a «Il Giornale», quotidiano notoriamente filo-occidentale, dove, insospettabilmente, il 31 maggio ho rintracciato un articolo a firma "Cinitalia" che aveva tutto l'odore di un comunicato di regime: https://www.ilgiornale.it/news/politica/sostegno-cinese-allorganizzazione-1866872.html.

116 https://m.dagospia.com/il-tetro-passato-di-tedros-chi-e-davvero-il-presidente-dell-oms-ghebreyesus-232903.

Nel classico schema ideologico del *vittimismo dell'aggressore*, Cina e OMS accusarono Washington, da un lato, di alimentare la paura (gli USA avevano bloccato l'arrivo dei voli dalla Cina) e, dall'altro, di politicizzare la vicenda dell'epidemia. Paradossalmente, gli USA da danneggiati si ritrovarono incriminati e, viceversa, la Cina da colpevole si trovò ad essere decantata per aver «dispiegato il più ambizioso agile e aggressivo sforzo di contenimento della storia»[117] e l'OMS da complice assurse ad agenzia dal «ruolo cruciale», indispensabile perché «sostiene una posizione basata sulla scienza, obiettiva e imparziale e fornisce una guida attiva e assistenza ai Paesi di tutto il mondo, dando importanti contributi alla cooperazione internazionale contro le epidemie»[118].

Nella più classica abitudine rivoluzionaria con cui, spudoratamente, si ribaltano le responsabilità, si è dimenticato quanto sia costato al mondo il silenzio criminale del regime cinese e il non meno delittuoso asservimento dell'OMS. E quando Trump iniziò a parlare di "virus cinese" e di insabbiamento di informazioni da parte del regime di Pechino, la risposta fu di dichiarare le accuse di Washington non solo senza fondamento scientifico (e «smentite da numerosi esperti»[119]), ma soprattutto ree di ostacolare il «clima di cooperazione fondamentale per avere la meglio sulla Sars-CoV2»[120].

Alle critiche di Trump, che sollevava dinanzi al mondo la questione degli effetti pandemici degli occultamenti cinesi, l'OMS replicava asserendo che «l'approccio coraggioso della Cina per contenere la rapida diffusione di questo nuovo agente patogeno respiratorio ha cambiato il corso di un'epidemia in rapida escalation e mortale» e che «l'uso senza compromessi e rigoroso da parte della Cina di misure non farmacologiche per contenere la trasmissione del virus Covid-19 in molteplici contesti fornisce lezioni vitali per la risposta globale»[121].

Cina e OMS dimostravano, senza neanche troppo ritegno, di essere dalla stessa parte quando ciascuna delle due difendeva l'altra dalle crescenti invettive americane e quando a quelle di Washington si unirono le prove apportate da altre nazioni e la montante indignazione che proveniva da varie parti del mondo, ricordo che il tenore dei comunicati di Pechino divenne più conciliante. Ricordo il portavoce del governo cinese che

---

117 L'affermazione è riportata da molte fonti ed è facilmente ravvisabile *on line*.
118 https://cinainitalia.com/2020/04/17/coronavirus-cina-ribadisce-pieno-sostegno-all-oms/.
119 *Ibidem*.
120 *Ibidem*.
121 http://osservatorioglobalizzazione.it/osservatorio/la-guerra-totale-della-cina-al-covid-19/.

invitava a superare le contrapposizioni per poter tutti concentrarsi sulla lotta al virus. Nella psicologia comunista questo abbassamento di toni e questa disponibilità alla collaborazione è segno della consapevolezza di essere in una scomoda posizione di debolezza e di isolamento.

Un'altra indiretta ammissione di colpevolezza è suggerita dai 20 milioni di dollari donati dalla Cina all'OMS. A marzo, infatti, la Cina ha voluto offrire di sé l'immagine di generoso sponsor della lotta mondiale al virus. Ma anche questa mossa si è dimostrata deleteria esattamente per l'immagine internazionale della Cina perché ha richiamato la questione delle quote di finanziamento con cui il grasso pachiderma dell'OMS si nutre. La Cina, infatti, nonostante il suo PIL e nonostante sia il Paese di gran lunga più popoloso, contribuisce annualmente con solo 33 milioni di dollari, mentre gli USA (i sempre deprecati sporchi ed avari capitalisti) versano 400 milioni.

Tutto ciò a fronte di un'azione più politica che sanitaria smaccatamente filo-socialista e anti-americana (ed ora anche dannosa per l'intero pianeta). Ma nessuno dovrebbe meravigliarsi di ciò dato che gli USA si sono sempre lasciati espropriare senza reagire per timore di apparire isolazionisti e anti-terzomondisti. È sempre stato così. Gli Stati Uniti sono stati i grandi finanziatori (spesso, di fatto, gli unici) delle grandi organizzazioni che, poi, propalavano una cultura anti-americana. Sino al paradosso di sovvenzionare all'ONU anche le delegazioni dei Paesi socialisti di oltre cortina con il cui budget essi stipendiavano i propri agenti dello spionaggio che agivano indisturbati perché, oltretutto, protetti dallo status diplomatico ONU.

Perciò, tra i gesti più rappresentativi della presidenza Trump va annoverato un parziale disimpegno dall'ONU e l'abbandono dell'OMS da parte degli USA. A metà aprile, il Presidente aveva annunciato, via Twitter, l'interruzione dei finanziamenti americani all'Organizzazione complice della Cina nell'opera di disinformazione e di occultamento. Il proposito è stato, poi, perfezionato quando, meno di tre mesi dopo, l'amministrazione USA ha notificato ufficialmente la propria uscita dall'OMS.

Al momento in cui scrivo (inizio luglio), l'ultimo atto della vicenda OMS è rappresentato dall'istituzione, annunciata dalla direzione della stessa Organizzazione, di uno strano Comitato di valutazione sulla gestione della pandemia che inizierà a lavorare nei prossimi mesi. Dalle dichiarazioni di Tedros Adhanom sembra che il lancio del Comitato muova da un'implicita consapevolezza di gravi lacune nell'opera dell'Organizzazione[122]. Ma, a considerare la spudoratezza con cui si è agito anche

---

122 Dopo tanta sfrontatezza ed altrettanta sicumera, le parole del direttore dell'agenzia ONU sembrerebbero improntate all'umiltà: «tutti noi dobbiamo guardarci allo specchio:

nei momenti più drammatici, non ci si meraviglierebbe se il Comitato di valutazione fosse una pura iniziativa di facciata per poter, mediante l'autorevolezza di un'indagine, dichiarare al mondo ciò che da Pechino potrebbe essere già stato dettato[123].

3.5. IL COLPO DI CODA DEL DRAGONE COMUNISTA

Ho poc'anzi sostenuto che le responsabilità del regime in qualche modo riconosciute dalla stessa dirigenza rappresentano uno scacco mortale per il comunismo cinese; una sorta di fessura della diga, un'incrinatura che determinerà la rovina della tenuta complessiva. È questa la mia opinione e la previsione che soggiace a queste considerazioni. Ciò, però, non solo non esclude temporanei irrigidimenti e momentanei inasprimenti della carica repressiva e totalitaria, ma, anzi, questi fenomeni debbono essere *a fortiori* previsti in qualità di manifestazione di una reale agonia.

Ritengo, quindi, che le repressioni e le violenze comuniste rappresentino un segnale di scricchiolamento, una prova di debolezza, il tentativo disperato di non lasciarsi sopraffare da un cambiamento oramai inevitabile piuttosto che una dimostrazione di vigore e di vitalità; non una dimostrazione di salute, ma il sintomo della morte vicina; non un fiero colpo di schiena, ma un estremo colpo di coda (la cui durata, però, non è prevedibile).

Per provare a comprendere quale sia la prospettiva cinese, occorre avere dinanzi almeno quattro questioni —questioni che solo approssimativamente possiamo considerare di politica interna — che rivelano il grado di comunismo ancora presente nell'apparato cinese[124]. Ci riferiamo al Tibet, a Taiwan, ad Hong Kong, alla Chiesa.

La questione dell'autonomia della regione tibetana, nel recente passato, era tra le più ricorrenti quando si sollevava il problema del rispetto dei diritti umani in Cina. Possiamo evitare di soffermarci perché la sola menzione del nome della regione che richiama l'altipiano evoca la

---

l'OMS, gli Stati membri, tutti coloro che sono stati coinvolti nella risposta» al Covid-19 (https://www.open.online/2020/07/09/oms-lancia-un-comitato-di-valutazione-sulla-gestione-della-pandemia-di-coronavirus/).

123 Questa ipotesi (tutt'altro che augurabile) dimostrerebbe la persistente ostinazione ideologica; il primo scenario (senz'altro auspicabile), invece, darebbe una prova nella direzione contraria lasciando intravedere un salutare ritorno alla realtà che, nel caso comunista, significherebbe la dissoluzione dell'impero ideocratico cinese.

124 Cfr. Marco RESPINTI, *Gli artigli del dragone. Crimini, violazione dei diritti umani e cultura della morte nella Cina del Terzo millennio*, Piemme, Casale Monferrato (Alessandria) 2008.

sanguinosa occupazione militare da parte della Cina. Sin dalla vittoria di Mao, il Tibet è stato soggetto ad una dura espropriazione della propria identità storica e culturale avvertita da Pechino come una costante minaccia all'uniformità politica[125]. Non richiamare la situazione di oppressione in cui continua a trovarsi la popolazione del "tetto del mondo" (oltre 3 milioni di tibetani) sarebbe stata una ingiusta omissione, ma in rapporto diretto alla situazione determinata dal coronavirus è sufficiente solo questo richiamo per passare rapidamente ad altre aree di intervento del governo di Xi Jinping.

L'altro fronte sul quale la Cina mostra cosa intende essere è l'interesse ad assoggettare Taiwan (in passato ricordata come Formosa, nome dato all'isola dagli antichi colonizzatori portoghesi). Per decenni occupata dai giapponesi, dopo la sconfitta di questi nel 1945, Taiwan tornò a far parte della Cina per essere, infine, di lì a poco (nel 1949) il riparo per i cinesi anti-comunisti che, capeggiati da Chiang Kai-shek (1887-1975), erano stati sconfitti nella lunga guerra civile. Così che mentre Mao Zedong proclamava la Repubblica Popolare Cinese (1° ottobre 1949), coloro che avevano combattuto nelle fila del partito nazionalista fecero nascere la Repubblica di Cina a Taiwan (o "Cina nazionale", 7 dicembre 1949). La Cina comunista non ha mai rinunciato ad annettere Taiwan e Taiwan non ha mai rinunciato a difendersi.

Taiwan ha sempre contrastato l'aggressività dei successori di Mao, ma si tratta di *un'isola contro un continente* e quell'isola rappresenta una preda particolarmente prelibata a causa del suo sviluppo economico e della sua posizione strategico-militare; una preda che la voracità comunista non si è mai rassegnata a perdere. "Un'isola contro un continente": oltretutto un'isola capitalista che dista solo 120 km dalle coste e quelle coste sono del continente comunista. Un'isola lunga 400 km e larga meno di 150; un'isola grande quanto il Lazio, la Campania e il Molise insieme (ma con una popolazione doppia rispetto a quella delle tre regioni italiane). Un'isola con 23 milioni di abitanti contro il miliardo e mezzo di cinesi controllati dai successori di Mao.

Nelle recenti elezioni a Taiwan (2016 e 2020) è stata premiata la politica della fermezza nei confronti di Pechino. Infatti la presidente, la signora Tsai Ing-wen (1956-viv.), è paladina della riaffermazione dell'indipendenza. Un'indipendenza che è stata in pericolo molte volte ma che ora

---

125 Cfr. Gianluca FRINCHILLUCCI - Laura BALCALINI, *Il Dorje e la spada. La resistenza armata tibetana contro l'invasione cinese (1950-1974)*, Il Cerchio, Rimini 2020; cfr. Warren W. SMITH, *China's Tibet? Autonomy Or Assimilation*, Rowman & Littlefield, Lanham (Maryland) 2009.

rischia di essere messa duramente alla prova. Come per la situazione di Hong Kong, ora anche il confronto con Taiwan diventa una questione decisiva per la tenuta dell'intero sino-comunismo.

La pandemia ha messo la Cina in stato di accusa, una pressione internazionale da cui i comunisti potrebbero liberarsi addirittura innalzando il livello di scontro soprattutto con gli Stati Uniti piuttosto che riducendo le proprie pretese. A pagarne il prezzo potrebbe essere anche Taiwan.

Una legge contro le secessioni entrata in vigore nel 2005 ora potrebbe essere capziosamente rispolverata perché offrirebbe una legittimazione, una copertura legale a interventi militari — minacciati o reali — ai danni di Taiwan. La dimostrazione muscolare è giunta nei primi giorni di aprile quando le flotte degli Stati Uniti sono state costrette a ridimensionare le proprie operazioni a causa dell'epidemia. Il caso della portaerei Roosevelt si è trasformato da problema geo-strategico in scontro politico sui mass-media americani a causa della destituzione del comandante (il capitano Brett Crozier) il cui comportamento è stato giudicato inadeguato avendo fatto sbarcare l'equipaggio in pericolo per il contagio che si era sviluppato sulla nave, rendendo in tal modo inoperativa la grande unità navale. Ebbene, in questi frangenti, la marina cinese ha provocatoriamente comandato ad una squadra navale, con in testa una delle due portaerei di cui dispone, di eseguire alcune manovre non lontano dalle acque territoriali di Taiwan.

Per quanto gli Stati Uniti non abbiano mai assunto impegni di difesa militare con il governo di Taipei (anche se i rapporti reciproci vanno verso una comprensibile intensificazione), si può ritenere che Taiwan peserà molto nel confronto tra Pechino e Washington.

Poi c'è il nervo scoperto costituito da Hong Kong e il particolare *status* di questo lembo di terra. È noto che l'isola di Hong Kong e i territori adiacenti ebbero il loro particolarissimo sviluppo commerciale durante il secolo e mezzo di colonizzazione britannica. La bandiera del Regno Unito fu ammainata il 1° luglio 1997 e la colonia britannica diveniva una regione amministrativa speciale della Repubblica Popolare Cinese. Nasceva una realtà governata dal principio "dell'unico Stato con due sistemi". L'ampia autonomia — ad Hong Kong vige addirittura il sistema di *common law*, eredità dell'ordinamento britannico — escludeva (bisogna ora utilizzare il passato perché questa autonomia è terminata ad inizio giugno 2020) solo la politica estera e la difesa. A teorizzare il principio "una Cina, due sistemi" fu il leader cinese Deng Xiaoping a seguito della visita in Cina, nel settembre 1982, della premier inglese Margaret Thatcher (1925-2013). Le trattative procedettero con la Cina comunista in una posizione di forza (con le sue velate minacce di un'annessione mediante sbrigativi metodi militari) e si conclusero nel 1984 quando venne sottoscritta una dichiarazione congiunta in cui si stabiliva il passaggio della sovranità alla Repubblica Popolare Cinese (l'*handover*) a metà 1997. La Cina, da parte sua, si impegnava a conservare, nell'ex colonia britannica, le leggi esistenti e un alto grado di autonomia per almeno 50 anni (mediante la Hong Kong Basic Law).

In base alla promessa contenuta nella formula "uno Stato due sistemi" (*one country, two systems*), la Cina avrebbe dovuto assicurare quelle autonomie che ora nega con le nuove leggi e con la repressione. Non è mai avvenuto che i comunisti abbiano mantenuto la parola e Xi Jinping dimostra di non aver voglia di abbandonare il classico trasformismo comunista. I trattati sono serviti ad acquisire Hong Kong (e Macao, nel 1999) in modo indolore e senza screditarsi dinanzi al mondo, ma ora, nel rischio di veder incrinato il potere centrale, debbono essere rinnegati o del tutto ignorati. Tanto più con le manifestazioni popolari in atto, disordini che non possono essere oltremodo tollerati.

Ciò che sta avvenendo a Hong Kong ha un rilievo di grande importanza perché dal modo con cui le autorità centrali si comporteranno si capirà quanto ancora potrà durare il comunismo in Cina. Se Xi Jinping avesse mantenuto volontariamente — *volontariamente* e non per opportunistiche convenienze — gli impegni assunti con il Regno Unito (e con il mondo), questa scelta avrebbe dimostrato un comportamento non più comunista[126]. Se i burocrati dei vari organismi centrali (Assemblea nazionale del popolo, Comitato permanente, Consiglio di Stato) e soprattutto i leader del Partito del Politburo si fossero rassegnati e avessero anche solo parzialmente ceduto alle richieste degli abitanti di Hong Kong, questa scelta avrebbe dimostrato un comportamento finalmente non più comunista. Scrivo nel momento in cui i fatti sono in svolgimento e sappiamo che le scelte sin qui operate da Xi e dai suoi compagni sembrano attestare un arroccamento del potere, ma non è detto che proprio questa situazione

---

126 Ricordo che quando Hong Kong stava per essere trasferita alla sovranità cinese, il neo vescovo della città, allora ancora colonia britannica, monsignor Joseph Zen Ze-kiun, il futuro cardinale le cui testimonianze ancora incontreremo in questa raccolta di considerazioni, si diceva sicuro che il regime avrebbe mantenuto fede all'impegno assunto dinanzi al mondo di rispettare la Hong Kong Basic Law: «di questo sono certo, la promessa è troppo solenne. È scritta nella Legge fondamentale che regola il passaggio di poteri e recentemente è stata ribadita dal portavoce del governo cinese» (Joseph ZEN, *Ritorno al Celeste Impero. Hong Kong e la Cina*, intervista di Gianni Valente, in «30 Giorni», giugno 1997, p. 20). Anche il pur ben disposto vescovo Zen dovette presto ricredersi ed imparare a non fidarsi delle promesse dei comunisti.

non contenga in sé un altro esito. Non è detto, infatti, che questo induri-
mento rappresenti una dimostrazione di reale forza: piuttosto che prova
di perdurante vitalità, come può esserlo un colpo di schiena, queste mosse
potrebbero essere simili ad un colpo di coda quasi di chi disperatamente
prova solo a sopravvivere.

Nel primo caso la giacca e la cravatta di Xi non sarebbero diversa dalla casacca di Deng. Nel secondo caso staremmo assistendo all'epocale
crollo dell'ultimo bastione del "socialismo reale". Ad avvalorare questa
tesi (e questo auspicio) vi è il ritardo con cui il potere centrale ha reagito
alle dimostrazioni anti-cinesi delle strade di Hong Kong. Nonostante lo
spiegamento della violenza, saremmo dinanzi all'ultima prova in cui si
spegne fatalmente anche il comunismo asiatico, il terrificante comunismo
asiatico che fu di Mao, di Pol Pot (Saloth Sar, 1925-1998) e di Ho Chi
Minh (Nguyen Sinh Cung, 1890-1969).

L'imperialismo comunista si è dimostrato avido anche di spazi apparentemente privi di valore (ma che diventavano significativi nell'ottica
della conquista di ogni regione e di ogni zona in un mondo diviso in aree
di influenza). Quanto più non si sarebbe lasciato sfuggire uno dei centri
finanziari più rampanti del mondo. Hong Kong (e Macao, sebbene in
misura più ridotta) è la riprova degli effetti prodotti dal libero scambio
che nel tempo ha trasformato un approdo di poverissimi pescatori in un
agglomerato che gode di un benessere invidiabile, di un reddito medio e
di parametri di sviluppo tra i più alti al mondo. Gli abitanti di Hong Kong
— antichi sudditi di Sua Maestà Britannica, molti dei quali scapparono
dalla rivoluzione di Mao — hanno di che essere grati al colonialismo occidentale senza il quale non solo non avrebbero goduto dell'attuale qualità
di vita e degli avanzati standard professionali, ma chissà quanti di loro o
dei loro avi avrebbero sperimentato gli orrori del sistema dei Laogai (e
dicendo ciò sconfino in un'involontaria occasione di revisionismo storico
riabilitando il deprecato colonialismo occidentale e svelando il volto della
sempre acclamata liberazione socialista dei popoli oppressi).

Le prime proteste ad Hong Kong contro Pechino risalgono all'autunno
del 2014 e si protrassero quasi per tre mesi prendendo il nome di rivolta
"degli ombrelli" a causa della larga utilizzazione dell'oggetto da parte dei
dimostranti per difendersi dai lacrimogeni della polizia (in quella circostanza, le proteste erano la reazione alla decisione cinese di selezionare i
candidati alle elezioni di Hong Kong in base al gradimento governativo). Le manifestazioni hanno poi avuto una nuova fase — l'attuale — a
partire dall'inizio di giugno 2019 quando il parlamento locale (il Consiglio Legislativo) è stato chiamato ad approvare un emendamento che

avrebbe di fatto ridotto l'autonomia giudiziaria a vantaggio delle preroGative giurisdizionali di Pechino (la legge sulle estradizioni). La legge è stata ritirata a fine ottobre con un ripiego che rappresentava una singolare moderazione da parte del potere comunista centrale. Anche le successive elezioni distrettuali (24 novembre) hanno costituito una sonora sconfitta per Pechino a causa del successo dello schieramento autonomista (e la cosa non rappresenta una sorpresa perché in elezioni *libere* i comunisti non hanno mai vinto). Intanto anche in un'altra regione, lo Xinjiang, si sviluppavano proteste contro i controlli ad alta tecnologia messi in atto dalla polizia. Per quanto le proteste della primavera 1989 siano un momento non più dimenticato, le contestazioni non sono certo un'abitudine nella vita sociale cinese (forse anche perché la repressione di piazza Tienanmen[127] è rimasta ben impressa nel ricordo di tutti).

Occorre capire come agirà il potere cinese in questo momento particolarmente delicato. Se l'epidemia, in primo momento, ha fatto sorgere sentimenti di apprezzamento e di solidarietà — di apprezzamento per le misure sanitarie intraprese e di solidarietà verso la nazione messa alla prova —, la successiva fase, segnata da ben differente consapevolezza, ha mostrato sentimenti di tutt'altro tenore nei confronti del governo cinese. Come per la situazione di Taiwan, la *leadership* comunista, a questo subentrato isolamento internazionale, ha risposto con irritazione mostrando i muscoli.

A differenza del primo "giro di vite" contro la libertà degli abitanti di Hong Kong (ottobre 2019), il secondo "giro di vite" è, purtroppo, riuscito (a fine maggio 2020 quando l'emergenza virus era già passata). Nonostante il perdurante stato di proteste, la "legge sulla sicurezza nazionale" è stata semplicemente imposta all'ex colonia britannica perché approvata da Pechino attraverso l'Assemblea Nazionale del Popolo. Con questa legge niente più ad Hong Kong può sfuggire alle competenze dell'autorità di polizia cinese. Il provvedimento, il cui testo è stato promulgato da Pechino nelle settimane successive (30 giugno)[128], certifica la fine dell'autonomia di Hong Kong e l'archiviazione del principio "uno Stato, due sistemi" che pure era stato l'oggetto della promessa da parte della Cina che aveva

---

127 Lo scorso 2019 è stato un anno da "censurare", nel senso che la polizia del regime ha dovuto lavorare intensamente per oscurare le tante piattaforme di comunicazione che intendevano ricordare il 30° anniversario della strage (5 giugno 1989); non meno lavoro telematico ha dato alla polizia la rimozione dal *web* delle riflessioni in occasione del 70° della proclamazione della Repubblica Popolare Cinese (1° ottobre 1949).
128 L'iter è stato molto rapido (così come promesso dalle autorità cinesi) costringendomi a riscrivere il tempo dei verbi.

consentito il passaggio indolore di Hong Kong dal Regno Unito al paese del Dragone (comunista)[129].

Ma la unificazione completa di Hong Kong con la Cina potrebbe riservare una nemesi che la dirigenza comunista non si aspetta. Dicevamo che sarebbe stato inconsueto per l'avidità dell'imperialismo comunista non avventarsi su uno dei centri finanziari più rampanti del mondo. Ma questa avidità potrebbe comportare un effetto tanto salutare per la Cina quanto indesiderato per la nomenklatura comunista; come a dire che il diavolo fa le pentole ma non fa i coperchi. Questo gustosissimo boccone — la città capitalistica di Hong Kong — contiene l'antidoto per neutralizzare il veleno comunista. Ricordavo la magistrale affermazione di Ludwig von Mises secondo cui il socialismo è come il cianuro che è dannoso sino alla morte e non può mai essere di utilità all'organismo[130]. Può, però, capitare l'inverso e, cioè, che cellule totipotenti inserite in una massa malata possano rigenerare i tessuti e produrre l'effetto contrario a quello generato dal veleno[131]. Il libero mercato di Hong Kong potrebbe essere, quindi, una sorta di "cavallo di Troia", quel libero mercato che ormai pienamente inserito nel tessuto sociale della Cina determinerebbe — non diversamente da come già avvenuto con l'accettazione della proprietà privata — la definitiva dissoluzione del fallimentare sistema di pianificazione centralizzata.

Un altro esiziale banco di prova del comunismo cinese è costituito dall'atteggiamento nei confronti dei credenti e, in particolare, nei confronti della Chiesa cattolica.

«La Cina ha avuto una lunga storia di evangelizzazione»[132]. Così iniziava

---

129 Nell'oggetto della legge rientrano i reati di "secessione", "sovversione", "terrorismo" e "collusione con forze straniere", ma questi capi di imputazione sono così indefiniti da rendere ogni possibile attività sociale e politica punibile dalle corti del regime (previo trasferimento in Cina degli imputati per il processo) con dure condanne tra le quali anche l'ergastolo. Pensare che i filo-cinesi occidentali hanno considerato una forma di progresso civile la costante riduzione delle pene (in Italia è raro che per un omicidio — sempre che si arrivi alla condanna — si comminino più di 15 anni di reclusione, poi inevitabilmente soggetti a sconti di pena, indulti carcerari, forme di pene alternative, reclusione sospesa, ecc.). E si tratta di pene (lievi, molto lievi) che in Occidente e in Italia conseguono a crimini, ben diversamente dalle pene (dure, molto dure) che nella Cina socialista riguardano l'esercizio del diritto di espressione.

130 Cfr. Ludwig von MISES, *L'azione umana. Trattato di economia*, prefazione di Lorenzo Infantino, Rubbettino, Soveria Mannelli (Catanzaro) 2016, p. 720.

131 Gli esperti perdoneranno la imprecisione (o forse anche l'insostenibilità) della metafora. A mia giustificazione posso dire che solo di immagine si tratta, espressa senza alcuna competenza biologica.

132 CONFERENZA EPISCOPALE CATTOLICA della CINA CONTINENTALE, *Lettera pastorale in occasione del 700° anniversario della missione di Giovanni da Montecorvino*, dicembre 1994, in «Cristianità», anno 23 (1995), n. 240 (aprile), p. 19.

la lettera pastorale che i vescovi cinesi indirizzarono ai propri fedeli in occasione del settimo centenario della missione del primo vescovo dell'odierna Pechino, il francescano Giovanni da Montecorvino (1246-1328). Coevo di Marco Polo (1254-1324), fra' Giovanni è la principale figura di una schiera di missionari, prevalentemente francescani, che arrivarono, già alla fine del XIII secolo, nell'odierna Mongolia e, soprattutto, nel «regno estremo orientale della dinastia Yuan»[133]. Nella lettera pastorale del 1994, i vescovi cinesi, oltre a ricordare che «per molte centinaia di anni il Vangelo è stato predicato al grande popolo della Cina» e che molti di coloro che hanno seguito Cristo «sono stati arrestati, banditi e per lui hanno versato il loro sangue [e] hanno sofferto la prova della tortura fisica e mentale»[134], esortavano i cattolici cinesi a rimanere in comunione con il Romano Pontefice contrapponendo questa comunione cattolica al Congresso nazionale dei rappresentanti cattolici: «noi vescovi, quali membri della Chiesa cattolica universale, dichiariamo solennemente che il Collegio dei vescovi cattolici cinesi e quelle chiese che sono guidate dal Congresso nazionale dei rappresentanti cattolici sono divenute una nuova Chiesa, diversa dalla Chiesa ortodossa [...] e certamente diversa dalla Chiesa una, santa, cattolica e apostolica»[135]. Quale la ragione di questa opposizione che il prosieguo della lettera esprimeva in termini ancora più duri e netti?

Già nel corso della guerra civile, le violenze nei confronti dei cristiani erano state massicce, ma è con la presa del potere da parte dei comunisti (1949) che si avviarono le persecuzioni sistematiche in linea con la campagna "culturale" per diffondere l'ateismo. Tuttavia nel 1950 (nello stesso anno in cui Mao istituì, sotto consiglio dell'allora alleato sovietico, i famigerati Laogai) il regime favorì un movimento autonomistico[136] con lo scopo di separare le comunità cattoliche dal Papa e, più in generale, di allontanare le comunità cristiane dall'Occidente[137]. Fondamentalmente,

---

133 *Ibidem*, p. 20. Nel 1368 alla dinastia Yuan che aveva protetto le missioni cattoliche subentrò la nuova dinastia Ming che scatenò la persecuzione sui cristiani e pose termine alla fioritura di quel periodo di evangelizzazione. Un altro periodo di feconda missione ci fu nella seconda metà del XVI e l'inizio del XVII secolo con la predicazione del gesuita Matteo Ricci (1552-1610), quasi in concomitanza con le durissime persecuzioni che, invece, si scatenarono in Giappone.

134 *Ibidem*, p. 22.

135 *Ibidem*.

136 Cfr. James T. MYERS, *Nemici senza fucile. La Chiesa cattolica nella Repubblica Popolare Cinese*, Jaca Book, Milano 1994, p. 91-96 (*Enemies Without Guns. The Catholic Church in the People's Republic of China*, 1991).

137 Il cosiddetto Movimento delle Tre Autonomie dei cattolici cinesi si prefiggeva di realizzare a) l'autonomia nella guida delle diocesi mediante l'auto-governo; b)

in questione era il superamento del vincolo al Successore di Pietro e la proclamazione di una Chiesa nazionale. Da quel momento, in Cina i cattolici furono costretti ad aderire ad una Chiesa controllata dal regime e riconosciuta dal governo: l'Associazione patriottica cattolica cinese che rinnega il primato del Vescovo di Roma sulla Chiesa e possiede un proprio clero formato da sacerdoti e vescovi di nomina politica e graditi al Partito Comunista. Chi non aderisce alla Chiesa patriottica è costretto a pagare con la clandestinità la confessione della comunione con la Sede Apostolica di Roma.

Sarebbe quanto mai utile, istruttivo ed edificante ricostruire la penosissima vicenda dei cattolici nella Cina comunista, ma una rassegna anche solo sintetica richiederebbe uno spazio che ora non abbiamo. Mi limito a due punti indispensabili per le considerazioni che qui provo a svolgere.

Il primo punto è relativo alla *libertas Ecclesiae*. Può apparire sorprendente che i cattolici cinesi abbiano abbracciato un'autentica *via Crucis* che è quella delle crudelissime persecuzioni comuniste non per confessare la fede nelle più trascendenti verità teologali, ma unicamente per non rinnegare il legame con la Sede Apostolica e il successore di Pietro. Ciò ha un chiaro e insopprimibile significato per ogni consapevole battezzato perché il vincolo con il Capo visibile dell'universalità cattolica esprime la fede cristiana nell'incarnazione storica di Dio che postula l'imprescindibile apostolicità della Chiesa.

Per poter, infatti, giungere ad una situazione di compromesso — soprattutto a partire dalla morte di Mao e dall'avvento di Deng — ai cattolici basterebbe dichiararsi "indipendenti dal Vaticano", come si direbbe nel linguaggio propagandistico del regime. Basterebbe questa dichiarazione per poter avere la facoltà di vivere, con una certa tranquillità, la propria vita di fede, con relativa celebrazione dei sacramenti, senza ritorsioni violente.

Eppure questa scelta, oltre a negare l'insopprimibile carattere apostolico della comunità nella quale è inserito ogni cattolico, disconosce quel principio basilare che chiarisce il modo con cui la Chiesa è dentro il mondo: la *libertas Ecclesiae*[138]. Nei suoi rapporti con il potere politico, la Chiesa chiede fondamentalmente di poter compiere il mandato affidatole da Cristo «con tutta franchezza e senza impedimento»[139]. Senza

---

l'auto-propaganda mediante la proibizione della presenza di missionari stranieri; c) l'auto-finanziamento e il divieto di ogni sostegno economico proveniente dall'estero.

138 Si tratta del «principio fondamentale nelle relazioni tra la Chiesa e l'intero ordinamento civile» (CONCILIO VATICANO II, Dichiarazione *Dignitatis humanae* sulla libertà religiosa, 7.12.1965, n. 13).

139 Sono le parole con cui si conclude il libro degli *Atti degli Apostoli* (*At* 28,31) e si riferiscono al modo con cui l'apostolo Paolo riuscì a svolgere il proprio ministero a Roma

cadere nell'illusione di vincere le tirannie e senza la tentazione di dover sostituirsi al potere politico, le guide della cattolicità rivendicano solo la *libertas Ecclesiae* cioè solo la sufficiente autonomia ed indipendenza senza patire le invadenze proprie dell'autorità secolare[140].

Ad aderire alla Chiesa patriottica (quella riconosciuta dal governo) è, ancora oggi, una minoranza dei battezzati. Il numero (circa quattro milioni), in questo caso, è abbastanza preciso perché noto alle autorità. Ciò che è meno preciso è il numero dei cattolici fedeli al Papa che potrebbe essere tre o quattro volte superiore a quello dei membri della Chiesa ufficiale. A dispetto di questa, è la Chiesa sotterranea a godere vivacità di vita e rapidità di crescita. Nonostante le dure persecuzioni.

E qui vengo al secondo punto che intendo svolgere. L'avvento del comunismo ha causato, al popolo cinese, sofferenze di ogni tipo, ma contro i cattolici si sono scatenate persecuzioni dalla durezza inenarrabile. Come dicevo, richiederebbe spazio e tempo poter dare anche solo una panoramica delle pene inflitte ai fedeli ed altri testi hanno saputo ben offrire narrazione e documentazione a riguardo[141].

Dopo la vittoria di Mao, la Repubblica Popolare Cinese ruppe i rapporti diplomatici con la Santa Sede espellendo il nunzio apostolico (l'ambasciatore del Papa) e questi dovette trasferire la rappresentanza diplomatica a Taipei. La Santa Sede, da allora, è uno degli Stati (ora ridotti a pochi) che

---

negli ultimi anni prima che sopraggiungesse la condanna a morte.

140 Nel capitolo 4 (al paragrafo 2) di questo testo si troveranno altri motivi per richiamare il principio della *libertas Ecclesiae*.

141 Cfr. Gerolamo FAZZINI (a cura di), *Il libro rosso dei martiri cinesi*, San Paolo, Cinisello Balsamo (Milano) 2007; cfr. Gerolamo FAZZINI (a cura di), *In catene per Cristo. Diari di martiri nella Cina di Mao*, prefazione di Bernardo Cervellera, Editrice Missionaria Italiana, Verona 2015; Cfr. LAOGAI RESEARCH FOUNDATION ITALIA, *La persecuzione dei cattolici in Cina*, Sugarco, Milano 2009; cfr. Andrea RICCARDI, *Il secolo del martirio*, Mondadori, Milano 2009, p. 230-252. Tra i tantissimi ignoti martiri e tra le numerose figure illustri, mi sia permesso avere un pensiero per due miei grandi conterranei, il vescovo Gaetano Pollio (1911-1991), che dopo lunghi anni di torture nelle infernali carceri comuniste e pronto ormai per affrontare la conseguenza estrema della sua fedeltà, venne infine espulso (cfr. Gaetano POLLIO, *Croce d'oro tra le sbarre*, Editrice Missionaria Italiana, Verona 1960; cfr. Amelio CROTTI, *Gaetano Pollio 1911-1991. Arcivescovo di Kaifeng (Cina)*, Editrice Missionaria Italiana, Verona 2002; cfr. Gerolamo FAZZINI (a cura di), *In catene per Cristo. Diari di martiri nella Cina di Mao*, prefazione di Bernardo Cervellera, Editrice Missionaria Italiana, Verona 2015; cfr. https://www.tempi.it/via-crucis-gaetano-pollio-arcivescovo-torturato-dal-regime-cinese-perdonali/; cfr. http://www.diocesisalerno.it/biografia-dellarcivescovo-gaetano-pollio), e il francescano padre Mario Crocco (1909-1994), arrestato e poi espulso senza avere più la possibilità di tornare tra i fedeli con cui aveva condiviso la fede e i patimenti (cfr. Mario CROCCO, *Solo per obbedienza*, Provincia dei Frati Minori di Napoli, Napoli 2011).

riconoscono la Repubblica di Cina di Taiwan e non il governo di Pechino. Più recentemente sono state avviate trattative riservate allo scopo di risanare lo scisma generato dai provvedimenti del regime con cui si è creata una Chiesa governativa (la "Chiesa patriottica") parallela e alternativa alla Chiesa in comunione con il Papa (la Chiesa sotterranea e clandestina).

Da ciò che è emerso, Benedetto XVI non aveva accettato il testo dell'accordo proposto da Pechino per non sottomettersi alle lesive pretese da parte comunista che avrebbero comportato una statalizzazione del cattolicesimo cinese con il conseguente misconoscimento del sacrificio di chissà quanti martiri[142]. Ma con il pontificato di Francesco vi è stato un ribaltamento dei principi, un capovolgimento teso a raggiungere comunque un accordo[143]. Un anticipo di ciò venne espresso dalle parole del Papa che, a fine 2017, durante il viaggio di ritorno dal Myanmar e dal Bangladesh, rispondendo in aereo ai giornalisti nella consueta conferenza stampa, dichiarò [il testo è sgrammaticato, *ndr*]: «c'è il dialogo politico, soprattutto per la Chiesa cinese, con quella storia della Chiesa patriottica e della Chiesa clandestina, che si deve andare passo passo, con delicatezza, come si sta facendo»[144].

Si giunse, così, ad un accordo — "provvisorio" e "segreto" — scarnamente comunicato alla stampa a settembre 2018[145]. L'accordo era esplicitamente dichiarato "provvisorio" senza, comunque, indicare né durata né scadenza ed era da considerarsi "segreto" perché il contenuto rimaneva nascosto a fronte della comunicazione ufficiale secondo la quale era stato firmato «un accordo provvisorio sulla nomina dei Vescovi»[146]. Cosa avrebbero dovuto pensare i cattolici cinesi dei loro pastori con il sospetto (o con la quasi certezza) che si diventa vescovi se si è graditi al potere comunista

---

142 Cfr. Gianni CRIVELLER, *An Overview of the Catholic Church in Post-Mao China*, in Cindy Yik-yi CHU - Paul P. MARIANI (edited by), *People, Communities, and the Catholic Church in China*, Palgrave Pivot, London - New York 2020; cfr. http://www.ilregno.it/attualita/2020/2/santa-sede-cina-cattolico-e-cinese-gianni-criveller; http://magister.blogautore.espresso.repubblica.it/2020/03/16/c%e2%80%99e-di-mezzo-papa-benedetto-nella-guerra-tra-re-e-zen-ma-a-vincere-e-la-cina/.

143 Cfr. http://chiesa.espresso.repubblica.it/cina.html.

144 http://w2.vatican.va/content/francesco/it/speeches/2017/december/documents/papa-francesco_20171202_viaggioapostolico-bangladesh-voloritorno.html.

145 Al cardinale Pietro Parolin (1955-viv.), Segretario di Stato, che ha giustificato l'accordo ritenendo preferibile un cattivo accordo rispetto ad assenza di accordi («anche se questo non è il miglior accordo, un cattivo accordo è meglio che nessun accordo», https://www.agi.it/estero/accordo_vaticano_cina-3519907/news/2018-02-20/) ha giustamente replicato il cardinale Zen ribadendo che «nessun accordo è meglio che un cattivo accordo» (http://chiesa.espresso.repubblica.it/articolo/1351013.html).

146 Cfr. http://press.vatican.va/content/salastampa/it/bollettino/pubblico/2018/09/22/0673/01468.html.

che, per decenni, ha massacrato i cristiani? E i vescovi legittimi (quelli che hanno perseverato nella comunione con Roma) come avrebbero dovuto interpretare ciò che sarebbe successo senza avere alcuna indicazione circa la liceità delle ordinazioni episcopali? In assenza di un testo noto e ufficiale anche il governo avrebbe potuto affermare o negare a proprio piacimento qualsiasi cosa imponendola ai fedeli in nome dell'accordo[147].

Ma che si trattasse di una resa al governo comunista era confermato da un contestuale altro comunicato[148] in cui la Santa Sede annunciava che papa Francesco aveva revocato la scomunica ad otto vescovi — alcuni di nota immoralità —, sanzionati nel passato a causa della illegittima nomina governativa[149].

Questo carattere arrendevole e remissivo dinanzi al comunismo cinese rappresenta un rinnegamento della *libertas Ecclesiae* e una minaccia alla fede cattolica. L'accordo, infatti, sembra comportare l'accettazione, da parte della Chiesa, della nomina governativa dei pastori lasciando al Papa un fragile diritto di veto ove i candidati risultassero particolarmente sgraditi.

E pensare che il Medioevo cristiano è stato burrascosamente segnato da quella lunga lotta per le investiture in forza della quale la Chiesa, svincolandosi — seppur a fatica — dalle ingerenze della *potestas* temporale, riaffermava il principio della libertà e garantiva, in questo modo, lo sviluppo dell'Occidente[150]. La limitazione del potere politico, sempre tentato dal divenire totalitario, va considerato, pertanto, il grande portato *sociale* (considero, invece, il maggior debito *culturale* quello relativo alla concezione dell'individuo) per il quale l'Occidente dovrebbe essere grato al Cattolicesimo (diversamente le cose erano andate con il cesaropapismo dell'Oriente cristiano e diversamente andranno con le chiese di Stato delle confessioni riformate)[151]. Il contro-potere — innanzitutto morale ma anche materiale — della Chiesa Cattolica è stato il più poderoso (sotto

---

147 Cfr. http://www.asianews.it/notizie-it/Card.-Zen-sull'accordo-Cina-Vaticano:-Di-re-niente-con-tante-parole-45013.html.

148 Cfr. http://press.vatican.va/content/salastampa/it/bollettino/pubbli-co/2018/09/22/0676/01471.html.

149 Cfr. http://magister.blogautore.espresso.repubblica.it/2018/09/22/sottomissione-laccordo-fantasma-tra-la-santa-sede-e-la-cina/.

150 Il confronto e lo scontro tra il Papato e l'Impero fu fondamentale per la civiltà occidentale; la "lotta per le investiture", infatti, garantendo l'autonomia e l'indipendenza della Chiesa, impedì la supremazia del potere politico generando quegli spazi di libertà indispensabili al progresso sociale e allo sviluppo economico.

151 Cfr. Ralph RAICO, *Decentramento e concorrenza hanno reso l'Europa prospera e libera*, a cura di Luca Fusari, in «StoriaLibera. Rivista di scienze storiche e sociali», anno 3 (2017), n. 6, p. 102.

l'aspetto teorico) ed efficace (sotto l'aspetto storico) argine alla sempre estensiva propensione del potere[152].

Ebbene, Pechino può essere considerata la nuova Canossa, una Canossa rovesciata, in cui il Papa si inchina al potere del nuovo imperatore[153] perché l'accordo con il regime comunista rappresenta una rinuncia a considerare la libertà come bene indisponibile in quanto irrinunciabile. Scrive l'informatissimo Sandro Magister (1943-viv.): «in questo senso l'accordo può essere giustamente definito "storico", perché segna una clamorosa inversione di marcia nel cammino che la Chiesa cattolica ha compiuto in secoli di storia per affrancarsi dalla sottomissione ai poteri politici, in particolare nella "investitura" dei suoi pastori»[154].

La Chiesa in Cina ha subìto sette decenni di persecuzioni; sotto il regime comunista i cattolici martirizzati, imprigionati, torturati o anche semplicemente discriminati sono innumerevoli. Ora, questo accordo, sembra dichiarare il loro sacrificio insensato e superfluo: avrebbero potuto evitarlo riconoscendo la superiorità del Partito rispetto alla Chiesa e la priorità degli obblighi verso le autorità civili rispetto all'obbedienza alle autorità ecclesiastiche. In fondo, ciò che è ora accettato dalla Santa Sede con l'accordo voluto da papa Francesco. Ma a prezzo di sottomettere la coscienza ai voleri del potere.

A fine giugno 2019, arrivò poi un documento della Santa Sede — *Orientamenti pastorali circa la registrazione civile del Clero in Cina*[155] — con cui il clero e i fedeli in Cina sembravano essere invitati a entrare nella "Chiesa patriottica" senza considerarla per ciò che essa è e cioè una Chiesa scismatica in quanto indipendente dal Papa e agli ordini del partito comunista. La prima cosa che saltava agli occhi è che il documento appariva sotto la responsabilità di nessuno. Esso, infatti, è stato emanato genericamente dalla Santa Sede senza alcuna specificazione di un dicastero e, di conseguenza, senza alcuna firma.

All'indomani dell'ufficializzazione del documento della Santa Sede, il cardinale Joseph Zen Ze-kiun (1932-viv.), ormai vescovo emerito di Hong Kong, presentò i suoi *"dubia"* a papa Francesco che promise di

---

152 Cfr. Thomas E. WOODS jr., *Come la Chiesa Cattolica ha costruito la civiltà occidentale*, prefazione di Lucetta Scaraffia, Cantagalli, Siena 2007, p. 185 (*How the Catholic Church Built Western Civilization*, 2005).

153 È noto ciò che avvenne il 25 gennaio 1077: l'imperatore Enrico IV, per ottenere il perdono del Papa, raggiunse Gregorio VII a Canossa e si umiliò dinanzi al Capo della Chiesa.

154 Cfr. http://magister.blogautore.espresso.repubblica.it/2018/09/22/sottomissione-laccordo-fantasma-tra-la-santa-sede-e-la-cina/.

155 Cfr.   http://press.vatican.va/content/salastampa/it/bollettino/pubblico/2019/06/28/0554/01160.html.

interessarsene pur non dando più alcun riscontro al porporato[156]. L'in-fruttuosa attesa, spinse Zen, il 27 settembre 2019, a scrivere a tutti gli altri membri del collegio cardinalizio — un'iniziativa decisamente anomala — per affermare, senza mezzi termini, che la Santa Sede «incoraggia i fedeli in Cina a entrare in una Chiesa scismatica»[157]. Zen non si fermava qui, ed esortando gli altri porporati a sentire vivamente il compito par-ticolare dei membri del collegio cardinalizio nella «grave responsabilità di aiutare il Santo Padre nel guidare la Chiesa»[158], non lesinava critiche a chi (il cardinale Parolin, Segretario di Stato) ribadiva la continuità tra l'accordo avvenuto sotto gli auspici di Francesco e i propositi di Bene-detto XVI. «Mi fa ribrezzo — queste le forti parole di Zen — anche che sovente dichiarano che ciò che stanno facendo è in continuità con il pensiero del papa precedente, mentre l'opposto è vero. Ho fondamento per credere (e spero un giorno di poter dimostrare con documenti di ar-chivio) che l'accordo firmato è lo stesso che papa Benedetto aveva, a suo tempo, rifiutato di firmare»[159]. La conclusione era ancor più grave perché rivolgendosi ai confratelli, il cardinale cinese li supplicava (in «ginocchio», scriveva) con questo appello: «possiamo assistere passivamente a questa uccisione della Chiesa in Cina da parte di chi dovrebbe proteggerla e difenderla dai nemici?»[160].

All'inizio del suo mandato episcopale, Zen appariva tutt'altro che pre-venuto nei confronti del regime[161]; la resistenza del cardinale ha, quindi, tutta la consapevolezza di chi ha dovuto sperimentare non solo la scal-trezza dei comunisti nel riuscire ad ottenere le migliori condizioni ad un tavolo di trattative, ma soprattutto l'inaffidabilità a mantener fede agli impegni sottoscritti[162].

La Santa Sede, invece, ha offerto un largo credito al regime comunista dando prova di un'estesa ingenuità diplomatica, di un'incapacità a valutare

---

156 Si tratta, comunque, di una prassi ormai consolidata: Francesco promette di prendere in esame le obiezioni di natura dogmatica o disciplinare che gli vengono presentate fa-cendole poi cadere nell'oblio e lasciando i suoi interlocutori ad attendere indefinitamente.
157 La lettera è riportata in https://www.marcotosatti.com/2020/01/08/joseph-zen-scri-ve-ai-cardinali-in-cina-si-uccide-la-chiesa/.
158 *Ibidem.*
159 *Ibidem.*
160 *Ibidem.*
161 È sufficiente leggere l'intervista, rilasciata alla vigilia del passaggio di Hong Kong alla Cina, dell'allora neo vescovo della città, monsignor Joseph Zen Ze-kiun, futuro cardi-nale: cfr. Joseph ZEN, *Ritorno al Celeste Impero. Hong Kong e la Cina*, intervista di Gianni Valente, in «30 Giorni», giugno 1997, p. 18-26.
162 Cfr. David AIKMAN, *Jesus in Beijing. How Christianity Is Transforming China and Changing the Global Balance of Power*, Henry Regnery, Washington DC 2003.

i contesti geopolitici e di una notevole imprevidenza nel considerare gli effetti delle proprie scelte. Accanto a questi limiti, è abbastanza evidente una sorta di affinità e una qualche forma di convergenza (l'acuto osservatore Sandro Magister ha parlato addirittura di «idillio mediatico»[163]). È, infatti, singolare che nel momento in cui il mondo intero assiste al modo in cui a Hong Kong le libertà vengono ridotte, il Papa preferisca tacere anche sulle repressioni ai danni delle comunità cristiane cinesi. E rivolgendosi a queste, nello scorso marzo, ha mostrato come la sua prevalente preoccupazione fosse quella di evitare il proselitismo[164]. Una raccomandazione quanto meno singolare a cristiani che continuamente rischiano vessazioni e oppressioni, a vescovi che non sono liberi nel ministero e a sacerdoti che rischiano di scomparire senza dare più notizie.

Rispetto alla linea ufficiale della Santa Sede, compiacente e arrendevole, si sono distinti in pochi e tra questi, come abbiamo già visto, il vescovo emerito di Hong Kong, cardinale Joseph Zen Zekiun, e il cardinale birmano Charles Maung Bo (1948-viv.)[165] che continuano ad elevare forte la loro voce[166].

Ulteriore postilla che aggiungo successivamente perché, dopo la metà di ottobre, giunge notizia del rinnovo dell'accordo tra Santa Sede e

---

163 Cfr. http://magister.blogautore.espresso.repubblica.it/2020/06/01/idillio-mediatico-tra-il-papa-e-la-cina-mentre-hong-kong-brucia/.

164 Cfr. https://www.youtube.com/watch?v=taFpCmsxalI&feature=emb_title.

165 Cfr. http://magister.blogautore.espresso.repubblica.it/2020/04/04/non-solo-zen-anche-il-cardinale-bo-attacca-apertamente-la-cina/.

166 Sebbene tardivamente (con il presente capitolo già chiuso e consegnato all'editore), non posso non aggiungere un cenno ad altri due gravi episodi della vicenda. Innanzitutto un ultimo accorato e commovente appello del cardinale Zen al Papa perché venga evitato l'accordo con la Cina. Il porporato, ottenuto un permesso di 100 ore dalle autorità di Hong Kong, non ha perso tempo ad imbarcarsi per Roma (il 23 settembre), nonostante l'età (quasi novantenne) nella speranza di essere ricevuto dal Papa. Ma l'attesa è stata vana. Al vescovo emerito dell'ex colonia britannica non è rimasto che tornare nella sua sede con la rapidità con cui si era messo in viaggio (https://lanuovabq.it/it/lultimo-appello-del-cardinale-zen-per-la-cina-e-hong-kong). Il secondo episodio riguarda il gelo nei rapporti tra Vaticano e USA, gelo calato dopo gli interventi del Segretario di Stato americano a favore dei cattolici cinesi perseguitati ed in polemica con il paese del Dragone (https://www.firstthings.com/web-exclusives/2020/09/chinas-catholics-and-the-churchs-moral-witness). Una situazione che ha del paradossale perché contrapposta all'apertura della Santa Sede verso la Cina. Nel recente viaggio di Mike Pompeo a Roma (mercoledì 30 settembre), il Papa ha ritenuto di non ricevere il capo della diplomazia USA. Due personaggi (Zen e Pompeo) meritevoli di essere ascoltati sono, quindi, rimasti alla porta e ciò nonostante la plateale disponibilità di Bergoglio a concedere accoglienza e tempo anche alle figure più discutibili (da Maradona a Morales, da Ignazio Marino a Greta Thunberg, ecc., *oves et boves et universa pecora*).

Repubblica Cinese[167]. E ciò, senza tener conto delle richieste e delle preghiere, malgrado i dubbi e il malcontento. L'incauta scelta vaticana che Bergoglio, nonostante lo squilibrio delle condizioni e il controllo concesso a Pechino, ha inteso perseguire ostinatamente è destinata non solo a pesare sulla libertà dei cattolici cinesi, ma anche — come non si è stancato di ripetere anche il Segretario di Stato USA, Mike Pompeo — ad incrinare l'autorità morale della Chiesa[168].

La posizione cedevole e remissiva della Santa Sede non è solo in contrasto con l'atteggiamento del passato e con il permanente comune sentire dei cattolici "clandestini" che ancora patiscono, ma anche con il coro di critiche verso il regime che si sta sempre più alzando da tante parti del mondo.

Ciò che desta maggiori perplessità nel modo di agire della Santa Sede è l'assenza di percezione di un nuovo contesto che potrebbe determinare un isolamento della Cina comunista e l'assenza di lungimiranza nei confronti di auspicabili nuovi orizzonti aperti da un crollo del regime rivoluzionario. In questa prospettiva, la Chiesa di oggi che vuole essere quasi a tutti i costi al passo con i tempi, si rivelerà, alla prova della storia, quanto mai annebbiata nel giudizio nonché simpatizzante (così è già avvenuto con Cuba e il Venezuela) con ideologie condannate dalla storia e dalla ragione. Quel che sembra un paradosso, in realtà è quasi una logica conseguenza: la Chiesa che vuol essere alla moda, si dimostra poi ostaggio dell'opinione del momento e, perciò, incapace di elevarsi sopra le ristrettezze dell'istante.

Ciò che è paradossale — ma in realtà si spiega con un mutamento di criteri — è aver resistito con la fermezza evangelica al potere comunista (non solo in Cina, ma anche in URSS, in Vietnam... e negli altri inferni del socialismo) quando questo potere sembrava incontenibile ed apparire accondiscendenti e obbedienti proprio ora, quando questo potere appare a tutti nella sua natura e inizia a sgretolarsi anche negli ultimi suoi arroccamenti.

È come se la Chiesa martirizzata lungamente negli anni di Lenin, di Stalin, e poi anche di Kruscev, di Breznev, si fosse aperta a legittimare il regime sotto Gorbaciov, cioè negli anni in cui il fallimento dell'ideocrazia diveniva visibile anche ai meno avveduti.

---

167 Cfr. http://magister.blogautore.espresso.repubblica.it/2020/10/22/documenti-il-giudizio-ufficiale-della-santa-sede-sul-rinnovato-accordo-con-la-cina/; cfr. https://www.corrispondenzaromana.it/il-temerario-rinnovo-del-trattato-tra-cina-e-vaticano/.
168 Cfr. https://www.politico.eu/article/mike-pompeo-vatican-china-deal/; cfr. https://it.insideover.com/politica/gli-stati-uniti-avvisano-il-vaticano-non-rinnovi-laccordo-con-la-cina.html.

Dopo aver assistito al crollo della più grande potenza ideologica della storia — l'Unione Sovietica —, ora potremmo trovarci alla vigilia della caduta dell'ultimo bastione del comunismo. Ai cristiani, in questo tempo così sprovveduti e così assetati di modernità, basterebbe meditare sul salmo biblico: «gli anni della nostra vita sono settanta, ottanta per i più robusti»[169]. In contesto analogo, uno scrittore di successo qual è Vittorio Messori (1941-viv.) annotava: «forse, almeno [...nella] prospettiva del credente che va ben al di là della superficie, c'è una sorta di "segno" in quell'esigua durata»[170]. Le realizzazioni anche dell'ideologia più orgogliosa e più armata di ogni tempo debbono essere sapientemente accomunate alla caducità dell'essere umano. Il convertito Messori, poi, proseguiva citando un nume tutelare della cultura politica italiana, Norberto Bobbio (1909-2004), che, rifacendosi allo sfacelo mondiale dell'ideologia di cui il partito comunista italiano era una componente tra le più prestigiose, in un'intervista aveva detto: «questo tracollo interno (non provocato da guerre, controrivoluzioni o violenze) della più grande utopia terrena mai concepita da quando esiste l'uomo; questo fallimento di un tentativo grandioso (il primo in assoluto) di realizzare il regno della giustizia sulla Terra; insomma, la confutazione di una fede nella quale hanno creduto centinaia di milioni di persone... Beh, sono cose che l'umanità non dimenticherà mai più. È stata una lezione che non si aspettavano neanche gli anticomunisti»[171].

Vittorio Messori merita un particolare omaggio e apprezzamento: il suo giudizio storico si è confermato adeguato per quanto abbia patito l'isolamento in cui inevitabilmente lo ha relegato l'intellighenzia cattolica, quell'intellighenzia costituita anche da molti teologi e pastori che, con l'illusione di apparire più "credibili", hanno "dialogato" talmente con le ideologie moderne da abbracciarne acriticamente i postulati, continuando a credervi al punto tale da non rendersi neanche conto dello stato di agonia in cui versavano quelle ideologie.

3.6. IL COMUNISMO CINESE NON SOPRAVVIVRÀ AL CORONAVIRUS

È fondamentale capire qual è la percezione della classe dirigente comunista che la spinge ad intervenire in modo duro. Sono due le possibili strade — alternative — e queste sono la resistenza ad oltranza o la

---

169 *Salmo* 90, versetto 10.
170 Vittorio MESSORI, *Le cose della vita*, Edizioni San Paolo, Cinisello Balsamo (Milano) 1995, p. 19.
171 Cit. in *ibidem*.

riforma nella speranza di poter far sopravvivere almeno qualche elemento del socialismo. Per i quadri comunisti si ripresenta il bivio che ebbero dinanzi nella primavera del 1989 quando poi, tragicamente, si scelse di sopprimere nel sangue le dimostrazioni antigovernative di piazza Tienanmen. Oggi, a distanza di oltre trent'anni, molte cose sono cambiate. Ciò che, però, non cambia è la natura del comunismo che era e sarà irriformabile[172]: se lo si vuole "umanizzare", lo si pone in concorrenza con alternative che tutti, ovviamente, preferiranno mentre l'unico modo per evitare l'abbandono del comunismo è, semplicemente, imporlo. Perciò il socialismo è inemendabile: la sua natura lo rende irredimibile. Quando lo si vuole addolcire, muore.

È questa la ragione per cui il comunismo vince fin quando può esercitare la violenza, ma si estingue quando vuole mitigarsi. Si direbbe che esso non viene sconfitto dalla forza esterna (contro cui sembra invincibile), ma è destinato a implodere: «il comunismo muore di comunismo»[173].

Penso che in Cina, la dirigenza possa esercitare ancora per poco la brutalità. Penso che l'assenza di tolleranza che stiamo sperimentando (Hong Kong, Taiwan, ecc.) costituisca l'anticamera della fine del regime. Le attuali prove di aggressività e di durezza rappresentano non dimostrazione di solidità e di monoliticità, come è avvenuto nel passato anche recente, ma solo la debolezza che spinge a gesti disperati di difesa e di resistenza.

La circostanza finale è data dall'epidemia di coronavirus che ha contribuito ed ancor più contribuirà a svelare le contraddizioni del comunismo che persiste in Asia. Solo un evento potrebbe sciaguratamente impedire o tragicamente procrastinare questa nemesi storica epocale: la mancata rielezione del presidente Trump. Diversamente, la pandemia si trasformerà per la Cina in quel che Chernobyl è stata per l'URSS: lo svelamento di ciò che era dietro la facciata del comunismo con l'effetto di affrettarne il collasso finale.

La Chernobyl cinese, quindi, scioglierà la rivoluzione di Mao.

Le considerazioni che seguono risalgono ad inizio febbraio (2020) quando furono espresse (verbalmente) in una conversazione con amici. Trascorsero alcune settimane e, a seguito di un colloquio con un altro amico, decisi di mettere per iscritto le riflessioni per farne un post su Facebook. Lì apparvero il 1° marzo (2020) e risentono della sinteticità propria di quel contesto[174].

---

172 Cfr. Beniamino DI MARTINO, *La Dottrina Sociale della Chiesa. Sviluppo storico*, Monolateral, Dallas (Texas, USA) 2017, p. 264-269.

173 Enzo BETTIZA, *1989. La fine del Novecento*, Mondadori, Milano 2009, p. 26.

174 Le considerazioni sono, poi, apparse in Beniamino DI MARTINO, *Il comunismo cinese non sopravvivrà al coronavirus*, in Roberto BOLZAN (a cura di), *Libertà virale.*

Non ho l'abitudine di usare i *social* per esprimere la mia opinione. Questa pagina di Facebook («StoriaLibera rivista») viene, piuttosto, adoperata, ordinariamente, per rilanciare giudizi e pareri di altri. Ci limitiamo a riproporre, infatti, giudizi e pareri ritenuti meritevoli di essere diffusi. E sono considerazioni di altri, non del direttore di «StoriaLibera». Questo post fa, dunque, eccezione. Non posso esserne certo, ma potrebbe essere addirittura la prima volta che utilizzo questo spazio-social per commentare un evento. E lo faccio a proposito della situazione mondiale generata da ciò che tutti abbiamo imparato bene, dopo le iniziali difficoltà, a chiamare "coronavirus".

Ne sappiamo quanto basta perché ciascuno si senta capace di dire la propria con sentimenti oscillanti che vanno dal panico al fatalismo. Si parla spesso a sproposito ed io non ho alcuna competenza medica o scientifica per aggiungere alcunché a quanto ascoltato dagli esperti. Meglio tacere e osservare le indicazioni di virologi ed infettivologi. Non sapranno tutto, ma ne sanno molto più di noialtri. Lasciamo, allora, che la scienza faccia la sua parte. Poi c'è la scienza politica che pure vuole la sua parte e che deve ritagliarsi uno spazio. E qui ci sentiamo autorizzati a proporre un commento.

Non sappiamo ancora da dove sia venuto il virus. Non sappiamo se il virus è "comunista". Potrebbe esserlo se fosse incidentalmente fuoriuscito da un laboratorio militare. Ma, allo stato, anche solo dare consistenza a questa ipotesi sarebbe calunnioso o, almeno, azzardato e temerario. Certo si può ipotizzare che sia stata "comunista" l'iniziale diffusione per il possibile ritardo con cui è stato dato l'allarme a causa del comprensibile timore che sarà sopraggiunto in chi ha capito che non ci si trovava dinanzi ad una semplice influenza. Se sai di poter finire in un campo di concentramento (i famigerati Laogai) se denunci qualcosa che lo Stato voleva mantenere segreto o se sai di poter essere frettolosamente condannato a morte se non comunichi qualcosa che le autorità volevano, invece, conoscere, allora il rischio di scelte irresponsabili è davvero alto (ad esempio facendo finta di non aver visto). In questo senso, almeno l'iniziale diffusione dovrebbe essere attribuita all'ideologia e il virus potrebbe essere definito "comunista".

Ma c'è da spingersi più avanti nelle considerazioni. Il virus potrebbe trasformarsi in un decisivo banco di prova per l'apparato comunista del più popoloso paese del pianeta e dell'economia più performante del mondo. Occorre ripetere che il comunismo è, per sua natura, "irriformabile". Non può essere mitigato. Significa che ogni tentativo di trasformare il comunismo in qualcosa di umanamente apprezzabile disintegra il sistema e rinnega l'ideologia. Come non ricordare la *perestrojka* di Gorbacev? Il tentativo di riformare l'URSS ne decretò la dissoluzione. Il comunismo, in altri termini, non può mai moderarsi. Addolcire il comunismo significa consentire di fuggire da esso. Se non ha la forza di imporsi, il comunismo crolla. Per sopravvivere deve necessariamente terrorizzare: nessun popolo ha accettato o conservato il comunismo volontariamente e i popoli che sono stati governati da comunisti hanno subìto questa condizione. Implode se "concede" un confronto con la realtà. Muore se "permette" di scegliere. Crolla a causa del suo carattere intrinsecamente "innaturale": senza violenza non può funzionare e non può affermarsi. Ebbene, questa premessa serve per analizzare la situazione cinese puntando a capire se l'attuale nomenklatura della Repubblica fondata da Mao 70 anni fa possiede ancora la carica violenta per impedire una svolta liberale e per paralizzare la reazione anti-comunista. Detto solo tra parentesi: i crimini commessi in nome della rivoluzione sono difficilmente immaginabili da noi occidentali (poi, grazie all'apertura all'economia di mercato, la catastrofe cinese si è trasformata in crescita vertiginosa). Il comunismo può perpetuarsi solo se riesce a dare almeno l'impressione della forza, ma è prossimo al collasso se si dimostra debole e ormai incapace di schiacciare i suoi oppositori. È prossimo al collasso se non è più in grado di terrorizzare il popolo e se non è capace di offrire l'immagine della perfezione. Sono due aspetti che emergono ora nello sconfinato subcontinente cinese sia con l'impossibilità a sedare la rivolta di Hong Kong sia con l'ammissione dell'emergenza sanitaria e il riconoscimento delle lacune organizzative. Le proteste della gioventù di Hong Kong che durano da quasi un anno stanno a dimostrare che sono ormai lontani i tempi della cruenta repressione del giugno 1989 (ricordata come la protesta di piazza Tienanmen): oggi il governo cinese non può permettersi di ripetere ciò che trent'anni fa non si fece scrupolo di compiere. Ma se non terrorizza, il comunismo sta per finire. Ora alle proteste di Hong Kong si aggiunge l'epidemia dinanzi alla quale il governo cinese ha fornito cifre e numeri dichiarandosi imperfetto e bisognoso di cooperazione. Se ha mentito sui dati, queste falsità gli si ritorcerebbero presto contro, sfigurando il volto di un Paese che deve garantire la propria immagine e la propria affidabilità. Viceversa, se i governanti hanno riportato la verità, ciò significa che non sono più comunisti perché hanno finalmente accantonato la menzogna sistematica. E se non usa la menzogna, il comunismo sta per finire. Senza violenza e senza menzogna il comunismo non può sopravvivere. La tolleranza (benché parziale) verso la dissidenza e la trasparenza (se anche fosse tardiva) sull'emergenza sanitaria sono forse i segnali della decomposizione del comunismo asiatico? Il comunismo non può permettersi una seppur piccola incrinatura. Basta una fessura, un'apertura di libertà per il collasso del sistema. Come avvenne per l'implosione dell'URSS trent'anni fa, potrebbe già essere giunto il momento della fine della Repubblica Popolare di Mao. E come la fine dell'impero del socialismo reale colse impreparati i tanti intellettuali che continuavano a decantarne la superiorità, ora, forse, stiamo inconsapevolmente assistendo all'agonia della rivoluzione maoista, condannata a ripetere il fenomeno dell'implosione proprio perché un sistema comunista non può permettersi di avere incrinature o falle, non può ammettere fallimenti e arretramenti. I maggiori successi economici di questi decenni (virtuosità del capitalismo e degli scambi commerciali!) avevano fatto sempre più scivolare la Cina verso questo momento e, nonostante le apparenze dell'auto-glorificazione del comunismo asiatico (la Costituzione di Xi Jinping del 2017), il punto più alto della Cina comunista rappresenta anche l'inizio dell'agonia; agonia non certo della Cina, ma del suo comunismo, più letale di qualsiasi virus.

3.7. Due foto a confronto

A fine maggio (il 25 maggio 2020) quattro poliziotti di Minneapolis, nello Stato del Minnesota (USA), arrestarono un uomo, un nero, il 46enne George Floyd, che morì a seguito della dura tecnica utilizzata per immobilizzarlo. L'uomo era stato fermato a seguito di una telefonata alla polizia da parte di un commerciante a cui Floyd aveva (secondo quanto si è saputo) propinato una banconota falsa. La personalità dell'uomo va considerata nella sua problematicità perché, per quanto di animo religioso, aveva numerosi precedenti penali ed aveva scontato diversi anni di carcere per una rapina ad una donna (nera) in casa di questa, per giunta incinta.

I momenti dell'azione dei quattro poliziotti che bloccavano a terra l'afro-americano vennero ripresi con il cellulare da un passante; il video venne postato sui social e la scena divenne immediatamente il detonatore di una lunga serie di manifestazioni violente, di vere e proprie rivolte, di saccheggi, di distruzioni, di incendi, di devastazioni.

In diverse città fu necessario imporre il coprifuoco e la Guardia Nazionale fu spesso chiamata ad intervenire per (provare a) ristabilire l'ordine. Vi furono diversi morti e migliaia di arresti[175]. Alcuni poliziotti vennero

---

175 Alle due immagini simbolo delle considerazioni di questo paragrafo (la seconda non è stata ancora svelata) ne aggiungerei ora una terza: quella di Mark e Patricia McCloskey. Chi saranno mai questi coniugi di St. Louis in Missouri? Lui 63 anni, lei 61; entrambi

assassinati. Anche intorno alla Casa Bianca si svolsero molte proteste al punto da indurre lo staff addetto alla sicurezza a mettere in atto i piani di protezione per la persona del presidente.

Rapidamente — anzi istantaneamente — il fuoco della protesta coinvolse le piazze di molte città dell'intero mondo e i cartelli inalberati all'insegna dello slogan «*black lives matter*» ("le vite nere valgono") hanno finito col rappresentare l'intera cultura alternativa. Apro parentesi... Parlare di "cultura alternativa" sembra una strana beffa inferta ai danni di chi — essendo considerato "occidentalista" — continua a non poter neanche obiettare o perché intimorito in privato (scuola, ufficio, università) o perché escluso dai luoghi di diffusione mediatica (telegiornali e trasmissioni radio-televisive, testate e quotidiani, *talk show* e *sit-in*, ecc.). Se chi ha il potere di emarginare e discriminare si definisce anche "alternativo" e "anticonformista" (anziché imperante e predominante, "omologante") allora davvero la massificazione ideologica impedisce di capire quale cultura davvero domina gli orientamenti di pensiero (oltre che le azioni nelle piazze).

Tornando alla questione «*black lives matter*», due cose alla fine della primavera del 2020 sembravano identificare i buoni-progressisti distinguendoli dai cattivi-conservatori: un motto e un gesto. Il motto è «*I can't breathe*» ed era sulla bocca di tanti che, ripetendo le ultime parole di Floyd, intendevano definire soffocante la situazione in cui si trovano (si troverebbero) alcune categorie e alcuni gruppi sociali. Il gesto è *take a knee*: inginocchiarsi per ricordare il modo con cui sarebbero trattate le persone di colore. Nato negli ambienti sportivi, il gesto simbolico e di protesta è dilagato ovunque: negli USA (dove con esso anche uno sceriffo

---

avvocati. Quando il 29 giugno (così risulta dai miei appunti, 2020) i due si sono trovati nel giardino della loro lussuosa villa una folla inferocita di manifestanti che non avevano tenuto in alcun conto il cartello che invitava a non oltrepassare il cancelletto d'ingresso, Mark e Patricia hanno preso le armi — un fucile d'assalto lui, la pistola lei — ed hanno affrontato gli scalmanati. Il rischio di finire come altri in quei giorni di violenze con la casa prima saccheggiata, poi data alle fiamme era tutt'altro che improbabile. Ma la vista delle armi, unita alla determinazione dei due McCloskey di non esitare ad utilizzarle, ha allontanato gli esagitati (https://www.ilgiornale.it/news/mondo/chi-sono-i-mccloskey-coppia-armata-contro-manifestanti-1874017.html). «Questa è proprietà privata, andate via», ma l'invito dei padroni di casa non sarebbe stato efficace e la proprietà non sarebbe stata rispettata se non vi fossero state le armi a tutela dell'incolumità degli aggrediti. Sacrosanto diritto ad essere armati! Diritto sconosciuto a noi decadenti europei, ma sancito dal Secondo Emendamento della Costituzione USA. Ancora un aforisma di Gómez Dávila che ci ricorda quanto sia doverosa la riaffermazione del principio di legittima difesa: «l'umanità è in pericolo quando dimentica il più solenne avvertimento della storia: la civiltà è un uomo armato di frusta tra animali famelici» (Nicolás GÓMEZ DÁVILA, *In margine a un testo implicito*, Adelphi, Milano 2009, p. 107).

ed alcuni agenti di polizia si sono uniti ai manifestanti e dove con esso l'impresentabile candidato democratico Joe Biden ha inteso accreditarsi quale paladino di tutti gli oppressi della storia), nel mondo (dove gli attivisti progressisti in servizio permanente effettivo inscenavano lacrimevoli *flash mob* e dove ogni concerto e spettacolo dava occasione a *rock stars* e attori di assumere i mai dismessi panni di *influencers* politici) e nella compartecipe Italia (dove, ad esempio, una Boldrini ancor più svenevole del solito creava una patetica parentesi teatrale in un già di per sé melodrammatico Parlamento).

Ricordo che, qualche anno fa (era il 2015), nel corso di un'altra protesta di neri contro la polizia, una giovane donna afro-americana, chiaramente di umili condizioni, scese in strada e, ignara delle telecamere di una emittente televisiva, raggiunse a passo affrettato e visibilmente nervoso un folto gruppo di manifestanti intenti a lanciare pietre contro la polizia. Per quanto i manifestanti fossero bendati per non farsi riconoscere, la donna si avventò con precisione su uno di essi ed iniziò a schiaffeggiarlo, strappandogli il passamontagna e trascinandolo via con sé nello stupore degli astanti per l'assenza di reazione di chi allora, smascherato, apparve poco più che un ragazzo. Si seppe presto che la donna era la madre di quel giovane sottratto con vigore al suo futuro di teppismo e di cattive frequentazioni[176]. Dinanzi a mamme come questa ci si deve inginocchiare (*take a knee*) e a donne come questa occorre baciare le mani.

Torniamo ai disordini di giugno 2020. Ad un certo punto i manifestanti hanno iniziato a scagliare la loro violenza su tutto ciò che richiamava l'identità dell'Occidente ritenuto perennemente responsabile non solo dei mali del Terzo Mondo, ma di ogni questione sociale dell'intero globo. E, così, le presunte vittime o i difensori delle presunte vittime hanno iniziato a imbrattare e decapitare statue, ad abbattere monumenti e memoriali. E la furia iconoclasta si è estesa dalle città americane a diversi altri paesi occidentali.

Tutta questa carica ideologica è stata giustificata, compresa e largamente condivisa in nome della lotta contro il razzismo strisciante. Non è questa la sede per soffermarsi sui cosiddetti problemi razziali[177], ma mi concedo

---

176 Mi riferisco ai disordini che si verificarono ad aprile 2015 a Baltimora (stato USA del Maryland). La donna, Toya Graham, divenne subito, suo malgrado, una mamma simbolo per l'intera America. Presto si seppe che la donna, madre di sei figli, era istintivamente intervenuta dopo aver riconosciuto in televisione il figlio sedicenne Michael coinvolto nei disordini contro la polizia: https://www.youtube.com/watch?v=Hd7cce4du-A.

177 Per ciò che mi riguarda, intendo tornare, ben più ampiamente, sul tema nei prossimi libri in programma: uno sulla questione dei cosiddetti diritti civili, uno sulla storia del *Welfare State*. Se Dio vorrà.

un'appendice (che è, in verità, una parentesi della parentesi) all'interno delle riflessioni sulla vicenda epidemica. Proviamo, allora, a fare dei rapidi commenti intorno alla tanto richiamata "emergenza razzista".

Sta di fatto che l'episodio di cronaca della morte di Floyd si è trasformato subito in uno tra i casi politici più esplosivi degli ultimi decenni. Il motivo dichiarato è stata la rivendicazione dell'uguaglianza per gli afro-americani che questi ritengono essere, di fatto, loro negata. La prova sarebbe offerta anche dalla brutalità con cui gli appartenenti alle minoranze vengono trattati dalla polizia. È ben strano, però, che il problema si sia manifestato in un'area a forte predominanza politica progressista: il sindaco di Minneapolis è ininterrottamente un esponente democratico addirittura dal 1945 (con un'unica eccezione repubblicana dal 1957 al 1961)[178]; nello Stato del Minnesota, dopo un ventennio a prevalenza repubblicana (1991-2011), nell'ultimo decennio i governatori sono stati democratici[179]. Strano, soprattutto dopo decenni di leggi tese ad aiutare ed assistere i gruppi sociali identificati come "penalizzati" (e non solo durante le presidenze democratiche Kennedy, Johnson, Carter, Clinton) con gli effetti deleteri propri di tutte le legislazioni assistenzialistiche. Ma è ancor più strano parlare di razzismo dopo che la presidenza di Obama, fortemente ideologizzata in funzione del superamento della distinzione delle razze, sia stata resa possibile dal voto in buona misura motivato da un senso di dovere anti-razzista. Ricordo che nel 2012 (in vista delle elezioni per il secondo mandato) in America si diceva: «se hai votato Obama nel 2008 per dimostrare di non essere un razzista, dovresti nel 2012 votare chiunque altro per dimostrare di non essere un... idiota»[180]. Come sostenere ancora l'esistenza di una società segregazionista e razzista quando la vincente e dilagante cultura politica progressista ha fatto dell'anti-razzismo egalitarista una delle sue principali bandiere? Se il razzismo sussiste — dopo tutte le leggi ideologicamente anti-discriminatorie[181], dopo gli otto (deleteri) anni di presidenza Obama, dopo i

---

178 Cfr. https://en.wikipedia.org/wiki/List_of_mayors_of_Minneapolis.

179 Cfr. https://en.wikipedia.org/wiki/List_of_governors_of_Minnesota.

180 «If you voted for Barack Hussein Obama in 2008 to prove you weren't a racist, you'd better vote for someone else in 2012 to prove you're not an... idiot».

181 Il caso non è solo americano, ma fa più specie nel paese dell'assoluto rispetto dell'individualità (individualismo) contro ogni concezione collettiva e delle grandi opportunità dell'individuo. In America durante la presidenza Clinton vi è stato un vero *boom* di disposizioni politiche "*affirmative actions*" (letteralmente "discriminazioni positive"), cioè leggi tese a creare un vantaggio legale — mediante politiche e programmi preferenziali — verso tutti coloro che soffrono (o, più adeguatamente, *soffrirebbero*) discriminazione. Le *affirmative actions* potrebbero essere spiegate in questo modo: i gruppi o le categorie

ripetuti successi elettorali democratici, immersi come siamo nella più diffusa *political correctness* — allora significa che vi è una relazione diretta tra il razzismo e il progressismo o, meglio, tra il pensiero ossessivo del razzismo e il progressismo. È ben strano, in altri termini, che più la cultura di Sinistra avanza, più si grida al pericolo razzista (con correlata giustificazione delle violenze degli anti-razzisti)[182].

L'ondata di indignazione ha avuto come immediato obiettivo la polizia (la polizia in quanto tale e non solo i metodi adottati). Gli uomini della polizia sono, così, divenuti oggetto, prima, di condanna, poi di minacce, infine di attentati. La morte (probabilmente colposa, inverosimilmente volontaria) di Floyd, lucidamente, non può essere neanche confrontata con premeditati omicidi di uomini in divisa. Eventuali abusi da parte della polizia rimangono su un piano enormemente inferiore rispetto a tutto ciò che si è scatenato. Tra la morte di Floyd e la caccia al poliziotto per ucciderlo è la seconda azione che merita il richiamo dei media. Eppure neanche conosciamo i nomi dei poliziotti ammazzati. Ma, per la tenuta dell'ordine pubblico, tra la morte (non voluta) di Floyd e la devastazione della casa del poliziotto imputato per aver mantenuto immobilizzato Floyd con il ginocchio sul collo è — occorre razionalmente dirlo — la seconda azione che merita il richiamo dei media e la pubblica riprovazione perché la morte di Floyd è, per quanto gravissima, una conseguenza non voluta (fino a dimostrazione contraria), mentre la distruzione dell'abitazione del poliziotto è un'azione deliberata e premeditata. Se i colpevoli di questa seconda azione non venissero perseguiti in nome di una emotiva comprensione sociale, le fondamenta stesse della società sarebbero a rischio.

Quasi contemporaneamente, qualcosa di simile è avvenuto in Italia in due episodi di triste cronaca, entrambi avvenuti nella mia Napoli. La prima annotazione è relativa alla reazione di un carabiniere che, fuori dal servizio, reagì ad una rapina uccidendo il malvivente che, poi, si accertò essere appena un quindicenne (accompagnato da un complice poco più grande). I parenti e gli amici del giovanissimo criminale, presi dal furore, accorrendo in gran numero nell'ospedale dove era stato portato il ragazzo in fin di vita, danneggiarono pesantemente la struttura del pronto soccorso.

---

che la legge considera ingiustamente discriminate devono essere favorite sino al punto di discriminare gli altri.

182 Cfr. Stelio FERGOLA, *L'inganno antirazzista. Come il progressismo uccide identità e popoli*, Passaggio al Bosco, Firenze 2018; cfr. Emanuele FUSI, *White guilt. Il razzismo contro i bianchi al tempo della società multietnica*, Passaggio al Bosco, Firenze 2019; cfr. Riccardo TENNENINI, *Il tramonto del mondo bianco. La società multiculturale, tra "grande sostituzione" e Black Lives Matter*, Passaggio al Bosco, Firenze 2020.

L'analogia con i fatti di Minneapolis è duplice. Da un lato, la diversa natura dei due momenti: involontaria l'uccisione del ragazzo, deliberata la devastazione del presidio ospedaliero. La seconda azione va perseguita duramente perché il dolore patito dai familiari del giovane non può costituire alcuna attenuante. Ovviamente siamo in Italia e il carabiniere è stato prontamente imputato di omicidio volontario (in qualsiasi altra parte del mondo civile anche solo l'accusa di eccesso di legittima difesa sarebbe stata inaccettabile). Dall'altro, i media hanno enormemente accentuato l'attenzione sui problemi sociali che sarebbero alla radice del comportamento criminale del giovane: l'attenzione, quindi, sui problemi sociali e non sul rischio corso dalle vittime. E qui la responsabilità dei media è enorme, non dissimilmente da quel che è avvenuto negli USA. La seconda annotazione riguarda la morte di un poliziotto a seguito dell'inseguimento di due malviventi di etnia rom che, per fermare l'intervento della volante, si erano scagliati ad alta velocità con la loro auto contro quella della polizia con l'evidente intento di uccidere. E, così, il giovane agente di polizia lasciò la moglie e due bambini in tenerissima età. Innanzitutto va detto che i due rom, balordi noti per le loro consuetudini, potevano e dovevano essere messi nella condizione di non nuocere, ma lo Stato e la sua magistratura, ritenuti indispensabili per assicurare la giustizia, si rendono addirittura ostacoli dannosi anche al suo corretto esercizio (uno dei due rom uscirà dal carcere solo poche settimane dopo il fatto — oltretutto in un periodo in cui lo Stato era inflessibile, causa il *lockdown*, con chi si allontanava dalla propria abitazione). Ebbene, questo episodio seguì di alcuni giorni l'altro ricordato, ma a differenza dell'altro per il quale i media avevano discusso a lungo (in lungo e largo, in sociologia, in pedagogia, in criminologia, in psicologia, ecc.) sul disagio dei giovani (e, magari, sulle colpe della società e sull'opportunità dell'uso delle armi da parte degli uomini delle Forze dell'Ordine), notavo non senza tristezza che, ora, la morte del giovane poliziotto era, invece, passata come notizia di semplice cronaca, senza meritare alcun commento se non un rapido cordoglio di circostanza.

Analogamente, la morte di Floyd (involontaria) causata da alcuni poliziotti ha infiammato l'America mentre l'omicidio (deliberato) di alcuni poliziotti da parte di violenti dimostranti a stento è emerso tra le notizie. Queste uccisioni sono state «pressoché ignorate dai media di orientamento *liberal* [progressista, *ndr*], compresa la CNN, che ha quasi snobbato la notizia»[183].

---

183 https://www.ilgiornale.it/news/mondo/usa-muore-david-dorn-poliziotto-afroamericano-pensione-1867942.html.

Snobbata è stata, ancor più, la precisazione che alcuni di questi poliziotti uccisi erano neri. D'altra parte, molti appartenenti ai vari corpi di polizia negli USA sono afro-americani o asiatici o ispanici in una quota maggiore rispetto alla percentuale che ciascuna di queste etnie mantiene sul totale della popolazione americana.

E dato che parliamo di statistiche, non sarebbe male documentarsi. Non riesco a farlo in modo accurato perché questa ricerca richiederebbe troppo tempo, ma i primi dati consultati (sui quali, però non posso fornire alcuna garanzia) smentiscono (anzi smentirebbero) l'idea di un accanimento contro i neri da parte dei bianchi o da parte della polizia; al contrario, gli omicidi commessi da neri verso i neri rappresentano la stragrande maggioranza delle morti violente tra la popolazione nera[184]. I dati sembrano non tener presente la ripartizione interna tra i bianchi (tra anglosassoni e ispanici o tra immigrati di varia provenienza). Le statistiche sono uniformi nel ritenere che i neri coprono il 13% dell'intera popolazione USA. Ma l'indice di arrestati neri è molto elevato rispetto al totale e per capire questo dato non occorre andare ad Harlem o nel Bronx, basta anche solo visitare la periferia della pur signorile capitale Washington.

Visitando i sobborghi poveri abitati prevalentemente da neri, sorge il desiderio di offrire un rimedio alla indigenza e, nel tentativo di farlo, possono delinearsi due tipi di risposte: una di ordine politico, un'altra di ordine economico[185].

Quella che genericamente potremmo considerare di "ordine politico" può avere come simbolo la cosiddetta "guerra alla povertà"[186] promossa attraverso enormi programmi di interventismo statale.

Non è questo il momento dell'analisi per dimostrare dettagliatamente perché la "via socialista" della redistribuzione non solo non avvantaggia i suoi (presunti) destinatari, ma condanna questi in modo addirittura irreversibile[187]; mi limito ad offrire dei cenni con quattro citazioni che, in questa forma lapidaria, eviterò anche di commentare. Si tratta di due

---

184 Cfr. https://www.bjs.gov/; cfr. https://www.altreinfo.org/riflessioni/11988/criminalita-e-propensione-al-crimine-in-base-alla-razza-di-appartenenza-philippe-rushton/.

185 Come ho già detto, intendo riprendere in futuro — se Dio vorrà — con la sufficiente completezza la sedicente questione razziale. In questo contesto, provo ad accennare quanto è appena necessario per coerenza argomentativa.

186 Come è noto lo slogan fu lanciato, sulle orme di Kennedy, dal successore di questi, il presidente democratico Lyndon Johnson nel 1964.

187 Cfr. Beniamino DI MARTINO, *Intorno all'"opzione per i poveri". Alcune note di economia (I parte)*, in «Veritatis diaconia. Rivista semestrale di scienze religiose e umanistiche», anno 6 (2020), n. 11, p. 61-88; cfr. Beniamino DI MARTINO, *Intorno all'"opzione per i poveri". Alcune note di economia (II parte)*, in «Veritatis diaconia. Rivista semestrale di scienze religiose e umanistiche», anno 6 (2020), n. 12, p. 43-78.

denunce più una vera e propria sentenza e, infine, una grande testimonianza scientifica. Di mio c'è solo la premessa: anche indipendentemente dall'ideologia di fondo, la "via redistribuzionista" implica un comprensibile aumento della pressione fiscale e dell'accrescimento dell'apparato burocratico delle istituzioni con relativa dilatazione del potere politico.

E qui veniamo alla prima "denuncia" che traggo da un noto opuscolo del filosofo francese Bertrand de Jouvenel (1903-1987): «in realtà la redistribuzione, più che trasferimento di reddito dai più ricchi ai più poveri, come credevamo, è una redistribuzione di potere dall'individuo allo Stato»[188]. Attingo la seconda citazione dal libertario americano Charles Murray (1943-viv.) per il quale: «l'obiettivo di sconfiggere la povertà è così nobile che i governi hanno utilizzato con successo il fine per giustificare i mezzi. I mezzi sono stati l'alta tassazione dei membri produttivi della società e schiere di burocrazie che regolano in modo crescente le vite di tutti noi»[189]. La sentenza di questo enorme e dispendiosissimo impegno politico venne scritta dal già citato presidente Ronald Reagan quando, rivolgendosi ai membri del Congresso dichiarò: «cari amici, qualche anno fa il governo ha dichiarato guerra alla povertà. E la povertà ha vinto»[190]. A sigillo di questa breve rassegna di citazioni vorrei porre la testimonianza scientifica dell'economista Thomas Sowell (1930-viv.) che ha sempre preso posizione contro i programmi governativi di assistenza ai neri dimostrandone gli effetti negativi sulla popolazione afro-americana: «la famiglia nera che è sopravvissuta a secoli di schiavitù e di discriminazioni, iniziò a disintegrarsi rapidamente con il *Welfare* progressista che sussidiò le gravidanze extra-matrimoniali e cambiò il *Welfare* da un salvataggio di emergenza a uno stile di vita»[191]. Una critica davvero bruciante tanto più per il fatto che Sowell è afro-americano.

La risposta alla povertà non può che essere di ordine economico perché solo attraverso il lavoro che l'individuo mette a disposizione di altri si ottiene il miglioramento delle complessive condizioni di vita, direttamente per sé e per la propria famiglia e indirettamente per l'intera società. Sono, viceversa, esattamente gli interventi politici che, imponendola per via legale, di fatto minano la mobilità sociale e paralizzano i processi naturali

---

188 Bertrand de JOUVENEL, *L'etica della redistribuzione*, introduzione di Antonio Martino, Liberilibri, Macerata 2008, p. 97 (*The Ethics of Redistribution*, 1952).
189 Charles MURRAY, *Cosa significa essere un libertario*, Liberilibri, Macerata 2010, p. 161 (*What It Means to Be a Libertarian*, 1997).
190 Ronald REAGAN, *State of the Union Address*, January 25, 1988 (https://www.presidency.ucsb.edu/documents/address-before-joint-session-congress-the-state-the-union-0).
191 Thomas SOWELL, *Ever Wonder Why? And Other Controversial Essays*, Hoover Institution Press, Stanford (California) 2006, p. 235.

di divisione del lavoro e di cooperazione sociale. Sono questi naturali processi che, come hanno consentito alla civiltà di fiorire, garantirebbero a chi parte svantaggiato di migliorare le proprie condizioni.

Non credo che per superare i pregiudizi verso alcune etnie servano leggi e disposizioni dall'alto. Per superare le prevenzioni nei confronti di chicchessia — e non posso fare esempi proprio a causa di leggi e normative —, l'unico modo è l'incentivo a migliorarsi e a far cadere questi pregiudizi. Il miglior modo per far superare i preconcetti non è una legge contro le discriminazioni, ma l'acquisizione di una buona reputazione, dai banchi di scuola al posto di lavoro.

I veri nemici degli afro-americani (o di ogni altro individuo appartenente ad un gruppo soggetto ad una qualche forma di protezione legale) sono coloro che vogliono difendere queste categorie con una commiserazione ad oltranza: così facendo, generano l'erronea coscienza di essere vittime di un sistema malefico e, in preda al cronico vittimismo, di dover attribuire sempre a qualche oscuro colpevole la loro condizione. Illuminante, al tal proposito, l'aforisma di Gómez Dávila per il quale «chiunque giustifichi la propria abiezione dichiarandosi "vittima delle circostanze" è un teorico del socialismo»[192].

Le lotte per i cosiddetti diritti civili[193] hanno avuto l'effetto di generare il vittimismo, non di elevare una generale situazione che per essere sanata richiede di concentrarsi sul miglioramento individuale. Le legislazioni egalitariste, invece, contengono sempre una radice collettivista (oltre che un orizzonte progressista)[194]. Esse, infatti, postulano un presupposto collettivista ritenendo che il mondo sia da suddividere in gruppi e in classi, in Stati e in ceti anziché essere costituito da individui (ma parlare di gruppi sociali significa operare un'astrazione perché l'unico esistente è il singolo individuo)[195] e stimolano una mentalità progressista nel ritenere

---

192 Nicolás GÓMEZ DÁVILA, *In margine a un testo implicito*, Adelphi, Milano 2009, p. 19.

193 Cfr. Thomas SOWELL, *Civil Rights: Rhetoric or Reality?*, William Morrow Paperbacks, New York (N. Y.) 1985.

194 Cfr. David SCHMIDTZ - Jason BRENNAN, *Breve storia della libertà*, prefazione di Guido Vitiello, Istituto Bruno Leoni Libri, Torino 2013, p. 197-237 (*A Brief History of Liberty*, 2010); cfr. George WEIGEL, *Gli Anni 1960: una "storia" che continua ancora*, in «Cristianità», anno 36 (2008), n. 347-348 (maggio-agosto), p. 33-35.

195 Cfr. Ayn RAND, *La virtù dell'egoismo. Un concetto nuovo di egoismo*, a cura di Nicola Iannello, Liberilibri, Macerata 2010, p. 145-157 (*The Virtue of Selfishness. A New Concept of Egoism*, 1964); cfr. Piero VERNAGLIONE, *Il libertarismo. La teoria, gli autori, le politiche*, Rubbettino, Soveria Mannelli (Catanzaro) 2003, p. 76-78.485.488.

che il mondo si cambi a colpi di lotta di classe[196].

È questa, in fondo, la critica che occorre muovere anche ai movimenti cosiddetti moderati alla Martin Luther King (1929-1968)[197] — che poi tanto moderati neanche erano[198] — che lottavano per ottenere la parità tra neri e bianchi (dimenticando che, sulla terra, nessuno è simile ad un altro, ma siamo tutti *naturalmente* differenti) o come i movimenti estremisti alla Malcolm X (Malcolm Little o El-Hajj Malik El-Shabazz, 1925-1965) che, invece, lottavano (e non solo con le parole) per instaurare la supremazia nera, il *Black Power*.

E, così, anziché lavorare duro e diventare imprenditore, migliorando la propria vita, si pensa che occorra cambiare il mondo e che per farlo il modo migliore sia lanciare pietre (o devastare città) e diventare teppisti (o terroristi).

Critiche simili mi sento di muovere anche ad un'altra icona della storia moderna, Nelson Mandela (1918-2013), il cui mito così consolidato ha impedito di mettere in luce i tanti aspetti inconfessabili della sua personalità e della sua attività politica[199], ma non ha evitato al suo paese, ricchissimo di ogni risorsa, di rimanere impantanato in avariate politiche economiche[200].

Per affinità elettiva, chi rivendica l'emancipazione per via politica non può che trovare spontaneo abbracciare il socialismo[201]. D'altra parte è stato

---

196 Le contraddizioni del movimento emancipazionista consistono anche nell'appellarsi all'anti-fascismo (da qui la sigla AntiFa) come orizzonte di ispirazione politica. Ma il fascismo è stato un movimento corporativista, organicista, collettivista ed anti-liberale (fondamentalmente una sorta di socialismo nazionalista); quindi il vero anti-fascismo dovrebbe dimostrarsi liberista e individualista.

197 Cfr. Michael Eric DYSON, *I May Not Get There With You. The True Martin Luther King*, Free Press, New York (N. Y.) 2000.

198 «L'uomo che oggi in America è generalmente riconosciuto come il leader dei cosiddetti diritti civili è un uomo che ha insegnato in una scuola di formazione comunista, che ha chiesto e ottenuto fondi tramite fonti comuniste, che ha assunto un comunista come segretario personale, che ha affiliati tra le fila dei comunisti, che è spesso apprezzato dalla stampa comunista e che indubbiamente procede senza dubbio lungo linee parallele a quelle del comunismo. Lo stesso uomo istiga a violare la legge ed è stato descritto da J.[ohn] Edgar Hoover come "il più famoso bugiardo del paese"» (Ezra TAFT BENSON, *An Enemy Hath Done This*, Parliament Publishers, Salt Lake City (Utah) 1969, p. 310).

199 Cfr. Giuseppe BRIENZA - Roberto CAVALLO - Omar EBRAHIME, *Mandela, l'apartheid e il nuovo Sudafrica. Ombre e luci su una storia tutta da scrivere*, prefazione Rino Cammilleri, D'Ettoris Editori, Crotone 2014.

200 Cfr. Walter E. WILLIAMS, *South Africa's War Against Capitalism*, Praeger Pub Text, Westport (Connecticut) 1989.

201 Replicando il comune corto-circuito mentale in base all'errore che il fascismo sia l'opposto del socialismo (il fascismo è, al contrario, la declinazione nazionalista del socialismo), il movimento di lotta degli afro-americani ha, da anni, assunto anche la denominazione

concisamente detto che «il socialismo è la filosofia della colpa altrui»[202]. E quale migliore ombra può cercare chi è afflitto dal senso di minorità se non la grande ideologia che affonda il proprio successo nell'invidia sociale e nel considerare la prosperità di alcuni come la causa della indigenza di tutti gli altri?[203]

Era, quindi, pressoché inevitabile che la rivendicazione dei diritti civili divenisse un fronte collaterale del socialismo. Chi non ricorda il pugno chiuso dei due atleti neri sul podio delle Olimpiadi del 1968? La foto che rappresentava la protesta è divenuta un simbolo — in anni in cui i miti si moltiplicavano — nonché una delle più famose immagini dell'intero Novecento[204]. Gli attivisti di oggi hanno aggiornato il pugno di sfida con l'inginocchiamento (*take a knee*), ma continuano ad inneggiare al socialismo. Ad esempio, la co-fondatrice del movimento *Black Lives Matter*, Opal Tometi, già nel 2015 era nelle grazie del dittatore venezuelano Nicolas Maduro al quale ha continuamente manifestato le proprie simpatie[205]. Il tiranno comunista, d'altronde, aveva organizzato e partecipato all'incontro dei leader afro-americani che si tenne ad Harlem (New York) ad inizio ottobre 2015[206]. In quella circostanza la Tometi non risparmiò accuse alla polizia, ma ovviamente a quella spietata degli Stati Uniti, non certo a quella tenera del comunista paese amico Venezuela[207]. C'è da chiedersi perché l'attivista non abbia lasciato l'inferno capitalista USA per il paradiso socialista caraibico e non abbia suggerito ai tanti perseguitati afro-americani di fare altrettanto. Tutti, comunque, sono ancora in tempo a trasferirsi perché potranno sempre contare sulla sincera amicizia di Maduro.

AntiFa che dall'iniziale generico anti-fascismo ha connotato un particolare attivismo violento.

202 Nicolás GÓMEZ DÁVILA, *In margine a un testo implicito*, Adelphi, Milano 2009, p. 19.

203 Cfr. Beniamino DI MARTINO, *Intorno all'"opzione per i poveri". Alcune note di economia (I parte)*, in «Veritatis diaconia. Rivista semestrale di scienze religiose e umanistiche», anno 6 (2020), n. 11, p. 61-88; cfr. Beniamino DI MARTINO, *Intorno all'"opzione per i poveri". Alcune note di economia (II parte)*, in «Veritatis diaconia. Rivista semestrale di scienze religiose e umanistiche», anno 6 (2020), n. 12, p. 43-78.

204 Nello stadio Olimpico di Città del Messico, Tommie Smith e John Carlos arrivarono primo e terzo nella finale dei 200 metri; al momento dell'inno USA, Smith e Carlos abbassarono la testa e alzarono un pugno chiuso, indossando dei guanti neri.

205 Cfr. https://primerinforme.com/index.php/2020/06/07/informe-los-vinculos-secretos-de-black-lives-matter-y-nicolas-maduro/.

206 Cfr. https://www.democracynow.org/2015/10/3/video_venezuelan_president_nicolas_maduro_in.

207 Cfr. https://www.miglioverde.eu/la-leader-di-black-lives-matter-eccola-abbracciata-a-maduro/.

Tra i miei ricordi vi è quello degli scontri razziali che infiammarono Los Angeles nella primavera del 1992 (nel mio archivio conservo ancora alcuni articoli sui brutti eventi californiani). Poco fa rammentavo i disordini di Baltimora di alcuni anni fa. Ora giungiamo a contare i morti (una ventina), gli arresti (pare addirittura 11.000) e i gravi danni (per milioni di dollari) di questo altro momento di guerriglia. Tra le considerazioni aggiungo anche quella relativa alle conseguenze sull'ordine pubblico sofferte soprattutto dalla gente di colore. Le accuse alla polizia, infatti, hanno come effetto quello di delegittimare l'operato degli uomini in divisa con comprensibile indebolimento della loro azione di contrasto al crimine. Dopo le accuse alla polizia a seguito dei fatti di Minneapolis, non pochi quartieri neri sono diventati delle giungle in balia dei prepotenti e dei violenti grazie al fatto che la polizia evita di intervenire[208]. Come dare torto agli agenti che hanno visto le proprie case saccheggiate e i propri familiari in pericolo? Se il criminale non teme la polizia, saranno i poliziotti a temere i delinquenti.

Lo sperimentiamo bene in molte aree soprattutto del Sud Italia (ma sotto questo aspetto, l'"integrazione" del Nord procede rapidamente) ove patiamo i risultati di un contrasto di velluto, in cui l'arresto (quando c'è) è quasi sempre seguito da una piuttosto rapida scarcerazione; dove di fatto non esiste il diritto alla legittima difesa ed ogni difesa, per il magistrato, gode sempre della presunzione di colpevolezza[209]; dove non solo gli agenti preferiscono non usare le armi per non incorrere in ogni genere di procedimento penale (loro!); dove — cronaca di oggi, mentre scrivo (ahimè, anche in questo caso, nella mia Napoli) — un agente è stato rinviato a giudizio per aver sparato ad un pittbull salvando un collega dai morsi del pericoloso cane aizzato contro i poliziotti da un pregiudicato nel tentativo di sfuggire all'arresto[210] (conclusione: 5 agenti in ospedale e, tra loro, uno mandato a processo). Dove l'aggredito che si difende deve pagare i danni all'aggressore (come si fa ad aver fiducia di una simile magistratura?). Quando in un Paese i ladri vengono risarciti[211], la giustizia non esiste più;

---

208 Ovviamente se fosse concesso l'auto-governo tutti questi problemi sarebbero superati.
209 Sarebbero troppi i casi da menzionare in un'Italia in cui l'aggredito che si difende viene immediatamente considerato colpevole e sottoposto ad indagine. Mi limito a segnalare gli sforzi in ambito legislativo di alcune forze politiche, sforzi tesi a far recepire il principio dell'assoluta legittima difesa (cfr. https://www.facebook.com/Legittimadifesa44).
210 Cfr. https://www.ilgiornale.it/news/politica/uccise-cane-durante-arresto-processo-allagente-1877154.html.
211 Mi limito a qualche raccapricciante e recente esempio che ripesco dal mio archivio. Nel dicembre del 2013, un giovane meccanico del bresciano reagisce ad un furto in casa sparando ad un ladro albanese. La vittima, condannata a 9 anni e 4 mesi ha dovuto

se ogni difesa non è sempre e comunque legittima, allora la proprietà privata non è più un valore. Tutti segnali, questi, del tramonto della civiltà.

Torniamo, però, alla situazione americana per due rapide considerazioni sui disordini. La prima sul carattere sovversivo delle proteste, la seconda sul danno che esse arrecano soprattutto ai neri e ai poveri.

Nei miei studi, ho dovuto a lungo soffermarmi sulla Rivoluzione francese e su altre simili vicende rivoluzionarie (sempre tristi). Ebbene, le pagine più truci di quello sciagurato evento sarebbero state risparmiate se vi fosse stata una reazione anche solo minima da parte di chi, invece, ebbe paura di apparire "nemico del popolo", "nemico dei poveri" venendo paralizzato nell'esercizio del proprio compito di garantire l'ordine pubblico[212]. Dopo il Sessantotto capitò la stessa cosa su larga scala a tutti coloro che dovevano esercitare un'autorità (scuole, uffici, industrie, università, polizia, magistratura), terrorizzati dall'isolamento culturale o dal rischio di divenire bersagli dei comunisti armati[213]. È ciò che è avvenuto anche negli USA in questa primavera tanto singolare.

La seconda considerazione riguarda la ricaduta delle accuse contro la polizia: esse conducono ad una società in cui i violenti prendono il

---

risarcire la famiglia del ladro con 135mila euro (http://www.bresciatoday.it/cronaca/mirco-franzoni-risarcimento.html). Il caso più noto è, forse quello di Ermes Mattielli, un invalido civile, che, dopo aver subito una lunga serie di furti, ferì due rom armati di spranghe sorpresi a saccheggiare la sua riciclieria (in cerca di rame, classico *business* dei nomadi). I due rom furono condannati a 4 mesi di reclusione; Mattielli, invece, venne condannato sia a 5 anni di reclusione per tentato duplice omicidio sia a risarcire i due ladri con 135mila euro (cfr. https://www.ilgiornale.it/news/cronache/spar-ai-ladri-difesa-giudice-condanna-risarcire-i-nomadi-1180743.html). I fatti avvennero nel giugno del 2006, la sentenza giunse nell'ottobre del 2015 (oltre 9 anni di andirivieni dal tribunale!), ma il povero Mattielli si salvò dal carcere e dal risarcimento perché morì il mese dopo il giudizio. È andata (parzialmente) meglio ad un tabaccaio del padovano che, svegliato dai rumori, riuscì a sparare al rapinatore, un moldavo con una lunga lista di precedenti penali. Era aprile del 2012. In primo grado arrivò la condanna a due anni e otto mesi per eccesso di legittima difesa oltre alla ulteriore condanna al risarcimento di 325mila euro alla famiglia del rapinatore (cfr. https://mattinopadova.gelocal.it/padova/cronaca/2018/06/22/news/la-cassazione-chiude-il-caso-birolo-1.16989271). Nel marzo del 2017, però, la Corte d'Appello assolse la vittima (che ormai aveva rinunciato all'attività commerciale). I familiari del ladro, a quel punto, non si diedero per vinti e intentarono una causa civile per chiedere, con un'altra formula, il risarcimento. Il procedimento è tutt'ora in corso (cfr. https://www.padovaoggi.it/cronaca/causa-civile-risarcimento-tabaccaio-morto-rapinatore-pistola-ursu-birolo-correzzola-27-febbraio-2019.html).
212 Cfr. Beniamino DI MARTINO, *Rivoluzione del 1789. La cerniera della modernità politica e sociale*, Leonardo Facco Editore, Treviglio (Bergamo) 2015, p. 89-97.
213 Cfr. Michele BRAMBILLA, *L'eskimo in redazione. Quando le Brigate Rosse erano sedicenti*, Ares, Milano 1992; cfr. Enzo PESERICO, *Gli anni del desiderio e del piombo. Sessantotto, terrorismo e Rivoluzione*, Sugarco, Milano 2008.

sopravvento, non più fermati da una polizia moralmente fiaccata e socialmente delegittimata. E in una società violenta gli indigenti sono più a rischio perché, tra loro, gli onesti sono meno protetti dai prevaricatori mentre i più inclini a delinquere saranno più facilmente indotti a scivolare verso il crimine. Per far sviluppare la malavita è sufficiente impedire o anche solo ostacolare la difesa.

La martellante campagna di delegittimazione della polizia ha avuto ed ha tante forme. A tale attacco occorre reagire. Anche e soprattutto svelando il pregiudizio da parte dei media progressisti e anti-borghesi. Nei giorni delle proteste nelle città americane ho postato su Facebook[214] una vignetta divisa in due momenti: nel primo momento la reporter televisiva, dinanzi alle violenze dei manifestanti, chiede al suo cameraman di attendere l'avvio della ripresa; nel secondo momento, la reporter dà l'ordine di riprendere la scena in cui la polizia, riorganizzata, carica i contestatori per disperderli.

Contro la sterile cultura del piagnisteo, merita — accanto a Sowell — di essere citato un altro economista americano: Walter E. Williams (1936-2020). Williams è noto per le sue prese di posizione soprattutto in qualità di editorialista, prese di posizione nelle quali non lesina critiche alla mentalità assistenzialista. Niente è più nemico dell'elevazione dei neri che i programmi di aiuto dello Stato. E l'economista di successo Williams lo sa bene perché lui è afro-americano[215].

Non è un caso che le migliori menti che inveiscono contro l'assistenzialismo siano di neri[216] e neanche che l'intellighenzia bianca sia, invece, schierata (e appiattita) sul fronte dell'anti-occidentalismo, del terzo-mondismo, del multiculturalismo e di ogni forma di colpevolizzazione della cultura tradizionale dell'uomo bianco.

Un altro simbolo della emancipazione degli afro-americani è stato il pluri-campione di pugilato Cassius Clay (1942-2016) che, per richiamare le origini africane dando un segnale "contro-culturale", come si diceva all'epoca (erano gli anni Sessanta), si convertì all'Islam prendendo il nome di Muhammad Ali. Il campione è stato sicuramente una figura emblematica della lotta dei neri anche per via del suo legame con Malcolm X. Successivamente dovette addolcire le proprie posizioni. Quando, infatti,

214 Cfr. https://www.facebook.com/storialibera/.

215 Cfr. Walter E. WILLIAMS, *The State Against Blacks*, McGraw-Hill, New York (N. Y.) 1982; cfr. Walter E. WILLIAMS, *Race & Economics. How Much Can Be Blamed on Discrimination?*, Hoover Institution Press, Stanford (California) 2011.

216 Cfr. Michael L. ONDAATJE, *Black Conservative Intellectuals in Modern America*, University of Pennsylvania Press, Philadelphia (Pennsylvania) 2011; cfr. Thomas SOWELL, *Black Rednecks and White Liberals*, Encounter Books, New York (N. Y.) 2005.

di ritorno negli Stati Uniti dopo aver riconquistato, nello Zaire, il titolo mondiale dei pesi massimi (penso sia stato il 1974), «un giornalista gli domandò: "Campione, cosa ne pensi dell'Africa?". Cassius Clay rispose: "Grazie a Dio mio nonno fu preso su quella nave"»[217].

Sono napoletano e, nelle mie peregrinazioni soprattutto nel nord Italia, ho sempre considerato le mie origini geografiche come una ragione in più per dover migliorarmi e per poter, in questo modo, confrontarmi con chi è oggettivamente privilegiato, diciamo pure, in termini "di ambiente" e "di contesto". Ebbene, da meridionale non solo non mi sono offeso, ma mi sono sentito addirittura di dare ragione a Vittorio Feltri per il quale *alcuni* meridionali sono da considerarsi inferiori. Il direttore espresse il giudizio in un passaggio del suo intervento, ormai diverse settimane fa, durante la trasmissione televisiva già richiamata[218] in cui si discuteva dell'allora solo minacciata chiusura dei confini regionali che, per motivi di epidemia, avrebbe impedito ai lombardi di arrivare in Campania.

Non c'è peggiore razzismo di quello che nasce dal risentimento verso coloro che, in questo modo, sono implicitamente riconosciuti superiori. Un esempio è dato dalla reazione alle parole di Feltri: accusato di razzismo, lo storico direttore di «Libero» ha ricevuto delle repliche autenticamente razziste. Un altro esempio è Malcolm X che traghettò le istanze anti-segregazioniste nel movimento per la supremazia nera supponendo una superiorità degli africani e della loro cultura.

C'è ancora un'ultima riflessione da svolgere, sebbene nel modo più rapido possibile, intorno alla vicenda Floyd che rappresenta la prima immagine da confrontare con l'altra che ormai tra breve scopriremo. La riflessione è sulla crisi dell'Occidente che *anche* questa vicenda ha mostrato.

Il caos fomentato e promosso in coincidenza con la pandemia può indurre ad attingere dai recenti suggerimenti sanitari la metafora della sterilizzazione, della sanificazione e della depurazione: abbiamo assistito ad un'ennesima edizione (con la singolarità dell'accelerazione mediatica) del progetto di sostituire l'essenza dell'Occidente cristiano e liberale con una *tabula rasa* neo-illuminista: una sorta di *sterilizzazione* culturale mediante una *sanificazione* del passato tesa ad ottenere superfici mentali *depurate* da ogni contraddittorio.

La furia iconoclasta che ha offerto spettacolo di sé al mondo e a cui tutti abbiamo assistito, ancor prima che avere ad oggetto statue, vessilli, monumenti, simboli della storia, è stata l'ennesima prova dell'odio che

---

217 Dinesh D'SOUZA, *Occidente ricco perché oppressore?*, in «Il Foglio», 20.6.2003.
218 Cfr. capitolo 1 (paragrafo 4) di questo testo.

gli occidentali (o comunque molti occidentali) provano per l'Occidente inteso come luogo in cui è fiorita la civiltà cristiana e liberale.

Si è parlato, perciò, di *requiem* per un Occidente[219] che rinnega se stesso affondando in un dilagante nichilismo, che disconosce la propria grandezza passata e che ripudia le proprie vestigia e la propria storia. «Rifiuto che si accompagna [...] alla stanchezza della storia, tipica di tutte le civiltà decadenti che sentono di aver esaurito la loro spinta propulsiva, e a un odio di sé penitenziale che nasce non da un'assunzione di responsabilità, che per essere seria richiederebbe un vaglio critico del passato [...], ma dal desiderio di liberarsi da ogni peso chiedendo scusa, inginocchiandosi e chinando il capo»[220].

Si è, così, parlato di *"cancel culture"* della tendenza, cioè, a riscrivere la storia in un clima sempre più obbligato agli stereotipi ingessati del linguaggio e della mentalità "politicamente corretta"[221] in un orizzonte — perché siamo ben oltre il solo *rischio* — di ferrea intolleranza e di rigido conformismo sperimentati neanche negli anni Settanta.

Contrariamente a come è stato sostenuto, non credo che la critica alla distruzione dei simboli storici debba essere mossa ritenendo che il passato non vada giudicato con i criteri della cultura contemporanea. Così ha sostenuto Marcello Veneziani per il quale non si può «estendere la morale del presente al passato, giudicare parole, atti e giudizi di altre epoche con gli occhi, le parole e i pregiudizi del nostro momento»[222]. Questa critica mi sembra non meno relativista della posizione a cui si vorrebbe contrapporre. Non ha senso giustificare errori del passato in nome del rispetto della mentalità di quel tempo così come non è sensato ritenere che il pensiero oggi dominante non sia soggetto a giudizio. Il punto non è scusare il passato (o il presente) considerando il clima complessivo, ma esattamente il contrario: ricercare un riferimento normativo oggettivo che valga sempre e che sia al di sopra di ogni condizionamento culturale. Ed allora la recente *"cancel culture"* va condannata non perché incapace di immedesimarsi nella mentalità del passato, ma unicamente perché intende riscrivere la storia intera in modo ideologico. Non cercando un criterio normativo valido sempre, ma imponendo il proprio giudizio parziale come assoluto. In questo modo si comprende quanto sia rovinosa la vera e propria "rivoluzione culturale" prodotta per controllare il presente attraverso

219 Dino COFRANCESCO, *Requiem per l'Occidente?*, in «Libro aperto», gennaio-marzo 2020.
220 Alessandro CAMPI, *Sconfitti dal presente distruggono il passato*, in «Il Messaggero», 12.6.2020.
221 Cfr. https://harpers.org/a-letter-on-justice-and-open-debate/.
222 Marcello VENEZIANI, *Sanificare tutto, pure la storia*, in «La Verità», 13.6.2020.

un'interpretazione pregiudiziale del passato[223]. George Orwell (Eric Arthur Blair, 1903-1950) non aveva forse profetizzato «chi controlla il passato controlla il futuro; chi controlla il presente controlla il passato»?[224].

Ed a proposito di ricadute nel presente, non si può essere così ingenui da ritenere che le proteste non avessero finalità politiche, oltretutto con un appuntamento decisivo per il mondo intero, non solo per gli USA, qual è la data delle elezioni presidenziali.

Sarebbe ingenuo concentrarsi, quasi sorpresi, sulla rabbia che si è scatenata nelle piazze e che si è abbattuta sulle effigi del passato se non inserissimo queste manifestazioni all'interno di un processo di lungo periodo che ha devastato innanzitutto le menti di generazioni di studenti in scuole e università, di lettori di libri e rotocalchi, di ascoltatori di trasmissioni radiofoniche e programmi televisivi, di spettatori di cinema e eventi pubblici. In altre parole: le manifestazioni di odio per il passato a cui abbiamo assistito non avrebbero avuto sostegno e spazio se non vi fosse stata una precedente lunga opera di devastazione della cultura.

L'anti-occidentalismo che si rivela fondamentalmente come anti-cristianesimo ha nel nichilismo e nel relativismo la sua essenza e la sua prospettiva. Ciò che immediatamente emerge è un aggiornamento dei bersagli del vecchio socialismo (vecchio, ma sorprendentemente sempre di moda) perché l'Occidente che si denigra e si suicida è quello che disprezza la proprietà privata, che disdegna la libertà economica, che detesta il mercato. Ma questo distruttivismo, da un lato, attinge al nichilismo e al relativismo e, dall'altro lato, è in un'insanabile contraddizione in forza delle sue stesse premesse: il nichilismo è razionalmente insostenibile e il relativismo non può non mettere, coerentemente, in crisi anche se stesso. Come sarebbe possibile distruggere tutto senza distruggere anche se stessi? E come sarebbe possibile relativizzare ogni posizione altrui assolutizzando la propria azione desacralizzante?

Il movimento per i diritti degli afro-americani, dopo essere stato a lungo coltivato in seno a tutte le Chiese cristiane, arriva ora a scagliarsi anche contro i simboli propriamente cristiani. Non si tratta, però, di una

---

223 Recenti successi editoriali hanno fornito ottimi strumenti di riflessione. Ad esempio, cfr. James S. ROBBINS, *Erasing America. Losing Our Future by Destroying Our Past*, Regnery, Washington D.C. 2018; cfr. Jarrett STEPMAN, *The War on History. The Conspiracy to Rewrite America's Past*, Regnery Gateway, Chicago (Illinois) 2019; cfr. Thomas E. WOODS jr., *Guida politicamente scorretta alla storia degli Stati Uniti d'America*, a cura di Maurizio Brunetti, con un invito alla lettura di Marco Respinti, D'Ettoris Editori, Crotone 2012 (*The Politically Incorrect Guide to American History*, 2004).
224 George ORWELL, *1984*, Mondadori, Milano 1981, p. 58 (*Nineteen Eighty-Four. A Novel*, 1949).

svolta quanto del perfezionamento di un'impostazione che sin dai decenni passati elaborò una propria teologia, una "teologia nera", variante nord-americana della "teologia della liberazione". Questa sviluppata in chiave pauperista, quella declinata in modalità etnica; entrambe con forti ascendenze marxiste e con forti istanze sovversivo-rivoluzionarie. Entrambe le teologie si rivoltano contro il Cristianesimo perché considerato religione coloniale dei bianchi, religione, infine, da abbattere per poter contrastare tanto l'oppressione sociale quanto il suprematismo bianco.

Oltretutto, come il movimento *Black lives matter*, più in generale la cultura moderna — che mette in discussione i fondamenti stessi della ragione mentre si candida a partorire un nuovo mondo all'insegna del superamento delle certezze tradizionali, dell'apertura ad ogni forma di pensiero, della società multiculturale (e non solo multietnica), dell'abbattimento di ogni confine, divisione, barriera — per poter, poi, realizzare il suo programma di totale relativismo deve necessariamente praticare l'intolleranza ed esercitare l'intimidazione.

Ciò rivela la profonda e strutturale disonestà di questo tentativo che si dimostra tutt'altro che aperto e magnanimo, tollerante e comprensivo, accondiscendente e generoso, pluralista e incline a superare le distanze; esso, al contrario, è profondamente omologante e conduce ad un pensiero unico e massificante. E se questo è il volto insofferente dell'anti-occidentalismo, la cultura che ha reso l'Occidente la guida del mondo si riscopre carica proprio di quei caratteri anti-totalitari ed anti-tirannici la cui promozione è quanto mai urgente. Oggi più che mai.

Due foto a confronto è il titolo che ho dato a questo paragrafo conclusivo del capitolo sul rapporto tra comunismo cinese e coronavirus. La prima foto a cui il titolo fa riferimento è quella di Floyd immobilizzato dal poliziotto di Minneapolis. Per commentare questa immagine che probabilmente tutti gli uomini della terra saprebbero ormai riconoscere mi sono preso la libertà di essere più dettagliato, molto più di quanto non avverrà per interpretare la seconda foto che solo ora svelerò e che ha fornito il motivo stesso del confronto e la ragione della lunga divagazione. Si tratta della foto scattata durante le proteste ad Hong Kong che ritrae un giovane immobilizzato da un poliziotto con la stessa tecnica usata per Floyd. Non mi è mai capitato di utilizzare fotografie nelle mie pubblicazioni; forse qui sarebbe stato opportuno farlo. Tuttavia, con il parere del mio valentissimo editore, ho scelto una differente soluzione che rappresenta, comunque, un'eccezione alla consueta grafica nell'intento di confrontare le due situazioni, spingendo i lettori a mettere in moto il ricordo e a lavorare di fantasia.

Minneapolis (25 maggio 2020)	Hong Kong (1° ottobre 2019)
Immagine: monolateral.com/gf	Immagine: monolateral.com/hk
Nella foto di Minneapolis si vede un agente della polizia della città (di cui si è subito conosciuta l'identità insieme a quella dei colleghi della pattuglia) che, accanto all'auto di servizio, immobilizza Floyd con la tecnica del ginocchio sul collo del fermato. La vittima era particolarmente vigorosa (alto 1,92 con un passato da atleta professionista) e quindi difficile da tenere a bada ed era considerata pericolosa per i suoi precedenti penali (in particolare per rapina a mano armata).	Nella foto di Hong Kong si notano due agenti della polizia filo-cinese (o cinese) con equipaggiamento anti-sommossa (con armatura, casco, scudo, manganello) ed irriconoscibili (a causa della tenuta) che, con le ginocchia rafforzate dall'armatura, premono sul collo di un giovane ormai immobilizzato, schiacciato sul selciato della strada, con la testa sullo spigolo del marciapiede, con gli occhiali premuti sul volto e con bocca aperta nel tentativo di respirare. La vittima si è resa colpevole di aver manifestato per la libertà.
L'immagine è divenuta simbolo universale dell'oppressione che gli uomini bianchi riserverebbero a quelli di altre razze.	L'immagine è stata ignorata nonostante sia simbolo di un potere reiteratamente tirannico ed oppressivo.

A differenza della prima, la seconda immagine non ha avuto diffusione, non è divenuta famosa, non si è trasformata in icona della storia. La prima verrebbe riconosciuta da chiunque, la seconda potrebbe essere identificata solo da pochi esperti di politica internazionale o dalla minoranza di coloro che sono attenti alle notizie che provengono dall'estero.

Eppure tra le due foto vi è un abisso di significato e di peso con il piatto della bilancia che pende tutto dal lato dell'immagine che proviene da Hong Kong. Il sentimento ha dato un successo mediatico planetario alla foto di Minneapolis, ma l'analisi ragionata sposta attenzione e concentrazione su quella che proviene dal contesto cinese. La prima ha stimolato l'ideologia facendo guardare indietro alle penose stagioni delle lotte per la cosiddetta giustizia sociale[225]; la seconda ci sprona all'analisi per interpretare con saggezza ed acume le tensioni da cui nascono svolte epocali.

---

225 Per una critica al concetto di "giustizia sociale", cfr. Beniamino DI MARTINO, *La Dottrina Sociale della Chiesa. Principi fondamentali*, Nerbini, Firenze 2016, p. 181-206; cfr. Beniamino DI MARTINO, *La Dottrina Sociale della Chiesa. Sviluppo storico*, Monolateral, Dallas (Texas) 2017, p. 27.66-67.200.208.214.240; cfr. Friedrich A. von HAYEK, *L'atavismo della giustizia sociale* (*The Atavism of Social Justice*, 1976), in IDEM, *Nuovi studi di filosofia, politica, economia e storia delle idee*, Armando, Roma 1988, p. 68-81; Friedrich A. von HAYEK, *Legge, legislazione e libertà. Critica dell'economia pianificata*, Il Saggiatore, Milano 2010, p. 183s.262s.281s (*Law, Legislation and Liberty*, 1973-1979); cfr. Michael NOVAK - Paul ADAMS, *Social Justice Isn't What You Think It Is*, Encounter Books, New York (N. Y.) 2015; cfr. Thomas SOWELL, *The Quest for Cosmic Justice*, The Free Press, New York (N. Y.) 1999.

Quanto alla differenza valoriale ed etica tra le due gravi scene, occorre, poi, dire che non risulta che il poliziotto di Minneapolis abbia intenzionalmente ucciso Floyd; chi però ha utilizzato il cadavere dell'uomo per appiccare l'incendio e scatenare la lotta è come se avesse deliberatamente ammazzato Floyd. Ed è perciò ben più colpevole perché se Floyd è morto per un drammatico incidente, ben più grave è renderlo volutamente schiavo di un progetto ideologico[226].

La Cina non poteva sperare in nulla di meglio. I disordini in USA hanno avuto la capacità di distrarre il mondo dalla violenza comunista che si abbatteva su dissidenti e manifestanti. La dirigenza di Pechino non si è lasciata sfuggire la favorevolissima occasione di indicare il razzismo come una persistente colpa interna degli Stati Uniti la cui amministrazione reprimeva con brutalità le richieste della propria popolazione. In questo modo, la Cina, abilmente, è riuscita a trasferire verso gli USA capitalisti le accuse che stavano montando da tante parti del mondo, proprio in quelle settimane, verso il regime comunista. La Cina ha goduto di un insperato e formidabile aiuto mediatico dato che tutte le attenzioni televisive si erano ormai rivolte a ciò che stava succedendo in America offrendo degli States un'immagine offuscata sia dal trattamento che si riteneva essere ancora riservato alla popolazione nera sia dagli incontrollabili disordini che effettivamente si stavano estendendo da città a città.

In quei frangenti "postai" su Facebook alcuni messaggi in cui provavo a dire la mia[227]. Iniziai con lo scrivere: «i disordini in America ("razzista", "sessista", "trumpista", "capitalista", "segregazionista", "suprematista", ecc., ecc.): il regalo più grande allo spietato comunismo asiatico. Distraiamo pure il mondo dalla crudeltà post-maoista cinese! Sarebbe interessante indagare sulla "manina" che muove le rivolte dei saccheggiatori nelle città USA».

L'ultimo riferimento alla "manina" occulta non mi converte in un dietrologo che vede complotti dovunque. Però non mi meraviglierebbe affatto, un giorno, sapere che vi sia stato qualche multimiliardario o qualche potenza straniera che abbia finanziato gruppi "alternativi" anche in quei frangenti. Non posso dimostrare nulla, ovviamente. Ma nessuno riuscirà a farmi credere che la Cina, che ora dispone di strutture di controllo sofisticatissime e all'avanguardia e i cui servizi segreti sono attivissimi a monitorare costantemente e con sopraffina tecnologia i segreti industriali

---

226 «Il radicalismo politico si è impossessato del corpo esanime di Floyd, elevandolo a simbolo asservito alle allucinazioni dell'ideologia antifascista» (Andrea AMATA, https://www.nicolaporro.it/con-gli-inchini-loccidente-muore-di-nichilismo/, 12.6.2020).
227 In https://www.facebook.com/storialibera/.

degli USA, in una partita decisiva sullo scenario internazionale sia rimasta a guardare. Al momento non vi sono prove, ma l'indizio migliore da seguire rimane il principio "*cui prodest?*". A chi torna utile tutto ciò? E se certamente sono molti ad aver tratto grande vantaggio dalla situazione esplosiva dell'America in fiamme, la Cina è tra i primi di questi.

Per contribuire a riposizionare l'attenzione sul comunismo cinese lanciai, allora, l'invito a utilizzare come immagine di "profilo" la bandiera della città non più autonoma con la frase "Io sto con Hong Kong" (*I stand with Hong Kong*).

Perché le repressioni comuniste non hanno avuto nel mondo reazioni paragonabili a quelle per la morte di Floyd? Eppure la Cina comunista ha eliminato (e continua a far scomparire) un numero enorme di persone sgradite. Quando poi "posto" una statistica che dimostra che negli USA il numero dei neri uccisi dalla polizia costituisce un dato non razzialmente significativo, prontamente Facebook mi censura il "post" dichiarandomelo "*fake news*"[228]. Metodi cinesi nel *social* che, per antonomasia, è il più frivolo, quello in cui ciascuno può dire ogni tipo di banalità? Intanto non vengono affatto oscurate le invettive — anche le più violente — contro il "suprematista" Trump o il "fascista" Salvini o il "sovranista" Orban o il "negazionista" Johnson o il "razzista" Feltri.

Non mi risulta esservi stato un diffuso senso critico quando l'episodio (triste) di Minneapolis fece gridare al planetario pericolo razzista. Ma quando "postai" l'immagine del giovane di Hong Kong bloccato a terra dal ginocchio del suo persecutore, allora, prontamente, un lettore di Facebook mi chiese prova che la foto fosse autentica. Dovetti, perciò, fornire la dimostrazione che non si fosse trattato di un trucco da parte di una rinata Spectre — magari nella forma di un'improbabile Internazionale Capitalista tesa al sovvertimento planetario delle menti libere e progressiste — e "postai" l'intero video dell'accaduto perché venisse confermata la veridicità della foto[229].

---

228 Cfr. https://www.facebook.com/storialibera/.
229 Cfr. https://www.youtube.com/watch?v=z66pWzOshXY.

4

Chiudete le porte a Cristo

Considerazioni teologiche

«Lo spazio lasciato libero da Dio viene occupato dallo Stato» (Luigi Negri).

4.1. «*A PESTE, FAME ET BELLO, LIBERA NOS DOMINE!*»

Un amico, magistrato napoletano, poco prima di Pasqua diffuse sui *social* la narrazione di quanto gli era capitato. «Non fumo. La sigaretta non mi ha mai attirato, forse perché mio padre è morto per il troppo fumo. Ma da quando lo Stato ha dettato restrizioni alla libertà di culto, con l'accettazione ultra-restrittiva della Chiesa, comincio a riconsiderare la cosa. Accade, infatti, che, domenica mattina, nel mentre mi reco nella chiesa vicino casa mia, venga fermato per il controllo da due agenti di polizia. Avevo il foglio del permesso debitamente compilato e alla voce "lo spostamento è determinato da" avevo scritto: "accesso a luogo di culto". Lo consegno all'agente, il quale strabuzza gli occhi e mi fa: "sono basito; che significa?". Rispondo: "che sto andando in chiesa". E lui, di rimando: "ma le Messe sono proibite". E qui il primo colpo al cuore. E la sensazione di essere osservato quasi fossi un pericoloso criminale; peggio, uno che non si rende conto della gravità del momento. Riprendo: "non si possono celebrare le Messe con la partecipazione dei fedeli, ma le chiese possono rimanere aperte per chi vuole accedervi". Il nostro, poco convinto, mi fa: "verificheremo". Ecco, penso fra me e me, cosa significa avere considerato le celebrazioni religiose al pari di qualsiasi altra "manifestazione ludica, sportiva o fieristica". Pazienza, mi dico. Ma è proprio la pazienza a essere messa a dura prova, quando, al cospetto della carta di identità, lo zelante poliziotto, mi fa, non nascondendo la sorpresa:

"ah, lei è un magistrato!". Eh lo so, nessuno è perfetto, mi viene quasi da dire. Ma preferisco evitare lo humour: potrebbe essere frainteso. E allora opto per la modalità seria. "Mi rendo conto che le può sembrar strano che un magistrato senta la necessità di recarsi in chiesa. Ma, veda, è proprio in questi momenti che soprattutto chi ricopre incarichi istituzionali cerca il conforto di Dio, che è l'unico che può davvero tirarci fuori da questa sventura". E qui la conversazione si fa davvero interessante, perché il nostro obietta: "e non è la stessa cosa pregare a casa? che bisogno c'è di andare in chiesa?". Osservazione tutt'altro che peregrina, in effetti, perché la disposizione parla di ragioni che "determinano" lo spostamento. Gli rispondo: "veda, sono fatto di carne e per sentirmi confortato ho bisogno di mettermi, quando posso, al cospetto di Dio. Ed è per questo che sento la necessità di andare a pregare dinanzi al tabernacolo, dinanzi a Gesù. Tutto qui". "Vabbè, dottò, vada pure", mi fa, oramai deposto il piglio inquisitorio iniziale, il bravo poliziotto. Faccio per andare via, ma lo sguardo si posa su una bella "T" che giganteggia sul tabaccaio poco distante e mi viene spontaneo interpellare ancora il mio "controllore". "Mi tolga una curiosità. Ma se io le avessi detto che stavo andando al distributore di sigarette, cosa mi avrebbe detto?". "Che era tutto a posto, dottò. E che dubbio c'è?". E invece, il dubbio, anzi la certezza, è che per questo nostro mondo malato nel corpo e nello spirito, Nostro Signore Gesù Cristo valga meno di una sigaretta. Ed è davvero messo male se uno come me è chiamato a testimoniare che ne abbiamo invece un bisogno tremendo»[1].

Diceva bene l'amico magistrato quando sosteneva che «proprio nei momenti più difficili si cerca il conforto di Dio»; tuttavia appare stranamente paradossale il fatto che la Chiesa che si è considerata "in uscita", tutta protesa verso indefinite "periferie", che ha preferito definirsi "ospedale da campo", ebbene proprio la Chiesa che si voleva riformata – e non semplicemente rinnovata – perché finalmente priva degli ostacoli che proverrebbero dagli "arroccamenti dottrinali" si sia chiusa – e mai la metafora fu più calzante – non potendo accogliere e, soprattutto, non sapendo offrire altra parola che la ripetizione delle raccomandazioni per le precauzioni sanitarie.

Più avanti proverò a spiegare come, per quel che ritengo, l'assenza di un ruolo adeguato e la mancata risposta vadano attribuiti, più che al "*lockdown* sacramentale", alla inadeguatezza con cui parlare anche di questa

---

1 Appena in tempo per poter citarlo, l'amico magistrato ha avuto la bontà di inviarmi le sue riflessioni: Domenico AIROMA, *"Fermo immagine". Per non dimenticare, dopo la pandemia*, in «Cristianità», anno 48 (2020), n. 403 (maggio - giugno), p. 3-19. Aggiungo anche il link ad un articolo che riguarda direttamente lo stesso magistrato: https://www.ilgiornale.it/news/politica/toga-ora-ammette-magistratura-ha-vero-potere-1893673.html.

grave prova in cui si è imbattuta l'umanità nel suo cammino. Così che la tanto agognata "Chiesa in uscita", all'esame dei fatti, è apparsa come una "Chiesa in chiusura" per l'incapacità ad esprimere una fede ragionevole e significativa per le domande e le paure dell'uomo.

La Chiesa che si vuole moderna e che ha come sua principale apprensione l'"aggiornamento" trova imbarazzante anche il solo ricordo di generazioni di fedeli che, guidati da sacerdoti e vescovi, nei momenti di dolore hanno implorato il ritorno ai sacramenti dei non-praticanti, hanno celebrato con devozione, hanno fatto penitenza, hanno pregato pubblicamente, hanno svolto processioni riparatrici. Hanno, cioè, messo in legame ciò che succedeva con l'urgenza ad offrire se stessi perché si compisse la volontà di Dio e le prove che si vivevano, anziché allontanare dal Signore, venivano vissute per capire che la caducità della vita terrena inesorabilmente rinvia ad un destino trascendente.

Nel vangelo secondo Luca è riportato come Cristo, muovendo dalla profezia della rovina di Gerusalemme, parli di segni premonitori. «Guardate di non lasciarvi ingannare [...], non vi terrorizzate», disse Gesù ai discepoli[2]. Poi proseguì anticipando drammaticamente ciò che la storia non avrebbe risparmiato: «si solleverà popolo contro popolo e regno contro regno, e vi saranno di luogo in luogo terremoti, carestie e pestilenze; vi saranno anche fatti terrificanti e segni grandi dal cielo»[3]. Il Maestro, poi, concluse con un'esortazione carica di confortante ristoro: «con la vostra perseveranza salverete le vostre anime»[4].

Dinanzi ai grandi pericoli sempre incombenti, generazioni di battezzati hanno rigettato l'irrazionale (e disumana) arroganza di chi pensa di poter fare a meno di Dio e hanno espresso la consapevolezza di essere sempre dinanzi a lui e, alzando le mani al cielo e piegando le ginocchia sulla nuda terra, lo hanno invocato implorandolo di liberare l'umanità dai suoi tristi e ricorrenti flagelli. «*A peste, fame et bello, libera nos Domine! A flagello terrae motus, libera nos, Domine! Te rogamus. Audi nos, Domine!*». Come non bastano tutti i pur doverosi accorgimenti per riuscire ad evitare sempre guerre e carestie, così non bastano le migliori strutture sanitarie per scongiurare malattie ed epidemie. Avere consapevolezza di essere costitutivamente in una condizione di fragilità non è segno di debolezza ma, al contrario, di sapienza e virilità. L'insipiente è ripiegato su di sé, il saggio e il forte guardano sino al cielo e pregano: «liberaci, o Signore, dal flagello dell'epidemia, della carestia e della guerra!».

---

2 *Vangelo di Luca*, capitolo 21, versetti 8 e 10.
3 Versetti 10 e 11.
4 Versetto 19.

A stroncare l'assai improbabile tentazione di pensare alla pandemia come un castigo di Dio sono intervenuti prontamente i teologi più "maturi", quelli che arrivano a separare le questioni materiali da quelle teologiche, quelli che, evitando ogni contaminazione di queste (la questioni teologiche) con quelle (le questioni materiali), cooperano a realizzare un mondo senza alcun richiamo a Dio. Secondo questi teologi, allergici ad ogni ritorno di carnalità cattolica, ogni riferimento a Dio in questioni temporali comporta solo rischi, fraintendimenti, scivolamenti. Probabilmente è vero. Tuttavia il pericolo del fanatismo viene non assecondato ma scongiurato ancorando il tempo della storia alla fede in Cristo, Dio incarnato, veramente Dio e autenticamente uomo. L'Incarnazione rappresenta la risposta sia al mondo agnostico e ateo senza Dio, sia al mondo feticista e idolatra in cui, in senso panteistico, Dio è totalmente immanente.

Perciò la questione del "castigo di Dio" non deve essere liquidata con una frettolosa sicurezza (o teologica saccenteria). Intanto perché nella testimonianza biblica vi sono troppe cose che richiedono di essere spiegate, poi perché nel lungo cammino della comunità cristiana non è certo stata marginale la dimensione popolare e devozionale. Neanche ci si deve lasciar andare al fervore e ritenere che ogni sciagura sia riconducibile ad una volontà punitiva perché se davvero Dio volesse castigare l'umanità secondo quanto meritano le azioni degli uomini, allora il *Dies irae*[5] o dovrebbe essere devastante o dovrebbe ripetersi continuamente.

Il castigo è, invece, già inscritto in un certo qual modo nelle conseguenze delle scelte umane. Se è vero che non c'è nulla che non abbia conseguenze, allora non è mai eccessivo riflettere sugli effetti che le azioni (ed anche le sole intenzioni) producono. Nel libro biblico della *Sapienza* si trova scritto che l'uomo viene castigato attraverso il suo stesso proposito malvagio: «perché capissero che con le cose con cui uno pecca, con quelle viene punito»[6]. La "nemesi" non è solo una cognizione della saggezza antica, è anche una consapevolezza cristiana che sa scorgere già nella storia la manifestazione di premesse positive o negative, remote o prossime. Ciò vale per le conseguenze inintenzionali di azioni intenzionali dell'uomo. È il caso del processo di statalizzazione che conduce ai totalitarismi e alle guerre mondiali. Ma è anche il caso della caduta nell'oscurità dell'insulsaggine; anche in questa circostanza debbono applicarsi le parole del libro della *Sapienza*. Se è vero che, come si è sempre ripetuto, «*quos Deus*

---

5 La pietà cristiana ha tratto dai versetti del libro biblico di *Sofonia* le parole di un inno molto diffuso, soprattutto in passato, che descrive il giorno del giudizio come giorno dell'ira divina, il *dies irae* (*Sof* 1,15).
6 Libro della *Sapienza*, capitolo 11, versetto 16.

perdere vult, dementat prius - a coloro che vuol perdere, Dio prima toglie il senno», allora, con il sociologo Pietro De Marco (1941-viv.) e a proposito di castigo divino, dobbiamo ben ripetere: «il Signore ha punito i cristiani, i cattolici, con la nuova lebbra della banalità»[7].

Ma il mondo non è agitato solo dalle conseguenze di scelte ascrivibili alla più o meno libera azione morale degli uomini. La storia è anche scossa, a volte in modo davvero turbinoso, da cause che non hanno origine morale e non hanno alcuna relazione con azioni o scelte umane.

Perciò, senza gli automatismi fatalistici di chi vuol attribuire ogni evento ad un disegno precostituito, la fede cristiana è la vera demistificatrice del mondo; questo, proprio perché si riconosce essere creato, non si confonde con la sua causa prima creatrice. Ecco perché la serena consapevolezza propria del cristiano in relazione agli eventi di questo mondo, anche i più dolorosi, gode di due certezze. Da un lato, non esclude affatto l'implorazione a Dio per essere liberati dai mali di qualsiasi genere. Anzi, esattamente questa preghiera sta a dimostrare come anche la vita corporale è in relazione strettissima al destino eterno. D'altro lato, vi è la consapevolezza che questa realtà materiale è stata veramente visitata da Dio che, con la sua Incarnazione, l'ha strappata dal non-senso e le ha dato un significato intramontabile. Tale consapevolezza – la fede cristiana – comporta il riconoscimento della serietà di questa realtà materiale con i suoi dinamismi (mangiare, lavorare, sposarsi, mettere al mondo figli), con le sue vicissitudini, con le sofferenze, le malattie e, soprattutto, la morte, la morte che caratterizza irrimediabilmente e in profondità tale realtà.

Qualsiasi domanda religiosa nasce per poter esorcizzare la paura della sofferenza e il terrore della morte. Nel caso del Cristianesimo, invece, Dio ha assunto sofferenza e morte perché anche nella sofferenza e nella morte fosse possibile l'unione con lui; un'unione *vera* perché alla prova di tutti i limiti propri della materialità. Non solo non è stato escluso nulla della nostra condizione, ma ciò che più caratterizza questa condizione umana è stato attraversato e assunto. La fede in Cristo, quindi, comporta non la magia dell'allontanamento dalla sofferenza e dalla morte, ma l'inserimento di Dio – la natura divina di Cristo – in questa condizione malata e morente. Non la salvezza *dalla* sofferenza, ma la salvezza *attraverso* la sofferenza e la morte; non la salvezza *dalla* carne, ma la salvezza *attraverso* la carne. La carne assunta dal Verbo di Dio, la sofferenza e la morte di Cristo.

---

7 Pietro DE MARCO, *La peste della banalità*, 23.3.2020 (http://magister.blogautore.espresso.repubblica.it/2020/03/23/coronavirus-ma-la-chiesa-soffre-anche-il-contagio-della-vuota-retorica/).

Dicevo che la fede in Cristo si pone all'opposto della magia dell'allontanamento dalla sofferenza e dalla morte. Ciò richiama la questione delle cause naturali (in filosofia venivano chiamate "cause seconde"), la questione della consistenza delle cause naturali. Se la fede in Cristo coincidesse con una continua richiesta tesa ad ottenere la sospensione delle leggi fisiche (per evitare il dolore, per evitare la malattia, per evitare la morte), allora la proposta cristiana non potrebbe mai essere oggetto di esperienza autenticamente umana dentro questa realtà. Un miracolo continuo – se Gesù avesse voluto dare prova di sé dimostrando di non aver bisogno di mangiare, di dormire, di non essere soggetto alla stanchezza o alla sofferenza o a qualsiasi altro limite proprio della umanità, fino a quello estremo della morte –, ebbene, un miracolo continuo sicuramente stupirebbe tutti, ma non porterebbe la carne di Dio fatto uomo dentro la nostra realtà. Ecco, allora, perché, se ogni religione può essere invocata per salvarci dalla nostra natura, solo il cristianesimo mette la natura di Dio dentro le leggi fisiche del nostro mondo finito.

Ho sempre ritenuto che la categoria cristiana per eccellenza, la modalità migliore per presentare il cristianesimo fosse quella dell'"avvenimento". Da don Giussani ho imparato che la parola "avvenimento" è quella che meglio si accorda con l'Incarnazione. «Che cosa è infatti il cristianesimo? È forse una dottrina che si può ripetere in una scuola di religione? È forse un seguito di leggi morali? È forse un certo complesso di riti? Tutto questo è secondario, viene dopo. *Il cristianesimo è un fatto, un avvenimento*»[8].

Ricordo che in qualche omelia a commento di alcuni prodigi narrati nei vangeli mi sono spinto ad esprimere un pensiero alquanto azzardato. Certamente Gesù finiva con l'essere molto più apprezzato ed efficace operando una guarigione piuttosto che parlando dei suoi rapporti con il Padre. È senz'altro così sotto un aspetto sociologico. I vangeli sono, infatti, pieni di racconti nei quali Gesù sanò lebbrosi, ristabilì storpi, donò la vista ai ciechi, guarì malati e addirittura risuscitò morti. Ma ciò che convince totalmente la mia ragione ad essere cristiano sono, invece, i particolari "umani" della vita terrena del Figlio di Dio. Più che i miracoli, ciò che convince è il modo con cui Cristo entra realmente dentro la vita ordinaria, questa condivide e di questa si carica. Ad iniziare dalla ferita nel fianco o dalle lacrime versate, per finire alla stanchezza provata o alla sete patita. Parafrasando Bonhöeffer, sarei portato anch'io a dire – senza far coincidere la mia prospettiva con quella del noto teologo tedesco – che è la debolezza della carne di Cristo, più che l'onnipotenza di

---

8 Luigi GIUSSANI, *Un avvenimento di vita cioè una storia*, presentazione di Joseph Ratzinger, Editoriale Italiana - Il Sabato, Roma 1993, p. 338.

Dio a rendere la risposta cristiana differente da ogni domanda religiosa. Mi sto approssimando alla vicenda "coronavirus" e, più in generale, allo "scandalo" del male presente nel mondo. Prima, però, ancora una parola sulle leggi fisiche.

Per quanto l'onnipotenza di Dio sia costantemente invocata per fermare le leggi naturali, occorrerebbe ritenere che siano esattamente queste a dimostrare la sapienza divina che regge l'universo. Anche questa affermazione ci divide dall'islamismo che ritiene ogni dato naturale immutabile non giustificabile dinanzi all'assoluta sovranità divina non legata ad alcuna necessità.

Invece, lungi dal costituire un'obiezione, le leggi naturali richiamano qualcosa – o meglio Qualcuno – che è all'origine di ogni aspetto della realtà. La migliore saggezza scientifica giunge inesorabilmente a chinarsi dinanzi all'ineluttabilità dei dinamismi sempre oggettivi ed immutabili, tanto nel microcosmo quanto nel macrocosmo. All'uomo il compito di decifrare il gran libro della vita, per scoprirne i segreti e per migliorare la propria esistenza terrena e più quest'opera, comunque inesausta, di investigazione e di scoperta procede, più i dinamismi naturali si rendono intelligibili quasi a formare un mirabile mosaico in cui, non solo non emerge alcuna contraddizione, ma appare sempre più chiaro un meraviglioso ordine naturale.

Richiamavo la questione delle cause naturali. È ciò che in filosofia è stato investigato come il principio di causalità[9]. Non è certo un caso che oggi questo ambito teorico sia caduto in disgrazia, ma quest'allergia nei confronti di una ragione forte (e non meramente "strumentale") non riduce affatto la validità né del concetto di "causa" né dell'itinerario da seguire mediante una buona argomentazione[10]. Ragione e fede non possono confliggere; quando ciò avviene significa che l'una o l'altra (o tutte e due) non è autentica e non è stata fedele al proprio compito.

Entrambe, la fede e la ragione, convergono dinanzi alle leggi naturali[11]: la fede nel riconoscerle come parte di un progetto che ha Dio per autore;

---

9 Cfr. Beniamino DI MARTINO, *La conoscenza razionale di Dio nella "Quaestio Secunda" della "Prima Pars" della "Summa Theologiae" di Tommaso d'Aquino*, in «Veritatis diaconia. Rivista semestrale di scienze religiose e umanistiche», anno 3 (2017), n. 5, p. 63-87.
10 Nel corso del tempo, per alcuni pensatori, la riflessione sulle cause seconde si è dimostrata un'ammirevole strada per giungere a Dio. Ovviamente, è la Rivelazione a renderci noto il volto di Dio, ma arrivare alla certezza della sua esistenza mediante le realtà visibili è segno che l'uso dell'intelligenza non solo non rappresenta alcun pericolo per la fede, ma di essa la ragione costituisce il mezzo indispensabile.
11 Cfr. Mario GARANTINI, *Uomo di scienza. Uomo di fede. Problemi e personaggi emblematici*, Elle Di Ci, Leumann (Torino) 1991; cfr. Jean GUITTON - Grichka

la ragione nel sottomettersi ad esse scorgendo in queste un ordine che deve essere continuamente migliorato ma che non può essere alterato o travolto.

Se è proprio del naturismo escludere la sussistenza di una "causa prima", è atteggiamento tipico di certo comune fideismo ridimensionare le cause seconde. Se è giusto riferire tutto a Dio come causa prima, non è, però, corretto collegare direttamente a lui ogni avversità misconoscendo gli effetti che sono propri delle leggi naturali. Questi effetti devono essere vissuti – e anche patiti – in lui, con quel vincolo di comunione che è proprio della vita di fede. Ma sarebbe superstizione piegare Dio a fare da controllore del grande traffico degli effetti tipici dell'ordine naturale.

Quando Gesù si ritirò nel deserto per pregare, le tentazioni lo raggiunsero e le narrazioni degli evangelisti concordano anche nel modo con cui il Maestro respinse la seduzione a confidare, in modo irrazionale, in un intervento diretto del Padre. La fede non è il rimedio banale agli inevitabili ed ordinari squilibri. «Allora il diavolo lo condusse con sé nella città santa, lo depose sul pinnacolo del tempio e gli disse: "se sei Figlio di Dio, gettati giù, poiché sta scritto: ai suoi angeli darà ordini a tuo riguardo, ed essi ti sorreggeranno con le loro mani, perché non abbia a urtare contro un sasso il tuo piede". Gesù gli rispose: "sta scritto anche: non tentare il Signore Dio tuo"»[12].

Credo che non sia un buon servizio all'evangelizzazione e al cammino cristiano di chiunque ritenere che Dio debba intervenire continuamente nelle leggi naturali. Come il cristianesimo non ha nulla in comune con il fatalismo, così la fede non va confusa con il fideismo. Torno a dire: la fede cristiana non è il modo per aggirare le leggi naturali quasi come se si trattasse di un talismano. Quando ci troviamo dinanzi ad una mentalità che è spinta a ritenere che la fede sia tanto più forte quanto più mette in sospensione le leggi naturali, allora ci troviamo dinanzi qualcosa che ancora non si è imbattuta nella passione patita da Cristo.

A dimostrarlo concorrono altri episodi dei vangeli nei quali l'insegnamento di Gesù, che pur volle dimostrarsi sollecito verso ogni genere di patimento, è teso a non far disprezzare le ordinarie leggi naturali. L'evangelista Luca riporta un colloquio tra il Signore e i suoi ascoltatori in cui

---

BOGDANOV - Igor BOGDANOV, *Dio e la scienza*, prefazione all'edizione italiana di Giulio Giorello, Bompiani, Milano 1992 (*Dieu et la science. Vers le métaréalisme*, 1991); cfr. Stanley L. JAKI, *Fede e ragione fra scienza e scientismo*, intervista a cura di Luciano Benassi e Maurizio Brunetti, in «Cristianità», anno 23 (1995), n. 239 (marzo), p. 15-20; cfr. Paul POUPARD (a cura di), *Scienza e fede*, Piemme, Casale Monferrato (Alessandria) 1986 (*Science et foi*, 1982).
12 *Vangelo secondo Matteo*, capitolo 4, versetti 6-7.

il Maestro commentò due episodi di cronaca[13]. «Si presentarono alcuni a riferirgli circa quei Galilei, il cui sangue Pilato aveva mescolato con quello dei loro sacrifici. Prendendo la parola, Gesù rispose: "credete che quei Galilei fossero più peccatori di tutti i Galilei, per aver subito tale sorte? No, vi dico, ma se non vi convertite, perirete tutti allo stesso modo. O quei diciotto, sopra i quali rovinò la torre di Sìloe e li uccise, credete che fossero più colpevoli di tutti gli abitanti di Gerusalemme? No, vi dico, ma se non vi convertite, perirete tutti allo stesso modo"»[14].

Per poter dire una parola vera sulla malattia, e sull'epidemia in particolare, occorre anche sfiorare lo "scandalo del male" così abbondantemente presente nel mondo. È lo sbigottimento che assale ogni uomo che si pone dinanzi all'immane dolore che è nel mondo: come può Dio permettere tutto ciò? La fede nel Dio incarnato è l'unica strada per non bestemmiare dinanzi alla sofferenza, alla malattia, alla morte. «Solo il Dio che si sarebbe manifestato in Gesù [...], non è toccato dalla bestemmia dell'uomo per la marea di dolore che sale sin spesso a soffocarlo. "Non vi è altra risposta al problema del male che la croce di Gesù, sulla quale Dio ha subìto il male supremo"»[15].

Se è la fede nel Dio incarnato a farci comprendere ed affrontare il male presente nella nostra natura umana, la stessa fede non ci rende immuni dal male stesso. E la fede ci suggerisce e ci fa guardare la realtà per come essa è, adeguandoci alla stessa con l'uso della ragione. La prudenza non è mancanza di fede. Se così fosse, dovremmo pensare che non occorrano i farmaci, che non serva il progresso tecnologico e che chi si fa curare è senza Dio. Tutto ciò lasciamolo al volontarismo islamico. Il criterio del cristiano è la vera umanità del Figlio di Dio, anche lui soggetto alle leggi naturali.

Quelle inesorabili leggi naturali che hanno determinato il primo focolaio di contagio e i primi decessi nella mia terra campana, contagi e decessi seguiti ad un ritiro di preghiera (la cosiddetta "convivenza") di una comunità del cammino Neocatecumenale[16]. Forse un segno del Cielo? Certamente no, se non per il richiamo a ciascun uomo e a ogni cristiano ad essere sempre vigilante nell'attesa del momento della propria morte.

---

13 Potrebbe essere utile aggiungere a questo un altro brano. Mi riferisco a quanto riportato nel Vangelo di Giovanni: ai discepoli che mettevano in rapporto la cecità fisica con una causa morale, Gesù rispose escludendo questa relazione punitiva (capitolo 9, versetti 1-3).
14 *Vangelo secondo Luca*, capitolo 13, versetti 1-7.
15 Vittorio MESSORI, *Ipotesi su Gesù*, prefazione di Lucio Lombardo Radice, Società Editrice Internazionale, Torino 1979 (1976), p. 296.
16 Il ritiro si svolse il 28 e il 29 febbraio nei dintorni di Sala Consilina in provincia di Salerno.

È quanto il credente ripete continuamente anche con la prima preghiera che impariamo da bambini, l'Ave Maria, che permette di rivolgersi alla Madre di Dio e di essere da lei accompagnati sempre ed in particolare nell'ora della morte. Tanti sono stati i preti deceduti a causa del coronavirus. Non ho i dati di altre zone del mondo, ma in Italia, nelle prime settimane di epidemia, i sacerdoti morti erano molto più numerosi anche dei decessi tra il personale sanitario[17]. Anche in questo caso, cosa dire? Morti perché peggiori di altri? Morti perché migliori di altri? Né l'una né l'altra cosa. «Pregate [...] perché siate figli del Padre vostro celeste, che fa sorgere il suo sole sopra i malvagi e sopra i buoni, e fa piovere sopra i giusti e sopra gli ingiusti»[18]. Il contagio si estende e contamina chi trova nel suo raggio facendone una sua vittima. La preghiera non rende immuni dal virus, ma dispone l'uomo a portare a Dio la propria vita, nella salute e nella malattia.

Si sarebbe dovuto far riecheggiare le parole dell'apostolo Paolo: «se noi viviamo, viviamo per il Signore, se noi moriamo, moriamo per il Signore; sia che viviamo, sia che moriamo, siamo dunque del Signore»[19]. Si sarebbe anche dovuto "relativizzare" la pandemia in rapporto a significati più profondamente umani e cristiani che l'emergenza certamente sollevava, ma che meritavano di trascendere la cronaca. La tanto enfaticamente definita "riserva escatologica" dei teologi si è presto smarrita dietro alla mera ripetizione delle misure sanitarie, con una Chiesa che si è limitata a fare da rimbalzo alle indicazioni. Anziché *indicare* ciò che è destinato a non passare, ci si è accodati al grido di sentimentale commiserazione.

Il divieto della celebrazione dell'Eucarestia e degli altri sacramenti in forma pubblica – divieto stabilito dal governo italiano l'8 marzo e "condiviso" dalla Conferenza Episcopale con un immediato comunicato[20] – rappresenta qualcosa di singolare nell'intera storia della Cristianità. Non so se il Presidente del Consiglio dei Ministri si sia preoccupato di concordare quel che è stata, di fatto, la chiusura delle chiese e la sospensione della vita liturgica con i rappresentanti dei vescovi italiani o con la Santa Sede, ma il tono del comunicato della CEI sembrerebbe escludere che il "*lockdown* sacramentale" sia stato concordato con i Pastori della Chiesa.

Durante le famose epidemie della storia della Cristianità – alcune già ricordate – le chiese non solo non furono chiuse, ma vennero frequentate

---

17 Non possiedo aggiornamenti, ma alla data del 28 maggio (2020) erano ben 121 i preti che avevano lasciato questa terra a causa del virus (cfr. https://www.avvenire.it/attualita/pagine/coronavirus-i-preti-morti-emilia-lombardia).

18 *Vangelo di Matteo*, capitolo 5, versetti 44 e 45.

19 *Lettera di Paolo apostolo ai Romani*, capitolo 14, versetto 8.

20 Cfr. https://www.chiesacattolica.it/decreto-coronavirus-la-posizione-della-cei/.

più che mai per implorare la fine del flagello e per ottenere il perdono dei peccati. Ma questi ancor più tristi episodi del lontano passato potrebbero non fornire un confronto adeguato a causa delle allora carenti conoscenze epidemiologiche che avrebbero potuto suggerire o imporre differenti comportamenti anche tra i credenti.

Ora ci siamo trovati in una situazione differente. Dicevo che la sospensione della liturgia pubblica rappresenta una esperienza singolare. Non che non si siano verificate interdizioni causate da persecuzioni o da violenze. La Chiesa nel suo cammino bimillenario ha patito coercizioni di ogni tipo e a tutte le latitudini. E non mi riferisco solo al lontano passato; mi riferisco principalmente al periodo recente. Nei tempi "moderni" le persecuzioni sono state più numerose, più estese e non meno crudeli. Dai decreti nel corso della Rivoluzione francese alle imposizioni dei "rossi" durante la guerra civile in Spagna, senza elencare i numerosissimi e sanguinosissimi casi che si sono verificati ovunque sia stato eretto un governo comunista o sia stato dato sfogo alla violenza islamica. Nel Novecento vi sono stati più martiri di quanti ve ne siano stati in tutti i secoli precedenti, secoli comunque sempre burrascosi. E l'inizio del Terzo Millennio delinea scenari inquietanti. Quindi "singolare" non è la sospensione della liturgia pubblica; "singolare" è che questa sospensione sia stata, in qualche modo, stabilita dagli stessi Pastori della Chiesa.

A mia conoscenza, posso ricordare due casi nella storia che hanno questo stesso carattere di auto-sospensione, di interruzione sacramentale, cioè decisa dalla stessa autorità religiosa. Mi riferisco al caso di Venezia nei primi anni del XVII secolo e al caso del Messico negli anni Venti del secolo scorso.

A seguito di una dura disputa tra la Santa Sede e la repubblica di Venezia, quest'ultima venne colpita dall'interdetto che negava il culto e i sacramenti alla popolazione veneziana (1606-1607). La sanzione canonica venne comminata da papa Paolo V Borghese (1605-1621, il cui nome campeggia al centro della facciata della basilica di San Pietro) e fu contrastata non solo dal Senato veneziano, ma anche del clero locale che prese le parti della Repubblica. Mentre per la loro obbedienza al Papa, gesuiti e altri religiosi furono costretti all'esilio, Paolo Sarpi (1552-1623) offriva motivazioni teologiche alla opposizione alla punizione papale. Il provvedimento fu revocato nel volgere di un anno per l'intervento di Francia e Spagna, ma i veneziani non erano mai stati privati dei sacramenti e le chiese non erano state mai chiuse a causa della riottosità del clero[21].

---

21 Cfr. Ludwig von PASTOR, *Storia dei Papi. Dalla fine del medio evo. Periodo della restaurazione cattolica e della guerra dei trent'anni (1605-1621): Leone XI e Paolo V*, Desclée,

Più drammatico fu il caso di interdizione della liturgia e dei sacramenti che avvenne in Messico nel quadro della feroce persecuzione che lo Stato scatenò contro la Chiesa. Il 31 luglio 1926, come protesta austera e solenne dinanzi al mondo, i vescovi del grande paese centro-americano stabilirono la sospensione pubblica del culto. Da pubblica, la vita cristiana divenne occulta e i sacramenti vennero celebrati clandestinamente[22].

Nel primo dei due episodi storici si trattò di una sospensione decretata dal Papa ma non applicata dal clero veneziano; anche nella vicenda messicana i sacramenti non furono impediti e continuarono a nutrire la vita dei cristiani sebbene in condizioni avverse e pericolose. Nella circostanza attuale, invece, l'"auto-confinamento", sebbene privo dei caratteri dei casi precedenti, ha effettivamente realizzato l'astinenza dai sacramenti.

Se molti sacerdoti e fedeli, al momento dell'isolamento, hanno ritenuto questa "auto-sospensione" necessaria (minoritarie erano le voci dissidenti a marzo), poi l'atteggiamento critico ha preso consistenza ed è, probabilmente, divenuto prevalente, soprattutto quando si sono sperimentati gli effetti prodotti dalle "nuove consuetudini" dei fedeli ormai abituati alle celebrazioni televisive.

Personalmente credo che la liturgia aperta ai fedeli poteva e doveva essere garantita. Non dissimilmente da come non potevano che essere assicurate altre necessità primarie, preoccuparsi di mantenere e di preservare il culto religioso sarebbe stata una scelta che avrebbe dimostrato l'esistenza di una grande cultura ancora integra e di una civiltà ancora splendente, cosciente dei propri insostituibili fondamenti. Trump in America lo ha capito[23], molto meno lo hanno compreso i nostri vescovi. Meno che mai ciò poteva essere concepito dai membri di un governo composto da persone dalle prospettive abbastanza mediocri.

La chiusura delle chiese è stata, quindi, ancor prima che un provvedimento di carattere sanitario, una dimostrazione di cecità verso la natura

---

Roma 1943, vol. XII, p. 85-159; cfr. Paolo L. BERNARDINI, *Venetia. Tessere di un mosaico infinito*, Mimesis, Sesto San Giovanni (Milano) 2015, p. 44.

22 Cfr. Giovanni FORMICOLA, *Difesero la fede, fermarono il comunismo. La Cristiada, Messico 1926-1929. La Cruzada, Spagna 1936-1939*, Cantagalli, Siena 2019, p. 40.78.81; cfr. Giovanni FORMICOLA, *Libertà religiosa e diritto di resistenza: il caso della guerra "cristera"*, in «StoriaLibera. Rivista di scienze storiche e sociali», anno 1 (2015), n. 1, p. 29-30. Merita di essere richiamato anche il film *For a greater glory* (USA 2012, regia di Dean Wright) distribuito in Italia solo nel 2014 con il titolo *Cristiada*.

23 Gli elogi al "modello Italia" che sono giunti da oltreoceano sono condizionati da esigenze politiche in vista delle prossime elezioni presidenziali in America. Il «New York Times» è ormai da tempo uno tra gli strumenti mediatici a più forte spessore ideologico (cfr. https://www.tgcom24.mediaset.it/mondo/il-new-york-times-elogia-la-gestione-del-virus-in-italia-lamerica-pu-solo-invidiare-il-loro-successo_21111870-202002a.shtml).

dell'uomo – un offuscamento antropologico – e un'ulteriore prova di oscuramento e di decadenza della ineguagliabile civiltà occidentale e cristiana.

Il divieto è stato ingiustificato non perché abbia sopravvalutato il pericolo del contagio anche in ambienti religiosi, ma perché – non dissimilmente da altre attività irrinunciabili – poteva essere evitato con le raccomandazioni alla maggiore prudenza possibile.

A discolpa, almeno parziale, del governo bisogna, comunque, osservare che di prudenza ve n'era piuttosto poca e che solo il *lockdown* ha imposto l'assunzione di seri rimedi e di attenzioni che sono generalmente mancate sino a quando le severe norme non hanno costretto ad adeguarsi, garantendo, da quel momento, una ben più consistente sicurezza. A dimostrare lo scarso impegno alla prevenzione vi è l'altissimo numero dei sacerdoti morti e il focolaio che si creò a seguito della celebrazione della comunità neocatecumenale in provincia di Salerno. Sarebbero stati sufficienti prudenza e buon senso, quelle precauzioni che – bisogna pur dire – ordinariamente mancano[24]. Possibile, poi, che si debba oscillare tra superficialità igieniche e chiusura totale? Non occorreva molto in termini organizzativi per adottare le misure necessarie, occorreva semplicemente una maggiore dose di prudenza e di saggezza. Ad ogni modo, come un'eventuale scarsa osservanza di precauzioni non giustificherebbe il blocco del commercio dei prodotti alimentari e come l'alto rischio batteriologico ordinariamente presente negli ospedali non scagionerebbe chi volesse abolire i nosocomi, così, parimenti, la poca attenzione alla sicurezza non giustifica la chiusura delle chiese. Il rimedio alla scarsa prudenza non è l'interruzione o la serrata, ma l'adozione di adeguate misure di precauzione. Per evitare la diffusione dei contagi da coronavirus nelle chiese, semplicemente bastava curare maggiormente l'igiene, non occorreva giungere all'apocalisse dei sacramenti.

Strano che poi, nella Chiesa, i paladini del *lockdown* siano spesso stati i sacerdoti che si contraddistinguono per l'insistenza verso le melassose pratiche del "teniamoci tutti per mano" (soprattutto alla recita del *Padre nostro*[25]), del segno della pace scambiato in modo universale e prolungato,

---

24 Il rischio non deve essere sottovalutato. D'altra parte, il primo focolaio in Campania (con rapido decesso anche del sacerdote) è dovuto alla impropria prassi di bere tutti dal calice. In altri casi il contagio si è esteso a causa degli assembramenti venutisi a creare in alcuni funerali avvenuti nonostante il divieto governativo.

25 Quasi come un *flash*, mentre scrivo mi viene in mente la descrizione della «manica di cretini che si tenevano per mano come al girotondo per dire il *Padrenostro*». Ne ricordo con qualche insicurezza l'autore: Rino Cammilleri. Qualche minuto per cercare la fonte *et voilà*: «...A onor del vero devo dire che qualche volta entravo in chiesa, quando avevo – emotivamente – bisogno di pace (lo fanno tutti, sai?). Solo che quelle omelie

plateale e salivoso, del saluto sempre affettuosissimo e omni-avvolgente, della moltiplicazione di abbracci e baci e di altre cose simili...

Ma torniamo alla chiusura delle chiese motivata dalla questione sanitaria. In realtà essa è innanzitutto da considerarsi il frutto di una mentalità secolarista che, anche quando non accanitamente anti-cristiana, fa propria l'idea della sostanziale insignificanza sociale del cristianesimo e che relega i gesti di fede nell'ambito del sentimentalismo. Una mentalità diffusa, ma certamente lontana dal respiro di fede che spingeva i primi cristiani a confessare: «non possiamo vivere senza l'Eucarestia»[26].

Nel continente – ed in modo particolarissimo nella nostra terra – dove ogni angolo rivela tracce di storia religiosa, dove nulla si comprenderebbe prescindendo dal ruolo della Chiesa e ove quasi tutto ciò che c'è di apprezzabile (artisticamente, urbanisticamente, esteticamente, culturalmente) è un'eredità almeno indiretta della fede cristiana, la mentalità secolarizzata è ormai più radicata che in qualsiasi altra parte del mondo. «*God bless America*» è l'invocazione con cui, spesso, terminano i discorsi dei presidenti degli USA. Anche i peggiori tra questi (ad esempio Kennedy, Carter, Clinton, Obama) non hanno trascurato il richiamo a Dio (l'insediamento alla Casa Bianca di un nuovo presidente prevede una cerimonia religiosa) perché il riferimento a Dio è il patrimonio su cui si fonda una comunità ed è il portato che unisce gli uomini nell'essenza razionale. Non così nella declinante Europa e nella laicista Italia ove ci si vergogna di nominare Dio in pubblico. Ma ciò che viene ostentato come segno di equilibrio politico e di emancipazione sociale si rivela essere seme avvelenato di tirannia e di involuzione. Infatti, quanto più

---

sociologizzanti sul Terzo Mondo, sui poveri, sulla droga, sulla disoccupazione... Che noia mortale, che banalità! Quelle canzonacce *western* accompagnate con la chitarra, quelle mani sudate da stringere a segnale convenuto, quei foglietti – sì, quelli sui banchi – pieni di astruserie sulla pace, quelle chiese a forma di garage, quel continuo chiedere soldi per i motivi più disparati, quegli intrattenimenti improvvisati da parte del prete, le chierichette... ricordavo la vecchia liturgia (ero bambino quando il nonno mi portava in chiesa): non mi entusiasmava di certo – dato che non me ne importava niente – ma almeno aveva una sua serietà. Adesso, uno che si riavvicinava alla religione dei suoi padri col cuore spezzato, cosa trovava? Una manica di cretini che si tenevano per mano come al girotondo per dire il *Padrenostro*?» (Rino CAMMILLERI, *Consigli del diavolo custode per andare all'inferno senza strafare*, Piemme, Casale Monferrato (Alessandria) 2000, p. 43).

26 «*Sine dominico non possumus vivere*» rispose il sacerdote Saturnino nell'anno 304 nel corso della persecuzione anti-cristiana condotta dall'imperatore Diocleziano. Il sacerdote, insieme ad altri 48 cristiani (i 49 martiri di Abitina), venne giustiziato nell'Africa proconsolare, in una località dell'attuale Tunisia. Accusato di aver celebrato l'Eucaristia per la sua comunità, Saturnino serenamente riconobbe: «senza l'Eucaristia non possiamo vivere» (Cfr. BENEDETTO XVI, «Sine dominico non possumus!», Libreria Editrice Vaticana, Città del Vaticano 2007).

viene oscurato Dio tanto più al suo posto viene intronizzato lo Stato che schiaccia ogni individualità e distrugge ogni libertà[27]. E ancora torna in mente il versetto biblico per il quale Dio castiga mediante quelle stesse cose con cui l'uomo pecca[28]. Lo Stato, come nuova divinità, diviene sempre più il vero protagonista dello spazio pubblico. Ed in questo spazio è vietato nominare Dio. Anche nei momenti più bui dell'emergenza, né il Presidente della Repubblica né il Capo del Governo hanno mai invocato Dio nei loro discorsi (si dichiarano cattolici, ma evitano di dirlo e nessuno lo sa, probabilmente neanche Gesù). E ciò che è presentato come caratteristica di maturità personale e istituzionale non rivela altro che la decadenza del Paese che, incapace di riconoscere con umiltà Dio, finisce con il divinizzare lo Stato.

Sebbene non siano mancate nel passato anche recente espressioni di virulenta scristianizzazione anche da noi, in Italia, verso tutto ciò che è riconducibile a Dio, prevale un'allergia di tipo moderato, spesso conseguenza di ignoranza[29], a volte di veri e propri pregiudizi[30]. Ancor più acrimoniose si sono dimostrate le istituzioni dell'Unione Europea e i vari organismi ad esse collegati che sembrano essersi assunti il compito di demolire a

---

27 «Man mano che cresce lo Stato decresce l'individuo». Meglio non si poteva esprimere il concetto e siamo grati anche per questo aforisma al grande pensatore colombiano Gómez Dávila (Nicolás GÓMEZ DÁVILA, *In margine a un testo implicito*, Adelphi, Milano 2009, p. 20).

28 Cfr. libro della *Sapienza*, capitolo 11, versetto 16.

29 Un recente esempio di ignoranza è stato ancora offerto dal Capo del Governo giallo-rosso, il prof. (sic!) Giuseppe Conte, quando, nel corso del messaggio agli italiani, la sera del 6 aprile (era lunedì della Settimana Santa), annunciando il cosiddetto decreto liquidità che prometteva 400 miliardi di euro per sostenere l'economia nazionale piegata dalla pandemia, si lanciò improvvidamente nella spiegazione della Pasqua sostenendo che «Pasqua significa, lo sanno bene i cristiani – disse –, passaggio. È il passaggio e anche il riscatto dalla schiavitù all'Egitto». In un solo colpo, due clamorosi errori di elementari (ma fondamentali) cognizioni di storia: la confusione tra la Pasqua ebraica e quella cristiana e la liberazione dei figli di Israele dall'Egitto e non verso la terra dei faraoni. Figuriamoci se qualche bambino gli avesse chiesto quando gli ebrei lasciarono il luogo di schiavitù o chi guidava i discendenti di Giacobbe (tanto per rimanere sul piano delle conoscenze storiche che dovrebbero essere patrimonio di tutti).

30 È il caso citare il Disegno di Legge promosso dai deputati Zan (del Partito Democratico) e Scalfarotto (della neonata formazione di Renzi, Italia Viva) contro la cosiddetta omo-transfobia. Il progetto legislativo è motivato dal proposito di superare i pregiudizi religiosi che ancora appesantirebbero la nostra cultura, in realtà il provvedimento è mosso da un violento pregiudizio ideologico che metterebbe a tacere, mediante le previste dure sanzioni, chiunque volesse anche solo esprimere un parere. Al momento in cui scrivo la proposta non è ancora stata approvata. Il suo iter si è provvidenzialmente dimostrato più aspro del previsto rispetto ai programmi dei proponenti, ma su questo aspetto converrà tornare più avanti (cfr. terzo paragrafo di questo stesso quarto capitolo).

colpi di disposizioni e direttive ciò che resta della Cristianità del Vecchio Continente[31]. Commissioni, consigli, assemblee che appaiono più laboratori ideologici che strumenti amministrativi e organizzazioni pragmatiche[32]. Teofobia e cristofobia non sono scenari immaginari, rappresentano, invece, nell'Europa di oggi, atteggiamenti diffusi e assai spesso vincenti.

In questo generale clima di crescente allergia per la visibilità storica della fede, di strisciante rifiuto del cristianesimo e di effettiva emarginazione degli aspetti culturali e degli effetti sociali del cattolicesimo, la stessa Chiesa sembra scegliere l'abbandono della dimensione pubblica ripiegando verso una prospettiva non più dottrinale, ma semplicemente intimistica. All'opposto del disegno che fu proprio sia del pontificato di Giovanni Paolo II[33] sia di quello di Benedetto XVI[34], gli ultimi anni hanno lasciato il segno con un pressoché completo disimpegno pubblico (che non significa apoliticità perché anche questo disimpegno corrisponde ad una precisa prospettiva politica)[35].

Alla inclinazione laicista e secolarizzante del pensiero *mainstream* per il quale della fede professata si può fare a meno ed in ogni caso questa non riguarda la cultura pubblica di un popolo, la Chiesa sembra offrire l'avallo svolgendo un ruolo che è certamente defilato riguardo alle grandi questioni etiche, ma che è anche di sovra-esposizione in questioni puramente contingenti ed immanenti. La seconda attitudine non rappresenta

---

31 Cfr. Roberto DE MATTEI, *De Europa. Tra radici cristiane e sogni postmoderni*, Le Lettere, Firenze 2006; Adolfo MORGANTI, *La costruzione dell'Europa unita. Storia, radici, prospettive*, Il Cerchio, Rimini 2005; cfr. Gianfranco MORRA, *Europa invertebrata. Un'identità certa per la civiltà di domani*, Ares, Milano 2006; cfr. Eugenia ROCCELLA - Lucetta SCARAFFIA, *Contro il cristianesimo. L'ONU e l'Unione Europea come nuova ideologia*, appendici a cura di Assuntina Morresi, Piemme, Casale Monferrato (Alessandria) 2005.
32 Cfr. Vladimir BUKOVSKIJ - Pavel STROILOV, *EURSS, Unione Europea delle Repubbliche Socialiste Sovietiche*, Spirali, Milano 2007; cfr. Robert CONQUEST, *I dragoni della speranza. Realtà e illusioni nel corso della storia*, Liberal Edizioni, Roma 2007; cfr. Walter LAQUEUR, *The last days of Europe. Epitaph for an Old Continent*, Macmillan, New York (N. Y.) 2007; cfr. Ida MAGLI, *Contro l'Europa. Tutto quello che non vi hanno detto di Maastricht*, Bompiani, Milano 2001; cfr. Pierre MANENT, *La raison des nations. Réflexions sur la démocratie en Europe*, Gallimard, Paris 2006; cfr. Mario SPATARO, *Il bavaglio europeista. Come l'Europa uccide la libertà*, Edizioni Settimo Sigillo, Roma 2002.
33 Cfr. AA. VV., *Karol Wojtyla e il pensiero europeo contemporaneo*, presentazione di Rocco Buttiglione, introduzione di Francesco Ricci, CSEO, Bologna 1984; cfr. Rocco BUTTIGLIONE, *Il pensiero di Karol Wojtyla*, Jaca Book, Milano 1982.
34 Cfr. Marcello PERA - Joseph RATZINGER, *Senza radici. Europa, relativismo, cristianesimo, islam*, Mondadori, Milano 2004; cfr. Joseph RATZINGER, *L'Europa di Benedetto nella crisi delle culture*, introduzione di Marcello Pera, Cantagalli, Siena 2005.
35 Cfr. Loris ZANATTA, *Il populismo gesuita. Perón, Fidel, Bergoglio*, Laterza, Roma - Bari 2020.

una contraddizione con la prima, bensì una propensione perfettamente in linea con una spiritualità di piena immedesimazione con il mondo (e con le mode del momento)[36]. Tutto ciò garantisce, sì, un sicuro effetto mediatico, ma questo applauso ha un costo alto, pagato al prezzo della rinuncia ad una precisa identità, identità ridotta ad un fardello oramai scomodo di cui liberarsi senza rimpianti e con frettolosa disinvoltura.

Ebbene, coerentemente a questo orientamento, la Chiesa si è presentata senza alcuna pretesa, quasi in modo silenzioso, non più quale interprete e mediatrice della preghiera di ogni uomo, suggerendo quasi di sostituire il sentimento di ciascuno al rapporto con Cristo. E se per quest'ultimo occorrono i sacramenti e la liturgia che suppongono il riconoscimento dell'Incarnazione di Dio, al sentimento è sufficiente una languida disposizione di animo.

Il silenzio della Chiesa è stato confermato, piuttosto che interrotto, da alcuni momenti di preghiera che hanno rappresentato quasi un gesto dovuto, oltretutto lungamente atteso dal popolo cristiano. Ma anche come risposta quasi obbligata, i tratti caratteristici sono rimasti quelli di una preghiera dimessa, di un'invocazione quasi senza risposta che, in questo modo, coinvolge solo l'emozione e tralascia la ragione dell'uomo. Una preghiera fatta di sentimento che, come tale, non ha bisogno né di sacramenti né di liturgia.

Ripenso a due momenti della particolare Quaresima dell'anno 2020: la veglia di Francesco dinanzi al crocefisso della chiesa romana di san Marcello condotto per l'occasione sul sagrato della basilica vaticana in piazza san Pietro e la recita del Rosario che la Conferenza Episcopale Italiana propose al Paese nell'infuriare dell'epidemia.

La preghiera solitaria del Papa nella enorme piazza san Pietro quella sera completamente deserta – un'immagine unica per una piazza che non è mai vuota[37] – può essere interpretata con diverse sfumature e con divergenti sensazioni. Era la sera del 27 marzo, venerdì della IV settimana di Quaresima. L'oscurità subentrava alla flebile luce del tramonto, la pioggia bagnava anche l'antico crocefisso di legno, unico segno – oltre la figura del Papa – nel grande spazio, un grande spazio da riempire con il significato che si intendeva dare a quell'assenza di partecipazione.

---

36 Cfr. Massimo FRANCO, *L'enigma Bergoglio. La parabola di un papato*, Solferino, Milano 2020.

37 La sera, quando la piazza per motivi di sicurezza dev'essere lasciata completamente libera, la polizia italiana – che, secondo il Concordato, deve assicurarne la sorveglianza – è costretta ad invitare ripetutamente i turisti ad allontanarsi. Questa necessità la dice lunga su un luogo che tante volte appare come il centro stesso del mondo.

La CEI scelse la data del 19 marzo, solennità liturgica di san Giuseppe, per la recita del Rosario che coinvolse, – anche in questo caso attraverso il collegamento radio-televisivo – tanti fedeli del Paese. Confesso che solo al momento, sentendo a distanza le battute iniziali della trasmissione dal televisore dei miei genitori, capii che si trattava di un'iniziativa che aveva carattere di appello nazionale e, consapevole di questo particolare significato, mi trasferii dinanzi allo schermo e mi unii volentieri alla preghiera. Rimasi, però, perplesso per l'assenza di ogni ricercatezza; questa non avrebbe costituito alcuna contraddizione con l'austerità della circostanza, ma avrebbe dato a quel momento la solennità che meritava. Si potrebbe dire che non ci si voleva distinguere troppo da qualsiasi altra recita del rosario che nelle case dei fedeli giungeva frequentemente mediante radio o televisione. E, infatti, quella recita del Rosario se non avesse avuto l'introduzione del Papa in video-collegamento non si sarebbe distinta dalla recita della preghiera mariana in una qualsiasi parrocchia. Un evento che doveva coinvolgere tutte le diocesi e tutti i credenti come se si trattasse di una consacrazione alla Vergine Maria dell'Italia piegata dall'epidemia avvenne senza enfasi e senza vigore.

Qualche giorno prima l'arcivescovo di Milano, Mario Delpini, era apparso sul tetto del duomo, tra i pinnacoli del grande edificio gotico, per elevare la sua preghiera rivolto alla statua dorata della Madonnina in trono sulla vetta più alta della città[38]. Anche in questa circostanza, un importante pastore della Chiesa aveva scelto, sì, di non far mancare un gesto mediatico, ma questo stesso gesto orante sembrava privo di carattere universale e non solo perché il vescovo si presentava in modo solitario e modesto, ma innanzitutto perché sembrava l'ennesima raffigurazione televisiva di una Chiesa senza vigore. Ha commentato il sociologo della religione Pietro De Marco: «la commossa preghiera dell'arcivescovo Mario Delpini tra le guglie del duomo di Milano è apparsa senza volontà di autorevolezza – sulla cattedra di Ambrogio! –, a partire dal modo minore, quasi privato, con cui il prelato si è presentato alle telecamere e al mondo, invece che con idonei abiti liturgici»[39].

Tutto ciò è coerente con una concezione di Chiesa che non ha un'identità forte. Tutto è oramai improntato all'idea che non si debba suggerire un'immagine energica, determinata, vitale (ed anche resistente); tutto per non dar fastidio, per non apparire orgogliosi portatori di una suprema

---

38 Cfr. https://www.chiesadimilano.it/news/chiesa-diocesi/emergenza-coronavirus-larcivescovo-prega-la-madonnina-311766.html.
39 Pietro DE MARCO, *La peste della banalità*, 23.3.2020 (http://magister.blogautore.espresso.repubblica.it/2020/03/23/coronavirus-ma-la-chiesa-soffre-anche-il-contagio-della-vuota-retorica/).

verità. Da qui, la propensione a censurare ogni solennità per timore di presentarsi come mediatori tra la Terra e il Cielo. Non si tratterebbe di ricercare toni trionfalistici o di scadere in pomposi "liturgismi" (il sottoscritto non ama il barocco rifuggendolo in ogni sua espressione) o di desiderare richiami devozionali che la secolarizzazione ha spazzato via; si tratta, però, di non confondere l'umiltà con l'impoverimento delle forme e, soprattutto, di non giustificare, in nome di un contesto mutato rispetto al passato, un atteggiamento dimesso al punto tale da mostrare di sentire ciò che si proclama come superfluo e ormai superato.

Oltreoceano, invece, si è visto Trump, accompagnato dalla moglie Melania, in ginocchio a pregare dinanzi all'altare del santuario nazionale cattolico dell'Immacolata a Washington, il 2 giugno (2020), due giorni dopo le violente manifestazioni anche intorno alla Casa Bianca. Tutto ciò non di nascosto e in forma privata, ma con una visita che dava tutta l'impressione di essere un riconoscimento pubblico e ufficiale.

4.2. Una Chiesa subalterna allo Stato

Come tante realtà, anche la Chiesa esce male dall'emergenza sanitaria. Mi riferisco principalmente alla Chiesa Cattolica, quella che ha più autorevolezza e che, per il suo ruolo, maggiormente patisce il danno di credibilità per la reputazione delle sue guide. Non parliamo, però, di disonore a causa di colpe morali, ma di screditamento a causa di colpe... "intellettuali" o, se si preferisce, pastorali. Quindi, non perché i suoi membri si siano comportati male, ma per aver insegnato a pensare male. Non si tratta di una colpa da poco, anzi, nell'ambito etico, questa responsabilità appare la maggiore forma di immoralità. Se, infatti, è vero che – come scriveva Pascal[40] – il primo principio morale consiste nel pensar bene come qualità del retto rapporto con la realtà, ciò che il cristiano deve massimamente temere è allontanarsi dall'autentica dottrina della fede, condizione del retto rapporto con Cristo, destino dell'uomo. Ecco perché per i pastori della Chiesa, più grave di ogni sbaglio nel comportamento, è la colpa di deflettere, di deviare dalla retta dottrina e di non custodire integralmente la verità della fede in Cristo. E come l'umanità ha bisogno innanzitutto di un buon rapporto con la realtà e, di conseguenza, di un'adeguata capacità di pensare bene, così la massima modalità di amore per l'uomo è la

---

40 *Pensieri*, 347: «tutta la nostra dignità consiste dunque nel pensiero. È con questo che dobbiamo nobilitarci e non già con lo spazio e con il tempo che non potremmo riempire. Studiamoci dunque di pensar bene: questo è il principio della morale» (Blaise PASCAL, *Pensieri e altri scritti di e su Pascal*, Edizioni Paoline, Cinisello Balsamo (Milano) 1986, p. 240).

professione integra della vera fede dalla quale i pastori della Chiesa non possono separarsi senza conseguenze drammatiche per il mondo intero. Questo *sarebbe* il vero dramma per il mondo intero[41].

Dall'ortodossia (la retta fede) scaturisce, poi, un'ortoprassi (il retto comportamento). E se, come sostenevo, la Chiesa ne esce male, ora specifico che ne esce male sia per ciò che ha subito, sia per ciò che ha favorito. Sia, cioè, per le crasse ingerenze governative passivamente subite, sia per aver supinamente accettato di essere trattata al pari (o anche al di sotto) di altre realtà sociali, sia per aver mostrato una "fede" (inizialmente quasi totale) verso le capacità e l'acume governativo ed aver contribuito a ritenere indiscutibile l'operato dell'autorità politica. Avvertire il dovere di educare i fedeli ad obbedire sempre e comunque, in nome di un insindacabile bene comune, sembra essere la versione aggiornata ai tempi attuali – una versione salutista – del dovere dei cattolici alla fedeltà alla patria e dell'obbligo alla lealtà civile[42]. Oggi in nome dell'emergenza Covid-19, domani in nome dell'emergenza ambientale.

Ha colpito l'atteggiamento di subalternità da parte dei pastori nei confronti del potere politico e il mutismo a cui ci si è auto-condannati a seguito dei provvedimenti governativi, una condotta in buona misura coerente con l'omologazione culturale e che può ben rappresentare l'archetipo di ogni massificazione (come è sovente capitato nella storia, i fedeli, spesso i più semplici, hanno dato prova di maggiore coraggio, ad iniziare dalla comprensione del comunismo).

Nessuno ha inteso reagire o protestare ai veri e propri abusi, casi in cui Carabinieri o Vigili Urbani hanno fatto irruzione in chiesa intimando al sacerdote di interrompere la celebrazione lì dove ogni distanziamento era visibilmente garantito e ogni precauzione sanitaria era adeguatamente assicurata (in rete circolarono subito i video di alcuni episodi). Le celebrazioni pubbliche, considerate "assembramenti" al pari delle attività sportive, sono state *tout court* impedite da lunedì 9 marzo sino a lunedì 18 maggio[43] rendendo impossibile la celebrazione di alcun sacramento

---

41 «Scriveva Raymond Aron, nel 1969, che la secolarizzazione della Chiesa cattolica è un fatto molto più gravido di conseguenze, sulla storia della civiltà, dei sommovimenti politici che attirano l'attenzione dei giornali. Osservazione acuta, resa ancor più interessante dal fatto che, a formularla, fosse un laico incallito come Aron» (*Il decennio di Pelagio* (editoriale), in «Il Sabato», 30.12.1989, n. 51/52, p. 101).

42 Cfr. Beniamino DI MARTINO, *La Grande Guerra (1914-1918). Stato onnipotente e catastrofe della civiltà*, Monolateral, Dallas (Texas, USA) 2018, p. 117-119 (p. 100-101.135-136.144.173-175.191).

43 La liturgia è stata, così, interdetta ai fedeli dal giorno successivo alla seconda domenica di Quaresima fino ai giorni precedenti la domenica dell'Ascensione.

(tanto meno i funerali). Le chiese sono rimaste chiuse anche la domenica di Pasqua (12 aprile); per la ricorrenza, centro della liturgia cristiana, fu consentito che in ogni parrocchia – rigorosamente a porte chiuse – fossero presenti solo alcuni fedeli (otto, se ricordo bene).

Tanto rigore, però, non si è applicato in modo equanime. Alla Pasqua non si fecero sconti, ma "ragioni rosse" e "ragioni verdi" hanno potuto ben prevalere sulle inclementi precauzioni governative. Si è trattato di inflessibilità piuttosto "alternata". Ricordiamo che il *lockdown* totale terminò il 4 maggio; a partire da quella data si attenuarono, ma non si abolirono le misure. Nella "fase 2" si entrò solo a partire da lunedì 18 maggio e, da quella data, fu possibile per i fedeli tornare a partecipare all'Eucarestia.

Per "ragioni rosse" si ritenne, invece, che l'eccezione fosse ben giustificata: infatti, per la festa civile del 25 aprile, agli "anti-fascisti" venne concesso, per ricordare la "liberazione", di organizzare le manifestazioni e di poter parteciparvi. Evidentemente, in questo caso, la lotta contro il sempre insorgente virus nazi-fascista sarà stata ritenuta più stringente delle precauzioni contro il Covid e il fazzoletto rosso sarà stato considerato più efficace della mascherina per contenere i rischi di contagio[44]. Sta di fatto che agli eredi dei partigiani fu consentito festeggiare la Liberazione dal male fascista e ai cristiani non fu possibile celebrare la Liberazione da ogni male. Quale il motivo per l'adozione di un differente criterio sanitario?[45]

I cattolici, obbedienti sino alla pusillanimità, dovettero attendere la solennità dell'Ascensione per tornare, dopo due mesi e mezzo, alla Messa.

---

44 A differenza del silenzio dei rappresentanti della Chiesa, l'Associazione Nazionale Partigiani d'Italia costrinse il Governo a rimangiarsi una prima circolare (datata 17 aprile che attuava il decreto sul *lockdown*) con la frettolosa emanazione di una nuova circolare (datata 22 aprile) in cui si dichiarava: «le associazioni partigiane potranno partecipare alle celebrazioni» in nome del «valore che questo anniversario ricopre per l'Italia». Ancora più singolari erano le precisazioni: «si ritiene che si potranno, in qualche modo, ritenere consentite forme di celebrazione della tradizionale cerimonia...». Strana formula per una circolare inviata alle prefetture e poi alle questure. C'è da presumere che gli irriducibili del mito della Resistenza abbiano voluto ottenere una vittoria di principio per poter riaffermare l'irrinunciabile festeggiamento in una continuità mai interrotta dal 1945, una gloriosa continuità anti-fascista, repubblicana e costituzionale, anti-razzista e anti-reazionaria, non interrotta neanche in epoca di pandemia (https://www.anpi.it/articoli/2304/il-governo-non-puo-escludere-lanpi-dal-25-aprile). Miracoli resi possibili da una fede politica davvero a prova di ogni tipo di calamità.
45 Se si giustifica ciò in base al numero di coloro che avrebbero preso parte ai due momenti – esteso nel caso della Pasqua ed esiguo nel caso delle rievocazioni civili – perché, allora, il permesso concesso a queste ultime è avvenuto riconoscendone l'alto valore «che questo anniversario ricopre per l'Italia»? Un valore forse che la Pasqua cristiana ancora non merita. Almeno per l'Italia. E nonostante la prova numerica.

Ma – e qui veniamo alle "eccezioni verdi" – per i musulmani in Ramadan[46] le norme valsero in modo assai più blando. Soprattutto in Francia, in Germania e in Spagna la disparità di trattamento è stata particolarmente marcata. Ovviamente in nome del rispetto della multiculturalità[47].

A tanta acquiescenza da parte della Chiesa fece da strano contrappasso il comportamento dei rappresentanti dello Stato. Vi si può leggere una singolare nemesi: lo Stato ha risposto a questa sottomissione della Chiesa non solo trascurando quasi del tutto il ruolo di questa (relegata ad una qualsiasi forma di aggregazione sociale), ma ignorando Dio. I membri del governicchio Conte che tra dieci anni (o anche molto meno) nessuno ricorderà non potevano meglio dimostrare la propria capacità e il proprio ingegno guardandosi bene non solo dall'invocare, ma anche solo dal nominare Dio.

A seguito, quindi, del decreto del governo italiano dell'8 marzo, la Conferenza Episcopale – sebbene con comprensibili «sofferenze e difficoltà nei Pastori, nei sacerdoti e nei fedeli» – si era immediatamente adeguata alla sospensione liturgica per «la volontà di fare, anche in questo frangente, la propria parte per contribuire alla tutela della salute pubblica»[48]. Occorrerà attendere quasi un mese e mezzo, esattamente il 17 aprile perché il Papa si esprimesse mettendo in guardia dal rischio di una fede "virtualizzata": «è una situazione difficile – disse Francesco durante la celebrazione mattutina nella cappella di Santa Marta – in cui i fedeli non possono partecipare alle celebrazioni e possono fare solo la comunione spirituale. Dobbiamo uscire da questo tunnel per tornare insieme perché questa non è la Chiesa, ma una Chiesa che rischia di essere "viralizzata"»[49]. Dinanzi alle parole del Papa, il vaticanista Sandro Magister non poteva non trattenere un polemico commento: «è vero che anche in questa sua denuncia c'era qualcosa di contraddittorio, perché il papa ammoniva di non cedere a una Chiesa [...] telematica, proprio dagli schermi di una sua messa teletrasmessa. Ma ormai, in lui, le contraddizioni non si contano più»[50].

---

46 Nel 2020, il periodo di Ramadan ha avuto inizio la sera di giovedì 23 aprile ed è terminato la sera di sabato 23 maggio.

47 Lorenza FORMICOLA, *Spagna, Messe vietate e Ramadan in libertà*, in «La Nuova Bussola Quotidiana», 21.5.2020 https://lanuovabq.it/it/spagna-messe-vietate-e-ramadan-in-liberta.

48 Cfr. https://www.chiesacattolica.it/decreto-coronavirus-la-posizione-della-cei/.

49 https://www.vaticannews.va/it/papa-francesco/messa-santa-marta/2020-04/papa-francesco-messa-santa-marta-coronavirus8.html.

50 http://magister.blogautore.espresso.repubblica.it/2020/05/02/francesco-e-le-messe-senza-popolo-la-parola-alla-difesa/.

Non è stato necessario essere attenti vaticanisti per osservare una serie di incongruenze che hanno segnato le prese di posizione anche in questa singolare situazione: il 12 marzo il cardinale vicario, Angelo De Donatis, eseguendo le volontà del Papa, decretava la chiusura di tutte le chiese della diocesi di Roma[51]. Appena il giorno dopo, Francesco, durante la celebrazione in *streaming*, rinnegando l'utilità di «misure drastiche» – «le misure drastiche non sempre sono buone»[52] – parve sconfessare le indicazioni del suo vicario. E che non si sia trattata di una semplice impressione, lo si capì dalla frettolosa ritrattazione del cardinale De Donatis il cui nuovo decreto stabiliva che, salvo le precauzioni, le chiese parrocchiali rimanessero aperte anche se per la sola preghiera individuale dei fedeli[53].

Ma le contraddizioni non terminarono lì. Il 26 aprile vi fu un nuovo decreto del Capo del governo che prolungava il divieto anche per le celebrazioni religiose. A questa estensione i vescovi risposero con un comunicato inconsuetamente duro che si concludeva in questo modo: «i Vescovi italiani non possono accettare di vedere compromesso l'esercizio della libertà di culto»[54]. L'atteggiamento remissivo dell'8 marzo era, così, capovolto. Passarono due giorni ed ecco che il Papa smentì i Vescovi italiani pregando «il Signore perché dia al suo popolo, a tutti noi, la grazia della prudenza e della obbedienza alle disposizioni»[55]. Così che per Francesco l'obbedienza alle disposizioni politiche era addirittura una «grazia» da ottenere dal Signore. I Vescovi chiedevano il ritorno alla liturgia mentre il Papa chiedeva di sottomettersi virtuosamente alle disposizioni del governo. In realtà, pur prendendo le distanze dalla protesta dei Vescovi (o, forse, così facendo, addirittura umiliandoli), Francesco ha sempre celebrato alla presenza di alcuni fedeli e la Pasqua in basilica non è stata certo proclamata *sine populo*. In questo modo, però, più che contravvenire agli ordini di un qualsiasi governucolo, il Papa dimostrava di comportarsi diversamente rispetto alle sue stesse indicazioni.

Dal documentatissimo blog del vaticanista Sandro Magister ho poi appreso che il «2 maggio, dopo essere stato convocato in udienza da papa Francesco, il cardinale Gualtiero Bassetti, presidente della Conferenza

---

51 Cfr. http://www.diocesidiroma.it/decreto-del-cardinale-vicario-angelo-de-donatis-del-12-marzo-2020/.

52 https://www.vaticannews.va/it/papa-francesco/messa-santa-marta/2020-03/papa-francesco-messa-santa-marta-pastori-misure-drastiche.html.

53 Cfr. http://www.diocesidiroma.it/decreto-del-cardinale-vicario-angelo-de-donatis-del-13-marzo-2020/.

54 https://www.chiesacattolica.it/dpcm-la-posizione-della-cei/.

55 https://www.vaticannews.va/it/papa-francesco/messa-santa-marta/2020-04/papa-francesco-messa-santa-marta-coronavirus18.html.

Episcopale Italiana, ha emesso una dichiarazione nella quale – con le ceneri sul capo – di nuovo si è sottomesso alle disposizioni delle lodatissime autorità italiane, sia per le "misure sanitarie" che per le "indicazioni dei tempi" di una futura ripresa delle celebrazioni delle messe con il popolo»[56]. Debbo ancora a Magister la conoscenza dell'intervista (apparsa il 7 giugno) rilasciata al «Corriere della Sera» dal Capo del Governo italiano nella quale Giuseppe Conte rese noto di «aver telefonato a papa Francesco, dopo che il 26 aprile i vescovi italiani avevano protestato per il divieto delle messe con il popolo, e di aver trovato in lui un "alleato": "L'ho chiamato senza chiedergli niente. E lui il giorno dopo ha parlato appoggiando le misure che avevamo preso per proteggere la salute della popolazione"»[57].

Non vi è stata alcuna seria obiezione ai decreti che impedivano le celebrazioni pubbliche (e la risposta della CEI del 26 fu presto ribaltata dal Papa), non vi è stata alcuna protesta per gli interventi spregiudicati nelle chiese, non ci si poteva certo aspettare che si levasse la voce a difesa di tanti onesti lavoratori – i nuovi "deboli", i nuovi "poveri", come in altri contesti si ama molto ripetere[58] – messi in difficoltà dalle disposizioni e di tanta brava gente che ha subito veri e propri eccessi di potere da parte delle Forze dell'Ordine[59].

---

56 http://magister.blogautore.espresso.repubblica.it/2020/05/02/francesco-e-le-messe-senza-popolo-la-parola-alla-difesa/.

57 https://www.corriere.it/politica/20_giugno_07/conte-non-temo-cadere-adesso-pero-c-l-urgenza-agire-9ee81ec6-a84f-11ea-b900-84da2a1f22a9.shtml.

58 Anzi, al contrario, le voci che si sono alzate sono state ultra-restrittive e a sostegno del rigorismo governativo. Ancora dal blog di Magister: nello stesso 2 maggio, «la conferenza dei vescovi della Sardegna ha replicato con queste parole di sostanziale rifiuto a un'ordinanza della loro regione che consentiva – in difformità con il governo centrale – la ripresa delle messe *cum populo*": "[I vescovi] si riservano di leggere e valutare il testo dell'ordinanza regionale, tenendo conto che non sono stati consultati precedentemente e che decisioni di questo tipo competono unicamente all'autorità ecclesiastica". E sempre lo stesso giorno, nella diocesi di Bergamo, un gruppo di sacerdoti e laici di primo piano ha sottoscritto un lungo e vibrante *"j'accuse"* contro il comunicato della CEI del 26 aprile, quello della protesta antigovernativa, a loro dire fortunatamente "attenuata dalle parole di papa Francesco" che hanno richiamato i vescovi ad obbedire a Cesare» (http://magister.blogautore.espresso.repubblica.it/2020/05/02/francesco-e-le-messe-senza-popolo-la-parola-alla-difesa/).

59 Anche per contribuire a riequilibrare le posizioni, su Facebook (https://www.facebook.com/storialibera/) ho partecipato alla diffusione della già citata riflessione dell'amico magistrato che dovette giustificare agli agenti che lo avevano fermato durante il periodo di obbligo all'auto-isolamento domestico il motivo per cui era in strada. Al magistrato (inizialmente non riconosciuto nella sua identità) gli zelanti agenti con piglio inquisitorio contestarono quanto trovarono dichiarato sul foglio (obbligatorio) di auto-certificazione sul quale egli aveva scritto: «accesso a luogo di culto» (le celebrazioni pubbliche erano

C'è stata, dunque, da parte dello Stato una grossolana intromissione regolatrice in campo liturgico e nelle scelte della coscienza dei singoli credenti. Si dovrebbe dire che, in qualche modo, sia stato leso il principio della *libertas Ecclesiae*[60]. Il significato dell'espressione parrebbe ovvio, ma la libertà della Chiesa non si esaurisce nella rivendicazione di quell'aspetto fondamentale dei diritti naturali costituito dalla libertà di associazione e dalla libertà di culto. La *libertas Ecclesiae* è molto più profondamente quella condizione propria e originale dei cristiani e della loro presenza in questo mondo, della loro azione nell'ambito temporale. È «il principio fondamentale nelle relazioni tra la Chiesa e l'intero ordinamento civile»[61]. Se le guide del popolo cristiano, nei loro appelli genericamente etici, da tempo dimostrano di non aver chiaro cosa significhi «questo principio fondamentale» e cosa comporti questo criterio in ambito politico, è anche vero che negli ultimi convulsi frangenti sarebbe stato ancor più arduo intuire a cosa conduca il processo di erosione della libertà.

Ecco, dunque, perché difendere la *libertas Ecclesiae* significa lottare per la libertà di tutti mentre abituarsi ad accettare l'insindacabilità dell'azione dei poteri politici significa attribuire al governo prerogative pericolosamente estese. La *libertas Ecclesiae* deve, invece, tendere al diritto e alla pretesa di un'indipendenza reale. Diversamente si scivola verso forme di subalternità con una priorità dello Stato sulla Chiesa che si traduce, in termini liberali, nello schiacciamento della vitalità sociale ad opera della sovranità politica.

Questo nuovo interventismo statale nella vita della Chiesa (arrivando a disciplinare la stessa liturgia) rappresenta un precedente davvero molto pericoloso. Non certamente nuovo nelle abitudini del potere politico[62], ma comunque particolarmente rischioso per la inedita remissività da parte della Gerarchia (condivisa dai preti progressisti e dai laici cosiddetti maturi)[63]. Se questa condiscendenza può apparire ad alcuni (non pochi) come una prova di apertura alle esigenze del tempo e di generosa

---

proibite, ma rimaneva teoricamente *consentita* la preghiera individuale in chiesa). Osservando poi un'altra persona che si recava ad acquistare le sigarette presso il tabaccaio lì dove era avvenuto il controllo, il magistrato osservava come l'approvvigionamento di sigarette fosse permesso, a differenza del bisogno avvertito di partecipare alla celebrazione per nutrirsi dell'Eucarestia.

60 Nel capitolo 3 (al paragrafo 5) di questo testo ho già dovuto, in un paio di punti e per altri motivi, richiamare il principio della *libertas Ecclesiae*.

61 CONCILIO VATICANO II, Dichiarazione *Dignitatis humanae* sulla libertà religiosa, 7.12.1965, n. 13.

62 Cfr. Stefano FONTANA, https://lanuovabq.it/it/attacco-alla-liberta-della-chiesa-e-la-chiesa-applaude-i-suoi-nemici, 9.5.2020.

63 Cfr. Aldo Maria VALLI, *Virus e Leviatano*, Liberilibri, Macerata 2020.

disponibilità a collaborare al "bene comune", poco si considera quanto questa intrusione regolatrice sia gravida di conseguenze.

Se la prima conseguenza è la già richiamata svendita del principio della *libertas Ecclesiae*, un altro effetto, direttamente correlato, è la perdita di senso critico nei confronti del potere politico[64]. Ciò che nel lontano passato ha rappresentato una condizione di autentica maturità per il laicato cattolico[65], la nuova emergenza sanitaria ha provveduto a conculcare ulteriormente. Da quando poi il senso critico verso l'esterno e, in particolare, verso lo Stato si è trasferito verso l'interno – esercitandosi furentemente, ma assumendo il suadente nome di "contestazione profetica" – è iniziata l'auto-demolizione delle certezze.

Un atteggiamento che si manifesta, contestualmente, nella messa in discussione di ciò che dovrebbe essere patrimonio della fede e nella duttilità dialogante nei confronti della cultura prevalente. Un caro amico, il brillante avvocato napoletano Giovanni Formicola, a proposito della mansuetudine con cui le guide della Chiesa hanno passivamente accolto i recenti protocolli, in una mail mi scriveva: «è l'ennesima manifestazione del tono ecclesiale dominante, per il quale non solo il conflitto, non solo la polemica sono da evitare, sono male, ma pure la semplice disputa. E così la più elementare e dovuta apologetica *pro libertate* (figuriamoci quella *pro exaltatione*) *Ecclesiae* viene accuratamente evitata. Anzi, chi ci prova "fa ideologia", e va condannato. Lui sì, senza misericordia»[66]. Questa permeabilità a tutto ciò che viene propinato, questa acritica passività legittimata dal nobile proposito del dialogo ad ogni costo e dal superiore principio della ricerca della pace produce una auto-demolizione a volte anche silente ma sempre corrosiva.

L'arrendevolezza dinanzi ai decreti del governo italiano – come sintomo del più complessivo atteggiamento nei confronti del pensiero moderno

---

64 La forma forse più schietta ed immediata della consapevolezza del carattere minaccioso ed aggressivo dello Stato è contenuta nel vituperatissimo *Sillabo* di papa Pio IX. Il Papa che dovette scontrarsi con i grandi processi di centralizzazione (e soccombere dinanzi alla loro affermazione) aveva condannato quel pensiero secondo cui «lo Stato, come origine e fonte di tutti i diritti, gode di un diritto che non ammette confini» (PIO IX, *Sillabo*, 8.12.1864, in *Enchiridion delle encicliche/2. Gregorio XVI, Pio IX (1831-1878)*, Edizioni Dehoniane, Bologna 2002, n. 369, proposizione 39^).

65 In altri studi mi sono occupato di alcuni momenti in cui la storica capacità critica dei credenti è stata messa alla prova sino a convertirsi in una sorta di "statalizzazione del cattolicesimo" (cfr. Beniamino DI MARTINO, *La Grande Guerra (1914-1918). Stato onnipotente e catastrofe della civiltà*, Monolateral, Dallas (Texas, USA) 2018, p. 100-101.117-119.135-136.173-175.191; cfr. Beniamino DI MARTINO, *Il primo decennio della Democrazia Cristiana. I progetti di De Gasperi, Dossetti e Pio XII*, Solfanelli, Chieti 2014).

66 Giovanni FORMICOLA, Mail del 9.5.2020.

– ha avuto un risvolto che ha i toni di uno smaccato paradosso che, in modo clamoroso, si presentava nelle raccomandazioni rivolte dal Papa ai sacerdoti durante la pandemia perché fossero coraggiosi e non si comportassero come don Abbondio. Ogni altra annotazione rischierebbe di essere irrispettosa e dato che non voglio essere né irriverente, né sfrontato, né insolente mi sono limitato a riportare per completezza di ricostruzione questa esortazione rivolta ai presbiteri evitando ogni commento.

Impossibile, però, non esprimere una parola nei confronti della docilità dei Pastori della Chiesa che è apparsa addirittura come pavidità e servilismo. Camillo Langone dalle colonne de «Il Foglio» parlava di una «Chiesa genuflessa allo Stato»[67] e quasi lanciava un appello per la settimana santa («nella domenica delle Palme più melanconica della mia vita»). Nei giorni della Pasqua sembrò ancora più pesante la negazione della liturgia. D'altra parte, «se si può stare nei supermercati rispettando le distanze, evitando affollamenti, ecc., perché non anche in chiesa? Sarebbe possibile anche celebrare Messa, rispettando le distanze e con le dovute precauzioni. Basterebbe un po' di buona volontà da parte dei parroci...».

Quel che è risultata compromessa è la libertà di culto e ciò non dovrebbe essere avvertito come problema solo dai credenti. Se, infatti, per questi ultimi la liturgia rappresenta il cuore stesso della fede (penso al significato della veglia pasquale introdotta dalle parole dell'antico inno: «*nihil enim nobis nasci profuit, nisi redimi profuisset* - nessun vantaggio per noi essere nati, se lui non ci avesse redenti»), per i non cristiani lo sconfinamento da parte dell'autorità politica dovrebbe essere comunque percepito come un grave *vulnus* alle libertà individuali.

Ma la Gerarchia cattolica si è piuttosto preoccupata di farsi apprezzare per la propria disponibilità a sottomettersi. Ed ancora una volta, con il comodo ricorso al bene comune, si è giustificato ogni genere di esproprio. Così, nonostante le sembianze di protettrice dei poveri[68], la ricerca del consenso pone la Chiesa nella condizione di dipendere anche dal plauso del potere politico[69]. A dispetto dei generici proclami di sfida alla politica,

---

67 https://www.ilfoglio.it/preghiera/2020/04/04/news/domani-sara-la-domenica-delle-palme-piu-melanconica-della-mia-vita-311227/.
68 Cfr. Flavio CUNIBERTO, *Madonna Povertà. Papa Francesco e la rifondazione del cristianesimo*, Neri Pozza, Vicenza 2016; cfr. Francesco CUPELLO, *Chiesa povera, non impoverita. Papa Francesco e i rischi del pauperismo*, Fede & Cultura, Verona 2013; cfr. Beniamino DI MARTINO, *La virtù della povertà. Cristo e il cristiano dinanzi ai beni materiali*, Leonardo Facco Editore, Treviglio (Bergamo) 2017.
69 Già riportavo la stretta intesa venutasi a creare tra il premier Conte e papa Bergoglio, un'intesa che aveva ridimensionato ogni spazio di obiezione da parte della CEI per

oggi la Gerarchia è effettivamente in balia del gradimento dell'autorità pubblica e la ricerca dell'apprezzamento di questa la rende dipendente più di quanto non appaia. Non era così nel passato quando o per "collateralità" o per contrapposizione, l'autonomia della Chiesa era garantita. Tutto ciò è un risvolto del modo con cui si concepisce, complessivamente, il rapporto con il mondo. Un grande intellettuale ignorato, Andrea Emo (1901-1983), espresse un aforisma che causticamente interpreta la situazione meglio di molti libri: «la Chiesa è stata per molti secoli la protagonista della storia, poi ha assunto la parte non meno gloriosa di antagonista della storia; oggi è soltanto la cortigiana della storia»[70].

Applauso mediatico e plauso del potere, in realtà, sono molto più intrecciati di quanto non si voglia far apparire. Lasciarsi condurre dalla ricerca del consenso rende pusillanimi nei confronti di coloro che esercitano il potere nelle sue varie forme.

Se per persecuzione si intende unicamente quella che provoca la morte (come, comunque, avviene in tante altre parti del mondo islamico e continua ad avvenire in Cina), potremmo ritenere, allora, che dalle nostre parti – in quello che, genericamente, definiremo "Occidente" – la professione della fede non comporta il rischio dell'effusione del sangue. Neanche credo che, in questo momento, si debba temere il prolungamento della lunga, lunghissima serie di precedenti storici di attentati all'autonomia della Chiesa da parte del potere temporale (dal cesaropapismo a Giuseppe II, da Enrico IV alla Costituzione civile del Clero, da Anagni a Porta Pia). Non lo credo perché la Chiesa ha fatto propria la premessa laicista: la riduzione della fede alla dimensione strettamente privata. Siamo, invero, molto distanti dalla consapevolezza di un sant'Ilario (il già ricordato vescovo di Poitiers) che nella metà del IV secolo si scagliava contro l'imperatore Costanzo la cui politica religiosa era tesa a

---

bocca del cardinale Bassetti. Nell'intervista rilasciata dal Capo del Governo italiano al «Corriere della Sera» apparsa il 7 giugno (2020), Conte rese noto di aver trovato nel Papa un "alleato" che aveva contenuto le proteste dei vescovi italiani (https://www.corriere. it/politica/20_giugno_07/conte-non-temo-cadere-adesso-pero-c-l-urgenza-agire-9ee-81ec6-a84f-11ea-b900-84da2a1f22a9.shtml).

70 Commentava don Giussani: «ecco: noi non vogliamo vivere la Chiesa come "cortigiana della storia". Se Dio è entrato nella storia non è per essere cortigiano, ma redentore, salvatore, punto affettivo totale, verità dell'uomo» (Luigi GIUSSANI, *Un avvenimento di vita cioè una storia*, presentazione di Joseph Ratzinger, Editoriale Italiana - Il Sabato, Roma 1993, p. 393). Riprendendo il pensiero di Andrea Emo si potrebbe aggiungere che ulteriore merito storico della Chiesa del passato è stato di aver resistito alla modernità quando questa sembrava inarrestabile e trionfante mentre ulteriore deplorazione per la Chiesa recente è l'aver abbracciato le cause (una per tutte le tendenze socialisteggianti) che hanno rappresentato i grandi fallimenti del mondo moderno.

blandire la Chiesa, trasformando la persecuzione in adulazione, la lotta alla pretesa cristiana nell'invito a superare ciò che divideva il cristiano dal mondo. Per Ilario si trattava di una perfida astuzia e rivolto all'imperatore lo condannava dicendogli: «perseguiti senza fare dei martiri»[71]. I pastori odierni sono effettivamente molto distanti dalla consapevolezza del vescovo di Poitiers; forse, però, c'è meno distanza tra quell'antica situazione e la nostra: «ora invece combattiamo contro un persecutore insidioso, un nemico che lusinga, l'anticristo Costanzo. Non ferisce la schiena, ma carezza il ventre; non confisca i beni per darci la vita, ma arricchisce per darci la morte; non ci spinge verso la libertà imprigionandoci, ma verso la schiavitù onorandoci nel suo palazzo; non colpisce i fianchi, ma prende possesso del cuore; non taglia la testa con la spada, ma uccide l'anima con l'oro; non minaccia ufficialmente il rogo, ma segretamente accende il fuoco della gehenna. Non lotta per non essere vinto, ma adula per dominare. Afferma Cristo, per negarlo; ricerca l'unità, per impedire la comunione; opprime gli eretici, perché non vi siano cristiani…»[72].

Attenuare sino a far lentamente scomparire la essenziale identità come caratteristica della visibilità nella storia mette al riparo da ogni contrasto, aggira ogni occasione di conflitto ed evita ogni possibile rischio di persecuzione. La riduzione del cristianesimo a sentimento e, pertanto, a qualcosa di puramente privato non solo non genera contrapposizioni con il potere, ma suscita da parte di questo un sempre piacevole apprezzamento. Sposare la prospettiva intimistica comporta il tramonto della cristianità e la rinuncia ad essere *anche* forza sociale. Consente di godere di un alto indice di gradimento e di un largo consenso effetto dello smussamento delle differenze sino alla scomparsa di queste. All'unico prezzo di compromettere la realtà dell'Incarnazione del Verbo.

C'è un altro aspetto su cui fare un breve commento: la pressoché totale assenza anche solo del richiamo a Dio nei discorsi dei nostri politici. Si potrà dire: a differenza dell'America, noi europei non siamo abituati. Infatti è proprio così. E in ciò si manifesta tutta la differenza tra la laicità degli americani (alla Tocqueville) e il nostro laicismo europeo (alla Voltaire); tra il modello "Filadelfia" – quello in armonia con la tradizione – e il modello "Parigi" – quello in rancorosa lotta con la tradizione[73]. O, si potrebbe anche dire, tra la loro grandezza (alla Reagan o alla Trump) e

---

71 ILARIO di POITIERS (sant'), *Contro l'Imperatore Costanzo*, a cura di Luigi Longobardo, Città Nuova, Roma 1997, p. 21.
72 *Ibidem*, p. 48-49.
73 Cfr. Beniamino DI MARTINO, *"Conceived in liberty". La contro-rivoluzione americana del 1776*, Liamar Editions, Principality of Monaco 2016, p. 83-206.

la nostra limitatezza (alla Prodi o alla Conte). Ormai già diversi anni fa, l'intellettuale americano George Weigel scrisse un libro[74] (presto tradotto anche in italiano) nel cui titolo – *La cattedrale e il cubo. Europa, America e la politica senza Dio*[75] – si contrapponevano due simboli di Parigi: il modernissimo "cubo" de La Grande Arche de la Défense, creato per magnificare l'anniversario della Rivoluzione francese, e l'antica "cattedrale" di Notre-Dame. Il "cubo" esprime l'idea di un mondo geometricamente costruito senza alcun riferimento a Dio; la cattedrale, invece, richiama la grandezza di una cultura e di una società che si eleva a Dio[76].

Ma in Italia – come del resto in buona parte d'Europa – si ha vergogna di nominare Dio in pubblico. È sempre lo Stato ad essere il protagonista dello spazio pubblico. Né il Presidente della Repubblica né il Capo del Governo hanno mai invocato Dio nei loro discorsi benché entrambi si dichiarino (silenziosamente) cattolici[77]. Ci si guarda bene dal nominare Dio ritenendo la fede un problema (e, come tale, rigorosamente da non sollevare) o supponendo il secolarismo una dimostrazione di maturità istituzionale (e, come tale, da accrescere sempre più). In realtà l'alternativa al riconoscimento del Creatore è solo la convinzione dell'onnipotenza del Leviatano, del nuovo Salvatore, e più si esilia Dio dal mondo, più si attribuisce allo Stato il potere di risolvere i problemi. Parafrasando lo scrittore inglese Gilbert Keith Chesterton (1874-1936), si può ben affermare che il primo effetto dell'ateismo è la fede cieca nelle capacità dello Stato. Si ritiene che nominare Dio sia attitudine dei retrivi e censurarne il richiamo sia prova di imparzialità, in realtà la decadenza di un popolo si manifesta in questo mancato riconoscimento di umiltà e nella correlativa divinizzazione dello Stato. È vero che «lo spazio lasciato libero da

---

74 George WEIGEL, *The Cube and the Cathedral. Europe, America and Politics without God*, Basic Books, New York (N. Y.) 2005.

75 George WEIGEL, *La cattedrale e il cubo. Europa, America e la politica senza Dio*, Rubbettino, Soveria Mannelli (Catanzaro) 2006 (*The Cube and the Cathedral. Europe, America and Politics without God*, 2005).

76 A proposito di cattedrale di Notre-Dame non può non tornare alla mente il rogo della sera del 15 aprile 2019. L'incendio di Notre Dame divampò in prossimità di due momenti: i giorni della Pasqua e le allora imminenti elezioni europee. Se, da un lato, il contesto pasquale quasi suggeriva di riflettere sul deserto in cui versa la Chiesa francese (e non solo), una Chiesa che ha ampiamente assorbito la cultura secolarizzata, la vicinanza, dall'altro lato, alle elezioni induceva, ancor più, a ripensare agli organismi dell'Unione Europea quali promotori del più arido ateismo. Così che l'incendio dell'antica cattedrale sembrava un'immagine del modo con cui l'Unione Europea sta incenerendo le radici cristiane del Vecchio Continente.

77 Il riferimento è a Sergio Mattarella e Giuseppe Conte, all'epoca dei fatti rispettivamente Capo dello Stato e Presidente del Consiglio dei Ministri.

Dio viene occupato dallo Stato»[78].

Pur tuttavia, e nonostante questo clima così condizionato dal "politicamente corretto", alcuni episodi hanno dimostrato il coraggio di certi amministratori. Così, ad esempio, il sindaco di Venezia, Luigi Brugnaro, che si è recato nella famosa basilica veneziana di Santa Maria della Salute per «chiedere aiuto a chi può proteggerci» o il sindaco di Giulianova (Teramo), Jwan Costantini, che ha simbolicamente consegnato la fascia tricolore alla Madonna dello Splendore ma che è stato prontamente denunciato dai Carabinieri alla Procura della Repubblica per violazione delle norme in vigore per l'emergenza sanitaria perché accompagnato da due assessori e quattro preti (chi dice che in Italia i reati non vengono perseguiti prontamente?). Così anche il sindaco di Città di Castello in preghiera davanti alla Madonna delle Grazie e, insospettatamente, Beppe Sala, il progressista sindaco di Milano, che, sul tetto del Duomo, si è rivolto alla "Bela Madunina" per chiedere lo sguardo della Vergine sulla città.

Quanto appena detto sull'ostentato "agnosticismo" dei politici rientra tra le conseguenze contenute nella condiscendenza e nella tiepidezza dimostrata dalla Chiesa. Tra queste conseguenze ve n'è una – indiretta – che si presenterebbe come una spiritosaggine, ma che descrivo con toni riflessivi. Qualche anno fa un sacerdote, noto scrittore, diede alle stampe un libro sulla liturgia con un titolo felicemente ironico: *Come andare a messa e non perdere la fede*[79]. Eh sì, perché considerando come generalmente si svolgono le liturgie e come generalmente si tengono le omelie il rischio di perdere la fede, per una persona di media saggezza, è davvero alto[80]. Occorre

---

78 Luigi NEGRI, *La Chiesa nel mondo*, Edit Faenza - Itaca, Faenza (Ravenna) 1993, p. 111.

79 Cfr. Nicola BUX, *Come andare a messa e non perdere la fede*, con un contributo di Vittorio Messori, Casale Monferrato (Alessandria) 2010.

80 Una irriverente (e corrispondente) descrizione di una ordinaria celebrazione festiva in parrocchia a firma di Rino Cammilleri. «Domenica, ore 12, Messa principale. Entro come si entra dal dentista, mi siedo come ci si siede in tribunale, stringo i denti ed ecco, inesorabile come il destino, la *country-band* attacca una chiassata che farebbe rivoltare nella tomba John Denver. Il testo dice cacofonicamente quant'è bello stare con Gesù, incurante delle letture odierne che parlano di martirio e angoscia. Raggomitolato come chi ha il mal di stomaco attendo il lunghissimo peggio: l'omelia. Per mezz'ora il prete crocifigge l'uditorio alle sue responsabilità di popolo occidentale e consumista che non versa abbastanza per lenire il grido di dolore proveniente dalla solita Africa. La pace e la fame sono (sempre) i temi prescelti. Seguiti dalla solidarietà e dall'accoglienza. Io, che mentre quello parla vago con la mente, mi chiedo: per secoli, questi qui hanno minacciato l'Inferno a quelli che alla guerra non ci volevano andare e promesso indulgenze plenarie a chi dopo aver fatto testamento partiva per soccorrere i fratelli oppressi. Ora, mai una volta che si senta un altro grido di dolore: quello dei cristiani massacrati da comunisti e musulmani.

maturare la sensibilità "pastorale" nel condividere le preoccupazioni dei
genitori per i propri figli che frequentano i "gruppi" parrocchiali o di ogni
fedele che deve provare a conservare la fede resistendo alle insulsaggini
delle omelie. Davvero occorrerebbe chiedersi come evitare di perdere la
fede a causa della partecipazione domenicale o delle frequentazioni delle
attività pastorali; potremmo, quindi, giungere a pensare che questo periodo
di astinenza da chilometriche prediche ideologizzate e pauperiste possa
avere *ristorato* piuttosto che danneggiato la fede dei credenti. Qualcosa
di simile è avvenuto con la chiusura di scuole ed università dove la sospensione delle lezioni può aver consentito un ritorno alla realtà grazie
all'almeno parziale smaltimento delle tossine ideologiche così largamente
propalate dall'istruzione di Stato[81]. Pensare ad una disintossicazione dei
poveri fedeli grazie all'astinenza dalle omelie può essere una *boutade*, ma
la preoccupazione di evitare di danneggiare la vita dei credenti mediante
il martellamento pastorale dovrebbe essere presa sul serio.

   Ho iniziato questo paragrafo definendo malconcio il modo con cui la
Chiesa ha attraversato il *lockdown*. Il motivo di ciò potrebbe essere sintetizzato nella perdita di consapevolezza che la Chiesa dimostra relativamente
alla propria natura sacramentale[82], alla propria missione trascendente[83]

Pace a senso unico, galere e frontiere aperte, guarda caso proprio durante l'unico governo
di centrodestra che gli italiani abbiano espresso a colpi di voto: questo l'argomento mo-
nomaniaco di molte prediche. Le quali, tra l'altro, sono stilisticamente lontane millanta
miglia dal linguaggio icastico (e soprattutto chiaro) che fu vanto e merito della Chiesa fin
quasi all'altro ieri: *...si quis dixerit... anathema sit*. Provate anche voi: mettetevi all'uscita
della Messa e chiedete a chi esce di riassumere quel che ha sentito. Nessuno sarà in grado farlo. Infatti, nella migliore delle ipotesi, il resto, dopo il commento sul vangelo, è di
solito pura aria fritta. Su cui poi, seduti e in silenzio (l'unico momento di tutta la Messa)
bisogna "meditare". Né è finita, perché arrivano le estenuanti, chilometriche "preghiere dei
fedeli" (in realtà, di chi le compone), quelle che finiscono con "...ascoltaci, Signore" e fanno salire al cospetto di quest'ultimo i fumi del più trito buonismo *politically correct*. Resta
solo un quarto d'ora per spicciare il Credo, il Sacrificio, il *Padrenostro* (vero responsabile
della moda dei girotondi), la Comunione (distribuita dal rag. Rossi, pensionato). Poi tocca
agli Avvisi, in gran parte rivolti alla scarsella dei presenti. Finalmente fuori, offro a Dio,
in espiazione dei miei peccati, la patita sofferenza settimanale» (Rino CAMMILLERI,
Oh, no: è domenica!, in «Tempi», 16.1.2003, n. 3, p. 10).

81 Cfr. la parte sulla scuola (dal titolo *Retorica scolastica*) del paragrafo 4 del capitolo 1
di questo testo.

82 Cfr. Joseph RATZINGER, *Il fondamento sacramentale della esistenza cristiana*, Queri-
niana, Brescia 1971; cfr. Giacomo BIFFI, *Nel gregge di Dio*, Piemme, Casale Monferrato
(Alessandria) 1987.

83 Cfr. Joseph RATZINGER, *La Chiesa. Una comunità sempre in cammino*, Edizioni
Paoline, Cinisello Balsamo (Milano) 1991; cfr. Giacomo BIFFI, *Missione e coscienza di
verità*, Piemme, Casale Monferrato (Alessandria) 1986.

e al proprio ruolo sanificante nel mondo[84]. Venendo meno la coscienza della propria identità, per il cristiano è forte la tentazione di rinunciare a dare un significato anche pubblico al riconoscimento dell'Incarnazione e della Resurrezione di Gesù Cristo. Con l'effetto di essere facile preda del potere. E se la desacralizzazione e il ridimensionamento del potere politico furono le grandi conseguenze dell'influenza pubblica del Cristianesimo, il tramonto di questa influenza ha generato il processo contrario. Scriveva il cardinale Joseph Ratzinger: «quando la fede cristiana [...] decade, insorge il mito dello Stato divino, perché l'uomo non può rinunciare alla totalità della speranza [...]. Il rifiuto della speranza che è nella fede è, nel tempo stesso, un rifiuto al senso di misura della ragione politica. [...] Il primo servizio che la fede fa alla politica è dunque la liberazione dell'uomo dall'irrazionalità dei miti politici, che sono il vero rischio del nostro tempo»[85].

A fronte di un'Europa afflitta da allergia per tutto ciò che richiama la Cristianità, una sorprendente testimonianza ci giunge davvero inaspettatamente dalla Cina, il grande paese comunista da cui è giunto il virus. Quanto il lievito evangelico sia all'origine della fioritura della civiltà è attestato da coloro che non sono prigionieri del pregiudizio e dell'ideologia e così può capitare che un intellettuale cinese – che ha preferito rimanere anonimo, ma che è stato identificato come «uno dei più prestigiosi studiosi del Paese» riconosca: «una delle cose che ci è stato chiesto di indagare è che cosa ha permesso il successo, o meglio, il primato dell'Occidente su tutto il resto del mondo. Abbiamo studiato tutte le possibilità da un punto di vista storico, politico, economico e culturale. All'inizio abbiamo pensato che fosse perché voi avevate armi più potenti delle nostre. Poi abbiamo ritenuto che voi aveste il sistema politico migliore. In seguito ci siamo concentrati sul vostro sistema economico. Ma negli ultimi vent'anni abbiamo compreso che il cuore della vostra cultura è la vostra religione: il cristianesimo. Ecco perché l'Occidente è così potente. Le basi morali cristiane della vita sociale e culturale sono state ciò che ha permesso l'emergere del capitalismo e poi la riuscita transizione verso politiche democratiche. Non abbiamo alcun dubbio in proposito»[86]. Molti, invece, sono i dubbi che albergano all'interno della Chiesa di oggi.

---

84 Cfr. Joseph RATZINGER, *Chiesa, ecumenismo e politica. Nuovi saggi di ecclesiologia*, Edizioni Paoline, Cinisello Balsamo (Milano) 1987; cfr. Giacomo BIFFI, *Per una cultura cristiana*, Piemme, Casale Monferrato (Alessandria) 1985.
85 RATZINGER, *Chiesa, ecumenismo e politica. Nuovi saggi di ecclesiologia*, cit., p. 143.
86 David AIKMAN, *Jesus in Beijing. How Christianity Is Transforming China and Changing the Global Balance of Power*, Henry Regnery, Washington DC 2003, p. 5 cit. in Rodney

4.3. UNA VOCE EVANESCENTE

Su un mondo sazio e opulento, distratto e spensierato si è abbattuto un cataclisma apocalittico destinato a dividere l'intera storia dell'umanità tra un prima e un dopo... No, io non inizierei così. Affatto. Se questi sono i toni spesso utilizzati dai media anche per ragioni proprie del sensazionalismo giornalistico, io – che pure non mi sono riconosciuto nella posizione "negazionista" e che pure ho considerato estesissime e dannosissime le ricadute politiche ed economiche – nutro una ben diversa concezione di ciò che ci è capitato con la diffusione del coronavirus. Nel momento in cui scrivo l'epidemia è tutt'altro che debellata; nuove ondate potranno sopravvenire e molti patimenti potrebbero ancora abbattersi su questa "valle di lacrime".

Innanzitutto il mondo che abbiamo conosciuto sino a febbraio (anno 2020) non era né sazio né spensierato. Distratto sì, ma certamente non un mondo tranquillo che il virus ha sconquassato; era già abbondantemente fracassato. Ovviamente la pandemia non lo ha guarito in nessun aspetto ed ha indubbiamente aggravato tutto. Ma la situazione determinata dal virus – situazione che pure ricorderemo a lungo per le sue devastanti conseguenze, sperando non ci siano motivi per essere eclissata da eventi peggiori – per essere integralmente intesa dev'essere anche sanamente relativizzata.

Questa richiesta sembrerebbe contenere cinismo nei confronti dei tanti deceduti, dei numerosissimi contagiati, delle moltissime famiglie impoverite. Non si tratta affatto di insensibilità. Anzi, esattamente per rispetto innanzitutto delle vittime, è necessario non cedere ad alcuna forma di emotività, emotività che impedirebbe di interpretare razionalmente le circostanze. E sotto questo aspetto la riflessione si appoggia ad una già richiamata parola di Cristo. È il passo del vangelo in cui Gesù dà il senso della storia con le sue tante ed ineluttabili vicende dolorose che sempre ed inesorabilmente accompagneranno il cammino dell'umanità su questa terra. L'evangelista Luca, nella sua narrazione, riporta come Cristo, muovendo dalla profezia della rovina di Gerusalemme, parli di segni premonitori. Disse Gesù ai discepoli: «guardate di non lasciarvi ingannare. Molti verranno sotto il mio nome dicendo: "sono io" e: "il tempo è prossimo"; non seguiteli. Quando sentirete parlare di guerre e di rivoluzioni, non vi terrorizzate. Devono infatti accadere prima queste cose, ma non

---

STARK, *La vittoria della ragione. Come il cristianesimo ha prodotto libertà, progresso e ricchezza*, Lindau, Torino 2006, p. 346.

sarà subito la fine»[87]. Gesù, quindi, chiede di essere perseveranti con una duplice condotta: non lasciarsi ingannare e non farsi terrorizzare. Non è cosa facile in considerazione di ciò che si prospetta: «si solleverà popolo contro popolo e regno contro regno, e vi saranno di luogo in luogo terremoti, carestie e pestilenze; vi saranno anche fatti terrificanti e segni grandi dal cielo»[88].

Innanzitutto l'invito a non lasciarsi ingannare suppone un rischio ben alto e decisamente fuorviante: il rischio di travisare il senso della storia. Non saper interpretare gli eventi della storia significa cadere nel buio della incoscienza ed essere in balia dell'opinione corrente con la conseguenza di mutare un giudizio inadeguato o anche erroneo. Il filosofo Augusto Del Noce «diceva che la debolezza dei cattolici è che essi non hanno una interpretazione della storia contemporanea, per cui quando entrano nella storia sono succubi e prendono da altri le visioni della storia, ed è questo che li rende anche deboli sul piano di una presenza come tale»[89]. Intendendoci bene, si potrebbe anche affermare che il dramma della Chiesa di oggi, che si pretende moderna e al passo con i tempi, si identifichi con l'assenza di un'interpretazione della storia.

Accanto all'invito a non lasciarsi ingannare, Gesù chiede ai suoi discepoli di essere liberi dalla paura. Non si tratta di una generica paura (che, di per sé, è una naturale reazione di autoconservazione al pari della prudenza[90]), ma di non essere irretiti dalla paralisi che è generata dal terrore. È sotto questo aspetto che occorre saper relativizzare anche l'epidemia del coronavirus. Essa non sarà l'apocalisse; non va sminuita, ma non sarà la fine del mondo. Purtroppo, l'umanità ha attraversato momenti peggiori e – ancora purtroppo – prove anche maggiori continueranno ad investire il mondo. Lo scenario che abbiamo dinanzi non va sminuito, ma cadere nel terrore dimostra di non essere "attrezzati" nella consapevolezza tutta cristiana di dover navigare tra le tempeste.

Forse, allora, la fede comporta una rassegnazione fatalistica alle sventure? Tutt'altro. Come un'autentica teologia della storia consente di non essere in balia delle tendenze e delle varie forme ideologiche (nazionalismi prima e umanitarismi ora, bellicismi prima e pacifismi ora, protezionismi prima e multiculturalismi ora, autarchismi prima e comunitarismi ora,

---

87 *Vangelo di Luca*, capitolo 21, versetti 8 e 9.
88 Versetti 10 e 11.
89 Massimo BORGHESI, *Fine del cattolicesimo politico? Il problema dei cattolici italiani in Augusto Del Noce*, Aleph, Empoli 1991, p. 11.
90 «Ecco: io vi mando come pecore in mezzo ai lupi; siate dunque prudenti come i serpenti e semplici come le colombe. Guardatevi dagli uomini, perché vi consegneranno ai loro tribunali e vi flagelleranno...» (*Vangelo di Matteo*, capitolo 10, versetti 16-17).

ecc. – e come si noterà ciascuna di queste forme ideologiche è penetrata, spesso profondamente, nella Chiesa sino a corrompere la purezza della fede anche dei Pastori), così la consapevolezza delle continue prove e delle costanti sofferenze dà al cristiano il senso compiuto della precarietà di questa esistenza terrena da attraversare nella consapevole certezza di una esistenza definitiva e non più insicura. Le parole del Maestro conclusive delle affermazioni sui segni danno la luce e la bussola per poter attraversare le tormentose pagine della storia: «con la vostra perseveranza salverete le vostre anime»[91].

La vera tragedia per l'uomo sarebbe, allora, l'assenza di risposta ai suoi problemi. La tragedia non è costituita dalla problematicità dell'esistenza terrena, ma da una mancata risposta ad essa. L'uomo si confronta con le sue esigenze e con le sue carenze, imbattendosi, così, nel dramma della sua esistenza. La solitudine, il dolore, la noia. La malattia, la sofferenza, la morte. Il senso di impotenza manifesta, dunque, la tragicità della condizione umana. È questa l'angoscia esistenziale dell'uomo, ma ad essa è stata data risposta. Cristo è il destino dell'uomo. Ecco, allora, perché nascondere la verità, oscurare *questa* Verità («Io sono la verità...»)[92] significa commettere il maggiore crimine. Conservarsi in questa Verità è, invece, ciò che la Chiesa chiama retta dottrina, *ortodossia*.

È una Verità che vale sempre e vale anche in epoca di epidemia. Ma in questo contesto, la Chiesa sembra aver invertito il criterio evangelico soggiacente alle parole di Gesù: ciò che ho provato a interpretare come invito a non farsi raggirare dalle opinioni correnti e come dovere a saper elevarsi rispetto alle contingenze. Se accogliere il primo invito eviterebbe un'impropria amplificazione dell'emergenza pandemica – amplificazione propria di chi cede al sensazionalismo emotivo –, obbedire al secondo appello consentirebbe di sottrarsi ad un'immersione nella pura attualità con il rischio di cadere vittime del pressappochismo secolarista.

Per ciò che riguarda l'epidemia si potrebbe dire che occorreva, da un lato, evitare di accodarsi nella corsa ad enfatizzare il pur grave problema e, dall'altro, esprimere parole che fossero realmente di aiuto a questa povera umanità. Relativizzare equilibratamente la pandemia, come già accennato, e facendolo alla luce dell'intera storia (in passato si sarebbe detto *sub specie aeternitatis*), non comporta affatto tacere o non interessarsi dell'attualità; anzi implica dare una lettura del presente con parole significative per aiutare gli uomini a saper discernere secondo verità anche gli elementi estremamente contingenti.

---

91 *Vangelo di Luca*, capitolo 21, versetto 19.
92 *Vangelo di Giovanni*, capitolo 14, versetto 6.

Mi sembra, invece, che nella Chiesa ci si sia impegnati a fare il contrario e cioè si sia scrupolosamente evitato di offrire barlumi e segni di trascendenza e si sia abbondato in suggerimenti tecnico-sanitari.

Come è vero che quando si è così ripiegati sull'attualità si finisce con l'essere incapaci di scorgere anche quella... Fu singolare che quando tutto – in Italia – lasciava intendere il blocco del Paese, a pochissime ore dal messaggio del Capo del Governo alla nazione con un mondo – quanto al resto del pianeta – in totale agitazione, il Papa alla preghiera dell'Angelus, la domenica 8 marzo[93], parlasse della situazione siriana e la indicasse al mondo come quella che richiedeva «priorità rispetto ad ogni altro interesse»[94]. Ricordo bene che quella domenica celebrai nella consapevolezza che tutte le abitudini liturgiche sarebbero state stravolte. Possibile che solo il Papa non avesse avuto sentore o non fosse stato informato di una situazione ancora più urgente di quella, pur grave, della Siria? La Chiesa si mostrava sorpresa e in ritardo sugli eventi – nonostante tutta la verbosità sociologica degli ultimi decenni (o forse proprio a causa della confusione ingenerata da questa verbosità) – subendo passivamente i provvedimenti anche liturgici dei governi (non solo quello italiano). La Chiesa "in uscita", come l'ha voluta papa Francesco, era in inescusabile ritardo proprio sull'attualità e i suoi pastori – forse perché anch'essi "in uscita" – si mostravano assenti nella guida del proprio gregge proprio in un momento di caos.

La Chiesa che vuole apparire, quasi ad ogni costo, solidale con le realtà secolari – ciò che già la tradizione neotestamentaria chiamava il "mondo", il *saeculum* – si cala talmente nell'immanenza da assumere di questa non solo forme e aspetti, ma anche mentalità e concezioni. E, così, nel tempo dell'epidemia, la Chiesa dalla quale ci si attendeva una testimonianza di certezze immutabili e di verità intramontabili ha espresso se stessa, prevalentemente, in termini di "condivisione" e di "solidarietà".

In luogo di un giudizio schietto ed evangelico – dopo tanto parlare, dopo innumerevoli documenti, convegni, sinodi, assemblee, direttive, tutto all'insegna del rinnovamento e dell'efficacia *pastorale* (o, forse, esattamente a causa di tutto ciò) – vi è stata un'incapacità ad esprimere parole vere, parole autentiche. Si potrebbe dire: parole "cristiane", parole "cattoliche".

Non si può non distinguere e riconoscere la presenza di tanti pastori, tanti parroci e sacerdoti che sono stati silenziosamente vicino ai loro fedeli e non hanno fatto a questi mancare sacramenti e sostegno. Non si

---

93 Cfr. http://w2.vatican.va/content/francesco/it/angelus/2020/documents/papa-francesco_angelus_20200308.html.
94 *Ibidem.*

può non distinguere, ma si deve generalizzare per poter trarre una valutazione complessiva. E, per questo giudizio complessivo, si deve dire che la voce del Papa e della Chiesa in generale (penso anche ed in particolare alla Conferenza Episcopale Italiana) è sembrata appiattita sulle comunicazioni delle regole sanitarie e sulle raccomandazioni delle precauzioni igieniche e lo zelo si è massimamente dimostrato nell'invitare ad osservare le disposizioni governative (certamente con maggiore insistenza rispetto a come di solito ci si regola nell'esortare i fedeli ad obbedire ai Dieci Comandamenti).

Specificamente, la comunicazione del Papa sembra oscillante tra due poli: da un lato, la enfatizzazione della situazione sanitaria e, dall'altro, la permanente attenzione rivolta a problematiche sociali di per sé non estranee alla morale, ma trattate con una prospettiva talmente immanente da apparire come temi e contenuti secolarizzati e alternativi alla fede cattolica tradizionale.

Si potrebbe scorgere, in queste due caratteristiche, il rivoluzionamento del criterio evangelico prima provato a delineare. Sotto un aspetto, infatti, l'epidemia è stata elevata ad evento che sovrasta ogni altra preoccupazione "intra-ecclesiale" rinnegando quella "relativizzazione" delle fasi della storia quando queste vengono inserite in un orizzonte escatologico – *eterno*, se si preferisce –; oltretutto, e qui vengo all'altro aspetto, i temi sociali sono riproposti con tale centralità e rilievo da sostituire i contenuti stessi della fede. Alla mancata collocazione della pagina del coronavirus nel libro del cammino verso l'eternità (ciò che ho indicato come la "sana relativizzazione" cristiana), si alterna – a suo modo coerentemente – un'assolutizzazione di questioni puramente contingenti.

In singolare contrasto con l'intera tradizione cattolica, quindi, la chiave interpretativa di questo pontificato può essere cercata nel tentativo di assolutizzare ciò che è contingente e nel contestuale ridimensionamento di ciò che è assoluto (la fede, la rivelazione cristiana, le verità che scaturiscono dal riconoscimento dell'Incarnazione del Verbo di Dio) con l'effetto di rendere la Chiesa in qualche modo funzionale ad obiettivi "politici" da sempre considerati con giustificato sospetto. Per utilizzare una formula, si potrebbe dire che il filo conduttore del magistero bergogliano si manifesta nell'assolutizzazione del relativo e nella parallela relativizzazione dell'assoluto.

Prendiamo in esame la mancata risposta alla domanda di significato. La mancata relativizzazione della comunque ben triste vicenda della pandemia. Questa relativizzazione comporterebbe un riposizionamento di attenzione e di sguardo verso l'essenziale della fede cristiana.

Un singolare richiamo a ciò è venuto dal direttore di una rivista, «Il Regno», notoriamente schierata sul fronte del progressismo teologico[95]. Non me lo sarei aspettato, ma da quella fonte è giunto un appello al vescovo di Roma perché si proclamasse quella «parola vera» che «è mancata sin qui». Scriveva il direttore della rivista: «ora che è stato detto tutto, ed è stato detto di tutto [...], da parte di tanti; ora che il coronavirus sta assumendo il volto inarrestabile e pervasivo di una pandemia; in quest'ora toccherebbe alla Chiesa fare sentire la propria voce. Perché ci avviciniamo alla Pasqua. Non sono mancati interventi di singoli pastori, ma una parola unitaria della Conferenza Episcopale Italiana è sin qui mancata, se si escludono singoli comunicati, in genere sul tema dell'apertura e della chiusura delle chiese, sulla opportunità o meno di celebrare le funzioni liturgiche, in "ottemperanza" ai decreti governativi. È mancata sin qui una parola vera»[96].

Un'obiezione simile giunse anche dalla lucida penna del professor Pietro De Marco che ha lamentato l'inconsistenza della parola della Chiesa: «nella congiuntura mondiale della pandemia in corso non vi è traccia di un intervento della Chiesa *mater et magistra* che sia all'altezza della sua universale maternità e ammaestramento. [...] Anni di pia chiacchiera ecclesiale su lievito, evangelizzazione e profezia inciampano platealmente nell'ostacolo imprevisto di una epidemia che, immediatamente, ha drammatizzato e verticalizzato tutto, tra vita e morte. Questa incapacità di parola è anzi aggravata, contro ogni speranza, dalla ideologia di una Chiesa come "minoranza profetica", inevitabilmente utopizzante, debole surrogato di una chiesa *"militans"*»[97].

Non occorre avere una sensibilità teologica particolarmente sviluppata per notare questa deriva "orizzontalistica" anche negli atti più ordinari dell'insegnamento di papa Francesco che nelle frequenti interviste che rilascia sembra abbandonare la consapevolezza di essere investito di una missione universale e di essere chiamato ad esercitare un Magistero che dovrà valere per sempre. Prendiamo ad esempio le due interviste che il Vescovo di Roma ha rilasciato nei giorni di maggiore emergenza. Nella prima (rilasciata a «la Repubblica»), il Papa, ispirandosi alle riflessioni

---

95 Cfr. Gianfranco BRUNELLI, *Chiesa - Coronavirus: preparare la Pasqua nel sabato del tempo*, in «Il Regno», n. 6/2020, 15.3.2020, p. 129-130. Debbo la conoscenza anche di questo articolo a quel che Sandro Magister ha scritto nel suo documentatissimo Blog (http://magister.blogautore.espresso.repubblica.it/).
96 *Ibidem*, p. 129.
97 Pietro DE MARCO, *La peste della banalità*, 23.3.2020 (http://magister.blogautore.espresso.repubblica.it/2020/03/23/coronavirus-ma-la-chiesa-soffre-anche-il-contagio-della-vuota-retorica/).

del presentatore televisivo Fabio Fazio (quindi non esattamente ad un sant'Agostino o un san Tommaso, ma forse non vi erano sufficienti pensatori nella storia della Cristianità per fornire meditazioni all'altezza delle risposte che Bergoglio voleva offrire al suo intervistatore)[98], nel dare consigli per i giorni della quarantena, si soffermava sull'importanza delle piccole cose «delle piccole attenzioni da avere verso chi ci sta vicino, famigliari, amici. Capire che nelle piccole cose c'è il nostro tesoro. Ci sono gesti minimi, che a volte si perdono nell'anonimato della quotidianità, gesti di tenerezza, di affetto, di compassione, che tuttavia sono decisivi, importanti. Ad esempio, un piatto caldo, una carezza, un abbraccio, una telefonata... Sono gesti familiari di attenzione ai dettagli di ogni giorno che fanno sì che la vita abbia senso». Il Papa concludeva con il suo usuale superamento della distanza tra la fede e la non credenza: «tutti sono figli di Dio e sono guardati da Lui. Anche chi non ha ancora incontrato Dio, chi non ha il dono della fede, può trovare lì la strada, nelle cose buone in cui crede: può trovare la forza nell'amore per i propri figli, per la famiglia, per i fratelli. [...] può credere nell'amore delle persone che ha intorno e lì trovare speranza». Ai non credenti l'invito non era lanciato, quindi, perché ci si lasciasse guidare da Dio per trovare la speranza; ci si limitava ad esortarli a guardare dentro sé per essere confermati in ciò che ciascuno vive e «nelle cose buone in cui crede»[99].

I temi si ripetono nella seconda intervista (rilasciata a «la Stampa») con la stessa accentuazione filantropica («guardare l'altro con spirito di solidarietà»; «dovremo [...] costruire una vera fratellanza tra noi»; «è importante, decisiva la fraternità universale. [...] Non ci sarà più "l'altro", ma saremo "noi". Perché da questa situazione potremo uscire solo tutti insieme»), con le medesime intonazioni sentimentali («dovremo guardare ancora di più alle radici: i nonni, gli anziani») e con l'identica abolizione della distinzione tra credente e non credente («non voglio distinguere tra credenti e non credenti. Siamo tutti umani e come uomini siamo tutti sulla stessa barca. [...]. Ci sono in comune l'umanità e la sofferenza. Ci aiutano la sinergia, la collaborazione reciproca, il senso di responsabilità e lo spirito di sacrificio che si genera in tanti posti. Non dobbiamo fare differenza tra credenti e non credenti, andiamo alla radice: l'umanità.

---

98 Singolare il commento di Camillo Langone (cfr. https://www.ilfoglio.it/preghiera/2020/03/20/news/santi-della-peste-del-colera-delle-peggiori-malattie-invettive-dove-sono-i-vostri-eredi-306790/).

99 Papa FRANCESCO, «Non sprecate questi giorni difficili», intervista di Paolo Rodari, in «la Repubblica», 18.3.2020.

Davanti a Dio tutti siamo dei figli»)[100]. Tutto andrebbe attentamente commentato, ma non occorre sottolineare come in queste affermazioni la fede in Cristo risulti totalmente superflua, apparendo qualcosa di cui liberarsi per il timore di creare contrapposizioni o differenze. Una limpida lezione giunse da un sociologo, sebbene del calibro di Pietro De Marco che, in prossimità dei giorni pasquali, osservava: «la grande peste contemporanea insegna che dovremmo liberarci dagli orpelli della retorica ecclesiale che ci soffoca, *"in capite et in membris"*. Essa non ha né ali né profondità di sguardo; è vistosamente incapace di altro che non sia un eloquio consolatorio e benevolente. Per esibire parole del genere non era certo necessario che l'amore di Dio si rivelasse nel dolore e nella potenza cosmica che, comunque, celebreremo a Pasqua»[101].

Nello stesso giorno dell'intervista che Bergoglio rilasciò a «la Repubblica» (18 marzo) mi capitò, occasionalmente, di assistere all'approfondimento serale del TG2 della RAI dedicato come quasi sempre capitava in quei giorni a questioni legate al coronavirus. Destò la mia curiosità la presenza del cardinale Camillo Ruini in qualità di ospite della serata e ciò mi spinse ad ascoltare le risposte che il porporato diede alle domande che la conduttrice (Manuela Moreno) gli porgeva dagli studi del telegiornale. Debbo dire che per quanto non trovassi particolarmente apprezzabili le risposte (ancora meno mi piacquero le domande), l'intervento del cardinale Ruini si presentava sostanzialmente differente da quelli di papa Francesco; comunitaristi quelli del secondo, cristocentrico quello del primo. Nei discorsi del Papa, Cristo era di fatto assente o, comunque, reso storicamente inoperativo mentre nelle parole di Ruini il riferimento al Risorto – sebbene in un modo che a me risultò poco convincente – non era marginale.

È vero che papa Bergoglio volle compiere in quei giorni della metà di marzo alcuni pellegrinaggi solitari in chiaro stile penitenziale, ma anche queste iniziative, oltre che apparire più come gesti concessi alla cronaca, finivano ormai per aggravare piuttosto che risollevare l'immagine di un cristianesimo incapace di cogliere le istanze più autentiche della ragione. Così ha commentato il sociologo della religione Pietro De Marco: «quello che più conta è [che questa preghiera e queste invocazioni sono dominate, *ndr*] quasi ovunque ormai nella Chiesa, da raccomandazioni

---

100 Papa FRANCESCO, *Coronavirus: «Non abbiate paura»*, intervista di Domenico Agasso Jr, in «La Stampa», 20.3.2020.
101 Pietro DE MARCO, *La peste della banalità*, 23.3.2020 (http://magister.blogautore.espresso.repubblica.it/2020/03/23/coronavirus-ma-la-chiesa-soffre-anche-il-contagio-della-vuota-retorica/).

relazionali, di buona etichetta cristiana, ad essere gentili, generosi, ospitali, non da visioni fondamentali, storico-salvifiche, e solo debolmente da Dio come interlocutore. La stessa invocazione a Maria, più praticata dai vescovi, ha talora il sapore di una concessione al popolare che portiamo in noi, una cosa del cuore più che una convinzione dell'intelletto. Ma il culto pubblico a Dio, anche attraverso Maria, è "logikòs"»[102].

Tutto ciò per dire che la Chiesa, anche di fronte alla questione della pandemia, ha dimostrato un orientamento solidaristico e umanitaristico che non solo rinnega il suo passato (dove il senso di questo passato non è un richiamo nostalgico, ma la coscienza delle proprie origini), ma compromette la sua missione. Eclissandosi il riconoscimento di «Cristo, centro del cosmo e della storia»[103], inevitabilmente le vicende particolari dell'umanità perdono la luce che può loro dare solo l'inserimento nel Centro e nel Destino[104] della storia e viene a mancare il criterio per poter saggiamente relativizzare ciò che non è né definitivo né conclusivo. Alla Chiesa è come se fosse ormai mancato il criterio per ricondurre la vicenda del coronavirus al significato del cammino dell'uomo.

Ed accanto ad un umanitarismo, pallido surrogato del cristianesimo, emerge una visione dirimente – assoluta – dell'epidemia: «questo tempo è oscuro per tutti, nessuno escluso. È segnato da dolore e ombre, che ci sono entrate in casa. È una situazione diversa da quelle che abbiamo vissuto. Anche perché nessuno può permettersi di stare tranquillo, ognuno condivide questi giorni difficili»[105].

Accanto a questa mancata relativizzazione ed inevitabilmente in linea con questa – già anticipavo – si comprende l'enfasi, la smoderata attenzione per tutto ciò che riguarda la ricaduta storica dell'epidemia. Non è in discussione la opportuna prudenza per cautelarsi nei confronti di un virus fortemente aggressivo e che rimane ancora in buona misura sconosciuto, ma la sopravvalutazione di questo rispetto a mali ben più gravi della stessa pandemia, mali che lo strabismo statalista e progressista hanno determinato. Ciò che, quindi, definisco sopravvalutazione teologica della pandemia non attiene per nulla al reale rischio rappresentato dal virus; essa, invece, attiene alla distrazione che la pandemia produce rispetto ad altri mali ancor maggiori dello stesso coronavirus.

---

102 *Ibidem*.
103 GIOVANNI PAOLO II, Lettera enciclica *Redemptor hominis* all'inizio del ministero pontificale, 4.3.1979, n. 1.
104 Cfr. Luigi NEGRI, *Cristo, destino dell'uomo*, Piemme, Casale Monferrato (Alessandria) 1994.
105 Papa FRANCESCO, *Coronavirus: «Non abbiate paura»*, intervista di Domenico Agasso Jr, in «La Stampa», 20.3.2020.

È stato ben strano ascoltare guide della Chiesa che parlavano dell'epidemia come della peggiore sciagura. Nelle riflessioni sviluppate negli altri capitoli ho provato, senza sminuire la gravità del contagio, a spostare lo sguardo su sciagure maggiori. Innanzitutto lo statalismo. Ma vi è un male che li riassume tutti e che potrebbe essere variamente definito "apostasia", "crisi della fede", "rinnegamento del cristianesimo", "allontanamento dell'uomo dal suo destino", "oscuramento del significato dell'esistenza". Questi concetti ora richiamati fanno riferimento alla fede e, specificamente, alla fede cattolica, ma in termini che non si allontanano affatto da questa (perché ne inverano la realtà per un effetto sanante per la ragione umana), si deve anche contemporaneamente parlare di "crisi della ragione", "ottenebramento dell'intelletto", "trionfo del relativismo", "caduta nel nichilismo". I due aspetti – quello della fede e quello della ragione – sono inseparabili e la crisi della prima non può non ricadere sulla seconda, oltretutto producendo effetti devastanti. Mi vengono, a tal proposito, in mente due affermazioni. La prima, famosissima, attribuita al già richiamato scrittore inglese Gilbert Keith Chesterton, suona più o meno così: «quando gli uomini terminano di credere in Dio, non è che credono in nulla, iniziano a credere a tutto». L'altra affermazione è del cardinale Giacomo Biffi (1928-2015); il porporato – un grande pastore della Chiesa italiana in epoca wojtyliana – scriveva che «il guaio più radicale conseguente alla scristianizzazione, a mio parere, non è la perdita della fede, è la *perdita della ragione*: riprendere a ragionare senza pregiudizi è già un bel passo verso la riscoperta di Cristo e del disegno del Padre. D'altronde, è anche vero che l'iniziativa salvifica di Dio ha una integrale funzione sanante: salva tutto l'uomo; e, dunque, anche la sua naturale capacità conoscitiva. L'alternativa alla fede, pertanto, non è la ragione e la libertà di pensiero, come ci è stato ossessivamente ripetuto negli ultimi secoli; è, invece, almeno nei casi di estrema e sventurata coerenza, il suicidio della ragione e la rassegnazione all'assurdo»[106].

Si potrebbe cogliere in un differente atteggiamento verso la ragione un emblematico e rivelativo carattere di differenza tra l'insegnamento dell'attuale Pontificato e il magistero di quello precedente. Se, inequivocabilmente, per Benedetto XVI «la ragione è il grande dono di Dio all'uomo, e la vittoria della ragione sull'irrazionalità è anche uno scopo della fede cristiana»[107] (o si pensi al contrastatissimo discorso al Bundestag di

---

106 Giacomo BIFFI, Prefazione a Vittorio MESSORI, *Pensare la storia. Una lettura cattolica dell'avventura umana*, Edizioni San Paolo, Cinisello Balsamo (Milano) 1992, p. 11.
107 BENEDETTO XVI, Lettera enciclica *Spe salvi* sulla speranza cristiana, 30.11.2007, n. 23.

Berlino nel 2011), per Francesco la ragione è, *di fatto*, uno strumento che contrappone l'uomo al creato e alla spontaneità (si pensi alla continua condanna dei razionali processi economici).

Anche in questo caso, occorre dire che una sciagura ben maggiore della diffusione del coronavirus è il declino della dignità della ragione come espressione dell'unicità dell'essere umano – «creato a immagine [e somiglianza] di Dio»[108] – e se è vero che «la fede salva la ragione, proprio perché l'abbraccia in tutta la sua ampiezza e profondità»[109], allora il tramonto della ragione è inesorabilmente legato alla crisi della fede.

Risulta quindi strano e innaturale che il Vicario di Cristo parlando dei «tempi inimmaginabili che stiamo vivendo»[110] intenda riferirsi alla quarantena in corso. Dal Successore di Pietro ci si aspetterebbe una parola che aiuti gli uomini a ritrovare lo smarrito significato dell'esistenza o che aiuti ad uscire dalla generale confusione culturale. Non sono forse queste le vere calamità da contenere? Le più profonde disgrazie, forse, non sono quelle di ordine morale? La morte non è, molto spesso, preferibile al male morale? D'altra parte ogni uomo sperimenta nella propria vita come le maggiori disgrazie, più che le calamità naturali, consistono in cattiverie e provengono dal prossimo con atti deliberati e non involontari.

Il Papa è maestro di fede e di morale e dal Vicario di Cristo[111] ci si aspetta parole vere – parole che il Vangelo definisce «parole di vita eterna» (*Gv* 6,68) – o, almeno, parole sensate che reggano alla prova del tempo e non siano il frutto delle mode correnti; parole che superino l'ovvio e il banale e che indichino ben oltre ciò che tutti, imprigionati nella cronaca, temporaneamente guardano.

Questa sorta di assolutizzazione dell'epidemia, è senz'altro in linea con una particolarissima enfasi – ormai assurta a peculiarità di questo pontificato – di alcuni temi sociali che, pur volendo rimanere all'ambito civile e politico hanno letteralmente oscurato ciò che sino all'avvento di papa Bergoglio venivano definiti "principi non negoziabili"[112], primi tra

---

108 *Genesi*, 1,27. Nelle parole del primo libro della Bibbia la razionalità connota la natura umana rendendo questa "somigliante" alla natura di Dio e partecipe dell'essenza divina.

109 Joseph RATZINGER, *Svolta per l'Europa? Chiesa e modernità nell'Europa dei rivolgimenti*, Edizioni Paoline, Roma 1992, p. 85 (*Wendezeit für Europa?*, 1991).

110 http://www.vatican.va/content/francesco/it/messages/pont-messages/2020/documents/papa-francesco_20200521_messaggio-pom.html.

111 Comprensibilmente, questo titolo non è mai piaciuto a Bergoglio che lo ha eclissato. Ora giunge la notizia che il titolo "Vicario di Cristo" è stato anche censurato (cfr. https://www.ilgiornale.it/news/cronache/vaticano-svolta-papa-nellannuario-scompare-vicario-cristo-1882684.html).

112 Cfr. CONGREGAZIONE per la DOTTRINA della FEDE, *Nota dottrinale circa alcune questioni riguardanti l'impegno e il comportamento dei cattolici nella vita politica*,

tutti, la custodia della vita, la difesa della famiglia naturale, la promozione della libertà di educazione.

Quindi, non solo si assiste ad una scomparsa di insegnamento su temi sociali fondamentali come la secolarizzazione, la crisi della Cristianità[113], la fragilità delle famiglie, lo sbandamento delle giovani generazioni, la scarsa tenuta della società e la correlata perdita di identità, ma, come già dicevo, si insiste su temi cari alla politica di Sinistra, tipicamente legati alla cultura progressista, contribuendo, in questo modo, ad aumentare la generale confusione culturale e ad accrescere lo spaventoso smarrimento morale. Il relativismo dottrinale che rappresenta una costante di questo Pontificato, nel caso delle lotte sociali si converte in assolutismo etico.

Ciò che il Papa dice continuamente sui "diritti (assoluti) dei migranti" o sulla "crisi climatica" e il "riscaldamento globale" con una tale insistenza da marginalizzare gli stessi contenuti del Credo cristiano (e non mi riferisco solo al più che controverso sinodo per l'Amazzonia) poco si addice al magistero di un Papa. Al tempo stesso, se le raccomandazioni sanitarie non sono mai mancate in questi mesi di quarantena e di post-*lockdown*, pare non ci sia stato il tempo per parlare al proprio gregge di alcuni provvedimenti politici che imbriglieranno tragicamente anche la predicazione morale della Chiesa. Da ciò conseguono alcune riflessioni.

Primo aspetto: le immancabili raccomandazioni sanitarie. Un esempio di appiattimento sulle raccomandazioni socio-sanitarie mi viene offerto dalla notizia che mi giunge nel momento in cui scrivo: l'intervista rilasciata dal cardinale Gualtiero Bassetti, presidente della Conferenza Episcopale Italiana e arcivescovo di Perugia. Dalle colonne di un settimanale – il periodico cattolico «La Voce» – il presidente dei vescovi d'Italia ha espresso queste (profonde) esortazioni: «occorre ritornare a vivere con prudenza e cautela, ma occorre ripartire» perché «è questo il tempo della responsabilità e della serietà, lasciando da parte, per il bene di tutti, *fake news*, negazionismi e 'cattiva informazione'»[114]. Le agenzie riportano altri passaggi dell'intervento che potrebbero essere tranquillamente trascurati, ma che pervicacemente trascrivo (in nota, quasi per senso di pudore)

24.11.2002, n. 3; cfr. Giampaolo CREPALDI, *A compromesso alcuno. Fede e politica dei principi non negoziabili*, Cantagalli, Siena 2015.

113 Quanto questo tramonto non vada inteso come una questione meramente confessionale lo dimostra cosa abbia significato per l'intera umanità la civiltà cristiana quale germe insostituibile di progresso in ogni ambito (cfr. Thomas E. WOODS jr., *Come la Chiesa Cattolica ha costruito la civiltà occidentale*, prefazione di Lucetta Scaraffia, Cantagalli, Siena 2007 - *How the Catholic Church Built Western Civilization*, 2005).

114 https://www.ansa.it/umbria/notizie/2020/08/05/card.-bassetti-occorre-tornare-a-vivere_f7755b2c-38b2-43d4-ba2a-a3fbf56ebb5a.html.

unicamente per offrire la percezione di quel che la Chiesa *non* è più in grado di esprimere[115].

Davvero dopo interventi del genere c'è da convincersi che il coronavirus rappresenti un problema solo sanitario, ben inferiore ad una devastazione complessivamente antropologica costituita – come ha magistralmente definito Pietro De Marco (un sociologo, non un papa) – dalla peste della banalità e dal virus della vuota retorica[116]. Aggiungo ancora: dal contagio del "politicamente corretto". Viene in mente un altro aforisma di Gómez Dávila: «non è la sensualità che allontana da Dio ma l'astrazione»[117].

Non si sono risparmiate parole a sostegno del governo in ordine alle disposizioni sanitarie (anche le più rigorose) e si è deliberatamente taciuto su ciò che si è consumato con il "favore delle tenebre": la legge sulla cosiddetta omo-transfobia (e qui vengo al secondo aspetto). È davvero bizzarro che nonostante la generale invocazione dell'emergenza in nome della quale tutto è stato bloccato – anche gli interventi chirurgici, anche le attività dei tribunali e si discuteva sulla possibile chiusura dello stesso Parlamento (una vera e propria bestemmia per gli adoratori della Costituzione repubblicana) – si sia ritenuto urgente e improcrastinabile avviare l'iter per la legge che punisce assai severamente ogni possibile critica ai comportamenti omosessuali. O forse si intendeva approfittare esattamente della distrazione mediatica offerta dall'emergenza virale?[118]

---

115 Così continuava il porporato: «questa difficile situazione sanitaria ha posto al centro del discorso pubblico una riflessione seria e autorevole sulla libertà di pensiero. Che non significa, è doveroso sottolinearlo, esprimere a piacimento tutto quello che passa per la testa senza preoccuparsi di verificare la fondatezza delle proprie dichiarazioni e soprattutto senza assumersi la responsabilità di quello che si afferma. Bene ha fatto, dunque, il presidente della Repubblica Sergio Mattarella a dire che "non possiamo e non dobbiamo dimenticare" i morti di questa pandemia e soprattutto che è necessario evitare "di confondere la libertà con il diritto di far ammalare altri"».

116 Cfr. Pietro DE MARCO, *La peste della banalità*, 23.3.2020 (http://magister.blogautore.espresso.repubblica.it/2020/03/23/coronavirus-ma-la-chiesa-soffre-anche-il-contagio-della-vuota-retorica/).

117 Nicolás GÓMEZ DÁVILA, *In margine a un testo implicito*, Adelphi, Milano 2009, p. 112.

118 Eppure proprio l'emergenza virale costringe a scontrarsi con la realtà. I giochi di parole possono essere accolti nei salotti e nei *talk show*, ma quando poi ci si scontra con i fatti, ci si rende conto della natura delle cose. E, così, anche per contrastare il Covid, «abbiamo riscoperto che esistono i maschi e le femmine. E basta. E sui giornali adesso è tutto uno spiegare che XX è diverso da XY, e pure gli ormoni, e pure le difese immunitarie, e la resistenza, e chi più ne ha più ne metta: mai viste tante differenze scientificamente spiegate dagli stessi che fino a un mese fa ci spiegavano quanto era costruita e stereotipata questa sciocca, noiosa, arcaica idea che esistono solo maschi e femmine. Adesso invece è assodato che nella pandemia i maschi muoiono più delle femmine, che si possono distinguere e addirittura contare, e nessuno si sente discriminato, e gli LGBT non protestano, e

Se questo imboscamento era voluto (io sono tra quanti lo sospettano), la Gerarchia cattolica ha largamente cooperato a questo lavoro sotterraneo tacendo sistematicamente per mesi e dando qualche segnale solo quando l'iter era quasi in fase conclusiva. Solo a poche eroiche associazioni è spettato il compito di suonare l'allarme tra i fedeli alzando la voce per smascherare una legge che lungi dal punire atti di violenza, impedisce (al momento in cui scrivo possiamo ancora dire "impedirebbe") la libera espressione del giudizio e dell'opinione.

Mi piacerebbe aprire una parentesi sul tanto vituperato concetto di discriminazione[119], concetto introdotto nell'ordinamento penale da una legge[120] promossa da un democristiano (ulteriore prova del modo con cui i cattolici si sono prestati a svolgere il compito tipico degli «utili idioti»[121]) e progressivamente divenuto un totem dinanzi al quale nessuno deve avere nulla da obiettare. Eppure "discriminare" significa semplicemente "scegliere" in base ad un giudizio e se si nega, per legge, la possibilità di

---

i transgender neppure, e manco tutti gli altri 57 generi perché la palla grigia con le punte rosse solo maschi e femmine capisce, solo due sessi riconosce. E così pure i virologi, e gli epidemiologi, quelli della protezione civile, i politici, l'OMS, e i giornalisti, e i lettori, e i commentatori, tutti quanti insomma, hanno ben chiaro che maschi e femmine siamo. Punto e basta. Che ne sia di tutto lo spettro delle identità di genere di fronte al Covid-19 non è dato sapere, e nessuno ha sollevato il problema, e pare proprio che a nessuno gliene freghi più granché» (Assuntina MORRESI, *Ora le parole maschio, femmina, vita e ventilazione forzata non ci fanno più schifo?*, https://loccidentale.it/ora-le-parole-maschio-femmina-vita-e-ventilazione-forzata-non-ci-fanno-piu-schifo-2/, 3.4.2020).

119 Nel prossimo futuro – se Dio vorrà – intendo scrivere con sufficiente completezza sui fatali rischi per la libertà contenuti nelle sedicenti leggi anti-discriminazione. Spero poter farlo nei prossimi libri già in programma sulla critica ai cosiddetti diritti civili e sulla storia del *Welfare State*.

120 Mi riferisco all'orrida "legge Mancino" (legge 205 del 1993) contro le discriminazioni razziali voluta dall'allora ministro dell'Interno e sostenuta dai deplorevoli governi Amato e Ciampi. La legge, con il pretesto di un (impossibile) ritorno del fascismo e in occasione delle intemperanze delle tifoserie calcistiche, colpiva il giudizio e il pensiero. Personalmente ho sempre ritenuto questa disposizione (non a caso opera di un democristiano di Sinistra "doc") una tra le più dannose e pericolose leggi (o, forse, addirittura la più eversiva in assoluto nel campo del controllo politico del pensiero – almeno sino all'attuale progetto di legge contro la omo-transfobia) perché consente alla magistratura di attribuire pene e sanzioni ad ogni opinione "politicamente scorretta". Merito a Lorenzo Fontana – un altro cattolico, ma un cattolico finalmente di Destra "doc", allora ministro della famiglia e vice segretario federale della Lega – esattamente due anni fa (estate 2018) per aver – ed era ora – almeno aperto il dibattito intorno a quella legge illiberale (che comunque rimase inaffondabile ed è ora enormemente peggiorata dalla nuova proposta legislativa).

121 L'affermazione non è offensiva, anche se è difficile considerarla un complimento. Essa è una citazione e risale a Lenin che così definiva coloro che pur non essendo comunisti ben si prestavano a facilitare più o meno involontariamente, più o meno inconsapevolmente il processo rivoluzionario.

scegliere e di giudicare, ciò significa che si è entrati nel peggiore dei totalitarismi ove lo Stato non solo impone come agire[122], ma stabilisce anche
cosa pensare[123], impedendo di valutare in modo difforme dai suoi canoni.

Torniamo alla discussione della proposta di legge a firma di Zan, Scalfarotto, Boldrini ed altri parlamentari della Sinistra[124]. Ebbene, da un
Papa ci si sarebbe aspettato parole accoratissime per destare la sensibilità
dei fedeli (come fece ripetutamente, nel 1981, Giovanni Paolo II nella
circostanza del referendum sull'aborto) ed, invece, papa Francesco che
tanto si è speso per le foreste amazzoniche e per gli immigrati, che è ripetutamente intervenuto per parlare a proposito della pandemia, per ciò
che il Parlamento italiano stava sfornando sulla testa degli italiani non
solo non ha tuonato, ma ha optato per un deliberato silenzio a suo modo
coerente con il noto proposito «chi sono io per giudicare» la scelta gay[125].

A nessuno, però, sfugge che non si è trattato di esimersi da ogni giudizio politico seguendo un principio che, per quanto discutibile, si sarebbe
applicato ad ogni situazione. In tantissime situazioni non in linea con le
sensibilità bergogliane, infatti, il Papa non ha risparmiato giudizi ed accuse (contro Trump, in particolare, ad esempio, Francesco svolse una sot-
tile ma tenace campagna). Quindi il silenzio sulla legge in dibattito non
può essere considerato una costante propria di un'estraneità di principio.

---

122 Una delle bizzarrie dello Stato è l'imposizione di "quote", innanzitutto quelle "rosa".
Negli USA, dove ora si deve distinguere per razza, causa la società multietnica, la situazione è ancor peggiore grazie alle leggi *affirmative actions* stabilite da Clinton e dai Democratici (una breve spiegazione è in una nota nel paragrafo 7 del capitolo 3 di questo
testo). Ma lo Stato è davvero sinonimo di follia. Specificamente in base alle leggi per i
matrimoni omosessuali, lo Stato ti autorizza a scegliere una persona del tuo stesso genere mentre, anche per poter votare due candidati devi obbligatoriamente scegliere un
maschio ed una femmina. Per essere genitore, quindi, non occorre essere papà-maschio
o mamma-femmina, ma per le quote rosa, occorre essere rigorosamente femmina (altrimenti lo Stato invalida qualche procedura). *Aut natura, aut Statu*.

123 Ora, oltre a non poter scegliere chi assumere (o discriminare *non* assumendo qualcuno) o a chi affittare un immobile (o discriminare *non* affittando a qualcuno) o chi votare indipendentemente dal genere (o discriminare *non* votando qualcuno) – a questo
punto, ci si domanda: a quando anche una legge contro la discriminazione nella scelta
matrimoniale, scelta arbitraria e preferenziale per eccellenza?–, ebbene, se sinora abbiamo
patito l'imposizione nell'agire, a questa ora subentrerebbe anche quella nel pensiero per
l'impossibilità anche ad esprimere e giustificare la propria opinione.

124 Vi ho già fatto cenno nel primo paragrafo di questo capitolo.

125 È la nota risposta che, durante il ritorno dal viaggio apostolico in Brasile il 28 luglio 2013, il Papa diede ai giornalisti che gli ponevano domande circa l'esistenza di una
lobby gay in Vaticano (http://w2.vatican.va/content/francesco/it/speeches/2013/july/do-
cuments/papa-francesco_20130728_gmg-conferenza-stampa.html). Erano i primi mesi
di Pontificato e quelle parole rimasero un emblema del ministero di Francesco.

Tutt'altro. L'azione di Bergoglio è senz'altro politica e lo è anche in modo forte e marcato come non è mai stata l'azione dei suoi predecessori[126].

No, quindi, non si è trattato di una svista o di un deficit di comunicazione; si è, invece, trattato di un silenzio – un silenzio assordante –, voluto, teso a mantenere la Chiesa fuori da una questione considerata di retroguardia. In realtà, sono ormai tante le questioni che il clero, per timore di essere considerato retrogrado, preferisce abbandonare. E si tratta di temi che hanno sempre impegnato, sin nel recente passato, la Chiesa e che manifestavano la consapevolezza di una missione che riguarda anche la dimensione morale e naturale (e non solo quella soprannaturale e di fede). Questioni "eticamente sensibili" che coincidevano con i "principi non negoziabili" la cui difesa coincide con la premura per l'essere umano nella sua dimensione di creatura e nella sua vocazione di redento. Ma quei "principi non negoziabili" ormai sono accantonati per lasciare spazio a ben altre preoccupazioni o a una ricerca di consenso che proprio la difesa di quei principi comprometterebbe. E, così, al silenzio sulla legge contro l'omo-transfobia si è, in questi giorni (prima settimana di agosto 2020)[127], coerentemente, aggiunto il silenzio sulla riformulazione, da parte del ministro della Salute, delle linee guida della legge sull'aborto (la famosa 194/78) rendendo la procedura dell'interruzione volontaria della gravidanza ancora più frettolosa e superficiale (con la semplice somministrazione farmacologica e senza alcun obbligo di ricovero) e ancora più estesa (sino alla nona settimana di vita del concepito)[128].

Ricordo che un estremo dovere di parlare della deriva liberticida del disegno di legge contro la cosiddetta omofobia fu da me compiuto la domenica 2 agosto, il giorno prima dell'inizio della discussione della proposta legislativa alla Camera (il disegno di legge aveva terminato l'iter della verifica nella competente Commissione parlamentare). Ne avevo parlato già e lo avevo fatto più volte a partire dalla ripresa delle celebrazioni

---

126 Cfr. http://magister.blogautore.espresso.repubblica.it/2020/04/17/francesco-il-papa-che-fa-politica-in-presa-diretta-l%e2%80%99analisi-di-uno-storico-della-chiesa/; cfr. http://magister.blogautore.espresso.repubblica.it/2020/04/14/una-resurrezione-tutta-politica-il-messaggio-pasquale-di-francesco-ai-movimenti-popolari/.

127 Anche questo provvedimento dalle conseguenze così gravi per tante donne e per l'intera società italiana è stato assunto con procedure lampo e per esclusiva via amministrativa. Quali le ragioni di tanta frettolosità quando lo stesso Ministero della Salute avrebbe ben altre urgenze dichiarando continuamente le enormi difficoltà per il Servizio Sanitario Nazionale e per tutte le strutture ospedaliere dovute alla perdurante emergenza epidemiologica? Ma il governo giallo-rosso ha deciso di caricarsi anche di quest'altra pesante responsabilità.

128 Cfr. https://www.ilgiornale.it/news/politica/speranza-cambia-legge-194-laborto-anche-senza-ricovero-1882272.html.

pubbliche. Ma, francamente, quella domenica mi sarei voluto sgolare. Mi limitai, invece, ad argomentare pacatamente senza evitare, però, di dire che, nel silenzio di tutti (a chi mi riferivo?), la possibile approvazione della legge avrebbe fatto di quella domenica una delle ultime in cui dall'altare sarebbe stato ancora possibile predicare indicando la morale tradizionale senza incorrere nelle straordinariamente dure sanzioni previste[129]. Anche nell'imminenza dell'avvio dell'ultimativo dibattito parlamentare, il Papa preferì tacere e all'Angelus, dopo aver commentato il brano del vangelo della liturgia domenicale, concluse in questo modo: «auguro che in questo periodo molti possano vivere qualche giorno di riposo e di contatto con la natura, in cui ricaricare anche la dimensione spirituale. Nello stesso tempo auspico che, con l'impegno convergente di tutti i responsabili politici ed economici, si rilanci il lavoro: senza lavoro le famiglie e la società non possono andare avanti. Preghiamo per questo che è e sarà un problema della post-pandemia: la povertà, la mancanza di lavoro. E ci vuole tanta solidarietà e tanta creatività per risolvere questo problema»[130]. Parole che non meriterebbero di essere citate se non per dare una dimostrazione di vacuità di ciò che si è detto e del vuoto lasciato da ciò che *non* si è detto.

L'ascolto del telegiornale di RAI3 (edizione delle ore 19) di lunedì 3 agosto rovinò il mio ordinario buon umore. Dei 25 minuti di trasmissione, ben 13 vennero dedicati all'inaugurazione del nuovo ponte di Genova (di cui ho apprezzato il fatto che si chiamerà "San Giorgio" anziché "Morandi"). Poi, dopo diverse altre notizie quasi tra le informazioni minori, a ridosso di quelle degli spettacoli, un servizio di un minuto e 30 secondi in cui si faceva la cronaca dell'inizio del percorso alla Camera che si prospetta ad ostacoli per la ferma opposizione già dimostrata dal Centro Destra nella battaglia in Commissione. Un progetto legislativo che inciderà così profondamente sulla mentalità è stato accuratamente nascosto per impedire che sorgesse una consistente reazione di opinione. Certamente una preoccupazione eccessiva se si temeva una mobilitazione cattolica ad opera della Gerarchia[131].

---

129 È davvero singolare che, nel caso, siano previste sanzioni ferree (almeno nel disegno liquidato dalla Commissione parlamentare competente) a fronte degli assai risibili e liquidi orientamenti penali italiani. Ma neanche dovrebbe stupire che la parte politica convintamente proponente, come si sia fatta sempre paladina dell'alleggerimento di ogni tipo di misura repressiva, in questo caso abbia richiesto pene inflessibilmente aspre.
130 http://www.vatican.va/content/francesco/it/angelus/2020/documents/papa-francesco_angelus_20200802.html.
131 La discussione nell'aula parlamentare, preludio al voto di deputati e senatori, è stato poi più volte, provvidenzialmente, rinviato. La calendarizzazione ha subito una serie di rinvii e, sperando in altri ritardi, ad oggi – venerdì 16 ottobre (2020) –, ancora si conosce

l'esito dell'intera malinconica vicenda. Per domani – sabato 17 ottobre –, è prevista a Roma (in piazza del Popolo) un raduno promosso delle Associazioni per la Libertà di Pensiero per manifestare contro il disegno di legge. Ancora una volta sono i fedeli laici a mobilitarsi (e a caricarsi dei costi), prendendo iniziativa nell'indifferenza delle guide del popolo cristiano. Un gruppo di padri e madri in difesa della famiglia e dell'educazione dei propri figli che, ancora una volta e in un momento decisivo, hanno supplito al ruolo dei pastori, «guide autorizzate dei cattolici», come ebbe ad esprimersi, già molti anni fa, il filosofo Augusto Del Noce. Ebbene, avendo difficoltà ad intervenire alla manifestazione, su richiesta degli organizzatori ho fatto loro giungere un mio breve testo. Lo aggiungo di seguito. «1. Non riesco a giustificare. Davvero non vi riesco. Non riesco a scusare questo silenzio da parte dei Pastori della Chiesa in un momento in cui, tra l'altro, non ci si risparmiava nello spendere parole per raccomandare l'osservanza delle disposizioni sanitarie, anche le più invasive. E, quando era oramai tardi, ci si è limitati a qualche timida e impotente dichiarazione che dava tutta la sensazione di esservi tenuti puramente per dovere d'ufficio. Solo a poche eroiche associazioni è spettato il compito di suonare l'allarme alzando la voce per smascherare una legge che lungi dal punire atti di violenza, impedisce la libera espressione del giudizio e dell'opinione. Dov'è più la Chiesa tutrice delle libertà individuali e baluardo contro lo Stato divoratore degli ultimi spazi lasciati alla coscienza personale? 2. È, poi, davvero bizzarro che, nonostante la generale invocazione dell'emergenza in nome della quale tutto è stato bloccato – anche gli interventi chirurgici, anche le attività dei tribunali e si discuteva sulla possibile chiusura dello stesso Parlamento (una vera e propria bestemmia per gli adoratori della Costituzione repubblicana) –, si sia ritenuto urgente e improcrastinabile avviare l'iter per la legge che punisce assai severamente ogni possibile critica ai comportamenti omosessuali. Sorge, allora, un dubbio: forse si intendeva esattamente approfittare della distrazione mediatica offerta dall'emergenza virale? 3. Come è noto, il disegno di legge intende combattere le cosiddette discriminazioni. Una pessima linea di condotta porterebbe a discolparci allontanando l'accusa di essere a favore della discriminazione, cercando in altri aspetti le ragioni dell'opposizione. Un grande pensatore contemporaneo, il colombiano Nicolàs Gòmez Dàvila, ha sostenuto: «quelli che accettano il lessico degli avversari si arrendono senza saperlo; prima di rendersi espliciti nelle proposizioni, i giudizi sono impliciti nei vocaboli». Occorre, quindi, riappropriarci del significato, ma anche della stessa parola "discriminazione". Certo suonerà male dichiararsi a favore della discriminazione, ma dove ciò non è più possibile, la libertà è ormai solo una parola e solo una parola vuota. Se non si comprende che discriminare significa unicamente "scegliere" in base ad un giudizio, allora la difesa delle libertà individuali è disarmata. La libertà di comportamento non ha alcun bisogno di essere tutelata da una legge contro la libertà di opinione mentre la libertà di espressione è finita se è limitata da una legge che renda ogni tipo di comportamento indiscutibile e ingiudicabile. Se nessuno può essere aggredito per il proprio orientamento, a nessuno può essere negata sia l'espressione del proprio pensiero sia la facoltà di scegliere in base alle proprie opinioni. E in queste opinioni personali e in questa libertà di discriminare, la legge e lo Stato non possono entrare senza violare gravemente e senza compromettere irreparabilmente la libertà individuale, vero grande dono di Dio a ciascun uomo. 4. Riappropriarsi del diritto a discriminare significa semplicemente non farsi espropriare la libertà di scegliere, di esprimere la propria opinione, di giudicare secondo coscienza. Fin quando ciò non avviene saremo sempre soggetti a dover scusarci di ledere un concetto progressivamente divenuto un totem dinanzi al quale nessuno deve avere nulla da obiettare. Se si nega per legge la possibilità di scegliere e di giudicare significa che si è

Ogni qualvolta ci si trova a difendere anche solo un dato di pura ragione o un elemento meramente naturale, vengono in mente alcune citazioni. Ne riporto una di Gilbert Keith Chesterton che ben si addice al quadro della crisi della ragione cui prima accennavo. Quasi profetizzava lo scrittore inglese quando diceva: «la grande marcia della distruzione intellettuale proseguirà. Tutto sarà negato. [...] Fuochi verranno attizzati per testimoniare che due più due fa quattro. Spade saranno sguainate per dimostrare che le foglie sono verdi in estate. Noi ci ritroveremo a difendere, non solo le incredibili virtù e l'incredibile sensatezza della vita umana, ma qualcosa di ancora più incredibile, questo immenso, impossibile universo che ci fissa in volto. Combatteremo per i prodigi visibili come se fossero invisibili. Guarderemo l'erba e i cieli impossibili con uno strano coraggio. [...] S'avvicina il tempo – e per alcuni è già venuto – in cui una vita normale, una vita da onest'uomo, richiederà sforzi da eroe. Quale supremo dono della vita attraverso la morte è quest'obbligo di essere eroi soltanto per esistere, per restare fedeli a una banale linea di vita, che i nostri antenati seguivano così naturalmente come respiravano!»[132]. Queste le parole, dunque, di un grande credente dai cui scritti emerge una fede che, però, sembra avere poca somiglianza con quella che si respira oggi nella Chiesa.

Rimasi, infatti, colpito (e non positivamente) anche dalla partecipazione del già richiamato vescovo di Milano alla celebrazione civile della cosiddetta Liberazione (25 aprile). Ricordavo già che i provvedimenti governativi avevano censurato la Pasqua, ma avevano consentito le manifestazioni partigiane in nome del «valore che questo anniversario ricopre per l'Italia». Ebbene, monsignor Delpini non solo intervenne alla commemorazione milanese – «io sono qui, noi siamo qui, oggi a far memoria della promessa e a motivarci a camminare insieme verso il futuro» –, ma dimostrò una completa affinità e comunione con gli "ideali resistenziali": «uomini e donne della Resistenza hanno creduto a una promessa, hanno compiuto le loro imprese, hanno sofferto, rischiato e pagato con la vita la speranza, la speranza di un popolo libero, unito da valori condivisi e liberamente scelti. Hanno creduto a una terra promessa e perciò non si sono rassegnati a una terra di schiavitù. Personalmente sento la responsabilità di celebrare la memoria dei martiri della Resistenza, come memoria di una promessa: sento che solo questo modo di vivere la memoria contiene

---

entrati nel peggiore dei totalitarismi ove lo Stato non solo impone come agire, ma stabilisce anche cosa pensare, impedendo di valutare in modo difforme dai suoi canoni».
132 Gilbert Keith CHESTERTON, *Eretici*, prefazione di Roberto Giovanni Timossi, Lindau, Torino 2010, p. 242-243 (*Heretics*, 1905).

una possibilità di costruire insieme il futuro»[133]. Parole che lascerebbero disgustato chiunque conosca anche solo un po' di storia, tanto da essere in grado di sapere quanto sangue innocente sia rimasto sulle mani e sulle bandiere dei "liberatori"[134]. Ma il discorso del vescovo lascia basiti per la dedizione verso miti civili che ogni cristiano dovrebbe intuitivamente considerare portatori di pericolose utopie. Ed invece: «la promessa civile contiene i valori che sono stati tradotti nei principi della Carta costituzionale, e i morti della Resistenza, i padri costituenti, le forze sociali che sono emerse vive dal disastro della guerra e dagli anni cupi della dittatura, meritano di essere ricordati non come fotografie del passato ma come testimoni di una promessa che li ha motivati a lottare insieme, a sognare insieme. Noi oggi onoriamo quella gente perché facciamo memoria della promessa in cui hanno creduto»[135]. Vero è che i fedeli che sono intorno alla cattedra che pure fu di sant'Ambrogio sono da tempo abituati a predicazioni ecumeniche: ricordo quelle di Martini[136] e quelle di Tettamanzi[137].

Monsignor Delpini ricordava (anzi, glorificava), dunque, i "martiri" della cosiddetta Resistenza con affermazioni molto impegnative per un Pastore della Chiesa[138], ma nei più alti gradi della Chiesa, oggi, si evita

---

133 https://www.affaritaliani.it/coffee/video/cronache/delpini-onoriamo-partigiani-facendo-nostra-loro-promessa-civile.html.

134 Cfr. Roberto BERETTA, *Storia dei preti uccisi dai partigiani*, Piemme, Casale Monferrato (Alessandria) 2005; cfr. Mario BOZZI SENTIERI, *L'antifascismo critico*, Edizioni Pantheon, Roma 2005; cfr. Gianni DONNO, *La Gladio rossa del PCI (1945-1967)*, Rubbettino, Soveria Mannelli (Catanzaro) 2001; cfr. Lodovico ELLENA, *Pagine strappate della resistenza*, Tabula fati, Chieti 2006; cfr. Lodovico ELLENA, *Pagine ritrovate della resistenza*, Tabula fati, Chieti 2007; cfr. Ugo FINETTI, *La Resistenza cancellata*, Ares, Milano 2003; cfr. Luciano GARIBALDI, *I giusti del 25 aprile. Chi uccise i partigiani eroi?*, Ares, Milano 2005; cfr. Giampaolo PANSA, *Il sangue dei vinti. Quello che accadde in Italia dopo il 25 aprile*, Sperling & Kupfer, Milano 2003; cfr. Giampaolo PANSA, *Prigionieri del silenzio. Una storia che la sinistra ha sepolto*, Sperling & Kupfer, Milano 2004; cfr. Giampaolo PANSA, *Sconosciuto 1945. Ventimila scomparsi, torturati e uccisi: le vendette dopo il 25 aprile nella memoria dei vinti*, Sperling & Kupfer, Milano 2005; cfr. Giampaolo PANSA, *La grande bugia. Le sinistre italiane e il sangue dei vinti*, Sperling & Kupfer, Milano 2006; cfr. Giampaolo PANSA, *I gendarmi della memoria. Chi imprigiona la verità sulla guerra civile*, Sperling & Kupfer, Milano 2007; cfr. Giampaolo PANSA, *I vinti non dimenticano. I crimini ignorati della nostra guerra civile*, Rizzoli, Milano 2010.

135 https://www.affaritaliani.it/coffee/video/cronache/delpini-onoriamo-partigiani-facendo-nostra-loro-promessa-civile.html.

136 Cfr. *Scandalo nel Duomo* (editoriale), in «Il Sabato», 5.5.1990, n. 18, p. 90.

137 Cfr. http://chiesa.espresso.repubblica.it/articolo/7628.html.

138 Rimarco ancora: «...hanno creduto a una promessa, hanno compiuto le loro imprese, hanno sofferto, rischiato e pagato con la vita la speranza, la speranza di un popolo libero, unito da valori condivisi e liberamente scelti. Hanno creduto a una terra promessa e perciò non si sono rassegnati a una terra di schiavitù. Personalmente sento la responsabilità

di sollevare il tema delle stragi di cristiani che, in modo pressoché quotidiano, si ripetono nel mondo. Per timore di offendere l'islam, paralizzati
dall'idea di fomentare lo scontro di civiltà[139], non solo non si spende una
parola in difesa dei – questi, sì – martiri moderni, ma il loro sacrificio
e il loro sangue viene considerato con imbarazzo e volentieri censurato
perché elemento in controtendenza rispetto alle più tranquillizzanti dichiarazioni di dialogo tra le religioni.

Pur tuttavia, come già documentavo poc'anzi, il Papa parla – eccome
che parla! –, ma batte solo sui temi cari a certa cultura politica. E, così,
recentemente lo si è sentito inveire contro l'ergastolo[140]. Sorpassata la

---

di celebrare la memoria dei martiri della Resistenza, come memoria di una promessa:
sento che solo questo modo di vivere la memoria contiene una possibilità di costruire
insieme il futuro».

139 Per utilizzare il titolo del famoso libro di Samuel Huntington, *The Clash of Civili-
zations* (1996).

140 Appuntai una ricca annotazione dell'amico Giovanni Formicola che Marco Tosatti,
vaticanista de «La Stampa», ora in pensione, aveva rilanciato sul suo Blog. Essendo un
penalista di fama, nessuno come l'amico Formicola avrebbe potuto con maggiore autorevolezza entrare in argomento. Annotava Formicola... «L'ergastolo non è la soluzione
dei problemi – lo ripeto: l'ergastolo non è la soluzione dei problemi –, ma un problema da
risolvere" (Francesco, Discorso alla polizia penitenziaria etc., 14 settembre 2019). Purtroppo, quando indossa questi pensieri che provengono dal sovversivismo (genere "disarmo
della polizia") e radicalismo anni 1960-1970, si fa davvero difficile. Di quale "problema"
l'ergastolo *non* sarebbe la soluzione? L'ergastolo è una sanzione. Punto. E in che senso
sarebbe un "problema"? Se lo è, lo è solo perché quasi sempre è – come vorrebbe *lui* –
tale solo a parole. Solo due esempi, giusto per dare l'idea. Il signor Bozano, dopo aver
massacrato una ragazzina di tredici anni (ma lui ci pensa alla vittima, e alle altre vittime
condannate, loro sì, ad un ergastolo davvero "fine pena mai": non vedranno mai più figli, genitori, fratelli, sorelle, mariti, mogli, etc.?), viene condannato all'ergastolo, ma dopo
pochi anni, nonostante un periodo di latitanza, viene ammesso alla semilibertà. E così
può dedicarsi all'aggressione sessuale verso un'altra minorenne. Il signor Izzo, dopo aver
violentato e torturato insieme a due ignobili compari due ragazzine, uccidendone una e
riducendo in fin di vita l'altra, che si salva solo perché creduta morta, viene condannato
all'ergastolo. Ma questo non dura. Lui si "pente" e viene scarcerato, e così può uccidere
una madre e sua figlia, e chissà – a suo dire – quante altre persone. Chi parlerà con *lui* di
queste due povere donne, morte uccise per dare "speranza" a un ergastolano? Sono solo
due esempi. E le vittime – morte e viventi nell'ineliminabile dolore – ringraziano per la
"soluzione" del "problema". Solo due esempi, per dimostrare come, con un ergastolo vero,
il "problema-Bozano" e il "problema-Izzo" sarebbero stati risolti, con non poca soddisfazione per chi invece li ha incontrati, suo malgrado, lungo la propria strada. Dando una
torsione forte al suo "pensiero" – ch'è di solito il modo più sicuro per misurare un'idea
–, se un Hitler fosse stato catturato (in realtà era stato catturato: se impiccato o almeno
all'ergastolo vero, quale catastrofe sarebbe stata risparmiata al mondo!), non sarebbe stato lecito né giustiziarlo [...] né condannarlo all'ergastolo, e così prima o poi, se la morte
non l'avesse intanto ghermito per fatti suoi, avrebbe ripreso a circolare per strada. Che ne
dite? Ve lo dico per esperienza: il "fine pena (davvero) mai" è l'unica cosa che temono i

moda delle battaglie civili contro la pena di morte, ora l'asticella si abbassa facendo propria l'ennesima conquista sociale, questa volta diretta contro la borghese pena dell'ergastolo. Ovviamente presto toccherà mettere in discussione la stessa borghese carcerazione (che, però, dovrebbe essere mantenuta solo per reati particolarmente odiosi, come la critica all'omosessualità o la polemica contro la legislazione pro-abortista o il reato di razzismo nei confronti dei rom o l'apologia di fascismo – estesa a tutto ciò che può essere comodamente considerato fascismo – o l'islamofobia).

Torniamo al coronavirus. Nutro l'impressione che il modo con cui la Chiesa ha trattato la questione dell'epidemia non sia solo il naturale effetto di una cristianità ridotta a slogan e messaggi banali. È l'immagine di una Chiesa ridotta ad essere una grande organizzazione umanitaria con intenti sociali e filantropici, condannata a ripetere ciò che è più comune e più condivisibile. Risulta, quindi, stridente l'invito che giunge proprio da papa Francesco quando mette in guardia dal rischio di trasformare la comunità cristiana in una ONG[141]. D'altra parte, in troppe circostanze il Papa, con il suo eloquio impreciso, ha dato prova di non padroneggiare i concetti e di usare in modo arbitrario nozioni teologiche molto sensibili e delicate[142]. Adoperare con grande approssimazione parole e usare

---

criminali. Ed in ogni caso, con la pena di morte, l'ergastolo (vero) è una sanzione, l'unica, proporzionata a certi crimini, e una misura di profilassi e prevenzione sociale, tendenzialmente non surrogabile. La "misericordia" è cosa delle persone, non delle istituzioni, perché in tal caso – vedi le vittime secondarie alla "misericordia" di Stato – sarebbe come quel tipo particolare di sodomia praticata con le parti anatomiche altrui. Pena di morte e ergastolo sono anche steli innalzate per ricordare ai colpevoli e all'intera società, a tutti, i profondi abissi del male e delle capacità malvagie del *mysterium iniquitatis* che alberga nel cuore di ciascuno di noi. Abbatterle significa relativizzare "misericordiosamente" il crimine e la cattiveria. È il proprio delle persone che non hanno la virilità per sostenere le conseguenze del mistero della libertà e della responsabilità che ne deriva. Fino in fondo, come per l'inferno, che non a caso neppure tollerano concettualmente in quanto senza fine. Peccato che esso sia nei Vangeli la realtà di gran lunga più nominata ed evocata da Gesù. Ma senza registrazioni non ne siamo poi così sicuri, e magari parlava in quel modo perché gli uomini del suo tempo questo linguaggio comprendevano, mentre noi uomini di oggi, evoluti e ormai adulti, abbiamo capito meglio e possiamo correggerlo» (https://www.marcotosatti.com/2019/09/15/il-papa-e-lergastolo-il-commento-di-un-avvocato-giovanni-formicola/).

141 Sono numerose le circostanze in cui il Papa ha rinnovato l'esortazione a non trasformare la Chiesa in Organizzazioni Non Governative. Si tratta, però, di un consiglio ribaltato da martellanti indicazioni in senso apertamente contrario.

142 Cfr. http://chiesa.espresso.repubblica.it/articolo/1351178.html; cfr. http://magister.blogautore.espresso.repubblica.it/2013/10/02/de-marco-su-papa-francesco-in-coscienza-devo-rompere-il-coro%E2%80%A6/.

termini con superficialità comporta una formidabile ed ulteriore dose di confusione in una situazione già di per sé caotica.

Vero è che, spesso, i mass-media anziché comunicare per offrire un servizio in termini di semplificazione delle conoscenze finiscono con il presentare una realtà filtrata dalle esigenze di cronaca con un'indebita enfasi per aspetti secondari rispetto ad altri, oggettivamente prioritari, condannati a cadere nell'oblio. Il giornalista inevitabilmente seleziona e, in questo modo, rischia sempre di produrre messaggi semplicistici e riduttivi, schematici e superficiali. A patirne è l'essenza dell'annuncio cristiano. Anche per ciò che ha riguardato la comunicazione sulla Chiesa in rapporto all'epidemia, senza dover rinnegare quanto sinora detto, va, comunque, fatta presente una caratteristica distorcente anche della cronaca religiosa, caratteristica tesa cioè a piegare, per finalità mediatiche, la notizia, con la conseguenza di compendiarne i contenuti – più che in modo arbitrario, in modo sintetico – per rendere questi stessi contenuti quanto più interessanti possibile. Tutto questo ha, però, un costo, contenuto nella generalizzazione e nella sintesi. Ciò significa che ci si sofferma su ciò che dice qualcuno piuttosto che su ciò che fanno in tanti. Su ciò che ha detto il Papa circa la necessità di assecondare le indicazioni governative piuttosto che su ciò che hanno fatto tanti sacerdoti per continuare ad essere vicino ai loro fedeli. Ci si sofferma, cioè, su ciò che dice qualcuno dando l'impressione – la "generalizzazione" – che questo basti a capire ciò che fanno tutti gli altri. È ciò che potremmo definire come l'inevitabile deficit mediatico dove i singoli tendono a scomparire, appiattendo l'individuo nella sintesi offerta da un "tutto". Nelle modalità con cui si esplicano i mass-media è contenuta una deformazione sociologica: quella di presentare la realtà in termini di entità collettive anziché di individui che sussistono in modo enormemente più complesso rispetto a come la comunicazione può cogliere e riferire. Nel deficit mediatico è contenuta la necessità di spiegare la realtà utilizzando le strade più brevi, quelle della sintesi che spesso rischia di essere superficiale e della generalizzazione che spesso rischia di essere approssimativa. Il rapporto individuale svanisce e ciò determina quel qualcosa di perverso che è spiegabile nei termini della dimensione prevalentemente collettiva della comunicazione. Anche il modo con cui si è ordinariamente descritta l'opera della Chiesa nei frangenti dell'epidemia è, in una qualche significativa misura, conseguenza di questa deformazione collettivista.

Se ad almeno parziale giustificazione della deriva secolarista, umanitarista e pauperista della Chiesa si può invocare un'immagine sociologica (almeno parzialmente falsata) che di essa offrono i media, ad aggravamento della stessa deriva va anche detto che nell'immagine fornita dai media, la Chiesa sembra riconoscersi molto bene[143].

Un esempio di ciò può essere rintracciato negli spot pubblicitari (ma la Chiesa anti-capitalista non tuonava contro la pubblicità commerciale?) per la devoluzione fiscale dell'"8 per mille" in Italia. In essi le figure dei sacerdoti e delle suore appaiono sempre come degli eroici assistenti sociali e l'invito a sottoscrivere la quota è sempre in nome di progetti di promozione e di campagne sociali. Altro, quindi, che evitare di trasformarsi in una enorme ONG!

Ebbene, la Chiesa che si appiattisce a ripetere della pandemia ciò che tutti dicono è, a suo modo, coerente con la riduzione sentimentale del cristianesimo ed anche la banalità, da un lato, e l'enfasi, dall'altro, con cui si è parlato dell'epidemia sono, in fondo, riconducibili alla ricerca del più largo consenso e al desiderio di trovare apprezzamento. Quanto, poi, questa subalternità sia in linea con la fedeltà evangelica non dovrebbe essere difficile capire. Non fu, forse, detto «guai quando tutti gli uomini diranno bene di voi»?[144].

D'altra parte è, in buona misura, proprio questa omologazione a dover essere considerata una grande tentazione subita dalla Chiesa oggi, tentazione forte come non mai in passato. Una tentazione che pone Gerarchia e fedeli in balia del potere[145].

---

143 Gómez Dávila annotava: «la Chiesa contemporanea [...] preferisce l'entusiasmo delle grandi masse alle conversioni individuali» e, poi, senza moderarsi, aggiungeva: «pensando di aprire le braccia al mondo moderno la Chiesa ha finito per aprirgli le gambe. Più che un cristiano sono forse un pagano che crede in Cristo» (Nicolás GÓMEZ DÁVILA, *In margine a un testo implicito*, Adelphi, Milano 2009, p. 180).
144 *Vangelo di Luca*, capitolo 6, versetto 26.
145 Mentre scrivo, mi sovviene il ricordo di qualcosa scritto (per una cerchia ristretta di amici) ormai anni fa. Per l'esattezza ben tredici anni fa, in occasione del Family Day (maggio 2007). In quell'occasione annotavo... «Io sono un povero prete. Non sono pedofilo. Ve lo assicuro. Però dover giustificarsi di non essere pedofilo, sentirsi addosso lo sguardo di chi sospetta di te solo per il "clima" o il pregiudizio che si viene a creare, mi induce a pensare a qualcosa di più di una serie di casi che hanno dato luogo o che possono dare luogo ad una sorta di isteria collettiva. A riguardo avevo fatto alcune considerazioni con un amico il giorno prima di ascoltare dalla TV le parole di Berlusconi intervistato durante la manifestazione del Family Day, sabato scorso (12 maggio 2007). Berlusconi ha dichiarato di essersi deciso a partecipare al Family Day dopo aver visto la prima pagina de "il Manifesto" di quella giornata. Infatti sulla prima pagina del quotidiano campeggiava una vignetta nella quale il noto Vauro introduceva la manifestazione: "ci saranno un sacco di preti" dice la moglie rivolgendosi al marito e questi di rimando: "dici che è meglio se lasciamo a casa i bambini?". Berlusconi, in piazza San Giovanni in Laterano, non solo ha mostrato la prima pagina de "il Manifesto" dichiarando la vignetta "inaccettabile", ma ha proseguito dicendo che era lì per dare la sua "testimonianza in un momento in cui ci sono preoccupanti voglie di limitare la libertà della Chiesa di esprimere i propri convincimenti.

C'è già stata una Chiesa del silenzio ed era nei Paesi comunisti, non credo che si possa accettare che qualcuno la voglia anche qui". Berlusconi, cioè (non so se con acume o se involontariamente), metteva in relazione l'accusa infamante alla Chiesa (accusa espressa in tutta la sua indegnità dalla vignetta di Vauro) con il rischio di una riduzione della libertà della Chiesa. Anche io, qualche giorno prima – dicevo: parlando con un amico – avevo espresso un timore simile. Temo, cioè, che l'infamia delle accuse di pedofilia possa divenire una terribile arma politica per mettere in ginocchio la Chiesa. Screditare la Chiesa, minacciare il ricorso ad una campagna di propaganda di subdole illazioni, minacciare il ricorso alla calunnia significa minarne "scientificamente" l'autorevolezza quando di questa autorevolezza si può aver paura. A questo punto occorrerebbe aprire una parentesi per richiamare la ottusità di tanta parte degli uomini di Chiesa e della stessa Gerarchia (vescovi e cardinali): prima ci si è rallegrati del rinnovato prestigio morale riconosciuto alla Chiesa, senza rendersi conto che questo interessato applauso era concesso a condizione di sostenere (più o meno involontariamente) le grandi battaglie culturali della Sinistra; ed ora si teme di veder rovinare questo "credito" sociale se la voce della Chiesa si permette di spingersi troppo in avanti nelle critiche alle politiche anti-familiari del governo di Sinistra (non a caso guidato dal cattolico Prodi, esemplare esempio di "utile idiota" di leniniana memoria). Essere succubi del *placet* del potere, significa essere facilmente ricattabili quando si teme di perderne l'apprezzamento almeno quanto essere dipendenti dal giudizio del potere quando lo si asseconda per goderne l'approvazione. La Chiesa, forse, ancora non si rende conto di essere in balìa dei voleri di un potere (leggi: Sinistra e catto-comunismo) che, come diceva Pasolini, "se la ride del Vangelo". Preti, vescovi e cardinali non si sono resi conto di come la concessione della patente di eticità da parte del potere comportava la diretta partecipazione alla distruzione dei vincoli di quel poco di popolo cristiano che ancora permaneva. A prezzo della nullificazione del corpo della Chiesa (attraverso l'appiattimento della predicazione dei "valori", della pace, del terzo-mondismo, dell'ugualitarismo), si è preferito veder aumentare il proprio "prestigio etico". Il processo viene da lontano ed ha avuto una tappa importante nella "questione morale" degli anni Ottanta e nella necessità di collaborare con tutti sulle grandi emergenze etiche. Ricordo che – anni fa – un vescovo dichiarò che poco importava il distanziamento dei fedeli da specifiche indicazioni dei Pastori della Chiesa, dal momento che l'episcopato non aveva mai goduto tanto rispetto e popolarità. Strano prestigio quello che induce i mass-media a concedere riconoscimenti saltuari (all'occorrenza e secondo utilità) e che illude i vescovi allontanandoli dalla cura del magari piccolo, ma pur sempre fedele gregge formato da chi è ancora praticante (nonostante i Pastori). Così che proprio quel potere che ha applaudito i vescovi ogni volta che i vescovi – più o meno consapevolmente – si astraevano dalla fede del gregge, oggi ringrazia con la minaccia di revocare il prestigio etico che aveva benevolente (ed interessatamente) concesso. E qui chiudo la parentesi per tornare alla perfida accusa di pedofilia. E lo faccio solo per concludere. Ogni persecuzione alla Chiesa è sempre stata abbinata ad una puntuale e programmata opera di calunnie e di discredito. Spesso le calunnie e il discredito hanno preparato la persecuzione. Armi queste che la Chiesa dovrebbe conoscere molto bene perché le sono state puntate contro innumerevoli volte nel corso della sua storia (così è stato con i regimi comunisti ed ancora così è in Cina). Armi che anche il Potere conosce alla perfezione per averle adottate costantemente contro la libertà dei suoi nemici. E la calunnia è uno strumento costante del Potere: "calunniate, calunniate, il danno resta e non si cancella" diceva ed insegnava Voltaire. Sono solo un povero prete. Non sono pedofilo. Ma considererei insopportabile l'applauso del potere, molto più che la sua vendetta. Sono un prete cattolico. Solo un povero prete».

La pandemia, quindi, non dissimilmente da tante altre significative prove per la Chiesa, ha rappresentato molto più che aspetti occasionali – in questo caso, disposizioni sanitarie applicate alla liturgia. Infatti con essa molto si è manifestato della fede, sollevando il velo su realtà ben più profonde di quelle legate all'emergenza. È l'"aggiornamento" della fede a dimostrarsi rovinoso tanto più per il fatto di rivelarsi inadeguato proprio nel confronto con le realtà terrene che pure la Chiesa voleva rincorrere. Ad essere in discussione è la cosiddetta Chiesa moderna che intende inserirsi talmente nella modernità da esservi accomunata in ciò che questa ha di più peculiare: la perdita di tutti i riferimenti oggettivi e la fobia verso il concetto stesso di verità. Con il conseguente oblio di tutto ciò che il catechismo tradizionale definiva "le cose ultime", le realtà definitive: morte, giudizio, inferno e paradiso[146].

Dinanzi alla situazione attuale, è comprensibile la tentazione di rifugiarsi in una nostalgia per un passato nel quale la Chiesa sembrava essere un baluardo e un giardino, un baluardo verso l'esterno per la difesa della civiltà contro ogni minaccia e un giardino all'interno per consentire ai propri membri di godere in modo cristallino della verità della fede (il cosiddetto *depositum fidei*).

Ricordo delle parole assai serie e gravi di Jean Guitton, il filosofo francese che ha seguito con grande apprensione il cammino della Chiesa nel XX secolo. Non sono in grado di offrirne la fonte, ma se il mio ricordo non è errato, Guitton espresse una drammatica testimonianza con un'affermazione in cui, più o meno, diceva: «io morirò nella fede cattolica, ma debbo dire che questa fede sembra molto diversa da quella nella quale sono nato».

In effetti, sembra che ci sia una ben netta linea di demarcazione tra la Chiesa del passato e quella del presente. Sarebbe certamente semplicistico pensare alla fede del passato circoscritta tutta a sacramenti e processioni, tutta tesa alla dimensione della dottrina e della "verticalità" e alla Chiesa del presente tutta impegno sociale e organizzazione umanitaria, protesa solo a ritagliarsi uno spazio nel mondo con istanze puramente "orizzontali" e filantropiche. Tuttavia ci troviamo dinanzi a due prospettive non propriamente complementari perché in quella antica la fede trascendente quasi schiacciava la secolarità, mentre nella prospettiva moderna il sentimento sembra dissolvere i contenuti essenziali del cristianesimo.

---

146 «Perché i Novissimi si dicono cose ultime dell'uomo? I Novissimi si dicono cose ultime dell'uomo, perché la Morte è l'ultima cosa che ci accade in questo mondo; il Giudizio di Dio è l'ultimo fra i giudizi che dobbiamo sostenere; l'Inferno è l'estremo male che avranno i cattivi; il Paradiso il sommo bene che avranno i buoni» (PIO X (san), *Catechismo maggiore* (1905), Ares, Milano 1974, domanda 970).

Ma non bisogna considerarsi inappellabilmente costretti a scegliere tra questi due "eccessi", due atteggiamenti comunque parziali: da un lato la focosa pietà della predicazione del passato, dall'altro l'evanescenza della Chiesa contemporanea. Due atteggiamenti in cui ciascuno abbandona qualcosa di irrinunciabile: da un lato la fede che rischia di ricusare la ragione per amore della pietà, dall'altro lo smarrimento dell'identità cristiana addomesticata e rimodellata secondo le mode del momento. Per essere una presenza significativa, anzi *la* presenza indispensabile, è tutt'altro che necessario perseguire alcune esagerazioni o incorrere in un qualche cedimento. Se non si può non cogliere la distanza tra la condotta di san Carlo Borromeo che durante la peste del 1576 a Milano[147] fronteggiò le autorità pur di compiere le processioni e pur di assicurare le preghiere popolari e la condotta del cardinale presidente dei vescovi italiani per il quale «occorre ritornare a vivere con prudenza e cautela, ma occorre ripartire» e che invitava a vivere «il tempo della responsabilità e della serietà, lasciando da parte, per il bene di tutti, *fake news*, negazionismi e 'cattiva informazione'»[148], ebbene se la differenza tra i due atteggiamenti è notevole, non è detto che le due posizioni non abbiano alternative.

«Voi siete il sale della terra; ma se il sale perdesse il sapore, con che cosa lo si potrà render salato? A null'altro serve che ad essere gettato via e calpestato dagli uomini»[149]; è, questa, l'esortazione che Gesù rivolge ai suoi discepoli. Non occorre molto per capire quanto sia impegnativa tale missione. E per poter essere fedeli a questo mandato non è neanche troppo difficile capire che si deve evitare tanto di supporre di poter trasformare il mondo in una salina quanto di presupporre che il mondo sia già sapido a sufficienza. Le molte obiezioni rivolte alla Chiesa moderna non giustificano una visione edulcorata del passato cristiano. Infatti, non ci sono età in cui la Chiesa non abbia mostrato il suo volto di peccato e di rughe. Contro i miti tradizionalisti occorre riconoscere che non c'è stato un passato illibato e contro le utopie moderniste occorre ammettere che non c'è un presente innocente. Il passato non è da rinnegare, ma neanche da esaltare e il presente non è da subire, ma certo non è da idolatrare. Se la Chiesa del moderno presente si svilisce in un sentimento solidale e triste, generoso e vuoto, la Chiesa del passato si esprimeva in una fede barocca, spesso bigotta, pesante e opprimente. All'eccesso di forme del

---

147 Nel capitolo 1 (paragrafo 1) di questo testo ho accennato all'epidemia che prese il nome del santo (la "peste di san Carlo").

148 https://www.ansa.it/umbria/notizie/2020/08/05/card.-bassetti-occorre-tornare-a-vivere_f7755b2c-38b2-43d4-ba2a-a3fbf56ebb5a.html.

149 *Vangelo di Matteo*, capitolo 5, versetto 13.

passato, forme cariche di moralismo e devozionismo, subentra oggi l'allergia per ogni forma in nome di un inconsistente sentimentalismo e di vaghi e vuoti valori universali.

E se in passato, in occasione di un cataclisma o di un'epidemia, si scivolava spesso nella retorica del castigo di Dio, oggi ci si censura per evitare di apparire discepoli di un Dio severo. Ha scritto Pietro De Marco: «quel Dio è diventato una sorta di idealità, che il cristiano moderno si preoccupa di ripulire dalle "macchie" del Giudizio, dell'ira e della punizione, per farne un'entità dolciastra. Dunque: "Dio non c'entra". Per di più ci si illude che tenere Dio fuori dalle nostre tragedie storiche sia, oltre che rispettoso, un'ottima apologetica»[150].

Questo è il punto in cui, dinanzi alla sofferenza, si rivelano insufficienti sia la risposta tradizionalista del castigo sia la congettura della estraneità di Dio verso il mondo. E se la prima si dimostra inadeguata a scrutare la intelligibilità delle leggi naturali, la seconda si svela come la strada per estromettere Dio dalla storia dell'uomo. E così, alla prova dei fatti, la tanto agognata Chiesa "in uscita" si è rapidamente rivelata come Chiesa "in chiusura". "Chiusura" innanzitutto dinanzi alle domande più profondamente umane che la pandemia ha stimolato.

Non è un paradosso; è piuttosto una nemesi, cioè una circostanza in cui si rivela ciò che era nascosto. Non è, quindi, un caso che una Chiesa che voglia essere ambientalista[151], che sia in prima linea nel pretendere l'accoglienza degli immigrati sia, poi, incapace di parlare di Dio e... della morte. Cioè, di ciò a cui l'uomo è chiamato e della grande fragilità che sempre l'essere umano sperimenta. Se sembra – ovviamente, la pandemia ha solo palesato il problema – che la Chiesa non abbia molto da proclamare sui grandi problemi esistenziali dell'uomo, questo silenzio significherebbe il tradimento stesso del mandato di Cristo che si è unito agli uomini nella loro sofferenza, che ha unito gli uomini alla sua morte e li ha resi partecipi della resurrezione e della vita.

Ricordo che papa Francesco si lamentò del cattivo rapporto tra gli uomini e la Terra[152]. Ciò è vero, ma in chiave cosmologica – non, come

---

150 Pietro DE MARCO, *La peste della banalità*, 23.3.2020 (http://magister.blogautore.espresso.repubblica.it/2020/03/23/coronavirus-ma-la-chiesa-soffre-anche-il-contagio-della-vuota-retorica/).
151 Nel bel mezzo della pandemia, il 22 aprile (2020), papa Francesco non trovò di meglio che lanciare una rivoluzione ambientalista: «abbiamo peccato contro la terra [...], abbiamo bisogno di una conversione ecologica» (cfr. http://www.vatican.va/content/francesco/it/audiences/2020/documents/papa-francesco_20200422_udienza-generale.html).
152 Cfr. anche FRANCESCO, Lettera enciclica *Laudato si'* sulla cura della casa comune, 24.5.2015, n. 11.

sostiene il Papa, in chiave ecologica[153] – e in chiave antropologica[154], non dissimilmente dal cattivo rapporto tra l'essere umano e il proprio corpo[155]. Ma dove la relazione raggiunge la massima conflittualità è con la realtà della morte. Non c'è, infatti, alcuna realtà problematica come la morte ed è di fronte alla morte che l'uomo si sente solo. Correggendo papa Francesco, dobbiamo dire che è innanzitutto nei confronti della morte che l'essere umano ha bisogno di sanare il proprio rapporto. Difatti, «in faccia alla morte l'enigma della condizione umana raggiunge il culmine»[156].

Vorrei ancora rendere merito a Vittorio Messori dai cui scritti trassi i primi nutrimenti del mio ormai lungo cammino di studio. Dopo il *best-seller* con cui lo scrittore cattolico salì alla ribalta[157], Messori diede alle stampe il suo secondo grande successo, *Scommessa sulla morte*, una serie di riflessioni sulla "proposta cristiana" a partire dall'interrogativo sulla morte[158]. «Ci è capitata una curiosa avventura: avevamo dimenticato che si deve morire»; con questa frase di Pierre Chaunu, un grande storico francese, si apre il libro a proposito del quale Messori raccontava l'obiezione dell'editore – che pure lo aveva sollecitato a scrivere – perché la parola "morte" non comparisse nel titolo[159].

Quanto più si prova ad esorcizzare il problema della morte, tanto più esso si dimostra centrale. D'altra parte si tratta di un tema da un lato insopprimibile ed inesausto dall'altro tremendo e spaventoso. Il problema della morte è davvero la *magna quaestio* dell'uomo e, quindi, il grande problema dell'intera storia. Esso è insopprimibile perché, per quanto lo si censuri

---

153 E così la fondamentale relazione tra l'uomo e Dio sembra convertirsi nell'ambigua relazione tra l'uomo e l'ambiente.

154 Il libro della *Genesi* (il primo della *Bibbia*), sempre guardato con un certo altezzoso distacco dai "cristiani maturi", offre, invece, mirabili indicazioni antropologiche. Così, per ciò che riguarda il problematico rapporto con la natura conseguenza del peccato: «maledetto sia il suolo per causa tua! Con dolore ne trarrai il cibo per tutti i giorni della tua vita. Spine e cardi produrrà per te e mangerai l'erba campestre. Con il sudore del tuo volto mangerai il pane; finché tornerai alla terra, perché da essa sei stato tratto: polvere tu sei e in polvere tornerai!» (*Gen* 3,17-19).

155 «Allora si aprirono gli occhi di tutti e due e si accorsero di essere nudi; intrecciarono foglie di fico e se ne fecero cinture» (*Gen* 3,7). E Dio domandò: «chi ti ha fatto sapere che eri nudo?» (*Gen* 3,11).

156 CONCILIO VATICANO II, Costituzione pastorale *Gaudium et spes* sulla Chiesa nel mondo contemporaneo, 7.12.1965, n. 18.

157 Vittorio MESSORI, *Ipotesi su Gesù*, prefazione di Lucio Lombardo Radice, Società Editrice Internazionale, Torino 1979 (1976).

158 Vittorio MESSORI, *Scommessa sulla morte. La proposta cristiana: illusione o speranza?*, Società Editrice Internazionale, Torino 1982.

159 Vittorio MESSORI, *Ma la speranza non muore*, intervista di Luigi Vaccari, in «il Messaggero», 12.5.2002.

e lo si rimuova, riemerge sempre e comunque: è vero, infatti, che «l'uomo non è tormentato solo dalla sofferenza e dalla decadenza progressiva del corpo, ma anche, ed anzi, più ancora, dal timore di una distruzione definitiva»[160]. Inoltre il grande problema è tremendo per l'impossibilità di darvi soluzione al di fuori di Dio: «due sono le cose che non possono essere guardate fissamente: il sole e la morte» (è questo un aforisma – piuttosto noto – attribuito a François de La Rochefoucauld, lo scrittore francese del XVII secolo[161]). Ma «qual è il significato del dolore, del male, della morte, che continuano a sussistere malgrado ogni progresso?»[162].

Con l'approssimarsi della propria morte, l'interrogativo sconvolge l'uomo, anche la persona che sino a quel momento aveva avuto una qualche possibilità di comoda occultazione In alcuni momenti – in occasione di guerre, carestie, terremoti – il problema della morte non riesce ad essere rinviato in quanto "morte degli altri" perché investe ciascuno ed essa viene avvertita, a causa della prossimità, come ormai propria. Così è avvenuto durante le epidemie che hanno decimato le popolazioni e così è avvenuto anche in epoca di coronavirus. Infatti – come ha recentemente scritto uno storico delle origini cristiane – «la pandemia di Covid-19 che sta terrorizzando tutti non è la prima causa di morte in assoluto e probabilmente non lo sarà neanche in futuro, nonostante il suo paventato sviluppo. Sul nostro pianeta gli uomini muoiono di più per un insieme di mille altre ragioni, ogni anno a decine e decine di milioni. Il che non ci angoscia perché si tratta, per così dire, della morte degli altri. [...] La morte da coronavirus, invece, è la nostra morte. Quella che in qualunque momento e a dispetto di ogni cautela potrebbe toccare a me e a te. Il virus invisibile e ubiquo fa accadere, come possibilità universale, la costante imminenza della mia morte»[163].

Rispetto al passato più o meno remoto c'è, ora, un'aggravante. Questa è data da quella particolare condizione dell'uomo contemporaneo che chiamiamo "modernità"[164], cioè il clima culturale nel quale l'uomo postula

---

160 CONCILIO VATICANO II, Costituzione pastorale *Gaudium et spes* sulla Chiesa nel mondo contemporaneo, 7.12.1965, n. 18.
161 Cit. in Edgar MORIN, *L'uomo e la morte*, Biblioteca Meltemi, Roma 2002, p. 29 (*L'Homme et la Mort*, 1970): «Il y a deux choses qu'on ne peut regarder fixement, le soleil et la mort».
162 CONCILIO VATICANO II, Costituzione pastorale *Gaudium et spes* sulla Chiesa nel mondo contemporaneo, 7.12.1965, n. 10.
163 Leonardo LUGARESI, *A tu per tu con la morte. Come dare la notizia che il mondo non vuole sentire*, 30.3.2020 (http://magister.blogautore.espresso.repubblica.it/2020/03/30/a-tu-per-tu-con-la-morte-come-dare-la-notizia-che-il-mondo-non-vuole-sentire/).
164 La "modernità" non coincide con la "contemporaneità". Il primo è un concetto valutativo e filosofico, il secondo è puramente descrittivo e neutro. Il primo si distingue dal

la negazione della trascendenza o la insignificanza di ogni appello alla stessa o l'autonomia rispetto ad ogni richiamo di essa. Ateismo, agnosticismo, laicismo, quindi, rappresentano il tratto caratteristico dell'allergia dell'uomo moderno nei confronti della rivelazione cristiana e se questa insofferenza coincide con la raggiunta maturità, il terrore del "teo-fobico" uomo moderno per la sofferenza, per le malattie, per la morte indica non solo una drammatica flessione della tenuta psicologica rispetto ad un passato "religioso", ma lo svelamento della disonestà della promessa contenuta nei caposaldi della cultura moderna.

Una buona (e serena) apologetica potrebbe e dovrebbe partire innanzitutto dall'analisi di un clima culturale che non solo gli uomini di Chiesa non hanno più osato mettere in discussione, ma che hanno anche ampiamente respirato e assimilato. E se la Chiesa sembra avere nulla, o comunque poco, da annunciare intorno alla morte, ciò è dovuto innanzitutto a questa omologazione. Tornare a proclamare la verità sull'uomo, comporterebbe anche svincolarsi da questo connubio soffocante.

Essere vicini a chi soffre non solo non comporta scadere nella banalità, ma richiede massimamente la carità di parole autentiche. Quando tutto concorre a considerare la salute come bene superstite, sarebbe anche sufficiente proclamare una essenziale verità antropologica: quella che vede nella salute un bene assai importante, ma non l'unico e addirittura neanche il superiore. La salute rimanda ad altro; bene importante, ma finalizzato a qualcos'altro. La salute non è un assoluto, ma un bene relativo che rinvia ad un misterioso assoluto. L'uomo non può non affrontare il tema della sua chiamata a qualcosa di ben maggiore rispetto alla conservazione della salute o alla pura sopravvivenza, così come non può non affrontare l'altra grande questione della fragilità fisica (e non solo fisica) con la domanda sulla malattia e sulla morte. Sono i grandi interrogativi – quello della vita e della sofferenza – che "bussano" alla risposta di Cristo.

Al mondo in preda all'angoscia per la morte, si rende il peggior servizio quando ci si limita a mostrarsi solidali e compartecipi. Se non si ha nulla da dire, pur di sopravvivere, si trasforma la predicazione in volontariato. Si dice che il mondo ha bisogno di esempi più che di predicatori. Chissà che idee simili non siano alla base della secolarizzazione del cristianesimo. Sta di fatto che per fronteggiare l'epidemia, a mancare non sono stati gli operatori, ma le voci che dovevano rischiarare le tenebre delle nevrosi personali e delle isterie collettive. E, per dirla tutta, la certezza nell'immortalità avrebbe offerto più (non meno) motivi al comportamento responsabile

secondo perché la modernità assume il significato di un nuovo orizzonte di vita per una umanità ormai senza Dio.

per contenere il contagio, un contagio poi reso massimamente possibile a causa delle imprudenze proprie della condotta epicurea.

Se la cultura moderna, in funzione nichilista, aveva tanto enfatizzato la fragilità e l'inermità, per l'uomo moderno risulta, tuttavia, insopportabile scoprirsi vulnerabile ed esposto[165]. Ma se il rifiuto della natura umana così com'essa è fa parte della complessiva crisi di fede, si comprende anche come la debolezza fisica, propria della condizione umana, può essere rischiarata solo in colui che ha redento tutto l'uomo. Se manca questa luce, la malattia è solo un incomprensibile incidente e non uno stato ordinario in cui ogni uomo viene a trovarsi. Il tema della malattia è il tema della morte ed insieme si innestano inestricabilmente nel tema della vita e della resurrezione espressa nel Vangelo di Cristo. Oltretutto, la morte – con la sofferenza e la malattia – stanno lì, ostinatamente, a ricordare che l'uomo è tutt'altro che onnipotente e che la sua maggiore capacità la esprime nel riconoscere la propria creaturalità.

La «parola vera» che «è mancata sin qui»[166] riguarda la risurrezione di Cristo come verità definitiva per l'uomo. Unica realtà capace di dare significato pieno ad ogni aspetto della vita di ciascuna persona e ad ogni momento della storia dell'umanità. Anche per la vicenda dell'epidemia, occorre riaffermare l'*unicum necessarium*: Dio fatto uomo attraverso una Donna, l'Eterno che entra nel tempo e nello spazio per essere «centro del cosmo e della storia»[167].

Con la Chiesa che sembra aver soggezione a parlare di eternità e di resurrezione, ma anche di morte e di peccato, le domande, gli interrogativi, le ansie più profonde dell'uomo rimangono inappagati. Non si tratta di cadere in atteggiamenti di pura religiosità, ma di non occultare la specificità della risposta cristiana. Si domandava Pietro De Marco: «chi è stato finora capace di verticalità? dov'è la franchezza di alzare parole di pentimento e penitenza, quando addirittura la Quaresima ne impone il quotidiano esercizio?»[168]. Ma se è vero che il richiamo escatologico "salva"

---

165 Cfr. Domenico AIROMA, *"Fermo immagine". Per non dimenticare, dopo la pandemia*, in «Cristianità», anno 48 (2020), n. 403 (maggio - giugno), p. 3-19.

166 Gianfranco BRUNELLI, *Chiesa - Coronavirus: preparare la Pasqua nel sabato del tempo*, in «Il Regno», n. 6/2020, 15.3.2020, p. 129. Come già dicevo, debbo la conoscenza anche di questo articolo a quel che Sandro Magister ha scritto nel suo documentatissimo Blog (http://magister.blogautore.espresso.repubblica.it/).

167 GIOVANNI PAOLO II, Lettera enciclica *Redemptor hominis* all'inizio del ministero pontificale, 4.3.1979, n. 1.

168 Pietro DE MARCO, *La peste della banalità*, 23.3.2020 (http://magister.blogautore.espresso.repubblica.it/2020/03/23/coronavirus-ma-la-chiesa-soffre-anche-il-contagio-della-vuota-retorica/).

dal nichilismo i singoli momenti della storia, è anche vero che più che la "verticalità", occorre riaffermare l'Incarnazione di Dio. Un altro lontano ricordo mi riporta ad una sorprendente affermazione di Massimo Cacciari che alla domanda «secondo molti, dalla crisi della modernità si esce soltanto attraverso un riferimento all'Assoluto. E secondo lei?» non ebbe esitazione a replicare in questo modo: «certamente no! o almeno, bisogna intendersi su cosa si intende per Assoluto. Nella nostra cultura il vero termine di riferimento non è l'"Assoluto", ma l'"Incarnazione"»[169]. Parole vere di cui si sente la mancanza nelle omelie domenicali come nelle notizie con cui i giornalisti riportano i discorsi papali. Le une e le altre contagiate dal peggiore dei virus, quello dell'omologazione mentale, dalla peggiore delle epidemie, quella della peste della banalità[170]. La prima forma di carità che la Chiesa dovrebbe preoccuparsi di esercitare è la decontaminazione del linguaggio per evitare ovvietà e insipidezza – il cosiddetto politicamente corretto – che è un tutt'uno con la deriva secolarista e con il declino manifestato dall'appiattimento[171]. Nel già ricordato aforisma, Nicolás Gómez Dávila invitava a ritenere l'astrazione una tentazione che allontana da Dio ben più insidiosamente della sensualità[172]. E in questa astrazione si può bene inserire una serie di messaggi lanciati all'insegna dell'epidemia considerata come la peggiore sciagura[173]. E come in un funerale affermare, in nome della compartecipazione, che non c'è cosa peggiore della morte significa anche deludere gli ascoltatori, così nel corso dell'epidemia non ci si poteva limitare a compiangersi ripetendo che si trattava di un momento unico e difficilissimo. Con buon senso, e se necessario anche con coraggio, occorre ripetere che come di gran lunga peggiore della morte è il male morale, allo stesso modo sono tante le cose ben peggiori rispetto anche al più aggressivo virus. Mi riferisco a

---

169 Massimo CACCIARI, intervista in «Adista - Agenzia di Informazione Stampa», 14.10.1991, n. 69.

170 È, questo, il titolo dell'articolo di Pietro DE MARCO, *La peste della banalità*, 23.3.2020 (http://magister.blogautore.espresso.repubblica.it/2020/03/23/coronavirus-ma-la-chiesa-soffre-anche-il-contagio-della-vuota-retorica/).

171 Cfr. Aldo Maria VALLI - Aurelio PORFIRI, *Decadenza. Le parole d'ordine della Chiesa postconciliare*, prefazione di Marcello Veneziani, Chorabooks, Roma 2020. Nel libro, gli autori si concentrano su dieci parole chiave nella predicazione della Chiesa a partire dal Concilio Vaticano II, parole divenute veri e propri slogan nel linguaggio di papa Bergoglio. Le dieci parole sono: dialogo, pastorale, sinodalità, ponti, autoreferenziale, fragilità, misericordia, ecumenismo, discernimento, periferie.

172 Cfr. Nicolás GÓMEZ DÁVILA, *In margine a un testo implicito*, Adelphi, Milano 2009, p. 112.

173 Cfr. https://www.repubblica.it/vaticano/2020/04/03/news/coronavirus_l_appello_del_papa_momento_difficilissimo_siate_generosi_-253064746/.

tutto ciò che cade sotto l'ambito delle scelte umane e che si connota in termini di malvagità. Non solo la malvagità comportamentale, ma anche quella, ancor più grave, di ordine intellettuale.

Anche a tale riguardo, la Chiesa avrebbe potuto e dovuto esprimersi controcorrente. Non occorre gridare al castigo di Dio per aiutare gli uomini a comprendere che, senza distogliere l'attenzione dalle emergenze, la preoccupazione maggiore dev'essere rivolta ad altro. E tra questo "altro" occorre menzionare gli eventi che – anche subendo le incomprensioni – rischiano di non essere sufficientemente interpretati nel loro reale peso: così come lo sterminio taciuto dei bambini mai nati a causa delle legislazioni abortiste, così come il silenzioso massacro di tanti cristiani in molte aree del mondo, così come la islamizzazione dell'Occidente, così come la scristianizzazione, ormai non più strisciante, ma manifesta, aperta ed arrogante.

Se è vero che il coronavirus va svestito del carattere omni-coinvolgente che gli è stato attribuito anche teologicamente (o, almeno, "pastoralmente"), è anche vero che l'epidemia costringe l'intera umanità ad imbattersi nel problema della sofferenza e della malattia, nel problema dell'infermità e della morte. E se è vero che non c'è mai stata alcuna esperienza religiosa che non abbia provato a spiegare il dolore e la morte, è ancor più vero che solo la rivelazione cristiana strappa i limiti fisici dell'uomo dalla gabbia dei miti tragici per mettere questi limiti in relazione con un destino che si compie già nella carne precaria e temporanea. Solo la rivelazione cristiana riconosce fino in fondo la dignità delle leggi naturali e il compito a scrutarne la intelligibilità.

Come la malattia e la morte, anche il virus non mette affatto in crisi la certezza della bontà e della provvidenza di Dio ma, al contrario, dà un'ulteriore prova dell'Incarnazione, insostituibile strada per unire la condizione creaturale al destino ultimo, vocazione di ciascun uomo. Se la ricerca di Dio percepito come buono e provvidente accompagna l'esperienza umana resa autentica dall'uso della *ragione*, l'Incarnazione del *Logos*, del Verbo di Dio, rivela «la via» cristiana[174] in un'irripetibile specificità: «la via», unica, costituita da Cristo vero uomo e vero Dio che sana ed eleva la nostra natura umana unendola alla sua natura divina, che rende intelligibile la nostra natura umana avendola pienamente assunta e, da quel momento del tempo, rendendola inseparabilmente congiunta a quella di Dio.

Mi si permetta un prolungamento di questa conclusione.

---

174 Rispondendo all'apostolo Tommaso, Gesù disse: «Io sono la via, la verità e la vita» (*Vangelo di Giovanni*, capitolo 14, versetto 6).

Ho sostenuto che la Chiesa non abbia offerto buona prova nel convulso frangente dell'epidemia. In considerazione di ciò, ci sarebbe da ritenere che in questa vicenda legata alla diffusione del coronavirus si siano aggiunti altri motivi per pensare ad un distanziamento tra la Chiesa bergogliana[175] e la Chiesa wojtyliana-ratzingeriana[176]. Non pochi intravedono un conflitto interno alla Chiesa; e comunque se non si vuole parlare di scontro tra due visioni inconciliabili, certamente non si può contestare l'esistenza di una tensione tanto forte quanto palpabile: la distanza tra le due impostazioni è tale da dover considerarle alternative e può essere misconosciuta o negata solo per comprensibili motivi diplomatici[177]. Si è ormai chiuso un intero arco storico della Chiesa nel suo plurimillenario cammino. Mi riferisco alla fase in cui i Pastori hanno affrontato e fronteggiato le stravaganze post-conciliari[178], fase che aveva avuto inizio con un grido lanciato dal sagrato della basilica vaticana: «aprite le porte a Cristo!»[179]. Era il 22 ottobre 1978 quando il neo-eletto Giovanni Paolo II nella solenne celebrazione di inizio pontificato pronunciò la frase che ben può essere ricordata come sintesi del suo lungo ministero (1978-2005)[180]. Una fase che aveva avuto il suo perfezionamento e il suo apogeo nel pontificato di

---

175 Cfr. Aldo Maria VALLI - Aurelio PORFIRI, *Sradicati. Dialoghi sulla Chiesa liquida*, Chorabooks, Roma 2018.

176 Cfr. Joseph RATZINGER, *Rapporto sulla fede*, intervista di Vittorio Messori, Edizioni Paoline, Cinisello Balsamo (Milano) 1983.

177 Oltretutto siamo in presenza di due pontefici perché Benedetto XVI può aver rinunciato all'esercizio del ministero petrino, ma nulla può togliergli di dosso la carica di Vicario di Cristo.

178 Ironico parlare di "stravaganze" quando occorrerebbe, invece, parlare di sbandamento, di burrasca e di abbuiamento in linea con quanto dolorosamente testimoniato da Paolo VI che, nella seconda metà del suo travagliato pontificato, solennemente riconobbe «che dopo il Concilio [si pensava] sarebbe venuta una giornata di sole per la storia della Chiesa. È invece venuta una giornata di nuvole, di tempesta, di buio e di incertezze [...]» (PAOLO VI, Omelia per la solennità degli Apostoli Pietro e Paolo, 29 giugno nel 1972, in *Insegnamenti di Paolo VI. Volume X. 1972*, Tipografia Poliglotta Vaticana, Città del Vaticano 1973, p. 708).

179 «Aprite, anzi spalancate le porte a Cristo! Alla sua salvatrice potestà aprite i confini degli Stati, i sistemi economici come quelli politici, i vasti campi di cultura, di civiltà, di sviluppo. Non abbiate paura! Cristo sa cosa è dentro l'uomo. Solo Lui lo sa! [...] Permettete a Cristo di parlare all'uomo. Solo Lui ha parole di vita, sì di vita eterna! [...] accogliere Cristo e accettare la sua potestà» (*Insegnamenti di Giovanni Paolo II. Volume I. 1978*, Libreria Editrice Vaticana, Città del Vaticano 1979, p. 38).

180 Cfr. Stanislaw GRYGIEL, *La voce nel deserto. Post-scriptum all'insegnamento di Giovanni Paolo II*, CSEO, Bologna 1981; cfr. Luigi NEGRI, *L'uomo e la cultura nel magistero di Giovanni Paolo II*, CSEO, Bologna 1983; cfr. George WEIGEL, *Testimone della speranza. La vita di Giovanni Paolo II*, Mondadori, Milano 2005.

Benedetto XVI (2005-2013)[181], vero baluardo contro il nichilismo dilagante e ultimo bastione contro un relativismo pervasivo e dominante che si trasforma nella peggiore delle tirannie[182].

La clamorosa rinuncia di Benedetto XVI[183] ha involontariamente determinato un'inversione di tendenza – ciò che Roberto Pertici ha definito «un cambio globale di paradigma»[184] – con il dilagare di un orientamento[185] che, sebbene sia stato sempre prevalente, non era giunto ad essere anche ufficiale, giungendo ad essere promosso dal Capo stesso della cattolicità. Come già dicevo, l'esito, però, di tanta sbandierata apertura è ben rivelativo perché la Chiesa che si presenta senza confini e senza muri, tutta protesa verso l'esterno, libera da ogni regola dottrinale, si smorza e subisce una emblematica chiusura, una chiusura tutt'altro che metaforica. Uno *status* che, ribaltando la frase di Giovanni Paolo II, sembra farle sinistramente gridare: «chiudete le porte a Cristo».

Il superamento delle certezze intramontabili e delle verità immutabili comporta un'immediata omologazione alla mentalità corrente o, per usare un'immagine sanitaria, un pauroso calo delle difese immunitarie con conseguente contagio della peggiore patologia che può colpire chi è chiamato ad essere «sale della terra e luce del mondo»[186] e cioè perdere sapore e luminosità. È questa la situazione della cattolicità odierna? Certamente è la domanda che pastori e laici debbono porsi per essere fedeli al mandato del Maestro e per evitare di soccombere tra gli eventi della storia. E per non dimenticare che questi passano molto più velocemente di quanto ci si immagini mentre ciò che permane immobile sempre è solo la croce di Cristo. È la verità espressa anche nell'antico motto certosino «*stat Crux dum volvitur orbis*»: mentre il mondo gira – e spesso vorticosamente – solo

---

181 Cfr. Joseph RATZINGER - BENEDETTO XVI, *Il tempo e la storia. Il senso del nostro viaggio*, a cura di Anna Maria Foli, Piemme, Casale Monferrato (Alessandria) 2017; cfr. Peter SEEWALD, *Benedetto XVI. Una vita*, Garzanti, Milano 2020; cfr. Aldo Maria VALLI, *Uno sguardo nella notte. Ripensando Benedetto XVI*, Chorabooks, Roma 2018.

182 Cfr. Roberto de MATTEI, *La dittatura del relativismo*, Solfanelli, Chieti 2007; cfr. Massimo INTROVIGNE, *Il dramma dell'Europa senza Cristo. Il relativismo europeo nello scontro delle civiltà*, Sugarco, Milano 2006.

183 Cfr. Aldo Maria VALLI, *Benedetto XVI. Il pontificato interrotto*, Mondadori, Milano 2013.

184 Roberto PERTICI, *Altro che coronavirus, questa è una svolta della storia. Che trascina con sé la Chiesa*, 24.3.2020 (http://magister.blogautore.espresso.repubblica.it/2020/03/24/altro-che-coronavirus-questa-e-una-svolta-della-storia-che-trascina-con-se-la-chiesa/).

185 È il motivo per cui non si può parlare, propriamente, di "riemersione" del progressismo (un tempo si sarebbe detto del "modernismo") perché una vera e propria egemonia – una radicata posizione dominante – è sempre stata appannaggio di questa cultura teologica.

186 *Vangelo di Matteo*, capitolo 5, versetti 13 e 14.

la croce di Cristo rimane stabile ad indicare il destino ultimo e vero di questa affaticata e sbandata umanità. Se la Chiesa non esprimesse più tutto ciò, sarebbe come sale senza sapore e fiaccola senza luce.

Nota Biografica

Beniamino Di Martino (www.StoriaLibera.it/DiMartino.pdf) è sacerdote della diocesi di Sorrento-Castellammare (in provincia di Napoli). È direttore di «StoriaLibera. Rivista di scienze storiche e sociali» (www.StoriaLibera.it) ed ha collaborato con alcune istituzioni universitarie. Al momento, è autore di quasi 60 saggi e articoli di natura scientifica e dei seguenti libri: *Note sulla proprietà privata* (2009), *Il volto dello Stato del Benessere* (2013), *I progetti di De Gasperi, Dossetti e Pio XII* (2014), *Rivoluzione del 1789. La cerniera della modernità politica e sociale* (2015), *Benedetto XIII nella "Storia dei Papi" di Ludwig von Pastor* (2015), *Povertà e ricchezza. Esegesi dei testi evangelici* (2016), *La Prima Guerra Mondiale come effetto dello "Stato totale". L'interpretazione della Scuola Austriaca di economia* (2016), *La Dottrina Sociale della Chiesa. Principi fondamentali* (2016), *"Conceived in liberty". La contro-rivoluzione americana del 1776* (2016), *La virtù della povertà. Cristo e il cristiano dinanzi ai beni materiali* (2017), *Stato di diritto. Divisione dei poteri. Diritti dell'uomo. Un confronto tra dottrina cattolica e pensiero libertario* (2017), *La Dottrina Sociale della Chiesa. Sviluppo storico* (2017), *"Rerum novarum". Due prospettive liberali sulla proprietà e la libertà* (con Robert A. Sirico, 2018), *La Grande Guerra 1914-1918. Stato onnipotente e catastrofe della civiltà* (2018) e *Per un Libertarismo vincente. Strategie politiche e culturali* (2019).

«Di Martino, con il suo libro Libertà e coronavirus, offre un contributo molto, molto importante, decisivo, alla comprensione di quanto abbiamo vissuto e stiamo vivendo. Se posso dare un consiglio: leggetelo, perché non ci possiamo permettere di vivere questo tempo così speciale, così particolare, passivamente. E questo lavoro di don Beniamino è di grande aiuto per prendere coscienza di ciò che stiamo vivendo, di ciò che si verifica ai nostri giorni, sotto i nostri occhi. Al centro del suo libro c'è la riflessione sulla libertà».
-- Aldo Maria Valli, vaticanista TG1 RAI (Roma)

«Non sono riflessioni a caldo come dichiara in copertina, ma freddissime, come la lama della spada. Sono riflessioni geometriche che si tengono insieme senza forzature nel chiaro orizzonte impersonato dall'autore, che ben si intrecciano per metodo d'indagine, raffinata ironia e riuscite metafore. Di Martino ci mostra i luoghi dove la libertà si nasconde per ritrovarla, sceglierla di nuovo e ancora! Non so perché, o forse sì, ma questo libro mi fa risuonare nella mente le campane a festa della Cavalleria rusticana».
-- Nicoletta Di Giovanni, docente di Lettere e responsabile dipartimento Scuola di Rete Liberale (Roma)

«Ho trovato il libro prezioso, puntuale, meritevole di frequenti ulteriori letture».
-- Carmine Napolitano, primario chirurgo (Salerno)

«Consiglio calorosamente di leggere il libro. Lo si legge d'un fiato, proprio per il carattere appassionante del libro».
-- Roberto Festa, università di Trieste (Modena)

«Di Martino ci ha fatto un regalo straordinario scrivendo questo libro che io consiglio assolutamente a chiunque. Odio le sviolinate, ma questo libro è straordinario, semplicemente straordinario. È un libro denso, ma assolutamente scorrevole, straordinario, illuminante».
-- Lorenzo Maggi, presidente di Lodi Liberale e vice sindaco (Lodi)

«Il più importante libro scritto sull'argomento (ne ho letti una cinquantina), da studiare anche quando l'"emergenza" sarà terminata».
-- Alessandro Monese, sceneggiatore cinematografico (Roma)

«Don Beniamino è impareggiabile nelle sue analisi».
-- Carmen Ambrosio, esperta di politica bancaria (Napoli)

«Nel libro si condensa e prende forma tutto ciò cui oggi stiamo rinunciando in nome della difesa della salute. Le libertà sospese rivelano una mania del controllo che l'autore ci svela senza indugi».
-- Riccardo Lucarelli, Presidente di Rete Liberale (Roma)

«È il libro di uno storico, un pensatore, un filosofo, un appassionato cultore di scienze sociali, un libertario seguace degli autori di Scuola Austriaca. Le sue ampie riflessioni, benché ramificate e corroborate da una straordinaria bibliografia, anelano a condensarsi nel frutto di una visione complessiva».
-- Pietro De Luigi, pianista (Lodi)

«Colto e puntuale, don Di Martino ha il raro pregio di unire ortodossia dottrinale, lucidità intellettuale, studio, nessun timor reverenziale verso il "politicamente corretto" e attenzione agli autori della scuola sia tradizionalista sia libertarian del conservatorismo statunitense».
— Marco Respinti, scrittore e studioso del pensiero americano

«Beniamino Di Martino deve essere considerato il maggior studioso cattolico italiano vicino al pensiero libertarian».
— Guglielmo Piombini, saggista ed editore

«I libri di don Beniamino Di Martino sono come degli occhiali per leggere la realtà di tutti i giorni».
— Francesco Tedeschi, consulente finanziario

«Tra i libri che ho letto di don Beniamino Di Martino, lo straordinario sacerdote non ne ha sbagliato uno».
-- Mauro Gargaglione, manager informatico (Varese)

«La Prudenza è una grande virtù propria delle persone i cui scritti si leggono sempre con grande piacere».
-- Alessandro Ciuti, imprenditore (Varese - Manila)